KB097428

맑스와 마음의 정치학
생산양식과 주체양식의 변증법

문화과학 이론신서 69

맑스와 마음의 정치학: 생산양식과 주체양식의 변증법

지은이 | 심광현

초판인쇄 | 2014년 8월 22일
초판발행 | 2014년 8월 30일

펴낸이 | 손자희
펴낸곳 | 문화과학사

출판등록 | 제1-1902 (1995. 6. 12)
주소 | 120-831 서울시 서대문구 성산로 13길 22(연희동)
전화 | 02-335-0461
팩스 | 02-334-0461
이메일 | transics@chol.com
홈페이지 | http://cultural.jinbo.net

값 28,000원

ISBN 978-89-97305-06-3 93300

이 도서의 국립중앙도서관 출판시도서목록(CIP)은 서지정보유통지원시스템 홈페이지(http://seoji.nl.go.kr)
와 국가자료공동목록시스템(http://www.nl.go.kr/kolisnet)에서 이용하실 수 있습니다. (CIP제어번호: CIP
2014025447)

문화과학 이론신서 69

맑스와 마음의 정치학:
생산양식과 주체양식의 변증법

심광현 지음

문화과학사

차례

맑스와 마음의 정치학:

집단지성 시대의 새로운 주체성의 발명을 위하여

> 환경의 변화와 교육에 관한 유물론적 교의는 환경이 인간들에 의해 변화되며
> 교육자 자신도 교육되어야 한다는 것을 잊고 있다…. 환경의 변화와 인간
> 활동의 변화 혹은 자기 변화와의 일치는 오직 혁명적 실천으로서만 파악될
> 수 있고 합리적으로 이해될 수 있다.
>
> ─맑스, 「포이에르바흐 테제」 3번

> 이제까지 철학자들은 단지 세계를 다양하게 해석해 왔을 뿐이다. 그러나
> 문제는 세계를 변혁하는 데 있다.
>
> ─맑스, 「포이에르바흐 테제」 11번

1. 맑스주의적 <마음의 정치학>의 구성 배경

저 유명한 맑스의 <포이에르바흐 테제 11번>은 흔히 "세계를 해석하는
<대신> 세계를 변혁하라"는 식으로 오해되기 쉽다. 이런 오해는 맑스를 거
슬러 이론과 실천 간 양자택일을 강요하며, 사실상 맑스 사상 전체를 볼모로
만들 뿐이다. 이런 위험을 피하기 위해서는 "세계를 해석하는 데서 머물지
말고 세계를 변혁하는 쪽으로 더 나아가야 한다"는 해석, 이론과 실천의 변증
법적 통일을 가능하게 하는 올바른 해석이 필요하다. 이런 해석은 또한 <11
번 테제>와 <3번 테제>의 관계에도 적용할 필요가 있다. 이럴 경우 <포이
에르바흐 테제>의 요점은 세계에 대한 올바른 해석과 변혁, 주체에 대한 올

바른 해석과 변혁이라는 4가지 과제의 '일차'에 있음을 깨달을 수 있다.

그러나 주지하는 바와 같이 맑스 자신은 생애 후반을 『자본』의 집필에 대부분 할애하여 세계에 대한 해석과 변혁이라는 과제에 전념한 결과 주체에 대한 해석과 변혁이라는 과제를 뒤로 미루고 말았다. 맑스 사후에는 이 네 가지 과제의 상호연관성은 주목 받지 못한 채, 각기 별개의 일로 간주되어 왔다. 나아가 이 네 가지 과제의 유기적 연결망은 19~20세기 동안 역사적 사회주의 운동의 도전에 응전하며 자기 혁신과 수동적 혁명을 성사시킨 자본주의에 의해 지리멸렬의 형태로 난도질되어 최근에는 TINA(There is no alternative) 담론 속에 봉합되어 왔다고 할 수 있다.

하지만 지난 30여년 간 신자유주의 세계화를 통해 자본 간 경쟁과 독점, 노자 간 대립과 투쟁이 격화되면서, 자본-국가-민족 간 모순 역시 심화되어 네 가지 과제들을 봉합하여 덮고 있던 이데올로기적 덮개에도 균열이 커져 왔다. 그 덮개는 9.11 사태와 제2차 이라크 전쟁을 계기로 크게 부서졌고, 2008년 미국 금융위기, 그리고 2011년 8월 초에 가시화된 미국정부의 부도 위기를 거치면서 이제는 완전히 기능을 상실한 상황이다. 이제 세계는 바야흐로 문명사적인 분기점에 이르고 있다. 인류 역사상 최초로 자본주의보다 더 나은 대안사회로 이행해 나갈지, 혹은 현재의 신자유주의적 자본주의가 자기 혁신을 통해 새로운 방식으로 헤게모니를 확보한 새로운 자본주의로 교체될 것인지, 아니면 헤게모니 없이 군웅할거 방식의 신 중세적 상황으로 후퇴할 것인지를 놓고 다양한 의견들이 제시되고 있다.

조반니 아리기가 『장기 20세기』(1994)에서 제시한 이 세 갈래 분기의 방향 중에서 첫 번째 분기의 방향이 전세계 민중에게 가장 바람직할 뿐 아니라, 그렇게 되지 않을 경우 인류의 미래는 물론 지구 생태계 전체의 미래가 어둡다는 것은 분명하다. 그러나 이러한 역사적 이행이 가능하기 위해서는 다음과 같은 필요조건들이 충족되어야 할 것이다.

1) 우선 이 네 가지 과제가 이론적 정합성을 갖고 탈자본주의적인 방식으로 상호연결 되어야 한다. 그리고 세계의 해석과 변혁, 주체의 해석과 변혁의 관계를 새롭게 구성한 이론이 대중적 동의를 얻어낼 수 있을 만큼 명료해야 하며, 실천적이고 정책적인 설득력도 함께 가져야 할 것이다.

2) 거시적인 이론적-정책적 지도가 제시된다 해도 그와 별개로, 대중 스스로 세계를 변화시켜 나갈 새로운 주체로 스스로를 변혁하는, 생활혁명의 힘든 과정이 성공적으로 진행되어야 한다.

그러나, 이렇게 이론적 지도와 전망을 갖고 새로운 주체로 자기 혁신하는 실천을 지속해야 하는 어려운 필요조건을 충족시킨다 하더라도 다음과 같은 노력들이 추가로 요구된다.

3) 자본주의 역시 수동적으로 자신의 위기를 방관하고 있는 것이 아니라 두 번째, 혹은 세 번째 방향으로 나아가기 위해 능동적으로 조직과 기술의 혁신을 시도하고 있다. 종전의 G7 이외에, G2, G20, 6자회담과 같은 세계적 통치의 다층적 컨소시엄의 운영 방식을 창안하거나 GNR(genetics, nanotechnology, robotics)과 같이 인간 노동과 자연 자원을 과학기술에 의한 자동생산과 인공 자원으로 대체하려는 노력이 그것이다. 그리고 미국 헤게모니 해체와 신자유주의 위기가 겹쳐지는 대파국을 돌파하기 위한 현대 자본주의의 이와 같은 자기 혁신은 동시에 세계와 주체의 해석과 변혁을 위한 이론적 지도 그리기와 실천적 프로그램 구성에 심각한 영향을 미치게 된다. 2000년대에 등장하기 시작한 이 새로운 흐름은 1960-90년대 사이에 진보 진영에서 힘겹게 구축한 이론적 지도와 실천적 프로그램의 타당성을 크게 제약함과 동시에 진보적 이론과 실천의 폭과 깊이를 혁신하고 재확장해야 하는 새로운 과제를 제시하고 있다. 최근 들어 학문간 융복합-통섭 관련 정책과 담론의 세계적 확산도 이 새로운 과제가 급부상하고 있음을 알리는 징후들이다.

4) 이런 세 가지 조건을 충족시킬 경우 데이비드 하비가 『희망의 공간』에서

제시한 바와 같이, 전지구적 차원에서 자본주의와의 다층적 교전에 성공해야 한다는 마지막 과제가 기다리고 있다. 과거에도 그랬듯이 수세에 몰린 자본의 반격이 지속될 것이기에 이 과제의 해결을 위해서는 장기간에 걸친 세계 혁명의 과정이 요구될 것이다. 그리고, 이 과정에 수반될 고통과 파괴의 규모와 강도의 여부는 앞의 세 가지 필요조건들을 얼마나 잘 충족시킬 것인가에 달려 있을 것이다. 그렇지 못할 경우 이행의 흐름은 언제고 두 번째 혹은 세 번째 방향으로 역전될 수 있다.

1990년대 이후 'TINA'에 대한 보다 분명한 대안이 제시되지 못하고 있는 것은 이 네 가지 조건들 중 어느 하나에 대해서도 확실한 정리가 이루어지지 않고 있기 때문이라고 할 수 있다. 그러나 보다 엄밀히 말하자면, 기존의 좌파 이론과 운동은 1)-2)-3)의 필요조건들 간의 유기적 연관관계와 상호작용은 등한시하면서 위기가 오면 곧바로 4) 국면으로 전환될 것이라는 막연한 가정을 부당전제하고 있었던 것이 아닌가를 자문할 필요가 있다. 그동안 진보진영에서 1)에 대한 논의가 없었던 것은 아니지만, 그 경우도 세계-주체의 해석과 세계-주체의 변혁에 대한 논의는 서로 분리되어 있었고, 2)에 대한 실천적 논의는 오직 생태주의자와 페미니스트들 사이에서만 회자되었을 뿐이기 때문이다. 게다가 3)에 대한 논의는 거의 전무했던 실정을 되돌아 보면, 그간 이루어져온 '대안사회' 혹은 '대안세계화'에 대한 담론과 정책의 '부실함'을 확인하기는 어렵지 않다.

아마도 안토니오 네그리와 마이클 하트의 <제국>과 <다중> 담론이 거의 유일하게 1970년대 이후 실종되었던 1)~4) 간의 상호연관을 재포착하여 TINA를 넘어서려는 최초의 시도라고 볼 수 있을 것이다. 그러나 이들의 논의는—본문에서 그 결함을 자세히 살펴보겠지만—현실태와 잠재태를 이분법적으로 구분하면서 양자 간의 변증법을 간과하는 바람에, 1)~4) 각각의 조건들에 대한 입체적이고 구체적인 분석과 각 조건들 간의 역동적 상호작용의 구조를 분석하지 못했다고 평가할 수 있다. 반대로 이들을 비판한 진영에서는 단지 이런 결함을 지적하는 수준에 머물면서, 1)~4)의 각 조건들에 대한 구체적 분석과 각 조건들 간의 역동적 상호작용의 구조를 파악하려는 노력을 진전시키지 못했다. 그 결과 세계사적 이행의 과제를 전면화하면서 새로운 주체성의 창조가 시급하다는 네그리/하트의 문제제기의 정당함 자체도 희석화된 셈이 되었다. 따라서 네그리/하트의 문제제기의 정당성을 재인식하면서 1)~4) 조건들 간의 역동적 변증법을 규명하는 것이 오늘의 맑스주의가 당면한 시급한 과제라고 할 수 있다. 이 책에 실린 글들은 2003년 <맑스코뮤날레> 창립 이후 최근까지, 이런 과제를 풀기 위해 필자 나름대로 암중모색한 시론들 중 의제의 올바른 공론화에 기여할 만하다고 생각되는 부분들을 모은 것이다.

물론 이 책에 실린 글들은 주로 1)과 2)의 과제에 집중하고 있다. 3)의 과제에 대해서는 졸저『유비쿼터스 시대의 지식생산과 문화정치』(문화과학사, 2009) 에 포함되어 있기에 여기서는 제외했다. 4)의 과제는 1)과 2)의 과제에 먼저 답하는 방대한 노력이 선행되어야 하기 때문에 역시 제외되었다. 그렇다고 이 책이 1)과 2)의 과제를 충분히 해결할 수 있는 높은 수준에 도달했다는 것은 아니다. 이런 작업은 최근 완간을 목전에 앞둔 MEGA 판본에 대한 면밀한 연구와 19-20세기 철학과 과학기술의 성과 등에 대한 종합적인 검토를 거쳐 더욱 발본적인 방식으로 진행되어야 하겠지만, 여기 실린 글들은 적어도 향후 이런 심화 작업의 개괄적인 방향을 안내할 기본 지도의 역할을 할 수 있다고 생각한다. 이런 점을 전제하고 이 책의 개요를 소개하면 다음과 같다.

제1부 <맑스 사상의 현대적 재해석>에 편성한 글들은 맑스 사상의 현대적 의의에 대한 철학적-과학적 근거를 제시하려는 목표로 쓴 글들로, 다음과 같은 논쟁적인 특징을 갖고 있다. 1) 그 하나는 맑스 사후 전개된 맑스주의의 다양한 오류들로부터 맑스 사상의 원천들을 구별하여 '복원'하는 방식으로 전

자와 후자를 엄격히 구분하는 것이다. 필자는 그 구분의 과학적 근거를 맑스의 사상에는 1980년대부터 개시되어 오늘에 이르러서야 전모가 밝혀진 '복잡계 과학'의 특성이 내재해 있다는 점에서 찾을 수 있다고 보았다. 2) 둘째는 가라타니 고진이 올바로 지적하듯이, 맑스의 사상은 헤겔이 아니라 칸트와 근친성을 가지며, 칸트의 비판철학과 변증법 개념의 매개를 통할 때라야 맑스 사상의 철학적 고유성을 해명할 수 있다고 보는 점이다. 하지만 가라타니 고진의 성과는 그의 칸트 독해의 불철저성에 의해 제약된다.『판단력 비판』의 독해(및 3대 비판 간의 독특한 관계)를 등한시한 것이 한 가지 문제라면, 벤야민의 지적대로 '물리적 경험'으로 최소화된 경험에 머물렀던 칸트의 한계를 넘어서기 위해 필요한 새로운 노력을 등한시 한 것이 또 다른 문제이기 때문이다. 이 두 가지 한계를 동시에 넘어서기 위해서는 벤야민의 재독해가 필수적이다. 물론 벤야민 역시 그 시대의 인식지평의 제약으로 인해 자신이 초기에 설정한 <미래철학의 프로그램>을 구체화하지는 못했는데, 이 과제를 풀기 위해서는 "발제적 인지과학"(프란시스코 바렐라/에반 톰슨)의 도움이 필요하다고 본다(이 문제는 제4부 <새로운 주체형성과 마음의 정치학>에서 상세히 다루고 있다).

이렇게 복잡계 과학과 칸트 및 벤야민의 매개를 통해 재해석된 맑스의 사상은 필자가 보기에 두 개의 중심을 가진 타원처럼, 비환원주의적-시차적 변증법에 의해 역동적으로 작동하는 독특한 구조를 갖고 있다. 현실 자본주의에 대한 과학적 분석과 코뮌주의라는 규제적 이념 간의 변증법적 긴장이 바로 그것이다. 1848년 이전의 "공상적 사회주의"와 그 이후에 등장한 "과학적 사회주의" 간의 저 유명한 대립은 맑스에게 고유한 이 변증법적 긴장을 환원주의적으로 나눠가진 결과라고 생각된다. 「68혁명의 문화정치적 모순과 이행의 문제」는 1968년 혁명 과정에서도 맑스 시대와 유사하게 이분법적 환원주의가 다시 반복되고 있음을 분석한 글이다. 맑스의 사상은 반환원주의적인 변증법적 긴장을 통해서만 역동성과 현재성을 지닐 수 있는데, 나는 이를 <과학적 유토피아주의>라는 모순어법으로 지칭하고자 했다. 이때 '과학'은 아직도 널리 잔존하고 있는, 선형적 인과성에 국한된 뉴턴적 과학이 아니라 맑스 자신은 명시화하지 못한 채 암묵적으로 수행했던, 오늘에 이르러서야 명시화될 수 있는 '복잡계 과학'을 의미하는 것이다. '유토피아주의'란 레닌-스탈린적인 '중앙집중적인 공산주의적 노동사회' 모델과는 전혀 다른, 자기 통치적인 코뮌들 간의 아래로부터의 연합사회로서의 생태문화사회적인 모델, 따라서 아직 실현되지 않고 있으나 칸트적 의미에서의 '규제적 이념'으로서 여전히 유효한 유토피아적 모델을 뜻하는 것이다.(이 점을 규명한 것이 제2부에 수록된, 「맑스적 코뮌주의의 '문화사회적' 성격과 이행의 쟁점」의 이론적 기여라고 본다.) 나아가 맑스의 사상은 칸트의 시차적 변증법 개념과 현대적인 복잡계 과학의 매개 없이는 결코 올바로 해석될 수 없다는 점을 규명하려 한 것이 「칸트-맑스-벤야민 변증법의 현대적 재해석」이다. 한편, 맑스 사상은 자본주의에서의 생산력의 발전에 대해 높이 평가했다는 이유로 반생태적이라는 비판을 받아왔는데, 이는 실은 '허수아비' 논증에 불과하며, 맑스 사상은 근본적으로 오늘날의 발전된 생태주의적 관점을 선취하고 있다는 점을 밝히려 한 것이 「맑스주의와 생태주의의 그릇된 반목을 넘어: '생태학적 맑스'와 '세 가지 생태학'의 절합을 위하여」이다.

제2부 <코뮌주의와 문화사회론>, 제3부 <문화사회로의 이행을 위한 실험>은 제1부의 이론적 지도와 오늘의 신자유주의적 자본주의의 현실을 겹쳐보면서 코뮌적 문화사회로 나아가기 위한 실천적 방안을 모색하는 글들로 편성했다. 이 글들은 크게 네 가지 문제의식으로 구분될 수 있다. (1) 첫째, 맑스의 '코뮌주의'는, 조직의 원리로 보자면 자유-평등-연대의 가치와 원리에 입각한 <노동자 연합사회>라는 성격을 가지지만, 내용적 측면에서 보면 자연과 인간의 신진대사가 생태적 공생의 원칙에 맞게 조절되고, 문화적 활동과

향유가 개인과 사회의 공진화를 이끄는 원동력이 되는 <생태적 문화사회>를 의미한다. 그동안 맑스주의에서는 전자의 측면에만 강조점이 주어졌고, 후자의 측면은 소홀히 취급되었다. 내가 <코뮌주의적 문화사회론>을 제시하는 것은 이 두 측면을 통일적으로 파악해야 맑스 사상의 전모를 온전히 파악할 수 있고, 또한 맑스 사상의 현재성과 미래성을 드러낼 수 있다고 보기 때문이다. (2) 둘째, <코뮌적 생태문화사회>라는 "규제적 이념"을 개념적으로 해명하는 데서 머무는 차원을 넘어서서 현실 속에서 실현 가능한 현실적인 사회구성체 모델로 시뮬레이션해 보려는 문제의식이다. (3) 셋째, 미국 헤게모니의 해체에 따른 자본주의 세계체계의 위기와 이행에 직면한 오늘의 상황에서 실제적인 의미에서 대안사회로의 이행의 구체적인 경위와 조건들을 규명하려는 문제의식이다. (4) 마지막으로는 이 이행의 과정에서 자기통치적이고 연대적인 새로운 주체양식의 구성이 가진 중요한 역할을 새롭게 규명하려는 문제의식이 그것이다.

맑스주의 전통에서 (1)은 생소한 것이고, (2)는 불필요하거나 오히려 유해한 것으로 간주되었고, (4)는 <포이에르바흐 테제 3번>의 강조점에도 불구하고, 그람시의 『옥중수고』와 마오쩌둥의 실패한 실험을 제외하고는 제대로 연구조차 이루어지지 않은 과제라고 할 수 있다. 한편 (3)의 문제는 최근 진행 중인 베네수엘라의 '21세기 사회주의 혁명' 과정에서 구체적으로 조명받기 시작하고 있는데, 여기서도 (4)의 문제가 올바로 해결되지 않을 경우 혁명의 미래가 매우 불투명하다는 점을 확인할 수 있다.

돌이켜보면, 필자 역시 다른 이들과 유사하게, (4)보다는 상대적으로 (2)와 (3)의 과제를 해결하려는 데에 오랫동안 매달려 왔는데, 2008년 <민중의 집> 창립에 적극 참여하면서 (4)의 중요성을 자각하고, <포이에르바흐 테제 3번>의 의미를 새롭게 반추하게 되었다. 새로운 주체성의 창조를 위해서는 주체성의 구조와 작동 메커니즘에 대한 보다 발본적 해석이 필요하다. 그동안 서로 무관하거나 모순적 관계에 놓여 있다고 간주되어온, 스피노자-칸트-벤야민-화이트헤드-푸코-들뢰즈의 작업들을 제3세대 인지과학을 매개로 입체적이고 역동적으로 연결하기 위해 노력한 것은 이 때문이다. 이런 노력의 산물들이 제4부 <새로운 주체형성과 마음의 정치학>에 수록된 글들이다.

주지하듯이 현대 한국의 맑스주의는 80년대 민중운동이 급성장하는 과정에서 NL-PD 두 정파로 분열해 왔다. 이 정파적 분열은 맑스 사상의 요체라 할 <행위와 구조의 변증법>을 각기 '주체사상'과 '구조주의'라는 상반된 이론으로 환원함으로써 맑스 사상의 해체와 맑스주의의 무력화라는 비극적 결과를 초래했다. 물론 현실정치 차원에서는 두 정파가 협력하기도(노무현 정권 기간), 대립하기도(2008년 진보신당의 분당 이후) 하지만, 어느 경우든 이론적으로나 실천적으로 환원주의적인 입장을 넘어서지 못해 진보운동의 실질적 대중화에는 이르지 못하고, 운동권 내부로 '게토화'되어 있을 따름이다. 이런 현상은 한국 맑스주의 및 좌파운동에 국한된 것이 아니라 68혁명의 실패 이후 전세계적으로 보편화된 현상이다. 행위와 구조의 변증법을 행위와 구조의 이분법으로 양극분해하는 것은 '목욕물을 갈면서 아이까지 버린' 오류라고 할 수 있다. 동시대 맑스주의 혹은 포스트-맑스주의적 이론과 실천 전반이 함몰되어 왔던 이런 오류들을 극복하기 위해서는 <포이에르바흐 테제> 3번과 11번을 겹쳐서 다시 읽어야 한다. 그리고 맑스가 주창은 했으나 실현하지는 못했던 과제, 즉 주체의 해석과 변혁 작업이 세계의 해석과 변혁 작업과 선순환 구조를 이룰 수 있도록 해야 한다. 그동안 PD의 입장에 서서 이론적 실천을 전개해 왔던 필자가, 마치 NL처럼 주체의 중요성을 역설하면서 <새로운 주체성의 발명>을 강조하기 시작한 것은 PD이든 NL이든 맑스 사상의 요체인 <행위와 구조의 변증법>을 망각해 오기는 마찬가지라는 점에 대한 철저한 자기반성에 기초한 것이다.

그런데 이 책에서 제시하려는 새로운 주체성은 NL이 강조해온 주체성과는 다른 주체성이라는 점이다. NL의 주체성이 개인보다는 공동체를 우선시하는, 의리와 의지를 강조하는, '몰적(Molar)인 주체성'이라면, 이 책에서 강조하는 새로운 주체성은 '다중프랙탈(Multi-fractal)한 복잡계적 주체성'이다. 이는 무의식적 경험을 강조하면서도 의식적 각성을 놓치지 않는 벤야민의 <꿈과 각성의 변증법>적 긴장으로 충만한 주체성이다. 이 점에서 무의식적 탈주의 경험만을 강조하는 들뢰즈의 자연주의적이고 '분자적(Molecular)인 주체성'과도 상이한 것이다. 이런 차이가 바로 <칸트-벤야민 맑스주의>와 <들뢰즈-맑스주의>를 구별해주는 실제적인 경계선이다.

그런데 주체형성의 핵심적 절차인 <의식과 무의식의 변증법>, <지성과 감성의 변증법>은 철학적 접근만으로는 밝혀내기 어려운 복잡한 과정이다. 이 때문에 20세기 중반 이래 프로이트-라캉의 정신분석학이 대안으로 간주되기도 했다. 이는 <의식철학>의 틀 내에 갇혀 있던 맑스주의 철학을 넘어서서 주체성의 무의식적 과정을 분석함으로써 대안을 제시할 수 있는 것처럼 보였지만 반대로 의식의 중요성을 간과함으로써 반대 편향에 빠지고 말았다. 의식과 무의식을 양자택일하는 대신 양자의 변증법을 과학적으로 탐구하려는 새로운 대안이 바로 <제3세대 인지과학>(바렐라, 톰슨)이다. 물론 인지과학이 이 모든 문제를 명확히 해명하는 단계에 이르고 있는 것은 아니다. 인지과학 내에서도 컴퓨터 모델, 신경망 모델, 신체화된 마음의 모델, 외부로 확장된 마음의 모델, 발제적 행위 모델 등이 경합 중이기 때문이다. 그러나 인지과학의 과학적 토대를 구성하는 뇌-신경과학의 발전에 따라 존재론적-인식론적 회로의 복잡한 메커니즘에 대해 상당한 정도로 진전된 상세 지도를 확보할 수 있게 되었다는 사실에 의해 그간의 철학적 논란의 상당 부분이 해소될 수 있다는 점을 강조하고 싶다. 이렇게 규명된 새로운 존재론-인식론의 생물학적 기초는 그 동안 베일에 가려져 있던 의식과 무의식, 지성과 감성, 마음과 몸의 변증법적 작동을 보다 구체적으로 이해하는 데 큰 진전을 가져오고 있다.

물론 여기에 수록된 글들은 아직 인지과학의 최근 연구 성과를 모두 반영하고 있지 못하며, 다만 맑스주의 철학과 발전된 인지과학 간의 만남을 위한 이론적 기초를 닦는 수준이다. 나는 프란스시코 바렐라와 그의 제자 에반 톰슨의 "제3세대 발제적 인지과학"과 G. 레이코프·M. 존슨의 "몸의 철학"이 그 매개 역할을 할 수 있다고 보고 있고, 「제3세대 인지과학과 '신체화된 마음의 정치학」, 「통치양식의 문제설정과 새로운 주체 이론의 탐색」에서 이 두 가지 전통의 생산적 절합 가능성을 집중적으로 탐색했다.

인지과학은 단일한 분과학문이 아니라 1970년대 이래 철학-심리학-인류학-문학과 같은 전통적 인문학 분야와 생물학-신경과학-뇌과학과 같은 자연과학 분야가 합류하면서 다양한 경로를 취하면서 발전하고 있는 학문적 통섭의 첨단을 이루는 다학제적 학문이다. 최근에는 그 연구의 폭과 깊이가 확대, 심화되어 <인지과학>(cognitive science)이라는 좁은 명칭을 버리고 <마음의 과학>(science of mind)이라는 확장된 형태로 나아가고 있다. 국내에서는 이런 역동적 흐름이 충분히 알려지지 않고 있고, 전공자도 드물지만, 미국과 유럽에서는 그간 발견된 몸의 지도, 뇌의 지도, 인식 지도 등을 '절합'하여 일련의 실험적 조작을 통해 새로운 의식과 경험을 체험케 하려는 <의식혁명>을 추진하는 단계로까지 나아가고 있다.[1] 물론 이렇게 뇌에 조작을 가하여 인공적으로 의식과 경험을 형성하려는, 전통적인 기능주의와 연속선상에 있는 이런 형태의 뇌과학 연구가 자본에 의해 악용될 경우 영화 <매트릭스>나 <마이너리티 리포트>, <인셉션>과 같은 SF 영화들에서 제시된 재앙적

1_ Thomas Metzinger, *The Ego Tunnel: The Science of Mind and The Myth of The Self* (New York: Basic Books, 2009). 이 책에서 토마스 메칭거는 이제 인지과학은 의식적 경험을 실험적 조작을 통해 변화시킬 수 있는 단계, 가령 다양한 실험을 통해서 종교적 체험을 인공적으로 만들어낼 수 있는 단계로 나아가고 있음을 보여주고 있다. 그는 이런 현상을 <의식혁명>이라고 부르며, 이런 새로운 과학과 기술의 등장에 걸맞은 새로운 문화와 윤리의 구성이 시급함을 강조하고 있다("제9장 새로운 종류의 윤리").

위험을 현실화시킬 우려가 크다. 하지만 <마음의 과학>의 다양한 흐름들 속에는 이런 조작된 공학적 위험을 극복해가기 위한 진보적인 연구들도 상당히 확산되고 있다. 프란시스코 바렐라와 에반 톰슨 등에 의해 시작된 이런 진보적 인지과학의 전통에서는 기계적 조작에 의한 의식의 형성이 아니라 사회문화적 환경과 몸의 상호작용에 의해 개인적이고도 집단적인 의식과 경험의 형성을 과학적으로 규명하고 또 그로부터 우리의 의식과 무의식의 변화를 모색하려 하고 있다. 바로 이 후자의 연구 동향은 벤야민이 모색했던 <꿈과 각성의 변증법>이라는 문제 해결에 집중하고 있다. 이 지점이 바로 <칸트-벤야민 맑스주의>가 <마음의 과학>과 수평적으로 '통섭'(通攝, consilience= jumping together)할 수 있는 부분이다. 이 지점에 주목하여 새롭게 형성한 연구 주제가 바로 <신체화된 마음의 정치학>이다. 이 책의 제목을『맑스와 마음의 정치학』이라고 명명한 것도, 지난 수 년 간 내 연구의 두 축을 이루어 왔던 <칸트-벤야민 맑스주의 정치학>과 <신체화된 마음의 과학>을 내재적으로 교차시키는 것이 21세기 맑스주의의 새로운 이론적-실천적 과제임을 강조하기 위함이다. 이런 관점에서 이하에서는 자본주의적인 종속적 주체형성의 메커니즘에 대항할 수 있는 대안적 주체형성의 메커니즘의 구성 가능성을 일종의 '사고실험' 형태로 시뮬레이션 해보고자 한다.

2. 자본주의적 매트릭스 vs 대안적 매트릭스[2]

1) 신자유주의 세계화의 극단적 시나리오: 영화 <매트릭스>

[2] 이하의 내용은 2011년 4월 30일 인지과학회 세미나 <인지과학으로 여는 21세기– 시즌 3: 이성과 공감>(주최: 서울대학교 인지과학 연구소/서울대학교 사회과학연구원, 서울 대학교 220동 201호)에서 발표한 필자의 원고 「제3세대 인지과학과 시네마: 자본주의 매트릭스 vs 대안적 매트릭스」의 1-2장 부분과 2011년 6월 4일 출범한 <노나메기재단 추진위원회>의『기본계획(2.0)』중 필자가 작성한 「제1장 노나메기 재단 설립의 기본 방향과 목표」의 일부 내용을 발췌, 수정, 보완한 것이다.

『매트릭스로 철학하기』[3]라는 책에서 영화 < 매트릭스 >(1999)에 대한 평가는 확연하게 두 갈래로 나뉜다. 이 책에 수록된 몇몇 철학자들은 이 영화가 현대 자본주의에 예속된 과학기술의 발전에 대한 묵시록적 비판과 대안을 제시하는 데 좋은 시사점을 제공한다고 평가하는 데 반해, 세계적으로 명성을 날리는 지젝은 이 영화에 대해 매우 냉소적이다. 지젝은 이 영화를 둘러싼 비판적 평가들 간의 쟁점을 "프랑크푸르트 학파와 라깡 학파와의 대립"이라는 말로 압축하면서 후자의 입장에 서서 다음과 같이 자신의 논지를 요약하고 있다.

> 우리는 매트릭스를 문화와 주체성을 식민화해 온 자본의 은유로서 역사화해야 하는가, 아니면 그것을 상징계 자체의 물화로 봐야 하는가? 그러나 만약 그러한 대안 자체가 거짓이라면 어떻게 되는가? 상징계 '그 자체'의 가상 성격이 다름 아닌 역사성의 조건이라면 어떻게 되는가?[4]

지젝은 < 매트릭스 >가 극도로 물화된 자본주의적 상징계를 비판하고 이를 넘어서는 '진정한 현실'을 일깨우려는 영화라고 독해하는 것은 순진한 독해일 뿐만 아니라, 편집증적 환상이라고 비판한다. 하지만 이렇게 상징계로 모든 것을 환원시켜 버리는 지젝의 헤겔적, 라깡적 관점을 벗어나(이에 대한 세부적인 비판은 「'통치양식'의 문제설정과 새로운 주체 이론의 탐색」의 제4절 참조), 맑스적 관점에서 실재계-상상계-상징계의 상호작용을 분석하게 되면, < 매트릭스 >는 단순한 환상이 아니라 현대자본주의의 은유임이 분명해진다. 이미 현재 상태에서도 생산과정 전체가 점점 더 자동기술시스템(C)에 의해 조절되고 고급지식노동은 소수화되는 반면, 늘어나는 서비스산업 분야는 대

3_ 슬라보예브 지젝, 「< 매트릭스 >, 가해자의 히스테리 또는 새도매저키즘의 징후」, 슬라보예브 지젝 외, 『매트릭스로 철학하기』, 이운경 옮김, 한문화, 2003.
4_ 같은 글, 284쪽.

부분 비정규직화된 육체노동으로 채워지는, 노동의 양극화가 심화되고 있다. 한편 노동자들의 불만은 소비자본주의가 제공하는 쾌락(A)으로 해소되며, 대다수 인구는 무기력한 '프리카리아트'(B)의 처지로 전락하고 있다. 21세기 GNR 프로젝트가 구현하려는 포스트-휴먼 프로젝트(생산수단에 대한 인간/노동자의 통제력이 상실되고 사이보그 시스템으로 대체)가 확산될 경우 고급 지식노동은 더더욱 극소수화되고(제레미 리프킨은 『노동의 종말』에서 현 추세 그대로 가면 인구의 2%만이 정규 지식노동에 종사할 것으로 예측한 바 있다), 자본의 입장에서 볼 때 대다수 인간은 '노동(력) 가치'를 상실하게 되기 때문에 생체 에너지 자원으로서의 가치만을 가진 존재로 간주될 수 있다. 이렇게 보면 자본주의의 미래는 영화 <매트릭스>에서 제시된 생체사이보그시스템 전체(A+B+C=D)와 크게 다르지 않을 것으로 전망된다. 이를 다이어그램으로 그려 보면 아래와 같다.

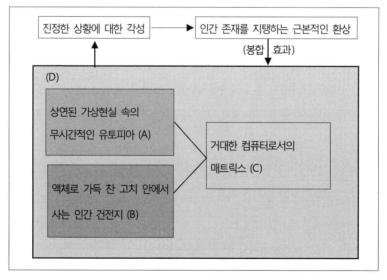

▶ 이 전체 시스템은 환상이 아니라 넓은 의미에서 자본주의 공리계 자체임
D=A(소비 향유에 매몰된 정신)+B(소외된 노동과정 속의 육체)+C(자동기술화된 생산양식과 권력양식)

2) 대안적 매트릭스의 구성

영화 <매트릭스>에서 '매트릭스'는 세계를 통제하는 인공지능 시스템을 지칭한다. 그러나 실제 영화에서도 여러 버전의 매트릭스가 거론되듯이 <매트릭스>를 단순한 기술 시스템으로만 이해하기보다는, 기술을 하위 범주로 포함하면서 가치와 신념들의 체계까지 포함하는 일종의 <경제-기술-과학-문화-정치>의 특정한 집합체, 즉 '패러다임'으로 보는 방식이 필요하다. 과학-기술과 관련해서 '매트릭스'라는 개념을 이렇게 복합적인 의미를 지칭하는 '패러다임'이라는 개념의 주요 구성 성분으로 사용한 첫 실례를 토마스 쿤의『과학혁명의 구조』(1962)에서 찾아 볼 수 있다. 토마스 쿤은 1962년에 출간되어 서구 과학계에 상대주의/구성주의 논쟁을 촉발시켰던 이『과학혁명의 구조』의 「후기」(1969)에서 '패러다임'이라는 용어를 다음과 같이 설명하고 있다. "한편으로 패러다임은 어느 주어진 과학자 사회의 구성원들에 의해 공유되는 신념, 가치, 기술 등을 망라한 총체적 집합(Paradigms as the Constellation of Group Commitments)을 가리킨다. 다른 한편으로는 패러다임은 그런 집합에서 한 유형의 구성 요소를 가리키는 것으로서 모형이나 또는 예제로서 사용되어, 정상과학의 나머지 수수께끼에 대한 풀이의 기초로서 명시적 규칙들을 대치할 수 있는 구체적 수수께끼-풀이를 나타낸다." 쿤은 이 중에서 두 번째 의미가 철학적으로 중요하다고 보는데,[5] 쿤은 혼동을 줄이기 위해 그 전문적인 의미를 "전문분야(학문분과적) 매트릭스"(disciplinary matrix)"라고 정의한다. 그에 의하면 이런 용어를 사용한 이유는 다음과 같이 설명된다. "학문적이라는 용어가 붙은 이유는 특정 학문 분야 종사자들의 공통적 소유에 관련되기 때문이다. 매트릭스(행렬)라고 붙인 것은 각기 고도의 명제를 필요로 하는 다양한 유형의 규칙적 요소로 구성되기 때문이다."(257) 그는 이와 같은 "과학적

5_ 토마스 쿤,『과학혁명의 구조』, 김명자 역, 까치, 2007, 248쪽. 이하 이 책에서의 인용은 그 쪽수를 본문에 표시한다.

매트릭스"를 구성하는 중요한 요소들을 다음과 같이 들고 있다.

1) 기호적 일반화(일부는 법칙, 일부는 정의로서 기능)

2) 형이상학적 패러다임 혹은 패러다임의 형이상학적 부분(공약 혹은 특정한 모형에서의 믿음, 발견적 모형에서 존재론적 모형까지 다양한 스펙트럼을 지닌 공유된 모형에 대한 신념)

3) 가치관(예측은 정확해야 한다. 전체 이론을 평가하는 데 사용되는 단순성/일관성/개연성과 관련된 가치, 과학의 사회적 유용성이라는 가치 등)

4) 공유된 표준예(examplars)(교과서에 등장하는 구체적인 문제 풀이)

5) 암묵적 지식과 직관(Michael Polanyi): 개인적인 직관이 아니라, 성공을 거둔 그룹들의 구성원이 지닌, 시험을 거치고 공유된 소유물로서, 수련을 통해 얻게 되는 암묵적 직관이자 컴퓨터 프로그램을 써서 분석 가능한 직관. ("전혀 다른 자극이 똑 같은 감각을 일으킬 수 있다. 똑 같은 자극이 전혀 다른 감각을 일으킬 수 있다. 마지막으로 자극으로부터 감각까지의 경로는 일부 길들이기에 따라 부분적으로 조절된다… 구성원들이 동일한 자극을 수용하면서도 체계적으로 상이한 감각을 갖는 두 집단은 어떤 의미에서는 서로 다른 세계에 살고 있다."(270) 이를 종합해 보면 과학혁명의 실제적인 진행과정은 패러다임/매트릭스 A에서 C로 급변하는 과정이 아니라 A에서 B를 경유하여 C로 나아가는, 구성요소들 간의 모순적이고 갈등적인 이행과정을 거친다는 점에 주목할 수 있다. 이를 다이어그램으로 그려 보면 아래와 같다.

	과학자사회-A	과학자사회-B	과학자사회-C
구성요소	매트릭스-A	매트릭스-B(이행)	매트릭스-C
1. 기호적 일반화	▨	▨	▨
2. 형이상학적 가정	☆	◑	●
3. 가치관	☎	♠	♠
4. 표준 예	☜	♣	♣
5. 암묵적 직관	★	★	◈

3) 대안적 매트릭스 모형 만들기

이럴 경우 '매트릭스'라는 개념은 영화 <매트릭스>의 물질적-기술적 장치인 인공지능시스템을 가동시켜주는, GNR 혁명으로 발전된 생산력과 그와 맞물린 생산관계의 특수한 복합체로, 21세기 자본주의의 패러다임이거나 대안사회의 패러다임이라는 의미로 사용할 수 있다. 지젝과는 반대로 제임스 롤러는 다음과 같이 <대안적 매트릭스>가 가능하다고 제안한다.[6]

> ▶ 집단을 위한 개인, 개인을 위한 집단, 이렇게 되었을 때 인간은 진정으로 자유로울 수 있다. 그것은 새로운 원칙이며 네브카드네자르와 시온의 대안적 매트릭스다. 이것이 세 번째 매트릭스이다…. 만약 **분리**가 외부적인 힘의 세계를 창조할 수 있다면, **통일**은 이와는 근본적으로 다른 세계를 창조하는 힘을 가지고 있을 것이다(롤러 179)…. 현대생활에서 삶의 이러한 외부적인 힘들은 <매트릭스>의 전능하고 지능적인 기계들에서 전형적으로 드러난다. 그러나 **그에 대항하는 시온이라는 세계에서는 저변에 흐르는 통합하는 생명력이 분리된 존재가 환상이라는 사실을 인식하는 각 개인들을 통해 흐른다**(180). …우리가 **분리의 환상을 포기하기만 하면 신적인 힘은 우리의 것이 될 것이다. 네오가 배워야 할 것은 그가 다른 모든 사람들과 구별되는 특별한 존재인 '그'The One이라는 사실이 아니라 그가 모든 존재들과 '하나'One라는 사실이다.**(181)(강조는 인용자)

이렇게 개인과 집단, 인간이 자연과 분리되지 않고 하나로 연결되어 전체를 관통하는 생명의 에너지들이 개개인을 통해 순환하는 세계에 대한 적절한 과학적 모형을 브루노 라투르의 『자연의 정치학』(2004)에서 발견할 수 있다. 그에 의하면 자연과 사회, 사물들과 인간들 간의 분리를 전제로 한 <TWO HOUSE COLLECTIVE> 모델은 <외부가 없는 COLLECTIVE> 모델로 대체되어야 한다.[7]

6_ 제임스 롤러, 「우리가 '그'다: 칸트가 설명하는 매트릭스 작동법」, 슬라보예 지젝 외, 『매트릭스로 철학하기』. 이하 이 글에서의 인용은 본문에 그 쪽수를 표시한다.

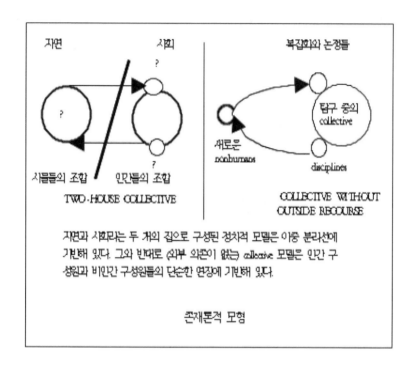

자연과 사회라는 두 개의 집으로 구성된 정치적 모델은 이중 분리선에 기반해 있다. 그와 반대로 (외부 의존이 없는) collective 모델은 인간 구성원과 비인간 구성원들의 단순한 연장에 기반해 있다.

존재론적 모형

브루노 라투르는 자연과 사회의 분리를 전제로 한 모든 생태주의 운동과 과학이론은 한편에서는 사회와 분리된 자연이라는 추상에 매달리거나 다른 한편으로는 자연과 무관하게 정치적 협상에 매달리기 때문에 실패할 수밖에 없다고 비판한다. 이런 추상화된 모델 대신에 그는 자연과 사회 사이에 과학적 생산이라는 제3항을 개입시켜 인간과 비인간이라는 구성원을 가진 집합적 네트워크, 과학적 연구(과학적 생산)에서 출발하여 논쟁을 거쳐 새로운 비인간들이라는 구성원을 포함하는 논쟁 절차를 거쳐 복잡화되는(정치적 조절) 집합적(collective) 네트워크라는 새로운 개념을 제시한다. 이렇게 해서 자연과

---

7. Bruno Latour, *Politics of nature: how to bring the sciences into democracy*, tr. Catherine Porter (Cambridge, Mass.: Harvard University Press, 2004), p. 37. 이하의 내용은 졸저 『유비쿼터스 시대의 지식생산과 문화정치』(문화과학사, 2009)의 107-11쪽을 발췌, 재구성한 것임.

사회의 분리를 뛰어넘어 과학적 생산과 정치적 조절을 통해 자연생태계와 사회생태계와 인간생태계가 맞물려 순환하게 되는 새로운 정치생태학이 가능하게 된다.

이 모델은 객관성과 주관성, 대상으로서의 자연과 측정 주체로서의 인간이 분리된 것이 아니라 과학적 생산에 의한 측정 장치를 매개로 하여 분리 불가능한 상호연결망을 이룬다는 것을 함축하고 있다. 이 때문에 하나의 자연, 하나의 사회, 하나의 과학이라는 추상화된 개념들이 거부되며, 그 대신 인간과 비인간들의 집합체와 비인간들을 사회화시키는 방식으로서의 과학들이라는 개념이 채택된다. 그리고 '동굴의 정치학' 대신 공통의 세계를 진보적으로 구성해가기 위한 새로운 생태학적 정치학이 채택된다.

부르노 라투르의 제안은 다음과 같은 이유에서 중요한 의의를 갖는다. 그동안 분리되어 있던, 생태학적 문제의식과 첨단의 과학기술, 그리고 진보적 정치학의 논의들이 하나로 연결될 수 있는 철학적, 과학적, 정치적인 근거들을 탄탄하게 제공하고 있기 때문이다. 이런 논의를 바탕으로 현대사회의 핵심 동력을 이루고 있는 과학기술 연구에 가정되어 왔던 기본 전제, 토마스 쿤이 과학연구의 형이상학적 전제라고 불렀던 부분 자체를 변경하는 일이 요구되며, 그와 더불어 과학기술의 사회적 이용과 관련된 가치관의 변경, 과학기술 전문가들과 대중 간의 의소사통적 괴리를 극복할 수 있는 기호적 일반화의 방법, 과학기술 연구와 인문사회과학 및 예술 간의 단절을 극복할 수 있는 통섭형 연구 방식과 지식의 체화 방법 등 전반에 걸친 패러다임 변화가 요구된다. 이를 다이어그램으로 그려보면 다음과 같다.

여기서 제안되는 매트릭스(B)를 구성하는 각 항의 내용들은 그 자체로 보면 전혀 새로운 것이 아니다. 일찍이 프리초프 카프라나 프란시스코 바렐라가 주장했듯이 이와 같은 내용들, 특히 (1)과 (2)의 경우는 불교와 도교와 같은 동양의 전통 사상이 누누이 강조해온 것들이다. 그러나 이런 철학적 전제와

	자본주의적 과학기술의 매트릭스(A)	생태학적 과학기술의 매트릭스(B)
형이상학적 가정(1)	주관-객관, 정신-물질, 사회-자연의 이분법에 근거하여 인간만이 행위자이고 나머지는 단순한 대상과 배경	주관-객관, 정신-물질, 자연-사회의 상호의존적 연결망, 자연 자체가 자기-조직적 행위자들의 합생적 연결망
가치관(2)	자본축적의 수단으로 과학기술의 **비합리적 도구화**	자유-평등-사랑의 가치 확산에 기여하는 과학기술의 **합리적 이용**
기호적 일반화(3)	전문적이고 난해한 수식들	시스템 다이내믹스의 시각화
암묵적 직관(4)	분석적 계산-기술의 숙련성, 환원주의적 사고의 체화	부분과 전체, 안과 밖의 비환원주의적 변증법을 체화=예술적 놀이
표준예(5)	GNR-포스트휴먼 사이보그	인지정치학적 어소시에이션

21세기 <문명적 **패러다임**>의 전환

가치들은 서구가 주도해온 자본주의적 근대화 과정에 떠밀려 잊혀지거나 배제되어 왔다. 하지만 오늘날 이런 전제와 가치들은 두 가지 이유에서 새롭게 주목받고 있을 뿐 아니라 대안적 매트릭스의 구성에서 필수적이다.

(1) 점증하는 자연적-사회적-인간적 생태 위기의 증대를 해결해야 할 새로운 문명적 전망과 자연과 공생할 수 있는 사회 시스템의 사례 연구의 필요성 증대("오래된 미래"에 대한 탐구).

(2) GNR 연구의 정점을 이루는 최첨단 과학기술의 수렴점 역할을 하고 있는 인지과학에 서로 경쟁하는 두 가지 흐름, 즉 포스트휴먼 프로젝트를 함축하는 "강한 AI" 연구(레이 커즈와일, 프리드리히 키틀러 등)와 이에 맞서는 발제적 인지과학(프란시스코 바렐라, 에반 톰슨, 마크 한젠, 안토니오 다마지오, 제럴드 에델만, 판크세프, 조지 레이코프 등)이 확인되고 있는 바, 이 중에서 후자의 경우는 시간이 지날수록 "오래된 미래"의 상태학적 지혜 및 수행방법과 내용적으로 일치해 가고 있다.

만일 (1)의 필요성이 증가한다고 해도, 이를 현대과학의 언어 및 기술과 합치시킬 방법이 없다면 문명적 패러다임 전환은 쉽지 않거나 불가능할 수도 있다. 그러나 (2)의 경우처럼 불교적 지혜와 수행방법의 내용이 첨단 인지과학 연구에 의해 지지된다면 변화의 속도가 빨라질 수 있고, 변화의 범위 역시 심대할 수 있다. 실례로 제3세대 인지과학의 실제적인 창시자인 **프란시스코 바렐라는** 제1세대 인지과학의 계산주의와 2세대 인지과학의 창발적 연결주의의 한계를 벗어나기 위해 자신의 스승 움베르토 마투라나와 함께 개발한 구성주의적 인지생물학과 불교의 중관론, 그리고 티베트 불교의 수행의 이론과 실천을 과학적-윤리적인 방식으로 연결하여 "체화된 마음"의 "발제적 인지과학"을 구축하는 데 성공함으로써 21세기 인지과학의 방향을 크게 전환시키기에 이르렀다.

4) 자연-사회-인간 생태계의 전면적 파괴의 위험과 대응

이와 같은 대안적 매트릭스를 현실적으로 어떻게 구성하고, 운영할 수 있을까? "과학들을 민주주의로 데려올 방법"이라는 시사적인 부제를 달고 있는 브루노 라투르의 『자연의 정치학』은 이 질문에 매우 구체적이고도 설득력 있는 답변을 제시한다. 그는 앞서 말한 것과 같은 이유에서 현재까지의 "녹색운동"과 "정치생태학"은 완전히 실패했기 때문에, 전적으로 새로운 시도가 필요하다고 주장하면서 개념적으로 전면 재조정된 새로운—그러나 용어상으로는 동일한—"정치생태학"의 이론과 실천 방법들을 제안하고 있다.

(1) 다수의 과학들이 집합적 실험을 통해 발견한 새로운 비인간들은 세 가지 정치적 권력(the power to take into account=상원, the power to arrange in rank order=하원, the power to follow up=국가)을 통해 공통의 세계로 구성된다. 그는 이와 같은 방식으로 과학을 민주주의에 적합하게 만들 수 있는 정치생태학을 "실험적 형이상학"(metaphysics, 즉 메타과학)이라고 부른다.[8]

(2) 그의 실험적 정치생태학은 앞의 그림(< 존재론적 모형>) 오른쪽 편의 큰 원의 "탐구 중의 집합체"가 작은 원의 새로운 비인간들을 발견하고 논쟁적 절차를 거쳐 수용하여 인간–비인간의 공통의 세계를 확장해 가는 절차를 전적으로 새로운 '민주적 헌정 체제'로 구성하기 위해 다양한 절차를 구체적인 예시와 다이어그램을 통해 제시하고 있다.9

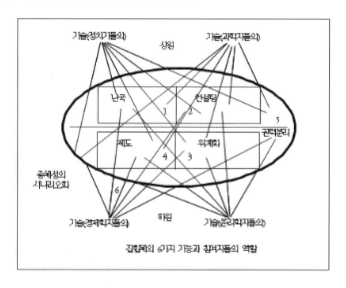

라투르는 이런 모형을 이론적으로 제시하는 데서 머무는 것이 아니라 구체적인 시뮬레이션까지 보여준다. 이런 모형은 레이 커즈와일의 장미빛 테크노피아의 기술지도와는 다르게 GNR 혁명이 야기하고 있는 새로운 기회와 위험을 입체적으로 파악하면서 과학·기술에 대한 성찰적 지식을 획득함과 동시에 과학·기술을 민주주의에 연결시킬 수 있는 구체적인 방법과 절차를 도출하기에 적합한 가이드라인이 될 수 있다.

현재까지의 < 지식–권력 구성체> 는 정치와 지식생산을 분리시키고, 지식

8_ Ibid., pp. 234-35.
9_ Ibid., pp. 91-184.

생산 내에서도 분과학문들 간의 분리/불통을 공고화하면서, 사회 시스템 전체의 운영은 최종적으로 정치가들이 좌우하는 "대의제도"의 형태로 운영되어 왔다. 그러나 위의 모델은 문제의 진단(난국)에서 해법의 발견(컨설팅)과 해법의 제도화(제도), 우선 순위의 결정(위계화), 전 과정의 계획과 평가(총체성의 시나리오화)의 모든 단계마다 정치가와 각 분야의 전문가들이 통섭형 연구 방식으로 직접 참여하여 토론을 거쳐 합리적 방안을 찾아내는, "대의제를 넘어서는" 방식을 제안하고 있다. 그러나 이런 방식이 실질적인 의미를 가지려면 전문가들부터 분과학문의 협소한 경계를 넘어 자신의 전문 지식이 사회 시스템 전체의 작동에 미치는 영향을 심도 있게 연구하고, 자신의 연구를 올바르게 "사회화"하기 위한 사전 준비가 필요하다.

커즈와일의 기술 지도는 우리에게 대응할 수 있는 시간이 별로 남아 있지 않다는 점을 경고하고 있다. 커즈와일 같은 발명가들과 과학기술자들, 산업체와 국가장치들의 연결망으로 구성된 강력한 거대과학·기술 체제가 현재 추진 중인 "강한 AI" 시스템의 작동 체계의 전모를 이해하는 것만도 벅찬 일이 아닐 수 없지만, 여기서 개관한 것과 같은 새로운 인식론적, 존재론적, 정치생태학적 실험의 체계와 방법을 집합적으로 구성해 나감으로써 비판과 대안을 연결시키는 일은 결코 쉬운 일도 단기간에 이루어질 일도 아니다. 이 때문에 라투르의 제안을 가이드라인으로 삼아 새로운 연구를 시작할 필요가 있다.

일단 과학·기술을 사회적으로 통제할 수 있으려면 통제해야 할 대상인 과학·기술의 내용을 먼저 이해해야 한다. 그 동안 과학·기술과는 멀리 떨어져 개인적인 창작과 연구에 몰두해온 예술과 인문학, 사회과학 분야의 전문가들도 급변하는 거대 과학·기술 체제를 올바로 이해하기 위해 학제적-통섭(비환원주의적 수평적 통섭형 연구에 적극 임해야 한다. 또 GNR 혁명에 이를 수 있었던 비결의 하나인 과학기술 연구의 공동연구 방식과 실험실의 운영체제와 같은 연구형태를 예술과 인문사회과학 연구에 적합한 형식으로 전유하여 개인 연구 방식과 더불어 새로운 형태의 집합적 연구와 교육의 형식(협력연구와 협력교육)을 창안하는 일부터 착수할 필요가 있다. 이를 위해 새로운 형태의 학제적-통섭형 학술운동과 교육운동이 필요할 것이다. 물론 현재로도 학술운동과 교육운동이 있기는 하다. 그러나 현재의 제반 학술-교육-사회-문화운동들은 80년대 중반 이후 처음 형성된 이후 초기에는 지적-사회적-정치적 활력과 실험을 만들어내는 데 중요한 역할을 했지만 지난 20여 년을 경과하는 동안 활력을 상실하고 또한 분과학문적 제도 내로 안주하게 되면서 현재로는 전망 없이 표류 중이다. 낡은 틀을 과감히 깨고 새 술을 담을 새 부대를 만들어야 한다.

5) 새로운 통섭형 학술-문화-교육운동 네트워크[10]
(1) 진보적 이념들 간의 새로운 통섭

그동안 분리되어 왔던 학술운동 및 제반 운동들이 적극적 통섭을 이루기 위해서는 무엇보다 각 운동들의 이론적 기반을 이루고 있는 진보적 이념들 간의 분리와 적대를 넘어서야 한다. 맑스주의(와 사회주의, 코뮌주의 등)(적), 생태주의(녹), 페미니즘(보), 급진민주주의(와 무정부주의 및 소수자운동)(흑) 등의 분리가 그것이다. 이들 사이의 수평적 통섭이 가능하려면 두 가지 조정 과정들이 필요하다.

(1) '적'의 쟁점이 생산수단의 '사회화'와 국가장치의 해체와 변형을 통한 계급철폐라는 문제설정에, '녹'의 쟁점은 인간과 자연의 신진대사와 자연생태계의 지속가능성이라는 문제설정에, '보'의 쟁점은 가부장적 지배양식에 대한 포괄적 비판과 성적 차이에 기반한 자유-평등-연대의 재구성에 집중되어 있다. 그런데 이념적으로는 서로 무관하게 보이는 이 쟁점들은 현실적으로는

10_ 이하의 내용은 졸저 『유비쿼터스 시대의 지식생산과 문화정치』의 11장의 일부 내용을 발췌, 수정 보완한 것임.

<자연자원+인간노동+생산수단=생산과정>의 반복적 순환 과정의 일부를 이루고 있다. 이렇게 보면 각각의 주요 쟁점이 <자연자원(녹)+인간노동(녹-보-적)+생산수단(적)=생산(녹-보-적)>에 이르는 방식으로 연결될 수 있다. 이런 가설은 '녹-보-적' 연대가 나열식 결합일 수가 없고, 주체화(노동력 재생산) 양식과 생산양식(노동대상과 생산수단의 소유 및 통제 양식)의 특정한 형태의 결합이라는 자본주의적 사회적 관계의 변혁의 내재적 구성 요소로 서로를 내적으로 제약하며 결합하고 있음을 알게 해준다. 그리고 이런 내적 제약 관계로 인해 '녹-보-적' 연대는 단순히 이념적 혈맹에 이를 수 있는 것이 아니라 과학적 분석을 필요로 하며, 그와 동시에 연대의 목표를 둘러싸고 가치론적 상호비판을 요구한다는 점이 드러난다.

(2) '녹-보-적' 연대를 위한 과학적 분석과 가치론적 분석은 결과적으로 학문적 통섭과 실천적 통섭을 요구할 수밖에 없다. 가령 **노동과정의 생태학적 리모델링**을 위해서는 문화-경제-과학기술의 순환적 연결 분석이 필요하며, **생산관계의 탈자본주의적 리모델링**을 위해서는 문화-정치-경제-과학기술의 순환적 연결 분석이 요구된다. 또한 **노동력 재생산의 탈가부장적 리모델링과 새로운 주체화 양식**을 창조하기 위해서는 문화-정치-과학기술의 순환적 연결 분석이 요구된다.

위의 (1)과 (2)의 과제를 $F(x, y, z)=f$(녹, 보, 적)이라는 함수관계로 파악하면 하나의 역동적 시스템 속에서 각 사상운동의 위상적 관계를 파악하기가 용이해질 것이다. 자본주의는 자연과 인간의 신진대사와 생산과정의 제 요소와 인간 주체 모두를 <(잉여)가치 축적>이라는 단일 목적에 종속시키고 있다. <녹-보-적 연대>는 이 파괴적 매트릭스를 자연과 인간의 공진화를 가능하게 할 <부의 생산>이라는 새로운 목적으로 하는 대안적 매트릭스로 전환시키는 것을 목표로 한다고 할 수 있다. 이 차이를 다이어그램으로 그려보면 다음과 같다.

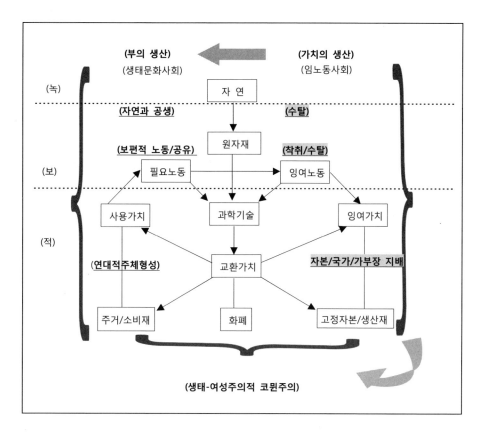

그동안 한국의 좌파운동은 학문적으로는 분과학문의 제도적 틀에, 사회운동에서는 부문운동의 틀에 묶여 왔다. 그런데 맑스주의, 페미니즘, 생태주의 이론은 그 자체로는 통섭적 성격을 지니는 데 반해, 개개의 연구자나 활동가들은 현실적으로는 분과학문과 부문운동의 틀 내에 갇혀 실제로 통섭적 연구를 수행하거나 통섭적 실천을 제대로 수행한 경험이 거의 없다. 당장 이런 상황을 넘어서기가 쉽지 않다. 오랫동안 몸에 밴 분과학문적, 부문운동적 아비투스를 극복하기는 쉽지 않고, 또한 다양한 분과와 부문에 걸친 다양한 지식과 정보를 수집하고, 이해하며, 체화하여 새로운 통섭형 지식을 생산하기는 더 더욱 어렵기 때문이다. 개별 연구와 부문 운동의 차원을 넘어서 새로운 형태의 통섭형 공동

연구(A)와 통섭형 공동실천(B)의 네트워크가 필요해지는 이유가 여기에 있다. 전자(A)의 경우가 학문적-이념적 통섭을 실험하는 '씽크탱크-네트워크'를 축으로 한 새로운 학술운동의 구성을 요한다면, 후자(B)의 경우는 부문운동과 의제 중심의 통섭형 운동 간의 네트워크를 구축하는 방식의 새로운 순환적 연결을 요한다. 이런 작업들은 다음과 같은 세부적인 절차를 필요로 할 것이다.

(1) 미래의 <인간과학>은 현재 여러 분과학문과 장르들로 쪼개져 있는 도구적, 수동적인 인문학과는 전혀 다른 <통섭적 인간과학>으로 전환되어야 한다. 현재 인문학 자체는 19세기까지 형성된 문자 텍스트로 된 철학-문학-역사학의 '정전' 중심의 언어적 해석학에 초점이 맞추어져 있기 때문에 인간에게 내재한 다중지능(시청각적-촉각적 감성과 사고 능력)을 활성화하는 데에는 부적절하다. 반면 21세기의 미디어 커뮤니케이션 체계는 이미 시청각 미디어 중심으로 전환하여 대중을 오락산업의 연결망 속으로 포획하면서 문자언어 중심의 과거의 인문학이 제공하던 비판적 정신을 무력화하고 있다. 이 간극을 현재와 같이 방치하게 되면 GNR 혁명을 통한 생산력의 가속적 발전을 비판적-과학적-민주적으로 견인할 수 있는 인간적 역능의 활성화에 성공하기 어렵다. 인간에게 내재한 다중지능 간의 통섭 교육이 가능할 수 있게끔, 철학적-과학적-예술적 통섭의 존재론적-인식론적 기초가 될 수 있는 새로운 <인간과학>(Science of Human)이 구성되어야 한다. 이는 인지과학과 철학의 협력을 통해서 가능할 수 있다.

(2) 예술 역시 전적으로 재구성되어야 한다. 현재의 예술은 분과학문과 유사하게, 혹은 더욱 심하게 감각-매체 구별에 따른 장르예술들로 파편화되어 있다. 이런 형태로 제도화된 예술은 마치 스포츠에서 그러하듯이 인간 감각의 전문화/예각화의 기록을 축적하는 데 기여할 수 있으나 그 대신 예술가 개인을 포함한 개개 인간에게 내재한 복합감각-감성의 억압과 소외(이에 따른 무의식적 신경증화)를 강화하는 데 기여하고 있을 따름이다. 그러나 향후 GNR

시스템의 발전은 이런 형태의 장르분과적인 예술적 성취를 손쉽게 대체할 것이기에 복합감각-감성을 육성하는 것을 목표로 한 새로운 통섭형 예술의 틀을 구축하고 실험하는 일이 시급하다. 시청각-촉각의 복합 감각을 활성화하는 데 기여할 새로운 예술은 소외된 인간 역능의 주체적 회복을 위해 필수적이다.

(3) 이렇게 새로운 통섭형 인간학과 예술의 관계는 통섭형 이론과 실천의 관계에 대응하게 될 것이다. 이는 곧 과거에는 오직 극소수의 인간에게만 주어졌던 르네상스적 전인 교육을 모든 인간을 위해 보편화하자는 것에 다름 아니다. 이렇게 새로운 형태의 <보편적 전인교육>만이 오직 고도의 자본축적을 위해서만 기여할 포스트휴먼 프로젝트를 비판적으로 극복할 수 있는 다양한 능력(자기치유-상호소통-공생-연대의 능력 등)을 대중에게 부여할 수 있다.

(4) 통섭형 <예술-인간과학>의 자기 분석적-치유적 성격을 분명히 밝혀야 한다. 근대화 기간 동안 우리는 문자언어 중심의 교육체계에 사로잡혀 시각기호-청각기호-촉각기호의 작동방식을 억압하거나 문자언어에 일방적으로 종속시켜 왔다. 오늘날 오락산업에 종속된 시청각 미디어의 범람 속에서 다양한 중독증이 발생하는 것은 이와 같은 억압과 종속이 만들어내는—프로이트 방식으로 '억압된 것의 왜곡된 회귀'라는 의미에서—새로운 신경증에 다름 아니다. 이런 새로운 유형의 "미디어 신경증"을 치유하기 위해서는 정신분석적 관점에서 멀티미디어 리터러시 간의 횡단적 번역이라는 새로운 예술교육, 보다 넓게는 <생태학적 미적 교육>의 과제가 제기된다. 프로이트에 의하면 시각기호-청각기호-문자기호의 언어는 각기 무의식-전의식-의식의 언어에 해당하는데, 이 차이를 무시하고 시각기호와 청각기호를 단지 의식의 언어와 같은 것으로 간주할 때 독해 불능이 발생하고, 신경증이 끊임없이 의식에 대해 발송하는 "무의식의 편지"를 읽어낼 방법이 없게 된다. <통섭적 예술-인간과학>은 이와 같이 상이한 층위와 논리를 가진 시각기호-청각기호-문자기호를 상호번역하여 인간을 다양한 형태의 정신적 질환으로부터 자유롭게 하고, 세계-미디어-인간 간

의 해방적 소통을 활성화하는 상호교육 프로그램이라고 할 수 있다.

이와 같은 방식으로 각 학문 분야와 예술적 실천을 재구성하여 새로운 형태의 학문적 통섭을 구성하는 작업이 사회적 변화와 더불어 이루어진다면 예술-학문-사회의 수평적 통섭은 다음과 같은 형태를 이룰 수 있을 것이라고 본다. 자본주의 사회에서 예술과 학문은 <M-C-M'>의 자본순환 고리를 가속화하는 수단으로 배치되어 기능하고 있다면, 코뮌주의 사회에서 예술과 학문은 자연과 공생하는 형태의 <LP(인간 활동력의 현실태)-W(부를 생산하는 모든 활동)-LP'(인간 잠재력의 전면적 발달)> 순환을 촉진하는 적극적 촉매제가 될 것이다. 각 학문들의 관계는 M-C-M'에 종속적으로 연결되어 있는가, 아니면 LP-W-LP'에 연결되어 있는가에 따라 전적으로 상이한 형태를 취하게 될 것이다. 이 차이를 다이어그램으로 비교해 보면 아래와 같다.

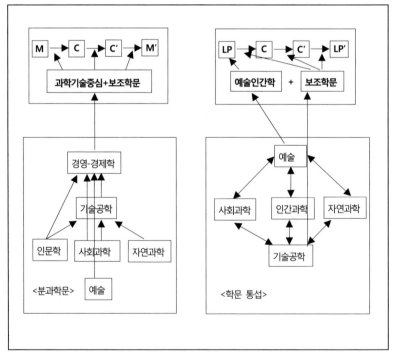

< 학문-예술-사회적 관계의 재배치의 정치학>

6) 소외된 임금노동사회에서 생태적 문화(활동이 가치 중심이 되는 해방된)사회로!

그 동안 대안사회는 무정부주의, 공동체주의, 사회주의 또는 공산주의로 불려 왔다. 그러나 이런 명칭들은 우리가 현재 상태를 지양하면서 구성하게 될 대안사회의 긍정적 가치보다는 오히려 지양 대상의 부정적 가치를 강조하는 데 머물고 있다. 억압적 국가장치를 폐지해야 한다든가, 개인주의적 가치를 공동체와 사회의 가치로 대체해야 한다든가, 일하지 않는 소수가 일하는 다수를 착취하는 대신 모두가 평등하게 일해야 한다는 슬로건은 모두 기존의 부정적 가치의 철폐를 강조하는 것들이다. 부정적 가치체계의 문제점을 정확히 분석하고 비판하며, 그 철폐를 위해 노력하는 일은 대안사회로 나아가기 위한 첫 걸음임이 분명하다. 하지만 부정적 가치를 규제하고 제거한다는 것만으로 긍정적 가치가 저절로 도출되는 것은 아니다. 현재 상태를 지양하려는 노력은 긍정적 가치 창조의 전망을 여는(희망을 창조하는) 노력과 분리될 수 없다. 사회 성원들 모두의 개성적이고 자립적인 활동이 보장되고 문화적 역능이 신장되며, 차별 없이 평등하게 문화적 교통과 향유가 보장되는 문화사회, 그러면서도 자연에 대한 착취가 아니라 자연과 공생할 수 있는 방식으로 인간과 자연의 신진대사를 새롭게 조정하는 생태사회, 즉 생태적 문화사회야말로 현재 상태를 지양하기 위한 모든 노력과 투쟁의 긍정적 동기가 될 것이다.

긍정적 가치와 새로운 비전을 창조하는 일은 개인과 사회, 그리고 자연의 관계를 새롭게 살피는 일로부터 시작해야 한다. 역사적 자본주의가 '보이지 않는 시장의 손'이라는 예정조화론과 개인주의 이데올로기를 앞세워 사회와 자연의 파괴를 심화시켜 왔다면, 20세기의 역사적 사회주의/공산주의는 생산주의와 전체주의로 개인의 자율과 자유를 억제하고 자연 파괴를 조장한 책임이 있다. 또 생태근본주의는 자연생태계의 전일적 논리를 앞세워 개인과 사회의 상대적 차이를 간과한다는 문제가 있다. 이런 문제점들을 극복할 새로운 비전은 개인과 사회와 자연 중 어느 것도 특권화하지 않은 채 삼자 사이에

비-배타적이고 공생적 관계를 구축하는 방향으로 설정되어야 한다.

이럴 때라야 맑스가 말한 <사회적 개인>이라는 개념의 의미가 제대로 해명될 수 있다. <사회적 개인>이란 소수의 자유로운 발전이 만인의 자유로운 발전을 억압하는 부르주아 사회 속의 <원자적 개인>이 아니라 "각자의 자유로운 발전이 만인의 자유로운 발전의 조건이 되는 하나의 연합체" 속의 <네트워크화된 개인>이다. 각자가 자유롭고 개성적이고 자립적이 되면 될수록 사회적이 되고, 그 역도 가능한 상태의 개인이 곧 <사회적 개인>이다. 마투라나와 바렐라에 따르면 유기체란 최소의 자율성을 가진 구성요소들로 이루어진 하나의 메타체계인 데 반해 인간사회는 최대의 자율성을 가진 구성요소들로 된 메타체계이다. 하지만 역사적 자본주의와 역사적 공산주의는 마투라나와 바렐라가 '개체들이 유기체를 위해 존재하는 곤충들의 사회와 유사하다고 말한 '스파르타적 사회'에 해당한다. 그런 사회 속의 착취당하고 억압당하는 개인과는 달리 연합적 사회 속에서 개인들은 자신의 자유로운 발전과 만인의 자유로운 발전의 '공진화'를 추구하는 '사회적 개인'이 된다.11

개인이라는 개체 자체도 분자적 세포들의 무작위적 집합이나 몰적 덩어리가 아니라 지적, 정서적, 윤리적, 신체적 역능들이 복잡하게 교직된 역동적 관계망으로서 자연적 과정과 사회문화적 과정이 교차하는 가운데 복합적으로 생성·변화하는 존재이다. 정서적 역능만 해도 욕망, 충동, 감각, 느낌, 정서 등이 합쳐진 하나의 메타체계로서 외부 자극의 수용과 뇌의 지각, 신체 상태들의 변화들로 구성된 특수한 '신체풍경'의 질적 변화를 조절하는 능력이다. 이런 점에서 개인 주체라는 것은 인류 진화의 역사를 다층적 수준에서 반영하는 여러 유형의 '메타체계들의 체계'로서 사회적·자연적 환경과의 구조-접속을 통해 반복적으로 재구성되는 과정적 존재이다. 스파르타적 사회에서 억압되는 개인 주체들에게서

11_ 심광현, 『프랙탈』, 현실문화연구, 2005, 82-85쪽.

는 여러 역능들의 공진화가 억제되기 때문에 자연적 과정과 사회문화적 과정의 <구조적 짝패구성>(structural coupling)은 일그러지고, 메타체계들의 체계로서의 주체 역능의 발달 방향은 반생태적이 될 수밖에 없다. 반면, 연합체적 사회에서 자유롭게 공진화하는 개인 주체들에게서는 여러 역능들 역시 공진화하기에 자연적 과정과 사회문화적 과정의 교차가 생태적 균형을 유지할 수 있다.

공동체는 흔히 동일한 것들의 폐쇄적 집합으로 인식되지만, <개방적 공동체>가 불가능한 것이 아니다. <개방적 공동체>는 하나의 공약수에 의해서 통분되지 않는 특이한 성원들이 각자 '다름'으로서 다가가는 <가족적 유사성들의 네트워크>와 같은 것이고, 여기서 개인들은 일종의 <그물눈>의 위치를 차지하는 것으로 이해될 수 있다.[12]

이럴 경우 각 성원들 간의 접속은 일종의 선물 주기, 즉 각자에게 없는 것을 주고받는다는 의미를 갖는다. 어원상 '선물 주기'(munus)와 '함께 함'(com)의 결합으로 이루어진 '코뮨'은 이런 점에서 공자가 제시한 '화이부동'(和而不同)과도 비교된다. '화이부동'의 특성을 지닌, 선물을 주고받는 사람들이 모인 코뮨적 공동체의 풍요로움은 공유가 얼마나 많고 풍부한가에 따라 정해진다. 이때의 풍요는 강제노동으로 축적된 자본의 양(가치)으로 측량되는 것이 아니라 구성원들이 서로에게 준 선물들(사용가치, 미적-윤리적 가치로서의 부)의 집적과 그것이 사회 각 구성원에 의해 얼마나 분유(分有)될 수 있는가에 따라

12_ "생명체는 고정된 실체나 확정적으로 특정 상태나 위치를 확정할 수없이 무수히 많은 구멍으로 이루어진 망사와 같은 형태라고 말할 수 있다… 여기서 주목해야 할 것은 각 생명체는 그물코에 해당되는 것이 아니라 그물눈에 자리 잡는다. 한 개체를 의미하는 그물눈의 크기는 스스로 정해진다기보다 주변의 그물눈에 의해 정해진다. 어떤 이의 크기는 매우 좁아 자기 자신마저 수용하지 못하는 작은 크기인가 하면, 어떤 이는 사회나 민족, 더 나아가 모든 인간을 수용할 크기를 지닌다. 또한 하나의 그물눈이 커질 때 주변 그물눈도 같이 커지며, 주변 그물눈이 커지면 자신의 그물눈도 같이 커진다"(우희종, 「생명의 의미와 관계」, 제5회 맑스코뮤날레 조직위원회 엮음, 『현대자본주의와 생명』, 그린비, 2011, 203-204쪽).

측정된다. 이런 이유에서 맑스가 구상했던 코뮌사회는 '선물경제'가 지배하는 사회이고, 삶의 목적이 가치의 축적이 아니라 삶의 풍요로움, 즉 부를 더하는 데 있는 사회, 즉 사회적 생산능력의 발전만이 아니라 구성원들의 "향유능력"의 발전이 중시되는 사회, 곧 생태적 문화사회임을 알 수 있다.[13] 생태적 문화사회는 이렇게 전통적인 의미의 크고 작은 <닫힌 공동체>를 넘어서서 현대적인 <열린 공동체>(즉 집단의 발전의 목적이 개인의 발전이 되는, 자유로운 개인들의 연합으로서의 개방적 어소시에이션)들을 아래로부터 구성해가는 이행과정에서 인드라망과 같은 형태로 '창발'하게 될 것이다.

7) 다중지능적 네트워크로서의 개인과 다차원적 어소시에이션

이런 형태의 창발을 앞당기기 위해서는 두 가지 형태의 주체적 혁신이 먼저 필요하다. 그 하나는 그 자체가 <다중지능적 네트워크>라고 할 수 있는 개인적 차원에서의 주체성의 혁신이며, 다른 하나는 이렇게 혁신된 개인들 간에 <협력적 네트워크>를 다층적으로 구성하는 것이다. 달리 말하면 전자는 개인 내부에서의 제 능력들 간의 협력과 소통을 풍부하게 발전시키는 것이며, 후자는 개인들 간의 사회적 협력과 소통을 다층적으로 활성화시키는 것이다. 이 두 차원의 협력과 소통의 확장이 <마음의 정치학>의 주요 과제라고 요약해볼 수 있겠다(「제3세대 인지과학과 '신체화된 마음의 정치학」).

(1) <다중지능적 네트워크로서의 개인>에게 내재한, 환원 불가능한 여러 능력들은 들뢰즈가 주장하듯이 무작위적으로 작동하는 것이 아니라 칸트의 비판철학의 관점에서 다음의 그림과 같은 형태로 연결된 순환회로를 구성한다고 생각된다. 칸트에 의하면, 과학적 탐구에 사용되는 주요 능력들은 상호결합된 오성과 감각기관이라면, 윤리적-실천적 행위에 사용되는 주요 능력들은 상호결합된 이성과 욕망인 데 반해, 미학적 판단에 필요한 반성적 판단력

13_ 강내희, 「코뮌주의와 문화사회」, 『문화/과학』 50호, 2007년 여름, 67-72쪽.

과 감정은 우리의 심적 능력들 전체가 과학적 탐구와 윤리적 행위라는 두 극단으로 대립/분열되지 않도록 매개해주는 역할을 담당하고 있다. 그런데 이 미(학)적 판단의 매개의 절차에도 세 차원이 구별된다. 먼저 감각-감정-욕(구) 망의 가장 단순한 결합이 직접적인 <감각적 쾌>를 가져오는 데 반해, <미적 만족>은 반성적 판단력-감정-오성-감각의 보다 복잡한 결합을 필요로 한다.

그에 반해 생태학적인 <숭고의 경험>은 반성적 판단-감정-이성-욕망의 결합체라는 다른 만남을 요구한다. 이 세 가지 차원의 매개-절합을 통해서 우리 내부의 제반 능력들은 고립 분산을 넘어서서, 하나의 연결망 내에서 순환하게 된다. 그 연결이 선-순환(Virtuous Circle)을 이룰 수 있는 순서는 다음과 같다: ① 감각적 만족 ② 미적 경험 ③ 생태적 경험 ④ 윤리적-비판적 탐구 ⑤ 과학적 탐구의 확장. 이 순환 회로를 다이어그램으로 그려보면 아래와 같다.[14]

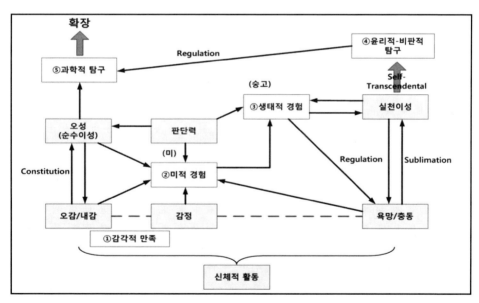

<제 능력들 간의 순환적 연결망>

14_ 심광현·노명우·강정석, 『미래교육의 열쇠, 창의적 문화교육』, 살림터, 2012, 199쪽.

19세기 이후 심화된 근대과학과 근대철학의 분리/대립은 과학적 탐구와 윤리적 탐구 간의 분리/대립을 심화시켜 왔고, 그 과정에서 <감각적 만족-미적 경험-생태적 경험>으로 구성된 미학적 사고와 감성적 경험의 능동적 역할을 주변화시켰고, 심지어는 배제시켜 버렸다. 그 결과로 이론과 실천의 분리 역시 심화되었으며, 이론과 실천 어느 쪽에서도 미적/예술적 차원은 무시되었다. 이렇게 되면 다중지능적 네트워크로서의 개인의 존재론적 두께는 사라지고, 집단지성의 발전형태인 과학에 필요한 지능(IQ)을 지녔는지의 여부와 집단적 윤리/정치에의 적합성 여부를 판단하는 이분법이 판을 치게 된다. 역사적 자본주의와 역사적 사회주의는 이런 형태로 개인들을 자본 관계나 국가권력 내의 종속적 요소로 격하시켰다. 이런 요소환원주의적 개인 관은 맑스가 <포이에르바흐 테제>에서 강조했던, 능동적이고 감성적인 활동의 주체, 사회변혁의 주체로서의 인간관과 합치될 수 없다. 이런 그릇된 개인관을 넘어서기 위해서는 <다중지능적 네트워크>이자 <지성과 감성의 변증법적 주체>로서의 개인관을 복원시킬 필요가 있다(맑스를 칸트-벤야민과 결합시키고, 이를 다시 다중지능이론과 인지과학과 접목시킬 필요가 여기에 있다).

물론 위와 같이 각 개인에게 잠재된 ①에서 ⑤에 이르는 여러 가지 경험과 사고의 선-순환이 가능하다는 것은 단적으로 <전인全人>이 된다는 것을 뜻하는 것이기도 하다. 각 개인이 이런 전인이 되어야 한다("전면적 발달"을 이루어야 한다)고 주장하는 것은 맑스의 사상을 푸리에 식의 유토피아주의로 퇴행시키려는 것이 아닌가라는 의문이 들게 할 수도 있다. 하지만 이런 판단은 푸리에나 맑스 시대와 21세기 간의 거대한 격차를 무시한 데서 비롯된다고 본다. 그들 시대에는 없었던 두 가지 제도적 기반, 즉 <보편교육>과 <유비쿼터스 컴퓨팅에 의해 실현된 집단지성>이라는 두 가지 기반은 <전인>의 이상이 결코 실현 불가능한 것이 아님을 알게 해준다. 물론 이 두 가지 제도적 기반은 현재까지는 각 개인을 <전인>과는 반대 방향으로 몰아가는 방식으로 작동하고 있지만 말이다. 그러나 교육과정을 포함한 교육체제 전반을 <학생들의 전면적 발달>을 촉진하는 방향으로 혁신하고(혁신교육), 집단지성을 비자본주의적으로 활용하여 개인들 간의 다차원적 협력을 활성화시키는 방안(협력교육)을 적극적으로 추진한다면 과거와는 다르게 다수의 사람들이 <전인>의 이상에 매우 가깝게 다가설 수 있게 될 것이라고 생각된다. 교육혁명이 정치혁명에 선행해야 하는 이유도 여기에 있다.[15]

(2) 이렇게 잠재된 능력들을 주체적으로, 그리고 상호협력을 통해 전면적으로 발달시키는 개인들은 자연스럽게 다차원적인 어소시에이션을 발전시킬 수 있을 것이다. 우리는 이를 <자유-평등-연대의 가치를 '체화'한 개인들 간의 경제적-문화적-과학적-윤리정치적 어소시에이션>이라고 부를 수 있다. 이는 맑스가 말한 <자유로운 생산자들의 평등한 연합>의 개념을 인지과학적으로 구체화한 것이다. 흔히 '자유, 평등, 우애'는 프랑스 혁명을 상징하는 부르주아적 이념으로 이해되어 왔다. 자본주의적 시장의 행위자로 간주되는 원자적 개인들 간의 등가적인 평등, 혹은 신분으로부터의 형식적 평등, 무제한적인 경쟁의 자유, 약자에 대한 보호와 같은 의미에서의 우애의 개념이 그러하다. 그러나 자유-평등-우애를 이렇게 제한적이고 형식적으로 이해하는 것은 앞서 말한 각 개인의 잠재력의 전면적 발달이라는 다중지능적 네트워크로서의 개인의 개념과 충돌한다. 맑스에게서 코뮌주의적인 자유, 평등, 연대는 제한적, 형식적인 부르주아적 지평을 넘어서는 전면적이고 실질적인 의미를 함축하고 있다. 이 경우는 개개인의 인간적 잠재력의 전면적 발달이라는 개념과 합치한다.

<자유와 평등과 연대>는 본래 인류가 '협력의 진화'[16]를 통해 성취한 최

15_ 같은 책을 참고할 것.
16_ 그 동안 우리 사회에 만연된 가장 잘못된 선입견 중의 하나는 <협력을 통한 상호

상의 가치범주라고 할 수 있다. 그럼에도 불구하고 이 가치 범주들이 제한적이고 형식적인 의미를 지닌 상투어로 전략된 것은 단지 부르주아 이데올로기에 의한 왜곡의 결과이다. <자유-평등-연대의 가치범주>를 이런 전략과 왜곡으로부터 구출하고, 개개인의 잠재력의 전면적 발달과 합치될 수 있는 집단지성의 전면적 개화를 인도하는 집합적 이념을 복원시키는 일은 <마음의 정치학>의 주된 과제의 하나이다.

발전>은 불가능하다는 <미신>, 또는 달리 말하면 <만인에 대한 만인의 이기적 경쟁>은 불가피한 자연적 조건이라는 믿음이다. 그런데 이런 믿음이 미신에 불과하다는 사실은 <죄수의 딜레마>를 풀기 위한 로버트 액설로드의 유명한 연구 『협력의 진화』(1984, 초판)를 통해 이미 확인된 바가 있다. 액설로드에 의하면 "이기심이라는 가정은 사실, 상대에 대한 배려를 가지고는 언제 협력하고 언제 협력하지 말아야 하는가 하는 문제를 완전히 해결할 수 없기 때문에 하는 하나의 가정일 뿐이다"(로버트 액설로드, 『협력의 진화』, 이경식 역, 시스테마, 2009, 29쪽).
그는 이 가정으로 인해 야기되는 모두에게 손해가 되는 근본문제를 풀기 위해 상대방이 어떤 선택을 하는지 모르는 상황에서 <협력 또는 배반>이라는 두 가지 행동만을 선택할 수 있는 <죄수의 딜레마 게임>이라는 실험을 수행했다. 다양한 실험 결과 횟수가 정해진 게임이라면 양쪽 모두 배반을 선택하게 되지만, 참가자들이 무한하게 경기를 치를 경우에는 오히려 협력을 선택하게 된다는 사실이 확인되었다. 이에 따라 액설로드는 협력이 가능하게 되는 정확한 필요충분조건을 찾아 왔는데, <팃포탯Tit for Tat, "눈에는 눈 이에는 이"> 전략이 바로 그것이다. <팃포탯>은 첫 게임에서는 협력을 하고 그 다음부터는 항상 상대가 바로 전에 한 대로 하는 전략으로서 이는 항상 배반의 원칙을 고수하는 <올디 All D>와 대비되는 전략이다. 그는 다양한 실험을 통해서 중앙권위체 없이도 이기주의자들의 세상에서 협력이 정말 창발되어 전자가 후자에 비해 상호이익을 증대하는 전략임을 입증했는데, 그 특성을 네 가지로 정리하고 있다. 1) 상대가 협력하는 한 거기에 맞춰 협력하고 불필요한 갈등을 일으키지 말 것, 2) 상대의 예상치 않은 배반에 응징할 수 있을 것, 3) 상대의 도발을 응징한 후에는 용서할 것, 4) 상대가 나의 행동 패턴에 적응할 수 있도록 행동을 명확히 할 것이 그것이다. 그리고 그는 협력이 세 단계를 거쳐 진화할 수 있다는 점을 확인했다.
1) 무조건적으로 배신만 하는 세계에서도 협력은 싹틀 수 있다. 아주 작은 대가성 협력을 바탕으로 상호작용하는 무리가 있다면 이들로부터 협력이 진화할 수 있다.
2) 호혜주의를 기초로 한 전략이 수많은 전략들이 난무하는 세상에서 살아남는다.
3) 협력이 호혜주의를 원칙으로 안착되면 덜 협력적인 전략들에 맞서 스스로를 지켜낼 수 있다는 것이다. 사회 진화의 톱니바퀴는 역회전을 방지하고 앞으로만 돌아가게 하는 '미늘'(ratchet)이 있다(로버트 액설로드, 같은 책, 36-44쪽).

그런데 여기서 <자유-평등-연대의 이념>의 전면적이고 실질적인 의미를 복원하는 일에 더하여 이를 <체화>하는 일이 더 중요하다는 점을 짚고 넘어갈 필요가 있다. 대중은 자유-평등-연대의 이념을 '인식'하기만 하면 그렇게 행동할 수 있는 '텅 빈 주체'가 아니다. '체화'(embodiment)가 쉽지 않은 것은 인간이 복잡한 감정과 욕구를 가진 동물이기 때문이다. 아직도 잔존하는 봉건적-가부장적 지배양식과 부르주아적 지배양식의 중첩은 가족과 학교, 미디어와 교회 등의 다양한 이데올로기적 장치를 통해 복종심과 무기력, 불안과 공포, 질투심과 향락의 욕망들로 점철된 감정적 주체를 양산하고 있다. 이런 예속적 감정을 비워내고 자유와 독립심, 모험과 용기, 평화와 사랑에 대한 감정으로 충만한 새로운 주체로 거듭나는 데에는 지속적인 실천적 노력들이 요구된다. 이런 점에서 수동적-반동적 감정으로 물든 주체가 어떻게 능동적-진보적 감정으로 충만한 주체로 거듭날 것인가의 문제는 '각성의 정치'만이 아니라 '감정의 정치', '인식의 정치'만이 아니라 '체화의 정치'라는 더 확장된 '프레임'을 요구한다는 얘기가 된다. 이런 관점은 '인간 주체'에 대한 상의 변화를 요구한다. 인간은 관념론자들이 주장하듯이—데카르트적인 사유하는 정신의 명령으로 좌지우지되는—정신-기계의 이분법으로 분할된 주체가 아닐 뿐만 아니라 들뢰즈/가타리가 주장하듯이 단지 다양체적 차이들로 분산된 분자적 존재이기만 한 것만도 아니다. 관념론적 동일성의 논리도 자연주의적 차이의 논리도 인간 주체의 역설적 성격, 즉 지적-정서적-신체적-윤리적 차이들의 복합적 연결망으로서의 주체, 여러 유형의 선험적 형식들(감성적, 지성적 형식들)과 자연적, 사회적 경험 속에서 수용된 타자들 간의 역동적 관계들의 결절점으로서의 주체의 역설적 특성을 제대로 파악하지 못한다. 인간 주체는 동일성의 논리와 차이의 논리의 양자택일이 아니라 양자의 변증법적 '절합'을 통해서만 제대로 파악될 수 있다. 이 변증법이 없다면 주체 내부의 갈등이나 충돌도 없으며, 주체 형태의 변화도 불가능할 것이다. 인간 주체는 내부에서 여러 '자가'들이 끊임없이 싸우고 있는 일종의 전쟁터라고도 할 수 있다. 헤겔의 '주인과 노예의 변증법'이나 니체의 '초안'은 주체가 항상 긴박한 전쟁 상태에 처해 있음을 단적으로 표현해 주고 있다. 그러나 이들은 절대정신이라는 인식적 주체 혹은 초인적 의지의 주체라는 일방에게 손을 들어줌으로써 감각적-감정적 주체를 억압했고, 억압된 것의 복귀로 치러야 할 엄청난 대가를 외면했다. 맑스 역시 계급적 주체들 간의 전쟁에만 주목했지 주체 내면의 전쟁은 간과했다.

이런 역사적 오류들에서 벗어나기 위해서는 내적으로는 여러 형태의 주체들 사이에서 그리고 외적으로는 타자들 사이에서 균형을 잡고, 공생할 수 있는, 일종의 '줄타기'와도 같은 '주체화'의 길을 찾아내야 한다. 이 길은 관념적, 추상적 개념이 아니라 뼈와 살, 감각과 감정과 욕망을 지닌 인간 주체에 의해 '체화'되고 '살아져야' 한다. 24시간 다양한 감정으로 채색되어 있는 인간 주체가 어떻게 복종심과 불안과 공포와 향락에 매몰된 수동적-반동적 감정에서 벗어나 자유-평등-연대의 이념에 부합되는 능동적-진보적 감정으로 충만하여 자율적으로 행동하며, 상호 연대하는 주체로 거듭날 수 있을 것인가?(「감정의 정치학: '자기-통치적 주체'의 창조를 위한 새로운 문화정치적 프레임」)

푸코는 『주체의 해석학』이라는 말기 저서에서 헬레니즘 시대의 그리스인들과 공화정 시기의 로마인들이 예속적 주체로부터 벗어나기 위해 어떻게 <자기-통치의 기술들>을 끊임없이 발명하고 숙련했는지를 문헌학적 고증을 통해서 자세히 기술한 바 있다. 이런 기술들은 자율적인 자기통치적 주체가 되기 위해 얼마나 부단한 자기-통제의 노력이 필요한가를 잘 보여준다. 그러나 고대 귀족들의 <자기-통치>가 가능했던 노예제와는 다른 대중민주주의사회라는 오늘의 환경 속에서는 그와는 다른 방식의 전면적인 협력적 노력이 필요하다고 본다. 다시 말해서 오늘날 자유-평등-연대에 기초한 민주주의가 사실상 활성화되도록 하기 위해서는 <자기-통치>만이 아니라 <협

력적 상호통치>의 기술들을 새롭게 발명해야 한다. 그럴 경우 귀족화된 소수의 부르주아에게만 잠재력의 전면적 발달이라는 기회, 이를 통한 자아 실현의 기회가 주어질 수 있는 부르주아 사회를 넘어서서 계급적, 성적, 인종적 차별 없이 모두에게 전면적 발달의 기회, 자아실현의 기회가 주어질 수 있는 가능성, 그리고 이런 개인들 간의 협력과 소통이 활성화될 수 있는 가능성이 현실화될 것이다. 이와 같이 <자기통치-협력적 통치의 선순환적 연결망>을 발명해내는 것이 <(개인적-집단적, 창의적-협력적) 마음의 정치학>의 궁극적 과제가 될 것이다. 이런 회로들의 연결망을 다이어그램으로 그려보면 다음과 같다.

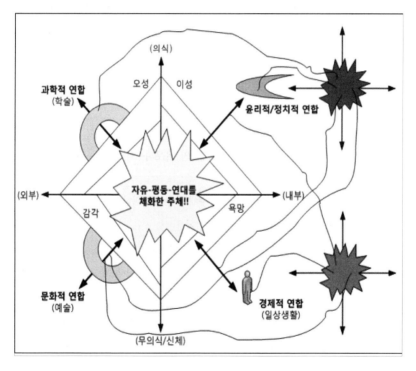

< 자유-평등-연대를 체화한 주체들의 정치-경제-과학-예술적 연합>

마지막으로 이 책에 수록된 글들의 출처를 밝혀둔다. 일부 글들은 책으로 묶으면서 부분적인 첨삭을 가했다.

1. 「칸트-맑스-벤야민 변증법의 현대적 재해석」(현대사상연구소 편, 『변증법』, 현대사상연구소, 2010년 12월)

2. 「맑스주의와 생태주의의 그릇된 반목을 넘어: '생태학적 맑스'와 '세 가지 생태학'의 절합을 위하여」(『문화/과학』 56호, 2008년 겨울)

3. 「68혁명의 문화정치적 모순과 이행의 문제: 19세기 혁명이념의 장기지속과 68혁명의 역사적 의의」(『마르크스주의 연구』, 2008년 제5권 2호)

4. 「맑스적 코뮌주의의 '문화사회적' 성격과 이행의 쟁점」(『문화/과학』 50호, 2007년 여름)

5. 「코뮌적 생태문화사회의 필요조건: 생산양식·주체양식의 공시적 변화」(제3회 맑스코뮤날레조직위원회 편, 『21세기 자본주의와 대안적 세계화』, 문화과학사, 2007)

6. 「21세기 코뮌주의와 문화혁명」(『문화/과학』 53호, 2008년 봄)

7. 「문화사회로의 이행을 위한 교육적 실험: 대안적 생산양식과 주체양식의 선순환 연결고리 찾기」(『문화/과학』 60호, 2009년 겨울)

8. 「19세기의 유토피아에서 21세기의 유토피스틱스로」(『문화/과학』 68호, 2011년 겨울)

9. 「감정의 정치학: '자기-통치적 주체'의 창조를 위한 새로운 문화정치적 프레임」(『문화/과학』 59호, 2009년 가을)

10. 「제3세대 인지과학과 '신체화된 마음'의 정치학」(『문화/과학』 64호, 2010년 겨울)

11. 「통치양식의 문제설정과 새로운 주체 이론의 탐색: 푸코-맑스-칸트-벤야민-인지과학의 '변증법적 절합'」(『문화/과학』 65호, 2011년 봄)

12. 「재난자본주의와 감정의 정치학: 불황과 우울증의 변증법」(한국문화연구학회 2011년 가을정기학술대회, 『재난 자본주의와 정서』, 2011년 10월 14일, 연세대학교 연희관)

2014년 8월 지은이

제 1 부

맑스 사상의 현대적 재해석

01 | 칸트-맑스-벤야민 변증법의 현대적 재해석

1. 들어가며

18세기 말 이후 서양철학에서 '**변증법**'만큼 최대의 철학적-정치적 쟁점으로 떠올랐다가 오늘날에는 단지 공허한 '수사학'의 지위로 전락하여 명맥을 유지하고 있을 뿐인 개념은 유례를 찾기 어렵다. 18세기 이전에 이와 같은 반전의 쓰라린 명운을 겪은 사례를 찾는다면 아마도 플라톤의 '**이데아**'일 성 싶다. 19세기 중반 이후의 서양 철학사는 바로 이와 같이 '부분과 전체의 연관관계로서의 진리(의 작용)'에 대한 탐구라는 공통점을 가지는 두 개념의 철학적 지위 추락과 연관된 다양한 작용과 반작용의 '스캔들'이라고 해도 과언이 아닐 것이다. 오랫동안 불변의 절대적 진리를 상징해온 후자(이데아)에 반하여 전자(변증법)가 진리의 역사성을 급진적으로 부각시켰다면, 20세기에 들어서는 전체로서의 진리가 점차 부분들 간의 상대성 자체에게 자리를 내어주면서 오리무중에 빠져 들었고, 20세기 후반에는 그 빈 자리를 다양한 '이론적 스캔들'이 차지하고 있는 것이 작금의 현실이라고 생각된다. 특히 20세기 후반 이래 세계적으로 확산된, '전체(로서의 진리)'에 대한 탐구는 더 이상 가능하지 않을 뿐 아니라 유해하다고 보는 견해(각종 '포스트' 주의)는 자본주의에 대한 '대안은 없다'(TINA: There is no alternative)는 신자유주의 이데올로기와 맞물린 정치적 좌절감과 짝을 이루어 왔다. 그러나 이 짝패는 오늘날 신자유주의의 위기 및 해체와 더불어 다시금 급증하고 있는 정치적 대안에 대한 요청들과 '전체'에 대한 이론적 관심에 의해 급속하게 허물어지기 시작하고 있다. 거시적으로 보면, 전체에 대한 관심과 부분에 대한 관심은 서로 상반된 흐름을 이루면서 일련의 주기적 반복을 보여주고 있음을 짐작할 수 있다. 왜 이와 같은 반복과 주기가 나타나는가?

전체에 대한 이론적 탐구와 그에 대한 이론적 반작용, 그리고 다시 후자에 대한 반작용은 단순히 20세기 후반에서 근래에 이르는 최근의 현상만이 아니라 19세기 이래로 주기적 반복을 이루어 왔는데, 더 거슬러 올라가면 고대에서 중세, 중세에서 근대로의 이행기마다 이런 주기적 반복을 발견할 수 있다는 것이 이 글의 기본적인 가설이다. '전체로서의 진리'에 대한 요청이 증대하는 것은 새로운 시대로의 이행이 준비되고 급격한 이행이 이루어지는 과정과 상응하는 반면, 전체로서의 진리에 대한 거부가 증대하는 것은 한 시대가 정점에 달한 이후 해체되어 가는 과정과 상응한다고 보자는 것이다. 조반니 아리기가 『장기 20세기』에서 해명한 바와 같이, 16세기 이후 자본주의 세계체계는 네 차례의 헤게모니 교체 과정에서 실물적 팽창과 금융적 팽창을 반복해 왔는데, 전체로서의 진리에 대한 거부는 금융적 팽창기에, 전체로서의 진리에 대한 탐구는 금융 팽창기가 해체되고 새로운 실물적 팽창으로 이행해 가는 과정에서 나타난 혁명적 변화와 상응하여 발전했다가 새로운 헤게모니로 이행이 완료되고, 실물적 팽창이 가속화되는 시기가 되면 서서히 소멸하는 방식으로, 세계체계의 순환적 운동과 사상의 주기적 운동이 겹쳐서 진행되어 왔다고 보자는 것이다. 이런 현실 역사와 사상의 역사의 순환적인 주기적 운동을 다이어그램으로 그려보면 다음과 같다.[1]

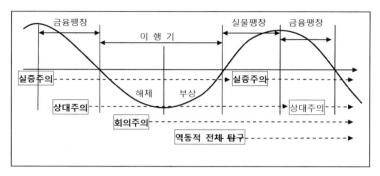

<자본주의 세계체계의 축적 순환과 사상의 주기>

이런 가설에 입각해서 18세기 말 이후 '부분과 전체의 역동적 연관관계로서의 진리'에 대한 현대적인 탐구의 사상사라고 할, 변증법 사상의 역사적 궤적을 요약해 보면 다음과 같다.

1) 네덜란드 헤게모니가 금융적 팽창국면으로 접어든 18세기 중반 이후 등장한 계몽주의 사상은 루소의 낭만주의와 버클리나 흄의 회의주의로부터 자극을 받은 칸트가 '코페르니쿠스적 전회'를 통한 이성의 자기비판에 의해 전체의 인식에 대한 탐구가 이성에 내재된 제거할 수 없는 요청이지만 이를 경험의 한계를 넘어 과도하게 추구할 경우 이성은 필연적으로 이율배반에 처하게 된다는 점을 지적하는 '변증법적 논리'를 새롭게 부각시키면서, 경험주의와 상대주의에 의해 밀려났던 전체에 대한 탐구를 새로운 과제로 삼게 된다. 프랑스 혁명을 전후로 완간된 칸트의 '삼대 비판서'는 봉건적 상태에 머물던 낙후된 독일에서 정신적 혁명의 기폭제가 되며, 변증법은 현실의 소여를 넘어서려는 비판적 사유의 논리를 발견해내려는 철학의 대명사가 된다.

2) 프랑스 혁명과 더불어 가속화된 헤게모니 교체기에 '전체에 대한 탐구'

1_ 자본주의 세계체계의 역사에서 실물적 팽창과 금융적 팽창이 주기를 그리며 교대된다는 발상은 조반니 아리기가 『장기 20세기』에서 상세히 논증한 바 있다. 조반니 아리기, 『장기 20세기』, 백승욱 옮김, 그린비, 2008, 390쪽.

는 독일에서 쉴러와 피히테, 횔더린 등을 통해 혁명적 열정으로 불타올랐다가 프랑스 혁명이 좌절되자 칸트가 열어놓은 비판적 계몽주의의 길 대신 낭만주의의 길로 선회하며, 1815년 이후 영국 헤게모니가 확립되고, 유럽이 다시 절대왕정 체제로 복귀함에 따라 현실 순응의 길을 밟게 되면서 막을 내리게 된다. '예비학'에 머물렀던 칸트의 이성비판을 변증법적 논리학으로 발전시켜 체계화시킨 헤겔 철학은 1789년-1830년에 이르는 이와 같은 변화의 과정 전체를 정확히 반영한다고 볼 수 있다. 헤겔 변증법은—프랑스 혁명이 유럽으로 확산되던—청년기에는 혁명적 성격을 취하고 있다가 중기 이후에는 이를 상실하고 현실변호적 논리로 전환된다.

3) 그러나 1830년에서 1848년 사이에 다시금 혁명의 열기가 유럽 전체를 휩쓸면서 사회주의-공산주의 운동이 확산되는 가운데, 전체 연관에 대한 탐구가 새로운 방식으로 부상하는데, 맑스의 청년기 혁명적 사상이 이 영향 속에서 태동한다. 맑스는 헤겔의 관념론과 포이에르바흐의 유물론을 동시에 비판하면서 자신의 독자적인 변증법적 논리를 발전시키지만 이를 칸트와 헤겔처럼 철학적 체계로 기술하는 대신, 자본의 정치경제학에 대한 비판으로 전환하여 전개시키는 데 여생을 바치게 된다. 그러나 맑스가 『자본』을 완성할 당시에는 시대정신은 실증주의의 여파 속에서 상대주의가 판을 치기 시작하는 시대로 접어들면서 '전체 연관에 대한 탐구'로서의 변증법은 영향을 상실하게 된다.

4) 그러나 변증법에 대한 탐구는 20세기에 들어 레닌과 러시아 혁명을 통해 다시 부활하며, 알튀세르와 사르트르를 끝으로 막을 내린 후 1970년대 이후 등장한 다양한 '포스트' 주의들에게 자리를 내주게 된다. 그런데 20세기 전반부의 변증법의 부활은 맑스 변증법의 부활이라기보다는 헤겔 변증법의 부활이라는 특징을 가진다. 이는 레닌의 헤겔 해석에 입각한 소비에트 당국의 '공식화'의 대세에 따른 것이라고 할 수 있지만, 이에 대한 비판이

없었던 것은 아니다. 칼 코르쉬, 벤야민, 아도르노, 모택동, 알튀세르, 그리고 1990년대에는 가라타니 고진이 맑스 변증법과 헤겔 변증법의 차이를 규명하기 위해 노력했다. 그러나 이들의 작업이 적극적인 성공을 이루지 못한 것은 무엇보다도 헤겔과는 다른 방식으로 부분과 전체의 역동적 연관관계를 파악할 수 있는 분명한 대안을 제시하지 못했기 때문이다. 하지만 이 과정에서 벤야민과 알튀세르, 가라타니 고진이 예외적이며 독보적인 성과를 남겼다는 점이 간과되어서는 안 된다. 이들의 작업은 21세기에 걸맞은 변증법의 새로운 문제틀을 구성하기 위한 출발점이 되기 때문이다.

본문에서 그 이유를 상세히 다루겠지만, 이들 각각은 맑스 변증법을 발전시키는 데 있어서 맑스와 칸트의 관계를 적극적으로 규명하지 못했다는 점에서 중요한 한계를 갖고 있다. 우선 벤야민은 헤겔에 대한 대안으로 칸트를 주목했으나 칸트와 맑스를 적극적으로 연결하는 데에는 이르지 못하고, 이를 "미래철학의 과제"로 남겨두었다. 알튀세르는 청년 맑스가 헤겔보다는 오히려 칸트와 피히테에 가깝다는 점을 올바로 지적하기는 했으나,2 맑스 변증법의 재구성을 위해 칸트의 입론을 적극적으로 사용하지는 않았다. 오직 가라타니 고진만이 칸트와 맑스를 명시적이고 적극적인 방식으로 연결하는 데 성공했다. 그러나 고진의 경우에도 칸트와 맑스의 연관관계를 묶어주

2_ 루이 알튀세르, 『마르크스를 위하여』, 고길환 · 이화숙 역, 도서출판 백의, 1990. "「마르크스주의와 휴머니즘」이라는 글에서 간단히 언급했듯이 [맑스의] 철학 시기의 저작들은 칸트-피히테적 유형의 문제틀을 전제로 하고 있다. 반대로 두 번째 시기의 저술들은 포이에르바흐의 인류학적 문제틀에 근거하고 있다. 헤겔적 문제틀이 절대적으로 독특한 한 저술, 즉 『44년 수고』에 영향을 끼치고 있는데, 『44년 수고』는 헤겔적 관념론을 엄격한 의미에서의 포이에르바흐의 의사 유물론으로 전복시키는 일을 가차없이 시도하고 있다. 그래서…엄밀히 말해서 청년 마르크스는 결코 헤겔주의자가 아니었으며 처음에는 칸트-피히테주의자였고, 나중에는 포이에르바흐주의자였다는 그런 역설적 결과가 나오는 것이다. 그러므로 청년 마르크스가 헤겔주의자였다는 테제는 오늘날 널리 알려져 있지만 일반적으로는 하나의 신화이다. …마르크스가 헤겔에게 가까이 다가가기는커녕 줄곧 헤겔에게서 멀어져 갔다는 것을 인식해야 할 것이다"(38-39쪽).

는 핵심 개념으로 '비판' 개념을 사용했지만, 이런 발견을 변증법의 논리를 재구성하는 쪽으로 발전시키지는 않았다. 그러나 비판 개념 그 자체가 부분과 전체의 역동적 연관 관계를 모두 드러내주는 것은 아니라는 점에 가라타니 고진의 한계가 있다. 이런 점에서 칸트와 맑스를 연결하는 작업 자체는 완결된 것이 아니라 시작에 불과한 형편이다.3

맑스 사후 맑스주의의 발전과정에서 맑스의 '변증법'은 가장 핵심적인 논제임에도 불구하고 정작 그 본질적 내용에 대해서는 많은 오해가 야기되어 왔다. 알튀세르의 획기적인 해석(『자본 읽기』[1965]) 이후에도 여전히 헤겔 변증법의 위력에 눌려 맑스 변증법의 독특성에 대한 연구는 활성화되지 못했다. 특히 맑스주의가 세계적으로 퇴조하게 된 1980년대 이후에는 관련 연구조차 거의 중단되고 있는 형편이다. 이런 귀결은 많은 문제를 야기할 수밖에 없는데, 맑스의 변증법은 무엇보다 세계의 역동적이고 복합적인 "전체 연관"에 대한 탐구, 이론과 실천, 자연과 사회와 인간 주체 간의 역동적이고 복합적인 상호작용의 전체 연관에 대한 탐구를 위해서는 없어서는 안될 길잡이 역할을 하기 때문이다. 맑스에게 역동적이고 복합적 전체 연관에

3_ 필자는 「칸트와 들뢰즈를 경유한 맑스: 문화사회의 인식적 지도 그리기」(제1회 맑스코 뮤날레조직위원회 편, 『지구화시대 맑스의 현재성 I』, 문화과학사, 2003)라는 글에서 맑스를 칸트와 들뢰즈를 통해 보완하려는 시도를 한 바 있지만, 당시에는 변증법 개념 의 정교한 작동 양상 분석보다는 복잡계 네트워크 이론을 통한 사회구성체론의 재구성 에 치중했을 뿐이다. 이런 점에서 당시 사용한 '변증법적 절합적 배치'란 용어는 선언적 의미 이상을 갖지 못한다. 같은 시기에 제출된 김경수의 「리좀 변증법의 구상: 맑스와 들뢰즈」(위와 같은 책에 수록, 2003) 역시 맑스의 '비사변적 변증법'과 들뢰즈의 리좀 이론의 '절합' 가능성을 탐색했지만, 맑스 변증법의 고유한 작동 양상을 상세히 분석하 는 데에는 이르지 못했다. 하지만 김경수의 글에는 맑스 변증법이 리좀적으로 운동하 는 시공간의 (복잡한) 지형학이라는 관점에서 새롭게 파악되어야 한다는 소중한 문제 의식이 담겨져 있고, 이는 칸트와 들뢰즈와 맑스를 복잡계 네트워크의 관점에서 연결 하려던 필자의 시도와도 공명하는 것이다. 이런 의미에서 필자의 이번 논문은 2003년 의 필자와 김경수가 시도했던 구상을 변증법 개념의 구체적인 작용 메커니즘을 중심으 로 새롭게 발전시켜 보려는 시도라고 할 수 있다.

대한 탐구의 다른 이름인 <변증법>에 대한 현대적 탐구의 중단은 오늘의 자본주의 세계체계의 역동적(모순적)이고 복합적인 전체 연관에 대한 비판과 대안에 대한 탐구의 중단은 물론 유례없이 복잡해지며 확장되고 있는 자연과학-사회과학-인간과학들 간의 전체 연관에 대한 탐구의 중단으로 이어져 왔다.

그러나 역설적으로 맑스주의가 이 복합적이고 역동적인 전체 연관에 대한 탐구를 중단하기 시작한 바로 그 시기에 서구 주류 학계에서는 20세기 중반에 발전된 사이버네틱스와 생태학 및 정보과학과 인류학 등 제 학문 간의 협력을 통해서 복합적이고 역동적인 전체 연관에 대한 새로운 탐구라고 지칭하게 된, <복잡계 과학>에 대한 연구가 출범했다는 사실(1984년 '복잡계 과학'의 체계적 연구를 위한 <산타페연구소>의 출범)에 주목할 필요가 있다. 필자가 다른 글에서 밝혔듯이 <복잡계 과학>은 21세기 제 학문 간 '융복합' 혹은 '통섭'을 추동하는 새로운 통합학문적 패러다임이며, 이 새로운 통합학문적 과제는 21세기에 들어서는 정부와 기업이 주도하며 대학이 적극 참여하는 관-산-학 연계 프로젝트의 형태로 NBIC 혹은 GNR이라는 화두로 집약, 표명되고 있다.[4] 그 동안 모든 학문 연구가 자연에 내재하는 물질-생명-정신을 '주어진 조건'으로 파악하고 그 작용 구조를 해명하려 노력해 왔던 것과는 차원을 달리하여, 이 새로운 연구 프로젝트는 과학기술에 의해 인공적으로 물질(Nano-science), 생명(Genetics), 정신(Robotics)을 창조해냄과 아울러 나노과학-생명과학-인지과학/로봇과학의 계기적 상호작용을 촉진하여 인간과 대등하거나 혹은 인간을 능가하는, "포스트-휴먼 사이보그"를 창조하려는 전대미문의 목표를 설정하고 있다. 이런 목표가 제대로 실현될지는 두고 봐야 하겠지만, 이 프로젝트는 적어도 다음과 같은 점에서

4_ 심광현, 『유비쿼터스 시대의 지식생산과 문화정치』, 문화과학사, 2009, 63-211쪽.

헤겔적 절대정신의 21세기 버전에 해당한다고 생각된다.

(1) GNR 프로젝트는 과학적 이론의 힘으로 자연을 '재창조'하려 한다는 점에서 이를 테면 '신의 과업'에 도전하는 셈이라고 할 수 있다. 이는 사유의 운동을 현실 운동의 근본 동력으로 파악하고, 자기 시대에 인류가 절대정신에 도달함으로써 역사가 종말에 이르렀다고 보았던 헤겔의 형이상학적 야심과 유사하다.

(2) 21세기 과학의 핵심 동력을 지칭하는 GNR 프로젝트는 G-N-R이 나선형으로 꼬리를 물고 발전하게 되면 2040년대에는 인간을 능가하는 사이보그 시스템이 출현하여 자연과 사회를 포함하는 세계적인 전체 연관의 흐름을 주도하게 되면서 모든 것이 인간의 손을 떠나는 특이점에 도달할 것으로 예상하고 있다. 이 지점에서 헤겔과 GNR의 차이가 드러나는데 헤겔은 인간(철학자인 자신)이 절대정신에 도달할 수 있다고 보았던 것과 달리 GNR에서는 특이점에 도달하는 것은 인간이 아니라 포스트-휴먼 사이보그 시스템 자체라고 본다.(그러나 헤겔의 '절대정신' 역시 엄밀히 말하자면 개인적인 주관정신이 아니라 주관정신과 객관정신의 통일적 지양을 지칭한다는 점에서 '특이점'에 도달하는 사이보그 시스템 자체도 일종의 절대정신인 셈이라고 할 수 있다.)

이 두 가지 특징을 결합해 보면, 양자는 모두 <이론(주관정신, 학문간 융복합 설계)→실천(객관정신, GNR 프로젝트 실험)→새로운 이론(절대정신, 포스트-휴먼 사이보그 시스템으로 집약된 통합과학)>이라는 흐름을 가정하고 있는 셈이다. 그러나 <이론-실천-이론>이라는 과정은 실제로는 <실천-이론-실천>의 과정을 '전도'시킨 것에 다름 아니라는 사실을 간과해서는 안 된다. 이 점이 바로 맑스가 헤겔 변증법에 대해 철저한 비판이 필요하고, 또 헤겔 변증법의 '전도'가 필요하다고 보았던 지점이다. 헤겔이나 GNR 프로젝트는 실제로는 [실천(1)]-이론(a)-실천(2)-이론(b)-[실천(3)]이라는 더 복잡한 전체 연관의 상호작용적 과정 중에서 이론적 연구의 전제가 되고 있는 [실천(1)]과 연구의 궁극 목표인 [실천(3)]을 '삭제'한 것이라고도 할 수 있다. 바로 이와 같은 삭제가 헤겔과 GNR 연구의 무의식을 구성하는 이데올로기적 지반을 이루고 있다. 이때 [실천(1)]은 인간과 자연 일반에 대한 국가-자본의 통제력 제고를 위한 기술/조직 혁신이라는 동기이며, [실천(3)]은 종국적으로 국가-자본 권력의 영구한 공고화라고 요약할 수 있을 것이다.

맑스는 제반 이론들이 암묵적으로 근거하고 있는 이런 이데올로기적 지반을 해체하고, 실천이 모든 이론적 연구의 전제이자 도달점이라는 점을 명시하면서 <실천-이론-실천'>으로 나아가는 새로운 변증법을 탐구하고자 했다(노동자-민중에 대한 국가-자본의 착취와 수탈이라는 자본주의적 현실이 실천의 출발점이라면, 혁명적 변혁에 의한 자본주의의 극복이 실천적 도달점일 것이다). 절대정신의 21세기 버전이라고 할 포스트-휴먼 사이보그 프로젝트가 관-산-학 협력 시스템에 의해 적극 추동되고 있는 오늘의 시점에서 헤겔에 대한 맑스의 비판을 상기하면서 맑스 변증법의 독특성에 대한 적극적 이해와 동시에 맑스 변증법과 21세기의 새로운 과학과의 상호연관성에 대한 현대적 재해석이 시급한 이유가 여기에 있다.

이런 취지에서 이 글은 다음과 같이 구성될 것이다. (1) 맑스 변증법의 독특한 구조를, 칸트의 변증법과 비판철학의 기본 개념과 비교하고, 퍼스가 발견한 가추법과 그레고리 베이트슨의 인식론, 발터 벤야민의 정지상태의 변증법 등과의 상호연관 속에서 현대적(시각화 방법)으로 재해석하고, (2) 맑스의 변증법적 탐구가 드러내고자 했던 '자본주의의 모순적인 역동적 전체 연관—알튀세르가 최초로 포착했으나 충분히 명시화하지 못했던—이 복잡계 과학과의 비교를 통해 새롭게 설명될 수 있고, 『자본』이 서술한 자본주의 생산양식의 복잡한 순환 회로가 "시스템 다이내믹스"에 의해 이론적으로

'시각화'될 수 있다는 점을 보이고자 하며, 이런 방법이 맑스 사상의 현대화와 대중화에 어떻게 기여할 수 있는지를 살펴보고, (3) 나아가 이런 해석이 21세기 맑스주의의 과학적-철학적 과제와 전망을 새롭게 가늠하는 데 어떻게 기여할 수 있을지를 파악해 보고자 한다.

2. 칸트의 '초월론적'(transzendental) 비판과 변증법 개념

50년 전, 루이 알튀세르는 두 개의 구획선을 이용하여 한편으로는 맑스의 사상을 손상시키거나 위협하는 철학적(정치적) 주관주의의 형식들(경험주의, 실용주의, 주의주의, 역사주의 등)과 헤겔주의로부터 맑스를 구별하고, 다른 한편으로는 맑스주의를 휴머니즘 이데올로기로부터 구별하면서 맑스가 수립한 역사과학과 변증법적 유물론의 철학의 고유성을 해명하고자 했다. 그러나 그 자신이 부연했듯이 "이론적 정교화의 관점에서 보면, 이 선례 없는 철학이 여전히 맑스주의 역사과학(역사적 유물론)에 뒤떨어져 있다는 사실"은 알튀세르 자신의 해명에도 동일하게 적용될 수 있다. 그 이유는 알튀세르 자신이 해명했듯이 "위대한 철학적 혁명들은 항상 그것들 속에 '활동하는 위대한 과학적 혁명들에 의해 선행되고 전해지지만, 오랜 이론적 노동과 오랜 역사적 성숙은 그것들이 명확하고 적절한 형식을 획득하기도 전에 요청"되었다는 데서 찾을 수 있을 것이다.[5] 현 시점에서 보면 알튀세르의 획기적인 개입 자체도 여전히 많은 미숙함을 안은 채 '요청'된 방식으로 이루어져서 '명확하고 적절한 형식들'을 보여주지 못했다고 할 수 있다. 그러나 알튀세르가 맑스의 역사과학에 내재한 변증법적 유물론 철학의 명확하고

5_ 알튀세르, 『마르크스를 위하여』, 18-19쪽.

적절한 형식을 찾는 데 실패한 보다 결정적인 이유는 그가 『마르크스를 위하여』의 영어판 서문(1967년)의 말미에 덧붙인 "자아 비판"에서 적절히 지적하고 있듯이, (1) 그 자신이 정치적 실천 안에서 이론과 실천의 통일성 문제, 즉 이런 통일성의 역사적 존재의 일반 형식(계급투쟁의 조직과 방향과 수단과 방법 등)을 검토하지 않았다는 점, 그리고 (2) 그가 맑스가 발견한 새로운 과학과 철학 간의 고유한 구별, 즉 그의 고유한 철학이 무엇인지를 모호하게 남겨두었다는 사실, 다시 말해서 이론적 형식들 안에서 모든 철학 사이의 유기적 관계와 정치학에 대해 반은 침묵하고 있었다는 점에 놓여 있다고 생각된다.

실제로 (1) 정치적 실천 안에서 이론과 실천의 통일성 문제와 (2) 철학과 정치학의 관계라는 문제를 해명하지 않은 채 맑스의 철학적 혁명의 특수성을 규명한다는 것은 불가능한 일이다. 알튀세르의 철학적 개입이 성공하지 못한 이유도 바로 여기에 있다. 맑스는 이미 포이에르바흐에 관한 11개의 테제를 통해 이 두 가지 문제에 대해 명확하게 해명한 바 있다. 그런데 이 두 가지 문제 중에서 두 번째 문제는 「포이에르바흐 테제」(1845년)의 마지막 테제(11번), 즉 "철학자들은 세계를 단지 다양하게 **해석**해 왔을 뿐이다. 그러나 중요한 것은 세계를 **변화**시키는 것이다"라는 구절에 의해서 그 답이 제시되었다는 사실은 너무나 잘 알려져 왔다. 그러나 첫 번째 문제, 즉 세계를 근본적으로 변화시키기 위해서는 무엇을 해야 할 것인가에 대한 답이 3번 테제에 들어 있었다는 점은 알튀세르 자신을 포함해서 대부분의 맑스주의자들이 간과해 왔다. 맑스 사후 맑스주의의 역사는 마치 성배를 찾아 나서듯이 '방법'(알튀세르의 말대로 계급투쟁의 조직과 방향과 수단과 방법 등)을 찾아 헤맨 긴 여정에 다름 아니었다고 해도 과언이 아니라고 본다. 그런데 '등잔 밑이 어둡듯이' 정작 이 '방법'에 관한 중요한 제안이 이미 「포이에르바흐 테제」 3번에 함축되어 있었다면 어떻게 할 것인가?[6]

「포이에르바흐 테제」의 11개 테제의 순서를 논리적 순서로 생각하여 읽게 되면 테제 3번은 테제 11번의 결론에 이르기 위한 예비적 검토로 보이기 쉽다. 그러나 비선형적인 변증법의 관점에서 보면 테제 11번에 대한 답, 즉 세계를 변화시킬 방법에 관한 답을 테제 3번에서 읽어낼 수 있다. 테제 3번은 다음과 같다: "환경의 변화와 교육에 관한 유물론적 교의는 **환경이 인간들에 의해 변화되며 교육자 자신도 교육되어야 한다는 것을 잊고 있다. …환경의 변화와 인간활동의 변화 혹은 자기 변화와의 일치는 오직 혁명적 실천**으로서만 파악될 수 있고 합리적으로 이해될 수 있다." 여기서 '혁명적 실천'이라는 구절을 상투적인 의미에서의 정치적 봉기 형태의 실천이라는 식으로 파악하면 그 앞 구절에 있는 **"환경이 인간들에 의해 변화되며 교육자 자신도 교육되어야 한다"**는 구절의 진정한 의미와 중요성을 놓치기 쉽다. 만일 이 구절이 중요한 의미를 갖지 않는다면, 「포이에르바흐 테제」의 11개 테제의 의미는 단지 포이에르바흐를 포함한 기존 철학들의 관조적 태도를 넘어서서 '감성적 인간 활동'인 '실천'의 중요성을 강조하고, 이 실천이라는 것이 단지 세계의 일부가 아니라 세계 전체를 혁명적으로 변화시키는 실천이라는 점을 강조한 당위적 주장에 다름 아니게 될 것이다. 그러나 나는 이런 표피적 해석과는 다르게 <관조→실천>으로, <세계의 해석→세계의 변혁>으로의 강조점을 이동시키는 맑스의 주장에는 다음과 같은 방법적 제안이 개입되어 있다는 점에 주목하고자 한다. 다시 말해서 세계를 변화시키는 '**혁명적 실천의 요체는 바로 그 실천의 주체인 인간 자신을 교육하는 것이며, 그 과정에서 교육자 자신도 교육되어야한다**는 주장에 있다는 것이다. 이런 관점에서 나는 테제 11번

6_ 심광현, 「문화사회로의 이행을 위한 교육적 실험: 대안적 생산양식-주체양식의 선순환 연결 고리 찾기」, 『문화/과학』 60호, 2009년 겨울, 32쪽. 이 글은 본 책에도 함께 수록되어 있다.

과 3번을 절합하여 다음과 같은 새로운 테제를 제시하고자 한다.

세계를 단지 해석하는 데서 그치는 대신 세계를 진정으로 변화시키기를 원한다면 그 변화의 주체가 되고자 하는 사람 자신부터 새로운 방식으로(즉, "환경의 변화와 인간 활동의 변화 혹은 자기 변화와의 일치"가 이루어지도록) 교육해야 한다.[7]

이와 같이 수정된 테제가 중요하다고 생각하는 이유는 이제까지 많은 이들이 세계를 변화시키기 위해 노력했지만, 환경을 변화시키기 위해 각고의 노력을 기울인 만큼 자기 자신의 변화가 환경의 변화와 일치되도록 스스로를 새롭게 교육하려는 데에 노력을 경주한 것으로 보이지는 않기 때문이다. 정말 유물론적 관점을 지녔다면 역사적 자본주의에 의해 (자연적, 사회적) 환경이 오염된 만큼 그 속에서 살고 있는 자신과 다른 주체들 역시 오염되었다는 사실을 외면해서는 안 될 것이다. 이 사실을 망각하고 자신은 예외적인 존재로 남겨둔 채(변화시키지 않은 채) 환경만을 제도적으로 변화시키려 한다면 이는 결국 고양이에게 생선가게를 맡기는 것과 다름없는 결과를 초래하게 될 따름이다. 20세기 혁명이 실패했던 주된 원인은 바로 이런 단순한 사실에 대해 '맹목적'이었다는 점에서 찾을 수 있다고 본다. 세계를 변화시키기 위해 인간 자신을 새롭게 교육시켜야 한다면, 필연적으로 세계 변화의 과정만이 아니라 주체 변화의 과정이 새롭게 문제시될 수밖에 없음에도 불구하고, 알튀세르는 새로운 주체형성이라는 문제에 도달하지 못했다. 이는 맑스가 새로운 주체 형성(교육)의 문제를 제시했음에도 불구하고 새로운 역사과학의 확립에 전 생애를 바침으로써 전자에 대해서는 답을 제시하지 못했던 것과도 유사하다. 어찌보면 가라타니 고진만이 맑스의 변증법에 대한

7_ 같은 글, 32-33쪽.

재해석을 통해서 새로운 주체형성의 중요성을 인식하고 자본주의를 넘어서
기 위한 윤리적 개입으로서 NAM 운동을 제안한 바 있다. 그러나 M-C-M'
의 회로 밖에 새로운 생산-소비 협동조합운동을 전개하려는 NAM 운동에는
새로운 주체형성을 위한, 자기 및 상호교육 과정이 빠져 있는데, NAM 운동
이 시작된 지 몇 년 안 되어 해체된 것은 맑스의 테제 3번과 같은 자기 변화
를 위한 교육과정이 없이는 새로운 어소시에이션의 구성도 불가능함을 보여
주는 실례라고 할 수 있다. 자본-상품-자본의 회로 속에 있던 개인들이 그
회로 밖으로 나가는 운동을 하기 위해서는 그들에게 오랫동안 '체화'되어
있는 ISA의 관행과 소비자본주의의 생활양식을 통째로 변화시켜 새로운 생
활양식(재생산양식)을 구성하는 방식으로 자아와 타자를 상호변화시키는 새
롭고도 힘든 교육과정을 경과하지 않으면 안 되기 때문이다.[8] 그렇다면 새로
운 주체형성의 방향과 수단과 방법의 출발점을 어디서 찾을 것인가? 오랫동
안 망각되어온 포이에르바흐 테제 3번과 11번의 관계를 이론적-실천적으로
재구성해야 하는 이 과정은 매우 복잡한 절차를 필요로 할 수밖에 없다. 이

8_ 필자가 2002년부터 <문화연대>와 <전교조> 간의 연대를 통해서 새로운 "문화교육
운동"을 전개해온 것은 바로 이 문제에 대한 이론적-실천적 답을 찾기 위함이었다(자
세한 내용은 『이제 문화교육이다』[문화연대 문화교육위원회/심광현 편저, 문화과학사,
2003] 참조; 새로운 주체형성의 방향과 수단 및 방법과 관련해서는 『문화/과학』 59
호~63호 참조). 그런데 가라타니 고진이 "시차적 관점"을 통해 칸트와 맑스를 재연결
하고, 새로운 주체형성을 위한 윤리적 개입을 통해 "차이와 단독자에 기초한 코뮌"의
구성을 모색한 데 반해, 가라타니 고진의 "시차적 관점"을 이용하여 칸트를 오히려
헤겔과 라캉으로 연결하는 지젝은 맑스의 테제 3번의 중요성을 전혀 이해하지 못하고,
자본주의와 다른 삶의 양식을 건설하기 위한 "진정한 문화혁명은 직접적으로 개입들
을 타깃으로 삼아 그들을 '재교육'시키는 것도, '반동적인 태도'를 변화'시키는 것도 아
니고, '대타자' 즉 제도적인 상징체계 속의 지지대를 제거해야 하는 것"이라고 주장하
고 있다(임선애, 「트랜스크리틱과 시차(視差)적 관점: 가라타니와 지젝의 차이」, 『지젝
읽기─현대사상 제6호』, 현대사상연구소, 2010, 99쪽). 그는 여전히 대타자에게 모든
평계를 대고 있는 셈인데, 이는 그가 맑스주의자이기보다는 헤겔주의자라는 점을 보
여주는 지점이며, 가라타니 고진이 공들여 해명한 "시차적 변증법"의 작동을 모호하게
처리하여 무화시키는 지점이다.

복잡한 절차의 첫 출발점이 바로 헤겔 변증법의 화려한 장막에 가려 잊혀져온(동시에 신칸트주의의 왜곡에 의해 찢겨진) 칸트의 비판철학과 초월론적 변증법으로 되돌아가는 것이다.

필자가 새로운 주체형성의 방향과 수단과 방법의 출발점을 칸트에게서 찾을 수 있다고 보는 것은 칸트의 삼대 비판서가 실은 '복잡한 주체성의 회로에 대한 인식지도 그리기'에 다름 아니라고 보기 때문이다. 칸트가 해명하고자 한—그러나 직접 그리지는 않은—'주체성의 인식지도는 2차원 평면에 고착된 정태적 지도가 아니라 4차원적인 시공간의 역동성과 내적 이율배반을 포함한 동태적 지도이고, 그는 이 지도를 그리기 위한 수단으로 오랫동안 사장되어 있던 '변증법'과 '초월론적 비판'이라는 개념을 자기 고유의 방식으로 부활시켰다. 가라타니 고진의 연구가 중요한 것은—비록 그가 주체성의 역동적 지도보다는 '초월론적 비판 개념에만 주목함으로써 새로운 주체형성의 길에 대한 천착으로 나아가지 못했다는 한계에도 불구하고—단도직입적으로 이 사실로 파고들어간 데에 있다.

가라타니 고진은 다양한 유형의 오해를 야기해온 칸트의 '초월론적 비판의 의미를 '트랜스크리틱'이라는 관점에서 새롭게 재해석하면서 칸트의 비판과 맑스의 비판이 위상학적으로 동일한 지점에서 움직이고 있음을 탁월하게 지적한 바 있다. 그에 의하면

예컨대 마르크스는 『독일 이데올로기』(1845) 시기에 자신이 그 가운데 있었던 헤겔 좌파를 '밖에서부터' 비판했다. 그때 마르크스는 경험론적 방법을 중시하고 합리론을 비웃었다. 그러나 경험론이 지배하는 영국에서 마르크스는 '헤겔의 제자'라고 공언하기에 이른다. 그것 중에서 어느 한 쪽이 '진정한 마르크스'라는 것이 아니다. 또 그것들을 초월한 새로운 입장을 세운 것도 아니다. 중요한 것은 마르크스의 비판이 항상 '이동'과, 그 결과로서의 '강한 시차'에서 생겨나는 일이

다. 칸트가 발견한 '강한 시차'는 그의 주관주의를 비판하고 객관성을 강조한 헤겔에게서는 사라져 버린다. …칸트 역시 독단적인 합리론에 대해 경험론으로 맞서고, 독단적인 경험론에 대해 합리론으로 맞서는 일을 반복했다. 그러한 이동에 칸트의 '비판'이 존재한다. '초월론적 비판'은 뭔가 안정된 제3의 입장이 아니라, '횡단적' 또는 '전위적'인 이동 없이는 존재할 수 없다. 그래서 나는 칸트와 마르크스의 초월론적 또는 전위적인 비판을 '트랜스크리틱'이라고 부르기로 한다.9

칸트와 맑스가 유사한 방식으로, 경험론에는 합리론으로, 합리론에는 경험론으로 맞서는 일을 반복한, 겉으로 보면 전적으로 모순적으로 보이는, '횡단적' 혹은 '전위적' 이동을 반복했던 이유는 무엇인가? 요약하면 합리론에는 경험론이 제기하는 중요한 문제설정이, 반대로 경험론에도 합리론이 제기하는 중요한 문제설정이 서로 결여되어 있다고 보았기 때문이다. 합리론은 이성의 '선험적'(a priori) 원리를 절대시하며 모든 지식과 인식이 이로부터 연역된다고 주장한다는 점에서 선험주의적 환원주의의 입장을 취하는 것이라면, 경험론 역시 '후험적'(a posteriori) 경험으로부터 모든 지식과 인식이 귀납된다고 주장한다는 점에서 후험주의적 환원주의의 입장을 취하는 것이라고 할 수 있다. 그러나 대부분의 지식과 인식은 일부는(수학) 연역적이지만 일부(생물학)는 귀납적이며, 또 수많은 지식들(과학적 지식들)은 양자가 합해져야만 가능하다는 점과 비교해볼 때 지식과 인식의 원리를 어느 하나로부터 일관되게 도출하려는 경험론과 합리론의 대립은 지식의 성장과 인식의 확대에 저해될 뿐이다. 칸트는 각자가 부분을 전체라고 주장하는 '독단'에 빠졌음을 양자 대면을 통해서 확인하기 위해 부단한 '횡단적' 이동을 취하면서 각 부분들의 정당한 위상을 바로잡아 주고, 이 부분들의 재결합

9_ 가라타니 고진, 『트랜스크리틱』, 송태욱 역, 한길사, 2005, 30쪽.

혹은 절합을 통해서 인식의 전체상을 드러내 보이고자 했다.

여기서 칸트 철학의 두 가지 핵심적인 문제의식을 엿볼 수 있다. (1) 하나는 부분으로 전체를 대체하려는 근거 없는 '독단'에 대한 철저한 비판이며, (2) 다른 하나는 인식과정의 필수적 부분들의 정당한 위상을 바로 잡고, 서로 다른 수준에 위치한 부분들이 고립되지 않게 새로운 연결을 통해서 인식과정의 작동 전체를 종합해 보이는 것이다. 이렇게 인식과정의 부분들의 정당한 위상을 구별하고, 연결선을 바로잡는 데 사용되는 핵심 개념이 바로 '초월론적'(transzendental)이라는 개념이다.

『칸트 사전』에 의하면 '초월적'(transzendent)은 '현재분사'이고, '초월론적'(transzendental)은 '형용사'로 구분된다. 스콜라 철학에서는 이 두 가지가 오랫동안 동일한 의미로 사용되었던 데 반해, 칸트는 당시 형이상학과 존재론을 다루던 테렌스가 존재론을 '초월적(transzendent) 철학'이라고 부른 것과 구별하면서, "나는 초월론적(transzendental) 철학을, 요컨대 전적으로 순수한 이성의 모든 개념을, 일정한 수의 범주들로 가져오고자 했다"(1772년)고 주장했다. 『순수이성 비판』에서는 "대상 일반에 관한 우리의 선험적 개념들"에 관계하는 모든 인식을 '초월론적'이라고 부르며, 이와 같은 개념들의 체계, 요컨대 범주들의 체계를 '초월론 철학'이라고 주장했다.[10] 요컨대 칸트는 전통적 형이상학처럼 '초월적 존재론'으로 나가는 대신, 순전히 인식론적인 의미에서 "대상 일반에 관한 선험적 개념들"을 다루는 것으로 제한하기 위해 '초월론적'이라는 개념을 사용했다는 것이다.

칸트 이후 칸트의 '비판 철학'에 대한 모든 오해와 왜곡은 바로 이 '초월론적' 개념에 대한 오해와 왜곡에서 비롯된다고 해도 과언이 아니다. 한국에서의 왜곡된 칸트 수용은 대부분 이 개념을 '선험적'이라는 개념으로 오역하거

10_ 구로사키 마사오 외, 『칸트 사전』, 이신철 역, 도서출판 b, 2009, 406, 414-15쪽.

나, 혹은 '초월적'이라는 개념과 등치시키는 데서부터 시작된다. 그러나 칸트의 텍스트에서는 명백하게도 a priori, transzendent, transzendental, 이 세 가지 용어가 다른 개념으로 사용되고 있다. 그럼에도 불구하고 '초월론적'을 '초월적'이나 '선험적'으로 오역하게 되면, 칸트의 비판 철학 전체를 고전적 합리주의의 전통적 지반으로 후퇴시키는 꼴이 된다. 이런 구별의 중요성을 간과해서는 안 된다는 점은 물 자체의 존재와 인식의 관계를 둘러싼 혼란을 비판하는, 『순수이성 비판』의 "순수이성의 네 번째 오류추리"에 관한 칸트 자신의 논변에서 잘 나타나고 있다.

반드시 두 가지 관념론, 즉 초월론적 관념론과 경험적 관념론을 구별해야 한다는 것을 나는 먼저 고지해야만 한다. 나는 모든 현상의 초월론적 관념론이라고 하는 것을 만상을 물 자체가 아니라 한갓 표상으로 간주하며, 그에 따라 시간과 공간을 우리 직관의 감성적인 형식일 뿐, [물 자체로서의 객관]에 대해 자립적으로 주어진 규정이나 조건은 아니라고 보는 교설로 이해한다. 초월론적 관념론에 대립해 있는 것이 초월론적 실재론이다. 이것은 시간과 공간을 자립적으로 (즉 우리의 감성에 독립해서) 주어져 있는 것으로 보는 것이다. 초월론적 실재론은 따라서 외적 현상을 (그것의 현실성을 허용한다면) 우리와 우리의 감성에서 독립하여 실재하는 물 자체로, 그러므로 오성의 순수한 개념에 따라서 우리의 외부에 있는 물 자체로 생각하는 것이다. 이런 초월론적 실재론자는 실제로 나중에는 경험적 관념론자 노릇을 하는 자이다.[11] …그에 대항하여 초월론적 관념론자는 경험적 실재론자이며, 세인이 말하듯이 이원론자이다. 그는 자기의식 밖에 나가지 않고, 나 속의 표상의 확실성, 즉 [내가 생각하니 내가 존재한다]는 것보다 이상의 것을

11_ Immanuel Kant, *Kritik der reinen Vernunft, Erster und Zweiter Teil, Kant Werke* Band 3 und 4, Herausgegeben von Wilhelm Weischedel, Sonderausgabe 1983, Wissenschaftliche Buchgesellschaft, Darmstadt 1983. pp. 375-76. 이하 이 책에서의 인용은 본문에 그 쪽수를 표시한다.

상정함 없이 물질의 실재를 승인하는 자이다. …경험적 관념론을 고집하는 심리학자들은 누구나 초월론적 실재론자다.(376-77) …독단적 관념론자[버클리]란 물질의 현존을 부정하는 자이겠고, 회의적 관념론자[흄, 데카르트 등]란 [시초적] 물질의 현존을 증명할 수 없다고 해서 그것을 의심하는 자이다.(381) …[마음]론에서 이원론만이 성립하는 것이냐고 묻는 사람이 있다면, 우리는 다음과 같이 답한다. 즉 [물론 그러하다. 그러나 오직 경험적 의미에서만 그렇다. 즉 물질은 경험의 연관에 있어서만 현상 중의 실체로서 현실로 외감에 주어져 있다. 그것은 생각하는 자아 역시 현상 중의 실체로서 내감에 주어져 있는 것과 같다. 그리고 외적 현상과 내적 현상은, 실체의 범주가 우리의 외적 지각과 내적 지각의 연관 중에 집어 넣어져 경험이 되도록 하는 규칙들에 좇아서, 서로 결합하지 않을 수 없다고 그러나 이원론의 개념을, 흔히 하듯이, 확장하여 그것을 초월론적 오성으로 해석하려고 한다면 [만약 물 자체를 안다고 한다면] 이원론도, 이것에 반대하는 [일원적] 유심론도 또 유물론도 다 [타당한] 근거가 조금도 없을 것이다. 이때에는 각자의 개념 규정이 잘못 되어서, 자체적으로 무엇인가 하는 것을 우리가 모르는 그런 [대상]의 표상방식의 차이를 [사물 그것]의 차이라고 생각하기 때문이다. …외적 현상의 근저에 또는 내적 직관의 근저에 있는 초월론적 객관은 물질도 아니요 [생각하는 존재 자체]도 아니다. 초월론적 객관은 이 두 종류의 [경험적] 개념을 주는 현상의 근거이기는 하지만, 그러나 이 근거는 우리에게는 알려지지 않고 있는 것이다.(382)

여기서 칸트는 자신의 입장을 <초월론적 관념론+ 경험적 실재론>이라는 이중적 입장으로 위치시키면서 (1) 한편으로는 <경험적 관념론=초월론적 실재론>의 입장과 (2) 다른 한편으로는 독단적/회의적 관념론의 입장과 대립시키고 있다. 그런데 이 구별에서 흥미로운 점은 '초월론적 관념론'과 대립하는 입장에 '초월론적 실재론'이라는 명칭을 붙이고 있다는 점이다. 이는 '물 자체'를 '인식할 수 있다'고 보는 입장이다. 그런데 칸트 자신이 위에서 제시한 바와 같이, '초월론적'이라는 용어는 "현상의 인식"과 관계되는 인식론적 개념이기에 현상을 넘어서 물 자체를 인식한다고 하는 입장에도 동일하게 '초월론적'이라는 용어를 붙여주는 것은 부적절하다고 할 수 있다. 이런 입장은 오히려 칸트 이전의 전통적인 입장이기 때문에 '초월적 실재론'이라는 명칭이 적절하다. 달리 말하면 칸트의 입장에서 '초월론적 실재론'은 용어 자체로 모순적이다. 여기서는 칸트가 명시적으로 용어 구분을 하지 않고 있지만, 이런 모순 때문에 칸트는 이들의 입장이 결과적으로는 '경험적 관념론'에 다름 아니라고 주장한다. 그러나 이런 엄밀한 용어 사용의 결여로 인해 칸트 이후 '초월론적'과 '초월적'의 개념 구분의 중요성이 간과되고 양자는 등치되는데, 헤겔은 바로 칸트가 비판한 '초월적 실재론=경험적 관념론'의 입장으로 퇴행한다. 이런 점을 감안하면서 이상의 논의를 정리해 보면 아래와 같은 다이어그램을 만들 수 있다.

존재론 / 인식론	선험적(a priori)	후험적(a posteriori)
초월적(transzendent)	유럽 합리론(라이프니츠-볼프-헤겔) (초월(론)적 실재론=경험적 관념론)	
초월론적(transzendnetal)	초월론적 비판 철학(칸트)=초월론적 관념론+경험적 실재론	
내재적(immanent)		영국 경험론(로크, 흄) (독단적/회의적 관념론)

<칸트의 '초월적 비판'의 철학의 위상>

『칸트 사전』의 설명에 따르면,

칸트에 의하면 일반적으로 개념이 경험 및 그 가능성(가능적 경험)을 넘어서 사용되면 모순에로 이끌리는 바, 그것은 잘못된 사용이 된다. 그리하여 개념이 가능적 경험의 한계를 넘어서 있는지의 여부가 개념의 사용에서 중요하게 된다. 그 사용이 가능적 경험을 넘어서 있을 때에는 '초월적'이라고 말하며, 그 한계 내에 있을 때에는 올바른 사용으로서 '내재적'(때로는 토착적)이라고 말한다. 번역어에 있어 이것과 유사한 말로 '초월론적'이 있다. 칸트에 따르면 통상적인 경험을 분석해 가면 예를 들어 경험에서 유래하는 우리들의 지식에는 사실상 경험에 없는 선험 적인 것이 포함되어 있다고 한다. 따라서 칸트의 인식론은 경험의 분석을 통해 지식 내부에 있는 선험성을 추구하는 것이었다. 따라서 '초월론적'이란 실제로는 다소 다의적으로 칸트가 사용하지만, 기본적으로는 경험이 성립하는 조건으로서 그와 같은 선험성을 인정하는 사고방식을 말한다. 본래 가능적 경험 내에서의 사용을 지향하는 순수 지성 개념(범주)은 선험적 원리를 필요로 하지만, 그것은 경험적이고 내재적이다. 그러나 순수이성 개념에는 경험을 넘어설 뿐 아니라 경 험의 한계를 넘어서 갈 것을 명령하는 원칙들이 존재한다. 이것이 초월적이다. 그러면 모든 이성 개념은 초월적인가? 그렇지는 않아서 이성 개념들 가운데서도 규제적 원리는 이념의 내재적 사용으로서 그 정당성이 승인된다. 그것이 내재적 이라고 말해지는 것은 어디까지나 경험을 근거로 하여 그 연장선상에서 예를 들 면 가상적인 것을 상정하기 때문이다. 그 상정에 의해 경험이 좀 더 잘 설명되는 것이라면 그와 같은 규제적 원리는 인정된다.[12]

요약하면, 칸트의 순수이성 개념에는 '초월적인 것'과 내재적 사용으로서 인정되는 '규제적인 것'이 섞여서 공존하는데 바로 이 후자가 '초월론적'인 것이다. 이런 구분에 따르면 『순수이성 비판』의 '초월론적 변증론' 부분은 이성의 '초월적' 사용에서 종종 오류가 발생하기 때문에 이를 금지하고 그

12_ 구로사키 마사오 외, 『칸트 사전』, 416-17쪽.

대신, 이성의 '규제적' 사용을 권고하는 방식으로 구성되어 있다고 할 수 있다. 이 구분은 칸트 변증법을 헤겔 변증법과 구별해주는 근간이 되고 있기 때문에 매우 중요하다. 칸트의 변증법은 물 자체와 현상의 구분을 유지하는 '초월론적 변증법'인 데 반해, 헤겔의 변증법은 물 자체를 이성적으로 인식할 수 있다고 보는 '초월적 변증법'(칸트의 분류에 따르자면 '경험적 관념론'에) 해당하기 때문이다. 이 구분을 염두에 두면서 칸트의 변증법의 독특성을 규명할 필요가 있다.

변증법의 창시자로 알려진 제논에 의하면 변증법은 본래 반대자의 전제로부터 수용 불가능한 귀결을 이끌어내어 반대자의 전제를 거부하도록 만드는 추론의 방법이었다. 제논의 경우 이 방법은 심각한 철학적 과제 해결을 위한 것이었는 데 반해, 이후 소피스트들에게서는 단순히 논쟁에서 이기기 위한 수단으로 바뀌게 되었다(대표적 소피스트였던 프로타고라스는 나쁜 주장을 좋은 주장으로 보이게 만들 수 있다고 주장했는데, 이는 논리나 철학이 아니라 수사학에 가까운 것이다). 소크라테스는 이를 다시 진리 탐구의 방법으로 사용했는데, 아리스토텔레스에 의하면 소크라테스의 기여는 두 가지, 즉, 그 하나는 반대자로 하여금 일련의 진실을 받아들이게 하는 방법('epagoge')이고, 다른 하나는 이로부터 보편적 정의를 끌어내는 측면이다.[13] 플라톤은 중기 이후에 대화로서의 변증법을 강조하는데, 이는 소크라테스적인 의미를 넘어서, 최고의 철학적 방법으로 자리잡게 되고, 특히 방법으로서의 '분리'가 강조된다. 즉 보편적-일반적인 것을 보다 특수한 것으로 분석하여 더 이상 분할이 불가능한 시점에 이르러 '정의'(definition)에 도달하는 것으로, 이 과정은 그 반대의 과정 즉 종합 혹은 수집의 과정에 의해 보완된다. 그런데

13_ Roland Hall, "Dialectic," in Paul Edwards, ed., *The Encyclopedia of Philosophy*, Vol. 1 and 2 (New York: Macmillan Publishing Co. Inc. & The Free Press, 1967), p. 386. 이하 이 책에서의 인용은 본문에 그 쪽수를 표시한다.

플라톤에게서는 공적인 토론과 사적인 생각 사이에는 구별이 없었던 데 반해, 아리스토텔레스는 우리 자신에 의해서가 아니라 타자와 함께 조사하다 보면 언어에 의존해야 하므로 사물 자체가 움직일 수 있는 우리 마음에 의해 조사하는 것보다 더 큰 기만이 일어날 수 있다고 보았기 때문에 변증법은 더 이상 과학의 방법이 될 수 없게 된다.(385-89)

그러나 변증법을 처음으로 체계적으로 설명한 것은 그 자신의 말대로 아리스토텔레스였다. 그에게서 변증법의 특징은 추리의 유형이 아니라 전제들의 인식론적 지위 문제였다. 만일 그 전제가 모든 이들 혹은 철학자의 다수에 의해 받아들여진다면 그 추리는 변증법적이다. 만일 그 전제가 단지 개연적이거나 혹은 추리가 부정확하다면 그것은 'eristic'하다, 그러므로 아리스토텔레스의 변증법은 '개연성의 논리학'이라고 불렸는데, 변증법은 본래 귀납을 포함하지 않기 때문에 이런 명칭은 오해를 야기하기 쉽다. 그러나 아리스토텔레스는 변증법은 참되고 자명한 전제로부터 시작하는 타당한 추리를 요구하는 적절한 지식이나 과학의 방법이 될 수 없다고 보았다. 하지만 아리스토텔레스에 의하면 변증법은 세 가지 면에서 가치를 지닌다. 첫째는 지적인 훈련을 위해서, 두 번째는 각기 다른 전제에 의거한 사람들과의 대화를 위해서, 세 번째로는 제 과학들의 증명 불가능한 제1 원리들을 검사하는 데에서 가치를 갖는다.(387)

아리스토텔레스 이후 스토아학파들은 변증법과 형식 논리학을 등가적인 것으로 사용했고, 이후 중세에는 변증법은 논리학이라는 명칭 대신 사용하는 일상적 용어로서 광범한 의미로 쓰였다. 그러나 칸트는 『순수이성 비판』에서 고대 변증법의 실제적 용법은 언제나 "가상의 논리학"이었다고 강력하게 역설했다. 그는 변증법적 착각에 대한 비판으로서 이 용어를 논리학에 응용했다고 설명했다. 그는 '초월론적 논리학'의 두 번째 부분(첫 번째 부분은 '초월론적 분석론')에 '초월론적 변증론'이라는 제목을 붙였다. 이 새로운 변증법은 선험적 판단, 즉 경험의 판단을 넘어서 나가는 판단의 가상을 해명하는 것과 연관이 있다. 그러나 칸트는 이 가상은 결코 전적으로 추방될 수 없는데, 그것이 자연적이고 불가피하기 때문이다. 칸트는 순수이성의 이율배반을 네 쌍의 정명제와 반명제로 설정했지만, 이율배반에 대한 해결책을 종합명제라고 부르지는 않았다. 독일 철학에 정명제-반명제-종합명제라는 유명한 삼항식을 도입한 것은 피히테였다. 쉘링은 피히테를 따랐지만, 헤겔은 그렇지 않았는데, 피히테는 반명제가 정명제로부터 연역될 수 있다고 믿지 않았고, 종합명제가 정명제와 반명제가 이미 이룬 것을 결합하는 것 이상의 일을 할 수 있다고 보지 않았다.(387) 이런 역사적 맥락에서 보자면 칸트의 변증법은 아래와 같은 이유에서 아리스토텔레스의 변증법 개념과 차이가 있다.

우리는 위에서 변증론을 대체로 가상의 논리학이라고 불렀다. 그러나 그것은 변증론이 개연론(Wahrscheinlichkeit)이라는 의미가 아니다. 개연적인 것은 진리이기는 하나 불충분한 근거에 의해서 인식된 진리이다. 즉 개연성의 인식은 결함이 있기는 하나 그렇다고 해서 사기인 것은 아니다. 그러므로 그것은 초월론적 논리학의 분석적 부문에서 떨어져 나가서는 안 된다. ···여기서 우리가 할 일은 경험적 가상(예를 들면 시각적 가상)을 취급하는 것이 아니다. 경험적 가상은 보통은 정당한 오성 규칙을 경험적[감각적]으로 사용할 즈음에 생기는 것이요, 이때 판단력이 상상작용의 영향을 받아서 오류를 범하는 것이다. 우리가 문제 삼는 것은 오로지 초월론적(transzendental) 가상이다. 초월론적 가상은 경험하는 것을 노려서 사용되지 않는 원칙에 대해서 영향을 준다. ···초월론적 가상은 비판의 모든 경고에 위반해서 우리 자신으로 하여금 범주의 경험적 사용을 넘어서게 하고, 순수한 오성을 확장할 수 있는 듯한 환상에서 우리의 마음을 낚고 있다. 우리는 가능한 경험의 울타리 내에서만 적용되는 원칙을 내재적(immanent)인 원칙이라고 하고,

반대로 가능한 경험의 한계를 넘어서는 원칙을 초월적(transzendent) 원칙이라고 말하고자 한다. 그러나 내가 초월적 원칙이라고 하는 것은 범주들의 초월론적 사용이나 오용을 의미하지 않는다. 이 후자는 비판을 통해서 적절히 제어되지 않은 판단력의 과오요, 오직 순수오성의 활동에만 허용되는, 유일한 지반의 한계를 충분히 주의하지 않는 판단력의 과오인 것이다. 그러나 초월적 원칙이란 가능한 경험의 모든 경계주를 처부셔서, 경계주의 설정을 인정하지 않는 전혀 새 지반이 있음을 참칭할 것을 우리에게 강요하는 현실적 원칙이다.14

그런데 위와 같은 차이에도 불구하고, 아래와 같은 칸트의 논의는 그의 변증법 개념이 그 취지에서는 아리스토텔레스와 공통점이 있음을 시사한다. 즉 양자에게서 변증법은 (1) 지적인 훈련에서 순수이성에 내재한 '초월론적 가상'을 구별해냄과 동시에 속지 않도록 하기 위해서, (2) 각기 다른 전제에 의거한 사람들과의 대화를 위해서, (3) 그리고 제 과학들의 증명 불가능한 제1 원리들을 검사하는 데에서 가치를 갖는다.

(1) 추리형식을 모방하기만 하는 논리적인 가상은…논리학의 규칙에 주의하지 않는 데서만 발생한다. 그러므로 이런 경우에는 주의를 날카롭게 하자마자 가상은 곧 완전히 소멸한다. 그러나 초월론적 가상은 우리가 그것을 발각하여 그것이 무의미하다는 초월론적 비판을 통해서 통찰했다 하더라도 역시 없어지지 않는다(가령 세계는 시간상으로는 시초를 가져야 한다는 명제에 있어서의 가상과 같다). … 이상과 같은 일은 불가피한 착각이다. 그것은 바다 중앙이 해안보다도 높게 보이는 것이 불가피한 것과 같다. 이것은 우리가 바다를 볼 적에 바다 중앙을 보는 일은 해안을 보는 것보다도 높은 광선에 의하기 때문이다. 뿐만 아니라, 착각은

14_ Kant, op. cit., pp. 309-10.

막 떠오를 때의 달이 비교적 크게 보이는 것이 불가피한 것과 같다. 그러나 천문
학자는 이런 가상에 속지 않는다. 그러므로 초월론적 변증론은 초월적 판단이
가상인 까닭을 폭로하고, 동시에 이 가상에 속지 않도록 방지하는 것에서 만족하
겠다. 하지만 (논리학의 가상처럼) 초월론적 가상이 소멸하여 가상이기를 중지시
키는 일을, 초월론적 변증론이 성취할 수는 없다. 우리가 장차 다루어야 할 것은
[인간 이성에서] 실로 자연스러운 [소질적] 불가피한 착각이요, 이 착각은 그 자신
주관적 원칙에 기인하면서 객관적 원칙으로 뒤바뀌는 것이다. …순수이성의 자
연스러운-불가피한 변증론은 엄연히 있는 것이다. 그것은 우둔한 자가 지식의
결핍에 의해서 빠지는 변증론이 아니다. …그것은 인간의 이성에 고착해 있는
것이요…이성을 늘 일시적 혼돈에 빠지도록 하기를 중지하지 않는 것이며, 이럴
때마다 그런 변증론을 우리는 제거할 필요가 있다.[15]

(2) 오성이 규칙들을 매개로 해서 현상들을 통일하는 능력이라고 한다면, 이성은
오성의 규칙들을 원리들 아래로 통일하는 능력이다. 그러므로 이성은 처음부터
경험 혹은 어떤 대상에 관계하지 않고 오성에 관계한다. 이것은 오성의 잡다한
인식에다 개념[이념]에 의해서 선천적인 통일을 주기 위해서이다. 이 통일을 이성
의 통일이라고 말해도 좋다. 그것은 오성이 하는 통일과는 아주 별종의 것이다.[16]

(3) 그러므로 제약들의 종합에 있어서의 총체성이라는 [이성의 순수개념]은 오성
의 통일을 되도록이면 무제약자에까지 전진시키기 위한 과제로서 필요하고, 인간
이성의 본성 중에 뿌리박고 있다. 그러나 이러한 초월론적 개념들 중에는 보통

15_ Ibid., pp. 310-11. 이하의 『순수이성 비판』 독일어 원문 번역은 최재희 교수의 번역본
을 참고했고, '선험적'으로 번역된 'transzendental'을 '초월론적'으로 교정하는 데 역점
을 두었다.
16_ Ibid., p. 314.

그것들에 적합한 구체적인 사용을 결여하고 있다. 따라서 그것들이 지니는 효용은, 오성의 사용이 극도로 확장되는 동시에, 이 사용이 오성 자신과 철저히 일치하는 방향으로 오성을 인도하는 것밖에는 없다.[17]

여기서 (2)와 (3)은 '제 과학들의 증명 불가능한 제1 원리'의 사용에서 주의해야 할 칸트의 원칙들이다. 이성은 (오성이 규칙들을 매개로 현상들을 통일하면서 밝혀내는) 과학적 지식들을 제1 원리 아래로 통일하는 능력이고, 이와 같은 통일이 필요한 이유는 오성의 발견과 통일을 '확대'하는 데 있지만 다른 한편, 이성의 통일은 반드시 오성과 일치하는 방식으로만 제한적으로 사용되어야 한다는 것이다. 그렇지 않을 경우 제거될 수 없는 초월론적 본성을 갖고 있는 이성이 구체성을 상실한 채 무제약자, 즉 '초월적 존재'를 향해 '뻗어나가 버릴' 위험이 상존하기 때문이라는 것이다. 이런 점에서 볼 때, 칸트의 초월론적 변증론은 우리의 정신이 올바른 인식에 이르기 위해서는 서로 반대 방향으로 치닫기 쉬운, '초월적 존재'를 향한 추상적 갈망과 구체적인 현상들에 대한 과학적 발견 사이에서 강한 긴장관계, 즉 대립되는 상대방을 서로에게 끌어당기도록 하는 역설적 관계를 형성하지 않으면 성립될 수 없다는 사실을 드러내는 역할을 하고 있는 셈이다. 달리 말해, 우리의 인식은 추상적 무제약자를 향해 전진하려는 초월적 본성을 가진 이성과 구체적 현상들을 과학적으로 규명하려는 오성이라는 대립되는 두 개의 중심을 가진 타원 구조로 이루어져 있다고 할 수 있다. 여기서 하나의 중심이 상실되면 두 개의 중심을 가진 타원 구조는 해체되고, 하나의 중심을 가진 원으로 바뀌고 만다. 칸트 당시에 서로 대립하고 있던 대륙의 합리론과 영국의 경험론은 바로 하나의 중심을 가진 두 원들이라고 할 수 있다. 칸트의 철학

17_ Ibid., p. 328.

이 이해하기 어렵고, 종종 오해되는 이유도 그의 철학의 핵심은 바로 이와 같은 환원주의와의 싸움에 있었기 때문이다.

칸트 이후의 모든 철학자는—쇼펜하우어 같은 칸트주의자조차—물 자체라는 개념을 거부했다. 그 결과 칸트는 세계를 능동적으로 구성하는 주관성 철학의 시조로 간주된다. 그것은 칸트가 말하는 '코페르니쿠스적 전회'의 방향을 따르는 것처럼 보인다. 그러나 칸트 자신이 곧 그러한 관념론을 부정했다. 그렇다면 칸트는 무엇을 하려고 했을까? 칸트는 합리론과 경험론을 그저 비판적으로 절충하려고 했을 뿐일까? 칸트의 코페르니쿠스적 전회를 정확하게 이해하기 위해서는 우선 코페르니쿠스 자신의 전회를 검토해 보아야 한다. …중요한 것은 천동설인가 지동설인가가 아니라 코페르니쿠스가 지구나 태양을, 경험적으로 관찰되는 것과는 별도로 어떤 관계 구조의 항으로 파악한 일이다. 그런데 그것만이 지동설로의 '전회'를 가져다 준다. 즉 코페르니쿠스의 전회 자체가 이중의 의미를 지니고 있었던 것이다. …칸트가 초래한 것은 감성의 형식이나 오성의 범주처럼 의식되지 않은, 칸트의 말로 하면 초월론적 구조이다.[18]

순수이성 비판에서 이 '초월론적 구조'는 두 개의 이항식(감성-오성, 오성-이성)을 가진 타원 궤도로 이루어져 있다. 칸트 이후의 철학은 코페르니쿠스적 전회를 통해 드러난 이 타원궤도를 이해하지 못한 채, 이항식의 하나를 선택한 결과 헤겔식의 관념론이거나 실증주의로 양극 분해되고, 인식론 자체가 불구화된다.

칸트는 항상 주관성의 철학을 연 사람으로 비판의 표적이 되었다. 그러나 칸트가

18_ 가라타니 고진, 앞의 책, 67-68쪽.

한 것은 인간의 주관적 능력의 한계를 드러내고, 형이상학을 그 범주를 넘어선 '월권' 행위로 보는 것이었다. …칸트가 말하는 '코페르니쿠스적 전회'는 주관성 철학으로 전회하는 것이 아니라, 오히려 그것을 통해 이루어진 '물자체를 중심으로 하는 사고로 전회하는 것이다. …'물자체'란 무엇인가? '물자체'는 실천이성 비판에서 직접적으로 말해지기 이전에 기본적으로 윤리적인 문제와 관련된다. 다시 말해 '타자'의 문제인 것이다.[19]

이런 맥락에서 칸트의 '초월론적 변증론'은—주관성과 물 자체(『순수이성 비판』), 자아와 타자(『실천이성 비판』), 자연과 사회(문화)(『판단력 비판』)라는 이중의 중심을 가진 여러 개의—타원 구조의 환원불가능한 두 개의 중심을 하나의 중심을 가진 원으로 환원하게 되면 어떤 문제가 발생하는가를 실례를 들어 논증한 것이라고도 할 수 있다. 이 두 개의 극을 가진 타원구조는 알튀세르의 제자였던 도미니크 르쿠르가 가스통 바슐라르의 역사적 인식론의 핵심 구조로 보았던 것, 즉 "수학적 형식주의와 철학적 실재론이라는 대립하고 있는 두 개의 전선에 대해 싸울 수 있는"[20] 철학적 스펙트럼을 도해를 통해서 해명한 '철학적 위상학'이라는 관점과 비교해 보면 보다 정확하게 해명될 수 있다. 르쿠르가 이 위상학의 의미에 대해 붙인 해설의 핵심은 아래와 같이 요약될 수 있다.

1) 아래 그림에서 가운데에 있는 과학적 인식에 관한 철학(응용 합리주의와 기술적 유물론)은 중심축 역할을 한다(이는 칸트의 <초월론적 관념론+경험적 실재론>과 유사하다). 이 중심축을 중심으로 단지 '접기'만 하면 다양한 유형의 철학형태들이 겹친다.(168)

19_ 같은 책, 72-73쪽.
20_ D. 르쿠르, 『마르크시즘과 인식론』, 박기순 역, 도서출판 중원문화, 1996, 76쪽. 이하 이 책에서의 인용은 본문의 괄호에 그 쪽수를 표시한다.

2) 대칭적이고 상반되는 유형의 철학 형태들이 겹칠 수 있다는 사실은 근본적인 동일성의 지표이다. 각각의 형태는 그것에 정반대되는 형태의 단지 전도된 형태일 뿐 동일한 것이다. 이를 더 밀고 나가면, 주체-대상, 추상-구체, 소여-구성 등과 같은 개념쌍들은 모두 그것들의 일치라는 개념으로 나타내고 있는 진리 개념, 철학의 공간을 닫아버리는 진리 개념을 상관자와 접합제로 갖는다. 그러나 바슐라르의 역사적 인식론은 진리보다는 오류에, 실패에, 망설임에 더 많은 관심을 가지며, 이렇게 해서 개방적이고 비-체계적이다(이는 칸트의 변증론이 진리의 논리학이 아니라 불가피한 착각과 가상의 논리학이라는 점과 유사하다).(168-69)

3) 바슐라르에게 변증법이라는 범주는 과학적 작업의 현실, 즉 이론과 실험의 상호 조정과정을 가리킨다. 이제 모든 고정된 점을 거부한다면—주체/대상이라는 쌍을 처음부터 논쟁적으로 거부함으로써—이러한 조정은 형식적 일치로서가 아니라 역사적 과정으로서 생각되어야 한다(이 두 항들 간의 조정의 역사적 과정에 대해서는 제4절에서 다시 상론할 것이다).(172)

4) 바슐라르의 '현상-기술학, 즉 '기술적 유물론'은 이론적으로 정의된 도구들과 합리적 실현의 프로그램에 따른 장치의 체계들을 세움으로써 추상적인 것과 구체적인 것 사이를 연결하는 것으로 이루어진다. 이렇게 '과학의 대상들'은 구체적인 것의 풍부함으로부터 추출된 빈약한 추상이 아니며, 이론적으로 규정되고 물질적으로 정돈된 노동생산물이다. 이 노동생산물은 개념의 결정들이 갖는 모든 풍부함과 실험적 특정화가 갖는 모든 감각성을 과학의 대상들에 부여한다. 바슐라르에 따르면 이러한 대상들은 '구체적 추상들'(concrete abstracts)이라고 말할 수 있다.(175)

이상의 논의들을 종합하여 관념론-실재론, 규약주의-경험주의, 형식주의-실증주의라는 세 가지의 변증법적 이항식들을, 각기 두 개의 꼭지점을 가진 세 개의 타원 궤도로 그려보면 다음과 같다.

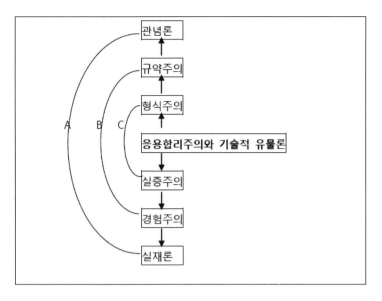

<변증법적 이항식을 가진 세 개의 타원들의 위상학>(168)

여기서 A, B, C의 곡선과 그림의 제목은 필자가 첨가한 것이다. 그 이유는 2)에서 말한 바와 같은 개념쌍들의 위상적 관계를 선명히 하기 위함이지만, 이 개념쌍들을 각기 상이한 타원의 두 중심 항으로 보게 할 수 있고, 나아가 칸트 식의 타원 구조의 복잡성을 보여줄 수 있다고 보기 때문이다. 이렇게 보면 타원 A는 칸트가 <초월론적 실재론>은 실제로는 <경험적 관념론>에 다름 아닌 모순적 논법에 불과하며 그 대신 자신은 <초월론적 관념론>과 <경험적 실재론>의 결합이라는 쌍을 채택하겠다고 주장했던 바의 의미를 정확하게 시각화해 준다. 칸트 이전에나 칸트 이후에도 줄곧 철학사와 과학자들의 자생철학 속에서 반복되어 왔던 무망한 환원주의적 대립을 타원 A가 보여준다면, 타원 B와 C는 개별 과학들에서 나타나는 유사한 대립 방식을 보여준다. 이에 반해 칸트와 바슐라르의 변증법은 이분법적으로 나눠진 두 개 대립항 중의 하나를 택하거나 혹은 서로 다른 궤도의 항을 잘못 연결

하는(초월론적 실재론+경험적 관념론) 대신, 이들 모두를 복잡한 타원 구조들의 한 항들로 파악하고, 그 항들 간의 긴장 관계 속에서 두 항들을 결합, 변형시킨다. 이런 긴장된 결합 과정을 칸트는 "초월론적 종합판단"이라고 명명했고, 바슐라르는 "구체적 추상"이라고 명명한 바 있다. 맑스 역시 이와 유사하게 이 긴장된 결합 과정을 다음과 같이 기술하고 있다.

사유의 총체성으로서, 사유의 구체로서의 구체적 총체성은 실상 사유와 구상의 산물이다. 그것은 직관과 표상들의 외부에서 혹은 그것들 너머에서 그 자체를 사유하고 자라나는 개념의 산물[헤겔의 개념의 자기 전개-인용자]이 아니라 반대로 **직관과 표상들을 개념들로 변형시키는 정교화 작업**[강조-인용자]의 산물이다.21

여기서 **"직관과 표상들을 개념들로 변형시키는 정교화 작업"**이란 바로 칸트가 순수이성비판의 <초월론적 분석론>에서 상세히 보여준 초월론적 종합판단의 성립 메커니즘(감성적 형식에 포착된 표상들과 오성적 형식인 범주가 도식에 의해 결합되는 과정)에 다름 아닌데, 알튀세르는 맑스가 말한 이 과정을 다음과 같이 해명한 바 있다.

과학은 항상 존재하는 개념들, 표상, 즉 이데올로기적 성격을 지닌 일반성 I에 작용한다. 과학은 순수하고 절대적인 '사실들'의 소여인 하나의 순수한 객관적 '소여'에 '작용'하지 않는다. 반대로 고유한 과학적 노동은 이전의 이데올로기적-이론적 실천에 의해 정교화된 이데올로기적 '사실들'의 비판을 통해 그것의 고유의 과학적 사실들을 정교화하는 것이다. …그러므로 일반성 I을 일반성 III(지식)으로 변형시킴으로써 과학은 노동하고 생산하는 것이다. 그러나 누가 노동하는

21_ 맑스, 「정치경제학 비판 서문」, 1859; 알튀세르, 『마르크스를 위하여』에서 재인용.

가? …모든 변형(모든 실천)은 결정된 생산수단을 작동시킴으로써 원재료를 산물들로 변형시킬 것을 전제로 한다. 과학의 이론적 실천 속에서 생산수단에 부응하는 계기, 층위, 심급은 무엇인가? 만일 우리가 그러한 생산수단 속에서 잠정적으로 인간을 제외한다면 우리는 그것을 일반성 II라고 부를 것인데, 그 일반성 II는 개념들의 집성으로 구성된 것…. 이 지적들로도 이론적 실천이 일반성 I에 대한 일반성 II의 노동에 의해 일반성 III을 생산한다는 사실을 충분히 이해할 수 있을 것이다. …일반성 I과 일반성 III 사이에는 결코 본질적인 동일성은 없어도 항상 실제적 변형이 있는데, 그 변형은 이데올로기적 일반성의 과학적 일반성으로의 변형(예컨대 바슐라르가 '인식론적 단절'이라 부르는 형식으로 반영되는 변전)에 의한 것이거나 혹은 이전의 과학적 일반성을 '감싸면서' 그것을 거부하는, 즉 그것의 '상대성'과 그것의 타당성의 (종속된) 한계들을 규정하는 새로운 과학적 일반성의 생산에 의한 것이다. 일반성 I에서 일반성 III으로 가게 하는 노동, 즉 일반성 I과 일반성 III을 구별 짓는 본질적 차이들을 제거하여 '추상성'에서 '구체성'으로 가게 하는 노동은 오로지 이론적 실천의 과정과만 관련되어 있다. …두 개의 서로 다른 구체성, 곧 하나의 지식인 사유-내-구체성과 그것의 대상인 구체적-실재를 혼동하지 않으려면 이 테제의 정확한 의미를 파악해야 한다.[22]

이 내용을 다음과 같은 공식으로 요약할 수 있는데 이는 맑스가 규정한 노동 혹은 생산과정 일반의 공식과도 일치한다: <일반성 I(표상과 이데올로기: 재료)+일반성 II(개념들의 집성: 생산수단)+과학자의 노동(사유과정: 노동)=일반성 III(과학적 지식: 생산물)>. 이와 같은 세 가지 요소 중 어느 한 가지도 부재하거나, 혹은 결합이 잘못되면 어떤 형태의 생산물도 만들어질 수 없다. 칸트-맑스-바슐라르-알튀세르의 변증법이 철저하게 비환원주

22_ 알튀세르, 『마르크스를 위하여』, 212-14쪽.

의적이며, 다극적-변형적 결합과정이라고 말할 수 있는 이유가 여기에 있다. 다음 절에서는 이런 특징을 '시차성'이라는 관점과 결합하여 좀 더 구체적으로 살펴보도록 하겠다.

3. 비환원주의적—시차적 변증법

알튀세르에 의하면 헤겔 변증법은 일견 풍부한 구성과 모순을 보여주는 것처럼 보이지만, 실제로는 아무런 복합성도 이루어내지 않고 있다. 헤겔에게서 복합성은 항상 하나의 진리, 혹은 단일한 내적 원리, 하나의 통일성으로 환원되기 때문이다. 가령 로마 세계는 자신의 모든 경험적 다양성에도 불구하고 오직 추상적인 법적 인격이라는 단일한 내적 원리의 현현일 뿐이다. 따라서 이 원리에 내재하는 모순도 단일한 모순에 불과하다. 그것의 의식적 표현이 '주관성의 구체적 세계를 지향하면서도 거기에 도달하지 못하는 스토아적 의식이다. 로마 세계는 자신의 미래, 즉 중세 기독교를 위해서 이 모순을 지양한다. 알튀세르는 헤겔의 변증법이란 이와 같은 단일한 내적 원리의 전개를 표현하는 기술에 불과하다고 본다. "헤겔의 변증법은 바로 다음과 같은 점에 있다. 즉 부정성에 의해 자체 내에서 발전하면서 전체 발전 과정에서 그때그때마다 하나의 구체적 총체성 안으로 이 근원적 통일성과 단일성을 회복시키는, 단일한 근원적 통일성이라는 철저한 전제에 전적으로 결부되어 있다." 알튀세르는 이런 의미에서 헤겔의 총체성 개념을 <표현적 총체성>, 즉 모든 구체적 규정이 단일한 내적 원리를 갖는 총체성의 표현으로 기능하는 총체성이라고 규정한다.[23]

23_ H. 킴멜레 편, 『유물변증법』, 심광현·김경수 역, 문예출판사, 1987, 388-91쪽. 이하 이 책에서의 인용은 본문에 그 쪽수를 표시한다.

이에 반해서 맑스의 변증법은 단일한 하나의 모순이 아니라 다양한 복합적 모순을 자체에 내포하는 복합적 과정의 존재가 전제되는 변증법이다. "복합적 과정은 항상 이미 존재하는 복합성이며 이 복합성은 사실적으로나 잠재적으로나 근원적 단일성에로 결코 환원될 수 없다."(394) 가령 과학의 생산과정에서 작용하는 모든 단순한 개념, 예를 들어 <노동> 개념은 이미 구조화된 사회적 전체의 존재를 가정한다. 이런 이유에서 알튀세르는 맑스의 방법은 경제에 의한 최종심급에서의 결정이라는 점에서 헤겔의 관념론과 달리 유물론적이며, 동시에 최종 심급이 아닌 다른 심급에서는 경제가 아니라 정치나 이데올로기, 혹은 이론이 중요한 규정력을 가질 수 있다는 점에서 기계적인 유물론과는 달리 변증법적이라고 본다.(395)

이런 맥락에서 알튀세르는 맑스의 변증법은 직선적 인과성(경제주의)이나 표현적 인과성(루카치적 총체성의 동어반복적 표현)이 아닌 중층결정되는 구조적/변증법적 인과성을 포착하려는, 전대미문의 새로운 과학적 문제설정이라고 보고 있다. 이렇게 다수준적인 모순 속에서 상황에 따라 주요모순이 부차적 모순으로, 부차적 모순이 주요모순으로 '대체'(displace)될 수 있는데, 기존의 통일을 부수기 위해서는 주요모순의 전략적 결절점을 찾는 일이 중요하며, 특히 혁명적 상황에 도달하기 위해서는 제 모순을 응축시키는 일이 필요하다. 이를 위해 알튀세르는 복합적 전체가 상황에 따라 다음과 같이 상이한 단계를 거치게 된다고 본다.

(1) <비적대적> 단계: 이 경우 모순의 중층결정은 <대체가 우세한 형태로> 존재한다. 즉 지배적 요소를 가진 구조는 비교적 안정된 기존의 배치형식으로 나타난다. 제 모순이 대체되기는 했으나 응축되지는 않은 상태이다.

(2) <적대적> 단계: 이 경우 중층결정은 <응축이 우세한 형태로> 존재한다. 즉 사회 내의 계급투쟁이 첨예화되고 사실적인 통일로 융합된다.

(3) <폭발적> 단계: <동요하는 전면적 응축의 순간>이며, 이 단계에서

전체의 분열과 재결합이 발생한다. 즉 전체가 질적으로 새로운 수준에서 재구조화된다.(398-400)

이런 이유에서 헤겔 변증법과 맑스 변증법의 단절을 주장하는 알튀세르의 주장은 다음과 같은 함의를 가지는 것으로 요약될 수 있다.

(1) 첫째, 맑스 역시 헤겔과 유사하게 모순이 모든 생성과 역사의 원동력이라는 점에 주목한다. 그러나 그는 헤겔과는 달리 단일한 모순의 '논리적-이론적 지양이 아니라 복합적 모순들의 폭발을 통한 전체 연관의 실천적 변혁을 모색한다. 다시 말해서 모순은 비논리적이기 때문에 논리적으로 지양되어야 하는 대신, 현실적으로 작동하고 있기에 아무리 '대체'되더라도 결국은 폭발할 수밖에 없다. 논리적 일관성에 현실의 모순을 끼워 맞추는 대신 현실의 변화와 맞물려 적대적인 모순들이 작동하게 된다는 것이다. 이것이 헤겔의 관념적 변증법의 <이론-실천-이론>의 순서가 아닌 <실천-이론-실천>의 순서를 갖는 맑스의 유물 변증법의 실제적인 함축이다.

(2) 둘째, 맑스의 변증법은 헤겔의 변증법과는 달리 단일한 모순이 아니라 복잡한 모순들에서 출발한다. 이런 점에서 맑스의 변증법은 헤겔의 <환원주의적 변증법>과는 달리 <비환원주의적 변증법>이다. 하지만 이렇게 비환원주의적인 관점이 어떤 것인가가 충분히 규명되지 않음으로써(엥겔스-레닌-알튀세르로 이어지는 '모순들의 중층결정'에 대한 발견에도 불구하고) 맑스 변증법에 대한 오해가 누적되어 왔다고 할 수 있다. 환원주의란 그 어떤 현란한 변증법적 수사학을 구사하더라도 결국은 단선적 인과론을 통해서 전체 연관을 규명할 수 있다고 보는 태도를 말한다. 그러나 비환원주의는 단일한 원인 대신 오직 수많은 원인들의 중층적 상호작용의 과정 전체를 규명함으로써만 복잡한 전체 연관을 규명할 수 있다고 본다. 그 어떤 수사학과 논리학을 구사하더라도 다음과 같은 세 가지 태도를 확연히 구별할 수 있다. (a) 단선적 인과론을 맹신하는 이들이 단일한 원인으로 사태를 귀결시

키기 위해 복잡하고 역동적인 전체 연관을 분해하여 '사상시키는 데에 여념이 없다면(근대 과학), (b) 회의론자들은 수많은 요인들의 상호작용적 관계에 직면하여 '현기증'을 느끼며 불가지론에 머무는 데 반해(포스트-모던 과학), (c) 비환원주의적 변증론자는 수많은 요인들의 복잡한 상호작용적 관계를 구체적으로 파악하면서 역동적인 전체 연관을 생생하게 포착하려 한다는 점에서 큰 차이가 있다. 이율배반에 대해서도 세 가지 태도가 구별된다. (a) 애당초 대다수 테제-안티테제 간의 이율배반이 발생하는 이유는 순수한 시작-끝, 원인-결과를 '고립시켜' 내려는 환원주의적 태도에서 비롯되며, (b) 회의주의는 환원주의의 문제점을 '보기는' 하지만 '넘어서지는' 못하는 무능력에서 비롯된다. (c) 그러나 비환원주의적 변증론자는 테제와 안티테제 간의 이율배반의 대부분은 전체를 부분으로 환원하려는 그릇된 태도에서 비롯됨을 확인하며, 고립된 부분들 간의 단절을 넘어서 부분들 간의 상호작용에서 추론되는 역동적 전체로 나아간다.

비환원주의적 변증론자는 물질-생명-정신은 개방적이고 역동적인 우주 전체 내의 수많은 요인들의 복잡한 상호작용의 특정 국면들을 지칭하는 것이지 이중에서 어느 것이 다른 어느 것을 대체할 수도, 그 어느 한 국면이 우주 전체를 좌지우지할 수도 없다고 본다. 이와 달리 환원주의자들은 우주 전체가 물질, 생명, 정신 중의 어느 한 국면으로 환원되어 설명될 수 있다고 보는 데 반해, 회의주의자들은 환원주의가 실패하는 지점에서 불가지론으로 넘어간다. 환원주의적-실증주의적 근대과학이 맹위를 떨치던 시기에는 이와 같은 비환원주의적 변증론의 독특성이 제대로 이해되기도, 해명되기도 어려웠지만, 비환원주의적 복잡계 과학이 발전하게 된 오늘날에는 전체가 부분으로 환원될 수 없으며, 부분들 간의 모순의 중층결정에 의해 전체가 불안정한 역동적 평형 혹은 폭발과 분기를 겪게 된다는 사실이 충분히 설명되고 있다.

(3) 세 번째로, 프리초프 카프라가 적시하듯이, 맑스는 당대의 대다수 환원주의적 경제학자들과는 달리 자연과 사회를 아우르는 '전체 연관'의 구조를 해명하고 그 실천적 변혁을 모색하고자 한 최초의 사람'이었기에 스스로를 철학자, 사학자, 경제학자라는 형태의 분과학문과 연관시키는 대신, 자본주의 사회 총체의 작동 시스템에 대한 총체적 '비판'이라는 의미에서 스스로를 '사회 비평가'로 자처했다.[24] 여기서 'Critic'이라는 개념은 칸트가 강조했던 바와 같은 "코페르니쿠스적 전회"를 함축하는 것으로, 인식 '대상'을 비판하기에 앞서 그 대상의 '인식 가능성과 조건' 자체를 비판적으로 검토하는 일이 철학의 선행 과제가 되어야 함을 뜻한다. 칸트는 이전의 제반 학문들이 바로 이런 인식 조건 자체에 대한 비판적 검토 없이 대상을 온전하게 인식할 수 있다고 부당전제 했다는 점에서 '독단적 형이상학'으로 흘러갔다고 비판한 바 있다. 가라타니 고진이 규명한 바와 같이, 맑스가 사용하는 '비판' 개념은 칸트의 '비판' 개념을 이론적으로 계승함과 아울러 실천적으로 확장한 것이며, 맑스의 "이데올로기 비판"은 이렇게 인식의 코페르니쿠스적 전환을 전제로 한 것이다. 이는 대상의 외부에서 객관적 관찰이 가능하다고 보는 '초월적 형이상학'(전지적 시점)의 관점에서의 '이데올로기 비판'이 아니라, 분석 대상은 분석자의 관점과 분리될 수 없게 맞물려 있기 때문에, 실제로 의미 있는 '사회 비판'은 사회 내에서의 참여자의 위치로 인해 발생하는 이데올로기적 측면을 분석 대상에 함께 포함해야 한다는 의미에서의 '이데올로기 비판'이다. 이런 점에서 보면 관찰자의 위치 혹은 관찰자의 관측 자체가 관찰 대상의 파악에 결정적인 변화를 야기하기 때문에 관찰자의 위치의 시공간적 상대성 혹은 관찰자의 관측 자체가 대상 인식의 객관성의 구성적 요인이 되어야 한다는 상대성 이론과 양자역학도 칸트와 맑스의 '비판' 개념

24_ 프리초프 카프라, 『새로운 과학과 문명의 전환』, 이성범·구윤서 옮김, 범양사출판부, 1994(17쇄; 초판 1985), 192-96쪽.

의 연장선상에 놓여 있는 셈이다. 물론 그 역도 성립한다. 이런 점에서 칸트와 맑스의 '비판' 개념은 애당초 관찰 대상과 관찰자는 서로가 상호의존적이고 상호작용적인 관계 속에서 전체를 구성하고 있는 환원불가능한 부분들이라고 본다는 점에서 변증법적이다. 하지만 이렇게 관찰자의 위치나 관찰 행위 자체가 대상의 객관적 파악에 중요한 변화(정지상태에서 보는 것과 운동상태에서 보는 것이 차이를 발생시키거나, 위치를 알면 속도를 알 수 없고 속도를 알면 위치를 알 수 없는 난감한 상태)를 야기한다면, 대체 객관적 파악이라는 것이 어떻게 가능할 수 있을까?

상대성이론은 좌표계의 차이를 상쇄할 수 있는 로렌츠 변환공식과 빛의 속도라는 상수에 의존했지만, 양자역학은 관찰자의 '시차'라는 문제 자체를 문제 해결의 과정 속에 도입함으로써 해법을 찾았다. 닐스 보어는 고전물리학에서는 우리는 측정 대상을 측정 장치로부터 분리할 수 있다고 생각하지만, 양자역학에서는 그럴 수 없는데, 양자 사이에는 끊을 수 없는(플랑크 상수로 표현되는 '양자인과율'에 의한) 관계가 있다.[25] 보어는, 파동/입자의 이중성이라는 역설이 발생하는 것도 입자와 파동이라는 말을 일상적 의미로 사용할 때(플랑크 상수가 0이면 입자와 파동성의 연결이 끊어진다) 발생하는 것이며, 원자 세계에서는 입자와 파동이라는 개념에 연결된 플랑크 상수가 0보다 크기 때문에 양자는 상보적이라고 제안했다.[26] 이런 방식으로 닐스 보어는 원자 현상의 분석을 위해 물리학에서 출발하여 지각의 분석을 거쳐 사고 자체에 대한 분석까지 파고들었고, 빛과 물질의 파동/입자 이중성에 관련된 문제 전체를 부분적 환원주의가 아니라 전체성의 관점에서 파악함으로써 원자 물리학을 심연에서 건져낼 수 있었다.[27] 이런 점에서 근대과학과

25_ A. 밀러, 『천재성의 비밀: 과학과 예술에서의 이미지와 창조성』, 김희봉 역, 사이언스 북스, 2001, 161-62쪽.
26_ 같은 책, 97쪽.

현대과학을 구별해주는 결정적 분기점이 된 양자역학의 탄생과정이 제기하는 교훈은 다음과 같은 사실이다. 즉, 우리의 지각 구조의 '시차성'(parallax)(두 눈 간, 망막과 뇌 간의 시차성) 때문에 우리는 입자와 파동을 동시에 지각하지 못한다는 점이 그것이다. 이는 지각만이 아니라 우리의 사고 구조 전체가 관찰자(의 지각적 시차성)-관측 장치(렌즈와 뷰파인더 간의 시차성)-관측 대상 간의 시차성에 의존하고 있다는 사실을 함축한다. 이 때문에 우리는 과학적 관찰과 인식에 앞서서 먼저 우리 자신의 관찰-지각-사고 구조 전체의 '시차성'에 대한 비판적 인식에서 출발하지 않으면 안 된다는 것이다. 이는 곧 칸트적 '비판'이 의미하는 바에 다름 아니다. 칸트는 『형이상학의 꿈에 의해 해명된 시령자의 꿈』(1766)이라는 초기 저서에서 이런 "시차적 관점"을 제안했다. "먼저 나는 일반적인 인간 오성을 단지 내 오성의 입장에서 고찰했다. 지금 나는 나를 내가 아닌 외적 이성의 위치에서 고찰하고, 나의 판단을 가장 은밀한 동기와 함께 타인의 시점에서 고찰한다. 그 두 고찰에 대한 비교는 확실히 강한 시차를 낳기는 한다. 하지만 그 비교는 광학적 기만을 피하고, 여러 개념들을, 그것들이 인간성의 인식 능력에 관하여 서있는, 진정한 위치에 두기 위한 유일한 수단이다."[28] 가라타니 고진은 이는 단지 타인의 시점으로 자신을 보아야 한다는 일반적인 의미에서의 '반성'을 뜻하는 것이 아니라는 점을 강조한다. 이는 오히려 정명제와 반대명제가 모두 '광학적 기만에 지나지 않는다'는 것을 드러내는 것으로, 가령 합리론과 경험론 간의 '강한 시차'를 인지함과 아울러, 양자 중 어느 하나로 환원됨 없이 그 '사이'에서 생각하는 것을 뜻한다는 것이다. 가라타니 고진은 칸트가 독단적 합리론에 대해서는 경험론으로 맞서고, 독단적 경험론에 대해서는 합리론으로 맞서는 일을 반복했듯이, 맑스 역시 헤겔 좌파에 대해서는 경험

27_ 같은 책, 98쪽.

28_ 가라타니, 앞의 책, 91쪽에서 재인용.

론으로 맞서고, 영국 경험론에 대해서는 헤겔로 맞서는 일을 반복했는데, 이 중 어느 하나에서 '진정한 칸트와 맑스를 보는 대신, 양자 사이의 어떤 안정된 제3의 입장이 아니라 양자 사이를 횡단하는 '전위적인 이동' 자체가 칸트와 맑스의 '비판의 이론적 위상이라고 주장한다.[29] 가라타니 고진이 적절히 분석한 바 있듯이, 이는 우리가 대상에 대한 올바른 기술을 위해서는 타자의 시점과 주체의 시점 중 어느 하나로 환원되지 않은 채, 양자 '사이'에서 지그재그 운동을 하면서 분석적인 동시에 종합적인 서술을 수행할 수밖에 없다는 것을 의미한다.[30] 뒤에서 기술하겠지만, 이런 방식의 '시차적'인 지그재그 운동이 곧 칸트적이고 맑스적인 '비판의 의미이자, 맑스가 말했던 추상과 구체, 탐구와 서술의 변증법의 실제적인 의미이기도 하다.

위에서 기술한 세 가지 특징을 종합해 보면 다음과 같은 변별성이 뚜렷이 드러나게 된다. (1)은 맑스가 헤겔의 변증법을 "전도"시켜야 한다고 주장했던 바의 의미로서, 이는 곧 <이론-실천-이론>의 순서와 방향성을 가진 헤겔의 관념적 변증법을 <실천-이론-실천>의 순서와 방향성을 가진 유물 변증법으로 "전도"시키는 것을 뜻한다. 이 전도의 결과로 등장한 '유물론'이라는 형용사는 이론의 출발점과 귀착점을 명확히 하기 위한 것이다. 그러나 이때 순서와 방향성의 '전도'를 지칭하기 위한 관념론-유물론의 대비가 흔

29_ 같은 책, 29-30쪽.

30_ 같은 책 '제3장 트랜스크리틱', 139-222쪽 참조 여기서 고진은 칸트와 맑스가 개인을 자연과 사회가 중첩되는 '사이'(틈새), '이율배반의 사이', '모순의 사이'에서 고찰했음을 강조한다. 고진에 의하면 스피노자 역시 '사이'에서 사유했다. "스피노자는…기독교는 물론이거니와 유대교에서도 파문당하여 어디에도 없는 '사이'에서 살았기 때문이다. 또는 '사이'(차이) 자체를 세계로 하여 살았다고 해도 좋을 것이다. …스피노자가 말하는 유일한 실체인 '신'(세계)은 시스템들 사이의 공=간(空=間)을 초월화하는 것—그것에 의해 어떠한 시스템 안에서의 자명한 근거도 떼어내는 것을 말한다'(같은 책, 162-63쪽). 이런 '사이-공간'이란 두 눈 사이의 '시차'에 의해 우리의 지각이 이루어지는 것을 의미하는 것이며, 이율배반은 우리의 지각과 인식의 조건인 '시차' 자체를 논리적으로 양극화하는 데서 발생한다.

히 그래왔듯이 존재론적인 대비로 오해되어서는 안 될 것이다. 관념론-유물론의 대비를 이렇게 존재론적인 대비로 오해할 경우 맑스의 변증법 자체를 철학적으로는 유물론적 환원주의(즉, 기계적 유물론)로, 정치적으로는 '경제결정론'('생산력주의')으로 '전도'시킬 위험에 빠지게 된다. 이런 오해는 철학적으로는 맑스 변증법의 비환원주의적이고 복잡계적인 (2)와 (3)의 특징을 간과하게 만들며, 정치적으로는 인간은 자신이 처한 역사에 의해 구조적으로 제약당하면서도 동시에 역사를 자신이 원하는 방향으로 변혁시킬 수 있다는 맑스의 구조와 행위의 변증법을 삭제시켜 버리게 된다. 이런 점에서 맑스 사후 맑스주의를 규정해온 '유물변증법'과 '역사유물론'의 역사는 대부분 맑스의 비판적 변증법에 대한 존재론적 오해와 왜곡으로 점철된 역사라고 해도 과언이 아닐 것이다.

　발터 벤야민이 1930년대에 "정지상태의 변증법"이라는, 당시로는 생소한—그러나 오늘날 복잡계 과학의 관점에서 보면 비환원주의적인 변증법의 창발적 특성을 가장 명료하게 제시하는—개념을 대안으로 제시하면서, 진보에 대한 기계적 이해와 정치적 대기주의라는 오해와 왜곡으로 점철된 역사주의적이고 환원주의적인 유물론의 함정으로부터 도약이 시급함을 강조했던 것도 그가 칸트-맑스의 비판과 변증법 개념의 올바른 함의를 파악하고 있었기 때문이다. 그러나 벤야민의 독창적인 '정지상태의 변증법' 역시 그에 내재한 비환원주의적인 제 모순들의 공시적이고 시차적인 변증법의 특성이 함께 이해되지 못할 경우 단순한 수사학으로 오해되기 쉽다. 이런 이유에서 맑스-벤야민의 변증법은 칸트의 '시차적 변증법'과 현대의 '복잡계 과학'이라는 새로운 준거점을 통해 재해석됨으로써 헤겔 변증법의 단순한 '전도'와는 근본적으로 다른 차원을 갖는다는 점이 상세히 규명될 필요가 있다. 이하에서는 이 다른 차원의 의미를 퍼스의 가추법, 그레고리 베이트슨의 인식론과 비교를 통해서 규명해 보고자 한다.

4. 가추법과 정지상태의 변증법31:
그레고리 베이트슨, 맑스, 벤야민

맑스의 '비판'과 '변증법' 개념의 주된 특성은 유물론적 문제설정만이 아니라 인식 과정 자체의 비환원주의적인 특성에 대한 이해에 기초해 있는데, 바로 이 후자의 특성이 그 동안 간과되어 왔던 부분이다. 맑스의 변증법이 헤겔의 '정-반-합'의 변증법과는 다른 '시차적 변증법'이라고 명명할 수 있는 근거도 여기에 있다. 이하에서는 이런 '시차적 변증법'의 특징들을 퍼스의 가추법과의 비교를 통해서 구체화해 보고자 한다. 이런 비교는 제2절에서 도미니크 르쿠르가 설명했던, 바슐라르의 변증법이 두 항 간의 역사적 조정 과정에 의해 작동한다고 말한 바를 구체적으로 시각화해 줄 것이다.

찰스 샌더스 퍼스(1839-1914)에 의하면 가추법은 종래의 연역법과 귀납법 간의 환원주의적 대립 혹은 이율배반에 대한 올바른 비판이자, 모든 형태의 과학적 발견에 필요하고도 적합한 방법으로 제시된다. "오늘날 정립된 과학적 이론들은 그 하나하나가 모두 가추법에 기인한 결과이다."32 가추법은 연역법과 귀납법 간의 환원주의적 대립 대신에 연역법과 귀납법 모두를 <가설-추리-해법-검증-가설'…>의 순환적 과정에서 없어서는 안 될 두 요소로 재배치시켜 결합하는 방식으로 작동한다. 퍼스는 이렇게 말한다. "'나'는 들여다 보며, '그것'은 내다보며, '너'는 '나'와 '그것'을 섞어 놓은 것이다."33 이런 관점은 연역법-귀납법-가추법의 관계에도 그대로 적용될 수 있

31_ 이 절은 필자의 최근 논문 「유비쿼터스 도시의 출현과 대안적 도시인문학의 과제」(『마르크스주의 연구』 제6권 제2호, 2009년 여름)의 6절 "유비쿼터스 시대의 대안적 지식 생산의 인식지도 그리기"의 주요 부분들을 발췌, 수정, 보완하여 재구성한 것이다.

32_ C. S. Peirce, *Collected papers of Charles Sanders Peirce* V (Cambridge, MA: Harvard University Press, 1965), p. 172; 낸시 해로비츠, 「탐정 모델의 실체」, 움베르토 에코 외, 『논리와 추리의 기호학』, 김주환/한은경 역, 도서출판 인간사랑, 1994, 387쪽에서 재인용.

을 것이다. 연역법과 귀납법은 이미 확립된 법칙과 실제로 작동하는 사실을 강조한다. 그러나 가추법은 어떤 하나의 사실과 그 근원 사이에 있는 중간단계이다. 가추법은 관찰자로 하여금 이미 알려진 법칙이나 다른 일반적 진리를 제안하여 그 근원을 추측하게 하고 그 다음에 실험을 통해 그의 가정을 입증하거나 반증하도록 하는, 본능적이고도 지각적인 비약이라고 할 수 있다.34 야코 힌티카와 메릴 힌티카는 셜록 홈즈의 사례를 분석하면서 "질문을 통한 정보-답 찾기 모델"이 일반적인 연역적 또는 귀납적 추론 모델에 비해 월등히 우월하다고 주장하는데, 실제로 복잡한 인식론적 상황을 기술해주는 이 모델에서는 이중운동이 일어난다고 기술한다.

즉 아래쪽으로는 내용이 더 충실한 결론 쪽으로, 그리고 위쪽으로는 더욱 더 근본적인 자료 쪽으로의 이중운동이다. …과학적 맥락에서도 이와 같은 구조를 찾아볼 수 있다. …사실상 우리의 구조 내에서는 배경 정보와 최종 결과 사이에 어딘가에 있는 중간 결론 Cn이 관찰의 진술이라고 여겨지는데…독자에게 가장 흥미있고도 혼란스러운 문제는 한편으로는 관찰과 또 한편으로는 추리, 연역, 분석, 추론, 그리고 논리가 이상스럽게도 공존한다는 점일 것이다.35

이렇게 연역법과 귀납법이 가추법이라는 과학적 발견의 절차라는 복잡한 시스템적 과정의 상반된 두 요소로 결합된다면, 가추법은 톱다운 방식의 연역법과 바텀 업 방식의 귀납법을 상반된 방식으로 '절합'하는 중간 조절장치에 비유될 수 있다. 이는 일종의 '미들-업-다운' 방식과 같은 것으로—현대

33_ C. S. Peirce, 초고, p. 917; 토마스 씨벅, 「하나, 둘, 셋 하면 풍성함이」, 『논리와 추리의 기호학』, 54쪽에서 재인용.

34_ 낸시 해로비츠, 「탐정 모델의 실체」, 『논리와 추리의 기호학』, 388쪽.

35_ 야코 힌티카·메릴 힌티카, 「셜록 홈즈와 현대 논리학의 만남」, 『논리와 추리의 기호학』, 357쪽.

축구에서 승부의 관건이라고 할 '미들 필더'에 비유할 수 있다—'톱-다운'의 연역(deduction) 방식이나 '바텀-업'의 귀납(induction) 방식 중 어느 하나, 즉 양자 간 택일이 아닌, 이 양자를 모두 연결하면서도 상상력을 발휘하여 더 근원적인 것에 대한 가정을 과감하게 실험적으로 제안하고, 검증하는, 무작위적 활동—마치 섬광처럼 다가오는 가추적 제안으로서 세계의 여러 측면들 간의 관계를 무의식적으로 지각하는 것에 의존하는 자기-무의식적 방법36—을 통해 새로운 질서나 해답을 작위적으로 선택하는, 일종의 '스터캐스틱' (stochastic)한 특징을 지닌 '가추법'(abduction)37을 시각화하기에 좋은 비유라고 생각된다.

1950년대에 등장한 제1세대 사이버네틱스의 창시자 중 한 사람인 그레고리 베이트슨에 의하면 퍼스가 '가추법'이라고 불렸던 과정은 "다른 관련 현

36_ 토마스 씨벅·진 우미커-씨벅, 「자네는 내 방법을 알고 있네: 찰스 퍼어스와 셜록 홈즈를 나란히 비교하기」, 『논리와 추리의 기호학』, 70-71쪽. 퍼스에 의하면 가추법은 고정된 법칙의 동어반복적 기술인 연역법과 사유의 습관적인 요소를 생산하는 귀납법과는 달리 우리가 의식하기 전에 이미 여러 요소들이 우리 정신 속에 들어와 상호작용하면서 독특한 느낌을 일으키다가 가정적 추론을 촉발하면서 격렬한 한 덩어리의 감정으로 대체되는 과정을 수반한다고 한다(72쪽). 이런 복합적이고 무의식적인 느낌의 과정이 바로 그레고리 베이트슨이 말하는 '무작위적 과정'에 해당한다고 할 수 있다.

37_ "가추법이란 설명력 있는 가정을 형성해 가는 과정이라 할 수 있다. 가추법이야말로 새로운 생각을 도입해내는 유일한 논리적 작용이다. 왜냐하면 귀납법은 가치를 결정하는 작용만 할 뿐이며, 연역법은 순수한 가정의 필연적인 결과를 발전시켜 나갈 뿐이기 때문이다. 연역법으로는 어떤 일이 있어야만 한다는 것을 증명할 수 있다. 귀납법은 어떤 일이 실제로 어떻게 작동하는가를 보여준다. 그렇지만 가추법은 어떤 일이 있을지도 모른다는 것을 제안할 뿐이다(퍼스)"(야코 힌티카, 「형식화한 셜록 홈즈」, 『논리와 추리의 기호학』, 387쪽에서 재인용). "오늘날의 정립된 과학적 이론들은 그 하나하나가 모두 가추법에 기인한 결과이다(퍼스)"(같은 글, 387쪽에서 재인용). "가추법은 어떤 하나의 사실과 그 근원 사이에 있는 중간 단계나 마찬가지이다. 즉 가추법은 관찰자로 하여금 그 근원을 추측하게 하고 그 다음에 실험을 통해 그의 가정을 입증하거나 반증하도록 하는, 본능적이고도 지각적인 비약이라고 할 수 있겠다(같은 글, 388쪽).

상을 탐구하여 이것 역시 동일한 규칙 아래 두어 동일한 토톨로지 위에 지도 화할 수 있음을 논하는 작업"38이다. 이런 점에서 '가추법'은 정확히 다양한 현상들 간의 관계의 '인식 지도 그리기'(cognitive mapping)에 해당된다. 베이트슨이 강조하듯이 모든 기술, 설명, 표현은 현상에서 이끌어낸 것을 어떠한 표면, 좌표, 매트릭스 등의 위에 지도를 그리듯이 그려 넣어가는 행위이다.

실제 지도에서는 보통 정해진 크기의 평평한 종이가 수용의 매트릭스로 사용되지만 그려 넣어야 할 것이 너무 크거나 혹은 둥글 경우 지도 작성은 몹시 어려워진다. 수용의 매트릭스가 원환체(도넛 형)이거나 조각 조각난 점선인 경우도 역시 어려움이 발생한다. 어떠한 수용의 매트릭스나 언어이든, 명제의 토톨로지칼한 네트워크이든 그 위에 지도로서 그려지는 현상 전체에 대해 그대로 왜곡되게 작용하는 형태적 특질을 갖고 있다.(65)

발생과 토톨로지는 반복과 모방의 세계를 구성하는 한편, 창조, 예술, 학습, 진화로 이루어진 세계에서는 변화의 과정이 무작위한 것을 양식으로 삼아 진전된다. **[1] 발생의 본질은 예측할 수 있는 반복이며, [2] 학습과 진화의 본질은 탐구와 변화이다.**"(64, 강조는 인용자)

그는 문화전달의 과정이 이 2가지 세계의 혼합이라고 말한다. 모방을 하려면 학습이란 현상을 이용해야 하는데, 부모가 갖고 있는 것도 역시 학습에 의해 획득된 것이기 때문이다. 모방과 학습은 이와 같이 일종의 피드백 루프로서 맞물려 있다. 가령 어떤 기적에 의해 부모의 기술을 전달하는 DNA가 자식에게 계승되었다 하더라도 그렇게 전달된 기술도 역시 다른 것이며 모

38_ G. 베이트슨, 『정신과 자연』, 박지동 역, 도서출판 까치, 1990, 106쪽. 이하 이 책에서의 인용은 본문에 그 쪽수를 표시한다.

두가 살아남지는 못할 것이다. 베이트슨은 이 두 세계를 연결하는 것으로서 '설명'이라는 문화현상이 존재하는 것은 흥미로운 사실이라고 주장하면서, "익숙하지 않은 사건의 연쇄를 설명하는 것이나, 유전적 변화(습관이나 환경에 기인하는 체세포적인 변화를 포함) 및 학습이라 불리는 과정 모두가 '스터캐스틱'(stochastic) 한 과정이라고 보고 있다. "학습에서나 유전에서나 어떤 국면에서든 무작위적인 사건의 흐름이 있으며 또한 그 무작위한 사건 중 일부만을 뽑아 다른 부분보다 오랫동안 '존속시키는' 작위적인 선택과정이 있다고 생각한다. 무작위성 없이는 새로운 것은 생겨나지 않는다는 것"이다.(177) 베이트슨에 의하면 우리들은 어떤 부분에서는 서로 작용을 계속하고 또 어떤 부분에서는 단절되어 있는 두 개의 커다란 스터캐스틱한 과정과 만나게 된다.

[1] 하나는 개체의 내부에 있는 시스템인데, 그는 이를 학습이라고 부른다.

[2] 또 하나는 유전과 개체군에 내재하는 시스템으로 그는 이를 진화라고 부른다.

전자는 개체의 일생과 함께 끝나는 것이며, 후자는 다수의 개체가 몇 세대에 걸쳐 반복되며 퍼져나가는 것이다. 논리 계형을 달리 하는 이 두 개의 스터캐스틱한 과정이 모두 자신의 역할을 충분히 다해갈 때, 살아있는 세계, 즉 생물계는 정지와 소멸에서 벗어나 진화의 행진을 계속할 수 있기에 이 두 시스템의 통일이야말로 필수적인 것이라고 본다.(179) 다른 사람들은 양자택일의 대상으로 보았던 이 두 개의 과정이 생명적 과정에서는 오히려 서로 대립되면서도 동시에 요구되는 필수적인 과정이라고 보았다는 점에서, 베이트슨은 정신적 극과 물리적 극, 두 극의 콘트라스트야말로 모든 유기체의 '합생'에 필수적인 전제 조건이라고 보았던 화이트헤드의 사상과 근접한다.

특히 베이트슨은 이 두 시스템의 통일을 버트란트 러셀과 같은 방식의 수직적 사다리의 형태로 전개되는 단일한 '논리 계형'(logical class, 이름의 이름의 이름의…)의 방식이 아니라 지그재그로 교차하는 교호적인 것으로 파악한다.(224) 이 두 시스템의 지그재그적인 교호작용은 곧 토톨로지와 기술, 또는 형태와 과정의 교호작용이다. 베이트슨에 의하면 이 교호작용은 추상적 사고과정에서만이 아니라 물리적 과정에서 사회적 과정에 이르는 모든 수준에서 나타난다. 실제 생물세계의 사건을 그리려고 할 때 그 작업은 클래스, '클래스의 클래스', '클래스의 클래스의 클래스'라는 식으로 수직으로 뛰어 올라갈 수 없을 뿐 아니라, "정신 시스템과 생물 시스템을 상대로 한 경우 그 사다리는 필연적으로 **형태와 과정의 변증법적 지그재그 사다리**라는 형태를 취하지 않을 수 없다"(232)는 것이다. 먼저 지각 자체도 이 패러다임을 따른다. 학습의 모델도 이러한 종류의 지그재그 형 패러다임 위에 구축되며, 사회생활에서도 사랑과 결혼, 교육과 지위의 관계가 역시 같은 종류의 패러다임을 필연적으로 따른다. 진화 과정에서도 체세포적 변화와 계통발생적 변화의 관계, 무작위적인 것과 선택된 것의 관계는 이러한 지그재그 형태를 취한다. 게다가 변종과 종분화, 연속과 불연속, 수와 양이라는 추상적 수준에서도 마찬가지의 관계가 성립한다.

이런 교호작용을 베이트슨은 도해를 통해 보여주는데(231-33), 다음의 그림은 필자가 베이트슨의 도해에 부분적인 수정을 가하여 보완한 것이다. 베이트슨이 만든 본래의 다이어그램인 <아이트물 문화의 분석 단계들>(231)에는 논리 계형상의 층위 구분이 없던 것인데, 필자는 다음과 같은 이유에서 러셀이 말한 논리 계형의 구분이 추가될 필요가 있다고 본다. 우선 이런 논리 계형 상의 구분이 필요한 이유는 인식과 추론의 과정이 한 번의 교호작용으로 완성되는 대신, 뒤에서 다시 살피겠지만 여러 차원의 상승운동과 하강운동을 필연적으로 겪기 때문이다(상위차원과 하위차원의 다차원적인 레벨). 동시에 이 그림은 논리 계형의 상향운동만이 아니라 하향운동을 하는 경우도 함축하고 있다. 실제로 베이트슨은 온도조절 장치의 사례를 들어 캘리브레이션과 피드백의 변증법을 통한 논리 계형의 '하향 운동'의 사례도 분석하고 있다.(235) 이 양자를 포함하고 있기 때문에 '형태와 과정의 변증법'은 일종의 '새끼 꼬기' 형태의 '이중나선' 구조를 취하고 있는 셈이다.

이런 지그재그 사다리를 올라감(반대로 더 미시적 영역으로 내려감)에 따라 영역의 관련성이 증가한다. 지각과정에 적용해 보면, 이는 각 단계에서 감각기관이 수집하는 정보의 논리 계형이 높아진다는 것을 나타낸다.(237) 사다리를 올라감에 따라 관련 영역이 더욱 넓어져 정보는 더욱 추상적이 되고, 그 결정은 보다 광범위해진다.[39] 이런 역동적인 체계는 모든 인식 지도 그리기의 일반 모형이라고 할 수 있다. 여기서 핵심적인 요소는

[1] 형태와 과정(또는 캘리브레이션과 피드백)의

[2] 교호적 순환작용,

[3] 그리고 논리 계형의 구별이며,

[4] 시간이 경과하면서 이 3가지 상이한 요소들의 지그재그적인 변증법이 그려진다는 것이다.

---

[39] 그런데 베이트슨은 세계가 캘리브레이션(형태)에 의해 압도적으로 표현된다고 믿고 싶어 하는 사람들은 어느 세상에나 끊임없이 존재한다고 본다. 이들은 에른스트 마이어가 자연선택을 결코 이해할 수 없는 무리들이라고 비판한 유형론자들이다. 또 한편으로는 피드백(과정)밖에는 눈에 들어오지 않는 사람들도 끊임없이 존재한다. 후자 그룹의 대표는 '어떤 사람도 같은 강물에는 두 번 다시 뛰어들지 못한다'라는 유명한 말을 남긴 헤라클리투스이다. 결국 캘리브레이션의 본질은 정지에 있다. 정지야말로 돌고 도는 체계의 구성이다. 이 문제의 해결은 시간을 어떻게 파악하느냐에 달려 있다. 엽총의 사격 훈련이 불연속적인 것은 발사된 이후에 비로소 정보(즉 캘리브레이션에 필요한 자신에 관한 정보)의 획득이 가능한 필연성 때문이다.(240). 학습이 일어나는 것은 발포 순간뿐이며 서로 분리된 순간적 학습이 순차적으로 쌓아 올려지는 것이다. 이는 온도조절장치에 의한 온도제어 시스템에서나 법령 시행 시스템에서나 동일하게 말할 수 있다. 이들 또한 시간에 관련된 이유 때문에 필연적으로 불연속적이다. 감각과 조직과 커뮤니케이션 불연속과 역(閾, 문지방) 없이는 생각할 수 없다(241).

그레고리 베이트슨이 '가추법=변증법'이라고 명시한 이 과정은 맑스가 헤겔의 변증법과는 구별되는 자신의 변증법적 방법의 핵심으로 제시한 추상과 구체의 변증법, 탐구와 서술의 변증법이라고 불렀던 과정40과 정확히 일치한다. 여기서 추상이 형태라면, 구체는 과정에 해당하며, 탐구가 캘리브레이션이라면 서술은 피드백에 해당하며, 양자의 분리불가능한 교호적 상호작용의 반복을 통해 서술이 이루어진다는 점에서 양자의 관계는 환원불가능하고 변증법적이다.

[1]『자본론』제1권의 순서가 상품-화폐-자본-잉여가치의 순으로 이어지는 것이나, [2]『자본론』제1권이 자본주의 생산과정에 대한 연구, 제2권은 유통(또는 순환)과정에 대한 연구, 제3권은 생산-유통-분배 과정의 총체에 대한 연구로 구성된 것은 바로, 기초적인 논리 계형과 보다 복잡한 논리 계형의 차이를, 그리고 전자에서 후자로의 순차적인 축적과정을 정확히 보여준다.

라이헨베르크와 슈나이처는 맑스 변증법의 중핵을 이루는 탐구방식(Forschungsweise)과 서술방식(Darstellungsweise)의 변증법을『자본』의 제1장인 '상품장' 분석에서 실제로 적용된 사례를 통해서 다음과 같이 설명한다. 구체적 현상(1)에서 출발하여 상품→사용가치/교환가치→구체노동/추상노동→추상적 가치관계(본질)로 (구체에서 추상으로) '하강'하는 탐구방식의 추상화 과정과 여기서부터 다시 단순한 가치형태→전개된 가치형태→일반

40_ K. 맑스, 「정치경제학 비판 요강 서문」,『정치경제학 비판 요강 I』, 김호균 역, 도서출판 백의, 2002. "구체적인 것은 그것이 수많은 규정들의 총괄, 다양한 것들의 통일이기 때문에 구체적이다. 따라서 구체적인 것은 비록 그것이 실재적 출발점이고 따라서 직관과 표상의 출발점이라고 할지라도, 총괄 과정, 결과로서 현상하지 출발점으로 현상하지 않는다. …헤겔은 현실적인 것을 자체 속에서 총괄되고, 자체 속으로 침잠하며, 자체로부터 운동해 나오는 사유의 산물로 파악하려는 환상에 빠진 반면, 추상적인 것으로부터 구체적인 것으로 상승하는 방법은 사유가 구체적인 것을 점취하고, 이를 정신적으로 구체적인 것으로 재생산하는 방식일 뿐이다"(71쪽).

적 가치형태(일반적 등가로서의 모순)→화폐형태라는 구체적 현상(2)로 (추상에서 구체로) '상승'하는 서술 방식의 변증법적 프로세스가 아래와 같은 'V'형의 다이어그램으로 '시각화'할 수 있다는 것이다.[41]

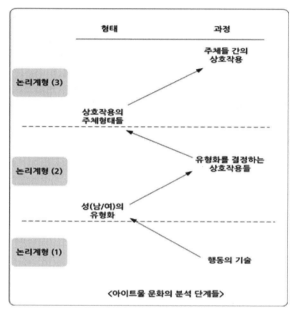

〈형태와 과정의 변증법적 지그재그 사다리〉

이 그림을 옆으로 뉘어서 보면 맑스의 변증법이 형태, 과정, 논리 계형의 차이와 연결이라는 3가지 요소로 구성된 지그재그적인 나선형의 축적과정을 보여주는 베이트슨의 인식과정의 지도(인지과학적 메커니즘)와 상응한다는 점을 발견할 수 있다. 맑스가 추상과 구체의 변증법, 탐구(Forschung)와 서술(Darstellung)의 변증법이라고 불렀던 과정은 복잡한 현상들을 개념(적 다이어그램)으로 추상한 후에, 이를 바탕으로 구체적 전체의 복잡성을 기술

41_ G. 라이헨베르크·D. 슈나이처, 「칼 마르크스」, H. 킴멀레 편, 『유물변증법』, 80쪽.

해내는 과정을 의미한다고 할 수 있다. 그러나 이 과정은 한번에 끝나지 않고 계속되는데 이 때문에 전체 과정은 지그재그 운동을 한다는 점이 라이헨베르크/슈나이처의 그림에서는 잘 드러나지 않고 있다.

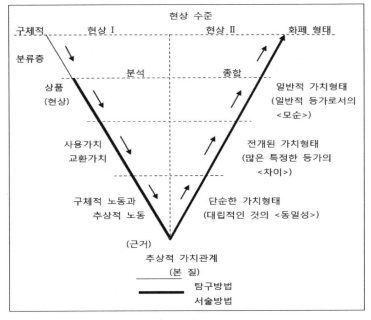

<맑스의 추상-구체의 변증법의 도해>[42]

이 지그재그 운동과 연관해서 벤야민은 『독일 비애극의 원천』(1928)에 수록한 독창적이지만 미완성의 인식론이라 할 「인식비판 서론」에서 맑스를 따라 '서술'(Darstellung)의 어려움을 다음과 같이 묘사한 바 있다. 즉, 추상-구체의 변증법적인 지그재그의 운동의 결절점들에 이를 때마다 서술은 매번 중단되고, 다시금 호흡을 가다듬어 새롭게 나아갈 수밖에 없다는 것으로, 이런 이유에서 그는 "사유의 심호흡"[43]이 필요하다는 점을 강조한다. "방향

42_ 같은 글, 같은 쪽.

을 전환할 때마다 다시금 Darstellung이라는 문제에 부딪히는 것은 철학적 저술에 고유한 것이다."(35)

Darstellung은 트락타트 방법의 총괄개념이다. 방법은 우회로이다. 우회로서의 Darstellung. 이것이 트락타트의 방법적 성격이다. 의도의 부단한 진행을 포기하는 것이 트락타트의 제일의 특징이다. 사유는 끈기 있게 항상 새로이 시작하며, 사태 자체로 집요하게 돌아간다. 이러한 **부단한 숨고르기**가 정관의 가장 고유한 존재 형태이다. 왜냐하면 정관은 **어떤 동일한 대상을 관찰할 때 여러 상이한 의미 층을 좇는 가운데 항상 새로운 자신의 출발을 위한 추진력을 얻고, 자신의 단속적 리듬의 정당성을 얻기** 때문이다. 불규칙한 조각들로 분할되는 데도 모자이크가 장엄함을 드러내듯이 철학적 관찰은 비약을 두려워하지 않는다.(37)

부단한 중단과 새로운 시작을 반복하면서 마치 많은 조각들이 모여서 장엄한 모자이크 그림이 드러나게 되는 것과 같다고 보는 벤야민의 'Darstellung' 과정은 앞에서 그레고리 베이트슨이 말한 지그재그 운동과 상응한다고 할 수 있다. 이런 이유에서 맑스의 변증법을 시각화한 라이헨베르크/슈나이처의 그림은 다음과 같은 방식으로 재조정될 필요가 있다고 본다. 이 두 그림 중에서 위 그림은 아래 그림의 한 단면을 끊어서 보여주는 것이라고도 할 수 있다.

구체에서 추상에로의 '하강'과 추상에서 구체로의 '상승'이라는 'V'자 형태의 운동은 상품에 관한 분석에서 화폐에 관한 분석으로의 이행을 자세히 보여준다. 그러나 『자본』 전체는 분석과 종합의 'V'자 형태의 일회적 운동을 통해서 완성되는 것이 아니라, 아래 그림과 같이 여러 번 반복되면서 자본주

43_ W. 벤야민, 『독일 비애극의 원천』, 최성만/김유동 역, 한길사, 2009, 61쪽. 이하 이 책에서의 인용은 본문에 그 쪽수를 표시한다.

의 생산양식의 전체적인 동태적(모순들의 중층결정된) 시스템의 작동을 서술해 보이는 것이라고 할 수 있다. 이렇게 해서 도달하게 되는 것이 바로 맑스가 말하는 "구체적 총체성"이다(이런 프로세스가 벤야민의 "정지상태의 변증법"과 상동 관계를 이룬다는 점을 뒤에서 살펴볼 것이다).

맑스는 단지 분석적 방법만을 중시하는 부르주아 국민경제학을 배격했다. 국민경제학은 직접 주어지는 구체적이고 복합적인 표상들(국가, 국민, 인구 등)을 추상적이고 일반적인 범주들(화폐, 가치, 노동분업 등)로 환원시켜 버리고 개별 규정들을 복합적인 전체와 연관시키는 것은 우연에 맡겨버린다. 이는 구체적인 것을 출발점으로 삼는 것이지만 구체적인 것들 간의 상호연관적 전체에 대한 이론적 파악을 가능하게 하지 못한다. 헤겔은 이와 반대로 단순하고 추상적인 것에서 출발하여 구체적인 것의 발생을 구성하는 방식을 택했다. 그러나 이는 사유의 운동을 구체적 현실의 운동과 일치시키는 오류를 범하고 있다. 맑스는 이 두 가지 방법의 일면성을 비판하고, 구체와 추상, 분석과 종합의 변증법을 통해서 서로 대립되고 상호관련되고 상호제약하는 부분들의 모순적 통일로서 구체적 총체성에 도달하고자 했다.[44] 이런 변증법적 탐구방식은 <복잡한 현상>→<추상적 개념>→<구체적 총체성>으로 나아가는 운동이며, 이 과정은 한 번에 이루어지는 것이 아니라, <현상(1)>→<추상>(1)→<구체>(1)…이라는 방식으로 계속된다. 마치 자본의 운동이 한 번으로 마무리되지 않고, M→C→M'…로 계속되는 것과 유사하다. 이런 맥락에서 맑스의 변증법은 다음과 같이 헤겔의 변증법과 확연히 구별된다.

(1) 헤겔의 변증법이 추상(사유, 이론)→구체(현실, 실천)→추상(사유, 이론)으로 나아가는 것과는 달리 맑스의 변증법은 구체(현실, 실천)→추상(사

44_ 킴멀레 편, 앞의 책, 70-72쪽.

유, 이론)→구체(현실, 실천)로 나아간다.

(2) 헤겔의 변증법적 운동은 "절대정신"에 이르러 멈춘다. 그러나 맑스의 변증법은 구체적 현실의 모순이 해결되어 그 운동을 정지하게 되지 않는 한 계속해서 작동한다. 이런 점에서 헤겔의 절대정신이 도달하는 총체성이 관념론적 총체성이라면, 맑스의 변증법적 탐구가 도달하는 총체성은 구체적이고 역사적이며 종결되지 않는 현실적 총체성이다. 이는 "세계를 이미 완결된 <사물들>의 복합체로 파악하는 것이 아니라 역동적인 <과정들>의 복합체로 보며, 그 안에서 안정되어 있는 것처럼 보이는 사물들은 우리 머리에서의 사고를 통한 모사, 즉 개념에 지나지 않으며, 실제로는 생성과 소멸의 끊임없는 변화를 겪고 있는 것이다. 그러나 이런 근본 사상을 공허한 문구로 인지해 내는 것과 현실에 있어서 개별적으로 하나하나 연구해 나가는 것은 별개의 것"이라는 엥겔스의 주장은 바로 헤겔과 맑스 간의 차이를 정확히 지시하고 있다.[45]

(3) 알튀세르는 특히 맑스의 변증법에서 '서술' 문제가 안고 있는 어려움을 다음과 같이 표현한 바 있는데, 이점 역시 헤겔 변증법과의 큰 차이를 드러내 보인다.

맑스가 보편적 조명(general illumination)의 변이라는 은유를 도입하거나, 물체가 잠겨 있는 에테르라는 은유를 도입하거나, 본래의 색채와 대상의 독자적인 무게에서의 국한과 기능 및 관계(그 자신의 말로는 관계들, 그 지위 및 영향)에 대해 하나의 특정한 구조가 갖는 지배를 통해 생산된 결과로서의 수정이라는 은유를 도입함으로써, 초점을 맞추려고 했던 것은 바로 이와 같은 문제인 것이다. …그것은 **맑스주의의 가치이론 전체에서 가장 중요한 인식론적 개념인 'Darstellung'**이라

45_ 같은 책, 109쪽.

는 개념 속에 전부 요약되어 있는데, 그 개념의 대상은 그 효과로서 나타나는 구조의 현존 양식, 즉 구조적 인과성 그 자체를 지시하기 위한 것이다…(강조는 인용자) 우리가 이 용어를 채택한 것은 그것이 가장 은유적이지 않으면서도, 맑스가 부재와 현존, 즉 **효과들 속에서 구조의 존재를**(원저자 강조) 한꺼번에 지시하고자 했을 때, 그가 겨냥했던 개념과 가장 가까운 것이기 때문이다.[46]

알튀세르에 의하면 맑스가 "효과들 속에서 구조의 존재를 한꺼번에 지시하고자" 고심했기 때문에 다각도로 '서술'을 전개한 것은 단순히 구체적 사례들을 나열하는 것도, 구체적인 시간의 현존을 발생적으로 제시하는 것도 아니다. 맑스 자신은 이런 어려움에 직면하여 다음과 같이 프루동을 비판하고 있다.[47]

각 사회의 생산관계들은 하나의 전체를 형성한다. 프루동씨는 한 국면이 다른 국면을 낳고, 마치 테제로부터 안티테제를 귀결시키듯이 다른 국면으로부터 한 국면을 귀결시키며, 그 논리적 계기 속에서 비인격적인 이성을 실현시키는 다양한 사회적 국면들로 경제적 관계들을 고찰한다. 이 방법의 유일한 결점은, 프루동씨가 이 국면들 중에 단 하나라도 고찰하게 됐을 때, 모든 사회적 관계들에 의거하지 않는다면 국면을 설명할 수 없다는 점이다. 그러나 그는 이 관계들을 자신의 변증법적 운동에 발생시키지 못했다. …정치경제학적 범주들로 하나의 이데올로기적 체계라는 건축물을 세우면서 사회체계의 사지가 괴리되어 버린다. 사회의 상이한 사지가 하나의 뒤를 따라 나오는, 다양한 분리된 사회들로 변화된다. 어떻게 운동과 계기에 관한 단일한 논리적 공식이, 모든 관계들이 공존하면서 서로를 지탱하고 있는 사회체를 설명할 수 있겠는가?(철학의 빈곤)

46_ 알튀세르, 『자본론을 읽는다』, 김진엽 역, 두레, 1991, 238-39쪽.
47_ 같은 책, 124-25쪽.

알튀세르는 이런 질문에 의거하여 다음과 같이 주장한다.

여기에 모든 것이 있다: '사회적 체계의 사지의 접합, 공존, 이들 사이에 존재하는 관계들 상호간의 지지는 '운동, 반복, 시간의 논리적 정식'으로는 고찰될 수 없다. …『1857년 서문』에서 맑스는 자본주의 사회를 논하면서 시간의 반복에 대한 논의에 앞서 전체의 구조가 파악되어야 한다는 점을 재조명하고 있다.[48]

상이한 사회 형태들의 계기를 통해 경제적 연관들 사이에 역사적으로 확립된 관련이 중요하다. '이념 속에서'(프루동) 일어나는 계기의 순서가 아니라 근대 부르주아 사회 내부에서의 그들 간의 절합된 계층구조(Gliederung)가 중요하다.[49]

알튀세르는 맑스 변증법의 특유한 단위를 이루는 Darstellung의 개념이 거의 완벽하기는 하지만 개념으로서 아직 정교화되지 않은 한에서 불완전한 용어라고 보면서, 다양한 은유를 풍부하게 만들어내는 이 개념의 역할을 다음과 같이 기술하고 있다.

그 용어는 은유적 용어로 이미 거의 완벽한 개념이지만, 그것이 포착되지 않는 한에서, 즉 개념으로 받아들여지고 정교화되지 않는 한에서 불완전한 용어이다. 맑스가 자본주의 체계를 하나의 메커니즘, 기계장치, 기계, 구조(『자본』 3권) 등으로 표현할 때마다 사정은 그랬다. 또한 그것을 '사회적 신진대사'의 복합성으로 표현할 때도 마찬가지였다. 이들 모든 경우에 있어서 외부와 내부 간의 일상적 구별은 그 가시적인 혼란에 대립되는 현상 내부의 '내적 연관'과 더불어 소멸하게 된다. 우리는 현상적 주관성이나 본질적 내재성이라는 경험론적 이율배반으로부

48_ 같은 책, 125쪽.
49_ 『맑스정치경제학 비판 요강』 서문; 알튀세르, 『자본론을 읽는다』, 125쪽에서 재인용.

터 분명히 해방된 하나의 상이한 이미지, 하나의 새로운 준개념(quasiconcept)을 발견한다. …이제 우리는 그것을 매우 징후적인 용어인 'Darstellung'이라고 부를 수 있으며, 그것을 이 '기계장치'와 비교하고, 그것이 그 효과들 면에서 이 기계장치의 실존 그 자체라고 문자 그대로 파악할 수 있다. …자신의 과학적 발견이 철학에 제기했던 문제에 대한 고찰방법을 형성하기(forge) 위해 기존의 이론적인 것의 객관적인 한계들을 타파하고자 했던 맑스의 부단한 노력, 그의 실패 그리고 그의 후퇴까지도, 우리보다 훨씬 이전에 절대적인 고독 속에서 그가 경험했던 이론적 드라마의 일부를 이루는 것이다.[50]

알튀세르의 논지는 맑스가 다양한 방식의 'Darstellung'을 통해 은유적으로 시각화한 효과들(기계장치, 신진대사) 속에서 자본주의 사회체의 구조를 한꺼번에 지시하고자 했기 때문에 이를 일종의 '이론적 드라마'라고 부를 수 있다는 것이다. 그런데 그는 이것이 '개념적'으로 정교화되지 않았기 때문에 불완전하고 혹은 '실패한' 드라마라고 보고 있다. 하지만 이런 평가가 "그의 과학적 발견이 철학에 대해 제기했던 문제에 대한 고찰방법을 형성하기 위해 기존의 이론적인 것의 객관적 한계를 타파하고자 했던 맑스의 부단한 노력"의 의미를 드러내기에 충분한 것일까? 발터 벤야민의 아래와 같은 사유 방식은 동일한 문제에 대한 상이한 평가가 가능함을 추론하게 해준다.

위대한 철학들은 세계를 이념들의 질서 속에서 재현한다. …사상구조물들은 이념들의 질서에 대한 기술로서 생겨났기 때문이다. …경험세계가 스스로 이념세계에 들어가서 그 속에서 용해되는 식으로 기술하는 구상을 훈련하는 것이 철학

50_ 같은 책, 245쪽.

자의 과제라면, 그 철학자는 연구자와 예술가 사이에 고양된 중심을 획득한다. 예술가는 이념세계의 작은 이미지를 구상하는데, 이때 바로 그것을 비유로서 구상하기 때문에 각각의 현실 속에서 궁극적인 이미지를 만들어낸다. 연구자는 개념을 가지고 세계를 내부에서 분할하는 가운데 세계를 이념의 영역 속으로 분산해 배치한다. **단순한 경험을 소멸시키는 일에 대한 관심이 연구자를 철학자와 결합(42)한다면 Darstellung이라는 과제가 예술가를 철학자와 결합한다.**[51]

맑스에게서 Darstellung이 차지한 중요성을 강조하면서도 그것이 은유적인 '준개념'에 머문다는 이유로 불충분하다고 보았던 알튀세르와는 반대로, 벤야민은 개념이란 단지 Darstellung을 위한 매개수단에 불과하며, 오히려 연구자(과학자)의 개념적 분석과 예술가의 이미지적인 Darstellung이라는 두 과제를 결합하여 이념들의 질서 속에서 세계를 기술하는 데에 위대한 철학(맑스의 철학)의 궁극적 과제가 있다고 보고 있다. 벤야민은 이 이중적 절차를 아래와 같이 더 자세하게 분석하고 있다.

현상들은 분할되어 진리의 진정한 통일성에 참여하기 위해 자신의 거짓된 통일성을 벗어 던진다. 현상은 이렇게 분할된다는 점에서 개념들에 종속된다. 사물들을 요소로 해체하는 일을 수행하는 것이 개념의 역할이다. 개념들로 구별하는 작업은 **오로지 그것이 이념들 속에서의 현상들의 구제,** 플라톤적인 현상의 구제를 목표로 삼을 때만 파괴적인 궤변이나 늘어놓는다는 모든 의혹에서 벗어날 수 있다. 이러한 매개적 역할을 통해 개념들은 현상들을 이념들의 존재에 참여하도록 한다. 그리고 바로 이러한 매개 역할로 인해 개념들은 철학의 또 다른 근원적 과제, 즉 이념들의 Darstellung이라는 과제에 유용하게 된다. 현상들의 구제가 이

51_ 벤야민, 『독일 비애극의 원천』, 42-43쪽. 강조는 인용자.

념들을 매개로 이루어지는 동안, 이념들의 Darstellung은 경험을 수단으로 이루어진다. 왜냐하면 이념들은 그 자체로서가 아니라 오로지 개념 속에서 사물적 요소들을 배속하는 작업을 통해 Darstellung 되기 때문이다. 그리고 이때 이념들은 그 사물적 요소들의 성좌로 Darstellung 된다.[52]

이와 같이 벤야민의 관점에서 보면 맑스의 추상-구체, Forschung-Darstellung의 변증법은 불완전한 것이 아니라, 오히려 추상을 통해 분석된 "개념 속에서 사물적 요소들을 배속하는" 개념-이미지의 이중운동을 통해 "사물적 요소들의 성좌"인 이념들을 Darstellung 하는, 즉 진리의 통일성 혹은 구체적 총체성을 보여줄 수 있는 "위대한 철학의 방법"이라고 할 수 있다. 벤야민은 헤겔 변증법과는 다른 맑스의 변증법의 독특성을 이렇게 개념적 분석과 이미지적인 종합의 변증법으로 파악했기 때문에 맑스에 근거한 자신의 변증법을 "변증법적 이미지"("변증법적 이미지는 지나간 과거의 전체 지평을 뒤덮는 하나의 구전[球電, Kugelblitz]이다"[53])라든가 "정지상태의 변증법"("과거가 순간으로─변증법적 이미지로─응축하는 가운데[54]")라고 지칭했다. 따라서 맑스-벤야민의 변증법은 개념적 서술만으로는 불충분하며, 오히려 개념적 분석에 기반한 다이어그램을 통해 시각화할 때에만 그 전모가 비로소 드러날 수 있다고 볼 수 있다.

52_ 같은 책, 44-45쪽. 강조는 인용자
53_ W. 벤야민, 「역사의 개념에 대한 관련 노트들(1940)」, 『발터 벤야민 선집 5』, 최성만 역, 도서출판 길, 2008, 357쪽. "변증법적 이미지"라는 소제목이 붙은 같은 글의 다른 곳에서 벤야민은 앙드레 몽롱의 글을 인용하여 이를 다음과 같이 설명한다. "우리가 역사를 어떤 텍스트로 보려고 하면, 그 역사에는 최근에 어떤 작가가 문학 텍스트에 대해 한 말이 적용된다. 과거가 그 텍스트들 속에 이미지들을 남겨 놓았는데, 이 이미지들은 감광판에 담긴 이미지들에 비유할 수 있다. '미래만이 그 이미지를 세부 내용까지 나타나게 할 만큼 충분히 강력한 현상액을 갖게 된다'(366쪽).
54_ 같은 글, 358쪽.

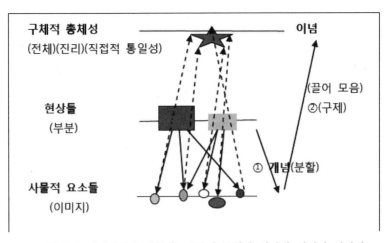

<벤야민의 정지상태의 변증법: 개념적 분석과 성좌적 이념의 위상학>

필자가 다른 글55에서 제기한 바 있듯이 애초에 벤야민의 "성좌적 배치"(constellation)라는 독특한 개념에는 두 가지 중요한 인식론적 단절이 전제되어 있다. (1) 그 하나는 '통시성'으로부터 '공시성'으로의 패러다임 전환이며(선형적 진보에 대한 강력한 비판), (2) 다른 하나는 세계로부터 추상화된 진공 속에서 세계를 내려다보는 원근법적 조망으로부터 벗어나 현재 시점의 세계에 살고 있는 피와 살을 가진 주체가 널려져 있는 파편 조각들을 이리저리 끼워 맞추다가 돌연 그릇을 재구성하게 되는 것과 같은—창발효과로서의—알레고리적인 구성주의로의 전환이 그것이다. 통시적인 선형적 배치가 깨어져 현상의 제반 요소들이 공시적으로 편재하는 상태에서 조각들을 이리저리 끼워 맞추다가 어느 순간 갑자기 전체적인 이념적 성좌가 나타나는 상태를 그는 "정지 상태의 변증법"이라고 지칭했다.

이런 독특한 변증법 개념은 즉자적 존재에서 대자적 존재를 거쳐 즉자

55_ 심광현, 「시각적 리터러시의 철학적 기초」, 신정원 외 공저, 『현대사회와 예술교육』(한국예술종합학교 예술연구소 총서 1), 커뮤니케이션북스, 2007, 170-71쪽.

대자적 존재로 상승해가는 헤겔 변증법의 선형적(나선적) 진보관에 대한 단호한 거부이다. 그렇다면 벤야민은 왜 통시성에서 공시성으로, 원근법주의에서 알레고리적인 것으로의 인식론적 전환의 중요성을 그렇게 격렬하게 강조했을까? 필자는 오늘날까지도 낯설게 여겨지는 벤야민의 이런 독특한 개념들에는 맥루한이 주장했듯이, 공시적인 복합감각의 세계인 "전자적 은하계"의 출현에 따라 선형적이고 동질적인 "구텐베르크 은하계"가 해체되기 시작한 시대적 변화 속에서 그에 대응할 인식론적 전환이 시급하다는 요청이 반영되어 있다고 본다. 빌렘 플루서의 주장 역시 이런 전환의 중요성을 강조하고 있다.

플루서에 의하면 문자 발명의 본질은 새로운 상징의 발명에 있다기보다는 프레임 안에 갇혀 있던 그림이 프레임에서 벗어나와 하나의 선('줄') 내에서 펼쳐지는 데 있으며, 이로 말미암아 선사시대는 끝나고 진정한 의미에서 역사가 시작되었다고 한다. 그 후 표면과 선의 변증법, 그림과 텍스트의 변증법적 투쟁이 전개되었고, 오랜 기간이 지나고 나서야 비로소 텍스트는 그림을 흡수했고 이러한 승리는 19세기를 거쳐 20세기 중반에 이르러서야 보편화될 수 있었다는 것이다. 그러나 20세기 후반에 들어서면 상황이 다시 반전되어 텍스트가 그림에 흡수되는 상황이 나타나게 된다는 것이다. 그러나 이때 다시 지배적 위상을 차지하는 그림은 전-근대적인 그림과는 질적으로 다르다. 전-근대적인 그림은 장면을 의미하는 사태를 '동시화'하면서 이에 맞추어 특별한 삶의 방식, 즉 '마술적 존재 형식'을 낳았다. 그런데 눈이 '동시성을 통시화'하면서 장면들은 펼쳐진 이야기로 바뀌고, 그림을 극복한 선형적 텍스트의 승리는 마술을 극복한 과학의 승리로 나타났다. 그러다가 이제 사태가 역전되면서 통시적 텍스트가 다시 공시적 그림으로 재구성되고 있는 셈이라는 것이다. 플루서는 표면-코드가 알파벳 텍스트를 압도하게 되는 데에서 기존의 역사, 과학, 정치, 예술 등을 둘러싸고 '가치의 위기'라고 부르는 담론들이 등장했지만, 정작 문제가 되는 것은 우리가 새로운 표면-코드에 대해 완전히 무지하다는 것이다.

텍스트로부터 테크노-그림으로 한 단계 되돌아감으로써 새로운 수준의 낯설음에 도달되었다: '텍스트에 대한 신뢰'는—설명, 이론, 이데올로기에 대한 믿음—상실된다. 왜냐하면 텍스트는 옛날의 그림처럼 '중재로 인식되기 때문이다. 이것이 바로 우리가 '가치의 위기라고 부르는 것이다: 이것은 우리가 설명의 선형적 세계로부터 나와 '모델'의 테크노-상상적인 세계로 걸어 들어가는 것이다. 테크노-그림이 움직인다는 것, 이 그림이 '시청각적'이라는 것, 이 그림이 음극선 내에서 빛을 발산한다는 것 등이 이 그림의 혁명적인 새로움이 아니라, 이 그림이 '모델'이라는 사실, 곧 개념을 의미한다는 사실이 이 그림의 혁명적인 새로움이다. … 우리는 그 사용법을 배워야 한다. 그렇지 않으면 우리는 무의미하게 되어버린, 테크노-상상적으로 코드화된 세계 속에서 무의미한 존재를 근근이 연명한다는 유죄판결을 받을 것이다. 알파벳의 몰락과 하강은 좁은 뜻에서 역사의 종말을 의미한다. 여기서 이 고찰은 새로운 것의 시작에 대한 질문을 던지려는 의도로 제기되었다.[56]

그렇다면 우리의 과제는 그림에서 텍스트를 거쳐 새로 등장한 테크노-그림이 "모델, 곧 개념"이라는 사실의 의미를 배우는 것이 될 것이다. 이는 아마도 선형적이었던 개념이 공시적이고 비선형적인 그림의 차원에서 재구성된다는 것이 의미하는 바가 무엇이고 이를 어떻게 사용해야 하는지를 배워야 한다는 의미일 것이다.

56_ W. 플루서, 『피상성 예찬』, 김성재 역, 커뮤니케이션북스, 2004, 68-69쪽.

인간은 그에게 자신의 환경 속에서 방향을 설정하는 것을 허용하는 상상력을 소유하고 있다. 이 상상력으로부터 라스코에서 추상적인 회화에 이르는 전통적인 그림들이 탄생했다. 동시에 인간은 그에게 자신의 상상을 비판하는 것을 허용하는 개념력을 소유하고 있다. 이 개념력으로부터 성서에서 추상적인 과학이론에 이르는 텍스트가 탄생했다. 이제 인간은 그의 개념을 상상하는 것을 허용하고, 그의 대수학적 방정식들, 그의 기하학적 구조들, 그의 미학적 범주들, 그의 논리적 구조들을 그림으로 전환시키는 것을 허용하는 기구들을 발명했다. 이로써 새로운 의식 차원이 탄생해 있다. 그것은 개념적인 사고 '하에' 서 있지 않고, 그 사고 '위'에 서 있는 하나의 새로운 상상의 세계이다. 그것은 초의식적 꿈들의 세계다.[57]

이렇게 "개념적 사고 '하에 서있지 않고, 개념적 사고 '위'에 서 있는 하나의 새로운 상상의 세계"란 앞의 벤야민 도해 그림에서 보여준 바와 같이 현상들의 개념적 분석 위에서 이미지들의 성좌적 배치를 Darstellung 하려는 <정지 상태의 변증법>이 제시하는 구체적 총체성으로서의 세계가 아니고 무엇이겠는가? 이때 벤야민이 말하는, 이미지를 통해서 드러나는 구체적 총체성으로서의 이념은 오직 개념적 표상에만 의존하는 관념론적인 이념이 아니다. 그것은 "대립들의 어떤 의미 있는 병존 가능성으로 특징지어지는 총체성으로서 이념의 성좌"이다.[58] 또한 벤야민에게 이 총체성의 성좌인 "이념은 단자이다. 요컨대 모든 이념은 세계의 이미지를 담고 있다는 뜻이다. 이념의 재현(Darstellung)을 위해서는 다름 아닌 이 세계의 이미지를 축소판으로 그려내는 일이 과제로 주어져 있다."[59] 그렇다면 이와 같은 의미에서의 '구체적

57_ 같은 책, 277-78쪽.
58_ 벤야민, 『독일 비애극의 원천』, 64쪽.
59_ 같은 책, 65쪽.

총체성', 즉 세계의 이미지를 축소판으로 그려내는 일은 어떻게 가능할까?

5. 맑스 변증법의 복잡계 과학적 특성

맑스 변증법의 궁극적인 목표는 자본주의 세계체계의 '전체 연관'을 포착하는 것이다. 엥겔스는 이를 『자연변증법』의 <전체 계획 시안>에서 <자기 운동하는] 전체 연관의 학으로서의 변증법>이라는 용어로 기술하고 있는데, 이는 <변증법> 항목에서 다시 서술되고 있으며, <인간 사회와 자연사>의 자기 운동하는 전체 연관이라고 보다 자세히 규정되고 있다.[60] 이와 관련된 내용들을 엥겔스의 본문에서 인용해 보면 다음과 같다.

(1) **전체 연관에 관한 학으로서의 변증법.** 주요 법칙들. 양과 질의 전화─양극적 대립물의 상호 침투 및 대립이 극히 첨예화되었을 때 일어나는 상호전화─모순을 통한 발전, 혹은 부정의 부정─발전의 나선적 형식.[61]

(2) 변증법의 제 법칙은 **자연 및 인간사회의 역사로부터 추출된다.** 변증법의 제법칙은 바로 이 역사 발전의 두 단계[자연과 사회] 및 사유 자체의 가장 일반적인 법칙들이다.(348)

(3) 상호작용은 우리가 전체적으로, 오늘날의 자연과학의 입장에서 운동하는 물질을 고찰할 때 맨 먼저 맞부닥뜨리는 것이다. 우리는 일련의 운동 형태들, 즉 역학적 운동, 열, 빛, 전기, 자기, 화학적 합성과 분해, 응집상태들 간의 이행들, 유기적 생명을 본다. 이 모든 것들은…서로 이행하고 서로서로를 조건지우며, 여기서는

60_ 킴멀레 편, 앞의 책, 111쪽.
61_ F. 엥겔스, 『자연변증법』, 윤형식/한승완/이재영 역, 중원문화, 1989, 307쪽. 이하 이 책에서의 인용은 본문에 그 쪽수를 표시한다.

원인, 저기서는 결과가 되고, 이때 운동의 총합은 아무리 그 형태들이 많이 변전한다고 하더라도 여전히 동일하다(**스피노자: 실체는 자신의 원인이다— 는 상호작용을 적확하게 표현하고 있다**). …상호작용은 사물들의 진정한 목적인이라는 것이 자연과학에 의해 확증된다. 우리는 이 상호작용의 인식보다 뒤로 후퇴할 수 없는데, 그 이유는 그 뒤에는 인식되어야 할 어떠한 것도 없기 때문이다. …이 보편적 상호작용으로부터 우리는 현실의 인과관계에 도달한다. 개별적 현상을 이해하기 위해서는 우리는 그것들을 보편적 연관으로부터 분리하여야 하고 그것들을 유리시켜 고찰해야 하며, 바로 이 경우에야 비로소 상호작용을 하는 운동들은 그 중 하나는 원인으로, 다른 하나는 결과로 현상한다.(499)

여기서 엥겔스가 명시하고 있는 변증법의 특징, 즉, 양극적 대립물의 상호침투를 통한 상호전화, 양의 질로의 전환, 혹은 질의 양으로의 전환, 모순을 통한 변천 혹은 나선적 발전을 이루는 [**상호작용하는 수많은 구성요소들 간의 복잡한 전체연관에 관한 학으로서의 변증법**]은 다양한 구성요소들 간의 복잡한 상호작용을 통해 창발현상을 드러내는 복잡계에 관한 과학인 <복잡계 과학>과 매우 유사하다. '창발 현상을 보이는 시스템이라고 할 수 있는 복잡계의 개념과 이론은 자연과학과 사회과학의 다양한 분야에서 함께 발전해 왔기 때문에 통일된 정의는 없지만 오늘날 일반적으로 받아들여지고 있는 복잡계의 특징은 다음과 같이 5가지로 나눠볼 수 있다.[62]

(1) 복잡계는 상호작용하는 많은 구성 요소를 가지고 있다. 창발현상은 상호작용하는 많은 구성 요소들을 필요로 한다. 요소들의 상호작용 없는 시스템은 무질서하거나 천편일률적인 모습만을 보일 뿐이다. 반면 복잡계는 개별 요소들의 상호작용을 그 생명으로 한다.

62_ 복잡계 네트워크, 『복잡계 워크샵』, 민병원 · 김창욱 편, 삼성경제연구소, 2008, 59-61쪽.

(2) 복잡계 구성요소들의 상호작용은 흔히 비선형적이다. 상호작용의 비선형성은 혼돈과 관계된 놀라운 변화를 일으킨다. 극히 작은 요동도 구성요소들 사이를 전파해 나가면서 증폭되어 커다란 영향을 미칠 수 있다 (1918-19년 18개월 만에 세계인구의 20%가 감염되고 2.5-5%가 사망한 스페인 독감).

(3) 복잡계 구성요소들의 상호작용은 흔히 되먹임 고리를 형성한다. 구성요소들의 상호작용은 한쪽 방향으로만 이루어지지 않고 다양한 경로를 거쳐 자기 자신에게 돌아오는 경우가 많다. 이 되먹임은 변화를 진정시키기도 하지만(음의 되먹임), 거꾸로 변화를 증폭시키기도 한다(양의 되먹임)(1929년 미국의 수입제한조치가 유럽의 보복조치로 미국의 대유럽 수출이 급감, 미국 경제도 연달아 붕괴).

(4) 복잡계는 열린 시스템이며 그 경계가 불분명하다. 시스템이 열려 있다는 것은 외부환경과 차단되어 있지 않고 끊임없이 영향을 주고받는다는 것이다. 이 영향은 추상적인 에너지와 정보, 무형자산 같은 것일 수도 있고, 구체적인 물질과 사람, 유형 자산 같은 것일 수도 있다. 이 때문에 복잡계는 그 경계가 종종 불분명하며 자연적으로 정해지는 것이 아니라 관찰자의 의도에 따라 달라진다.(음식을 먹을 때 언제부터 음식이 인체의 경계 내에 들어온다고 간주할 것인가? 입에 넣었을 때 혹은 완전히 분해되어 피에 용해되었을 때?)

(5) 복잡계의 구성 요소는 또 다른 복잡계이며 종종 끊임없이 적응해나간다. 시장을 구성하는 기업, 다시 기업을 구성하는 부서, 부서를 구성하는 인간, 인간을 구성하는 세포는 모두 하나의 복잡계이다. 이들은 서로 다양한 영향을 주는 데 그치지 않고, 스스로 환경을 변화시키며 끊임없이 적응해나간다. 적응하는 구성요소들로 이루어진 복잡계를 특히 "복잡 적응계"(complex adaptive system)라고 한다.

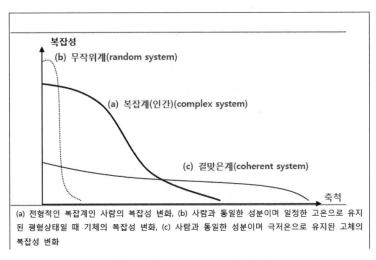

(a) 전형적인 복잡계인 사람의 복잡성 변화, (b) 사람과 동일한 성분이며 일정한 고온으로 유지된 평형상태일 때 기체의 복잡성 변화, (c) 사람과 동일한 성분이며 극저온으로 유지된 고체의 복잡성 변화

<축척 변화에 따른 복잡성의 변화>

이런 특징들만 거론한다면 복잡계 과학은 파악하고 예측하기 어려운 복잡성과 창발성만을 강조하는 것처럼 보일 수 있다. 그러나 복잡계 과학에서 말하는 복잡성과 창발성의 개념은 '축척'(scale) 개념과 밀접한 연관이 있다. 가령 어떤 사람이 산책로를 따라 일정한 속도로 걷고 있을 때, 몇 km 떨어진 먼 언덕에서 바라본다면 그 사람의 윤곽조차 알아보기 어려울 것이고 작은 점이 매우 느리게 움직이고 있는 것으로 보일 것이다. 그러나 가까이 다가갈수록 구체적인 윤곽이 나타나고 속도가 달리 느껴지게 되며, 더 가까이 가면 근육의 떨림과 심장의 요동과 출렁이는 머리칼까지 보일 것이며, 신체 내부를 보면 더 복잡한 운동들이 나타난다. 이 모든 현상을 기술하려면 상상하기 어려운 정도의 복잡한 정보가 필요하다. 여기서 우리는 사람의 복잡성은 축척이 작아질수록 계속 증가한다는 것을 알 수 있다. 분자 수준으로 내려가면 훨씬 더 무질서한 운동이 나타나며 이를 기술하려면 더 많은 정보가 필요해진다. 반면 분자를 차갑게 냉각시켜 고체화하면, 축척이 작아져도 변하는 것은 거의 없다. 이런 경우를 그래프로 그려보면 위와 같다.[63]

이 그래프는 복잡계란 단순한 무질서도, 고정된 질서도 아닌, 무질서와 질서라는 양극단 사이에서 축척의 변화에 따라 구성요소들 간의 상호작용의 복잡성이 진자 운동을 하는(대립물의 상호전화가 이루어지는) 역동적인 질서의 체계라는 점을 잘 가시화 해주고 있다. 맑스와 엥겔스가 환원주의적-실증주의적 과학이 절정에 달했던 19세기 중후반에 '변증법'이라는 개념으로 규명하고자 했던, 대립물의 상호전화와 침투(피드백 루프)와 부정의 부정(악순환 혹은 선순환)을 포함하는 전체연관의 복합적 통일성이란 바로 이런 그림에 다름 아니다. 이 그림에서 중요한 점은 축척이 커지면 복잡성이 감소하며 축척이 작아지면 복잡성이 증가한다는 점인데, 인간과 사회에 대한 미시적 접근과 거시적 접근이 종종 대립적으로 보이는 것은 바로 이런 차이 때문이다. 그러나 연역법과 귀납법을 고립시켜 놓고 보면 대립적으로 보이지만 실제로 과학적 발견이 진전되는 과정에서는 가추법의 두 구성요소에 다름 아닌 것처럼 인간과 사회에 대한 미시적 접근과 거시적 접근 역시 변증법적 이항식을 이룬다. 시장 교환의 일상적 세계가 복잡하고 무질서하게 보이지만 거시적 축척에서 바라보게 되면 맑스가 분석-종합해서 보여준 바와 같이 M-C-M'의 형태로 자본축적 순환의 흐름이라는 일정한 질서를 나타내 보이고 있는 이유도 이런 방식으로 설명이 가능할 것이다. 사람의 경우에는 분자 수준으로부터 축척을 키워가면 심장, 간, 콩팥 등의 여러 장기가 있음을 확인할 수 있다. 여러 분자들이 모여 특정한 기능을 수행하는 단위로 분화한 것이다. 인체의 이런 장기들이 담당하는 생명 유지 기능이 여기서 말하는 새로운 질서의 창발에 해당한다. 이런 변화를 그래프로 표시하면 다음과 같다.[64]

63_ 같은 책, 62-65쪽.
64_ 같은 책, 67쪽.

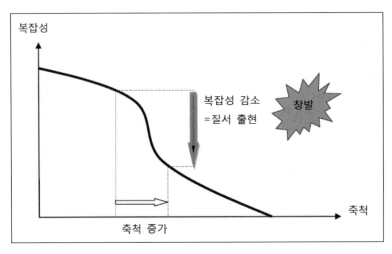

<복잡계에서 축척 증가에 따른 복잡성 감소와 창발>

6. '정치경제학 비판'의 복잡계 과학적 재해석

알튀세르가 강조했듯이 맑스의 정치경제학 비판의 방법은 토대가 상부구조를 결정한다는 식의 단선적 결정론에 입각한 정태적 구조론이 아니다. 맑스의 자본주의 분석 방법은 <M-C-M'-C'-M"……> 방식으로 무한히 진행되면서도 정(+)과 부(-)의 되먹임 고리를 가진 수많은 요인들의 상호작용적인 동태적 과정, 이 과정에 함축된 하위 시스템들 내부의 변수들의 배치 변화에 의해 전체 순환과정의 불균형이 구조적으로 야기되는—주기적으로 공황에 이르는—역동적 시스템 전체의 분석에 초점을 맞추고 있기 때문이다. 오늘의 관점에서 보면, 이렇게 상호작용하는 다수의 구성 요소들로 구성된 복잡한 체계이자, 변화를 억제하거나 반대로 촉진하는 되먹임 고리로 연결되어 있는 비선형적인 상호작용의 체계로서, 그 자체가 또 다른 복잡계이기도 한 하위 시스템들을 지닌, 경계가 닫혀 있지 않은 열린 시스템이자, 퇴출되거나 적응해가는 구성 요소들로 구성된 시스템을 분석하는 맑스의 과학적 방법은 단연코 "복잡계 과학"이라고 보는 것이 적절하다(맑스의 인식론적 단절을 강조했던 알튀세르의 난관은 그 자신 역시 맑스의 새로운 과학에 적합한 개념을 부여하지 못했다는 점에 있다고 할 수 있다).

당시에는 이렇게 복잡계적인 과정을 통합적으로 조망할 수 있는 과학적 이론이 부재했기 때문에 맑스는 당시의 용어를 사용하여 이런 방법을 추상과 구체의 변증법, 탐구와 서술의 변증법을 통해 자연사로서의 사회적 관계들의 역사적 전개 과정의 총체성을 파악하려는 방법이라는 모호한 방식으로 기술할 수밖에 없었다. 그러나 이런 단편적 개념들만으로는 맑스의 동태적 체계 분석의 비환원주의적 변증법과 헤겔의 환원주의적 변증법 간의 차이가 명확히 드러나기 어려웠고, 이로 인해 맑스의 방법이 지닌 독창성은 아직까지도 올바로 해명되지 못하고 있다. 1960년대에 알튀세르는 맑스의 방법의 독창성을 직관적으로 깨닫고, 이를 '부재하는 원인들'에 의한 중층결정이라는 프로이트적·구조주의적 개념으로 규명하고자 했으나—이는 여러 구성 요소들을 지닌 하위 시스템들의 비선형적 상호작용에 의해 작동하는 열린 전체라는 복잡계의 한 특성을 지칭하는 것이었지만—이 역시 맑스의 방법의 복잡계 과학적 체계의 전체적인 특성을 규명하기에는 불충분한 것이었다. 이런 접근법은 맑스의 방법을 토대-상부구조라는 단순 도식으로부터 구제하는 효과는 있었지만, 다른 한편으로는 맑스의 방법을 '해체론'(포스트 맑스주의)으로 연결해주는 가교 역할이라는 의도하지 않은 결과를 초래했다. 그 결과 알튀세르의 이론적 실패 이후 맑스의 정치경제학 비판의 방법적 독창성을 규명하려는 노력은 단절되었다.

하지만 오늘의 관점에서 보면 맑스의 정치경제학 비판은 복잡계 과학적 관점에서 자본주의 사회의 역동적인 메커니즘을 총체적이고 체계적으로 분석한 최초의 이론이라고 할 수 있다. 자연과 인간의 신진대사(A)의 새로운 역사적 형태인 자본축적의 일반적 도식 <M-C-M'>(B)은 자본주의 생산양식의 최상위 수준의 순환시스템으로, 그 안에는 여러 하위 시스템들 간의 사회적 회로들(C)이 함축되어 있고 이는 국가-자본의 연합 권력(D)에 의해 조절되고 있다. 이 네 가지 수준들의 연결망을 다이어그램으로 시각화하면 아래와 같다.

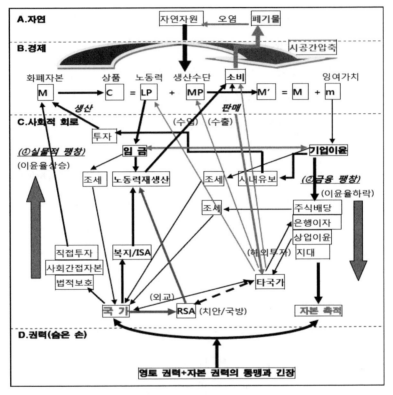

<자본순환도식의 시스템 과학적 해석>

위의 그림에서 가장 복잡한 형태로 전개되고 있는 <사회적 회로(C)>는 산업자본의 투자(M)→생산수단과 노동력 구입(C=LP+MP)→노동과정에서 부가가치 창조(C'=C+m)→상품 판매를 통한 화폐 수입 실현(M'=M+m)→임

금+잉여가치(산업이윤[배당+사내유보]+이자+상업이윤+지대+조세)의 분배(M')→분배 이후 사내유보의 재투자=산업자본화(M')→생산능력과 고용 확장(M')이라는 복잡한 경제순환의 흐름으로 이루어진다. 이 그림은 맑스가 『자본』에서 분석적 추상과 종합적 서술 과정을 통해서 개별적으로 해명한 이 4차원의 순환체계들을 하나의 통합된 순환적 회로들로 번역, 압축적으로 연결해서 시각화한다는 점에서 난해하기로 유명한 『자본』에 대한 일반인들의 접근을 도울 수 있는 장점이 있다고 본다.(여기서 각 회로가 지나가는 '노드'들은 단순한 통과점이 아니라 +/-의 기능이 부여된 조절장치로서 이 때문에 변증법적인 갈등이 증폭/감소/대체된다는 점을 잊어서는 안 된다.) 이런 식으로 양의 피드백과 음의 피드백 작용을 갖는 복잡한 시스템 다이내믹스 모델을 통해 자본의 작동 방식을 파악하게 되면 다음과 같은 이점이 있다.

(1) 이는 자본주의적 생산의 복잡한 전체 과정의 시간적 흐름을 공시적으로 직관하게 해준다.

(2) 그 순환적 흐름에는 상반된 방향의 운동(실물적 팽창과 금융적 팽창)이 내재하고 있어 이 회로들은 평형상태가 아니라 항상 불안정한 역동성을 나타낼 수밖에 없다는 사실을 보여준다.

(3) 잉여가치의 착취와 관련하여 자본-노동의 대립은 필연적일 뿐 아니라 그 최종 수취의 경로를 둘러싼 영토국가와 자본권력 사이의 동맹과 긴장이 변증법적으로 얽혀 있다는 사실 역시 쉽게 '가시화' 해준다.

(4) 이 순환 회로들의 전체 체계 내의 모든 '노드'들은 단순한 통과장치가 아니라 일종의 변압기처럼 에너지와 정보의 흐름을 증가(+) 혹은 감소(-)시키는 역할을 하면서 근방의 다른 노드들과 이웃관계를 형성하며, 계급 간, 계급 내의 차이와 동맹과 적대들이 발생하는 과정들을 생생하게 보여줄 수 있다. 이런 점에서 이 전체 순환 회로는 하나의 회로가 아니라 크고 작은

다양한 회로들의 중첩으로 이해되어야 한다(이 중첩성을 알튀세르는 "중층결정"[혹은 "과소결정"]이라는 용어로 개념화하고자 했다).

(5) 시간이 경과할수록 자연자원의 고갈과 오염이 불가피함과 동시에 자연자원과 노동력이 소진되는 만큼, 그에 비례하여 국가기구의 비대화와 고정자본과 유동자본 전체의 고도축적이 이루어지게 된다는 사실을 '가시화'해준다.

(6) 특히 중요한 것은 네 가지 (자연-생산과정-사회적 회로들-권력의) 이질적 차원들로 구성된 전체 순환 시스템 내에서 각 하위 시스템들의 순환과정은 기본적으로 두 개의 상반된 방향, 즉 아리기가 맑스의 자본순환 도식 M-C-M'를 실물적 팽창(M-C)과 금융적 팽창(C-M')의 결합과정으로 재해석한 두 방향으로 구성되어 있다는 점이다. 실물적 팽창의 방향으로 상향 운동할 경우 생산-판매 과정을 경유하여 획득된 잉여가치가 산업생산과 금융부문에 균형 있게 재투자되는 방향으로 폭넓게 순환하게 되지만(넓은 회로 순환), 금융적 팽창의 방향으로 하향 운동할 경우 산업에 투자되는 몫이 줄어들고 대부분의 잉여가치가 주식과 이자와 지대와 같은 금융 부분에 편향되어 순환하게 된다(좁은 회로 순환). 2차대전 이후 확립된 미국 헤게모니 하의 세계 자본주의가 케인스주의에서 신자유주의로, 그리고 최근 들어서는 다시 신자유주의의 약화와 신케인스주의의 강화라는 상반된 방향으로 움직이고 있는 양상은 바로 이 두 가지 운동 방향의 전형적인 모습이다.

가령 1945-1973년 사이의 전후 황금기에서와 같이 실물적 팽창의 넓은 회로로 자본이 순환하려면 전체 회로 내에 위치한 각각의 노드(결절점)에서 다음과 같은 변수들이 충족되어야 한다.

(1) 노동자의 부가가치 생산 규모가 커야 한다.

(2) 성공적 판매를 통해 부가가치가 화폐로 실현되어야 한다.

(3) 임금보다 잉여가치의 몫이 커야 한다.

(4) 잉여가치에서 이자, 상업이윤, 지대, 조세 등이 감소해야 산업이윤의 몫이 커질 수 있다.

(5) 산업 이윤 중에서 주식 배당보다 사내유보의 몫이 커야 한다.

(6) 사내유보가 다시 산업에 투자되어야 한다. 이중에서 (3), (4), (5)는 생산과정에 관여하는 각 주체(노동자, 금융자본가, 상업자본가, 지주, 국가 등)의 몫을 분배하는 변수로서 이것이 곧 (6) (사내유보의 몫과 재투자)의 규모를 결정한다.

그러나 경쟁의 격화와 노동의 저항이 확대되어 이윤율이 저하될 경우 이런 실물적 팽창의 과정은 중단되고, 좁은 회로로 순환하는 금융적 팽창이 시작된다. 이윤율이 저하되면 잉여가치를 좌지우지할 수 있는 대자본의 경우 다양한 위험과 고투를 감당하면서 굳이 넓은 회로의 운동을 감행하기보다는 보다 편하고 빠른 속도로 이윤을 축적할 수 있는 금융 부문으로 순환의 방향을 바꾸게 되기 때문이다. 물론 이런 전환은 하루아침에 이루어지는 것이 아니라 광범위하고 거센 노동의 반발을 국가기구의 변화를 통해 제압하는 지난한 계급투쟁의 과정을 통해 이루어지게 마련이다. 1973년 오일쇼크 이후 적극 추진되어 1980년대에 영국과 미국에서 무대 전면으로 부상하여 지난 30여년 동안 세계화된 신자유주의의 경우가 그러하다.

신자유주의에서는 위의 항목들 모두에서 반전이 나타난다. 가령, (3)의 수준에서 대다수 사회 성원들에게 분배되는 임금이 줄어 대중의 구매력이 줄면서 내수시장이 축소되고, (4)의 수준에서는 산업이윤보다 다른 부문(상업자본이나 금융자본)의 몫이 더 커지고, (5)의 수준에서는 주주 배당이 커지에(주주자본주의) 산업 전반이 위축될 수밖에 없다. 이런 이유로 신자유주의는 수요와 공급 양면에서 내수시장을 축소시킨다. 따라서 "성장인가 분배인가"라는 양자택일적 담론은 철저하게 허구적이다. 전체 시스템의 틀에 변동이 없는 한 성장의 결과는 언제나 제로섬 게임의 방식으로 분배될 수밖에 없기 때문이다. 제로섬 게임에서는 임금, 산업 이윤, 상업 이윤, 금융 이윤, 주주 이윤, 지대, 세금 등으로 균등하게 배분될 것인가 특정 부문으로 더 많이 배분될(그럴 경우 다른 부문의 배분은 줄 수밖에 없다) 것인가가 쟁점일 따름이다. 간혹 국지적 체계 전체가 성장하는 것은 체계 밖으로 비용의 외부화가 이루어진 결과일 따름이다. 이 때문에 유럽의 성장은 비유럽 지역의 착취와 파괴를 대가로 하며, 세계 전체의 성장은 자연(그 부분인 인간)의 착취와 파괴를 대가로 한다.

맑스가 수행했던 연구 방식을 현대화하는 것, 즉 자본주의의 역사적 전개 과정을 복잡계 과학의 관점에서 파악하는 접근법의 중요한 의의는 다음과 같은 두 가지 사실을 명확하게 구분하면서 자본주의 극복을 위한 대안에 대한 과학적 질문을 제기할 수 있게 해준다는 데 있다.

(1) 하나는 분배의 흐름(M'의 분배)이 어떤 형태로 변화한다고 해도 그것만으로는 전체 시스템인 <M-C-M'>은 결코 변화하지 않는다는 사실의 과학적 확인이고,

(2) 다른 하나는 자본주의 시스템은 정적인 구조가 아니라 진화하는 자기조직적인 복잡계이기 때문에 체계의 하위 구성 요소들의 자기조직적인 운동(계급투쟁)에 의해 체계 전체가 카오스적인 요동에 이르러 분기할 수 있다는 사실의 과학적 확인이다. 맑스가 사회의 역사는 자연사적인 과정이라고 보면서도 그와 동시에 계급투쟁의 역사라는 방식으로 역사의 이중성을 누누이 강조한 것은 이 때문이다. 자본주의가 아무리 복잡해지고 다양한 형태 변화를 보일지라도 이런 구분을 통해 나무들 차원의 변화를 숲 전체의 변화로 착각하지 않게 해줌과 동시에 숲의 변화는 나무들 개체가 아니라 나무들 간의 관계의 변화(자기-조직적인 계급투쟁)를 통해 가능하다는 점을 강조하고 있는 맑스의 정치경제학 비판이 오늘에 이르도록 유효한 까닭이라고 할 수 있다.

맑스가 강조했듯이 자본주의 시스템의 극복은 여러 분배항들 간의 비율을 바꾸는 하위시스템의 변화가 아니라 축적된 자본/상품이 인간과 자연의 신진대사를 소외되지 않은 합리적 방향으로 이용되도록 전체 시스템의 구조와 성격을 전면적으로 전환하는 작업을 필요로 한다. 필자가 다른 글에서 밝혔듯이 이는 $<M-C(LP+MP)-M'> \rightarrow <LP-W(LP+MP)-LP'>$[65]로 상위 시스템 자체의 변화, 즉 자연과 인간의 신진대사를 자기 파괴적인 악순환적 구조에서 창조적이고 생산적인 선순환적 구조로 전환하는 것을 의미한다. 즉 소외된(대상화된) 자연과 노동이 자본 축적의 수단이 되는 생산양식이 아니라 기왕의 모든 생산수단(자연을 포함한 넓은 의미의 생산수단=MP)이 자연을 파괴하지 않고(그 일부인 인간 자신을 파괴하지 않도록) 공생하는 가운데 노동하는 사람의 주체적 역능(지적·정서적·윤리적·인성적 역능=LP)이 증진된다는 목표에 맞게 배치되고 사용되는 새로운 생산양식으로의 전환이 그것이다. 이렇게 되면 경제의 개념과 의미는 문자 그대로 그 어원인 사람들의 "살림살이"(oikos)라는 의미로 변하게 될 것이다.[66]

이때 $<LP-\cdots\cdots-LP'>$는 생산과정을 경유한 후 생산과정에 참여한 주체의 역능이 더 크게 향상된다는 것을 의미한다. 주체 역능의 향상이란 사회적 필요노동의 시간을 지속적으로 줄이는 대신(과학기술의 비자본주의적 이용을 통해 물품의 생산과 대부분의 서비스는 기계가 감당하고 인간은 그 관리를 맡는 방식에 의해), "가만히 멈추어 서서 바라볼 시간"을 더 많이 갖게 되고, 혼자 있는 시간, 타인과 깊숙이 관계 맺을 수 있는 시간, 집단의 일원으

65_ 원래 글에서는 $<LP-C(LP+MP)-LP'>$였으나 여기서 C(Commodity)를 W(Work)로 바꾼 것은 코뮌주의에서는 상품을 통한 가치의 생산이 비상품적 부의 생산으로라는 '활동'으로 전환된다는 사실을 개념적으로 명기하기 위함이다.

66_ 심광현, 「맑스주의와 생태주의의 그릇된 반목을 넘어: '생태학적 맑스'와 '세 가지 생태학의 절합을 위하여」, 『문화/과학』 56호, 2008년 겨울, 76-77쪽. 이 글은 본 책에 함께 수록되어 있다.

로서 창조적 일을 할 수 있는 시간, 우리 자신의 일을 몸소 창조적으로 행할 수 있는 시간, 외부에서 주어지는 즐거움을 주체적으로 즐길 수 있는 시간, 아무것도 생산하지 않고 그저 우리의 모든 근육과 감각을 사용할 수 있는 시간, 많은 동료들과 함께 정말 건강한 세상을 만드는 방법을 기획할 시간을 더 많이 얻게 됨으로써, 주체의 지적·감성적·윤리적·신체적 역능이 확장되고 향상된다는 것을 의미한다.[67]

이런 의미에서의 주체의 지적·감성적·윤리적·신체적 역능의 확장과 향상은 소외에 의해 발생한 "자연과 인간의 신진대사의 균열"의 극복을 의미하는 것일 것이다. 또 인간의 감성적·신체적·윤리적 역능의 균형적 확장은 과학기술의 발전에 따른 일반지성의 확장이 야기하기 쉬운 탈신체화 과정에 대한 균형추 역할을 하게 될 것이다. 펠릭스 가타리가 '주체성의 새로운 생산'이라고 지칭했던 것이 바로 이것이다. 또한 주체 역능의 다차원적 활성화는 자연스럽게 주체적 역능의 상호작용의 바탕이 되는 자연 생태계의 다양성의 유지와 활성화를 전제로 하지 않으면 안 될 것이다. 따라서 <LP+MP>의 결합을 의미하는 생산과정에서 자연 자원의 생산과정으로의 투입은 인간과 자연의 신진대사의 균형이라는 관점에서 철저하게 통제되지 않으면 안 될(임노동에서 문화적 활동으로서의 노동으로, 하드테크놀로지에서 소프트테크놀로지로, 화석연료에서 태양에너지로의 전환을 포함하는 방식으로 통제되어야 함) 것이다.[68] 그러나 이와 같은 통제는 과거 스탈린주의와 같은 방식으로 "위로부터의 일방적 계획"이 아니라 마이클 앨버트가 제시하듯이, 밑으로부터의 "참여에 의한 민주적 계획"에 의해 이루어져야 하며, 21세기의 글로벌 유비쿼터스 네트워크의 확장은 이에 대한 민주적 통제가 가능하다면 이를 현실화해 줄 효율적인 수단이 될 수 있다.

67_ 같은 글, 77쪽.
68_ 같은 글, 77-78쪽.

7. 맑스주의 패러다임 전환의 전망

이상의 논의들을 종합해 보면, 맑스는 19세기에서 21세기 사이에 나타난 근대-탈근대 과학의 패러다임 교체의 과정 속에서 새로운 복잡계-시스템 과학의 이론적 모형을 한 세기 전에 선취하였기에 오늘에 이르기까지 올바로 이해되기 어려웠고, 맑스의 사상 전체는 끊임없는 오해와 왜곡의 과정에 무방비 상태로 노출되어 있었다고 할 수 있다. 그러나 앞서 살폈듯이 1960년대 알튀세르에 의한 맑스의 재해석('중층결정된 복잡계' 모형)에 의해 새로운 단초가 제공되었고, 1980-90년대에 들어 월러스틴의 세계체계론과 아리기의 세계체계의 헤게모니적 축적순환 분석 방법에 의해 맑스와 세계체계론의 이론적 절합이, 버킷과 포스터에 의한 맑스의 생태과학적 재해석이, 데이비드 하비에 의한 자본론의 시공간적 재해석 등이 풍부하게 이루어지면서 오늘날에는 처음으로 맑스 사상의 복잡계 과학적인 전체상의 역동적 윤곽이 포착되기 시작하고 있다.

물론 이와 같은 과학적 패러다임의 전환은 단기간이 아니라 30년 전 프리초프 카프라가 지적했듯이 장기간에 걸친 것이지만, 여기서 주목해야 할 점은 환원주의를 비판하면서 '전일적'(holistic)인 '시스템 사고'(system thinking)에 입각해서 자연과 인간의 신진대사로서의 사회적 과정을 비판적으로 분석하려는 새로운 모델 구성의 출발점에 바로 맑스가 서있다는 사실이다. 맑스의 전일론적인 사상과 20세기 후반의 과학적 생태학과의 연속성을 놓칠 경우 맑스 이후 대부분의 맑스주의자들이 그러했듯이 맑스의 사상은 데카르트-뉴턴적인 환원주의적 과학으로 다시 왜곡되고, 동시에 생태주의는 맑스가 애써 마련해 놓은 '세 가지 생태학'(자연-인간-사회 생태학)의 연결고리를 '통째로 버린 후' 자본주의 사회의 시스템적 작동을 설명할 전일적인 이론을 '무로부터' 재창조해야 하는 난관에 봉착할 수밖에 없다. 카프라가 지적했던 당시에도 그러했듯이 오늘에 이르기까지 대부분 맑스주의자들은 환원주의적 과학의 낡은 관점에서 벗어나지 못한 채, 맑스의 '정치경제학 비판'에 내재한 생태학적, 시스템 과학적 전망을 간과하고, 세 가지 생태학의 연결 고리를 상실한 정치경제학 분석에 매몰되어 있다. 반면 대다수 생태주의자들은 '정치경제학 비판'의 확장 없이도 생태주의적 전환이 가능할 것이라는 낭만주의적 착각에 빠져서 인간 중심주의인가 생물중심주의·생명중심주의인가라는 반목을 거듭하고 있다. 이런 괴리와 분열을 극복하는 방법은 기계적 모형과 생태적 모형의 통합, 환원주의와 전일주의의 통합을 통해 정치경제학 비판과 시스템 생태학을 결합시키는 길 이외에 다른 길이 있을 수 없다. 이런 점에서 카프라가 30여 년 전에 그렸던 다이어그램을 변형하여 새롭게 그려보면 다음과 같은 전망을 얻을 수 있다.

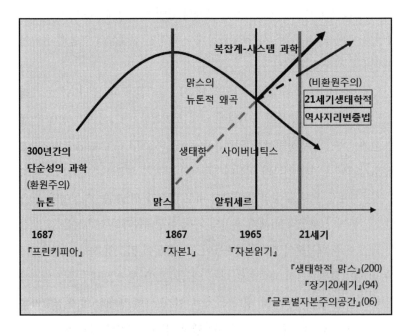

<과학적 패러다임 교체 속의 맑스와 21세기 맑스주의의 위상>

맑스는 19세기의 지나간 과학이 아니라, 오히려 1950년대 1세대 사이버네틱스의 탄생으로부터 발원하여 70-80년대 카오스 이론과 인지과학, 복잡계 과학 등의 매개를 거쳐 오늘날 자연과학은 물론 사회과학 전반의 새로운 과학적 패러다임으로 자리잡게 된 <복잡계적 시스템 과학>의 선구자였기 때문에, 이제 이 새로운 과학의 눈으로 재해석되고 보완되어야 한다는 것이다. 이럴 경우 생태학적 맑스의 전모가 밝혀질 수 있고, 자연과 사회 신진대사의 전체 역사의 역동적 과정을 체계적으로 해명할 수 있게 될 것이다. 이런 점에서 21세기야말로 맑스의 과학적-철학적 연구의 진정한 의미가 올바로 이해될 수 있는 시대라고 할 수 있다.

20세기 후반의 다양한 과학혁명의 성과들은 오늘날 복잡계 과학이라는 틀로 수렴되면서 통합과학적인 형태를 취해가고 있으며, 최근 주류 학계에서는 학문간 융·복합이라는 명칭으로 이런 성과들을 사회과학과 인문학 분야에 접목시키려는 시도가 급증하고 있다. 그러나 이런 새로운 노력들은 대개가 세 가지 생태 위기를 지연, 자연적·사회적으로 전가하면서 모든 비용을 GNR 혁명이라는 첨단기술에 집중투자하려는 자본의 관점에 종속되어 있다. 그에 반해 세 가지 생태 위기의 피해자들은 노동·환경·여성·소수자 운동 등으로 분열을 거듭하고 있고, 진보 이론들은 자연과학·사회과학·인문학·예술이라는 근대적 분과학문의 경계 내에 갇혀 자신의 학문 분과를 특권화하는 데에만 골몰하고 있다. 지난 40여 년 간 분열을 거듭해온 맑스주의, 생태주의, 여성주의의 오랜 반목은 그 결과에 다름 아니다. 세 가지 생태위기의 극복은 그간 분열되어온 세 가지 좌파적 이념과 운동이 재결합하여 맑스 이후에 눈부시게 발전한 과학기술의 성과인 '일반지성'을 자본으로부터 해방시켜 재전유하려는 노력으로 나아가는 작업을 통과하지 않고서는 성사되기 어렵다.[69]

또한 이 새로운 작업은 지난 역사의 청산을 통해서 이루어지는 것이 아니라 놓친 부분들의 역사적 재구성을 통해서만 가능할 수 있다. 이를 위해서는 통합과학적 전망을 공유하면서도 상대적으로 방점이 달랐던 맑스(자본주의 시스템 전체의 역동적 체계 규명), 월러스틴·아리기(역사·지리적 사회과학), 들뢰즈·가타리(자기조직적 주체성의 생산이론)의 작업을 입체적으로 연결하기 위한 통합과학적 노력이 절실히 요구된다. 이를 위해서는 개별적 연구 차원을 넘어서 네트워크화된 공동연구의 새로운 방식('전략적 싱크탱크')을 통해서만 가능할 것이다. 이렇게 새로운 형태의 이론적 실천만이 미국헤게모니의 해체에 따른 지구적·사회적·주체적 위기의 전면화를 총체적 파국이 아닌 새로운 생태구성체의 구성으로 전환시키기 위한 실효적인 전략지도를 만들 수 있게 해줄 것이다. 영국과 미국이 주도한 두 차례의 헤게모니 순환이 끝나가는 오늘에 이르러 이런 작업의 시급성, 의의, 이를 위한 작업의 재료 등은 이미 충분하게 주어져 있다. 이제 남은 것은 흩어져 있는 구슬들을 한 줄로 꿰는 것이다.[70]

8. 나가며

그러나 이런 구슬들을 이론적으로 꿴다고 해서, 전지구적 차원에서 형성되고 있는 초국적 형태의 대자본의 컨소시엄에 대항할 수 있는 실천적 대안이 만들어질 수 있을까? 여기서 다시금 알튀세르의 '자아비판'에서 제기된 문제, 즉 계급투쟁의 조직과 방향과 수단과 방법은 무엇인가라는 문제로 돌아갈 필요가 있다. 이 모든 문제에 적절한 답을 제시하기에는 이미 지면이 초과한 상태에서, 글을 마무리 하며 다음과 같은 몇 가지 간단한 원칙적인

69_ 같은 글, 같은 쪽.
70_ 같은 글, 96-97쪽.

방향들을 제기해 보고자 한다.

우선, 일국적 차원에서 국가(ISA+RSA)와 자본의 컨소시엄에 저항하고 대안을 구성할 수 있는 제반 사회운동의 강력하고 지속적인 연대가 필수적이다. 이런 연대는 어떻게 가능한가? 한편으로는 계급적대의 핵심을 이해하고 이에 저항해야 할 시급성을 확실히 인식하는 것과 동시에 다른 한편으로는 사회세력들 간의 연결망을 공고하게 구성하는 일의 시급성을 확실히 인식하는 것이 필요하다. 이런 이중적 차원 간의 선순환만이 사회운동들 간의 분열을 극복하고 각 운동의 상대적 자율성에 대한 상호이해와 협력을 증진하면서 초국적 자본의 컨소시엄(G 20)에 현실적으로 저항할 수 있는 힘을 제공할 것이다. 다양한 갈등들 간의 차이를 승인하면서도 한편으로는 차이를 적대로 전환함과 동시에 다른 한편으로는 차이들을 연대적 네트워크로 연결할 수 있는 역설적인 일이 어떻게 가능할 수 있을까?

이 질문에 답하기 위해서는 사회체계 수준의 계급적대와 생활세계의 수준에서 표출되는 지역-세대-젠더-인종적 갈등은 같은 차원이 아니라 상이한 차원에서 발생하기 때문에 양자택일할 수 있는 문제가 아니라는 점을 먼저 인식해야 한다. 승인할 수 없는 적대와 승인해야 할 차이를 구분하지 못할 경우 수많은 혼란이 발생하게 되는데, 세계사적으로는 68혁명 이후, 국내적으로는 90년대 이후 발생한 사회운동 세력들 간의 분열과 대립은 주로 적대와 차이를 구분하지 못하고 혼동했던 데서 비롯된다고 생각된다. 역사지리적 유물론을 제창하면서 전통적인 맑스주의적 분석의 강점과 포스트모던 조건의 변화 내용들을 '절합'하고자 노력해왔던 데이비드 하비의 경우도 이런 혼동을 보여주고 있는데, 하비의 논의에 대한 비판적 분석이 아래와 같은 이유에서 이런 혼동의 이유를 밝히고 문제를 종합하여 명확한 실마리를 찾는 데 도움을 준다.[71]

데이비드 하비는 『희망의 공간』에서 시공간적-변증법적 유토피아주의를 제안하면서 두 가지 변증법, 즉 "이것과 저것 양자"의 변증법과 "이것 또는 저것의 변증법"의 구별의 중요성을 다음과 같이 기술한 바 있다

(1) 맑스가 그의 정치적 역사 및 후기 저작들에서 헤겔적 초월론의 '이것과 저것 양자'라기보다 '이것 또는 저것 택일'의 변증법에 근거를 두고 있었음을 알게 된다. 시대는 아직 성숙되지 않았다는 근거에서 파리 코뮌을 지지함에 있어 그의 망설임, 그리고 이를 철저히 지지하는 것으로 갑작스러운 전환은 '이것과 저것 양자' 또는 '이것 또는 저것 택일'일 수 있는 변증법의 이중적 의미와 관련되는 모든 내용을 가지고 있었다.[72]

여기서 하비는 맑스가 변증법의 이중적 의미를 충분히 '체화'하고 있었다는 점을 강조하는 것처럼 보인다. 그러나 변증법적 유토피아주의를 마무리하는 지점에서 그는 다음과 같이 다르게 주장하고 있다.

(2) 변증법은 '이것 또는 저것'이지 '이것과 저것'은 아니다. …사회-생태적 선택이 문제될 경우, 우리는 분열과 분산은 작동할 수 없으며, '이것 또는 저것'의 치열한 투쟁은 보다 점잖고 보다 조화로운 '이것과 저것'의 변증법과 지속적으로 충돌하는 것을 발견하게 된다.[73]

하비의 두 가지 해석은 혼란을 야기하는데, 혼란을 최소화하기 위해서는 두 가지 변증법의 유형이 실제로 유의미하게 적용되는 공간적 층위를 구별

71_ 심광현, 「자본주의의 압축성장과 세대의 정치경제/문화정치 비판의 개요」, 『문화/과학』 63호, 2010년 가을, 42쪽.

72_ D. 하비, 『희망의 공간: 세계화, 신체, 유토피아』, 최병두 외 역, 도서출판 한울, 2007, 239쪽.

73_ 같은 책, 269쪽.

할 필요가 있다. 이것 '또는' 저것의 '선택'이 발생하는 장은 사회적 적대의 공간인 데 반해, 이것과 저것의 '상호의존'의 변증법이 적용되어야 하는 장은 음전기와 양전기처럼 두 개의 대립적 극이 하나로 연결되어 생명을 탄생시키는 자연적-생태적 공간이기 때문이다. 이런 두 가지 공간적 차원의 구별과 두 가지 변증법을 결합시키면 아래와 같은 4개의 항을 가진 변증법의 매트릭스를 구할 수 있다.

변증법의요소 / 차이의 공간적 유형	이것 또는 저것의 변증법(적대) (대립물의 투쟁)	이것과 저것의 변증법(상보성) (대립물의 상호의존과 침투)
사회적 공간 내의 구조적 적대 (계급투쟁)	1. 맑스의 혁명적 선택 (A) 2. 벤야민의 변증법적 전환과 혁명적 중단	1. 헤겔의 초월적 변증법과 (B) 2. 시민사회의 다양성을 강조한 계급적대의 은폐
생태적 공간 내의 비적대적 차이 (지역-세대-젠더-인종적 차이)	1. 자본주의에 의한 제반 차이들간의 분열과 대립 촉진 2. 사회적 다원주의= 경쟁과 적자생존의 진화 (C)	1. 맑스의 자연과 인간의 신진대사, 2. 벤야민의 자연-이미지-신체의 집단적 신경감응 3. 지역-노동-생태-젠더-세대-인종 간 협동과 공생의 네트워크와 진화(D)

<적대와 차이의 변증법적 위상학>

이렇게 보면 혼란은 사라지고, 오히려 <A-D> 묶음과 <B-C> 묶음의 대결이 확연히 드러날 수 있다. 이런 관점에서 보면 그간 사회운동 내에서 맑스주의와 생태주의, 맑스주의와 페미니즘 간의 갈등이나 분열은 대부분 A와 D를 상호무관한 것, 또는 양자택일적인 것으로 간주한 데서 비롯된 것으로 해석할 수 있다. 이런 양자택일 속에서 <A-C>와 같이 다양한 차이들을 민주적으로 승인하지 않는 전체주의적인 파괴적 조합(스탈린주의와 파시즘), <B-D>와 같은 차이들의 다양성은 인정하면서 사회적 적대의 해결에는 무관심한 왜곡된 조합(포스트모더니즘적 생태주의, 페미니즘 등)이 양분

하는 현상이 드러났다고 할 수 있다. 그에 반해 자본주의는 <B-C>의 자유주의적으로 왜곡된 파괴적 조합 속에서 현실적으로는 (C)의 완화(케인스주의)와 강화(신자유주의)의 진자운동을 반복하는 형태로 전개되어 왔음도 알 수 있다. 이에 맞서 맑스와 벤야민의 변증법은 확연하게 <A-D>의 혁명적이면서도 민주적인 이중적 조합을 창조적으로 제시하고 있다.[74]

그렇다면 A-C, B-C, B-D의 왜곡된 조합에 맞서 어떻게 A-D의 조합을 확대할 수 있을까? 이를 위해서는 앞서 구별한 바와 같이 사회구조적 차원의 적대적 모순과 생태적–생활세계 차원의 비적대적 차이의 상이한 차원을 구별하는 것이 필요하다. 사회적 적대는 반드시 자본의 지배를 극복하는 방식의 선택을 필요로 하지만, 그 극복은 동시에 생태계와 생활세계의 차이의 공생적 연결망을 구성하는 방식에 의해서만 가능하다는 것을 의미한다. 다시 말해서 A와 같은 적대적 투쟁과 구조적 혁명은 D라는 구체적인 주체적 연결망의 구성이라는 현실적 힘의 증대에 의해서만 가능하다는 것을 뜻한다. 동시에 D라는 공생적 연결망은 A와 같은 혁명적 구조 변화 없이는 지속 불가능하다는 것을 뜻한다. 이는 곧 A-D의 선순환 구조가 필수적임을 의미한다. 이런 작업이 어떻게 가능할까?

(1) 우선 구조적 차원에서 A가 불가피하다는 것을 최대한 많은 대중이 쉽고 명확하게 이해하는 일이 필요하다. 이는 앞서 말한 것과 같이, 최상위 체계에서 자본축적을 사회구성과 생산양식의 제1 원리로 간주하는 전체 회로의 방향이 변화하지 않을 경우 악순환이 반복될 수밖에 없다는 사실을 대중이 명확하게 이해해야 한다는 것을 의미한다. 이를 명확하게 밝힌 것은 '자본론'과 '세계체계론'이다. 그러나 양자를 연결하여 자본주의 세계체계의 전체적인 작동에 대한 정확하면서도 쉬운 이해를 대중적으로 가능하게 하기

74_ 심광현, 「자본주의의 압축성장과 세대의 정치경제/문화정치 비판의 개요」, 42-45쪽.

위해서는 새로운 이론화(과학적인 시각적 번역) 작업이 필요하지만 이는 아직 불충분하다.

(2) 생활세계 내에서 D를 현실화하기 위해서는 생태학적 차원에서 지역-노동-젠더-세대-생태-인종 간의 차이와 협동과 공생의 연결망이 필수적임과 동시에 A의 시급성에 대한 인식 공유의 과정이 운동세력들 간에 시급히 이루어져야 한다. 그런데 이렇게 차이를 인정하면서 협력하기 위해서는 상호양보가 필수적이며, 민주적이고 생태문화적인 상호부조 경제의 새로운 연결망 구축을 위한 참여계획적인 실험이 요구된다. 이는 곧 D의 네트워크를 대중화하여 B-C의 조합을 유지해온 ISA와 RSA를 해체, 재구성, 대체해 가는 복합적 과정이 될 것이다.

02

맑스주의와 생태주의의 그릇된 반목을 넘어:

'생태학적 맑스'와 '세 가지 생태학'의 절합을 위하여

"현실을 몇 가지 영역으로 구획하는 잘못된 특성. …정신·사회체·환경에
대한 행동을 구분하는 것은 옳지 않다. …세 가지 생태학적 관점이 구성하는
세 가지 상호교환할 수 있는 렌즈를 통해 세계를 이해하는 것이 좋을 것이다.
…그 어느 때보다 자연은 문화와 구분될 수 없으며 우리는 생태체계, 기계권,
사회적이고 개인적인 준거 세계 간의 상호작용을 '횡단적'으로 사고하는 것을
배울 필요가 있다.

─펠릭스 가타리

1. 들어가며

펠릭스 가타리가 『세 가지 생태학』[1]에서 환경생태의 위기, 사회생태의 위
기, 정신생태의 위기는 상호작용하고 있기에 이를 '횡단적'으로 사고해야 한
다고 역설한 지 20년이 지나고 있지만 여전히 세 가지 생태위기는 별도의
것으로 논의되고 있다. 이런 사정은 환경운동, 노동운동, 여성운동, 문화운동
등 제반 운동들이 분열·반목하고 있는 현실과 관련이 깊다. 그러는 동안
세 가지 위기는 꼬리를 물고 지구적 차원으로 확산·심화되고 있는 중이다.
오늘날 세 가지 생태위기의 주범이 신자유주의 세계화라는 데에는 각운동

1_ 펠릭스 가타리(1989), 『세 가지 생태학』, 윤수종 옮김, 동문선, 2003, 24-26쪽. 앞으로 이
책에서의 인용은 본문에 그 쪽수를 표시한다.

진영에서도 이견이 없는 듯하다. 하지만 위기 발생의 실제적 메커니즘 규명과 연대의 방안을 찾는 데에서는 의견의 일치를 보지 못하고 있다.

89년 당시 가타리는 그간의 생태운동이 환경문제에 한정되어 왔다는 데에 의문과 불만을 느끼면서 그것만으로는 현대세계의 전면적 위기에 대처할 수 없다고 보았다. 80년대 중반부터 생태운동에 적극 참여했던 그는 녹색당과 에콜로지 세대라는 두 흐름으로 나뉘어져 있던 프랑스 생태운동의 가교역할을 담당하면서 환경생태학에 덧붙여 사회생태학과 정신생태학의 삼위일체적인 이론 전개를 제창하면서, 이 세 가지 생태학의 윤리-정치적 접합고리로서의 철학적 실천을 '생태철학(ecosophy)이라고 불렀다. 그는 세 가지 생태위기의 전면화로부터 벗어나는 길은 발생기 상태의 주체성과 변이 상태의 사회체, 재창조 상태의 임계점에 달하고 있는 환경이라는 세 가지 요소의 접합 여부에 달려 있다고 보았다. 이런 통합적 시각은 70년대 이후 서로 분화·반목하기 시작한 환경운동, 노동운동, 여성운동 및 소수자 정치를 재연결하려는 이론적 시도라는 점에서 괄목할 만한 것이었다.

그는 세 가지 생태학의 연결 고리를 생태철학, 또는 미적-윤리적 패러다임이라고 불렀고, 자본주의 권력 구성체와 그것이 만들어내는 주체성 전체에 대해 전면적인 문제를 제기하고 새로운 주체성의 생산을 대안으로 제시했다. 기존의 변혁 이론이 지배 권력 및 지배 장치의 파괴 과정과 대체 장치들의 건설에 초점을 맞추고 있다면, 그는 대안으로 주체성 생산이라는 과제, 즉 객관적이고 과학적으로 규명되는 주체의 문제 대신 예술적인 생성으로서 '새로운 주체성의 생산이라는 과제를 제시했다.[2]

이렇게 '주체성의 새로운 생산을 대안으로 제시하는 것 자체가 문제가 있는 것은 아니다. 그러나 세 가지 생태학의 연결 메커니즘을 입체적으로

2_ 윤수종, 「역자 후기」, 『세 가지 생태학』, 103-108쪽.

규명하지 않은 채 주체성의 새로운 생산만을 강조할 경우, 자연 환경과 사회체의 재구성이라는 과제는 도외시한 채 주체성의 생산이라는 과제를 특권화했다는 반론, 또는 정치사회적 혁명을 문화혁명으로 대체하는 새로운 문화주의라는 비판이 쟁점화될 수 있다. 세 가지 생태계의 '차이와 연결점'을 동시에 해명하지 않는 한 실천 과정에서 제운동들이 차이의 승인 속에서 연대할 실질적 방안을 찾기 어려울 뿐 아니라 구조인가 행위인가라는 해묵은 논쟁이 되풀이되기 쉽다. 실제로 이 과제는 다음과 같은 이유에서 전망이나 입장 제시 같은 방식만으로는 결코 해결되기 어렵다. (1) 이론적으로 이는 분리되어 있는 자연과학, 사회과학, 인문학이라는 학문 분야와 예술을 진보적 관점에서 연결하는 통합학문적인 시도에 해당한다. 이 광범위한 분야를 연결하는 통합적 고리를 제대로 그려야만 과학적 실천과 예술적 실천의 양자택일을 피할 수 있는데, 가타리는 1992년 심장마비로 죽기 직전 들뢰즈와 함께 『철학이란 무엇인가』에서 철학, 과학, 예술의 절합을 시도했지만 여기서도 삼자의 차이가 강조되었지 연결의 방안은 구체화되지 못했다. (2) 서로 연대해야 할 필연적인 이유를 찾아내지 못하는 한 수십 년간 서로 반목해온 환경운동, 노동운동, 여성운동, 문화운동 등 제운동들 간의 내적 연결을 찾기는 더욱 어려울 수밖에 없다.

하지만 이런 어려움을 핑계로 통합적 시도를 장기 과제로만 미룰 수 없는 것이 오늘의 현실이다. 세 가지 생태계는 신자유주의 세계화로 인해 회복 불가능한 상태로 악화되고 있는 반면, 자본은 축적위기의 돌파를 위해 'GNR' 혁명[3]을 촉진하며 학문 간 융·복합을 강제하고 있기 때문이다. 이에

3_ 레이 커즈와일, 『특이점이 온다』, 김명남·장시형 옮김, 김영사, 2007. 커즈와일은 21세기 전반부에 G, N, R, 세 개의 혁명이 꼬리를 물고 중첩되어 발생하는 것을 보게 될 것이고, 이 과정이 가속되면서 대략 2020년대 말에 이르면 '특이점의 시대가 시작될 것'이라고 말한다. 아직 미국의 기술 수준은 'G'(Genesis, 유전학) 혁명의 초기 단계에 머물고 있지만, 'N'(Nano) 혁명이 현재 생물학의 한계를 넘게 해줄 것이라고 한다. 이 혁명은 몸과 뇌, 세

맞서기 위해서는 과제의 지난함과 동시에 시급함과 절박함을 인식하면서 세 가지 생태계의 거시적·미시적 연결망을 찾기 위한 이론적·실천적 노력에 박차를 가하는 수밖에 없다. 특히 이론적 차원에서 공동연구를 위한 새로운 방법을 모색하는 일이 시급하다. 날이 갈수록 지식생산 자체가 카오스적인 요동으로 치닫고 있기에 개인적으로는 통합학문적 연구를 수행하는 것 자체가 어려워지고 있기 때문이다.

이런 점들에 유의하면서 여기서는 세 가지 생태학의 연결 고리를 찾아내려 했던 가타리의 취지를 살리되 그 한계를 넘어서기 위해 맑스의 생태학적 재해석이 필수적임을 밝힌다. 그리고 맑스와 현대 사이의 역사적 간극을 복잡계 과학을 통해 재연결하면서 가타리가 제시했던 주체성의 새로운 생산으로 나아갈 수 있는 거시적·미시적 지도그리기의 밑그림을 새롭게 그려봄으로써 맑스주의와 생태주의의 오랜 반목을 넘어선, 대안적 통합학문 연구의 가능성을 타진해 보고자 한다.

2. 세 가지 생태학의 연결 고리 찾기의 첫 단추

가타리의 시도가 취지는 좋았지만 성과가 불충분했던 원인은 세 가지 생태계의 위기가 자본주의 권력 구성체의 작동 메커니즘에 의해 어떻게 확대 재생산되고 있는가를 체계적으로 규명하는 일은 소홀히 한 채―또는 이미 선결된 것으로 간주한 채―대안을 향해 성급하게 달려간 데에 있다고 볼 수 있다. 이는 맑스가 자본주의의 작동 메커니즘에 대한 체계적 분석("정치

상을 분자 수준으로 정교하게 재설계하고 재조립하게 해줄 수 있다. 그러나 가장 강력한 기술혁신은 다가올 'R'(Robotics) 혁명이다. 인간의 지능을 본받았지만 그보다 한층 강력하게 재설계될 인간 수준 로봇들이 등장할 경우가 바로 그것이다.

경제학 비판")을 위해 생의 후반부를 바치면서 대안의 제시에는 미흡했던 것과 대조를 이룬다. 그러나 이렇게 비판과 대안 사이에 간극이 벌어지면 둘 다가 실효를 발휘하기 어렵다.

세 가지 생태위기의 극복을 위해서는 위기 발생의 메커니즘에 대한 체계적 분석이 필수적이고, 이를 위해서는 자본주의 작동 메커니즘의 분석에 대부분의 시간을 할애해 왔던 맑스주의에 대한 참조가 필요하나 가타리는 이를 충분히 참조하지 않았다. 그 이유는—68 전후 새로운 사회운동과 비판적·진보적 이론과 실천이 그랬듯이—진보이론의 대명사였던 맑스주의에 대한 실망, 또는 환멸에서 연유한다. 맑스주의는 그동안 소비에트 진영에서 사회주의적 근대화·산업화의 공식 이데올로기로 간주되어 왔기에 국내외 생태주의 진영으로부터 격렬한 공격을 받을 수밖에 없었다.[4] 그러나 맑스주의의 역사는 '정통' 소비에트 맑스주의라는 하나의 '몰적' 이념으로 수렴될 수 없고, 오히려 다양한 정파와 분파들로 '분자화'되어 왔다는 사실에 주목해야 한다. 월러스틴은 이런 양상을 "천의 맑스주의"라고 불렀지만, 최소한 다음과 같은 구분이 필요할 것이다. (1) 현실사회주의권의 공식 이데올로기로 사용되었던 소비에트 맑스주의와 (2) 20세기 자본주의 비판으로서의 서구

4_ 김종철 편, 『녹색평론』, 녹색평론사, 2005(13쇄). "때때로 인간과 자연의 동시적 해방에 관한 언급이 없었던 것은 아니지만 맑스주의는 일반적으로 인간의 삶을 생산과 소비의 측면에 제한하여 본다는 점에서는 부르주아 철학과 궤를 같이 해 왔다고 할 수 있다. …생산과 소비의 양적 증가는 도리어 인간생활을 비참하게 만들어버린다는 비극적인 경험을 겸허하게 받아들이지 않으면 안 되는 상황이 바로 오늘의 현실이다. 전통적으로 산업화의 이데올로기에 봉사해 왔다고 할 수 있는 맑스주의에서 인간 속에 뿌리깊이 내재한 정신적·종교적 욕구가 흔히 등한시되어 온 것은 당연한 일일지도 모른다. 영국의 작가 로렌스는 볼셰비키 혁명 후 러시아의 민중이 빵을 고르게 먹는 것은 가능해졌으나 그 빵이 맛이 없어졌다고 말함으로써 인간 영혼의 근원적 욕구를 외면하는 사상이나 사회운동에 대한 그 자신의 불신을 표명한 바 있지만, 사람이 이 세상에서 사람답게 살 수 있게 하는 불가결한 차원의 하나가 초월에 대한 욕구라는 것은 아무래도 부인하기 어려운 것으로 보인다"(김종철, 「서문」, 13쪽).

맑스주의, 그리고 (3) 맑스 자신의 정치경제학 비판의 구별이 그것이다. (1)의 대안이 더 이상 유효하지 못하다 해도 자본주의가 존속하는 한 자본주의에 대한 '정치경제학 비판의 문제설정으로서의 (2)와 (3)은 여전히 유효할 수 있다. 그럼에도 불구하고 68 이후 반자본주의적 좌파 진영 내에서 봇물처럼 터져나온 소비에트 맑스주의('정통' 맑스주의)에 대한 비판들은 대부분 이런 구별을 무시했고, "목욕물 간다고 아이까지 통째로 버리는" 우를 범했다.

가타리의 경우는 (1)과 (2)를 비판했지만 (3)까지도 버린 것은 아니었다. "마르크스주의 담론은 그 자신으로서는 가치가 떨어져 버렸다(맑스 자신의 텍스트는 별도로 지금도 아주 큰 가치를 지니고 있다). 우리가 횡단(경험)하고 있는 전례 없을 정도로 악몽과 같은 역사에서 벗어날 수 있는 탈출구를 밝혀주는 이론적인 준거들을 다시 만들어내는 것이 사회 해방의 선구자들이 할 일이다."(27) 하지만 그는 큰 가치가 있다고 자평했던 맑스의 텍스트를 세 가지 생태학의 연결 메커니즘을 규명하는 데 적극 활용하지는 않았다.(『앙티 오디푸스』와 『천의 고원』에서 맑스의 텍스트는 일정한 역할을 했지만 들뢰즈·가타리는 맑스와의 재연결보다는 차이를 벌리는 데 주력했다고 볼 수 있다.) 바로 이 점에 패착의 원인이 있었던 것이 아닐까? 맑스의 텍스트가 여전히 큰 가치가 있다면 그것은 세 가지 생태위기의 연결망을 규명하는 데 맑스의 '정치경제학 비판이 유효한 한에서일 터인데도 말이다. 가타리의 대안이 실효를 발휘하기 위해서라도 우리가 돌아가야 할 지점은 가타리가 거론만 했던 맑스의 텍스트 자체이다.

맑스의 "정치경제학 비판"의 핵심은 자본주의가 <M-C-M'>의 순환 메커니즘에 의해 작동하면서 더 많은 화폐의 축적을 위해 더 많은 상품을 생산하고 소비하게 하는 강제적인 노동과정에서 자연 자원과 노동력을 무제한으로 소진할 수밖에 없다는 사실—그 결과 살아 있는 자연과 노동은 거대한 생산수단(죽은 노동)으로 집적되어 자본의 권력으로 전화되고, 자연과 노동은 황폐해질 수밖에 없다는 사실―을 체계적으로 해명했다는 데에 있다. 자본주의에 내재한 이런 경향으로 인해 자본주의가 발전할수록 자연생태계와 사회생태계, 인간생태계의 위기는 서로 맞물리며 가속화될 수밖에 없다. 이런 통찰은 세 가지 생태학의 연결고리에 대한 문제의식이 맑스의 정치경제학 비판에 내재해 있었다는 사실, 자본주의적 정치경제학에 대한 비판은 곧 생태위기에 대한 비판을 논리적으로 함축하고 있었다는 사실을 잘 보여준다. 버킷과 포스터, 무어 같은 최근의 연구자들은 이런 논리적 함축이 맑스의 정치경제학 비판에서 "인간과 자연의 신진대사의 균열"이라는 개념을 통해 정확히 표현되어 있음을 발견하고, 이를 통해 제임스 오코너처럼 맑스의 문제틀을 수정하지 않고도 생태주의와 맑스주의의 결합이 충분히 가능함을 보여주고 있다.[5]

물론 맑스의 정치경제학 비판에 세 가지 생태위기의 가속화 과정에 대한 과학적 비판이 논리적으로 함축되어 있다고 해서 그로부터 세 가지 생태위기의 발생과 상호연관성에 대한 구체적이고 역사적인 분석이 자동적으로 도출되는 것은 아니며, 맑스 자신도 이에 대한 구체적 분석을 발전시킨 것은 아니다. 또한 맑스가 자본주의 발전에 따른 생산력 발전이 지닌 긍정적 역할(생산의 사회화와 일반지성의 형성을 통해 사적 소유와 충돌하게 되는 자본주의 기본 모순의 핵심 동력)에 대해 관심을 가진 만큼 그 부정적 영향을 상세히 분석하기 위해 적극적 노력을 펼치지 않았다는 점으로 인해 맑스와 생태주의 사이의 연관성을 찾기가 쉽지 않은 것은 사실이다. 하지만 이런

5_ 제이슨 무어 외, 『역사적 자본주의 분석과 생태론』, 과천연구소 세미나 엮음, 공감, 2006. 이 책에 수록된 여러 논문, 폴 버킷의 「자본주의, 자연, 계급투쟁」, 존 벨라미 포스터의 「자본주의와 생태: 모순의 성격」, 위레르 하일라·리처드 레빈스의 「자연의 사회적 역사」, 제이슨 무어의 「생태위기와 세계사적 신진대사의 균열」(1)과 「자연과 봉건제에서 자본주의로의 이행」(2), 윤종희·박상현의 「마르크스주의와 생태론」 등 참조

불균형에만 주목하는 것은 맑스 시대와 오늘 사이의 커다란 역사적 간극을 무시하는 것이다. 지난 40여년 간 생태주의적 담론 형성 과정에서 아쉬운 점은 이런 역사적 차이를 이론적 차이로 혼동함으로써 생태주의와 정치경제학 비판 사이의 이론 내적 상관성을 포착하지 못한 결과 자연과 사회의 상호작용에 관한 과학적이고 역사적인 분석을 적극적으로 발전시키지 못했다는 점이다.

그 대신 생태주의 담론은 자연을 지배의 대상으로 인식하는 기존의 문화와 세계관에 대한 비판에 집중해 왔다. 하지만 과학적·역사적 분석 대신 문화적·철학적 분석으로 문제를 해결할 수 있다고 보는 것은 낡은 관념론의 반복일 따름이다. 이런 관점은 생태위기 해결의 책임을 체계가 아닌 개인에게 돌리거나, 또는 생태위기의 궁극적 원인을 인간중심주의에서 찾고, 그 대안으로 생태중심주의를 제시하는 방향으로 나아가게 된다. 그러나 자연 그 자체는 인간에게 아무 것도 말해주지 않는다.6 개인적으로 자본주의를 버리고 자연으로 돌아가려는 낭만적 발상으로 오늘의 복잡한 지구적 문제가 해결되는 것은 아니기 때문이다. 그럴 경우 고립된 섬에 자폐되거나, 자본주의에 의해 재영토화될 따름이다. 이미 가타리는 이런 위험을 적절히 비판한 바 있다.

낡은 생활양식의 부흥을 기도하기 위해 뒤로 다시 돌아가려는 것은 어처구니없는 일일 것이다. 다시 수 십 년 이후, 정보 혁명과 로봇 혁명 이후에는, 유전자 공학 발전 이후에는, 시장 전체의 세계화 이후에는 인간 노동이나 주거 형태가 과거와

6_ 윤종희·박상현, 앞의 글. 인간은 오직 인간적인 방식으로만 자연과 교통할 수 있다. 자연은 지속적으로 변화할 뿐 결코 파괴되지 않는다. 생태위기라는 통념도 인간 생활에 우호적이지 않은 자연의 변화를 의미할 뿐이다. 자연의 변화는 생태의 역사로 표현되지만 그 것은 인간적인 시간과 공간을 완전히 초과한다. 이 속에서 인간에 대한 자연의 수용능력도 역사적으로 변화한다(13-15쪽).

같은 모습으로 되돌아가는 일은 결코 없을 것이다. …어떤 의미에서 이런 사태와 '익숙해질 필요가 있다는 것을 인정해야 한다. 그러나 그것은 동시에 현재의 조건에서 사회 운동 전체의 목표와 방법을 재구성하는 것을 함의한다.(25)

이런 현상에 직면하여 과거로의 회귀, 우리 선조들의 존재 방식의 재조성에 기대하는 것…. 그것이야말로 가장 '근대주의적'인 자본주의 구성체가 그 자신의 방식으로 하려는 바로 그것이다…. 주체적 보수주의라고 부를 수 있는 이러한 것의 재등장은 단지 사회적 억압의 재강화 탓만은 아니다. 그것은 또한 사회적 행위자 전체를 포함하는 일종의 실존적 경련에서 기인한다.(31)

그는 환경 문제를 중시하는 생태운동이 많은 공헌을 했음에도 불구하고 정치 참여를 거부하기 위해 고의적으로 의고적이고 민속적인 흐름을 선택하려는 경향을 비판했다. "생태학의 함축적 의미는 자연 애호가나 자격이 있는 전문가의 한 줌의 소수파의 이미지와 연결되어서는 안 될 것이다. 생태학의 함축적 의미는 자본주의 권력 구성체와 주체성 전체에 대해 문제를 제기하는 것이다."(37) 이런 문제의식은 자본주의와의 전면적 대결을 회피하고 고립된 공동체주의나 아나키즘을 고집했던 유토피아적 사회주의자들을 비판하면서 "지금 여기에서" 자본주의 극복을 위한 코뮌주의적 실천의 시급성을 강조했던 맑스의 자세와 큰 차이가 없다. 이런 점에서 그가 말하는 확장된 의미의 '생태학의 함축적 의미'는 맑스가 말하는 자본주의 시스템 전체에 대한 비판과 크게 차이가 있어 보이지 않는다. 그렇다면 가타리는 왜 맑스를 적극적으로 재전유하지 않았던 것일까?

가타리는 각기 분리된 것으로 간주되었던 자연-사회-주체성의 문제를 '자기 조직적'인 '기계적 생태학'이라는 시스템 과학적 관점으로 통합해서 파악했지만,7 이 과정에서 각 시스템의 상대적 차이를 간과하고 세 가지 생태학의 이질적 작동 방식을 새로운 주체성의 생산이라는 방식으로 합성한 것 같다. 시스템적 계층구조를 가로지르는 '횡단성'과 '행동으로의 이행'을 지나치게 강조함으로써[8] 그는 맑스의 정치경제학 비판이라는 문제틀 자체의 복잡계 과학의 구조를 간파하지 못했고, 그에 따라 맑스의 정치경제학 비판과 시스템 생태학을 통합할 수 있는 새로운 계기를 놓치게 되었던 것 같다. 이런 계기는 저절로 주어지는 것이 아니라 두 가지 절차를 필요로 한다. (1) 그 하나는 우선 맑스의 정치경제학 비판이 그 자체로 하나의 암묵적 형태의 시스템 다이내믹스라는 사실을 입증하는 절차이며, (2) 다른 하나는 자연생태학과 (정치경제적) 사회생태학, 그리고 정신생태학(또는 문화생태학)이 갖는 상대적 자율성과 차이를 확인하면서도 삼자를 효과적으로 연결할 수 있는 통합적인 시스템 비판을 수행하는 절차가 그것이다.

7_ 가타리는 세 가지 생태계를 하나의 '기계권'으로 파악했는데, 환경-사회체-주체성의 문제가 유기적으로 얽혀 있기 때문에 환경생태학은 자연주의적인 차원을 넘어서서 기계적 생태학(machinic ecology)이 되어야 한다고 역설했다. 인구급증과 결합된 과학기술 진보의 가속화가 전체 기계권을 지배하는 상황이 되었기 때문에 앞으로는 단순히 자연을 옹호하는 데서 머물 것이 아니라 아마존의 허파를 회복하기 위한, 사하라를 소생시키기 위한 적극적 공세가 필요하다는 것이다. 환경생태학이 기계적 생태학이 되어야 한다는 그의 주장은 얼핏 보면 이해하기 어렵다. 그러나 이는 자연과 대립하는 인공적 도구로서의 기계라는 통상적인 의미의 기계가 아니라, 움베르토 마투라나와 프란시스코 바렐라가 생명을 새롭게 정의하는 개념으로 사용했던 자기-조직(self-organization)의 개념에 입각한 새로운 기계 개념이다. 그의 기계론은 "개방적이고 살아있는" 기계론(machinism)이지 폐쇄적이고 외부의 흐름과 단절된 코드화된 관계만을 지닌 공허한 반복의 "도구적 기계학"(mechanism)이 아니다.

8_ 가타리, 『세 가지 생태학』. 그는 그레고리 베이트슨의 마음의 생태학의 생태학적 계층구조(텍스트-콘텍스트)를 거부하는 대신 체계를 절단하는 실존적이고 예술창조적인 행위에 우선권을 부여하지만(40), 이는 베이트슨의 계층구조의 개념이 폐쇄적인 것이 아니라 지속적인 '메타화'의 과정을 통해 열려 있는 개념이라는 사실을 간과한 것이다. 실제로 생태학적 계층구조를 거부하게 되면 복잡계 시스템의 역동성을 이해할 수 없고, 순환론적인 생태학의 문제틀을 다시금 구조인가 행위인가라는 이분법으로 재단한 후 후자에 우선권을 두는 새로운 환원주의에 빠지기 쉽다.

3. 맑스의 정치경제학 비판의 복잡계 과학적 특성

오래 전 알튀세르가 강조했듯이 맑스의 정치경제학 비판의 방법은 토대가 상부구조를 결정한다는 식의 단선적 결정론에 입각한 정태적 구조론이 아니다. 맑스의 자본주의 분석 방법은 <M-C-M'-C'-M"···> 방식으로 무한히 진행되면서도 정과 부의 되먹임 고리를 가진 수많은 요인들의 상호작용적인 동태적 과정, 이 과정에 함축된 하위 시스템들 내부의 변수들의 배치 변화에 의해 전체 순환과정의 불균형이 구조적으로 야기되는—주기적으로 공황에 이르는—역동적 시스템 전체의 분석에 초점을 맞추고 있기 때문이다. 오늘의 관점에서 보면, 이렇게 상호작용하는 다수의 구성 요소들로 구성된 복잡한 체계이자, 변화를 억제하거나 반대로 촉진하는 되먹임 고리로 연결되어 있는 비선형적인 상호작용의 체계로서, 그 자체가 또 다른 복잡계이기도 한 하위 시스템들을 지닌, 경계가 닫혀 있지 않은 열린 시스템이자, 퇴출되거나 적응해가는 구성 요소들로 구성된 시스템을 분석하는 과학적 방법을 "복잡계 과학"이라고 부른다.9 알튀세르는 당시 태동 중이던 복잡계 과학의 관점은 선취했으나 그 방법을 구체화하지 못하고 이 과정을 "중층결정"이라는 열린 개념으로만 설명하고자 함으로써 한편으로는 맑스의 방법을 토대-상부구조라는 단순 도식으로부터 구제하는 효과는 있었지만, 다른 한편으로는 맑스의 방법을 해체론(포스트 맑스주의)으로 연결해주는 가교

9_ 윤영수·채승병, 『복잡계 개론』, 삼성경제연구소, 2006(2쇄), 58-61쪽.
"과거에는 다양한 복잡성을 하나의 틀로 담아낼 만큼 세세한 지식이 축적되지 못했으며, 이를 과학적으로 접근하여 이론화할 수단이 부족했기 때문에 독립된 영역으로 자리잡지 못했을 뿐이다. 그러다가 20세기 후반에 이르러 과학의 지평이 넓어지고 시야가 트이면서 이러한 다양한 영역의 복잡성을 하나의 틀로 바라보는 새로운 흐름으로 터져 나온 것이 바로 복잡성 과학이다…복잡계 이론은 물리학, 화학, 생물학, 생태학, 사회학, 경제학 등 다양한 학문 조류로부터 영향을 받았으며, 이들은 계층구조로 긴밀하게 연결되어 있다"(73-74쪽).

역할을 하게 된, 의도하지 않은 결과를 초래했다. 그 결과 알튀세르의 이론적 실패 이후 맑스의 정치경제학 비판의 방법적 독창성을 규명하려는 노력은 단절되었다.[10]

그러나 오늘날의 관점에서 보면 맑스의 정치경제학 비판은 복잡계 과학적 관점에서 자본주의 사회의 작동 메커니즘을 총체적이고 체계적으로 분석한 최초의 이론이라고 할 수 있다. 자본축적의 일반적 도식인 <M-C-M'>은 자본주의 생산양식의 최상위 수준의 순환 시스템을 보여주는 도식으로, 그 안에는 다음과 같은 하위 시스템적 과정이 함축되어 있다. 산업자본의 투자(M)→생산수단과 노동력 구입(C=LP+MP)→노동과정에서 부가가치 창조(C'=C+m)→상품 판매를 통한 화폐 수입 실현(M'=M+m)→임금+잉여가치(산업이윤[배당+사내유보]+이자+상업이윤+지대+조세)의 분배(M')→분배 이후 사내유보의 재투자=산업자본화(M')→생산능력과 고용 확장(M')이라는 복잡한 경제순환의 흐름이 그것이다.[11] 이 하위시스템들의 순환과정은 다양한 방식으로 이루어질 수 있다. 이 때문에 자본주의의 기본 구조는 변하지 않으면서 다양한 변수들에 적응·진화해가는 복잡적응계와 유사한 형태 변화가 나타나게 된다.

10_ 국내에서는 알튀세르의 시도를 더욱 발전시키려는 시도로 안현효의 『현대 정치경제학의 재구성을 위하여』(새날, 1996)을 들 수 있다. 그는 표출적 인과론(헤겔)과 기계적 인과론(데카르트)에 대립하는, 부재하는 원인과 그 효과의 관계를 지시하는 구조적 인과론(스피노자)을 통해 맑스의 방법의 독창성을 규명하려 한 알튀세르의 시도가 가진 한계(구조에 의해 규정된 주체는 구조를 벗어날 수 없다는 구조주의의 한계)를 넘어서기 위해 이를 그레마스의 구조주의 기호학과 르네 지라르의 문화인류학과 결합하여 맑스의 동학적 체계의 발생과 표출의 시스템을 훼손하지 않으면서 맑스 이전부터 현대까지 반복되는 실체론(투하노동, 생산우위, 상품화폐론)과 명목론(추상노동, 유통우위, 신용화폐론)의 대립을 심층과 표층의 동태적 도식으로 통합하여 보여주는 가시적 성과를 거두었다. 그러나 이런 성과가 복잡계 과학과 결합하여 전체 동학적 체계 내에 계급투쟁의 동학을 결합하여 구조와 행동을 통합적으로 설명하는 방향으로 발전하지 못하고 있는 것은 아쉬운 일이다.

11_ 칼 맑스, 『자본론 II』, 김수행 옮김, 비봉출판사, 1995(5쇄), 47쪽 이하.

이렇게 자본주의의 역사적 전개 과정을 복잡계 과학의 관점에서 파악하는 접근법의 중요한 의의는 다음과 같은 두 가지 사실을 명확하게 구분하면서 대안에 대한 질문을 제기하는 데 있다고 할 수 있다. 그 하나는 분배의 흐름(M'의 분배)이 어떤 형태로 변화한다고 해도 그것만으로는 전체 시스템인 <M-C-M'>은 결코 변화하지 않는다는 사실의 과학적 확인이고, 다른 하나는 자본주의 시스템은 정적인 구조가 아니라 진화하는 자기조직적인 복잡계이기 때문에 체계의 하위 구성 요소들의 자기조직적인 운동(계급투쟁)에 의해 체계 전체가 카오스적인 요동에 이르러 분기할 수 있다는 사실의 과학적 확인이다. 맑스가 사회의 역사는 자연사적인 과정이라고 보면서도[12] 그와 동시에 계급투쟁의 역사라는 방식으로 역사의 이중성을 누누이 강조한 것은 이 때문이다. 자본주의가 아무리 복잡해지고 다양한 형태 변화를 보일지라도 이런 구분을 통해 나무들 차원의 변화를 숲 전체의 변화로 착각하지 않게 해줌과 동시에 숲의 변화는 나무들 개체가 아니라 나무들 간의 관계의 변화(자기조직적인 계급투쟁)를 통해 가능하다는 점을 강조하고 있는 맑스의 정치경제학 비판이 오늘에 이르도록 유효한 까닭이라고 할 수 있다.[13]

4. '생태학적 맑스'의 현대적 재발견

자본주의가 파괴해온 자연생태계와 인간생태계의 균형 잡힌 공생구조를

12_ 칼 맑스, 『자본 I-상』, 김수행 옮김, 비봉출판사, 1995. "경제적 사회구성체의 발전을 자연사적 과정으로 보는 나의 입장에서는 다른 입장과는 달리 개인이 이러한 관계들에 대해 책임이 있다고 생각하지 않는다. 개인은 주관적으로는 아무리 이러한 관계들을 초월하고 있다고 하더라도 사회적으로는 여전히 그것의 산물이다"(1867년 서문, 6쪽).
13_ 원 글에서는 3-4쪽 분량의 글이 더 있었으나 이 부분이 제1장의 5절과 중복되기에 여기서는 생략했다.

복원하고 그 속에서 주체성의 향상이 지속가능한 형태로 생산과정이 작동하기 위해서는 <LP+MP>의 결합과정에서 노동력과 자연자원 및 과학기술의 적합한 비율을 설계하는 복잡한 계산과 아울러 현재의 시스템에서 새로운 시스템으로의 이행과정에서 민중적 손실과 생태적 재난을 최소화할 수 있는 복잡한 시뮬레이션이 필요할 것이다. 따라서 사회적 삶 전체를 생태주의적으로 재편해야 한다는 이념은 "지속가능한 발전" 같은 이데올로기적 슬로건으로 해결될 수 있는 문제가 아니라 사회적 생산·유통·분배·소비의 전 과정을 재설계하면서 주체성의 새로운 생산이 동시에 이루어지도록 해야 하는 최대의 복잡성을 지닌 난제이다. 이 때문에 자본주의에 대한 과학적 비판으로서의 맑스의 사상과 자본주의를 넘어서려는 운동이나 이념으로서의 맑스주의를 구별해야 할 필요만큼이나 과학으로서의 생태학과 운동이나 이념으로서의 생태주의를 구별하는 것이 시급하다.

하일리와 레빈스는 'ecology'라는 용어에 포함된 네 가지 의미를 첫째, 자연 그 자체 또는 자연의 경제로서의 생태, 둘째 자연의 경제를 연구하는 과학으로서 생태학, 셋째 인간의 이념으로서 생태론, 넷째 생태론적 이념에 부합하는 방향으로 사회를 바꾸려는 운동으로서 생태주의로 구분한다.14 그러나 그동안, 특히 우리 사회에서 생태주의는 이념이나 운동으로 강조되었을 뿐 과학으로서 생태학과 체계적으로 결합되지 못해 왔고, 이로 인해 환경 또는 생태 문제에 관한 객관적 정의나 그 문제의 해결을 위한 합리적 방안도 분명한 형태로 확립되지 못했다는 데 문제가 있다. 이는 과학적 생태학의 주된 흐름이 '환경공학'이라는 방식으로 자본과 국가의 관점에서 환경 개선이나 대체에너지 개발을 위해 사용되고 있기 때문이기도 하겠지만 다른 한편으로는 자연과학 자체에 대한 생태주의자들의 모호하거나 적대적인 태도

14_ 윤종희·박상현, 앞의 글, 13쪽.

에서 기인하기도 하는 것 같다. 이런 비과학적, 또는 반과학적 태도는 맑스 이후의 맑스주의가 맑스의 시스템 과학적 사고를 보지 못하고 분배의 차원 으로 시야를 한정했던 노동자주의적 오류로 퇴행했던 것과 유사하게 대안사 회의 설계 과정 전체의 복잡성을 간과하고 개개인의 삶의 태도를 바꾸는 낭만주의나 영성주의로 퇴행하기 쉽다.

맑스는 자연과 인간의 착취와 파괴를 가속화하는 <M-C-M'>의 과정 전 체를 해체하여 자연과 공생하는 새로운 주체성의 생산으로 이어지는 대안적 사회적 관계를 '자유로운 (사회적) 개인들의 연합'이라는 상으로 제시한 바 있다. 당시 자본주의 비판과 대안사회(코뮌주의)로의 이행을 요구하는 주장 은 맑스만의 고유한 것이 아니라 19세기 진보적 사회사상의 일반적 주장이 었다. 그러나 이들 모두와 다르게 맑스는 이런 이행이 자본주의의 복잡한 메커니즘에 대한 과학적 분석과 과학기술의 발전에 대한 올바른 이해와 전 유와 무관하게 이루어질 수 없다고 보았다. 오늘날 대안사회의 삶의 방향을 지칭하는 의미로 확장된 생태주의적 전망에 대해서도 이와 유사한 구별이 가능할 것이다. 맑스는 과학기술을 인간 노동의 사회화의 결과로 파악하여 노동해방의 과정과 과학기술의 발전이 상호 무관할 수 없다고 파악했다. 과 학기술을 "일반지성"이라는 개념으로 파악한 것도 바로 이 때문이다. 자본 주의 극복은 자본주의적 발전과정에서 축적된 "일반지성"을 매개로 가능한 것이지 이를 버리고 가능한 것은 아니라는 말이다. 이런 이유로 자본주의가 야기한 생태적 위기 극복을 위해서는 그 과정에서 배태된 일반지성의 진보 적 재전유가 불가피하다고 할 수 있다. 가타리 역시 이와 유사한 태도를 강 조했다.15

15_ 펠릭스 가타리, 앞의 책. "사회 전체에 대한 대중 매체 지배의 가속화는 항상 이 다양한 주민 범주 사이에 더욱 명료한 간격을 만들어내는 경향이 있다. 엘리트 쪽은 물질 재화나 문화 수단을 충분히 향유하고 독서와 글쓰기는 최소한에 그치면서 결정에 관련한 권한과

과학으로서의 생태학과 운동으로서의 생태주의가 새롭게 결합해야 하는 이유가 여기에 있다. 과학으로서의 생태학은 헤겔이 그 개념을 처음으로 제시한 이래 다양한 변화를 거쳐 오늘에 이르러서는 매우 다층적인 층위를 포함하는 복잡계 과학으로 발전하고 있다. 처음에는 유기적 생물이 비유기적인 환경과 맺는 관계망을 지칭하는 소박한 개념으로 시작되었지만 오늘날에는 사이버네틱스와 시스템 과학의 발전을 매개로 생태학의 개념은 부분과 전체, 외부와 내부의 상호작용 과정을 포함하는 피드백 루프를 갖는 역동적 과정 모두에 대한 과학적 분석으로 나아가고 있다. 이런 관점에서 보면 자본주의 시스템, 지구 시스템, 인간 개체의 시스템 역시 생태학적 분석의 대상이 될 수 있다. 가타리가 자연, 사회, 인간 주체성 모두가 하나의 생태학적 분석틀에 의해 분석될 수 있다고 보았던 것도 이 때문이다.

그렇다면 과학으로서의 생태학과 맑스의 사상은 표피적 연관을 넘어선 이론 내적인 연관을 가질 수 있을까? 그동안 많은 맑스주의자들은 성숙기의 맑스가 고전경제학과 같이 자연적 조건을 고려하지 않아 인간과 자연의 관계를 생태론적으로 이해하는 데 장애가 된다고 주장해 왔다. 이런 한계를 넘어서기 위해 자연적 관계나 자연적 조건을 포괄하는 새로운 확장이 필요

정당성의 감각을 몸에 지닌다. 그것에 대해서 종속적인 계급들 쪽에서는 되는 대로식의 태도, 자신의 삶에 의미를 부여하려는 희망의 상실 등이 상당히 일반적으로 보인다. 사회 생태학의 일차적인 강령의 요점은 이러한 자본주의 사회를 대중 매체 시대에서 '탈-매체 시대로 이행시키는 것이다. 탈매체 시대라고 할 때, 나는 매체를 재특이화의 길로 끌고 갈 수 있는 복수의 주체 집단이 매체를 재전유하는 것을 의미한다…이 영역에서 사물에 대한 운명론적인 견해는 다음과 같은 몇 가지 요소들에 대한 무시와 일치하는 것으로 나는 생각한다. (1) 대중이 갑자기 각성할 가능성이 항상 남아 있다. (2) 스탈린주의 및 그 다양한 변신 형태가 점차 붕괴하고 사회 투쟁을 변형하는 다른 매체들에 자리를 내주고 있다. (3) 매체의 기술 진화, 특히 소형화, 비용 감소, 비자본주의적인 목적으로 사용할 가능성이 생기고 있다. (4) 금세기 초의 산업 생산 체제의 잔해 위에 노동 과정의 재구성이 이루어지고 있으며, 이것은 개인적 구도에서도 집단적 구도에서도 '창조적인 주체성 생산의 증대를 촉구한다(평생 교육, 작업 노동자의 컴백, 권한의 이전 등을 통해서)"(48-49쪽).

하다고 주장하면서 '생태적 맑스주의'를 제창한 제임스 오코너는 생산력 및 생산관계와 구별되는 생산조건이라는 개념을 제기한 바 있다. 여기서 생산 조건이란 시장법칙에 따라 상품으로 생산되지 않지만 상품으로 취급되는 사물, 즉 허구적 상품을 지칭한다. 노동력의 재생산과 관련된 개인적 생산조건, 삼림, 유전, 상수원 등 외부적·자연적 생산조건, 그리고 도시의 하부구조와 같은 일반적·공통적 생산조건 등이 그것이다. 그는 생산력과 생산관계의 모순을 자본주의의 첫 번째 모순으로, 양자와 생산조건의 모순을 두 번째 모순으로 정식화한다. 전자는 자본주의의 내적 모순이며 후자는 외적 모순으로서 자본주의의 또 다른 한계를 표현한다는 것이다. 그리고 생산조건의 악화는 그것에 대항하는 여성운동, 생태운동, 도시주민 운동 같은 새로운 형태의 사회운동을 낳는 것으로 간주된다.

그러나 이런 구분은 인간과 자연, 인간중심주의와 생태중심주의라는 대립항을 기계적으로 결합한 것에 불과하고, 결국 전통적 노동자 운동과 새로운 사회운동을 별개의 것으로 분리시키는 논의로 이어질 위험이 크다. 이에 대항하여 맑스의 정치경제학 비판의 생태적 함의를 체계적으로 정식화하려는 시도들이 등장했다. 버킷과 포스터는 생산관계와 별개의 생산조건이라는 문제를 설정한 오코너를 비판하면서 그와 같은 생산조건의 개념이 '인간과 자연의 신진대사'라는 맑스의 개념에 이미 내포되어 있는 것으로 보고 있다. 맑스는 이와 같은 자연사적 신진대사의 개념을 노동을 매개로 한 인간과 자연 사이의 물질적 관계를 묘사하기 위해 사용한다.

노동은 무엇보다도 먼저 인간과 자연 사이에서 이루어지는 하나의 과정이다. 이 과정에서 인간은 자신과 자연 사이의 신진대사를 자기 자신의 행위에 의해 매개하고 규제하고 통제한다. 인간은 하나의 자연력으로서 자연의 소재를 상대한다. 인간은 자연의 소재를 자기 자신의 생활에 적합한 형태로 획득하기 위해 자기의 신체에 속하는 자연력인 팔과 다리, 머리와 손을 운동시킨다. 그는 이 운동을 통해 외부의 자연에 영향을 미치고 그것을 변화시키며, 그렇게 함으로써 동시에 자기 자신의 자연(천성)을 변화시킨다.[16]

인간의 보편성은 실천적으로 자연이 1) 직접적인 생활수단인 한에서, 2) 인간의 생명활동의 소재와 대상과 도구인 한에서 자연 전체를 그의 비유기적 육체로 만드는 바로 그 보편성 속에서 나타난다. 자연은 인간의 비유기적 신체, 다시 말해서 자연 그 자체가 인간의 육체가 아닌 한에서 자연은 자연이다. 인간이 자연에 의해 살아간다는 것은 다음을 말한다. 자연은 인간이 죽지 않기 위해서 끊임없는 과정 속에 있어야만 하는 인간의 신체인 것이다. 인간의 육체적・정신적 생활이 자연과 연관되어 있다는 것은 자연이 자연 자체와 연관되어 있다는 것 이외의 어떤 의미도 가지고 있지 않은데 이는 인간이 자연의 일부이기 때문이다. …소외된 노동은 인간에게서 1) 자연을 소외시키고, 2) 자기 자신, 인간 고유의 활동적 기능, 인간의 생명활동을 소외시킴으로써, 그것은 인간에게서 유(類)를 소외시킨다.[17]

맑스는 『자본』의 서문(1873년 판)에서 자신의 방법의 특성을 자신에 대한 논평자인 카우프만의 논평을 인용하면서 설명하고 있는데 이를 요약하면 다음과 같다. 맑스는 사회운동을 법칙—인간의 의지, 의식 및 의도를 결정하는 그러한 법칙—에 의해 지배되는 하나의 '자연사적 과정'이라고 보고, 각각의 역사적 시기는 자기 자신의 법칙을 가지고 있는 것으로 파악했다. 생활이 일정한 발전시기를 경과하여 일정한 단계로부터 다른 단계로 이행하자마자, 생활은 다른 법칙에 의해 지배받기 시작한다는 것이다. 이때 맑스가 말한 자연사로서의 사회라는 과정은 생물학적인 진화의 과정과 유사한 것이었

16_ 칼 맑스 『자본 I-상』, 225-26쪽.
17_ 칼 맑스 『경제학-철학 수고』, 강유원 옮김, 이론과 실천, 2006, 92-93쪽.

던 데 반해, 종래의 경제학자들은 경제법칙을 물리학 및 화학의 법칙과 동일시함으로써 경제법칙의 성질을 잘못 이해했다. 현상을 보다 깊이 분석하면, 사회적 유기체들도 식물 및 동물과 마찬가지로 그들 사이에 근본적인 차이가 있으며, 이 유기체들은 상이한 총체적 구조, 그것들의 개개의 기관의 다양성, (기관이 기능하는) 조건들의 차이 등으로 말미암아 전혀 다른 법칙의 지배를 받게 된다. 이런 점에서 맑스의 연구의 과학적 가치는 일정한 사회유기체의 발생·생존·발전·사멸과 보다 높은 다른 사회유기체에 의한 그 교체를 규제하는 특수법칙들을 해명하는 데 있다.[18]

이런 맥락들을 고려할 때 맑스의 사상에는 분명 뚜렷한 생태학적 전망이 함축되어 있었다고 할 수 있다. 이미 1982년 프리초프 카프라는 맑스의 사상을 유기체적 또는 시스템적인 견해로 파악하면서 그의 이론을 결정론적이며 물질주의적이라고 주장하는 맑스 비평가들을 비판한 바 있다. 앞서 밝힌 바와 같이 맑스는 사회와 경제 조직 속에서 자연의 중요성을 강조했으며, 자본주의 경제가 생태계에 미치는 악영향에 대해 지속적으로 경고했다. 그러나 당시의 활동가들에게는 생태학은 별로 중요한 것이 아니었으며 맑스 자신도 이 부분을 강력히 강조할 필요를 느끼지는 않았다. 생태계의 지식은 사회 활동을 위한 기반으로 사용하기에는 미묘하고 어렵고, 인간 제도를 변화시킬 혁명적 에너지를 직접적으로 도출하기 어렵기 때문이다. 카프라는 이것이 아마도 맑스주의자들이 '생태학적 맑스'를 긴 시간 동안 무시했던 이유이며, 70-80년대의 연구가 맑스의 유기체 사상의 미묘함을 규명해 내었음에도 불구하고, 더 간단한 문제를 중심으로 조직하기를 좋아하는 대부분의 사회 활동가들에게는 이런 지점이 불편한 것이었다고 평가한다. 그리고 바로 이

18_ 맑스는 1873년 서문에서 자신에 대한 논평자 카우프만의 글을 길게 인용하면서 카우프만의 서문이 사실상 자신의 고유한 변증법적 방법(헤겔 변증법과는 다른)을 아주 정확하게 묘사하고 있다고 기술하고 있다. 칼 맑스, 『자본 I-상』, 1873년 서문, 16-18쪽.

것이 카프라가 생애의 마지막에 "나는 맑스주의자가 아니다"라고 술회한 이 유였을 것이라고 보고 있다.19

카프라가 맑스 사상의 요체가 유기체적 시스템 과학적 통찰에 근거하고 있다고 주장하는 논점은 크게 세 가지이다. 1) 카프라는 로버트 하일브로너를 인용하면서 맑스가 당대의 환원주의적 경제학자들과는 달리 자연과 사회를 아우르는 '전체적 형태의 의문을 발견한 최초의 사람'이었기에 스스로를 철학자, 사학자, 경제학자라고 하지 않고 사회 비평가로 자처했다고 보고 있다. 2) 맑스는 19세기 대부분의 사상가와 마찬가지로 '과학적'이란 말을 사용하고 있지만, 사회현상에 대한 그의 넓은 견해는 당시의 데카르트-뉴턴적인 과학의 기본 구조를 초월해 있었다는 것이다. 그는 객관적 관찰이라는 고전적 자세를 택하지 않고, 그의 사회 분석이 사회 비평과 분리될 수 없음을 강조함으로써 참여자로서의 자기 위치를 강력히 강조했다. 그는 사회 비판에서도 사회 문제를 넘어서 소외의 문제에 대한 논의에서처럼 깊은 인간적 통찰을 자주 드러냈다. 3) 맑스는 자신의 이론의 과학적 특성을 드러내기 위해 당대 과학기술의 발전을 자주 거론하면서도 이데올로기와 기술을 유기적 전체로서의 사회의 중요한 구성 요소로 보는 방식으로, 모든 현상의 상호 연관성에 대한 깊은 통찰을 보여주었다는 것이다.(192-96)

카프라는 자연 및 사회 환경은 물론 우리 자신에게 극도로 유해한 기술과 제도들을 만들어내고 있는 현 상황을 극복하기 위해서는 맑스와 같이, 경제에 대한 좁은 관념을 넘어서서 생태학적 관점에서 경제적 현상을 다루는 '전일적'(holistc) 관점을 회복하고, 현재의 경제학의 기본 개념들을 대부분 수정할 필요가 있다고 주장했다. 대부분의 개념들이 극히 협의로 정의되고 있고, 사회 생태학적, 자연 생태학적 맥락에서 사용되지 않았기 때문에 근본

19_ 프리초프 카프라, 『새로운 과학과 문명의 전환』, 이성범·구윤서 옮김, 범양사출판부, 1994(17쇄; 초판, 1985), 195-96쪽. 이하 이 책에서의 인용은 본문에 그 쪽수를 표시한다.

적으로 상호 의존하고 있는 세계 속의 우리들의 경제 행동을 적절히 표현할 수 없기 때문이라는 것이다. 경제의 비금전적인 측면을 무시하고 있는(가령, 소송이나 보건 관리 등은 긍정적 기여로 가산되고 있으나 교육은 투자가 아니라 지출로 간주되는) GNP 개념이나 '성장' '효율' '생산성' '이익' '노동' 등의 개념 전체―자연 질서 이외의 무엇을 생산하는 것을 최고의 가치와 연관시킴으로써 생태학적 자각을 상실한 문화적 관행 전체―가 수정되어야 한다는 것이다. 경제학 자체의 종언을 주장한 일각의 주장에 반대하면서 카 프라는 과학으로서의 경제학을 포기하는 대신, 데카르트적 모형에 기초하고 있는 경제학의 낡은 모형을 버리고, 생물학, 심리학, 정치철학 및 기타 인간 지식의 분야를 경제학과 함께 하나의 광범위한 생태학적 기본 구조 안에 통합하는 시스템적 접근이 필요하다고 역설했다. 그는 당시 경제학이라는 딱지나 협의로 정의된 재래의 단일 전문 분야의 딱지가 붙여지는 것을 거부 하는 많은 학자들에 의해 데카르트-뉴턴적 고전과학의 차원을 넘어선 새로 운 과학의 패러다임에 기초한 새로운 통합과학적 시도의 윤곽이 그려지고 있음을 강조했다. 이들의 실험적 기초는 생태계적 자료, 정치현상 및 심리학 적 현상을 포함하고 있을 뿐 아니라 문화적 가치를 분명히 지향하고 있기에 이런 노력들이 신빙성을 가질 수 있는 모델을 수립할 수 있을 것이라고 희망 했다.(215-19)

물론 카프라는 이런 모델의 수립이 쉽게 이루어지거나 그런 모델이 만들 어진다고 해서 오랜 기간 고착되어온 사람들의 의식과 행동, 관습과 제도들 이 하루아침에 바뀔 수 있다고 보지는 않았다. 그는 자신의 저서를 끝맺으면 서 다음과 같이 말했다. "변형은 이미 시작되었는데도 쇠퇴하는 문화는 낡은 사상에 더욱 더 집착하여 변화를 거부하고, 지배적 사회 기관은 새로운 문화 세력에게 그들의 지도력을 양도하려 하지 않았다." 특히 그가 이 책의 집필 을 마무리하던 1981년 당시는 레이거노믹스와 대처리즘이 부상하면서 서구

자본주의가 신자유주의로 급선회하고 있던 시기였기에 그는 이런 희망이 당시에는 단순한 "이상론"으로 치부될 것이며, 실제로 변화가 가시화되려면 많은 시간이 소요될 것이라는 점을 잘 알고 있었음에도 불구하고 다음과 같이 첨언하기를 잊지 않았다. "그들은 불가피하게 계속 쇠퇴하여 분해될 것이며, 반면 신흥하는 문화는 계속 일어나서, 마침내는 지도적 역할을 담당하게 될 것이다. 전환점이 임박함에 따라, 이런 차원의 진화는 단기적 정치활동으로는 막을 수가 없다는 것을 깨달음이 미래를 향한 우리의 강력한 희망이다."(397)

하지만 신자유주의 세계화의 지난 30여년 동안 자본주의적 성장의 확대는 세 가지 생태계 전반의 파괴와 착취를 초래해 왔지만, 60-70년대에 등장한 새로운 사회운동과 문화운동은 낡은 운동과 문화를 대체할 만큼 강력한 연대를 형성하지도 새로운 주체성의 생산에 이르지도 못한 채 분열과 상호반목을 거듭하고 있다. 그런 까닭에 카프라가 당시 현재 시점이라고 지칭한 지점의 새 흐름과 낡은 흐름 간의 간극은 여전히 좁혀지지 않고 전환점은 아직 멀리 떨어져 있다.(396)

이는 카프라의 강력한 희망에도 불구하고, 시스템 생태학의 관점에서 좁은 의미의 경제학을 극복하고 자연과 사회와 인간 생태계의 상호작용을 통합적으로 해명하고 생태적 대안사회로의 이행을 가시화할 수 있는 새로운 모델 개발이 아직까지 지체되고 있고, 이런 모델의 개발의 시급성에 대한 인식이 과학적으로나 대중적으로나 확산되지 못해 왔음을 뜻하는 것이다.

이 와중에 과학적 패러다임 자체는 크게 변화하여 오늘날 지배적인 패러다임은 데카르트-뉴턴적인 환원주의적 과학에서 전일적이고 개방적이며 비선형적인 체계의 창발성을 강조하는 비환원주의적 복잡계 과학으로 선회하고 있다. 그러나 자연과학에서의 눈부신 발전에 비해 사회과학과 인문학의 패러다임은 아직도 낡은 패러다임에서 크게 벗어나지 못하고 있다. 그와 동

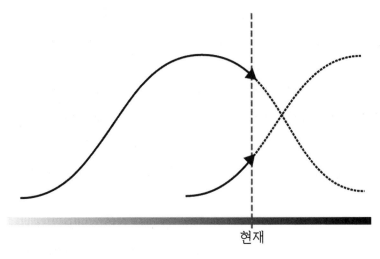

현재

<현재 진행되고 있는 문화 변형 속의 발생과 쇠퇴하는 문화를 나타내는 모형 구조도>

시에 새로운 복잡계 과학은 새로운 대안적 시스템으로의 전환 과정을 적극적으로 설계하기보다는 GNR 혁명으로 집약되는 첨단기술의 개발과 지식경영을 통한 조직혁신 방안 같이, 격화되고 있는 자본주의 위기를 지연하거나 해소하기 위한 봉합책으로 활용되고 있을 따름이다. 2000년대 들어 세계적으로 확산되고 있는 학문 융·복합과 그에 따른 대학 및 지식생산 체계의 구조조정의 트렌드 역시 이런 경향의 산물이다.

　여기서 주의 깊게 보아야 할 점은 이런 과학적 패러다임의 전환이 단기간이 아니라 카프라의 그림처럼 장기간에 걸친 것이고, 환원주의를 비판하면서 전일적인 시스템적 사고에 입각해서 자연과 인간의 신진대사로서의 사회적 과정을 비판적으로 분석하려는 새로운 모델 구성의 출발점에 바로 맑스가 서 있다는 사실이다. 맑스의 전일론적인 사상과 20세기 후반의 과학적 생태학과의 연속성을 놓칠 경우 맑스 이후 대부분의 맑스주의자들이 그러했듯이 맑스의 사상은 데카르트-뉴턴적인 환원주의적 과학으로 다시 왜곡되고, 동시에 생태주의는 맑스가 애써 마련해 놓은 세 가지 생태학의 연결고리를

'통째로 버린 후' 자본주의 사회의 시스템적 작동을 설명할 전일적인 이론을 '무로부터' 재창조해야 하는 난관에 봉착할 수밖에 없다. 카프라가 지적했던 당시에도 그러했듯이 오늘에 이르기까지 대부분 맑스주의자들은 환원주의적 과학의 낡은 관점에서 벗어나지 못한 채 맑스의 '정치경제학 비판'에 내재한 생태학적, 시스템 과학적 전망을 간과하고 세 가지 생태학의 연결 고리를 상실한 정치경제학 분석에 매몰되어 있고, 반면 대다수 생태주의자들은 '정치경제학 비판'의 확장 없이도 생태주의적 전환이 가능할 것이라는 착각에서 인간중심주의인가 생물중심주의 · 생명중심주의인가라는 반목을 거듭하고 있다. 이런 괴리와 분열을 극복하는 방법은 기계적 모형과 생태적 모형의 통합, 환원주의와 전일주의의 통합을 통해 정치경제학 비판과 시스템 생태학을 결합시키는 길 이외에 다른 길이 있을 수 없다.[20]

5. 정치경제학 비판과 과학적 생태학의 절합의 전망

19세기 후반에 태동한 생태학은 생물, 생물과 무생물적 요소 간의 관계, 같은 생물종 내에서의 개체간의 상호작용, 그리고 다른 생물종들 사이에서 일어나는 현상들을 연구해 왔다. 20세기에 들어 일정한 장소에서 서식하는 생물들과 무생물적 요소를 모두 포함하는 생태계(ecosystem)를 포괄적으로 연구하기 시작했으나 여전히 자연현상을 묘사하는 설명적 과학에 불과했다. 그러나 20세기 후반에 와서 생태학은 환경문제가 대두되고 컴퓨터라는 연구

20_ 카프라, 앞의 책, 252쪽. "유기체의 환원주의적 기술은 유용할 수도 있으며, 어떤 경우에는 필요한 것일 수 있다. 그러나 그것만이 완전한 설명으로 받아들여질 때는 위험한 것이다. 환원주의와 전일론, 분석과 종합은 상호 보완적인 접근 방법으로서, 적당히 균형을 맞추어 사용된다면 생명에 대한 더 깊은 지식을 얻는 데 도움이 된다."

도구가 발전함에 따라 급속히 발전하게 되었다. 1983년에 하워드 T. 오덤 (Howard T. Odum) 교수는 설명적인 과학에 불과하던 생태학에 시스템 언어와 컴퓨터 시뮬레이션 기법을 이용한 정량 분석 기능을 첨가하고, 인간 활동이 배제된 자연 생태계에 국한된 생태학을 인간 활동에 역점을 둔 보다 역동적인 생태학으로 전환시킴으로써 시스템 생태학이라는 새로운 종합적 학문 분야를 탄생시켰다. 오덤의 이런 새로운 생태학 모델은 바로 카프라가 1981년에 자신의 책을 집필하면서 거론했던 미래의 새로운 모델의 하나이다.[21]

오덤의 시스템 생태학은 생산자 및 소비자를 동시에 포함하는 자연 생태계들을 시스템 언어로 분석하여 특성을 설명할 뿐 아니라, 생태계의 전이 및 진화과정에서 일어나는 현상을 비교 분석하고 있으며, 국가를 하나의 시스템으로 간주하고 화폐의 순환, 수요와 가격, 생산과 경제 성장, 비용 편익 분석 등을 시스템 이론으로 설명하고 있을 뿐 아니라, 문화의 진보에 따른 인간의 자연 이용 변화와 농업과 광업, 그리고 기술의 역할, 도시와 주변 지역의 재화와 물질 이동을 다루면서 동시에 지구 전체를 하나의 시스템으로 간주하여 물질 순환, 생물권의 역할, 무역의 흐름 등을 하나의 시스템으로 설명하고 있다. 그러나 오덤의 기념비적인 저술인 『시스템 생태학』은 국내에서는 환경공학자 박석순·강대석 교수에 의해 2000년에 처음 소개되어 환경공학 분야의 전문서로 이용되고 있어, 여타의 학문 분야에는 잘 알려져 있지 않다.

오덤의 종합적 방법론은 그 형성 경로는 매우 복잡하지만 그가 결론에서 강조하고 있듯이 매우 강력한 하나의 열망에 기초한 것이다. 그는 시스템 이론과 컴퓨터 공학의 발전으로 수많은 공식과 모델들이 개발되고 있지만 이런 지식은 극히 일부 전문가들만이 접근할 수 있을 뿐 공유되어 사용되기

21_ 하워드 오덤, 『시스템 생태학 I·II』, 박석순·강대석 옮김, 아르케, 2000. 이하 이 책에서의 인용은 본문에 그 쪽수를 표시한다.

어렵기 때문에 이런 다양한 지식들의 연관성을 쉽게 보여줄 수 있는 시스템 언어의 개발이 중요하다고 보았다.

에너지 다이어그램은 아주 많은 것을 포함하고 그것들을 사용하기 위해서는 예리함이 요구되기 때문에, 이 언어는 현재 분산된 문헌 속에 존재하는 '바벨 탑을 제거하기 위한 수단을 제공할 수 있을 것이다. 만약 모든 사람들이 계층구조적 관계, 기계론적 관계, 전반적인 형태, 창발성, 여러 수준의 축약, 에너지론, 동역학, 경제학 등을 동시에 보여주는 완전한 모델을 발표하게 된다면 그것은 집합적인 진보가 되지 않을까? …시뮬레이션하지 않고 측정과 실험에 의존하는 과학에 안주하는 것은 잘못된 것일지도 모른다. 반드시 모델의 정량적인 검토를 통해서만 이론적인 설명들이 관찰과 일치하는지 아닌지를 알 수 있다. 모델링 없는 과학은 이류가 되지 않았습니까?(1321-22)

오덤의 저작에는 이렇게 시스템 언어에 기반한 에너지 다이어그램이 풍부하게 제시되어 있는데, 일례로 미국 경제의 흐름을 정부, 가정, 자본의 생산과 유지에 대한 주요 흐름들을 분리, 결합한 형태로 보여주는 슐츠의 소득-지출 흐름의 모델에 에너지 관계의 흐름을 추가하여 재구성한 에너지 다이어그램은 모든 에너지원으로부터 투입된 에너지들이 노동, 자산, 정부 통제의 상호작용인 생산함수와 화폐의 흐름과 일의 흐름을 표시하는 되먹임 루프들을 통해 어떻게 순환하며 재생불가능한 에너지로 빠져 나가는지를 알기 쉽게 보여주고 있다. 또 재생불가능한 자원의 감소가 한 국가에서 이 자원의 상대가격을 어떻게 증가시키는지를 보여주는 세계경제의 축약모델이 제시되어 있다.(1126-28) 양의 피드백과 음의 피드백 작용을 갖는 복잡한 시스템 다이내믹스 모델인 이 다이어그램은 약식 모델이기에 M-C-M'의 과정에 참여하는 제주체들 간의 계급투쟁의 역학이 포함되어 있지는 않지만 시스템적 포개 넣기 방식을 통해 갈등의 동학을 얼마든지 연결, 포함할 수 있다. 또한 인류역사에서 에너지 발달 단계에 대한 미니모델의 경우에는 수렵과 채집, 농경생활, 연료와 광물을 사용하는 도시 문화 중심으로의 진화에 따라 인간과 자연의 신진대사의 흐름이 사회 생태계의 흐름이 점차 커지는 데에 반비례하여 야생 생태계가 축소하는 과정을 알기 쉽게 그림으로 보여주고 있다.(1171) 아마도 이런 다이어그램이야말로 가타리가 세 가지 생태학의 연결망이라고 불렀던 바를 가시화해주는 적극적인 '지도 그리기'의 방법일 것이다.

시스템 생태학적 관점에서 정치경제학과 생태학을 통합하려는 시도는 전체 시스템들의 복잡성의 수준 차이라는 문제로 인해 복잡계 물리학이나 생물학에서 보다 더 복잡한 과제를 끌어안을 수밖에 없다. 경제 주체는 무기물이나 동식물과도 달리 나름대로 복잡한 전략을 가지고 상호작용에 참여하기 때문에 분석이 훨씬 어려워진다. 그럼에도 불구하고 최근 주류 경제학에서는 신고전파 거시경제이론이 더 이상 정책적 함의를 갖지 못하고 위기에 처했다고 판단하고, 경제 시스템 자체의 복잡성을 분석하기 위해 복잡계 과학의 관점과 방법론을 채택하는 추세가 늘어나고 있다.[22] 이에 반해 정치경

22_ 복잡계 네트워크, 『복잡계 워크샵』, 민병원·김창욱 편, 삼성경제연구소, 2006. 대부분의 경제이론들에서는 경제 주체를 대표적 주체로 동일화하는 가정을 하지만 이는 변수들의 상호관계를 무시하고 단순합으로 총량을 산출하는 것과 비슷한 문제점을 내포한다. 또 소득 분포의 형태가 달라졌다고 해도 경제 시스템에 별다른 영향을 주지 못하는 것으로 간주하나, 이 역시 하나의 대표적인 경제주체만을 중시하는 결과를 함축하는 것이다. 이런 문제점들을 타파하기 위해 행위자 기반모형이나 게임 이론에 입각하여 경제주체들의 비선형적 상호작용 분석을 통해 거시경제적 질서가 나타나는 현상을 설명하려는 복잡계적 접근법이 증가하고 있다(356-57쪽). 또한 네트워크 이론을 통해 각 나라의 금융 구조의 취약성 여부, 무역과 경제 지표의 관계, 주식시장 분석 등이 활발하게 전개되고 있다. 주류 경제학에서 이렇게 복잡계 과학의 관점과 방법들을 사용하기 시작한 접근법이 늘어나기 시작한 것은 그만큼 자본주의가 더 이상 안정성을 잃고 카오스적 요동에 근접하는 양상이 곳곳에서 드러나고 있기 때문이라고 할 수 있다.

제학 비판과 생태주의적 관점을 복잡계적 진화의 관점에서 적극적으로 통합하려는 노력들은 1980년대의 카프라와 오덤, 에리히 얀치 등의 시도 이래 별다른 진전을 보이고 있지 않는 것 같다. 특히 국내에서는 이런 관점을 채택한 본격적인 연구는 아직 나타나지 않고 있다.

생태학적 관점은 결여되었지만 복잡계 과학과 정치경제학 비판을 연결하려는 시도가 전혀 없었던 것은 아니다. 최근 이정우 · 현영미는 맑스주의 방법론이 갖는 한계를 복잡계 경제학으로 보완하려고 시도한 바 있다. 그러나 이들은 마치 오코너의 생태적 맑스주의가 맑스의 정치경제학 비판이 비생태주의적이라는 그릇된 가정에서 출발하듯이 맑스의 방법이 '방법론적 전체주의'라는 비복잡계적 방법에 기초하고 있다는 그릇된 가정─신고전파가 방법론적 개인주의라면 맑스주의는 방법론적 전체주의라는 이분법─에서 출발하고 있다.(이때 이들은 방법론적 전체주의에 대한 정확한 정의를 내리지 않고 있으나 문맥상 일종의 '결정론적 구조주의'를 지칭하는 것으로 보인다.)[23] 그러나 이들은 맑스의 방법이야말로 복잡계 경제학의 이론적 전제인 '전일주의'(holism, 전체는 부분의 총합 이상이다)를 선취하면서 19세기 경제학의 그릇된 가정인 무정부주의적 개인주의와 기계적 결정론을 극복하기 위해, 사회적 전체를 '사회적 개인'들의 상호작용의 복잡한 관계들의 변증법적(당시로 상호작용의 역동성을 표현하는 개념) 과정으로 파악하려 했다는 사실을 애써 부인하고 외면한 이후 바로 그 '전일주의'를 다시 맑스를 보완하는

23_ 이정우 · 현영미, 「복잡계 경제학과 정치경제학」, 김형기 엮음, 『새정치경제학 방법론 연구』, 한울, 2005. "복잡계 경제학은 전체는 부분의 총합보다 크다고 주장한다. 주체와 전체 사이에는 재귀적 관계성이 존재한다. …각 주체는 다른 주체들과 끊임없는 상호작용을 하고 그 결과 전체적으로 보면 '부분의 총합 이상의 독자적 행동을 보이는 현상을 과학적으로 풀어보려는 것이 바로 복잡계이다. 맑스의 경제학에서 개체는 사회구조의 영향을 받는 존재로 규정되어 있다. 이에 반해 복잡계는 '사회를 움직이는 존재로 취급하고 개별 주체 그 자체보다는 개별 주체 간의 관계를 중요시하고 있다'(99-100쪽). 이런 주장은 맑스가 실제로 주장한 내용을 가지고 맑스가 그와 반대로 주장했다고 비난하는 것과 다름없다.

방법으로 사용하겠다는 오류를 범하고 있다. 특히 계급 간 갈등에 초점을 두는 맑스의 이론을 개별 경제주체를 무시한 단순결정론으로 오해하고 있으나, 맑스는 개인을 사회와 무관한 원자로 파악한 것이 아니라 전체 시스템에서 홀론(전체로서의 자율적 속성과 부분으로서의 의존적 속성을 동시에 갖는)과 같은 존재로 보아 이를 "사회적 개인"이라고 명명했고, 전체 시스템의 작동이 계급투쟁에 의해 진화한다고 보았던 것도 단순결정론이 아니라 오히려 주체와 구조 간의 재귀적 상호작용에 초점을 둔, 사실상의 복잡계적 시각을 보여주는 것이라는 중요한 사실을 간과하고 있다. 이런 점에서 이들은 맑스의 방법을 보완·확장하기보다는 맑스를 잘못 비판한 결과 맑스의 방법의 복잡계적 성격을 거꾸로 재확인함으로써—따라서 무익하지만은 않게—출발점으로 되돌아오는 수고를 한 셈이다.

이들에 비하면 신고전파의 외부성 이론과 제도학파의 사회적 비용 개념의 비동학적 한계를 비판하면서 "양자의 동학적 결합을 통해 맑스가 말한 자본축적과 그것이 사회에 미치는 결과에 대해 구체적이고 포괄적인 이해"를 시도한 조원희·김영용의 작업은 명시적이지는 않지만 내용적인 면에서 맑스의 방법을 시스템 다이내믹스의 방법으로 확장하는 효과를 잘 보여주고 있다. "자본주의의 동태적 본질과, 동태적 과정을 유지하기 위한 제도적 장치로서의 시장 및 사유재산 제도의 필연성, 생산력 발전이라는 동태적 과정에서 필연화하는 외부성의 만연, 이 비용을 시장과 사유재산 제도를 이용하여 유효하게 자본 바깥으로 외부화하는 과정에 대한 증명"을 통해 이들은 자본주의적 시장경제의 확장(외연적 팽창)과 심화(내포적 팽창) 과정에서 사회적 비용의 외부화와 내부화가 동시적으로 발생하는 역동적 과정을 시스템 다이내믹스를 통해 다이어그램화하고 있다. 이런 방법은 부의 외부효과가 만연하게 될수록 '고통의 아우성'이 사회에 전가되는 내부화 과정이 복수적·병렬적·위계적으로 축적되어(가족> 지역공동체> 국

가> 국제레짐 순으로) 결과적으로는 생태위기에 이르게 되는 과정을 명확히 가시화해 준다.[24]

현대 자본주의는 맑스가 파악했던 바대로 자연과 노동을 무제한적으로 착취함으로써 필연적으로 자연적 · 인간적 · 사회적 생태위기를 가속화할 수밖에 없었고, 지난 30년간 신자유주의 세계화의 파국적 확산으로—식량과 에너지를 둘러싼 최근의 경쟁 격화가 잘 보여주듯이—이제는 남아 있는 자연 전체, 인간적 역능 전체를 둘러싸고 세계적 차원에서 계급투쟁이 격화되고 있다. 이런 거시적 맥락 변화에 주목하면서 최근 역사과학으로서의 맑스주의와 자연과학으로서의 생태학을 결합하여 사회가 인간과 자연의 신진대사를 조절하는 메커니즘을 체계적 · 역사적으로 규명하려는 '맑스주의적 생태학' 연구가 활발히 진행되고 있다. 자연과 인간의 신진대사론에 입각한 이런 새로운 시도들(버킷, 포스터, 무어 등)은 자본주의적 생산에 내재된 모순과 질적으로 구별되는 별도의 모순을 설정하지 않는다는 면에서 맑스주의를 녹색화하려 했던 기존의 시도(오코너)와 구별된다. 오히려 자본주의에서 노동력에 대한 착취와 자연의 파괴는 동일한 과정의 두 가지 측면, 즉 자본주의적 생산과정은 가치 및 잉여가치의 생산과정인 동시에 신진대사의 균열 과정으로 파악된다. 또한 인간과 자연의 합리적 신진대사 관계를 확립하는 과정은 자연과 노동자의 자본주의적 분리를 극복하는 과정에 다름 아니다. 이런 관점에서 볼 때 자본주의 생산양식의 변혁은 정치 · 경제적 차원을 넘

24_ 조원희 · 김영용, 「사유재산, 시장제도와 외부화」, 『새정치경제학 방법론 연구』. 이들은 현대인 · 중심부 · 개별자본의 입장에서 보면 생태위기로 인한 부의 외부효과와 비용 전가 과정은 엔트로피 감소로 인식되나, 후손 · 주변부 · 총자본의 입장에서 보면 이는 문제의 해결이 아니라 전가에 지나지 않는다고 비판한다(293쪽). 또 이런 분석이 시장 및 사적 소유와 생산의 사회화 간의 갈등을 자본주의의 근본적 모순이라고 본 맑스의 통찰을 보다 체계적으로 구체화하는 것이며, 맑스가 자본축적의 일반적 귀결이라고 생각했던 궁핍화와 상대적 과잉인구는 내부화 없이 외부화만 일어날 때 사회에 어떤 결과가 초래될지에 관한 고전적 서술에 해당한다고 파악한다(295쪽).

어서는 보편적 생태위기에 대한 필수적 대안이라는 생태적 함의를 갖는다.[25]

한편 하알라와 레빈스는 거시적 생태학의 관점에서 자연을 변화시키는 사회의 역할과 사회 발전의 틀을 형성하는 자연의 역할을 탐구하기 위해 '생태사적 시기'(ecohistorical period)와 '생태사적 구성체'(ecohistorical formation)라는 개념을 도입하고, 생태적 변화 일반이란 추상화 대신 복잡하고 특수한 일련의 과정, 특히 인간 개인이 아니라 사회구성체에 의해 수행되는 자연의 역사적 변화를 추적하며, 그와 동시에 아서 러브조이나 레이몽 윌리엄즈가 강조한 바와 같이 자연이라는 개념 자체가 문화적 의미를 가지며 역사와 사회에 따라 변화한다는 사실에 주목하면서 특정 지역 또는 '세계체계' 내에서 자연의 사회적 역사를 시기적으로 구분하고, 생산양식과 생태체계 사이의 관계를 분석한다. 생태사적 시기는 인간의 집단적 활동이 상대적으로 넓은 지역에 비교적 균일한 변화를 낳은 역사적 시기를 지칭한다. 이 시기의 변화는 사회경제적 구조의 변화보다 더 느린 고유한 시간대를 갖는다. 여기서 중요한 단절의 계기는 인간의 출현과 신석기 시대의 농업혁명, 그리고 자본주의 산업혁명이다. 나아가 2차대전 이후 미국 헤게모니 하에서 세계 생태사는 생태체계의 복원력을 초과하는 기술적 파괴력에 의해 생태위기가 현실화될 수 있는 새로운 단계로 진입하게 된다. 이들은 또한 생산양식과 그것에 관련된 생태의 서로 다른 종류의 동역학을 구별하기 위한 개념인 생태사적 구성체가 정과 부의 피드백 과정에 의해 장기간에 걸쳐 지속하면서 충분한 자기 조절능력을 갖고 있다고 보지만, 그와 동시에 그 체계가 불변인 것이 아니고 각기 자신의 고유한 변화의 동력을 갖고 있음을 강조한다.[26]

25_ 윤종희·박상현, 앞의 글, 25쪽.
26_ 위레르 하알라·리처드 레빈스, 「자연의 사회적 역사」, 제이슨 무어 외, 『역사적 자본주의 분석과 생태론』, 183쪽.

이런 변화의 동력을 역사적으로 규명하기 위해 제이슨 무어는 자본주의 발전에 관한 연구의 핵심을 자연과 사회의 변증법의 규명에 두는 확장된 시각에 입각하여 맑스의 신진대사 균열에서 출발하여 월러스틴·아리기의 개념들을 연결·통합하면서 세계 자본주의의 역사에서 발생한 각각의 발전 국면을 세계생태의 근본적 재조직화의 원인인 동시에 결과로 파악하고, 이를 '농업생태적 변형체계의 순환'이라고 지칭한다.[27] 이런 관점에서 자본주의 역사를 재조명한 결과 그는 자연과 인간의 신진대사를 형성하고 조절하는 노동과정이 자본주의적으로 조직됨으로써 노동과 자연의 훼손을 세계사적으로, 전지구적으로 확대해 왔다는 사실을 명료히 하며, 계급이 주어진 생태적·지리적 조건 속에서 역사를 창조한다는 견해를 강화할 수 있다고 주장한다.[28]

6. 나가며

이와 같이 과학적 생태학과 정치경제학 비판의 체계적 결합을 통해 생태위기의 '사회적 뿌리'(개인적, 공동체적 뿌리가 아니라)를 밝히는 일이 곧 생태위기의 '사회적 극복'을 위한 올바른 전제라는 점을 정확히 보여주고 있다. 하지만 맑스 사상의 생태학적 함의에 대한 맑스주의적·반/비맑스주의적인 왜곡과 오해를 제거하고, 이를 자연과학적·역사과학적으로 확대발전시키는 작업은 아직 출발에 불과하다. 뿌리를 밝히는 일과 대안을 마련하는 일이 같은 것은 아니기 때문이다. 위기에 처한 생태사적 구성체 전체의

27_ 제이슨 무어, 「생태위기와 세계사적 신진대사의 균열」(1), 『역사적 자본주의 분석과 생태론』, 193쪽.
28_ 제이슨 무어, 「자연과 봉건제에서 자본주의로의 이행」(2), 같은 책, 239쪽.

변화의 동력이 자연발생적으로 일어나는 것이 아니라 계급투쟁에 달려있다면, 현대 자본주의가 심화시킨 노동중독과 소비중독에 매몰되어 있는 대중들이 어떻게 새로운 생태학적 주체로 거듭날 것인가의 문제야말로 현재와 미래의 계급투쟁의 향방을 결정할 것이기 때문이다. 바로 여기서 '새로운 주체성의 생산'이 곧 세 가지 생태위기의 극복의 관건이라고 역설했던 가타리의 문제의식으로 되돌아갈 필요가 있다.

실천적이며 동시에 사색적인, 윤리-정치적이고 동시에 미학적인 새로운 유형의 생태철학(ecosophy)이 낡은 종교적·정치적·연합적…참여형태를 대신해야 한다고 나는 생각한다. 새로운 생태철학은 내면에 갇히는 훈육도 아니고, 낡은 형태의 '활동주의'(militantisme[전투주의])를 단순히 쇄신하는 것도 아니다. 오히려 분석적이며 생산적인 주체성의 배열 장치들과 층위들을 설치하려는 다면적인 운동이 중요할 것이다. 개인적일 뿐 아니라 집단적인 주체성이, 개인화되고 '자아화'되고 동일시에 폐쇄된 경계 구역 도처에서 생기고, 사회체 쪽에서뿐만 아니라 기계적 계통, 과학기술적인 준거 세계, 미학적 양식 쪽에서, 더욱이 시간·신체·성 등의 새로운 '개인 이전의' 이해 쪽에서 도처로 열려야 한다. …지배적인 주체성의 엔트로피 증대를 모든 수단을 동원해 막는 것이 중요하다. 경제적인 '도전'이 지닌 기만적인 효율성에 언제까지나 계속해서 속지 말고, 특이화 과정이 그 속에서 일관성을 지니게 되는 그런 가치 세계를 재전유하는 것이 중요하다. …세 가지 생태학의 작용 영역은 내가 이질 발생이라고 부른 것, 즉 재특이화의 지속적인 과정에 속한다. 개인들은 연대함과 동시에 점점 더 다르게 되어야 한다.(학교·시청·도시계획 등의 재특이화에 관해서도 똑같이 말할 수 있다.)[29]

29_ 펠릭스 가타리, 『세 가지 생태학』, 56-57쪽.

지속적으로 재특이화의 역능을 가진 개인들이 연대함과 동시에 점점 더 다르게 된다고 하는 것은 "자유로운 '사회적 개인'들의 연합"을 대안으로 보았던 맑스의 전망과 하등 다를 것이 없다. 다만 19세기의 언어로 기술된 맑스의 개념에 내포된 역동적인 존재론적·문화정치적 함의를 20세기 후반의 복잡계적인 시스템 생태학의 관점에서 보다 풍부하게 재기술하고 있다는 점을 제외하고는 말이다. 이런 이유에서 맑스의 사상은 복잡계적 시스템 생태학을 매개로 하여 월러스틴·아리기의 통합적 사회과학과 재연결되어야 할 뿐만 아니라, 그와 동시에 들뢰즈의 프랙탈 리좀학이나 가타리의 생태철학과 적극적으로 재연결되어야 할 필요가 있다. 역으로 가타리의 새로운 주체성의 생산이라는 대안 역시 세 가지 생태위기의 사회적 뿌리를 발본적으로 규명하는 작업과 연결됨으로써 실효성을 가질 수 있게 될 것이다. 이는 곧 자연과 인간과 사회의 역동적 신진대사 과정을 전체로서 규명하고 통합적 대안을 모색했던 맑스의 통합학문적 시도를 21세기의 과학과 언어와 예술적 실천을 매개로 확장·발전시키려는 시도에 다름 아니라고 할 수 있다.

　　두 차례의 헤게모니 순환이 끝나가는 오늘에 이르러 이런 작업의 시급성, 의의, 이를 위한 작업의 재료 등은 이미 충분하게 주어져 있다. 이제 남은 것은 흩어져 있는 구슬들을 한 줄로 꿰는 것이다. "여기가 로두스다. 여기서 뛰어라!"

03

68혁명의 문화정치적 모순과 이행의 문제
19세기 혁명이념의 장기지속과 68혁명의 역사적 의의

이전의 모든 정부 형태가 분명하게 억압적이었음에 반해 코뮌은 철저하게 확
장적인(expansive) 정치형태라는 것을 보여주었다. 코뮌의 진정한 비밀은 이것
이었다. 코뮌은 본질적으로 노동자계급의 정부였으며, 전유계급에 대한 생산
계급의 투쟁의 산물이었으며, 노동의 경제적 해방이 완성될 수 있는 마침내,
발견된 정치 형태였다

—맑스

아마도 파리 코뮌은 무너질 것이다. 그러나 그것이 착수한 사회혁명은 승리할
것이다.

—맑스

1. 들어가며

68혁명은 혁명주체와 혁명대상, 혁명의 범위라는 측면에서 이전까지의
모든 혁명과 구별되는 특징이 있다. 당시 매스컴과 지식인들은 주로 미국
과 유럽의 선진자본주의 국가에서 폭발한 학생운동에 주목했지만 68혁명
은 이에 국한되지 않고 사회주의 국가들과 제3세계에서 동시다발적으로
전개됐다는 점에서 과거의 지역적 혁명과 다르게 최초의 '세계혁명'이라
할 수 있다. 또 젊은 학생들이 전면에 나서 운동을 주도했다는 점에서 농민

과 노동자, 당이 주도했던 이전의 반체제 운동과 달랐고, 소유와 분배 문제에 집중됐던 과거와 달리 정치적·문화적 제도를 포함한 삶의 양식 전반의 변혁을 추구했다는 점에서도 큰 차이가 있다.

당시 모든 시위에 공통된 슬로건이 반자본주의, 반제국주의, 반권위주의였지만, "상상력에게 권력을!"이라는 신선한 슬로건이 바로 68혁명의 핵심 코드라고 보는 이들이 많다.[1] 젊은 세대 사이에서 가장 많은 공명을 일으켰던 이 주장은 68혁명의 핵심 성격이 정치혁명보다는 문화혁명에 있음을 시사해주며, 일상의 전복을 시도했던 급진적 학생들은 마치 20세기 초반의 다다이스트나 초현실주의자들과 유사해 보인다. 물론 20세기 초반의 역사적 아방가르드가 지식인 예술가들의 전복적 예술행위에 국한됐던 데 반해, 68혁명은 그 범위를 일상생활 전체로 확장했다는 점에 큰 차이가 있다. 1968년 당시 '3M'의 일원으로 불리며 맑스·마오쩌둥과 같은 반열에 오를 정도로 청년세대의 각광을 받았던 마르쿠제의 주장대로 강압과 권위에 기초한 성취원칙을 전복하고, 유희원칙을 전면에 드러낸 68혁명은 교환가치에 종속된 자본주의와 스탈린주의적 국가사회주의의 질서 전체를 거부하면서 그런 질서의 일상적 재생산의 장소였던 성과 가족을 포함한 일상문화 전체의 전복을 함께 꾀했다.[2]

잉그리트 길혀-홀타이는 당시 다양하게 전개됐던 운동들에서 개인을

1_ 베를린뿐 아니라 버클리, 로마, 파리에서도 청년학생들은 경직되고 화석화된 제도와 그 담지세력인 '기성체제'에 맞서, 전승된 가치와 규범 및 도덕관에 맞서, 또 자신들이 성장한 사회의 무관심과 자기만족에 맞서 반기를 들었다. 청년 학생들의 저항은 서구 산업사회의 민주적 제도 질서에 도전했고, 정당과 중간 집단의 대표권 독점에 의문을 제기했으며, 대항권력과 대항여론의 기치를 들고 그 독점과 맞섰다. 그들의 슬로건 가운데 하나인 '상상력에게 권력을'은 파리 오데옹 극장의 담벼락에서 나와 순식간에 국경을 넘어갔다(잉그리트 길혀-홀타이, 『68운동: 독일·서유럽·미국』, 정대성 옮김, 들녘, 2003, 5-6쪽).

2_ 오제명 외, 『68·세계를 바꾼 문화혁명: 프랑스·독일을 중심으로』, 도서출판 길, 2006.

발전의 주체로 보는 방향전환, 즉 생산영역뿐 아니라 생활세계에서도 개인 소외의 폐지를 시도하는, 개인적 해방전략과 집단적 해방전략의 결합이라는 이중적 목표를 공통점으로 보고 있다.[3] 그러나 이런 이중전략의 의미는 어느 쪽을 강조하는지에 따라 의미가 달라지거나 혼란을 야기할 수 있고, 양자의 결합 경로가 불분명하거나 현실적인 조건들과 충돌하여 구체화되지 못할 경우 모순에 처하기 쉽다.

미셸 세드먼은 이 이중전략의 모순적 성격에 주목하면서 68년 5월 파리로 모여든 다양한 경향들은 일종의 "불가능한 유산", 즉 두 개의 강력한 그러나 모순적인 경향들을 산란했다고 평가한다. 그 하나는 해방주의적/반문화적인 경향(1960년대에 미국인들이 "히피"라고 딱지 붙인 경향)이고, 다른 하나는 레닌주의적/네오맑스주의적 경향(혹은 미국적 속어로 "급진주의자들")이다.[4] 세드먼에 따르면, 이 두 경향은 애당초 근본적으로 합치하기 어려웠던 것으로 1968년 5월혁명에서 자율적 개인들이 자기관리적인 사회와 조화를 이루기를 바라는 희망을 보았던 카스토리아디스의 자율관리적 사회에 대한 전망은 소박한 소망일 따름이었고, 1960년대 문화의 주된 흐름이었던 급진적인 쾌락주의적 개인주의는 학생들의 자기관리 또는 노동자 통제의 이념과 애당초 양립할 수 없었다는 것이다.

세드먼에 따르면 시위를 주도했던 학생들과 노동자들은 자신들의 사회

3_ 길혀-홀타이, 앞의 책, 178쪽.

4_ "전자는 개인적·성적 자유를 요구했고, 해방주의는 지속적으로 재생산된 수많은 낙서들을 연결하는 핵심 주제가 됐다; '죽은 시간 없이 살자', '장애 없이 즐기자', '현실 대신 욕망을 취해라', '지루함은 반혁명적이다', '더 많은 혁명을 만들수록 더 많은 사랑을 나누자. 그러나 두 번째 경향은 학자들과 매체로부터 비교적으로 덜 주목을 받았다. 프랑스와 이탈리아에서 1968년의 저항을 촉발했던 정치적 소그룹들은 — 무정부주의, 트로츠키주의, 상황주의자 또는 마오주의자들 — 노동자들이 혁명을 만들 것이고 만들어야 한다고 믿었다. 이들은 '노동자 통제의 이데올로기에 입각하여 노동자주의와 해방주의를 종합하고자 시도했다'(M. Seidman, *The Imaginary Revolution: Parisian Students and Workers in 1968* [New York·Oxford: Berghahn Books, 2004], pp. 7-8).

적 역할을 수행하기 위해서는 1960년대에 급부상한 전복적 개인주의를 일정하게 억제할 필요를 느꼈다고 한다. 급진주의자들은 노조의 경제적 요구들을 넘어서 사회적 위계와 소유 자체에 도전하면서, 성적·교육적·정치적 구속을 거부했고, 개인적 해방을 위한 운동을 사회적 정의와 종합하기를 바랐다. 하지만 노동자들은 대규모 학생운동이 야기한 국정의 혼란과 공백을 활용하여 임금을 올리고 노동조건을 개선하는 데에 관심이 있었지 기성 질서와 소유를 전복하는 데는 관심이 없었고, 그 때문에 1968년 5월 프랑스에서 가능했던 노·학 연대는 극히 예외적인 순간에 국한됐고, 1960년대 미국과 독일에서 있었던 분리의 경험을 반복했을 뿐이었다는 것이다.[5]

이 짧은 결합의 시기가 지나가자 드골 정부는 통제력을 회복했고 노조 지도자들과 공산당의 반대로 노동자들의 참여는 급격히 약화되면서 전체 운동은 급속히 소멸되어 갔다. "상상력에게 권력"을 부여하라는 학생들의 문화혁명적 요구와 "더 많은 빵"을 요구했던 노동자들의 경제적 요구는 1968년 5월 파리의 거리 공간에서 일시적으로 조우한 후 서로 다른 궤도를 그리며 갈라져 갔다.

1848년과 1871년의 혁명이 1789년 혁명에서 제기된 자유·평등·우애의 이념을 가로막은 19세기 부르주아 체제의 모순을 폭로하며 '코뮌주의'의 실현을 주장했으나 실패했던 것처럼, 68혁명은 전후 '황금기' 기간 동안 서구의 복지국가자본주의와 동구의 국가사회주의가 이룬 '경제적 풍요'의 이면에 깔린 권위주의와 관료주의의 문제점을 폭로하며 자유·평등·우애의 즉각적 실현을 요구했으나 실패하고 말았다. 68혁명의 실패와 1989년 동구 사회주의권의 붕괴가 겹치면서 1990년대에 들어서는—1848년

5_ Ibid., p. 161.

혁명 이래 혁명적 코뮌주의의 공통의 기치였던—자유·평등·우애의 동시적 실현에 대한 요구는 불가능한 유토피아적 이념으로 치부되고 말았다. '코뮌주의'는 목적론적 거대서사, 형이상학적 이성의 권력으로 비판받았고, 맑스주의가 경직된 지배를 행사했던 시기에는 유의미했던 회의론적 상대주의, 다수의 언어게임, 미학적 '현재 긍정', 경험론적 역사주의 등이 당초에 지녔던 파괴력을 상실하고, 보수적 제도 속에서 공인된 지배적 사고가 됐다.[6]

그러나 비록 아직 현실화되지 못했다 해도 현실의 문제점들을 비판하고 극복해가는 운동이 가능하기 위해서는 여전히 일정한 이념이 필요하고도 가능한 바, 칸트의 구별에 따르면 '구성적'(constructive) 이념이 아닌 '규제적'(regulative) 이념이 그것이다. 칸트는 오성(순수이성) 이외의 다른 인식 능력(실천이성, 판단력)들은 오성처럼 '구성적'인 인식원리들을 제공하지는 못하지만 자유와 자연목적과 같은 이념들을 '규제적'으로 사용할 수 있는데, 이는 오성의 입장에서 보면 초월적으로 보이지만 그렇다고 무익하거나 무용한 것이 아니라 오히려 오성의 염려스러운 월권(경험의 한계를 넘는 대상에 대해서도 구성적 인식이 가능한 것으로 결정해버리는 월권)을 억제하면서, 다른 한편으로는 자연을 고찰함에 있어 오성 자체를 완전성의 원리에 따라 지도하고, 그렇게 하여 모든 인식의 궁극의도를 촉진하기 위함이라고 말한다.[7] 이런 구별에 따르면 '구성적 이념'이란 성립할 수 없는 형용모순으로, 이런 오류는 '자유'와 같은 실천적 이념을 마치 객관적인 자연세계를 경험적으로 인식하듯 합법칙적으로 인식하고 실현할 수 있다고 착각하는 오성의 '월권'에서 비롯되는 것이다. 그러나 오성의 월권을 비판한다는 것이 곧 경험의 한계를 넘어서지 말라는 얘기는 아니다. 그와

6_ 가라타니 고진, 『트랜스크리틱』, 송태욱 옮김, 한길사, 2005, 20-21쪽.
7_ I. 칸트, 『판단력 비판』, 이석윤 옮김, 박영사, 1978, 17-18쪽.

반대로 "경험을 되도록이면 최대한으로 계속하고 확대하기 위한 것으로, 어떤 경험적 한계도 절대적인 한계로 인정하지 않는" (실천) 이성의 한 원리로서 '규제적' 이념이 요구되는 바, 이는 "무엇을 해야 할 것을 우리에게 요청하기는 하되, …그 무엇이 주어져 있나 하는 것을 미리 측정하지 않는" 이성의 '규제적' 원리의 산물이다.[8]

따라서 이성의 '규제적' 사용이 없다면 우리는 경험의 한계에 나태하게 머물거나 또는 방향을 상실한 상대론적 회의주의에 빠지고 말 것이다. 자연법칙처럼 예측되거나 과학적으로 계획될 수 있는 '구성적' 이념으로서의 코뮌주의(스탈린주의)란 애당초 오성의 월권이자 오류추리에 불과한 것이고, 그와 반대로 '규제적' 이념으로서의 코뮌주의의 전망을 상실한 포스트포더니즘은 이성의 나태의 산물이라고 평가할 수 있다. 오성의 월권이나 이성의 나태에 빠지지 않은 채, 자본주의적 현실에 안주하지 않고 현실을 변혁해나가기 위해서는 우리가 스스로에게 부과한 '규제적' 이념으로서의 '코뮌주의'(자유롭고 평등한 생산자들의 연합)가 필수적이다.

후자의 관점에서 보면 68혁명은 1950-1960년대 냉전체제의 특수성에서 폭발했다가 이후 신자유주의 세계화의 과정에서 소멸해버린 지난 역사의 한 단락에 불과한 것이 아니라 19세기 이래 확산, 심화되고 있는 자본주의 모순에 대응하려는 '규제적 이념'으로서의 코뮌주의의 '억누를 수 없는 반복'으로 해석할 수 있다. 물론 이런 반복은 동일성의 반복이 아니라, 실패의 반복을 통해 새로운 진보의 가능성을 제시하는 '차이의 반복'이다. 이렇게 보면 1848년 혁명을 통해 역사의 무대에 처음 등장한 코뮌주의의 이념은 수차례의 실패를 통해 역사의 무대에서 사라지기는커녕 68혁명을 통해 다시 반복되면서 새로운 차이를 만들어내어 다가올 21세기의 새로운

8_ I. 칸트, 『순수이성비판』, 최재희 옮김, 박영사, 1997, 395-96쪽.

혁명 이념의 밑거름이 되고 있다.

이런 거시적 시점에서 보면 지난 시기의 특정 혁명이 성공적이었는가 아닌가라는 평가보다 지난 160년간 자본주의 역사에서 나타났던 모순들과 그 극복을 위한 혁명적 노력들의 '차이와 반복'에 주목하게 된다. 그동안 자본주의의 모순들은 수차례 폭발했지만 극복되기보다는 오히려 대체·전이, 심화·확산됐고, 그와 함께 반복되어온 혁명들을 통해—비록 모순의 극복에는 실패했지만—이전 혁명들이 간과하거나 봉합했던 모순들이 더 명료하게 가시화됨과 아울러 새로운 모순에 대응하는 새로운 과제들이 함께 제시되어 왔다. 특히 68혁명은 1848년 혁명 이후 대체·전이·폭발을 반복해온 자본주의 모순들과 이에 대응했던 혁명들의 한계와 내적 모순들을 총체적으로 드러냄으로써 1848년 혁명 이후 120년간의 역사적 순환을 가시화했다는 점에 그 역사적 의의가 있다고 할 수 있다.

이 글은 이런 관점에서 68혁명의 모순적 성격과 그에 함축되어 있는 이전 역사의 모순들의 의미를 복합적으로 분석하고, '구성적' 이념이 아니라 '규제적' 이념으로서의 코뮌주의라는 관점에서 그간 누적되어온 모순들을 다가올 이행의 출발점으로 삼아 대안사회로 나아갈 수 있는 창조적 동력을 찾으려는 시론이다.

2. 68혁명의 문화정치적 모순

1960년대 서구사회가 접하게 된 소비자본주의는 젊은 세대에게 개인주의와 쾌락주의 문화를 촉진했고 이 여파로 전통적인 사회구조의 균열을 초래했다. "사교문화는 가정이라는 사적 공간으로 축소됐고, 가정에서는 상업적 가치가 가족의 유대와 권위를 허물었다. 보수파와 좌파 모두 이런 현상을 문제로 인식했다. 이탈리아 기독민주당은 물질주의가 '이탈리아 사회의 전통적인 구조의 해체'를 낳는다고 보았고, 공산당은 물질주의 때문에 당 모임의 참석률이 떨어지고, 상업적 유흥의 유혹이 생겨나고, 노동계급의 집단적인 오락이 위축된다고 생각했다."9 텔레비전의 등장은 좌파의 정치적 사교문화뿐 아니라 종래의 상업적 유흥까지 침식했다. 소비경제의 적당한 쾌락에 대한 경멸과 동일시가 나이에 따른 구분선을 그었다. 젊은 층을 겨냥한 새로운 시장은 자의식적인 유대를 가져왔고, 비틀즈와 롤링 스톤즈가 주도한 로큰롤, 미니스커트와 청바지, 장발, 마약과 섹스 등은 가족의 틀을 넘어서는 젊은 세대의 새로운 우정의 토대가 됐고, 이런 연대감은 좌우의 구별을 넘어서 부모 세대의 가치를 조롱했다.10

이런 대대적 문화 변동은 좌파와 우파를 구분하던 기존의 정치적 경계선에 균열을 내고 새로운 문화정치적 배치를 태동시켰다. 다니엘 벨은 1979년 「신계급—혼란스러운 개념」이라는 글에서 1960-1970년대에 사회적으로 부각된 문화정치적 모순을 다음과 같이 분석한 바 있다. 즉, 문화적 쟁점의 축을 놓고 보면 도시지식인과 전문경영인은 자유주의적이지만, 노동계급과 구자본가는 보수적이다. 반면에 경제적 쟁점(보다 정확하게는 경제적 이해관계를 둘러싼 정치적 쟁점)을 축으로 놓고 보면 도시 지식인과 노동계급은 좌파에 속하며, 전문경영인과 구자본가는 우파에 속한다. 벨은 20세기 내내 쾌락주의와 상품경제가 서로 상생적으로 확산되면서 오히려 반(反)부르주아 문화가 크게 확대됐다고 보고(20세기 후반에 등장한 '신계급'[신중간계급]은 전통적인 종교와 도덕률을 폐기하는 '자유'와 '자아해방

9_ 제프 일리(2002), 『The Left 1848-2000: 미완의 기획, 유럽좌파의 역사』, 유강은 옮김, 뿌리와 이파리, 2008, 640쪽.
10_ 같은 책, 641쪽.

의 원리인 모더니즘 문화를 극단적으로 추구하는데, 이런 경향은 전통적인 부르주아 문화의 규범을 크게 훼손하는 것이라는 것이다), 이것이 곧 현대적 경제제도를 유지하기 위해 반부르주아 문화를 채택할 수밖에 없는 현대자본주의의 '문화적 모순'이라고 지적했다.[11]

계급간의 갈등과 대립보다도 오히려 한 계급 내에서 나타나는 새로운 갈등과 동시에 계급을 가로질러 나타나는 공통점이라는 이런 모순적 절합의 배치관계를 1960년대 상황에 적용하여(괄호 속 표기와 같이) 다음과 같이 도식화해볼 수 있겠다.

	진보	보수
문화적 쟁점	도시지식인, 전문경영인 (신좌파, 신우파 ― 68세대)	노동계급, 구자본가 (구좌파, 구우파 ― 기성세대)
경제적 쟁점	도시지식인, 노동계급 (신좌파, 구좌파)	전문경영인, 구자본가 (신우파, 구우파)

이 도식의 문화적 쟁점의 축은 68혁명 당시 신좌파 지식인들과 SDS(Students for Democratic Society)를 중심으로 한 급진적 젊은 학생들이 전통적인 우파에 대해서만이 아니라 전통적인 좌파에 대해서도 반기를 든 이유를 보여준다.[12] 그와 동시에 경제적 쟁점의 축은 학생들이 노동계급과의

11_ 심광현, 『탈근대 문화정치와 문화연구』, 문화과학사, 1998, 152-53쪽에서 재인용; 다니엘 벨, 『정보화 사회와 문화의 미래』, 서규환 옮김, 도서출판 디자인하우스, 1996, 151-79쪽 참조.
12_ 길혀-홀타이는 당시 신좌파 지식인들이 전통적 좌파에 맞서 내놓은 새로운 지향을 다섯 가지로 요약한다. ① 착취가 아닌 소외의 측면을 강조한, 마르크스주의와 실존주의 또는 심리분석을 연결하는 마르크스주의 이론의 새로운 해석, ② 권력획득과 생산수단의 국유화에 국한되지 않는, 생활세계, 즉 개개인의 자유시간과 가족, 성적 관계 및 가족 관계 속에서 소외의 제거를 지향하는 새로운 사회주의, ③ 개인이 집단의 종속에서 벗어나고, 문화적 부문의 변화가 사회·정치적 전환에 선행하여 새로운 문화적 모범의 창출과 그것의 하부 문화로의 이전, 기존 제도 안에서 대항권력이라

연대를 갈망했던 이유를 보여준다. 신좌파는 문화적 진보와 경제적 진보를 일치시키는 총체적인 진보를 갈구했지만, 구좌파는 경제적 이득을 원했을 뿐 문화적으로는 신좌파의 행위를 개인주의적이자 퇴폐적인 것으로 간주했다. 이에 따라 신좌파와 구좌파는 경제적 차원에서는 연대할 수 있었지만 문화적으로는 상호 대립적이기에 신좌파의 요구가 급진적이 될수록 오히려 분열은 불가피했다.

문화적 쟁점과 경제적 쟁점들이 교차되면서 나타난 정치적 다양성과 이질성은 당시 운동에 역동성을 부여했지만 문제의식의 공유와 해결을 어렵게 한 원인이기도 했다. 그에 반해 운동의 상대들은 젊은 급진주의자들이 예상했던 것보다는 더욱 안정적이었고 통일성을 유지하고 있었다. 실제로 프랑스에서의 운동은 5월의 대규모 시위 이후 급속히 가라앉았고, 6월 드골이 재신임에 성공하자 프랑스는 안정을 되찾았다. 이런 이유로 다음과 같은 냉소적 평가를 반박하기는 쉽지 않다.

1789년, 1848년, 1871년과는 대조적으로 5월의 저항과 시위들은 국가를 단지 일시적으로만 약화시켰다. 관찰자와 역사가들이 위기의 전환점이라고 과장했던 드골의 5월 30일 대국민 발표 이전에 이미 정상성을 복원하고 있었다. 그날 이전에 국가와 조합과 고용주들의 조합주의적인 삼각동맹은 하층 중간계급의 협력을 얻어내기에 충분한 힘을 갖고 있었다. 가게주인과 독립 트럭 소유주와 농부들의 협력은 정부로 하여금 연료와 수송 시위를 분쇄하도록 했으며 파리에 가솔린과 식량을 공급할 수 있게 했다. 소생산자들은 5월과 6월에 일상생활을 재확립하는

는 실험을 통한 새로운 의사소통 형태와 삶의 형태를 실험적으로 선취하는 새로운 이행 전략, ④ 정당이나 조직이 아니라 직접행동을 통해 여론을 일깨우는 동시에 행동 주체를 변화시키는 새로운 조직 구상, ⑤ 더 이상 프롤레타리아트만이 아닌 새로운 집단, 즉 새로운 전문직 노동자계급, 젊은 지식인, 사회 주변부 집단 등을 사회·문화적 변혁의 주체로 설정하기가 그것이다(길혀-홀타이, 앞의 책, 26-27쪽).

데 핵심적인 역할을 했음에도 불구하고 쁘띠부르주아들의 역할은 일반적으로 무시되어 왔다. 경제의 다른 부문에서 국가와 고용주들의 더 많은 양보는 시위를 종식시키는 데 도움이 됐다. 효과적이고 산발적으로 진행된 잔인한 경찰의 진압은 일로 돌아오게끔 촉진했다. 결과적으로 볼 때 68혁명의 효과는 제한적이었다. 5월은 그 주된 정치적 목표를 달성하는 데 실패했다. 많은 극좌파들의 낙관주의에도 불구하고 5월은 노동자 혁명의 출발이 아니었다. 봉기는 노동시간을 약간 단축하고 임금을 높였지만 이런 변화들은 프랑스 노동운동의 세속적이고 전통적인 요구들을 반영한 것이었다. 5월은 현대의 바스티유의 날이 아니었고, 프랑스의 교육받은 다수가 쾌락주의적 문화의 토대로 보는 사건이었다.[13]

하지만 이런 평가는 1968년 5월 프랑스라는 집약된 시공간에서 벌어진 사건에 시야를 한정했을 때 가능한 것일 뿐이다. 1969년 이탈리아에서 나타난 노동자들의 강력한 투쟁, 다양한 지역과 부문에서 터져나온 지속적 저항들과 1970년대에 들어 본격화되고 확산된 여성운동과 녹색운동, 다양한 점거투쟁 등은 당시 폭발한 문화정치적 모순이 쉽게 해소될 수도, 또한 쉽게 봉합될 수도 없는 성질의 것이었음을 보여준다.

정병기는 이런 사실에 주목하면서 68혁명을 통해서 새로운 변증법적 대항구상이 제시된 것은 아니지만 사회갈등의 한 축이 추가됨으로써 비판 그룹 내에서도 두 진영이 각축하는 현상, 즉 경제적 가치를 중시하는 물질주의적 사고 내에서 좌파와 우파가 갈등하는 축을 가로질러, 반권위주의적인 탈물질주의 사고와 기존의 물질주의 사고를 구분하는 새로운 축이 형성된 것이라고 보고 있다. 그에 의하면 기존의 좌우구도가 자본주의 사회의 모순인 노자모순에 기초함으로써 경제적인 분배와 성장을 두

13_ Seidman, op. cit., p. 12.

고 다투는 갈등이라면, 68혁명운동을 통해서 나타난 새로운 갈등은 인간의 일상에 주목하는 탈물질주의와 물질주의 간의 갈등이다. 노자모순이 자본주의적 계급사회에 고유한 사회모순이라면 탈물질주의 시대가 주목하는 모순은 인간이라는 영장류의 사회에 항상적으로 존재하는 유적 모순이라는 것으로, 가부장적 모순, 환경 모순, 관료적 모순, 제국주의적 모순, 진화론적 모순이 이에 해당한다고 보고 있다. 이렇게 계급 모순과 권위주의적 모순이 교차된 결과에 따라 전통적인 물질주의적 좌파와 우파의 대결 이외에 새로운 탈물질주의적 좌파와 우파의 대결이 추가됐다는 것이다.[14]

정병기는 68혁명은 전통적 좌파들이 보지 못한 권위주의적 모순과 물질주의적 사고의 한계를 제기함으로써 혁명적 좌파의 발전을 위해 중대한 계기를 제공했다고 본다. 그러나 전통적 좌파와 새로운 세력들의 연대나 연결이 이루어지지 못한 채 상호충돌로 치달아 1970년대 중반부터 운동의 이념은 잠재됐고, 새로운 세력은 반권위주의적이고 탈물질주의적이지만 이데올로기 스펙트럼 상 우측에 위치함으로써 탈물질주의 우파로 고착되고, 전통적 좌파는 물질주의적 가치를 고수하게 됐으며, 결국 1980년대에 전통적 좌파인 물질주의적인 좌파와 탈물질주의 우파 간에는 물과 기름 같은 이질성과 갈등이 형성됐다고 평가한다.[15]

이런 분석은 68혁명을 성공/실패라는 틀이 아니라 거시적 차원에서 나타난 새로운 모순구도와 연결 지어 분석한다는 점에서 앞에서 기술한 필자의 분석과 공통점이 있다. 그러나 분석의 구도 자체에 몇 가지 차이가 있

14_ 정병기, 「21세기 자본주의 사회의 혁명과 반혁명: 68혁명운동의 의미와 교훈」, 제3회 맑스코뮤날레 조직위원회 편, 『21세기 자본주의와 대안적 세계화』, 문화과학사, 2007, 501-505쪽.

15_ 같은 글, 507쪽.

고, 이 차이는 68혁명으로부터 어떤 교훈을 이끌어낼 것인가를 놓고도 차이를 드러낼 것이다.

(1) 우선 사회적 모순과 유적 모순, 계급모순과 권위주의의 모순이라는 정병기의 구도는 계급 환원주의적 분석의 틀을 벗어나 계급갈등과 비계급적 갈등의 입체적 배치를 보여주는 장점이 있지만, "인간이라는 영장류에 항상적으로 존재하는" 유적 모순이라는 범주 설정에는 문제가 있다. 그러나 가부장주의, 권위주의, 관료주의, 성차별, 인종차별, 생태위기와 같은 문제는 인류 사회에 항상적으로 존재하는 '유적 모순'이라기보다는 계급모순과 더불어 극복 가능한 비계급적 모순이라고 보는 것이 더 적절하다. 또 '유적 모순'이라는 표현은 이런 문제들이 계급모순과 무관한 모순이 아니라 오히려 자본주의적 계급모순의 심화에 의해 더욱 격화되고 있다는 사실을 간과하게 만들기 쉽다.

(2) 정병기는 탈물질주의적 좌파를 계급모순인 노자모순을 주목하는 사회경제주의의 입장을 가지면서도 제반 유적 모순도 해결하고자 하는 탈물질주의의 사고체계를 갖는 집단으로 설정하고 있다. 그런데 두 가지 모순이 교차된 좌표 상에서 물질주의적 모순과 탈물질주의적 모순을 동시에 인식하는 새로운 좌파에게 왜 물질주의적·탈물질주의적 좌파가 아니라 단지 탈물질주의적 좌파라는 명칭이 붙여지는지 의아하다. 이는 물질주의적 모순이 탈물질주의적 모순에 대해 부차적이기 때문인지 또는 전자의 모순이 후자의 모순으로 환원가능한 것이기 때문인지 하는 의문이 들게 한다. 두 가지 모순을 동시에 해결하고자 하는 좌파에게는 탈물질주의적 좌파라는 일방적—따라서 혼동을 내포하게 하는—명칭을 부여하기보다는 모호하지만 적어도 일방적이지는 않은 "신좌파"라는 명칭이—더 좋은 명칭이 없다면—현재로서는 더 적합해 보인다.

(3) 이 4분할의 구도에 각기 좌파와 우파라는 명칭을 붙이게 되면 1968

년 당시 드러났던 핵심 갈등, 즉 관료주의, 가부장주의, 권위주의의 문제를 둘러싼 신좌파와 구좌파의 갈등에서 구좌파가 구우파와 동일한 입장에 처해 있었다는 사실이 가시화되지 않는다. 그에 반해 필자가 제시한 앞의 표는 노동계급이 경제적 쟁점에서는 진보적 입장이지만 문화적 쟁점에서는 보수적 입장을 취하고 있다는 사실이 잘 포착되며, 당시의 상황에서 왜 노학연대가 불가능할 수밖에 없었는지도 잘 보여준다.

새롭게 등장한 비계급적 모순은 구좌파로서는 인식불가능하거나 설령 인식하더라도 구좌파에게 오랫동안 체질화되어 무의식이 되어버린 문화적 아비투스는 하루아침에 고쳐질 수 있는 성질의 것이 아니었기에 신좌파와 구좌파는 갈등에 처할 수밖에 없었다. 신좌파는 반가부장적 태도를 갖고 오랫동안 확립된 좌파와 우파의 정치적 권위 모두에 도전했지만, 반파시즘 세대―성인으로서 제2차 세계대전을 겪고 이제 공산당과 사민당을 이끌고 있는 세대―는 학생 좌파를 깔보았다.[16] 반대로 신좌파는 기성시대를 거부하고("나는 고아가 되고 싶다"), 정치의 범주를 재정의하며 일상생활을 혁명적 정치와 연결시키는 총체적 변혁을 갈구했지만, 사회 전체를 바꿀 적절한 실천적 방법을 찾아내지 못했다.

당시 신좌파와 구좌파는 서로를 부정하고 비판했지만, 양자의 분리된 입장 자체가 냉전체제 하에서 형성된 자본의 이중전략(노동계급의 급진적 세력을 탄압, 봉쇄[17]하면서 동시에 다수 노동자의 포섭)과 노동력 포섭 과정

16_ 당시 영국 노동당 정부의 교육장관이던 에드워드 쇼트는 다음과 같이 논평했다. "이자들은 사회주의자가 아니다. 존경할 만한 마르크스주의자도 아니다. 우리가 아는 그리운 인물들과는 판이하게 다른 새로운 이름의 무정부주의자들일 뿐이다. …이자들은 사회를 혼란시키는 데만 관심이 있는…파괴자들이다"(제프 일리, 앞의 책, 642-43쪽).

17_ 미국 정부는 종전 후 미국 노동자계급의 강화된 조직력과 전투성에 대한 대응으로 1947년 3월 냉전 개시를 선언한 트루먼 독트린을 발표, 그 실행계획으로 마샬 플랜을 발표, 같은 시점에서 노조활동에 강력한 제약을 가하는 노동악법인 테프트-하틀리

에서의 노동력의 차별적 구성 전략[18]을 통해 형성됐다는 사실에 대한 충분
한 인식이 부족했다. 68혁명 당시 젊은 학생들과 여성 및 이주노동자와
같은 사회적 소수자들이 운동의 주역이 될 수 있었던 것도 결코 우연이
아니었고, 전후 황금기로 알려져 온 1945-1960년대까지 서구사회의 풍요

법안을 통과시켰다(클로즈드 샵의 불법화, 비공식 파업과 보이콧의 불법화, 공무원
파업금지, 불법파업에 관한 고소 허용, 노조의 연방선거 후보에 대한 정치헌금 금지,
노조간부의 비공산당원 선서 요구 등). 그와 동시에 산별노조회의(CIO) 내부에서 대
대적인 공산주의자 색출 및 축출 공세가 시작되어 한국전쟁을 전후로 절정, 노동현
장에서 전투적이고 변혁지향적 활동가 수만 명이 빨갱이로 몰려 축출되고, 1950년대
중반 보수적이고 개량주의적인 AFL 주도 하에서 AFL-CIO의 통합이 이루어졌다. 이
런 일련의 흐름은 당시 계급 역관계에서 사회적 기강의 재확립—계급투쟁의 봉쇄—이
라는 동일한 목표를 지향한 것이었다. 제2차 세계대전이 끝날 무렵 자본의 주된 관심
사는 사회주의에 대한 동경으로부터 노동자 조직을 분리시키고, 현장의 전투력을
통제 가능한 경제주의로 전환시키는 것이었다(이는 1980년대 초반 레이건 행정부에
의한 제2차 냉전이 1970년대 자본축적의 위기와 계급투쟁의 격화를 배경으로 하고
있다는 점에서 재삼 확인된다(박승호, 『좌파 현대자본주의론의 비판적 재구성』, 한
울, 2005, 361쪽).
18_ 그동안 좌파이론 내에서 노동력의 차별적 구성의 문제는 전후 장기호황의 핵심적
구성요소로 부각되지 못했다. 초기 조절이론(아글리에타, 1979)이나 만델(1975)에 의
해 성차별 및 인종차별을 이용한 노동자계급의 계층화와 차별화 현상이 언급되고
있으나, 잉여가치율 제고를 위한 요인들 가운데 하나로 분석될 뿐이지 장기호황의
핵심 구성 요소로 이를 평가하지는 않는다. 이 시기 노동자계급을 '대중노동자'로
추상화시켜 파악하는 자율주의 이론이나 브레너의 국제적 경쟁론에서는 노동력의
차별적 재구성 문제는 별로 주목되지 않고 있다. 하지만 노동력의 차별적 구성 요인
은 장기호황을 유지하는 핵심 구성 요소였을 뿐만 아니라 케인스주의적 복지국가를
구성하는 주요 계기의 하나로도 작용함으로써 이 시기 계급 역관계를 변화시킨 주요
추동력이었다. 자본에 의한 노동력 차별화 전략에 의해 노동력 재생산비 이하의 저
임금 수준에서 빈곤화를 강제당한 소수 인종 노동자들과 일부 여성 노동자들—예컨
대 미국의 경우 흑인들과 중남미의 스페인계 이주노동자들—은 도시에서 슬럼가를
형성하면서 이른바 도시문제를 발생시켰다. 소수 인종들의 사회적 배제와 그에 대한
저항은 왜곡된 형태로, 즉 마약, 폭력조직, 범죄 등 도시문제로 표출됐다. 포드주의
체제에서 배제당한 노동자계급의 하층은 1960년대 초반부터 성차별에 반대하는 여
성운동, 인종차별에 반대하는 흑인들의 민권운동, 빈민공동체 운동, 소수인종공동체
운동 등 다양한 형태의 저항으로 분출했다. 백인 남성 노동자 중심의 조직화된 노동
운동이 이들 차별받고 배제된 노동자계급의 하층을 외면함에 따라 이들은 노동운동
과 구별되는 '신사회운동'으로 대두됐다(박승호, 앞의 책, 383-85쪽).

의 이미지 이면에 냉전체제 하에서 진행된 계급봉쇄전략과 맞물린 노동계급의 위계화와 배제 전략에서 기인한 불만의 누적과 맞닿아 있었다.[19] 하지만 이렇게 노동력의 구성이 복잡화되는 과정의 구조적 원인에 대한 인식이 불철저하게 될 경우 노동과 자본의 관계는 물론 그 산물인 계급적 쟁점과 비계급적 쟁점의 관계도 '내적'인 것이 아니라 '외적'인 관계로 파악하게 되는 결과가 나타나게 된다.[20]

그렇다면 왜 총자본과 총노동의 대립 관계 내에서 총자본은 지배를 공고화하는 데 반해 총노동은 자본이 생산하는 분할과 위계화의 구도에 따라

19_ 1960년대 말 유럽에서는 직물, 광업, 제철, 조선 부문의 일자리가 현격히 줄어든 1967년부터 실업이 고개를 내밀고, 지역간 불균형, 여성과 외국인 노동자들의 저임금이 사회문제로 대두됐다. 당시 프랑스의 임금 수준은 서유럽에서 가장 낮았고, 주당 45시간이었으나 정부는 청년 실업에 관심이 없었고, 전후 베이비붐으로 인구가 폭발적으로 증가, 대학의 문호가 확대됐으나 시설은 낙후하고, 기숙사는 부족했으며, 구태의연한 주입식 전통교수법과 무자비한 유급제도 같은 문제들이 심각하게 누적되어 있었다(독일의 대학생 수는 1950년 11만 명에서 1965년 25만 7,000명으로 2배 이상 증가, 프랑스는 1946년 12만 3,000명에서 1961년에 20만 2,000명, 1968년에 51만 4,000 명으로 증가[오제명 외, 앞의 책, 15-16쪽]). 젊은 학생들이 68혁명의 주역으로 나섰던 것은 당시 학생들의 증대된 욕구(1960년대 초반부터 유럽을 휩쓸기 시작한 록음악과 미니스커트와 청바지문화, 히피문화의 등장으로 크게 증대한 육체적·정신적 해방 욕구의 증대)와 낡고 권위적인 질서의 모순이 대학과 교육제도를 매개로 폭발했기 때문이었다. 또한 여성과 이주 노동자들 역시 차별화된 대우와 욕구의 증대 사이의 점증하는 간극으로 심각한 피해를 입고 있었다.

20_ 가령 신좌파 중에서 가장 낙관적인 이론가라 할 네그리가 이런 경향을 대표한다고 볼 수 있다. 홀로웨이가 비판하듯이 네그리는 노동과 자본을 외부적인 관계로 파악하여 양자의 힘에 대한 역설적이고 낭만적인 과정에 이르게 된다. 노동과 자본 관계의 내재적 본성을 탐구하지 못한 점 때문에 자율주의적 분석들은 노동이 자본주의적 형태들 내부에 존재하는 정도에 대해 과소평가하게 됐다. 자본의 편에는 완벽한 주체인 제국이 서 있고, 노동자계급의 편에는 투사가 서 있다. 자율주의는 투사의 매개되지 않은 관점에서 바라본 세계의 이론화이다(박승호, 앞의 책, 165쪽). 그러나 주체를 긍정적으로 다루는 것은 매력적이지만, 그것은 불가피하게 하나의 허구이다. 우리를 비인간화시키는 세계 속에서 우리가 인간으로 존재할 수 있는 유일한 방법은 부정적으로, 즉 우리들의 비인간화에 대항하여 투쟁하는 것뿐이다. 주체를(잠재적으로 자율적인 것으로 이해하기보다) 긍정적으로 자율적인 것으로 이해하는 것은 자신이 이미 자유롭다고 상상하고 있는 독방 속의 죄수와 같은 것이다(같은 책, 156쪽).

분리되고 상호간에 대립에 빠지는 모순적 구도를 극복하지 못하고 대중 봉기 순간의 일시적 연대를 제외하고는 분리와 대립을 반복하는 것일까? 이 문제를 제대로 규명하고 해결책을 찾기 위해서는 1968년 이후 현재까지 40년의 역사를 넘어서는 좀 더 장기적인 역사적 지평에 서서 더욱 발본적인 정치철학적 탐색이 필요하다고 본다.

3. 1848년 혁명이념의 장기지속과 68혁명의 역사적 위상

촘스키는 1970년 '미래의 국가'라는 주제의 강연에서 산업적 선진국가에서 취할 수 있는 국가형태에는 리버럴리즘, 복지국가자본주의, 국가사회주의, 리버테리언 사회주의라는 네 가지가 있을 수 있다고 말했는데, 가라타니 고진은 이 네 가지 유형이 1848년 혁명 당시에도 존재했던 것이라고 지적하고 있다. 다만 차이가 있다면 1848년 혁명 당시에는 국가사회주의와 리버테리언 사회주의(고진은 이를 '어소시에이션이즘'이라고 통칭한다) 모두가 패배했고, 이들의 좌절로 두 가지 유형의 사회주의에 대항하여 복지국가자본주의가 대항혁명으로 나타났다고 주장한다. 복지국가자본주의는 한편으로는 노동운동이나 사회주의 운동에 대처하여 등장한 것이지만, 다른 한편으로는 당시 경제적·군사적으로 세계를 압도했던 영국에 대항하여 공업화를 급속히 실현시키기 위해 국가가 취한 정책이고, 리버럴리즘은 압도적인 경제적 헤게모니를 가진 나라에서만 취할 수 있는 정책이어서 다른 나라는 그것에 대해 보호주의적으로 대항할 수밖에 없었다는 것이다. 고진이 말하는 1848년과 1968년 혁명의 공통점과 차이를 그가 그린 도표로 비교하면 다음의 그림과 같다.[21]

고진은 (A), (B), (C)와 다르게 (D)는 어느 나라에서도 실제로 존재한 적

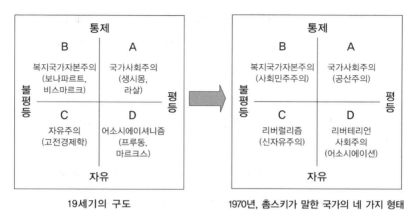

<1848년 혁명과 1968년 혁명의 공통점과 차이>

이 없고, 앞의 세 가지가 자본, 네이션, 국가 중 어느 쪽에든 종속되어 있는데 반해 (D)는 그것들로부터 벗어나려는 것이기에 현실적으로 존재할 수 없고, 다만 그것에 가까워지려고 노력하는 '규제적 이념'(칸트)으로 기능해 온 것일 따름이라고 설명한다. 1970년 촘스키가 이들 네 가지 형태를 임의로 선택 가능한 것처럼 말하지만, 이런 선택은 1968년이라는 시점에서나 일시적으로 가능했을지 몰라도 이제는 존재하지 않는 것으로, 1990년대 소련의 붕괴로 (A)가 소멸함과 더불어 (D)도 쇠퇴했다는 사실에 주목해야 한다는 것이다. (D)가 쇠퇴한 것은 그 이념을 성급하게 실현하려고 하다가 (A)와 닮은 것, 혹은 좀 더 잔혹한 것(적군파와 테러 등)으로 전환된 사건 때문으로 이에 따라 모든 '이념'을 부정하는 풍조가 지배적이 되어(포스트모더니즘) 1990년대에는 자본과 국가의 방약무인한 움직임을 매우 아이러니칼하게 긍정하는 시니시즘이 만연하게 됐다고 그는 설명한다. (D)가 쇠퇴했다는 것은 자본=네이션=국가를 넘어서 그 바깥을 보는 이념 또는

21_ 가라타니 고진, 『세계공화국으로』, 조영일 옮김, 도서출판b, 2006, 17-23쪽. 이하 이 책에서의 인용은 본문에 그 쪽수를 표시한다.

상상력이 쇠퇴했다는 것이고, (A)가 없어지면 그에 대항해야 할 (B)로의 유인도 약해져 대항자가 없어진 (C)가 세계를 석권하는 게 당연해지고, 현재 그에 대항하는 (B)는 기껏해야 리버럴리즘을 전제한 후의 사소한 대항과 보정에 지나지 않을 따름이라는 것이다.(18-20)

이런 설명은 68혁명을 20세기라는 제한적인 지평을 넘어서 19세기의 혁명들과 연결되는 계급투쟁의 장기적 구도라는 관점에서 해석할 필요가 있음을 일깨워준다. 고진에 따르면 사회주의에 대한 환멸은 레닌이 프롤레타리아 독재 이후에 사멸한다고 상정했던 국가가 오히려 관료제와 함께 유례없이 강고해졌던 데서 연유했기 때문이고, 이에 대한 비판으로 1960년대에 초기 맑스나 프루동을 부활시키려는 운동(D)이 나오게 됐다는 것이다.(27) 그러나 1871년 이후 역사의 무대에서 퇴거한 — 1917년 혁명을 전후로 활발히 전개됐으나 스탈린주의에 의해 억압되고 소멸된 — (D)의 이념의 부활이라고도 할 수 있는 68혁명은 1848년 혁명의 단순 반복은 아니다. 이 글의 서두에서 말했던 차이들 외에도 두 가지 점에서 큰 차이가 있다.

(1) 1848년 혁명의 주적은 (A)와 (B)가 아니라 (C)였으며 아직 맹아단계에 있던 (A)와 (B)는 하나의 경향으로 머물러 있었던 데 반해 68혁명은 이미 냉전체제의 두 지배적 축을 이루고 있던 (A)와 (B)에 대항하여 세계적 차원에서 동시다발적으로 전개됐다는 점에 차이가 있다. 다시 말해서 두 혁명이 추구했던 비전은 유사하다 해도 주적이 다른 것이라는 점에 차이가 있다는 것이다.

(2) 1848년 혁명, 특히 1871년 혁명 이후에 자본주의의 주된 흐름은 (C)에 대항하는 (B)의 등장으로 (C)와 (B)가 공존하는 양상으로 진행한다. 20세기 전반에 (C)에 대항하는 (A)의 등장으로 제2차 세계대전을 경유하면서 (C)는 (B)로 변화한다. (A)와 (B)가 지배하는 냉전체제가 전개된 후, 68혁명

에 의해 두 체제의 불안정성이 증대하면서 1990년대에 들어 (A)체제의 전반적 해체 이후 자본주의의 주된 흐름은 (B)에서 (C)로 변화했다는 점에서 1848년 혁명운동과 68년 혁명운동은 120년간에 걸쳐 하나의 순환을 이룬 장기적 계급투쟁의 원환의 출발과 끝을 이룬다고도 할 수 있다. 1848년 혁명의 실패가 자유주의의 전성기를 열었다면, 68혁명의 실패는 신자유주의 시대를 열었다는 점에서 계급투쟁의 두 주기가 공명하는 양상을 보인다. 하지만 19세기의 자유주의는 대안의 가능성을 내포한 열린 구도를 가졌다면, 20세기의 신자유주의는 역사적 대안들의 실패를 경과한 이후 폐쇄된 구도를 이루고 있다는 점에 차이가 있다.

이 두 가지 차이는 20세기의 역사가 19세기 역사의 단순한 반복이 아니라는 점을 보여주는 중요한 지표이다. 이 지표를 어떻게 해석할 것인가에 따라 68혁명의 역사적 위상을 자리매김하고 그로부터 미래지향적 계기를 이끌어내는 데 많은 차이가 나타날 수 있다.

(1) 볼탄스키처럼 68혁명은 그것이 제기한 자본주의 비판을 내부로 통합하여 자본주의가 자기 자신을 재구성하게 된 새로운 자본주의 정신을 만들어낸 계기였다고 보는 견해가 있다. 볼탄스키는 68혁명에는 자본주의에 대한 사회적 비판과 예술적 비판이 혼성되어 있었음에도 불구하고 후자가 주도함으로써 이는 다시 새로운 자본주의 정신을 조성하는 언어가 됐다고 본다. 이런 각도에서 보면 신자유주의는 68혁명 덕에 이들이 만들어낸 다양한 언어와 정동, 행위의 목록들을 흡수하면서 자신을 정당화하고, 반성적으로 조정할 수 있는 윤리를 조직할 수 있었다고 할 수 있다.[22] 한편 들뢰즈의 용어로 말하면 68혁명운동은 냉전이 만들어낸 케인스주의의 뚜껑을 열어줌으로써—자본의 내재적 본성이지만 그간 케인

22_ 서동진, 「자본주의의 심미화의 기획 혹은 새로운 자본주의의 소실매개자로서의 68혁명」, 『문화/과학』 53호, 2008년 봄, 210쪽.

스주의에 의해 갇혀 있던—탈영토화와 탈코드화의 에너지가 솟구쳐 오르게 만들어 금융 세계화의 적극적 계기를 제공한 셈이라고도 할 수 있다. 이렇게 보면 "상상력에게 권력을!"이라는 구호는 역설적으로 냉전체제 하에서 경직됐던 자본에게 지구적 차원으로 비상할 "상상력의 날개"를 달아준 셈이 된다.

(2) 하지만 정반대의 해석도 충분히 가능하다. (C)에서 출발하여 (B)와 (A)를 거쳐 다시 (C)로 되돌아온 지난 160여 년의 거시적인 역사의 순환에서 68혁명은 (B)와 (A)는 (C)에 대한 지속가능한 대안이 될 수 없음을 보여준 계기였다고 볼 수 있다. (C)의 입장에서는 이런 사실을 (C) 이외의 어떤 것도 대안이 될 수 없다는 아전인수 방식으로 해석하여 "이데올로기의 종언"23이나 "역사의 종언"24을 주장하기도 했다. 그러나 68혁명의 거부를 복지국가 해체의 빌미로 악용하여 1990년대 동구권의 붕괴 이후 세계적 헤게모니를 행사하고 있는 오늘의 미국적 신자유주의는 마치 19세기 영국적 자유주의가 그러했듯이 지구적 차원에서 정당성을 상실하면서 사회 해체의 위기를 가속화하고 있다. 이 때문에 지난 30년간 신자유주의가 기승을 부리며 확산되던 시점에서 68혁명을 바라보던 패배적 시각과 새로 부활한 (C)가 다시 파국을 야기하고 있는 오늘날 68혁명을 바라보는 시각은 다를 수 있다.

(1)의 해석에 따르면 "상상력에게 권력을!"이라고 주장했던 68혁명의 문화적 비판은 "경직된" 관료적 복지국가(와 국가사회주의)로부터 "유연한" 신자유주의로의 이행을 매개하는 '소실 매개자'에 다름 아니다.25 68혁명이 강조했던 대중사회에 대한 거부, 관료제와 권위에 대한 저항, 자

23_ 다니엘 벨, 『정보화 사회와 문화의 미래』.
24_ 프랜시스 후쿠야마, 『역사의 종언』, 함종빈 역, 헌정회, 1989.
25_ 서동진, 앞의 글, 205-16쪽.

율성과 창발성, 개성과 독창성 등은 새로운 자본주의의 정신이 됐다는 것이다. 이런 해석은 68혁명은 그나마 존재하던 복지국가를 해체하여 신자유주의로의 이행을 매개한 악화된 결과를 자초했을 뿐이라는 부정적 평가로 귀결된다. 그러나 이런 해석은 새로운 계급투쟁의 구도에서 제대로 실현되지 못했던 (B)의 가능성, 또는 (A)의 가능성을 퇴행적으로 모색하는 방향으로 역사가 유사한 궤적을 그리며 반복할 것이라고 보는 순환론에 갇히기 쉽다.

이에 반해 (2)의 해석은 68혁명을 역사의 무대에서 사라져버렸던 (D)의 전망을 다시 열어놓은 새로운 역사의 출발점으로 볼 수 있게 해준다. 네그리 식으로 68혁명은 새로운 형태의 노동자계급 구성이었다면 1970년대 이후에 나타난 자본의 대응은 노동자계급 구성의 핵심원리를 재전유하여 노동자계급을 탈구성한 결과에 다름 아니지만, 그 탈구성의 결과가 과거와는 달리 다수 노동자·다중의 실질적 포섭 대신 적극적 배제에 이르고 있기 때문에 신자유주의는 노동자계급의 새로운 재구성에 직면할 수밖에 없다고 볼 수 있다. 이 새로운 재구성 과정에서 노동자계급은 (C)와 그 변종이라 할 (B)와 (A)에 대해 더 이상 환상을 갖지 않고, 오직 (D)의 전망을 새롭게 구체화하면서 미래를 향해 전진할 수 있을 것이다.

월러스틴의 해석도 이와 유사하다. 1848년부터 1968년까지 우리는 자유주의적 합의에 기반한 지구문화 속에서 살았지만, 1968년의 문화적 충격은 중도 자유주의의 자동적 지배(또는 미국과 소련의 '발전주의적 컨소시엄')에 심각한 균열을 만들어 지배 엘리트에 의한 자유주의적 발전이라는 환상을 깨는 데 기여했다는 것이다. 68혁명의 폭발은 지역과 관계없이 모든 곳에서 반복되어 나타난 두 가지 테마, 즉, 미국 헤게모니 패권과 그와 공모하고 있던 소비에트연방에 대한 거부와 과거 반체제 운동들이 권력을 잡고 나면 약속을 저버렸다는 것에 대한 불만을 제기했다. 이 이

중의 불만이 결합되어 터져 나온 68혁명은 비록 권력을 잡지는 못했으나 여러 곳에서 세계경제를 떠받쳐온 정치적·문화적 버팀목들을 무너뜨리는 역할을 했다. 그 즉각적 효과는 인종과 성의 영역에서 좌파적 가치의 정당화로 나타났고, 결국 500년 동안 현존해온 자본주의 세계체계로부터 다른 체계로의 이행의 시기라는 거대한 불확정성의 시대를 열게 됐다는 것이다.[26]

하지만 (1)의 비관적 해석과 (2)의 낙관적 해석을 양자택일하기는 쉽지 않다. (1)의 해석에 선뜻 동의할 수도 없지만 (2)의 관점에 서더라도—월러스틴이 주장하듯이—미국 헤게모니의 해체가 곧바로 500여 년에 걸친 자본주의 세계체계의 종말로 이어지는(또 그럴 경우라도 더 좋은 세계가 보장되지 않는다) 대신, 다른 지역으로 헤게모니가 이동하거나[27] 또는 컨소시엄 형태의 새로운 헤게모니 체계가 등장함으로써 자본주의 세계체계 자체의 연장 또는 쇄신이 가능할 수도 있기 때문이다. 이 딜레마를 어떻게 해결할 수 있을까?

고진이 제안하듯이 (2)의 입장을 취하되 (D)의 전망을 "지금 여기에서" "직접행동"으로 실현 가능한 "구성적 이념"으로 착각했던 68혁명의 이념적 오류를 비판하고, 이를 '규제적 이념'으로 새롭게 파악하는 전략적 위치 조정이 가능하다면 딜레마에서 벗어날 수 있지 않을까? 앞서 말했듯이 '규제적 이념'으로서의 (D)의 전망이란 자본과 국가(와 민족)의 강고한 지배라는 현실적 제약을 인정함과 동시에 이에 머물지 않고 현실을 극복하여 자

26_ 이매뉴얼 월러스틴, 『월러스틴의 세계체계분석』, 이광근 옮김, 당대, 2005, 194-96쪽.
27_ 만일 헤게모니가 동아시아로 교체된다면 그 함의가 무엇인지 여전히 불분명한 상태이다. 서양 내에서 교체되던 헤게모니가 그 밖으로 넘어간다면 그간 서구중심적인 인종주의적 노동자 주체에도 균열이 발생하게 되어 여러 문제가 발생할 수 있다. 아리기가 계속 동아시아에 관심을 기울이는 것도 이런 배경 때문이다(백승욱, 『자본주의 역사 강의』, 그린비, 2006, 374쪽).

유와 평등의 동시적 확장을 추구하라는, 인간이 스스로에게 부과하는 자기 초월의 명령이다. 이 명령이 유의미하려면 두 가지가 필요하다. 현실적으로 주어진 다양한 장애와 제약들을 정확히 인식하는 일이 그 하나라면, 장애들을 극복하기 위한 구체적인 방법을 찾고 지속적으로 실천하는 일이 다른 하나이다. 여기서는 전자의 현실인식(1)을 위해 (D)의 이념에 내재한 '국가 사멸론'에 대한 고진과 발리바르의 비판을 함께 검토할 것이며(4절), 후자의 구체적 방법과 실천(2)을 위해 국가주의/무정부주의에 대한 이중의 비판 속에서 형성된 맑스의 '코뮌주의'(5절)의 전망을 68혁명 당시의 코뮌주의 운동과 비교하여 재검토하고자 한다.

4. 노동의 정치와 세계공화국

고진은 68혁명이 지향했던 리버테리언 사회주의(어소시에이셔니즘)가 쇠퇴한 이유는 자본, 네이션, 국가를 거부했지만, 왜 그것이 현실에 존재하는지를 충분히 사고하지 않았기 때문에 결국 그것들에 걸려 넘어지게 된 것이며, 가령 오늘날 그와 같은 종류의 사회주의가 부활한다고 해도 자본, 네이션, 국가에 대한 인식이 없으면 전철을 밟게 될 것이라고 비판한다. 또한 그는 그것들을 지양하려면 먼저 그것들이 무엇인지를 인식해야 한다고 주장한다.[28]

고진은 후기 맑스가 과도기적인 '프롤레타리아 독재'를 통해 국가의 지양을 모색했지만 그의 예상과는 반대로 러시아 혁명 이후 국가권력은 강화되기 때문에 국가의 폐기가 더 어렵게 됐던 바, 맑스가 이런 문제점을 인식

28_ 가라타니 고진, 『세계공화국으로』, 27쪽.

할 수 없었던 이유는 그가 프루동과 달리 국가주의적이었기 때문이 아니라 오히려 국가에 관해 프루동과 같은 견해를 가지고 있었기 때문이라고 보고 있다. 프루동은 루소가 당연하게 여겼던 집권적 국가 자체를 폐기하면 심층에 있는 '진실사회'가 외화되고 절대적 민주주의가 실현된다고 보았지만, 고진은 이런 견해는 국가를 내부에서만 바라보는 데서 기인한 것이라고 비판하면서, 국가란 다른 국가에 대해 존재하는 것이라는 관점이 필요하다고 주장한다. 예컨대 파리 코뮌에서 이전 국가기구의 근본적 폐기가 시도됐지만 그런 시도가 오래 지속될 수 없었던 이유는 외부의 적으로부터 자신을 방어하기 위해 그 자신이 국가가 되어야 했던 역설 탓이라고 설명한다. 또 러시아 10월혁명의 경우도 당초 유럽의 세계혁명이 러시아의 뒤를 이어서 일어날 것으로 기대했지만 일어나지 않았고, 소비에트(코뮌·평의회)는 먼저 주위국가의 간섭이나 방해에 대해 스스로를 방위하지 않으면 안 됐기에 스스로 국가가 될 수밖에 없었고, 코뮌은 2개월로 끝날 수밖에 없었다는 것이다. 다시 말해서 국가가 내부로부터 지양될 수 없는 이유는 국가가 그 외부와 관계함으로써 존재하기 때문이라는 것이다.[29]

고진은 프루동이 국가에서 왕권을 폐기하는 것만이 아니라 경제에서 '화폐의 왕권'을 폐기해야 한다고 생각했지만, 여기서도 프루동은 국가를 내부에서만 보았듯이 화폐도 한 나라 내에서 통용되는 화폐로만 보는 시각을 드러낸다고 지적한다. 그러나 국제적 교역은 화폐 없이는 불가능하고, 맑스는 이런 이유에서 프루동의 경제학의 순진함을 비판했지만, 국가에 관해서는 맑스 자신도 순진한 관점을 취했다고 고진은 비판한다. 경제학에서 맑스는 항상 상품교환이 '공동체와 공동체 사이'에서 발생한다는 것을

29_ 같은 책, 197-99쪽.

강조했지만 국가 또한 '공동체와 공동체 사이'에서 발생한다는 것을 경시했다는 것이다. 상품교환양식이 아무리 침투해도 약탈-재분배라는 교환양식은 소멸되지 않는 법이고, 이를 지양하기 위해서는 그에 상응하는 방법이 있어야 함에도 불구하고 맑스는 세계 자본주의의 침투로 국가가 주요 민족들의 "세계동시혁명"에 의해 일거에 해소될 것이라고 보았다는 것이다. 하지만 고진은 일거이자 동시적인 세계혁명은 있을 수 없다고 보면서, 한 나라만의 사회주의 혁명이나 동시적 세계혁명 대신 칸트의 '세계공화국'이라는 이념을 그 대안으로 제시한다. 이것은 국가들이 주권을 양도함으로써 성립하는 것으로, 칸트는 그 제일보로서 국제연합을 구상했는데, 이는 국가들을 '위로부터' 억압하는 것인 바, 전통적으로 사회주의는 국가에 대한 '아래로부터'의 혁명에 의해 실현된다고 생각해 왔으나, 이것만으로는 불충분하고 동시에 '위로부터' 국가를 꼼짝 못하게 하는 시스템을 형성하는 것이 불가결하고, 이것이야말로 '점진적인 동시적 세계혁명'이라고 주장한다.[30]

고진이 말하듯이 그동안 자본에 대항해온 각국의 운동은 항상 국가에 의해 단절되어 버렸기에 자본을 극복하기 위해서는 국가를 극복하지 않으면 안 되지만, 국가는 내부로부터 부정하는 것만으로는 지양될 수 없기에 동시에 각국에서 군사적 주권을 국제연합에 양도하는 위로부터의 운동과 연계됨으로써만 서서히 극복될 수 있을 것이다. 그러나 국가에 대한 위와 아래로부터의 이중 압박을 통한 국가의 지양이라는 고진의 기획은 어느 정도 현실적인가? 우선 위로부터의 압박 전략은 각국에서 군사적 주권을 국제연합에 양도하지 않는다면 의미가 없으므로 자발적으로 양도 행위를 수행할 새로운 코뮌적 국가가 선행되어야 한다. 먼저 아래로부터 국가 권

30_ 같은 책, 201-204쪽.

력을 장악하지 않는다면 이런 국가는 어디에서 나타날 것인가? 그러나 고진은 아래로부터의 국가 권력 장악에 대해서는 논하지 않는데, 이는 그가 프루동과 맑스의 공통점을 강조하면서 아래로부터 국가 권력 장악의 사례로 파리 코뮌을 강조했던 후기 맑스('코뮌국가')를 무시하는 것과 무관치 않다. 또한 고진은 세계동시혁명론을 반대하면서 점진적인 세계공화국으로의 이행을 강조하고 있으나, 러시아 혁명 당시[31] 전자의 불가능성이 입증됐으므로 후자로 전환해야 한다고 주장하지만 이는 정세에 달린 것이지 원리적으로 미리 단정할 수 있는 문제가 아니다.

고진은 '규제적 이념'의 관점에서 프루동과 맑스가 각기 화폐와 국가의 자립성을 철저히 보지 못한 채 국가 사멸을 가정했던 문제점을 적절히 비판하지만, 자신이 대안으로 내세운 세계공화국의 전략은 후기 맑스(코뮌국가에 의한 프롤레타리아 독재)의 전략을 전제하지 않을 경우 오히려 구체성과 현실성이 떨어진다. 국가의 자립성이라는 강고한 현실을 직시했지만 이를 아래로부터 회피하는 고전적 무정부주의 대신 위로 우회함으로써 문제를 방치하는 결과를 초래하는 셈이기 때문이다. 그렇다면 국가 사멸론을 비판하면서도 문제를 회피하지 않고 정면으로 돌파하는 방법은 없을까?

68혁명이 지난 10년 후 스승인 알튀세르와 결별하고 새로운 길을 모색해온 발리바르가 이런 사례를 제공해준다. 발리바르는 국가 바깥에 대중운동 또는 사회운동이 실존한다고 보는 알튀세르의 가정에 반대하여 대중들은 항상 이미 국가 속에 있으므로 당을 국가로부터 분리하여 국가 바깥에 있는 대중들에게 이전해야 한다는 주장은 오류이며, 모순들은 국가와 그

31_ "프루동은 경제적 계급 대립을 해소하면, 그리고 진정으로 민주주의를 실현하면 국가는 소멸된다고 생각했습니다. 국가 그 자체가 자립성을 가지고 존재한다는 것을 그는 고려하지 않았습니다. 사실 마르크스는 이와 같은 사고도 계승했습니다. 그가 일시적으로 국가권력을 잡아 '프롤레타리아 독재'를 통해 자본제 경제와 계급사회를 지양한다는 블랑키의 전략을 승인했던 것은 그 때문입니다"(같은 책, 25쪽).

외부의 사회운동 사이에 있는 것이 아니라 국가에 내적인 모순들에 의해 관통당하는 당은 그 속에서 불안정한 자리를 담지하며, 자본주의의 경향에 대한 내재적 반경향이 되는 한에서 잠정적으로만 혁명적일 수 있다고 주장한다. 또한 그는 초기 맑스에게서 나타나는 '국가 사멸'/'정치의 종언' 기획과 그를 계승한 알튀세르를 명시적으로 비판하고, 그 대신 후기 맑스(『고타강령 비판』)에서 제시된 '국가 전화'/'노동의 정치'의 기획을 발전시킬 필요성을 역설한다(프롤레타리아트의 권력 장악, 정치에 의한 노동의 전화, 노동에 의한 정치의 전화라는 삼중적 의미에서의 '노동의 정치').[32]

하지만 발리바르는 맑스가 후기의 관점을 더 밀고 나가지 못한 채, 국가주의/무정부주의의 거울반사 관계의 '덫'에 걸려, 하나의 반정립을 다른 하나의 반정립으로 대체하는 '게임'을 했을 따름이라고 비판한다. 이런 문제점은 맑스와 그의 충실한 조력자인 엥겔스가 『반뒤링』과 『반프루동』의 출간보다 더 중요한 『반라살』 또는 『반바쿠닌』을 끝내 저술할 수 없었다는 막중한 정치적 '실책'에서 잘 드러난다는 것이다.(284-85) 발리바르는 스피노자의 『정치론』으로부터 개체성의 압축 불가능한 최소값이 있는 것과 마찬가지로, 가장 무정부적인 인민 혁명들의 효과 하에서조차 동일하게 압축 불가능한 사회적인, 심지어 정치적인 관계의 최소값이 역시 존재한다는 결론을 도출한다.[33]

32_ 최원, 「이론의 전화, 정치의 전화」(역자 해제), 에티엔느 발리바르, 『대중들의 공포: 맑스 전과 후의 정치와 철학』, 최원·서관모 옮김, 도서출판b, 2007, 553-58쪽. 이하 이 책에서의 인용은 본문에 그 쪽수를 표시한다.

33_ "모든 인간은 고립을 두려워한다. 왜냐하면 고립 속에서는 그들 가운데 어느 누구도 자신을 방어하거나 또는 생명을 보존하는 데에 필요한 것을 획득할 수 없기 때문이다. 이 때문에 인간은 시민사회 상태에 대한 자연적 욕구를 가지며 결코 이 시민사회 상태가 완전히 파괴되는 일은 발생할 수 없다. 국가 내에서 발발하는 무질서와 소요들은, 반대의견이 국가 형태를 변화시키지 않고서는 해소될 수 없다고 할지라도(국가 아닌 다른 사회들의 경우에서처럼) 결코 국가의 해체로 귀결되는 것이 아니라, 국가의 한 형태에서 다른 형태로의 이행으로 귀결될 뿐이다"(124).

이렇게 국가의 사멸 기획이 무정부주의적 환상일 따름이라면, 국가 자체를 사멸시키려 하기보다는 지배적인 국가장치를 둘러싼 권력과 대항권력, 제도들과 대항제도들 간의 복잡하고 비대칭적인 투쟁 속에서 대항권력과 대항제도들을 창출하고 확장하기 위한 창조적 기획이 문제가 된다. 발리바르는 이를 노동자들의(노동자들로서의 시민들의) 정치권력, 정치투쟁에 의한 노동형태의 전화, (노동력의 확장 능력을 억압하거나 그것을 기계에게 이전하는 생산력주의와는 반대로) 노동력의 확장 능력의 승인에 의한 "통치"형태들의 전화라는 3중의 의미의 노동의 정치라고 기술한다.(295)

아래로부터 대중정치의 활성화를 통해서 국가권력을 장악하고, 자본주의적 경제형태를 노동자-통제적 경제형태로 변환함과 아울러 권위주의적 국가형태를 다원적 민주주의 국가형태로 변환하는 삼중의 실천이 동시에 필요하다는 것이다. 이런 3중의 정치라는 이념은 국가사멸에 대한 무정부주의적 환상과는 달리 현실로부터 출발하여 현실을 변화시켜나가는 실제적인 정치 전략으로 적합해 보인다. 이런 새로운 정치의 전망을 "갈등적 민주주의" 또는 "더 많은 민주주의"라고 부르는 발리바르는 코뮌주의를 국가사멸의 전망 속에서 사고했던 맑스나 알튀세르와 다르게 국가의 강제적 측면은 해체하지만 국가의 헤게모니적 측면은 확장하는 '윤리적 국가' 구성을 전망했던 그람시와 유사하다.(역자해제, 559)

그런데 여기서도 문제는 역시—동의를 통해서이든 강제를 통해서이든, 진지전을 통해서이든 기동전을 통해서이든—아래로부터 국가권력의 장악을 통한 국가 권력의 변형인데, 이는 현실적으로 어떻게 가능한가? 발리바르의 논의에서 이에 대한 구체적인 답변을 끌어내기는 어렵지만 그의 논의를 종합해 보면 '아래로부터의 시민인류의 연대의 정치'가 핵심 동력인 듯하다. 최원의 논의에 기대어 그 내용을 요약해 보면, (1) "수많은 개인들/개체들의 상호확장적 생산을 위한 관개체적 연대의 유형들과 구조들을 새롭게 발명하는" 연대의 정치이자, (2) 공동체의 창립을 목표로 하는 정치가 아니라 공동체 없는 시민권의 창립을 목표로 하는 정치로서, (3) 기존의 국제주의의 추상성을 극복하고 사회적 시민권의 관민족화의 구체적 조건들을 연구하고 전환하며, 여성주의를 특히 강조하는 새로운 공산주의적 정치이다.(역자해제, 558)

여기서 (2)는 출발점이 아니라 도달해야 할 목표이고 맑스(코뮌주의적 국제주의)나 고진(어소시에이션의 어소시에이션)의 목표와 크게 다르지 않다. (3)의 경우 여성주의를 강조한다는 점을 제외한다면 국제연합을 통한 세계공화국으로의 이행이라는 고진의 목표와도 크게 달라 보이지 않는다. 그렇다면 현실의 제약을 인식하고 이와 싸워 이겨나갈 동력을 창출하는 정치는 어디에 있는가. (1)이 이에 해당한다고 할 수 있으나 도대체 어떻게 다양한 세력들의 '연대'를 통해 국가 권력의 장악·변형이 가능할지는 묘연하다.

고진과 발리바르는 모두 맑스의 국가 사멸론을 비현실적이라고 비판하면서 전자는 국가를 넘어서서 위로부터 세계공화국을 구성하는 방법을 통해, 후자는 아래로부터의 시민인류의 정치를 통한 국가 형태의 변형이라는 방법을 모색했다. 그러나 양자는 코뮌주의를 향한 첫 걸음(국가권력 장악) 자체를 불확실하게 만듦으로써 오히려 맑스를 해체하는 결과에 머물고만 것 같다.

5. 맑스의 재조명과 68혁명의 비판적 계승

맑스의 코뮌주의 이념은 초기와 후기 사이에 차이가 있다. 발리바르는 이를 정치에 대한 부정적 테제와 정치에 대한 긍정적 테제로 구별하면서,

전자를 부정하고 후자를 더욱 밀고나가 맑스의 한계를 극복하고자 했다. 반면 고진은 후자를 부정하고 전자를 더욱 밀고 나가 맑스의 한계를 극복하고자 했다.

발리바르는 맑스가 국가주의와 무정부주의의 거울반사 관계의 "덫"에 걸려, 어떤 공백도 결여한 "꽉 찬" 공간에 갇혀 궁지에 빠졌다고 비판하지만, 이는 맑스의 사유를 오해한 것이다. 맑스의 변증법적 사유는 역사를 절대정신의 실현과정으로 보는 헤겔 변증법('구성적 이념'의 월권 행위)과는 달리, 자연법칙과 자유의 이념 간의 이율배반 속에서 오히려 현실을 지속적으로 변화시켜 가는 동력을 찾는 칸트의 '비판 철학'(이성의 '규제적 사용')에 가깝기 때문이다. 고진은 칸트의 규제적 이념의 관점에서 맑스와 칸트를 비교하면서 양자의 공통점이 이율배반의 '사이'에서 '트랜스크리틱'[34]하는 데 있음을 주장했지만, 정작 맑스의 코뮌주의에 대해서는 이와 같은 트랜스크리틱을 철저히 적용하지 않는 것 같다. 초기 맑스와 후기 맑스의 관계를 이율배반으로 보고 이를 고진이나 발리바르처럼 어느 한쪽으로 해소하려는 것은 맑스의 변증법 자체를 해체하고, 맑스를 라살과 프루동으로 양극분해 하는 결과를 초래한다. 맑스를 양분하는 이런 방법은 규제적 이념으로서의 코뮌주의라는 맑스의 코뮌주의 개념을 제대로 파악하지 못했기 때문이다.

'규제적 이념'은 앞서 말했듯이 주어진 현실과 도달해야 할 이상을 이율

34_ "내가 트랜스크리틱이라고 부른 것은 윤리성과 정치경제학 영역의 사이, 칸트적 비판과 마르크스적 비판 사이의 코드 변환(transcoding), 즉 칸트로부터 마르크스를 읽어내고 마르크스로부터 칸트를 읽어내는 시도이다"(가라타니 고진, 『트랜스크리틱』, 15쪽). "중요한 것은 마르크스의 비판이 항상 '이동'과, 그 결과로서의 '강한 시차에서 생겨나는 일이다. …칸트 역시 독단론적 합리론에 대해 경험론으로 맞서고, 독단적인 경험론에 대해 합리론으로 맞서는 일을 반복했다. 그러한 이동에 칸트의 '비판'이 존재한다. '초월론적 비판은 뭔가 안정된 제3의 입장이 아니다. 초월론적 비판은 횡단적(transversal) 또는 전위적(transpostional) 이동 없이는 존재할 수 없다"(같은 책, 30쪽).

배반적으로 종합한 개념이기에, 단순히 미래의 이상을 현실에 부과하는 명령이 아니라, 현실적 제약에 대한 명확한 인식 속에서 미래를 향해 전진하도록 실천적으로 강제하는 과정에서 현실과 이상 간의 긴장을 끊임없이 유지하도록 하는 변증법적인 비판적 이념이다. 만일 이 양자의 긴장이 어느 한쪽으로 해소되면 이성의 규제적 사용은 사라지고 공허한 이상과 맹목적 현실만이 남게 된다. 이런 관점에서 보면 초기의 맑스의 이상적인 국가 사멸론과 후기 맑스의 '코뮌국가'라는 현실 돌파의 방법은 규제적 이념으로서의 코뮌주의를 구성하는 이중 축으로, 이 양자 사이의 환원 불가능한 긴장이야말로 맑스의 코뮌주의에 역동성을 부여한다. 따라서 둘 중의 어느 하나가 없이는 규제적 이념으로서의 코뮌주의는 실종된다. 이 둘은 마치 타원형의 두 꼭지점과 같아서 둘 중의 어느 하나로 환원될 수 없다.

이런 긴장관계는 주어진 법칙 아래 사실을 포섭해야 하는 규정적 판단력의 관점에서 보면 이율배반적이다. 발리바르가 맑스를 국가주의/무정부주의의 공백 없는 거울반사의 '덫'에 갇혔다고 본 것은 규정적 판단력의 입장에 섰기 때문이다. 그러나 주어진 법칙 없이 사태를 추론해야 하는 반성적 판단력의 입장에서 보면 이 양자는 모순이 아니라 상호 병존적 관계, 마치 상상력과 오성이 상호 촉진하는 것과 같은 '자유로운 유동'의 관계로 파악될 수 있다.[35] 이렇게 평소에는 상반되던 능력들이 그 안에서는 서로 맞물려 유동하게 되는 반성적 판단력은 물리적-기계적 법칙의 격률에서는 불가능해 보이는 '미적, 자연적 합목적성'의 격률을 추론적으로 인식하고자 한다. 이런 여러 능력들의 '사이' 공간에서 반성적 판단력은 감성과 오성, 상상력과 직관 등을 총동원하여 (연역법을 특권화하는) 합리주의

35_ 칸트, 『판단력 비판』, 226-29, 283-87, 437쪽.

적 독단과 (귀납법을 특권화하는) 경험주의적 독단이라는 양극단의 사이를 벌리되 양자의 방법을 가설추리의 생산적 수단으로 활용하여 새로운 법칙이나 사례를 발견해가는 '가추법(abduction)'적 사유를 작동시킨다.[36]

퍼스에 의하면 가추법이란 설명력 있는 가정을 형성해가는 과정이다. 가추법이야말로 새로운 생각을 도입해내는 유일한 논리적인 작용이다. 왜냐하면 귀납법은 가치를 결정하는 작용만 할 뿐이며, 연역법은 순수한 가정의 필연적인 결과를 발전시켜나갈 뿐이기 때문이다. 연역법으로는 어떤 일이 있어야만 한다는 것을 증명할 수 있다. 귀납법은 어떤 일이 실제로 어떻게 작동하는가를 보여준다. 그렇지만 가추법은 어떤 일이 있을지도 모른다는 것을 제안한다.[37]

맑스의 사유는 이런 맥락에서 국가주의적 연역과 무정부주의적인 귀납의 이율배반을 가로질러 국가와 어소시에이션이라는 기존의 수단 및 새로운 수단들을 상보적으로 결합하여 자본주의체제 전체를 코뮌주의 사회로

36_ 퍼스가 발견한 가추법은 시간적으로 볼 때 '뒤로'(퍼스는 가추법을 '귀환법[retroduc-tion]'이라고도 불렀다)뿐 아니라 '앞으로' 진행돼간다. 여기서는 관찰된 사실에 주목하는 것이 그 첫 단계이다. 그 다음 어떤 규칙을 떠올려 그 관찰된 사실의 기원을 설명해본다. 결과적으로 가정된 규칙에 따라 관찰된 사실을 해독하게 되고 사례를 추론하게 된다. 결국 규칙은 관찰된 사실을 이해하게 해주고, 관찰된 사실은 규칙에 따라 읽힌다. 이 모델의 본성을 이해하는 데 중요한 역할을 하는 양자의 상호작용을 알아보자.

1. 관찰된 사실 ················> 규칙
2. 관찰된 사실 ················> 규칙

3. ······························> 사례

특히 가정이 검증된 이후 관찰된 사실과 뒤에 나오는 사례는 어떤 상황들에서 규칙이 얼마나 정확하고 효율적인지를 보여준다(낸시 해로비츠, 「탐정 모델의 실체」, 『논리와 추리의 기호학』, 움베르토 에코 외, 『논리와 추리의 기호학』, 김주환·한은경 옮김, 인간사랑, 1994, 400-401쪽).

37_ 같은 책.

전화시켜 나가는 창의적 방법을 발견해가는 가추법적 사유라고 할 수 있다. 이런 관점에서 보면 국가와 어소시에이션은 특권화될 경우 그 어느 하나로는 사회를 변화시킬 수 없는 독단에 다름 아니며, 다만 자본주의를 코뮌주의 사회로 전화시키라는 '규제적 이념'에 입각하여 만들어내야 할 '국가 장치의 변형과 해체+어소시에이션의 확대+세계공화국+@'라는 창의적인 대안을 구성하는 일부에 다름 아니라고 할 수 있다. 이런 관점에 설 때라야 68혁명에 내재했던 이질적이고 모순적인 요구들을 긍정·부정이라는 이항대립적 평가틀에 갇히게 하지 않은 채 역동적 미래의 에너지로 전화시킬 수 있게 될 것이다. 이런 관점에서 보면 68혁명의 성과와 한계가 보다 명확하게 드러날 수 있다.

길혀-홀타이가 68혁명의 공통 목표라고 말했던, 생산 영역에서만이 아니라 생활세계에서도 개인 소외의 폐지를 시도하는, 개인적 해방전략과 집단적 해방전략의 결합이라는 이중적 목표는 신좌파와 구좌파 간의 문화정치적 모순, 전통적 노동운동과 새로운 사회운동의 대립을 극복하지 못한 채 좌절되고 말았고, 이후 신좌파와 구좌파, 노동운동과 신사회운동은 분리와 대립을 반복해 왔다. 또한 신좌파와 새로운 사회운동은 기성의 자본주의·사회주의 경제와 문화에 반대하여 노동자-통제와 대항문화, 코뮌이라는 대안을 제시했지만, 국가장치와 대의제, 관료주의 등에 대해서는 반대와 부정만 했을 뿐 이를 극복할 대안을 제시하지 못했다. 이는 당시 신좌파 대부분이 단지 "국가 사멸"이라는 무정부주의적 인식 지평에 머물러, "국가 권력의 장악을 통한 국가 사멸"이라는 맑스의 코뮌주의의 "규제적 이념"을 올바르게 이해하지 못했기 때문이기도 하다.

68혁명 당시 리버테리언 사회주의를 '구성적 이념'으로 오해했던 대다수 신좌파들은 혁명 실패에 상처를 입고 시니시즘이나 니힐리즘으로 도피한 포스트모더니스트(장 보드리야르)가 되거나 제도 내로 흡수됐다.[38] 반면

1970년대에 이탈리아를 중심으로 발전했던 자율주의 운동은 자코뱅주의적인 권력 장악을 거부하고, 국가를 우회하여 제국화된 자본과 직접 대결하자는 프루동 식의 무정부주의 전략을 다시 반복하는 방식으로 여전히 리버테리언 사회주의를 '구성적 이념'으로 믿고 있다.

이런 반복을 넘어서려면 맑스적인 '규제적 이념으로서의 코뮌주의'에 대한 종합적인 이해가 필요하다. 초기와 후기의 맑스로 분할했던 고진과 발리바르의 논의를 다시 하나의 맑스로 재통합하여 다음과 같은 3중의 정치로 코뮌주의를 재정의해 보면 다음과 같다.

(1) 일상생활의 차원에서부터 비자본주의적인 자율적 삶의 양식을 구성해가기 위해 직장·지역·부문에 걸쳐 아래로부터 다양한 형태의 코뮌을 건설해야 하며, 이런 코뮌들 간의 전국적 네트워크 구성을 통해 아래로부터 대항권력을 창출해야 함과 동시에,

(2) 변혁 정당을 통해 다양한 사회운동과 코뮌들 간의 광범위한 연대를 촉진하면서 위로부터 국가권력을 장악하고, 프롤레타리아 헤게모니의 압력 하에서 기존 국가장치의 일부를 해체·변형함과 동시에 경제적·사회문화적 차원에서 대안적 제도를 발명하고 실험해 나가면서,

---

38_ 실제로 포스트모더니즘과 연결된 보드리야르, 리오타르, 비릴리오, 데리다, 카스토리아디스, 푸코, 들뢰즈, 가타리 등 프랑스의 이론가들은 모두가 1968년 5월의 참여자들이었다. 이들은 그 혁명적 열정과 급진적 열망들을 공유했고, 상이한 역사적 정세 속에서 1960년대의 급진주의를 계속 이어가는 급진적 사상의 새로운 양태들을 발전시키고자 시도했다. 그러나 허버트 마르쿠제와 앙리 르페브르와 같은 이론가들이 5월의 폭발 속에서 유토피아 맑스주의의 브랜드를 확인했던 데 반해, 나머지 이들은 모든 과거의 사상과 정치 형태들과 단절하고 새로운 형태를 창조할 필요를 보았다. 그런데 이들 대부분 프랑스의 포스트모던 이론가들의 비판정신이 1968년 5월 정신의 연속이었던 데 반해, 보드리야르와 그의 추종자들은 5월 사건의 패배와 낙담스런 여파와 연결될 수 있다(A. Feenberg & J. Freedman[with a forward by Douglas Kellner], *When Poetry Ruled The Streets: The French May Events of 1968* [New York: State University of New York Press, 2001], p. xviii의 D. Kellner 서문).

(3) 일국 차원에서는 (1)과 (2)의 선순환 및 상호침투의 구조를 확립하면서 그와 함께 일국 차원을 넘어서 다른 민주적 국가들과 연대하여 군사적 주권을 양도하여 세계공화국으로 나아가기 위한 노력을 강화하면서 억압적 국가장치를 해체하고, 궁극적으로는 지구적 구성원 모두가 "능력에 따라 일하고 필요에 따라 분배받는" 보편적 코뮌주의 사회로 전화해가는 장기적이고 연속적이며 총체적인 복합적 혁명이 그것이다.

이런 복합적 정의만이 고진이 말했던 (D)의 이념이 역사적 실패에도 불구하고 여전히 유효한 '규제적 이념'으로 작동하면서, 맑스를 프루동 또는 라살로 환원하는 위험에서 벗어나게 해줄 것이다. 하지만 68혁명 이후 제반 운동들은 보로메오 고리와 같이 연결되어야 할 이 3중의 고리 중 하나만으로 중심을 잡으려는 환원주의적 태도로 인해 분리와 대립을 거듭해왔고, 자본-국가-네이션의 삼각동맹은 그로부터 반사이익을 챙겨 지배력을 공고히 해왔다. 이런 상태를 넘어서려면 제 운동 정파 간에 차이의 승인을 통한 연대와 협력이 필수적이다. 그간 우리 운동에서는 (2)와 (3)의 노력이 부족한 것은 물론 특히 (1)을 위한 노력은 거의 부재한 상태였다. 68혁명을 통해 역사의 무대에 다시 등장했지만 충분히 조명되지 못했던 코뮌운동에 주목해야 할 이유가 여기에 있다.

당시 급진적 학생 운동가들이 설립한 주거공동체로서 새로운 형태의 작은 단위의 코뮌들의 공통 이념은 탈중심, 반권위, 자치의 실현이었다. 이는 19세기적인 정치결사와 자립적 상호부조적 결사, 그리고 대항문화적인 이념적 결사를 새롭게 종합한 형태라고 할 수 있다. 함부르크의 <코뮌 1>과 베를린에서 시도된 <코뮌 2>가 이런 사례이다. 1966년 코뮌을 건설하기 위한 논의가 시도되면서 1967년 6월 1일 쿤첼만 등이 주도하여 베를린에 있는 우베 욘존의 집에서 <코뮌 1>이 결성되는데, 주로 참여한 이들은 학생들로 다다이즘과 초현실주의의 전통을 이어받으려는 예술가적 기질이 많은 인물들이다(쿤첼만의 호소, "당신들은 [태어 난] 뿌리를 잘라야 한다"). 이어 1967년 베를린에서 <코뮌 2>가 만들어 졌고, 7명의 성인과 2명의 아이가 참여했다고 한다. 프랑스에서도 수적으 로 많지는 않지만 5월 학생운동이 완충상태에 돌입하자 대안적 삶의 양 식을 모색하며 프로방스와 세벤, 그리고 아르데슈 지방에서 코뮌들이 만 들어졌다.39

미국에서는 1960년대에 가장 많은 코뮌들이 만들어졌는데(정확한 통계 는 불가능하지만 적게는 1만 개에서 최대 5만 개의 코뮌에 최대 75만 명이 참여했다는 계산이 있다.40 이중에서 종교적 코뮌보다 좌파적인 정치적 코 뮌들이 가장 많았고, 다른 코뮌들은 노숙자보호소부터에서 고용보장센터 와 같은 시설들까지 다양했다. 그러나 정치적 행동주의를 반대하는 심령술 적인 코뮌들도 일부 있었고, 일부 동성애, 집단결혼 그룹들도 있었다. 그러 나 환경주의는 대부분의 코뮌운동에 편재했다.(25) 특히 예술활동이 1960 년대 코뮌들에서 중요한 역할을 행했다. 대부분의 코뮌들에는 회원으로 예술가들이 포함되어 있었고, 수백 명이 코뮌에서 중심적인 활동을 했다. 록 밴드들은 대개 공동체 생활을 했는데, 주로 샌프란시스코에 집중됐다(제 퍼슨 에어플레인, 빅 브라더와 홀딩 컴퍼니, 그레이트풀 데드 등).(142) 1971년 샌프랜시스코의 <프로젝트 1>과 <프로젝트 아르토> 코뮌이 헌 창고에 건립됐고, 주거와 스튜디오와 자유학교와 식당과 컴퓨터센터와 다른 시설 을 갖추었다. <프로젝트 2>는 1972년에 건립되어 비슷한 활동 외에도 약간 의 경공업(프린트 샵) 기능을 갖추기도 했다. 대부분의 예술가들은 극히 소 량의 임대료를 냈고, <프로젝트 1>은 1970년대 중반 전성기에는 650명이

39_ 오제명 외, 앞의 책, 229-36쪽.

40_ T. Miller, *The 60s Communes: Hippies and Beyond* (Syracuse: Syracuse University Press, 1999), p. 19. 이하 이 책에서의 인용은 본문에 그 쪽수를 표시한다.

거주했고, <프로젝트 아르토>는 1976년에 125명이 거주했다.(143)

당시 '평의회 민주주의'와 '생산공동체' 이론을 통해 '구체적 유토피아'의 골격을 내세운 라벨(B. Rabbel)의 구상은 베를린 전체를 몇 개의 도시 구역으로 만들고, 각각의 도시 구역은 수많은 코뮌을 삶의 기초적 단위로 만들어 기성제도(가정-사회-국가)를 대체하려는 것이었다. 이런 점에서 코뮌운동은 문화혁명의 전위대였다. 정치투쟁의 일환으로 코뮌 소속원들은 대학과 시내 거리에 유인물을 살포하거나, 백화점과 공공건물에 방화를 하거나 주요 인물에 대한 테러를 하기도 했다(베를린의 가장 사치스런 건물인 카데베에 대한 방화 기도, 67년 독일을 방문한 미국 험프리 부통령에 대한 계란투척 등). 생활공동체로서의 코뮌은 공동생산과 공동소비, 남녀평등을 원칙으로 남녀 교대로 청소, 음식준비, 육아를 담당했고, 개인적 고민을 털어놓고 공동상담을 했으며, 의무적인 프리섹스를 통해 연대와 집단의식을 회복하고자 했다(집단으로 나체 사진을 찍어 언론에 공표하는 전복적 행동).[41] 그러나 베를린에서의 코뮌운동 집단은 SDS 내에서 이론작업을 노골적으로 무시하고, 직접적인 해프닝에 매달려 여론으로 하여금 전체 학생운동을 공격하는 빌미를 제공한다는 이유로 쫓겨나며, 구체적인 프로그램 없는 주거공동체의 확산 속에서 진부화 과정을 밟다가 전체 운동의 소멸과 함께 자취를 감추게 된다.[42]

미국에서 널리 확산됐던 코뮌들은 1975년을 기점으로 급속히 쇠퇴한다. 이 시기 이후로 정치적 극우 내에서 공동체주의가 급성장을 하며, 1980년대와 1990년대에는 반정부, 반세금, 인종차별적인 성격의 공동체들과 기독교운동의 일환으로 공동체들이 눈에 띄게 증가했다. 또 1960년대와는 달리 젊은 세대가 아니라 주로 은퇴한 세대들로 구성되고 있다. 가장 큰

41_ 오제명 외, 앞의 책, 233-34쪽.
42_ 길혀-홀타이, 앞의 책, 86-87쪽.

기독교 코뮌운동은 미국과 캐나다에 약 400군데, 4만여 명의 회원을 갖고 있다.(244-45)

코뮌운동이 1980-1990년대에 들어와 좌파적 성격에서 우파적 성격으로 반전한 것은 코뮌운동이 사회 전체의 문화정치적 흐름의 변화와 직결되어 있다는 사실을 잘 보여준다. "사회운동과의 관련성이 없다면, 자율성은 내가 그것을 사용하는 방식과는 관계없는 많은 것들을 의미할 수도 있다. 즉 자유시장과 민족적(또는 인종적) 독립에 아주 본질적인 부르주아 개인주의적인 개인 관념을 의미할 수도 있다."[43] 이는 코뮌운동이 그 자체로 긍정적인 운동일 수 없으며 오직 착취와 억압과 위계에 반대하는 전사회적 투쟁과의 지속적 연결 속에서만 의미있는 운동이 될 수 있음을 뜻한다.

코뮌은 대안적 가족 구성을 포함하는 대안적 생활공동체 차원과 함께 정치적-경제적-문화적 차원 모두에서 대안사회의 작동 메커니즘을 선취하는 복합적 실험체[44]일 때 유의미할 수 있다. 자본주의 사회 전체의 작동 방식을 변환하기 위한 대항권력과 대항제도를 창조적으로 구성해가는 이런 작업은 그러나 '아래로부터의 접근'만으로는 부족하며 '위로부터의 접근'과 선순환 구조를 취할 때에만 진전될 수 있다. 이는 자본과 국가를 넘

43_ 조지 카치아피카스, 『정치의 전복: 1968 이후의 자율적 사회운동』, 윤수종 옮김, 이후, 2000, 390쪽.

44_ 1960년대의 급진적인 코뮌운동에서 크게 세 가지 이념을 추출해볼 수 있다. ① 먼저 코뮌을 투쟁적인 자치조직이며 동시에 직접민주주의를 구현할 수 있는 효과적인 모델로 상정한 경우였다. 현실 사회주의와 자본주의의 의회민주주의에 환멸을 느낀 학생들과 젊은 지식인들은 직접민주주의를 실현할 수 있는 평의회 민주주의적인 대안정치의 구현체로 코뮌을 설립하고자 했다. ② 다른 하나는 대안적 삶의 방식의 모색으로 자본주의 사회의 길들여진 주거 형태인 가족과 경쟁적 노동규율을 해체할 목적으로 공동생산과 공동소비 그리고 일상의 공유를 위해 코뮌을 설립하고자 했다. ③ 새로운 욕구와 상상력을 허용함으로써 혁명적 사회에 걸맞은 새로운 인간상을 만들어내려는 것이 당시 코뮌의 세 번째 이념이라고 할 수 있다(오제명 외, 앞의 책, 230-31쪽).

어서는 삶의 양식을 미래로 유예하지 않고 '지금, 여기에서' 실천하려는 코뮌운동이 자본·국가를 비판하는 사회운동 및 국가 권력의 장악을 통해 국가 장치의 변형과 해체를 의도하는 당 운동과 이율배반적 갈등 관계에서 벗어나 서로 톱니바퀴와 같이 함께 맞물려 상보적 연결망을 이루어야 함을 뜻한다. 그럴 때라야 68혁명의 좌절을 넘어설 수 있다. 하지만 아직까지 우리 사회에서는 이런 문제의식이 확산되지 못하고 있고, 이런 복합적 실천들이 시도되지도 못하고 있다. 이는 발리바르의 우려와 같이 좌파운동들이 여전히 국가주의/무정부주의의 거울반사와 같은 '덫'에 갇혀 있다는 증거이다.

6. 나가며

68혁명에서 급진적 학생과 지식인들은 분명히 부분적인 개혁이 아니라 기성의 자본주의와 사회주의 국가와 제도 전반의 총체적 변혁을 요구했다. 그러나 그 요구들은 기성 제도의 반대에 대해서는 일치했지만, 대항 제도의 구성에 관해서는 일치가 아닌 불일치, 연결이 아닌 분리로 나아감으로써 급속히 소멸하게 됐다. 그럼에도 불구하고 당시 새롭고도 급진적인 방식으로 제기됐던 자연과 인간, 인간과 인간의 관계의 반권위주의적 변혁, 인간 역능의 확장을 포함한 주체양식과 생활양식의 변혁(문화혁명)이라는 문제제기는 여성운동과 녹색운동, 이주노동자 운동, 장애와 각종 차별에 저항하는 다양한 소수자 운동의 형태로 지속적으로 발전, 확산되어 왔다. 그러나 이런 운동들의 발전에도 불구하고 이들과 생산양식을 변혁하려는 전통적 운동들은 오늘날까지도 여전히 분리되어 있다.

이 두 차원의 분리가 지속될수록 좌파의 정치적 공간은 점점 더 협소해질 수밖에 없음을 지난 40년의 역사가 보여주고 있다. 이제 미국헤게모니의 붕괴와 함께 이행의 시대가 다가오는 상황에서 과거의 실패를 반복하지 않고 전진하기 위해서는 여럿으로 분할된 맑스를 하나의 맑스로 통합하고, '규제적 이념'으로서의 코뮌주의라는 역동적 전망 하에서 더 심원하고 확장된 형태의 입체적이고 역동적인 계급적·비계급적 좌파 간 연대체계를 하루 속히 창안해 나가야 한다.

제 2 부

코뮌주의와 문화사회론

04

맑스적 코뮌주의의
'문화사회적' 성격과 이행의 쟁점

1. 들어가며

지구적 생태위기와 양극화가 가속화되는 가운데 최근 남미에서 변화의
물결이 확산되면서 곳곳에서 사회주의·코뮌주의에 대한 논의가 활발해지
고 있다. 하지만 이 용어들에 결부된—20세기의 현실사회주의—'역사적 트
라우마가 대안사회를 향한 자유로운 도약의 발목을 잡고 있는 부분도 상
당한 듯하다. 뒷덜미를 붙잡는 이런 장애를 극복하려면 심층적인 정신분석
과 역사 재해석이 필요하다. "19-20세기 사회주의 운동"을 역사화함과 아
울러 코뮤니즘을 "코뮌주의"로 재번역하고, 스탈린주의와 일국사회주의론
에 대한 철저한 비판 및 사회주의와 코뮌주의의 재정의, 맑스 사상과 고전
맑스주의를 변별하려는 노력들이 활발히 전개되는 것은 이 때문이다. 하지
만 과거의 오류 비판에서 멈추지 말고, 21세기 자본주의 극복의 전망과 경
로를 실질적으로 제시할 수 있어야 한다. 최근 필자를 포함한『문화/과학』
편집동인들이 '문화사회론'[1]을 가다듬고 보완하는 데 주력하는 것은 이런
맥락에서이다.

과거의 모델(역사적 사회주의, 역사적 공산주의)은 국가자본주의(임노동 관계의 변형된 지속과 전체주의적 억압·착취 기제) 및 발전주의적 생태파 괴적 성격 때문에 애당초 대안이 될 수 없었다. 또 오늘에도 산재하는 공동 체주의나 무정부주의 운동 역시 그 고립적 성격 때문에 자본주의 극복이

1_ 『문화/과학』의 '문화사회론'은 『문화/과학』 15호부터 47호까지 참고하기 바람.
심광현, 「사회적 경제'와 '문화사회'로의 이행에 관하여」(15호, 1998년 가을, 특집: 문화와 경제); 강내희, 「노동거부의 사상—진보를 위한 하나의 전망」, 홍성태, 「생태위기와 생태론적 전환—새로운 생태사회를 향한 전망」(16호, 1998년 겨울, 특집: 21세기와 진보의 새로운 전망); 강내희, 「문화사회를 위하여」, 홍성태/고길섶/이동연, 「내가 꿈꾸는 문화사회」, 심광현, 「문화사회'를 향한 새로운 문화운동의 과제」, 이동연, 「문화사회로의 전환을 위한 예술운동의 과제들」(17호, 1999년 봄, 특집: '문화사회'로의 전환); 심광현, 「문화과학에 대한 비판과 반비판의 '메타로그': 탈근대적 문화정치의 구상과 문화사회로의 전환을 위하여」(18호, 1999년 여름, 특집: 오늘의 민주주의); 강내희, 「노동거부와 문화사회의 건설」(20호, 1999년 겨울, 특집: 노동과 노동거부); 심광현, 「교육개혁과 문화교육운동」(27호, 2001년 가을, 특집: 문화와 교육); 심광현, 「이데올로기 비판과 욕망의 정치학의 '절합': 생태적 문화사회를 향한 문화정치적 도약」(30호, 2002년 여름, 특집: 이데올로기와 욕망); 심광현, 「자본주의로부터 해방된 시장」(32호, 2002년 겨울, 특집: 시장); 심광현·정은희, 「문화교육 관점에서 본 교육정책의 재구조화 방향」(33호, 2003년 봄, 특집: 제국주의, 제국, 미국); 『문화/과학』 편집위원회, 「문화사회론: 좌파의 사회운동 혁신과 그 쟁점들」(34호, 2003년 여름, 특집: 한국의 지식, 지식인); 강내희, 「위험사회, 노동사회, 문화사회」(35호, 2003년 가을, 특집: 위험사회); 심광현, 「위험사회를 넘어 문화사회로: 참여정부 문화비전 중장기 과제와 전망」(36호, 2003년 겨울, 특집: 과학기술의 사회적 쟁점들); 고길섶, 「나의 백수일자—코뮌놀이의 즐거움」(37호, 2004년 봄호, 특집: 위기의 청년); 심광현, 「문화사회를 위한 문화 개념의 재구성」(38호, 2004년 여름, 특집: 오늘, 문화란 무엇인가); 심광현, 「신자유주의 시대의 휴머니즘 비판과 다중의 생태주의 문화정치」(41호, 2005년 봄, 특집: WTO와 휴머니즘); 『문화/과학』 편집위원회, 「문화사회로 나아가는 통일을 상상하자—통일정책의 문화적 재구성」(42호, 2005년 여름, 특집: 동북아시아와 민족 문제); 심광현, 「위기의 한국경제 생태문화적 리모델링의 전망」(43호, 2005년 가을, 특집: 한국경제, 문화로 넘다); 홍성태, 「한국사회의 재구조화와 문화변동—생태적 문화사회를 향하여」(44호, 2005년 겨울, 특집: 한국정치의 문화적 재구조화); 문강형준, 「노동사회 비판과 문화사회의 이론적 지도」, 심광현, 「문화사회적 사회구성체론을 위한 시론」, 홍성태, 「생태문화사회와 사회운동」, 고길섶, 「생태문화사회—나의 상상, 나의 실험」(46호, 2006년 여름, 특집: 한미FTA를 깨고 문화사회로); 강내희, 「신자유주의 세계화를 넘어 대안적 세계화로」, 김세균·권영근·강내희·심광현·이동연 좌담, 「신자유주의 세계화 비판과 대안 모색」(47호, 2006년 가을, 특집: 신자유주의 세계화 비판).

아니라 그 내부의(또는 외부의) '섬'으로 머물고 있을 뿐이다. 위로부터 혹은 아래로부터 등장한 제반 대안들의 편향성을 비판하며 총체적 관점에서 자본주의 극복과 실제적 대안을 모색했던 맑스 사후 130여년이 지나도록 이런 사정은 크게 개선되지 않고 있다.

이 글의 목적은 맑스가 생각했던 코뮌주의 사상의 요체가 '노동사회' 비판과 '문화사회' 구성에 있으며, 이는 먼 미래에 저절로 도래할 유토피아적-공상사회가 아니라 오직 '지금 여기에서의 복합적 실천'을 통해서만 구현될 수 있는 현실적 희망임을 밝히려는 것이다. 21세기 대안사회·대안 세계화의 길을 찾기 위해 맑스의 문제의식으로 되돌아갈 때 계승해야 할 핵심은 바로 '어소시에이션'이라는 대안과 자본주의에 대한 과학적 분석의 결합, 즉 '유토피아적-과학적' 문제설정2이라는 맑스 사상의 독특한 이론적 위상이다. 물론 맑스는 자본주의에서 코뮌주의로의 이행의 경로와 주체 형성을 위한

2_ 맑스는 오엔이나 푸리에가 자본주의 극복보다는 고립된 공동체 내에서 '도덕경제'를 실현하려는 공상에 사로잡혀 있었기 때문에 유토피아적이라고 비판하고, 그 자신은 자본주의 생산양식 전체의 실질적 변혁을 연구했다. 하지만 맑스는 자본주의의 작동 메커니즘과 그 모순적 경향성에 대한 과학적 분석에 천착하면서도 오웬과 푸리에의 "어소시에이션"을 대안의 핵심으로 계승했다. 어소시에이션과 그 주체로서 노동자연합이라는 맑스의 대안은 이후 '유토피아적 사회주의'에서 '과학적 사회주의로'의 진보를 주장한 엥겔스와 레닌에게서 희석·실종되었다는 사실은 이후 평의회주의(소비에트)에 대한 억압과 국가자본주의로 변질된 러시아 혁명의 역사적 경로와 직·간접적 연관이 있다고 본다. 이런 점에서 고전 맑스주의가 주창한 '과학적 사회주의'란 사실상 '유토피아 사회주의'의 편향에 대한 반대 편향에 다름 아니라고 할 수 있다. "자유롭고 평등한 생산자들의 연합"이라는 대안을 현실화하려면 과학적 탐구만으로는 부족하다는 성찰이 필요하다. 연합적 생산양식의 주체들에게 요청되는 자립성과 자발성과 연대의 역능은 경제법칙의 과학적 발견만으로 형성되기 어렵기 때문이다. 과학적 분석과 생태적-문화정치적 문제의식이 결합되어야 하는 이유가 여기에 있다. 이런 점에서 유토피아 사회주의와 맑스의 차이는 과거에 오해했던 것처럼 절대적이라기보다는 상대적인 것이다. 물론 그 차이를 상대화한다고 해서 자본주의에 대한 과학적 분석의 유무라는 중대한 차이가 사라지는 것은 아니다. 우리가 맑스 사상의 요체를 '어소시에이션'이라는 대안과 자본주의에 대한 과학적 분석을 양자택일적으로 사고하는 대신, 오히려 양자를 '절합'하려 했던, 즉 '유토피아적-과학적' 문제설정이라는 절합적 사고로 파악하려는 것은 이 때문이다.

실천적 과제를 구체적으로 제시하지 않았고, 새로운 사회의 성격과 삶의 방식에 대해서도 불충분하게 언급했을 뿐이다. '문화사회론'은 이런 한계를 인식하면서 맑스 사상의 합리적 핵심을 새롭게 해석하고, 그 사상의 공백을 오늘의 상황에 맞춰 채워나가면서 21세기 대안사회의 성격이 '코뮌주의 문화사회'임을 명료히 함과 아울러 그를 향한 이행전략을 구체화하기 위한 이론적-실천적 논의이다.

2. 코뮌주의와 문화사회

흔한 오해와 달리 맑스는 '위로부터의' 계획은 사회주의가 아니라 오히려 자본주의에 고유한 것으로 파악하면서 그것의 '전제적' 성격을 비판했다. 맑스는 자본주의의 전제적인 계획생산에 대해 자유로운 생산자들의 연합을 대치시켰으며 후자로부터 비로소 생산의 진정한 재조직과 '아래로부터의 계획'이 이루어질 수 있다고 생각했다. 맑스가 사회주의를 경제 전체의 계획과 동일시한 프루동을 비판했던 것도 같은 이유였다.[3]

> 자본가의 지휘는 그 내용에서는 이중적 성격을 띠고 있는데, 그것은 그가 지휘하는 생산과정 자체가 한편으로는 생산물의 생산을 위한 사회적 노동과정이며, 다른 한편으로는 자본의 가치증식과정이라는 이중적 성격을 띠기 때문이다. 그러나 자본가의 지휘는 그 형식에서는 전제적이다…끝으로 기분전환을 위하여 공동소유의 생산수단으로써 일하며 또 자기들의 각종의 개인적 노동력을 하나의 사회적 노동력으로서 의식적으로 지출하는 자유인들의 연합체를 생각해 보기로 하자… 특정한 사회적 계획에 따른 노동시간 배분은 연합체의 다양한 욕망과 각종의 노

3_ 정성진, 『마르크스와 트로츠키』, 한울출판사, 2007, 46쪽.

동기능 사이의 적절한 비율을 설정하고 유지한다.[4]

전제적 성격을 지닌 '위로부터의 계획경제'(스탈린주의적 계획이든 케인스주의적인 통화정책이든 또는 신자유주의적 조세 및 금융정책 등)는 여러 분배항들(임금, 지대, 이자, 이윤 등)의 비율을 이렇게 저렇게 조절하더라도 전체 흐름에서는 모든 노동력을 철저하게 자본축적의 도구로 기능하게 만드는 큰 틀을 유지한다. 따라서 자본주의 극복은 여러 분배 항들 간의 비율을 바꾸거나(흔히 '성장인가 분배인가'라는 이데올로기) 시장경제를 계획경제로 대체하는 데 있는 것이 아니라 오히려 기왕에 축적된 자본/상품이 단지 인간 활동의 수단으로만 기능하도록 전체 사회경제 순환의 구조와 성격을 전면 전환할 때 가능하다. 노동이 단지 자본축적의 수단으로만 기능하는 생산양식이 아니라 오히려 축적된 모든 생산수단과 자원이 모든 개개인의 주체적 역능(지적·정서적·윤리적·신체적 역능)의 증진이라는 목표에 맞게 배치되고 사용되는 새로운 생산양식으로의 전환이 그것이다. 맑스는 이미 「코뮌주의자 선언」(1848)에서 자본주의 극복의 진정한 의미를 다음과 같이 명료히 설명한 바 있다.

부르주아 사회에서 살아 있는 노동은 축적된 노동을 증식시키기 위한 수단일 뿐이다. 코뮌주의 사회에서 축적된 노동은 노동자들의 생활과정을 확장시키고 풍요롭게 하며 후원하는 수단일 뿐이다. 이와 같이 부르주아 사회에서는 과거가 현재를 지배하나, 코뮌주의 사회에서는 현재가 과거를 지배한다. 부르주아 사회에서는 자본이 자립적이며 개성적인 반면에 활동하는 개인은 비자립적이며 비개성적이다.[5]

4_ 칼 맑스, 『자본론 1권-상』, 김수행 옮김, 비봉출판사, 1999(초판 11쇄), 99쪽.
5_ 칼 맑스, 「공산주의 당 선언」, 『칼 맑스·프리드리히 엥겔스 선집 1권』, 최인호 외 옮김, 박종철 출판사, 2005(초판 13쇄), 414-15쪽.

부르주아 사회 대 코뮌주의 사회의 내용적 차이를 극명하게 보여주는 대목이다. 이 글을 부연 해석하면 다음과 같은 의미가 될 것이다. 부르주아 사회가 축적된 노동(죽은 노동, 자본)의 증식을 위해 산노동을 강제하고 착취하는 사회, 사회성원들이 맹목적으로(소외된 노동임에도 불구하고) 노동을 최우선시하고 찬양하게 만드는 사회라면, 코뮌주의 사회는 축적된 노동이 오직 노동자들의 생활과정을 확장시키고 풍요롭게 만드는, 그리하여 노동자들의 문화적 역능이 활짝 개화할 수 있도록 후원하는 수단으로서만 기능하는 사회이다. 부르주아 사회는 자본축적을 위한 소외된 노동이 제일의 사회적 가치가 되는 '노동사회'라면, 코뮌주의 사회는 개개인의 문화적 역능의 개화가 제일의 사회적 가치가 되는 '문화사회'이다. 과거가 현재를 지배하는 부르주아 노동사회에서는 자본은 자립적이고 개성적인 반면, 활동하는 개인은 비자립적이며 비개성적이다. 반면 현재가 과거를 지배하는 코뮌주의 문화사회에서는 활동하는 개인은 자립적이며 개성적인데 반해, 자본(축적된 노동)은 비자립적이고 비개성적이 된다.

하지만 이후 맑스의 이런 주장은 망각되고, 부르주아 사회와 코뮌주의 사회의 구별기준은 사적 소유나 계획경제의 유무 같은 경제주의적인 것으로 오해·왜곡되어 왔다. 코뮌주의가 '공산주의(집산주의)로 오역되어 왔던 것도 이런 근본적 오해·왜곡의 무의식적 반영이다. 'communism'을 '코뮌주의'로 재번역하는 일이나, 부르주아 사회를 노동사회로, 코뮌주의 사회를 문화사회로 새롭게 명명하려는 것은 널리 만연된 이런 오해·왜곡을 해체하고, 맑스적 코뮌주의 사회의 정체성을 바로 잡기 위함이다. 물론 '코뮌주의 사회=문화사회'라고 할 때 코뮌주의 사회에서는 노동 자체가 모두 소멸되고 문화활동만이 남는다는 뜻이 아니다. 코뮌주의 사회에서도 노동은 남게 될 것이지만 그때 노동의 의미와 성격은 부르주아 사회에서의 소외된 노동과는 달리 소외되지 않은 노동, 인류 진화의 정점에서 '유적 인간의 문화적 잠재력을 실현해 나가는 노동, 즉 문화활동으로서의 노동으로 변하게 될 것이다. 그와 동시에 문화의 성격과 의미 역시 부르주아 사회에서 통용되는 상품화된 문화의 성격과 의미와는 전혀 다르게 변하게 될 것이다.[6]

맑스 자신이 '노동사회'나 '문화사회' 같은 표현을 사용하지는 않았다. 그러나 『요강』의 다음과 같은 구절은 내용적으로 볼 때 부르주아 사회에서 코뮌주의 사회로의 전환이란 곧 노동사회에서 문화사회로의 전환에 다름 아니라는 점을 확언해 준다.

> 노동은 더 이상 생산과정에 포함되어 있는 것으로 나타나지 않고, 오히려 인간이 생산과정 자체에 감시자와 규율자로서 관계한다. …그는 생산과정의 주행위자가 아니라 생산과정 옆에 선다. 이러한 변환에서 생산과정의 커다란 지주로 나타나는 것은 인간 스스로 수행하는 직접적인 노동도 아니고, 그가 노동하는 시간도 아니며, 그 자신의 일반적인 생산력의 점취, 그의 자연 이해, 사회적 형태로서의 그의 현존에 의한 자연 지배—한 마디로 사회적 개인의 발전이다. …이에 따라… 개성의 자유로운 발전, 따라서 잉여노동을 정립하기 위한 필요노동 시간의 단축이 아니라 사회의 필요노동 시간의 최소한으로의 단축 일체, 그리고 여기에는 모든 개인들을 위해 자유롭게 된 시간과 창출된 수단에 의한 개인들의 예술적, 과학적 교양 등이 조응한다.[7]

이런 형태의 "사회적 개인"의 완전한 발전을 위해 필요한 물질적 조건은 "사람이 사물에 시켜서 할 수 있는 것을 사람이 하는 것 같은 노동이 중지" 되는 것이며, "노동자 대중 자신이 자신의 잉여노동을 영유"하는 것이다. 코뮌주의 사회에서는 현재가 과거를 지배하기 때문이다. "이전의 모든 혁

6_ 강내희, 「코뮌주의와 문화사회」, 『문화/과학』 50호, 2007년 여름 참조.
7_ 칼 맑스, 『정치경제학 비판 요강 II』, 김호균 옮김, 백의, 2001(제2판), 380-81쪽.

명에서는 활동양식은 언제나 변하지 않았으며 단지 노동을 새롭게 분배하는 것이 문제였다…. 하지만 코뮌주의 혁명은 기존 활동양식의 변혁을 지향하며 노동을 폐지한다."(*MEGW*, vol.5, 52) 노동을 새롭게 분배하는 것이 아니라 활동양식을 변혁하여 "노동의 폐지"(*MEGW*, vol.5, 77, 80, 87-88, 205)8와 더불어 "모든 개인들을 위해 자유롭게 된 시간과 창출된 수단에 의한 개인들의 예술적, 과학적 교양 등"을 통해 "생활과정을 확장하고 풍요롭게 하는 사회", 이것이 곧 노동사회가 아닌 문화사회가 아니고 무엇이겠는가? 이렇게 코뮌주의 사회의 성격을 노동사회가 아니라 문화사회라고 명명하는 것은 단지 수식어를 부가하는 것에 불과한 것일까? 결코 그렇지 않다.

그동안 코뮌주의 사회가 어떤 성격의 사회인지 불분명했다는 점이야말로 사실상 수많은 병폐의 주원인이었다고 본다. 코뮌주의=사적 소유의 철폐와 계획경제의 실시로 오해했던 것도 그 대표적인 예이다. 이런 오해는 결국 사회주의와 코뮌주의를 혼동하는 결과를 초래하고, 이행의 방향과 방법을 왜곡하는 결과를 초래했다. 또 맑스주의가 자본주의 비판에는 능하지만 대안 제시에는 무능하다는 비판에 올바로 대응하지 못한 것도, 그에 따라 맑스주의의 대중화가 불가능했던 것도 이와 무관치 않다. 어디로 가는지가 불투명한 상태에서는 차라리 현상태를 유지·개선하거나 또는 방어하려는 관성의 힘이 더 크기 때문이다. 이런 점에서 코뮌주의가 노동사회가 아니라 문화사회임을 해명하는 작업은 그동안 자본주의에 '대한 비판적 분석에 수동적으로 머물러온 맑스주의가 맑스 사상의 핵심을 새롭게 복원하여 대안사회 구성을 위한 창조적·공세적인 이론과 실천으로 전환하기 위해 필수적으로 통과해야 할 첫 관문이라고도 할 수 있다.

8_ 정성진, 앞의 책, 54쪽 재인용.

3. 시장과 화폐라는 쟁점

이 관문을 통과하려 할 때 해결해야 할 몇 가지 쟁점이 있다. 국가와 시장
과 화폐에 관한 논란이 그것이다. 이중 국가에 관해서는 이미 다른 글들[9]에
서 다룬 바 있으므로 여기에서는 코뮌주의 사회에서 시장과 화폐가 존속
또는 폐지되어야 할 것인가라는 쟁점을 다루려고 한다.

이종영에 따르면 맑스는 『1844년 초고』와 『신성가족』에서는 사적 소유
를 철폐함으로써 자본주의를 지양할 수 있다고 생각했지만, 『독일 이데올로
기』에서부터 『정치경제학 비판 요강』을 거쳐 『자본론』에 이르기까지는 일
관되게 자립적 개인들의 연합에 의한 생산수단의 소유라는 형태를 통해 노
동자적 소유와 개인적 소유를 결합적으로 사고했고, 「프랑스에서의 내전」
과 「토지의 공유화」(1872)에서는 코뮌주의를 더 이상 사적 소유의 폐기라는
단순한 부정적 형태로 사고하는 것이 아니라 연합적 소유, 개인적 소유, 협
동조합적 소유, 공공적 소유 등의 포지티브한 형태들을 통해 사고했다고 한
다.[10] 이런 논거 하에서 이종영은 『자본론』의 맑스를 따라 '사적 소유'와 '개
인적 소유'를 구별한다. 맑스가 말하듯, 사적 소유가 그 배타성으로 인해 타
자에 대해 파괴적 성격을 갖는 반면, 개인적 소유란 타자와의 공존적 관계를
내포하기 때문에 자본주의적 사적 소유가 코뮌주의에서는 생산수단의 공유
에 입각한 개인적 소유로 전환되는 것이라고 주장한다. 이런 해석에 입각하

9_ 심광현, 「맑스주의의 전화와 생태적 문화사회론」, 『한국의 맑스주의 지형 연구』(2007
 문화사회아카데미 자료집), 문화사회연구소, 2007. 1. 18-2. 7; 심광현, 「변혁과 탈주의
 이분법을 넘어서」, 『문화사회와 문화정치』, 문화과학사, 2003 참조. 국가와 정치는 오
 직 환상 속에서만 존재할 수 있는 무갈등 사회에서만 폐지되거나 사멸될 수 있다.
 뒤에서 밝히듯이 코뮌주의 사회에서는 맑스가 파리코뮌을 보고 구상했던 '코뮌국가'
 와 같이 인민에게 봉사하고 지배와 착취관계를 근절시키는 새로운 유형의 국가와 정
 치가 필요하다.
10_ 이종영, 「소유의 역사적 체제들」, 『진보평론』 30호, 2006년 겨울, 299-300쪽.

여 이종영은 토지에 대한 공공적 소유, 생산수단에 대한 협동조합적 소유, 주택에 대한 코뮌적 소유, 소비수단에 대한 개인적 소유 등의 복합적 소유형태들의 접합구조를 코뮌주의적 소유체제로 보자고 제안한다.11 맑스도 이와 유사한 내용을 이미 「코뮌주의자 선언」에서 말한 바 있다.

> 임금노동자가 자신의 활동을 위하여 전유하는 것이란 자신의 헐벗은 삶을 재산출하는 데에 족할 뿐이다. 우리는 직접적 생활의 재산출을 위한 노동 생산물들의 이와 같은 **개인적 전유, 즉 타인의 노동에 대한 지배력을 가져다 줄만한 순이익을 조금도 남기지 않는**(강조는 필자) 전유는 결코 철폐하려 하지 않는다. 우리는 다만, 노동자가 자본을 증식시키기 위해서만 생활하며, 지배계급의 이해관계가 필요로 하는 한에서만 그 속에서 생활하는 그러한 전유의 비참한 성격을 폐기하려고 할 뿐이다.12

직접적 생활의 재산출을 위한 노동생산물의 '개인적 전유의 비참한 성격을 폐기'한다는 것은 자유롭고 평등한 개인들의 연합사회인 코뮌주의 사회에서 개인들의 자립적이고 개성적인 발전을 위한 필요조건의 하나를 지칭하는 것이다. 그러나 그간 코뮌주의를 사적 소유의 철폐와 동일시해온 관성으로 인해 개인적 자유와 소유의 관계는 제대로 해명되지 못해왔다. 개인에게 있어서 일정량의 물질적 소유는 자유의 필요조건의 하나이다.

칸트에 의하면 소유권이란 자신의 신체를 자연적 한계를 넘어서 어느 정도까지 확장시키며 동시에 모든 타인들에게 그들의 가처분 공간의 한계, 즉 자유의 한계를 표시해 준다. 달리 말하면 개인적 소유는 개인들 간의 환원불가능한 차이와 거리(아무리 사랑하는 사이일지라도 유지해야 하는 최소한의

11_ 같은 글, 291쪽.
12_ 칼 맑스 「공산주의 당 선언」, 414쪽.

신체적·물리적 거리)의 물질적 표현, 즉 개인적 자유의 외적 표현의 물질적 수단이다. 따라서 칸트적 소유권은 사회적 조망에서 외적 자유의 본성에 대한 이성적 숙고 이외의 어떤 다른 것으로부터 도출될 필요가 없다. 사회적 조망에서의 외적 자유의 본성에 대한 이성적 숙고란, 무제한의 자유를 뜻하는 것이 아니라 "다른 모든 사람들의 동일한 자유와 보편적인 법칙들에 따라서 조화될 수 있는 외적 자유만이 본유적인 것"으로 사회적으로 유의미한 개인적 소유라는 것은 모든 타인의 자유로운 처분권과 공존할 수 있는 정도의 자유로운 처분권을 의미한다. 이것은 맑스가 개인적 소유를 허용한 이유가―타자에 대해 배타적이고 파괴적인 관계를 갖는 부르주아적인 사적 소유와는 달리―타자와의 비배타적·공존적 관계를 갖는 한에서라는 것과도 같은 의미이다.

이런 공존적 관계 속에서 개인적 소유는 타인의 소유와 상보적일 수 있고, 이를 통해서 "타인을 수단으로서"(자신의 신체와 개인적 소유물의 자유로운 처분권의 거리와 공간을 유지하기 위해 어느 정도 불가피하게 타인을 밀어내는 방식)만이 아니라 동시에 "목적으로"(타인의 소유권을 침해하지 않고 자기 자신의 소유권과 같이 존중하는 방식으로) 대할 수 있게 될 것이다. 이런 한에서 공동소유는 (공존적이고 상보적인 형태의) 개인적 소유와 대립물이 아니라, 오히려 서로 침해받지 않는 개인적 소유들 간의 "가족적 유사성"(비트겐슈타인)의 그물망과 같은 것이라고 할 수 있다.[13] 토지에 대한 공공적 소유, 생산수단에 대한 협동조합적 소유, 주택에 대한 코뮌적 소유, 생

13_ 심광현, 「자본주의로부터 해방된 시장」, 『문화사회와 문화정치』, 50-51쪽. 당시에는 개인적 소유와 사적 소유를 구별하지 않고 '사적 소유'의 서로 다른 두 형태, 즉 타자를 수단으로만 대하는 배타적이고 무제한적인 사적 소유와 타자를 수단이자 동시에 목적으로 대하기에 공생 가능한 사적 소유로 구별하였다. 여기서는 양자의 구별을 명료히 하기 위해 이종영을 따라 전자를 사적 소유로, 후자를 개인적 소유로 구별하여 기술하였다.

활수단에 대한 개인적 소유 등으로 구성된 복합적 소유형태들의 접합구조를
보다 확장하여 다이어그램화해 본다면 다음과 같은 복합적 소유의 가족적
유사성의 그물망이 드러나게 될 것이다.

대상 \ 소유형태	공공적 소유	조합적 소유	코뮌적 소유	개인적 전유
토지	○			
생산수단·미디어	○	○	○	
교통수단	○	○	○	○
주택		○	○	○
생필품			○	○

물론 개인적 전유를 단순 생필품에 한정하지 않고 위와 같이 교통·미디
어 수단과 주택으로까지 확대한다는 것에 반대할 수도 있다. 그러나 현대사
회에서 교통·미디어 수단은 개인의 신체적·감성적 자유의 필수조건에 속
한다는 점, 주택 역시 개인의 신체적 자유를 위해 필요한 물리적 공간적 거
리의 확보라는 점을 인정한다면, 문화사회에서 각 개인의 자유롭고 자립적
인 발전을 위해 개인적으로 전유 가능한 생활수단에 포함시켜야 할 것이
다.(물론 철도, 항공, 해운, 대중교통 같은 교통수단은 공공적·조합적 소유
에 국한해야 한다.) 특히 생활수단의 획일적 공급이 바람직하지 못한 이유
는 각 개인의 취향과 기호의 개성적 차이를 존중할 수 있어야 하기 때문이
다. 물론 이 경우에도 상속권의 폐지와 전유 대상의 규모의 상한선과 하한
선, 처분권의 공공적 제한은 필수적일 것이다. 이런 전제 하에서 개인적
전유의 대상이 되는 일정한 범위의 생활수단은 어떻게 공급되고 소비될
수 있는가? 개인적 전유의 대상 폭에 일정한 범위의 상한선과 하한선이
설정되고 일정한 구매권과 처분권이 허용된다면 이는 '노동성과'14의 차이
에 따른 구매능력의 차이와 유통망을 필요로 할 것이다. 물론 물품들의

1차 공급은 협동조합이나 공동체를 통해 이루어질 수 있으나 2차적인 유통은 벼룩시장에서의 물물교환과 같은 방식의 비자본주의적 시장을 통해서 이루어질 수 있다.

화폐의 문제에 대해서도 이와 유사한 접근이 가능하다고 본다. 신용과 축적의 기능이 제거된 제한적 기능의 화폐를 생각해볼 수 있다. 코뮌주의 사회에서는 아래로부터의 참여계획이 일반화된다고 가정할 경우 축적 기능을 가진 상품화폐는 당연히 폐절될 것이다. 이럴 경우 굳이 화폐 전반을 폐지하기보다는 오직 유통수단으로만 기능할 수 있는 세계단일화폐제를 채택할 필요도 있다.[15] 지구화된 대안사회에서도 생산수단과 소비수단의 유통은 계속되어야 하는 바 모든 분배와 유통이 물물교환으로 진행된다는 것은 상상하기 어렵다. 물론 이 문제는 계속해서 논구되어야 할 것이지만, 여기서는 일정 범위에서 개성적 선택을 위한 개인적 전유가 가능한 한 생활수단의 유통이라는 문제를 원활히(기능적으로 편리하게) 하기 위해 한정된 대상에 대해서만 한정된 기능을 갖는 화폐를 생각해볼 수 있다는 것이다. 이렇게 특정 범위에서 허용되는 개인적 전유의 문제가 중요한 이유는 코뮌주의 사회가 개인의 자립적이고 개성적인 자유로운 발전과 향유가 제일의 사회적 가치가 되는 문화사회이기 때문이다.

14_ '노동성과'를 평가하는 기준이 '노동시간'으로 제한되어야 하는가 아니면 희생과 노력을 포함하는 '노고'를 포함해야 할 것인가에 대해서는 필자의 다른 글, 「자본주의로부터 해방된 시장」과 「마르크스와 트로츠키에 대한 서평」(『문화/과학』 49호, 2007년 봄), 제3회 맑스코뮤날레(2007. 6. 28-30)에서 발표한 「코뮌적 생태문화사회의 필요조건」을 참조할 것. 정성진은 '21세기 사회주의' 프로젝트로 논의되는 세 가지 참여계획경제 모델(마이클 앨버트의 "파레콘" 모델, 드바인의 "협상·조절" 모델, 칵샷·코트렐의 "노동시간 계산 모델") 중에서 "노동시간 계산 모델"을 특권화하고 있으나 필자는 "노동시간+노고"를 기준으로 제시하는 "파레콘" 모델이 적합하다고 본다.

15_ 곽노완, 「정치경제학 비판과 21세기 금융공황」, 『진보평론』 29호, 2006년 가을, 109-11쪽.

4. 문화사회의 '사회적 개인'

코뮌주의 사회의 개인은 부르주아 사회의 개인과는 대조적으로 자립적이고 개성적인 '사회적 개인'이다. 여기서 '사회적 개인'이란 소수의 자유로운 발전이 만인의 자유로운 발전을 억압하는 부르주아 사회 속의 개인이 아니라 "각자의 자유로운 발전이 만인의 자유로운 발전의 조건이 되는 하나의 연합체"(「코뮌주의자 선언」, 421쪽) 속의 개인이다. 이런 개인은 연합체적 사회에 속해 있으면서도 자신의 자유로운 발전과 만인의 자유로운 발전의 공존을 추구하는 개인이다. 각자가 자유롭고 개성적이고 자립적이 되면 될수록 사회적이 되고, 그 역도 가능해지는 그런 상태의 개인이 곧 "사회적 개인"이다. 그런데 이것이 꿈이 아니라 인류가 실제로 도달할 수 있는 상태일까?

1960년대에 로마클럽을 창시했고, 현대 복잡계 과학의 핵심이론인 "자기-조직화 이론"을 제창했던 에리히 얀치에 의하면 개체의 형태가 집단에 의해 결정될 정도로 집단의존적인 사회적 곤충의 사회생물학적 발달과는 반대방향으로 인간은 개인이 사회집단으로부터 점점 더 큰 자율성을 갖게 되는 사회문화적 발달의 방향으로 진화한다고 한다. 이와 유사하게 마투라나·바렐라도 곤충사회와 인간사회의 차이를 다음과 같이 설명했다.16 마투라나·바렐라에 따르면 유기체란 최소의 자율성을 가진 구성요소들로 이루어진 하나의 메타체계(Metasystem)이다. 그에 반해 인간사회란 최대의 자율성을 가진 구성요소들, 즉 여러 차원에서 독립해 있는 구성요소들로 된 메타체계

16_ 에리히 얀치, 『자기 조직하는 우주: 새로운 진화 패러다임의 과학적 근거와 인간적 함축』, 홍동선 옮김, 범양사 출판부, 1995(제5쇄). 이에 따르면 인간사회에서는 통제의 차원에서는 상위수준들이 하위수준들보다 느리게 진동하는 대신 자율성과 이동성의 차원에서는 중하위 수준들이 더 빠르게 움직여야 한다(355-56쪽). 움베르토 마투라나·프란시스코 바렐라, 『인식의 나무』, 최호영 옮김, 자작아카데미, 1995, 91쪽.

이다. 곤충 같은 메타세포체들로 이루어진 사회와 인간사회는 진화의 양쪽 극단에 위치한다. 메타체계들 사이의 이런 차이란 작업적 성질의 차이이므로 때에 따라 메타체계의 상대적인 내부 역동성이 변하면 체계는 척도의 이쪽저쪽으로 옮겨갈 수 있다.

한편 그 사이에 위치한 유기체는 '메타세포'적인 체계로서 구성요소인 세포들 사이의 "구조적 접속"(Struktuelle Koppelling)[17]을 통해 생긴 작업적 폐쇄성을 가진다. 유기체 조직의 가장 중요한 측면은 유기체의 존재 방식에 있다. 종마다 유기체 안의 세포활동이 유전적, 개체발생적으로 안정되어 있고, 유기체의 규범을 어긴 세포들을 없애버리는 유기적 과정들이 있다. 인간의 사회적 체계는 이와는 다르다. 물론 인간의 사회체계도 공동체로서 구성원들 사이의 '구조-접속'을 통해 생긴 작업적 폐쇄성이 있다. 그러나 인간의 사회체계는 언어의 영역에서도 개체로서 존재한다. 인간의 사회체계의 정체성은 유기체로서 적응을 보존하는 일반적 일에 따라 좌우될 뿐 아니라 언어영역의 구성 요소로서 적응을 보존하는 일에 따라서도 좌우된다. 언어행동의 발달로 이루어진 인간 진화의 역사는 언어영역을 가능하게 한 행동의 개체발생적 "신축성"이 선택된 역사라고 할 수 있다.

유기체가 있으려면 구성요소들의 작업적 안정이 반드시 필요하듯이 사회체계가 있으려면 구성요소들의 작업적(행동의) "신축성"이 반드시 필요하다.

17_ 움베르토 마투라나·프란시스코 바렐라, 『인식의 나무』, 83쪽. 두 개 이상의 자기-생산(조직) 개체들이 주고받는 상호작용이 '재귀적'(rekursiv)이거나 안정적일 때 그것들은 <개체발생>을 하는 가운데 서로 접속하게 된다고 정의된다. <개체발생>은 허공중이 아니라 언제나 어떤 작용과 속도, 농도 따위의 특별한 구조를 지닌 매체 안에서 일어난다. 그리고 자기-생산 개체들 역시 특별한 구조를 가지고 있기 때문에 개체와 매체환경의 상호작용이 재귀적일 경우 그것은 서로에게 상호섭동(reziproke Pertubationen) 된다. 이럴 경우 환경의 구조는 자기-생산 개체의 구조에 변화를 '유발'할 뿐 명령하진 않는다. 거꾸로 환경에 대해서도 마찬가지이다. 그 결과 개체와 환경은 해체되지 않으면서 서로 맞물린 구조변화의 역사가 이루어지게 된다. 이것을 '구조-접속'이라고 부른다.

유기체가 비언어적 구조-접속을 필요로 하듯이 인간은 언어영역에서 구조-접속을 필요로 한다. 유기체의 작업방식에서 가장 중요한 것은 유기체 자체이고 구성요소들의 속성은 그에 의해 제한받는다. 그러나 인간의 사회체계에서 가장 중요한 것은 구성원들이 산출하는 언어영역과 구성원들 속성의 확장이다. 이것이 구성원들이 산출하는 언어가 실현되기 위한 필요조건이다. 유기체의 경우 '개체들이 유기체를 위해' 있다. 그러나 인간의 사회체계는 구성원들의 개인적 창조성을 넓힌다, 곧 '체계가 구성원들을 위해' 있다.

인간의 사회적 체계와 유기체는 메타체계들의 척도에서 서로 반대쪽에 있다. 다시 그 사이에는 다른 동물들이 이루는 갖가지 사회적 체계들이 있고, 인간 영역의 변질된 사회적 체계도 있다. 인간의 경우 강제로 안정된 체계를 이룰 경우 개체들의 관계와 상호작용이 조화롭고 구조적 신축성을 갖는 사회적 체계의 속성을 잃게 된다. 이런 체계는 구성원들을 비인격화함으로써 비인간적으로 된다. 마투라나·바렐라는 도시국가인 스파르타를 그 대표적 사례로 들지만 상대적으로 나아보이는 20세기 사회들도 대부분 이 상태에서 벗어났다고 보기는 어렵다.(앞서 언급한 전제적 성격을 가진 국가자본주의나 시장자본주의가 바로 그렇다.) 이런 진화론적 지도는 우리가 자본주의의 '스파르타적' 성격을 극복한 문화사회에서 개인과 사회의 새로운 관계가 어떠하게 될 것인가를 이해하는 데 생산적 가이드라인을 제공해 준다. 인간의 경우 사회가 발달할수록 개인의 자율성이 증대하며 개인들 간의 구조-접속과 상호작용은 조화를 이루는 것이 진화의 법칙이라면 말이다.

이런 사실은 우리가 사회에 대해 갖고 있는 일반적인 통념을 깨게 해준다. 국가자본주의와 시장자본주의로 대립해온 20세기의 냉전체제는 사회가 우선이냐 개인이 우선이냐라는 허구적 양자택일을 강제해 왔다. 그러나 생태학적 맥락에서 볼 때 이런 양자택일적 사회는 인류의 진화적 흐름을 심각하게 왜곡시키는 것이다. 마투라나·바렐라의 설명이 밝혀주는 진실은 정상적

인간의 사회체계는 사회가 발달할수록 개인의 자율성이 증대하는 그런 사회체계라는 것이다. 맑스가 "사회적 개인", "유적 인간", 또는 "자유로운 개인들의 연합"이라고 말한 것은 바로 이런 상태에 도달한 사회와 개인의 관계를 두고 하는 말이다. 스파르타적 노동사회에서 코뮌주의 문화사회로의 이행은 인류가 지속적으로 전진해 나가야 할, 사회적일 뿐 아니라 자연사적 진보의 방향임이 이렇게 해명될 수 있다.18

5. 이행의 쟁점

하지만 부르주아 사회에서 코뮌주의 사회로, 노동사회에서 문화사회로의 이행이 하루아침에 이루어질 수 없는 이유도 바로 여기에 있다. 실제 사회는 다층적 수준들(최소 9개의 심급들)로 구성된 복합체이기에 그 수준 중 어느 하나가 바뀐다고 해서 나머지 모두가 뒤따라 저절로 바뀌는 것이 아니기 때문이다. 이행의 문제는 환원주의적 결정론(토대-상부구조론)이나 선형적 단계론(자본주의-사회주의-공산주의)의 문제가 아니라 비환원주의적 중층결정론(다차원적 사회적 심급들 간의 중층결정)의 다수준적 과정이자 사회체계 전체의 비선형적·공시적 변형의 과정일 수밖에 없다. 그동안 이행의 문제를 올바로 사고하지 못했던 것은 전자의 문제틀에서 벗어나지 못했기 때문이다. 알튀세르가 처음으로 제기했으나 끝까지 천착하지 못했던 후자의 문제틀에 입각해볼 때 이행의 문제는 굵직한 선을 따라가 보아도 국가권력의 장악을 통한 국가장치의 해체와 변형, 아래로부터 평의회의 동시적 건설과 확산, 생산양식과 주체양식의 동시적 변형을 포함하는 복합적 과정이다.

18_ 보다 자세한 내용에 대해서는 심광현의 『프랙탈』, 현실문화연구, 2005의 「제3장 인간생태학」, 「제4장 문화생태학」, 「제5장 주체성의 새 지도」를 참조할 것.

이 과정은 어떤 정해진 순서가 있는 것도 정도에 따라 단계적 등급이 정해진 것도 아니라 시기와 지역에 따라 순서와 속도와 범위와 정도가 다양할 수밖에 없는 열린 과정이며, 다만 부르주아 노동사회의 낡은 요소들의 끈질긴 저항과 코뮌주의 문화사회의 새로운 요소들의 창조적 구성이라는 두 흐름 사이의 얽히고 설킨 복합적 투쟁의 과정이다.

이런 흐름은 크게 3가지 벡터로 갈라질 수 있다. (1) 그 하나는 사회구성체 전체 차원에서 새로운 요소가 우위를 유지하며 낡은 요소가 후퇴하는 벡터이고, (2) 처음에는 새로운 요소들이 밀치고 등장했다가 낡은 요소의 저항에 부딪쳐 후퇴, 소멸하는 반대방향의 벡터이며, (3) 다른 하나는 양자가 팽팽한 긴장을 유지하는 상태가 그것이다. 이렇게 볼 때 이행의 전략과 과제란 곧 새로운 요소를 적극적으로 구성하여 사회변화를 촉발시켜 (3)의 상태에 빠른 속도로 도달함과 동시에 (2)의 벡터를 억누르면서 (1)의 벡터를 강화시켜 나갈 것인가를 고민하는 것에 다름 아닌 셈이다. 이런 적대적 모순 속에서 새로운 요소를 강화하며 낡은 요소를 해체하는 과정은 저절로 이루어지는 것이 아니라 사회구성체 전반에 걸쳐 강력한 조직화과정을 필요로 한다. 이렇게 코뮌주의 문화사회로 나아가는 벡터를 강화하기 위한 과도기적 조직화가 곧 그동안 논란을 빚어온 '사회주의 체제의 성격과 조직화' 문제라고 할 수 있다.

사회주의의 과도기적 성격

김세균에 따르면 이렇게 과도기적 조직화에 다름 아닌 사회주의의 국가체제는 (2)의 반격에 대한 대응책으로만 일시적으로 비민주적 형태를 취할 수 있을 뿐, 그런 사태가 종식되면 즉각 민주적 형태로 전환되어야 하며(그렇지 않을 경우 '구현실사회주의' 체제처럼 당·국가 관료층의 지배체제로 변질된다), 크게 다섯 가지 특징을 가져야 한다. (1) 입법기구 차원에서 직접

민주주의의 우위 하에서 직접민주주의와 간접민주주의의 결합, (2) 관료기구에 대한 밑으로부터의 통제가 우위를 점하는 가운데 밑으로부터의 통제와 위로부터의 통제의 결합, (3) 인민 자치기구 내에서 노동자계급의 전위당이 구현실사회주의에서처럼 법적-제도적으로 헤게모니를 누리는 것이 아니라 제한 없는 정치적 자유를 누리는 다른 정당들과 공정하게 경쟁하는 가운데 자신의 이데올로기적·도덕적 설득력과 모범적인 정치적 실천을 통한 헤게모니의 확보, (4) 인민자치기구 외부에서 노동자대중의 정치적·문화적 역능을 증진시키고, 타계급에 대한 지도력을 높이는 데 기여하는 노동자 대중 스스로의 직접적인 자기조직화, (5) 경제적 차원에서는 경제관계 전반의 사회화와 탈상품화를 추진하고, 경제전반에 대한 민주적·사회적 통제를 수립하기 위해, 독점자본 내지 대자본의 사회화와 중소자본과 소상품생산의 용인, 국유화와 협동조합적·노동조합적 소유의 용인, '능력에 따라 일하고 필요에 따라 분배'한다는 원리의 우위 하에서 '능력에 따라 일하고 일한 만큼— 기본적으로는 노동시간만큼—분배'한다는 원리의 결합이 그것이다.[19]

물론 이런 방식의 사회과정의 재조직화는 단지 새로운 코뮌사회의 요소들의 기반을 마련했다는 것일 뿐, 여러 수준에서의 결합(직접민주주의와 간접민주주의의 결합, 민주성과 전문성의 결합, 아래로부터의 통제와 위로부터의 통제의 결합 등)은 무모순적 조화가 아니라 "대립물의 통일과 투쟁"의 성격을 강하게 드러내는 조직화이기에 새로운 코뮌사회적 요소와 원리들이 비가역적으로 지배하게 되는 방향으로 운동이 끊임없이 전개되어야만 한다. 이 때문에 이행의 성공은 오직 프롤레타리아 대중 자신의 집합적인 정치적-문화적 역능의 증대에 의해서만 담보될 수 있고, 이 과정은 '정치의 소멸과정'이 아니라 '완전히 새로운 유형의 정치적 실천의 전면적 확장과정'이다.[20]

19_ 김세균, 「사회주의 정체체제에 대한 소고」, 『진보평론』 30호, 2006년 겨울, 148-49쪽.
20_ 같은 글, 149-150쪽.

그런데 사회과정이 일차적으로 재조직화되었다 하더라도 사회주의 체제의 지속적 성공 여부는 단지 프롤레타리아 대중의 역능 증대, 즉 '아래로부터의 정치적이고 문화적 역능의 자기-조직화'에 달려있다면, 부르주아 이데올로기와 상품문화에 포섭되어 있으며 소외된 노동으로 역능을 소진해버린 대중이 어떻게 역능의 자기-조직화에 착수할 수 있고, 그것이 어떻게 성장하여 새로운 유형의 정치적-문화적 실천으로 전환될 수 있을까? 이런 변화는 국가권력의 장악을 통해 대중의 생활조건을 변화시키기 '이전'부터 시작되어야만 한다. 이미 변화하기 시작한 대중의 아래로부터의 지지와 압력 없이는 국가권력의 장악은 물론 단 하나의 법제를 고치는 일조차 좌절되기 십상이기 때문이다. 그렇다면 이행의 열쇠는 곧 지금 여기서부터 시작하는 대중의 정치적·문화적 역능의 자기조직화라고 할 수 있다. 이것은 어떤 과정과 내용을 함축하고 있는가?

이런 질문들과 관련하여 이종영의 『정치와 반정치』는 적극적 사유를 촉발시킨다. 그에 의하면 사회와 분리된 정치(이제까지의 정치)는 권력을 획득하기 위한 것이고, 권력은 지배를 통해 x를 획득하기 위한 것이다. 여기서 x는 '정치→권력'의 과정 속에 숨겨진 그 과정의 실재(the Real)로서, 권력이 확보해주는 향유물, 즉 권력자로서의 변별성과 권력을 행사하는 자신의 존재에 대한 나르시시즘적 향유, 권력이 보장해주는 변별적 생활양식의 향유와 노동면제 등이다. 그것은 그것을 추구하는 정치인들이 자신의 실재를 드러내려 하지 않는 부끄러운 향유이다.[21] x가 호출하는 나르시시즘과 맞서기 위해서는, x를 가능하게 하는 사회적 짜임새를 변화시켜야 하고, x에 맞먹는 또 다른 형태의 향유 y를 보장해야 한다. 이종영은 이를 다음과 같이 도식화한다. 정치가 권력을 통해 x를 보장하는 것처럼(정치→권력→x), 반정치는

21_ 이종영, 『정치와 반정치』, 새물결, 2005, 330-31쪽. 앞으로 이 책에서의 인용은 본문에 그 쪽수를 표시한다.

연합을 통해 y를 보장한다는 것이다.(반정치→연합→y) 양자의 중요한 차이는 x가 결코 말해질 수 없는 부끄러운 밀실의 향유인 데 반해, y는 광장의 햇빛 아래에서 모두가 아무 부끄러움 없이 향유하는 것이다.(333-34)

그렇다면 공공연하게 모두가 향유할 수 있는 y란 어떻게 획득될 수 있는가? 두 가지 연합의 원리에 의해, 노동의 보호(노동의 가치에 대한 공공적 평가와 공공적인 것으로서의 노동에 대한 사회적 보호와 오직 지배를 위해서만 기능하는 노동들의 제거 원리)와 사랑의 보호(자신들의 사랑을 보호함과 아울러 사랑하는 타자의 주체성을 보호하는 원리)에 의해 가능하다는 것이다.(350-61) 이런 방식으로 자본주의적인 정치적 주체화 양식에 대응하여 '절대적 의식'에 따른 모든 인간의 동등성에 대한 확고한 인식의 기초 하에서 노동의 공공성과 사랑의 보호를 원리로 삼아 x보다 강력한 y를 생산하는 조건을 '연합을 통해서 만들어가는 코뮌주의적 반정치적 주체화 양식이 필요하다는 것이다.

이종영의 문제의식을 재해석하면 정치·권력관계·부끄러운 향유는 서로 밀접하게 얽혀 있고, 이것이 자본주의적 짜임관계(배치)와 주체화 양식을 만들어낸다. 코뮌주의는 이런 사회적 짜임관계와 주체화 양식을 통째로 바꾸는 반정치·연합·공공연한 향유의 집단적 조직화에 다름 아니다. 이런 대응 구조는 앞서 부르주아 노동사회와 코뮌주의 문화사회의 대응 구조와 별반 다르지 않다. 문제는 이런 전환이 어떻게 가능한가에 있다. 이종영은 이렇게 답한다. "부끄러운 정치에 원리적으로 대립할 수 있는 주체적 역량들이 존재하는 곳에서는 반정치가 실재할 수 있다. 반정치는 역사적으로 다양한 코뮌 또는 공동체의 형태 속에서 일정하게 실재했고, 지금도 도처에서 실재할 수 있다. 반정치는 정치로부터 도피하는 것이 아니다. 반정치는 반정치적인 새로운 합리성을 만들어나가는 것, 새로운 형태의 점거를 만들어나가는 것이다."(332) 하지만 앞서 말했듯이 진정한 문제는 역사적으로 실재했으며 지금도 실재하는 코뮌과 공동체들이 작은 섬들처럼 서로 고립되어 있어 실제적인 연합을 이루어내지 못하고 있다는 데에 있다. 따라서 다음과 같은 질문들이 추가될 필요가 있다.

(1) 작은 코뮌들은 어떻게 새롭게 태동하거나 성장할 수 있는가? 반정치의 태동의 계기인 주체적 역량들이 불충분하다면 그것은 어떻게 충분해질 수 있는가?

(2) 그런 코뮌들의 지역적–전국적–세계적 연합은 어떻게 가능한가? '권력→x'의 과정을 '연합→y'의 과정으로 대체하는 과정은 순조로운 것이 아니다. 불완전한 과도기의 '연합'이 기득권 세력들의 강력한 저항과 그와 맞물려 내부의 기회주의·관료주의에 부딪칠 경우 어떻게 이를 물리칠 것인가?

(3) 노동의 공공성과 사랑의 보호라는 두 가지 조직원리가 연합의 전면적 개화에 필요충분한 원리인가? 부끄러운 x 대신 공공연한 향유의 내용은 충분히 해명된 것인가?

여기서 (3)의 질문에 대해서는 목적으로서의 코뮌주의의 '문화사회적' 성격과 조직 원리 및 작동방식을 더 구체적이고 체계적으로 규명해나가는 작업이 필요할 것이다. 이제까지 이종영의 연구는 스탈린주의는 물론 레닌도 이런 연합의 원리를 억압했다는 점을 비판하면서 새로운 주체화양식을 철학적으로 규명하는 일에 천착해왔던 것 같다. 반면 (1)과 (2)는 이행론에 관한 실천적 질문이며 이에 대해서는 아직까지 이종영의 연구는 물론 그 어디에서도 이렇다 할 해법을 찾기 어렵다. 만일 목적으로서의 코뮌주의의 구성·운영 원리를 이론적으로 해명하는 데 성공한다 해도 그것이 현실성 있는 이행론으로 구체화되지 못한다면 그것은 칸트적인 '규제적 원리'로서는 의미가 있다 해도 실천적으로는 한갓 '노장적' 유토피아론[22]에 머물기 십상이다.

22_ 자율주의 역시 이행론을 구체적으로 고민하지 않고, 다중의 자발성과 '덕'(virtue)에 관한 철학적 논의에 집중하고 있다는 점에서 이와 유사하다. 다중의 자발성과 덕을

생태적 문화정치의 실험적 · 창조적 구성활동

김세균과 이종영의 논의를 마주쳐 보면 다음의 쟁점이 남는다. 이행론의 핵심 열쇠인 프롤레타리아트 대중의 주체적 역능을 어떻게 증대시킬 것인가, 그리고 지배적인 정치권력에 맞서는 대중의 정치적 연합을 "새로운 유형의 정치의 전면적 확대"로 볼 것인가 혹은 "반정치"(정치의 소멸)로 볼 것인가가 그것이다. 기득권 세력과의 얽히고설킨 치열한 투쟁이 예상되는 과도기에 '정치의 소멸'을 논하는 것은 아무 의미가 없다. 따라서 이 문제는 과도기를 지나 코뮌주의 사회가 도래했을 때의 문제와 관련이 있다. 이때에는 정치가 소멸될 것인가 아니면 이때에도 새로운 유형의 정치가 필요할 것인가? 쉽게 확언할 수 없는 문제지만 비위계적 · 비억압적인 새로운 유형의 정치가 여전히 필요할 것이라고 본다. 코뮌주의 사회를 무갈등사회 혹은 "선 · 악의 피안"으로 가정하는 것은 존재론적 허구일 것이다. 개체발생은 종족발생을 되풀이하기 때문에 코뮌주의 사회에서도 각 개인들은 인류가 겪어 왔던 난관은 물론 개인간 불균등 발전에 따른 나태 · 오만 · 불안 · 질투 등에서 오는 갈등을 해결해야 함과 아울러 각종 생태위기와 질병 등의 장애를 여전히 통과해 나가야 할 것이고, 이 과정에서 생산양식과 주체양식 사이에 균열이 발생할 수 있기 때문이다. 따라서 정치의 소멸이 아니라 대중에 봉사하는 새로운 정치(와 새로운 코뮌국가)가 요구될 것이다. 그렇다면 새로운 정치란 어떤 정치이고 이것은 어떻게 구성될 수 있는가?

모든 생산적, 구성적 활동이 그러하듯 새로운 유형의 정치의 구성 역시 무에서 출발할 수는 없고, 재료+ 생산수단+ 창조적 구성활동이라는 생산의

함양하는 일은 중요하나 그와 더불어 중요한 것은 이런 덕들의 지역적-전국적-지구적 연결망을 어떻게 촉진 · 활성화할 수 있을 것인가에 있다. 전자에 머물고 있는 자율주의가 '소승적'이라면 후자의 선순환 구조를 모색하는 문화사회론은 '대승적' 길이라고도 비유할 수 있다.

일반법칙을 따를 수밖에 없다. 새로운 정치적 구성과정의 3요소는 다음과 같은 것이 될 것이다. 재료=간접·직접 민주주의의 제 형태를 경험한 대중, 생산수단=다양한 공간과 교통·미디어 수단, 창조적 구성활동=설득력 있는 새로운 비전과 로드맵 및 연합적 조직화의 원리에 따른 다수준적 네트워킹과 구성적 활동. 이 삼자의 창조적 결합노동에 의해 새로운 정치유형이 구성될 수 있다고 본다. 이때 새로운 유형을 결정하는 관건은 대중의 자율적·창조적 구성활동에 있다. 코뮌주의 문화사회라는 비전과 로드맵 및 연합적 원리에 입각한 다수준적 네트워킹 활동은 행위주체 자체의 일정한 창조적 구성적 역량을 전제로 한다. 그 역량은 낡은 정치가 아닌 새로운 정치적 역능이어야 할 것이지만 아직 부재하는 것이라면 코뮌주의적 생태적-문화정치적 비전에 의해 재구성되어야 하는 현재 대중이 지닌 잠재적 역능이 출발지점이 될 것이다.

이런 역능은 선형적으로 병렬된 주어져 있는 "정치적-문화적 역능"이라기보다는 도래할 코뮌사회의 생태문화적인 비전에 의해 실험적·창조적으로 촉발되고 활성화되어야 할 잠재력이라는 점에서 생태적-문화정치적 역능이라고 부르는 것이 합당할 것이라고 본다. 해체되고 소멸되어야 할 것이 낡고 오래된 억압적·권위주의적 정치문화라면 촉발되고 활성화되어야 할 새로운 유형의 정치란 곧 생태적 문화정치라고 할 수 있다는 것이다. 새 정치는 저절로 하늘에서 떨어지는 것이 아니라 코뮌주의의 생태문화사회적 비전과 다양한 실험적·창조적 구성활동을 통해서 촉진되고 앞당겨져야 한다는 것이다. 이런 실험적·창조적 구성활동이 문화운동이 아니라면 다른 무엇이겠는가? 사회주의와 코뮌주의 운동에서 문화운동의 역할과 위상에 대한 전면 재검토가 필요한 이유가 여기에 있다.

이제까지 진보적 사회운동은 문화운동을 정치선전의 도구이거나 기껏해야 문학과 예술이나 대중문화 영역에 한정된 부문운동으로 간주해왔고, 문화운동의 종사자들 스스로도 그렇게 생각해 왔다. 그러나 앞서 살펴온 바와 같이 코뮌주의의 '문화사회적 성격'이 분명해지고 이행의 관건이 대중의 생태적-문화정치적 창조적 구성 역능의 증대에 있다면 문화운동의 개념과 기능과 위상 전체도 전면적으로 바뀔 수밖에 없다. 사회운동의 목표와 과제 역시 변화될 수밖에 없고, 이를 위해 사회운동 전반의 생태적-문화정치적 재조직화가 요구된다.(정치운동, 노동운동, 인권운동, 빈민운동, 교육운동, 언론운동, 학생운동 등의 문화적 재구조화.) 달리 말해 이제까지 분리되어 있던 사회운동과 문화운동이 전면적으로 상호침투하면서 양자 모두가 그 성격과 위상을 바꾸어야 한다는 것이다. 이는 곧 사회운동 자체가 생태적-문화정치적 운동으로 그 성격을 전환함과 동시에 문화운동은 예술운동이나 정부 문화정책에 대한 비판적 개입 수준을 넘어 사회운동 전반의 문화정치적 재구조화를 위한 실험적·창조적 기획(다수준적·중장기적·과정적 기획)[23] 기능을 담당하는 것으로 그 위상을 전환해야 한다는 것이다. 이는 막연하고 관념적인 주장이 아니다. 최근 몇년 간 진행된 <문화연대>의 다양한 실천 속에서 그런 변화의 현실성을 감지할 수 있다.

'문화정치'(cultural politics)라는 용어는 서구 문화연구에서는 20세기 후반에 들어 문화가 정치투쟁의 주요 무대가 되었음을 명시하기 위한 일반적인 용어로 통용돼 왔지만 나는 한 걸음 더 나가 '문화정치'를 주체양식(문화)-지배양식(정치)-생산양식(경제) 간의 불일치와 괴리, 갈등과 모순의 복잡성을 분석함과 아울러 주체양식이 다른 두 양식에 개입하고 영향받는 상호작용의 양태를 포착하게 해주는 '문제틀적' 개념으로 확장해 사용하고 있

23_ 과정지향적 기획은 구조지향적인 경직된 기획이 아니라 '임의 편향 걸음'(random biased walk)을 통해서 창조적 과정을 연장하고, 비창조적 과정을 제거하며, 창조적 과정들 간의 상호작용을 자극하고 촉진하는, 다수준들 간의 대화를 촉진하는 개방적 기획이다(얀치, 『자기 조직하는 우주: 새로운 진화 패러다임의 과학적 근거와 인간적 함축』, 366-72쪽).

다. 이런 관점에서 이해된 문화정치는 경제행위와 정치행위에 내포된 문화적 의미와 현존하는 문화행위에 함축된 경제적, 정치적 의미의 복잡한 절합적 배치 상태를 분석하는 데 도움을 준다. 실제로 현실에서는 정치적 진보=문화적 진보인 경우는 드물고 오히려 정치적으로는 진보적이면서도 문화적으로는 보수적이거나 그 역인 경우도 많다. 하지만 기존 사회운동은 이런 차이들의 문화정치적 중요성을 간과해 왔다. 특히 한국의 사회운동은 이 점에 무심하여 날이 갈수록 대중의 문화정치적 역능 촉진과 증대에 어려움을 겪고 있다.

생태적-문화정치적 활동이란 곧 생태친화적이고 공생적인 방향에서 내가 하고 싶은 종류의 일을 원하는 시간·장소에서 행하면서 자립적·연합적으로 생계를 꾸려갈 수 있는 사회상태, 즉 생태적 문화사회를 구성하기 위해 기존의 제도나 관습을 뜯어고치고 새로운 제도와 관행을 창안하고 실천하는 일, 이를 통한 다양한 권리(노동권·환경권·교육권·생존권·건강권·문화권·소수자인권 등) 주장과 사상·표현·결사의 자유를 확대하고 그것을 저해하는 다양한 장애들과 투쟁하는 활동들이다. 그런데 실제 현실에서는 문화적으로 보수적이면서 정치적으로 진보를 주장하거나, 문화적으로는 진보적이면서 정치적으로는 보수적이거나 또는 문화적으로나 정치적으로나 보수적인 입장들과 마주치면서 사안별로 연대하고 사안별로 투쟁할 수밖에 없다. 사회적 적대나 갈등은 일렬횡대나 일렬종대로 배치되어 있는 것이 아니기 때문이다. 사회적 전선은 다수준에 걸쳐 지그재그 형으로, 여러 축이 교차하는 입체적 좌표가 변화하는 과정적 형태로 형성·변화해 간다. 문화정치적 진보는 다수준적 복잡계 사회 속에서 변동하는 이런 복잡한 좌표군 사이를 지그재그 형태로 횡단하면서 자기-조직적인 '다중-프랙탈'(multi-fractal)[24] 운동을 하는 것이지 유클리드 기하학에서처럼 일직선으로 나아가는 것은 아니다.

이런 이유에서 '어소시에이션'의 조직화 과정은 역동적이고 다차원에 걸친 자기-조직적인 복잡한 네트워크적 배치를 이룰 수밖에 없다. 개인적인 차원에서도 바람직한 삶의 실천은 다차원적 역능들의 복잡한 네트워크적 배치를 자기-조직적으로 형성·발전시켜나갈 수밖에 없다. 다시 말해 사회 구성체 차원에서나 주체양식의 차원에서나 프랙탈 운동이 필수적이라는 것이다. 이제까지 개인과 집단들은 그 다수가 사회적 시공간의 한쪽 귀퉁이에 내몰려 살고 있고 극소수가 전체 시공간을 지배하는 유클리드적 지평에 머물러 왔다. 이행을 위한 투쟁이란 바로 이와 같은 몰적-분자적 상태와 싸우면서 다수가 사회적 시공간을 자유롭게 활보하며 자기조직적인 프랙탈 운동을 통해 리좀적으로 소통하고 연대할 수 있도록 사회적 시/공간의 배치를 역동화시키는 과정에 다름 아니다.

인간에게 잠재한 다양한 능력들은 결코 '노동기계'로 환원되기에는 너무도 탄력적이고 복합적이며, 인간에게는 사적 소유욕보다 더 큰 교통의 욕구, 즉 타자와 공동체 및 자연과의 밀도 높고 활발한 교통의 욕구가 존재하고 있다. 세계와 상호작용하는 신체감각(시·청·후·미각 같은 특수감각과 체성감각과 내장감각을 포괄하는 감각)과 지각 및 개념적 사고, 상상력과 판단력, 수십 가지 정동과 충동, 형체를 알 수 없는 수많은 욕망과 의지 등이 다양하게 얽혀서 만들어내는 수많은 행위와 작업들은 노동으로 모두 환원할 수 없는, 인간생태계의 복잡성 그 자체이다. 최근 들어 지구화와 정보화로 더욱 촉진되는 이런 프랙탈한 역동성을 자본-임노동 관계의 유클리드적 그물로 모두 포획할 수 있다고 생각하는 것 자체가 논리적 오류이다.

24_ 윤영수·채승병, 『복잡계 개론』, 삼성경제연구소, 2005. 다중 프랙탈이란 서로 다른 자기유사성을 가진 부분들이 섞여 있는 것으로, 다수의 특이점을 가진 계에서 각기 다른 특이점마다 다른 프랙탈 차원을 가진 부분들이 복잡하게 연결되고 변동하는 운동을 뜻한다(499-502쪽).

프랙탈 혁명

현실의 사회적 과정에서는 대규모 전면전 같은 극단적인 상태를 제외하고는 모든 수준에서의 활동과 제도가 하루아침에 함께 변해버리는 경우는 없으며, 전면전의 경우에도 변화는 다수준적으로 불균등하게 일어날 수밖에 없다. 그렇다고 계단을 오르듯 일률적으로 변해가는 것도 아니다. 그럼에도 이제까지 사회운동은 이론으로는 네트워킹이나 연합을 주장하면서도 실천에서는 일렬종대식·일렬횡대식 기동전의 관행에 또는 진지전을 대기주의로 왜곡하거나 무작위적 분산주의의 관행에 빠져 있었다. 몰적이거나 분자적인 이런 행동방식이 속해 있는 장이 곧 유클리드적 지평이다. 그에 반해 프랙탈 지평은 자연과 사회의 불균등한 과정적 실재에 근접한 것이다. 개방적 복잡계 내의 여러 수준에서 불균등하지만 자기조직화 운동이 나타나다가 임계점 근방에서는 여러 운동들이 나비효과를 일으키며 급속하게 동시적인 전면적 변화로 전환되는 지평이 곧 프랙탈 지평이다. 프랙탈 지평에서는 처음부터 전면적 변화가 나타나는 일도 반대로 변화 없이 항상성을 유지하는 일도 없다. 대신 변화의 시초(자기-조직화 운동)-임계점 근방의 나비효과-전면적 변화라는 불균등하고 연속적인 복합적 과정이 존재한다.

사회는 9개 이상의 상대적 자율성을 지닌 심급들로 구성된 개방적 복잡계로서 다수준적인 시스템 다이내믹스로 작동하며 굴러가고 있다. 프랙탈 논리를 실천적으로 전유할 경우 다수준적 이행을 촉진하려는 일은 다음과 같은 가이드라인을 갖게 될 것이다.

(1) 노동자·다중이 연합하여 벌여나갈 이런 프랙탈 운동은 비환원주의적·비선형적인 자기조직화 운동(리좀적 운동)이기에 정해진 중심이나 출발점을 갖기보다는 사회적 심급들의 모든 수준(국가 간 체계, 입법·사법·행정기구와 관료제, 기업과 시장, 경제적·문화적 공공부문, 노동조합과 협동조합, 생활세계 등)에 걸쳐 각자의 위치에서 가능한 이행계획을 수립·개선

하고 이 계획들을 연결하는 작업(동시화[synchronization])[25]이 필수적이다.

(2) 각 수준에서의 변화는 불균등하게 진행될 수밖에 없으며 아래로부터의 변화(대중의 자기조직화)와 위로부터의 변화(국가권력 장악에 의한 개혁)는 동시적이라기보다는 비동시적·지그재그식으로 진행될 수밖에 없다. 사회의 모든 심급들에서 비동시적·지그재그식으로 나타나는 중층적 상호작용의 로드맵이 필요한 이유가 여기에 있다. 특히 지그재그식 운동은 객관적 정세와 주체적 투쟁의 결합에 의해 방향과 속도와 범위가 달라질 수 있으므로 주기적인 정세분석이 필수적이다.

(3) 이행의 출발점이 어디이든 그 끝이 어디이든 모든 수준에서 나타나는 변화는 코뮌주의 문화사회라는 비전과 구성 원리로 관통되어야 한다.

6. 나가며

지난 2007년 4월 2일 1년여 짧은 시간 내에 한미 두 나라의 경제 시스템과 제반 관련 정책 및 법적 체계 전반을 합체하는 거대한 대수술의 기본 계획을 수립한 한국 정부는 자신감에 넘쳐 5월 7일 한EU FTA 협상을 시작함으로써 신자유주의 세계화의 동·서 창공을 가로지를 거대자본의 화려한 폭죽놀이에 박차를 가하고 있다. 이런 흐름은 IMF 구조조정 10년 동안 거덜이 난 사회공공성의 마지막 부문까지 해체하고, 사회 전체를 속속들이 관통할 양극화의 고속도로의 전국적 확장을 촉진할 것이다.

25_ 얀치, 앞의 책, 372쪽. '동시화'는 다수준적 사회적 과정에서 공진화가 이루어지기 위한 기본 전략이다. 다중-프랙탈적인 사회과정에서 동시화 전략은 얀치의 비유를 빌자면 직선적인 과정이 아니라 과거와 현재 사이의 커다란 고리를 이루며 잠재력이 미래를 향해 '춤추며 뛰어나가'(dancing out)는 '펼쳐짐'(unfolding, 발산)을 미리 준비하는 '접힘'(folding, 수렴)의 과정, 즉 사전 시뮬레이션 전략이다.

하지만 그와 동시에 가속화되는 생산의 사회화(생명공학과 인지과학의 발전에 따른 '일반지성'의 확산)와 사회적 양극화의 충돌로 사회 곳곳에 구멍이 뚫리며 체계 전반도 불안정 상태로 요동치기 시작하고 있다. 사회의 모든 수준에서 대안이 준비되기 시작하고, 이를 연결할 다중-프랙탈 네트워크에 대한 논의가 활발해지는 것도 바로 이런 불안정성의 증대로 자본주의의 심연이 그 모습을 드러내고 있기 때문일 것이다.

요동치는 이 구멍들로부터 바야흐로 생태적 문화사회의 서광이 비치기 시작하고 있다. 이 서광을 따라 자본에 포섭된 정치적 · 경제적 · 사회적 체계는 물론 자신의 소외된 삶의 전과정을 해체하고 전면 재구성하기 위한, 불균등하지만 동시다발인 연속적 '프랙탈 혁명'(FR: Fractal Revolution)의 전략적 · 실천적 지도 그리기(cartography)[26]에 박차를 가할 때이다.

26_ G. Deleuze · F. Guattari, *A Thousand Plateaus*, tr. Brian Massumi (Minneapolis: Univ. of Minnesota Press, 1987). 이들에 따르면 스피노자는 자연과 신체를 순수한 경도(특정한 관계 아래서 운동과 정지, 빠름과 느림에 의한 물질적 요소들의 총합, 외연적 부분들)와 위도(힘이나 포텐셜을 증감하는 강렬한 정동[intensive affects]의 총합, 내포적 부분들)라는 지도 제작의 두 차원의 조합으로 이루어지는 역동적 과정으로 정의했다(260-61쪽). 지도 그리기란 곧 주체적 · 사회적 · 자연적 평면(천의 고원들) 위에서 강렬도(affects)라는 위도와 미분적 속도와 국지적 운동이라는 경도를 따라 펼쳐지는 프랙탈 운동의 궤적이 만들어내는 '배치'를 인지화 · 시각화하는 일이다. 들뢰즈 · 가타리는 스피노자의 윤리학(Ethica)의 실제적인 의미란 몸체를 기관이나 기능에 따라 또는 종이나 유의 특성에 따라 규정하는 대신 그것이 자연의 위도와 경도의 좌표 내에서 생성하는 정동(affects)에 대한 연구인 '행태학'(동물행동학, ethology)에 다름 아니라고 해석한다. 이런 관점에서 보면 경주마와 짐말의 차이는 짐말과 소의 차이보다 크다. 이런 점에서 기관의 특성은 경도와 그 관계들, 그리고 위도와 그 정도들로부터 온다(257쪽). 이런 점에서 이행의 전략 지도 그리기는 자본주의 생산양식 · 주체양식(경도적 관계와 위도적 강도의 역사적 · 지리적 배치) 전체를 해체 · 재구성해가는 새로운 '행태학(행동 전략과 윤리)'을 명료하게 인식화 · 시각화하는 작업이라고도 할 수 있다.

05

코뮌적 생태문화사회의 필요조건:
       생산양식·주체양식의 공시적 변화

1. 들어가며

경쟁 대신 연대, 불평등 대신 평등, 획일성 대신 다양성, 위계와 차별 대신 자율과 호혜, 생태파괴 대신 생태적 균형을 우선적 가치로 삼는 사회로의 전환은 불가능한가? 오랫동안 많은 이들이 후자로의 전환은 "하향평준화"를 초래할 것이라고 우기면서 자본주의 틀 내에서 전자의 문제점을 개선·보완 해가는 것만이 최선이라고 강변해 왔다. 그러나 실제로는 후자 방향으로 사회를 재편하면 "상향평준화"를 통해 삶의 질이 비약적으로 향상될 수 있다. 보수주의자들과 사회민주주의자들은 자본주의를 넘어서는 "대안"은 불가능 하다고 말한다. 그러나 "대안"은 가능할 뿐 아니라 반드시 필요하다. 자본주 의는 날이 갈수록 대다수 민중의 삶과 사회·지구생태계를 파멸의 늪으로 빠져들게 만들고 있기 때문이다.

자본주의 극복을 위해서는 생산양식의 변화(생산·소유관계의 복합적 사 회화와 지속가능한 경제로의 전환)와 주체양식의 변화(구성원 전체의 문화정치적 역능의 증대)가 동시적으로 모색되어야만 한다. 후자 없는 전자는 맹목적이고, 전자 없는 후자는 공허하기 때문이다. 그동안 자본주의 극복을 위한 대안이 제시되고 실천된 바 있지만, "역사적 공산주의"는 후자를 간과하고, 무정부주의 혹은 공동체주의는 전자를 무시한 결과 현실적 대안으로 발전할 수 없었다. "코뮌적 생태문화사회론"은 이런 편향들을 극복하고, 생산양식과 주체양식의 동시 변화를 모색하는 21세기의 대안적 사회구성체론이다.

자본-임노동의 관계가 비대칭적이듯 생산양식-주체양식의 관계도 비대칭적이다. 주체가 임노동에 중독된 주체양식에서 벗어날 수 있는 길은 단지 자본-국가의 권력관계를 해체하는 것만으로는 불충분하고, 비임노동적·비상품적·호혜적 생활양식과 문화를 새롭게 창출할 수 있을 때 비로소 열릴 수 있다. 생산양식과 주체양식은 상호제약적이지만 그와 동시에 상대적 자율성을 갖기 때문에 역사적 사회구성체는 항상 복합적 성격을 지닐 수밖에 없다. 특히 이행기에는 양자의 충돌이 극적으로 가시화될 수 있다.

2. 생산양식과 주체양식의 관계

1) 자본주의 하에서 생산양식과 주체양식의 관계

자본축적의 도식인 M-C-M'(상품 판매라는 관점에서는 C-M-C')에는 다음과 같은 세부 과정이 함축되어 있다. 산업자본의 투자(M)→생산수단과 노동력 구입(C)→노동과정에서 부가가치 창조(C')→상품 판매를 통한 화폐수입 실현(M')→임금+잉여가치(산업이윤[배당+사내유보]+이자+상업이윤+지대+조세)의 분배(M')→분배 이후 사내유보의 재투자＝산업자본화(M')→생산능력과 고용 확장(M')이라는 경제순환의 흐름이 그것이다. 여기서 산업/기업의 재투자에 필요한 변수는 다음과 같다. (1) 노동자의 부가가치

생산 규모가 커야 한다. (2) 성공적 판매를 통해 부가가치가 화폐로 실현되어야 한다. (3) 임금보다 잉여가치의 몫이 커야 한다. (4) 잉여가치 중에서 이자, 상업이윤, 지대, 조세 등이 감소해야 산업이윤의 몫이 커질 수 있다. (5) 산업이윤 중에서 배당보다 사내유보의 몫이 커야 한다. (6) 사내유보가 다시 산업에 투자되어야 한다. 이중에서 (3), (4), (5)는 생산과정에 관여하는 각 주체(노동자, 금융자본가, 상업자본가, 지주, 국가 등)의 몫을 분배하는 변수로서 이것이 곧 (6)(사내유보의 몫과 재투자)의 규모를 결정한다. 때문에 성장은 분배항의 비중에 따라 그 향방이 좌우된다.[1]

신자유주의에서는 (3)의 수준에서 대다수 사회 성원들에게 분배되는 임금이 줄어 대중의 구매력이 줄면서 내수시장이 축소되고, (4)의 수준에서는 산업이윤보다 다른 부문(상업자본이나 금융자본)의 몫이 더 커지고, (5)의 수준에서는 주주 배당이 커지기에(주주자본주의) 산업 전반이 위축될 수밖에 없다. 이런 점에서 신자유주의는 수요와 공급 양면에서 내수시장을 축소시킨다. "성장인가 분배인가"라는 양자택일적 담론은 철저하게 허구적이다. 문제는 어떤 부문(임금, 산업이윤, 상업이윤, 금융이윤, 주주이윤 등)으로 잉여가치가 집중 분배되는가에 있을 따름이다.

분배는 역사적 자본주의 속에서 상업자본-산업자본-금융자본의 헤게모니 순환에 따라 초점이 달라지는 계급투쟁의 문제이자 주체양식의 형태와 성격을 변화시키는 문제이기도 하다. 역사적으로 보면 산업 부문으로의 잉여가치의 집중 분배와 실질임금 상승이 있었던 시기는 대략 1945-73년(혹은 68년) 사이의 전후 황금기라는 매우 짧은 기간 동안에만 한정되었던 것이다. 이후 1970-80년대에 서구와 남미에서 추진되고, 1990년대에는 WTO 설립을 전후로 세계화된 신자유주의의 흐름 속에서 잉여가치의 대부분은

1_ 김수행, 「한국사회와 자본의 세계화」, 『한국의 맑스주의 지형연구』(문화사회아카데미 자료집, 2007년 1월 8일-2월 7일), 23-28쪽.

금융·주주자본으로 이전됨으로써 다른 부문으로의 분배가 정체·억제되고 사회경제적 양극화가 심화되어 왔다. 새로운 형태의 케인스주의와 사민주의(제3의 길, 사회투자국가론) 등은 금융·주주자본에 집중되는 잉여가치 배분의 거시적 흐름을 당연시하면서 노동자·다중에 대한 분배를 개선·보완하자는 사후 봉합책에 다름 아니다.

2) 주체양식이 목적이고 생산양식이 수단이 되는 새로운 경제

스탈린주의에서는 '시장 조절'이 아닌 '계획 조절'에 의해 노동력과 생산수단의 결합을 획일화하는 것이 문제였을 뿐, 경제의 거시적 흐름은 여전히 $M-C(LP+MP)-M'$로 설정되어 있었다. 때문에 자본주의 가치법칙(자본·임노동 관계와 가치법칙 등)이 그대로 작동하여 코뮌주의적 생산양식과 주체양식이 형성될 수 없었다. 국가독점자본주의 하에서는 잉여가치가 전략적 국영기업과 대자본 일부에게 집중되는 방식으로, 케인스주의 하에서는 산업자본과 임노동에 상대적으로 많은 배분이 할당되는 방식으로, 신자유주의 하에서는 이자수익과 주주 배당이익이 극대화됨과 아울러 법인세 감소와 이자율 증대의 방향으로 국가가 경제의 흐름을 계획적으로 조절한다. 이렇게 볼 때 20세기 자본주의의 "보이지 않는 손"은 시장이 아니라 오히려 직접적 또는 간접적 형태로 개입했던 국가적 계획이었음이 드러난다.

이런 형태의 '계획경제'는 여러 분배항들 간의 비율을 조절하되 전체 흐름에서는 노동력이 자본축적의 '수단'으로 철저하게 봉사하도록 계획하는 큰 틀을 유지한다. 자본주의 극복은 여러 분배항들 간의 비율을 바꾸는 것이 아니라 기왕에 축적된 자본/상품이 노동과 노동력 재생산의 수단으로 기능하도록 전체 경제순환의 구조와 성격을 전면적으로 전환하는 작업을 필요로 한다. 이를 경제순환으로 표시하면 다음과 같은 것이 될 것이다. $LP-LP+MP(C)-LP'$. 즉 소외된 노동이 자본축적의 수단이 되는 생산양식이 아니라 오히려 모든 생산수단과 자원이 주체적 역능(지적·정서적·윤리적·신체적 역능)의 증진이라는 목표에 맞게 배치되고 사용되는 새로운 생산양식으로의 전환이 그것이다.

이렇게 되면 경제의 개념과 의미는 문자 그대로 그 어원인 "살림살이"(oikos)라는 의미로 변하게 될 것이다. LP-……-LP'의 의미는 무엇인가? 일련의 생산과정을 경유한 후 생산과정에 참여한 주체의 역능이 더 크게 향상된다는 것을 의미한다. 주체 역능의 향상이란 무슨 의미인가? 사회적 필요노동의 시간을 지속적으로 줄이는 대신—과학기술의 비자본주의적 이용을 통해 물품의 생산과 대부분의 서비스는 기계가 감당하고 인간은 그 관리를 맡는 방식에 의해—"가만히 멈추어 서서 바라볼 시간"을 더 많이 갖게 되고, 무슨 사건에 참여할 때 긴장감을 느끼며, 혼자 있는 시간, 타인과 깊숙이 관계 맺을 수 있는 시간, 집단의 일원으로서 창조적 일을 할 수 있는 시간, 우리 자신의 일을 몸소 창조적으로 행할 수 있는 시간, 외부에서 주어지는 즐거움을 주체적으로 즐길 수 있는 시간, 아무것도 생산하지 않고 그저 우리의 모든 근육과 감각을 사용할 수 있는 시간, 많은 동료들과 함께 정말 건강한 세상을 만드는 방법을 기획할 시간을 더 많이 얻게 됨으로써, 주체의 지적·감성적·윤리적·신체적 역능이 확장되고 향상된다는 것을 의미한다.

주체의 역능이 상향평준화되도록 하기 위한 생산수단·교통수단은 어디서 조달되는가? 그동안 자본주의적 지구화 과정에서 축적된 생산·교통수단 및 개발된 자원과 지식은 불충분한 것이 아니라 이미 넘쳐나고 있다. 이런 충분한 수단과 자원들이 다수 성원의 주체적 역능 향상을 위해 사용되지 못하고 단지 더 많은 자본축적을 위해 소모되고 있을 따름이다. 전체 부의 80% 이상을 전체 인구의 20% 이하가 소유하고 있는 현 상황을 역전시킬

2_ 폴 라파르그, 프레드 톰슨, 「폴 라파르그, 일과 여가—전기적 에세이」, 조형준 옮김, 『게으를 수 있는 권리』, 새물결, 2005, 145-46쪽.

경우 전체 인구의 80%의 역능 향상을 위한 생산·교통수단과 자원이 충분히 제공될 수 있다.[3] 자본주의적 노동사회에서 코뮌주의적 문화사회로의 이행이란 곧 자본축적을 위한 생산이 아니라 주체적 역능 향상을 위한 생산으로의 전체 사회경제시스템의 전환을 의미하는 것이다.

3. 자본주의 극복의 주요 쟁점

1) 경제적 쟁점

마이클 앨버트는 자본주의 극복을 위한 현실성 있는 대안으로 공평성, 연대, 다양성, 자율관리, 생태계의 균형 등을 기본원리로 삼는 "참여계획경제"(parecon)를 제시한다.[4] 파레콘의 주요 작동원리는 다음과 같다: (1) 생산수단의 사적 소유에서 비롯되는 모든 특권과 소득상의 특혜를 없애고 모든 사회성원이 직장을 균등하게 소유해야 한다. (2) 자본주의적 시장 할당의 문제점을 극복하기 위해 노동자와 소비자가 민주적 평의회(소규모 작업집단, 팀, 개인들, 큰 규모의 직장, 산업 전체는 물론 개별적 소비자들, 동네와 군 단위 및 그 이상의 행정단위를 모두 포괄하는 다양한 수준의 평의회)를 통해 자신들의 요구사항을 표출하고, 이를 통해 자원의 할당과 생산·소비에 관한 정책결정이 이루어져야 한다. (3) 자본주의적으로 위계화된 분업에 대항하여 노동자들 스스로 부과한 작업과 책임을 결합한 '균형적 직군'을 통해 계급차별과 지식노동·육체노동의 분할을 극복할 수 있다. (4) 사회주

3_ 2006년 현재 한국의 주택보급률은 110%에 육박하고 있지만 전체 국민의 자기주택보유율은 50% 대에 머물고 있다.

4_ 마이클 앨버트, 『파레콘: 자본주의 이후, 인류의 삶』, 김익희 옮김, 북로드, 2003. 이하 이 책에서의 인용은 본문에 그 쪽수를 표시한다.

의 경제의 최대 쟁점이었던 보상은 더 많은 생산도구나 기술 또는 선천적 재능에 따라서가 아니라 오직 일하기 위해 얼마나 노력했고 얼마나 많은 희생을 감내했는가, 즉 "노고"의 정도에 따라 결정되어야 한다. 그 노고는 균형적 직군에 속한 노동자 평의회를 통해 집합적으로 평가될 수 있다. (5) 거시경제적 차원에서의 할당은 상의하달형 중앙집권적 계획모델과 경쟁시장을 통한 교환모델 대신 수평적 계획 또는 참여계획이라고 불리는, 상호협력적이며 자세한 정보에 기초하는 자율관리형 정책결정에 따라 이루어진다. 지시가격, 촉진위원회, 새로운 정보에 의한 지속적 조정 등을 포함하는 상호협력적 커뮤니케이션 방식을 이용하여 발생가능한 계급적 위계구조(51)⁵를 극복함과 동시에 생태계에 광범위한 영향을 끼칠 문제들을 조율할 수 있다. (23-31) (6) 지구적 차원의 연대성·공평성·다양성·자율성의 경제를 촉진하기 위해 현재의 IMF 대신에 국제자산기관(IAA)을, IBRD 대신에 세계투자지원기관(GIAA)을, WTO 대신에 세계무역기관(WTA)을 대안으로 설립한다.(18) 그는 이런 방식으로 기존의 자본주의, 사회주의(중앙집권적 사회주의 및 시장사회주의), 생태지역주의(공적 소유와 직접 할당을 통한 분권적 교환과 위계적 분업)가 내포한 문제점들을 모두 극복할 수 있다고 주장한다.

그런데 최근 정성진은 '21세기 사회주의' 프로젝트로 논의되는 세 가지 참여계획경제 모델들을 검토하면서 이들 모두가 '아래로부터의 참여'를 중시한다는 점에서 고전 맑스주의 전통이 견지해온 '아래로부터의 사회주의' 정신을 따르고 있다고 평가하면서도, 앨버트의 "파레콘" 모델이나 드바인의 "협상·조절" 모델은 「고타강령 비판」에서 맑스가 제안한 노동 시간 단위

5_ 소유가 계급을 구분하는 유일한 근거가 아니라 할당을 좌우하는 '조정자' 역시 하나의 계급일 수 있다. 조립공, 웨이터, 트럭운전사, 경비원 등으로 구성된 노동자계급과 경영자, 의사, 변호사, 엔지니어 등으로 구성된 조정자 계급이 서로 반대되는 이해관계를 가지고 있기 때문이다.

계산모델과는 위배되므로 맑스적 의미의 계획경제를 정당하게 구체화한 것으로 보기는 어렵다고 평가하고 있다. "파레콘" 모델은 사회적 비용을 계산하기 위해 화폐가격을 도입하면서 신고전파적 '지시가격'이나 '왈러스'='신고전파(시장) 사회주의' 유형의 반복적 조절과정에 의존하고 있고, 드바인의 "협상조절" 모델도 리카도=스라파의 '생산가격' 모델에 의거하고 있어 문제가 있다는 것이다. 정성진은 '노동시간 계산 시스템'(「고타강령 비판」의 맑스가 주장한 '노동시간증서') 도입 없이 시장과 화폐에 기초하여 구상한 어떤 대안경제 모델도 결국 시장경제 모델로 수렴할 것이므로, 칵샷과 코트렐이 주장하는 노동시간 계산 모델의 관점에서 다른 두 모델을 통합하는 방향으로 참여계획경제 모델의 발전이 이루어져야 할 것이라고 주장한다.[6]

하지만 「고타강령 비판」에서 맑스가 제시한 '노동시간 계산 모델'의 타당성은 해결되지 못한 몇 가지 쟁점을 포함하고 있다. 우선 문제가 되는 것은 노동의 사회적 성격에 관한 해석 부분이다. 「고타강령 비판」에서 맑스는 명시적으로 말한다. "이제는 자본주의 사회와 달리 개별적 노동은 더 이상 간접적 방식으로 존재하지 않고, 총노동의 한 구성부분으로 직접적으로 존재한다. 그리하여, 오늘날에도 그 애매모호함으로 인해서 논박의 여지가 있는 '노동의 성과'라는 용어는 모든 의미를 상실한다." 그런데 다른 곳에서 정성진은 신리카도 학파가 자본주의에서 추상노동은 간접적으로 사회적이라고 해석하는 것과는 달리 맑스는 인간의 노동은 자본주의에서만 직접적으로 사회적 성격을 가지게 된다고 보았다고 주장한다.[7] 그 근거로 정성진은 『자본』 제3권의 한 구절을 인용한다. "우리가 논의하고 있는 절약은 모두 노동의 사회적 성격으로부터 생기는 것이므로 노동자의 생명과 건강을 이렇게 낭비하는 것도 사실상 바로 노동의 이러한 직접적으로 사회적인 성격

6_ 정성진, 『마르크스와 트로츠키』, 한울, 2007, 502-504쪽.
7_ 같은 책, 38쪽.

때문에 생기는 것이다."8 이렇게 보면 맑스는 자본주의에서의 노동의 성격을 한쪽에서는 간접적이라고 말했다가 다른 쪽에서는 직접적이라고 주장한 셈이 된다. 만일 정성진이 신리카도 학파에 반대하며 제시하는 후자의 근거가 맞다면 반대로 「고타강령 비판」의 주장은 수정되어야 한다. 또 그럴 경우 정성진이 강조하는 "노동시간 계산" 모델 역시 근거가 불투명해질 수밖에 없다. 어떤 주장이 맞는 것일까?

앨버트에 따르면 단순히 노동시간의 길이가 아니라 각 개인의 노고에 따라 평가 · 보상한다는 것은 복합적인 의미를 갖는다. 그는 노고에 따라 평가한다는 것은 각자의 상황, 재능, 훈련, 운과 같이 사람이 통제할 수 없는 것을 기준으로 삼아 평가하는 것(이는 인종이나 성에 따라 임금을 달리 주는 것만큼이나 사회적 정의에 어긋난다)과는 달리 유일하게 사람이 통제할 수 있는 기준이므로 정의롭다고 말한다. 노력한다는 것은 더 긴 시간, 덜 유쾌한 일, 또는 더 힘들고 위험하며 건강에 좋지 않은 업무나 훈련을 감수하는 것을 의미할 수 있다. 하지만 여기에는 질병, 재난, 장애 등이 발생할 때 '정의의 원칙'이 아니라 '필요의 원칙'에 따라 필요경비를 제공한다는 예외규정이 포함되어 있다.

노동시간의 길이만이 유일한 평가기준이 된다면 다양한 형태의 '시간 때우기' 문제가 발생할 수 있다. 상당부분의 노동은 단순 기계노동과는 달리 각종의 위험과 강도와 창의성을 필요로 하기 때문이다. 또 이 문제는 경제 전반의 효율성과도 직접 관계가 있다. 만일 연대, 다양성, 공평성, 참여적 자율관리와 같은 규범을 만족시키면서도 결국은 소기의 경제적 목표를 달성하지 못한다면 그 경제체제는 매우 비효율적이어서, 표출되는 다각적 필요에 전혀 부응하지 못하게 되거나 낭비가 심해서 제한적인 정도로밖에는 필요에 부응하지 못하게 될 것이고, 결국 이런 체제는 모두가 원치 않는 것이

8_ 같은 책, 39쪽.

될 것이기 때문이라는 것이다.[9]

이 문제는 결국 일정한 노동시간 동안 어느 정도의 '노동력'을 '지출'할 것인가의 문제로 수렴된다. 동일한 노동시간에 더 성심껏 일하는가, 어려움을 감수할 것인가의 문제는 도덕적인 문제라기보다는 해당 작업에 적합한 노동력을 충분히 지출한 것인가 아닌가의 문제이다. 달리 말해 노동력 지출이 노동시간의 양으로 환원될 수 있는가의 문제로 귀결된다. 주지하듯이 노동가치를 양적으로 환원하는 것에 대해 가장 근본적인 비판을 가한 이가 맑스이다.[10] 맑스는 노동생산성의 문제를 논하면서 자본의 가치구성만이 아니라 노동일의 길이와 노동강도 및 임금이라는 세 요인을 함께 분석해야 함을 강조한 바 있다.[11]

그런데 자크 비데는 맑스가 '가치' 문제에 대해 우리에게 가르쳐준 모든 것(구체적 노동의 추상노동으로의 전화, 사용가치의 가치, 화폐, 자본으로의 전화는 노동력의 강제적 지출이라는 정치적 관계의 산물임)을 스스로 망각하는 결정적 순간이 있다고 말한다. 맑스 자신이 한때 유토피아라고 비판한 내용을 자신이 사회주의 사회를 묘사할 때 다시 이용하고 있기 때문이다. J. 그레이가 생산자-교환자들은 그들의 상품에 포함된 노동시간에 따라 '보증된' 시간 증권을 받는 방식으로 사적 자본을 국민자본으로 대체해야 한다는 방안을 주장했을 때, 맑스는 이런 발상이 유토피아적이라고 비판했다. "왜냐하면 이런 체제는 개별적 노동을 '사회적 노동'으로 전환시킬 수 있는 어떤 수단도 갖고 있지 않기 때문이다. 다시 말해서 개인들로 하여금 일관된 집단적 작업을 하도록 만들 어떤 원동력이나 강제도 제시되지 않았기 때문"이

9_ 같은 책, 76쪽.

10_ 칼 맑스, 『자본』 제1권(上), 김수행 옮김, 비봉출판사, 1999(11쇄), 101쪽. "리카도의 가치량 분석의 불충분한 점은—그래도 그것은 최량의 분석이다—본서의 제3권 및 제4권(『잉여가치학설사』)에서 보게 될 것이다…각종 노동을 단순히 양적으로 구별한다는 것은 그것들의 질적 동일성 또는 동등성을, 따라서 각종 노동의 추상적 인간노동으로의 환원을 전제로 한다는 것을 고전파경제학자들은 깨닫지 못하였다."

11_ 칼 맑스, 『자본』 3권(上), 김수행 옮김, 비봉출판사, 1999(11쇄), 56쪽.

라는 것이다.12 그런데 바로 이 '시간증권'을 맑스는 「고타강령 비판」에서 사회주의 비용산정의 원리로 제시하고 있는 것이다. "각 생산자는 자기가 부가한 만큼의 노동량을 확인해주는 증권을 사회로부터 받는다. …그리고 이 증권을 가지고 각 생산자는 소비수단의 사회적 보유량 가운데 자기의 노동과 같은 양만큼의 비용이 소요된 소비수단을 인출한다."13 이 노동증권 같은 관념은 노동자가 제공한 노동시간과 노동자가 인출하는 상품에 포함된 노동시간을 등가로 비교할 수 있다고 가정하는 것이며, 이런 가정이야말로 바로 맑스 자신이 비판하고 있는 리카도의 경제주의이다. 경제주의란 곧 개별노동의 사회적 노동으로의 사회화 문제(정치적 강제의 문제)가 이미 해결된 것으로 가정하는 것에 다름 아니다. 바로 이런 경제주의를 맑스가 반복하고 있는 것이다. "앞으로는 자본주의 사회에서 통용되던 것과는 반대로, 개별적 노동은 우회로를 통하지 않고 직접적으로 사회 총노동의 구성부분이 된다."14

개별적 노동의 사회적 노동으로의 실체전환이라는 이 기적, 이 직접적 사회화는 어떻게 일어나는가? 맑스는 이 점에 대해 분명하게 대답할 수 없었다. 또는 오히려 여기에서 그는 (답변의) 원리를 여러 번 제시한다. 즉 (이 기적은) 집단적으로 세워진 계획에 따라 생산이 이루어진다는 사실에 의해 가능하다는 것이다. 그렇지만 이 답변은 분명 몇 가지 문제를 내포한다. 이런 (계획에 따른 생산의) 결정은 어떻게 이루어지고 또 어떻게 적용되는가? 적절한 내용과 '정상적' 강도를 갖는 노동 그 자체는 어떻게 해서 출현될 수 있게 되는 것일까? 개별적 이해를 통합하는 일반적 이해는 어떻게 결정되는가? 어떻게 하면 일반적 목표가 개인들에 대한 규준으로서 표현될 수 있을까?

12_ 자크 비데, 『자본의 경제학, 철학, 이데올로기』, 박창렬·김석진 옮김, 새날, 1995, 111쪽.
13_ Karl Marx, "Critique of the Gotha Program," in Robert C. Tucker, ed., *The Marx-Engels Reader* (New York: W. W. Norton & Company, Inc., 1978), p. 530.
14_ Ibid., p. 529.

사회주의에 대한 맑스의 담론이 수행하는 이런 개념 전환은 생산관계로부터 정치적인 것을 추방하고, 이 정치적인 것을 국가이론이라는 형태 아래에서 분리된 방식으로 사고하게끔 유도한다. 이리하여 국가의 임박한 종말과 '사물의 관리' 속에서 그 해체를 선언할 수 있게 된다···정치 없는 경제로의 길이 열린다···우리는 가치에 대한 맑스의 담론의 이중성을 그가 인식하지 못했다는 점이 그가 노동가치의 문제를 정치 및 국가라는 심급에 적절하게 연결시키는 데 실패하게 된 이유 중의 하나임을 이해하게 될 것이다.[15]

맑스의 이론에 내재한 이런 문제점은 그가 이행의 문제를 체계적으로 사고할 수 없었다는 사실을 보여주고 있다. "노동시간 계산 모델"이나 "노동증서"와 관련된 쟁점은 표면적으로는 노동생산성 혹은 노동력 지출의 강제성과 관련된 문제로 나타나지만 이 문제는 결국 사회주의(코뮌사회로의 이행 과정)에서 노동성과를 차별화하여 부의 개인적 차이를 어느 정도 인정할 것인가 아닌가의 문제로 수렴될 수밖에 없다. 이종영은 이 문제에 대해 다음 같은 주장을 전개한다. 맑스가 『1844년 초고』와 『신성가족』에서는 사적 소유를 철폐함으로써 자본주의를 지양할 수 있다고 생각했지만, 『독일 이데올로기』에서부터 『정치경제학 비판 요강』을 거쳐 『자본』에 이르기까지는 일관되게 자립적 개인들의 연합에 의한 생산수단의 소유라는 형태를 통해 노동자적 소유와 개인적 소유를 결합적으로 사고했고, 「프랑스에서의 내전」과 「토지의 공유화」(1872)에서는 코뮌주의를 더 이상 사적 소유의 폐기라는 단순한 부정적 형태로 사고하는 것이 아니라 연합적 소유, 개인적 소유, 협동조합적 소유, 공공적 소유 등의 포지티브한 형태들을 통해 사고했다는 것이다.[16] 이런 논거 하에서 이종영은 『자본』의 맑스를 따라 '사적 소유'와 '개

15_ 자크 비데, 앞의 책, 116쪽.
16_ 이종영, 「소유의 역사적 체제들」, 『진보평론』 30호, 2006년 겨울, 299-300쪽.

인적 소유'를 구별한다. 맑스가 말하듯, 사적 소유가 그 배타성으로 인해 타자에 대한 파괴적 성격을 갖는 것인 반면, 개인적 소유란 타자와의 공존적 관계를 내포하기 때문에 자본주의적 사적 소유가 코뮌주의에서는 생산수단의 공유에 입각한 개인적 소유로 전환되는 것이라고 주장할 수 있다는 것이다. 이런 해석에 입각하여 이종영은 토지에 대한 공공적 소유, 생산수단에 대한 협동조합적 소유, 주택에 대한 코뮌적 소유, 소비수단에 대한 개인적 소유 등의 복합적 소유형태들의 접합구조를 코뮌주의적 소유체제로 보자고 제안한다.17

이럴 경우 소비수단에 대한 개인적 소유를 허용하는 공공적 소유, 협동조합적 소유, 코뮌적 소유 같은 집합적 소유형태들은 개인적 자유를 억압하기는커녕 개개인의 자유의 조건들인 물질적 기초·노동의 향유·개인적 주체성을 동시적으로 보호할 수 있고, 그 때문에 코뮌주의는 알튀세르가 말했듯이 "더 많은 자유"에 다름 아니라고 할 수 있다.18 이 문제는 사회주의(혹은 코뮌주의)가 비배타적 형태의 개인적 소유 및 자유를 증대시킬 수 있는가의 문제로서, 21세기 사회주의(혹은 코뮌주의)를 20세기의 역사적 사회주의(공산주의)와 차별짓는 가장 중요한 특성이 될 수 있다. 후자가 모든 종류의 개인적 소유를 배타적인 사적 소유 일반과 동일시하면서 개인적 자유를 억압한 기계적인 노동사회였다면 전자는 공공적 소유의 기초 하에서 타자(자연을 포함한)와 공생가능한 개인적 소유를 통해 더 많은 자유·향유를 보장하는 생태문화사회라고 할 수 있기 때문이다. 21세기 사회주의나 코뮌주의를 논하면서 노동사회가 아니라 생태문화사회라는 새로운 성격을 특별히 부가하려는 이유가 바로 여기에 있다.

17_ 같은 글, 291쪽.
18_ 같은 글, 301쪽.

2) 문화적 쟁점

사적 소유와 개인적 소유의 구별은 자본주의 극복을 위해 생산양식과 주체양식의 상호관계를 어떻게 규정할 것인가를 살피는 데 중요한 계기가 된다. 만일 토지에 대해서는 공공적 소유가, 생산수단에 대해서는 협동조합적 소유가, 주택에 대해서는 코뮌적 소유가 일반화된다면 배타적 사적 소유를 인간본성으로 착각하는 부르주아들을 제외한 사회구성원들 다수는 생존에 대한 만성적 불안으로부터 탈출할 수 있다. 또 가속되는 경쟁 및 물질적 압박에서 오는 만성적 스트레스와 우울증으로부터도 탈출할 수 있다. 나아가 개인적 노고에 대한 보상을 통해 소비수단에 대한 개인적 소유가 허용된다면 일정 범위 내에서 생활양식의 다양성이 허용될 수 있다. 이런 형태의 복합적 소유체제가 허용될 경우 앨버트의 파레콘 모델이 빛을 발할 수 있다.

여기서 각자는 노동과 여가의 교환을 자신의 의사에 따라 자유롭게 결정한다. 각자는 더 많이 소비하려면 평균 이상으로 오래, 더 열심히 일해야 한다. 노동조건이 개선되고 노동의 존엄성이 높아지며 노동생산물들이 공정하게 배분됨으로써 전반적으로 삶의 질이 향상되고, 아울러 교육기회가 대폭 증대되어 우리 모두가 자신감 넘치는 행위자와 정책결정자가 된다면, 우리는 가능한 한 노동을 덜 하기를 원할 것이다. 물론 평균 수준 이상으로 노동을 덜하게 되면 그 자신은 물론 자식들마저 소비의 감축이라는 고통을 감수해야 한다. 하지만 생산의 사회화가 진전되고 생산력이 발전할수록 여가와 노동의 평균적 비율도 변화하게 될 것이다. 앨버트는 만일 1955년에 미국이 파레콘 모델을 채택했다면 산출이 저하되고 사회발전이 불가능해지는 일 없이 (오히려 1인당 생산성이 두 배 이상 높아지고, 공공재가 증가하고, 광고지출과 오염 및 질병, 군사지출과 부자들의 향락은 현격히 줄어들었을 것이다), 주당 노동시간도 40시간에서 약 13시간으로 줄어들었을 것이고, 그 줄어든 노동시간을 개인적인 취미활동이나 자원봉사 또는 자기개발에 투자하여 삶의 질이 현격히 향상되었을 것이라고 계산한다.[19] 이런 의미에서 앨버트의 파레콘 모델은 문화적 향유보다는 노동의 비중이 압도적으로 높은 '노동사회'에서 노동시간보다 문화적 향유시간의 비중이 압도적으로 높은 '문화사회'로의 이행을 가능케 하는 경제적 메커니즘이라고 할 수 있다.

그런데 앨버트에 따르면 대부분의 예술가들은 대체로 두 가지 방식으로 파레콘에 대해 부정적 반응을 보인다고 한다. 하나는 의사, 변호사, 교수 등 전문직 종사자들이나 프로 운동선수가 나타내는 반응과 비슷한 것으로 이는 소유자들이나 조정자 계급에게 독점을 포기하고 균형적 직군을 받아들이라는 데서 오는 거부반응이다. 다른 하나는 균형적 직군이 실행되면 독창적 아이디어와 실험이 불가능해질 것이라는 것이다. 그러나 예술뿐 아니라 어떤 분야에서든 진보는 혁신적 사고방식을 필요로 하며 실험, 개선, 평가의 기회를 필요로 한다. 예술가들도 다른 노동자들과 같이 평의회를 조직하고 균형적 직군에 따라 일하게 되고, 그 분야의 종사자들에 의해 혁신성과 창의성을 평가받게 될 것이다. 이렇게 되면 대다수 예술가들은 자본주의 하에서 후원자들의 상업적 목적과 편협한 취향의 굴레에 종속되었던 상태에서 해방되어 모든 결정이 동료 예술가들과 일반 대중에 의해 이루어진다는 점에서 더 자유로워질 것이다. 물론 탁월한 기량을 가진 예술가가 동료와 일반 대중에게 인정받지 못할 수 있으나 이는 파레콘의 경우 최악의 상황에 해당하는 반면 자본주의 사회나 위계적인 사회에서는 일반적 현상에 속한다.[20]

앨버트는 파레콘에서는 자신의 생산성을 향상시키기 위해 더 많은 지식을 습득하려고 노력할 것이라고 본다. 첫째, 누구나 교육과 훈련이 사비가 아니라 공비에 의해서 실시되기에 물질적 장애가 사라지기 때문이며, 둘째, 사회적 봉사로 사회적 존경을 받기 때문이며, 셋째, 자신의 잠재력을 표출하

19_ 마이클 앨버트, 『파레콘: 자본주의 이후, 인류의 삶』, 395-98쪽.
20_ 같은 책, 404쪽.

고 이로부터 만족감을 얻기 위해 가장 잘 할 수 있는 일을 하고 싶어하기 때문이라는 것이다.[21] 돈이 아니라 사회적 명예가 우선시될 수밖에 없는 사회에서는 문화적으로 가치있는 일을 하는 것이 모든 사회적 명예 중에서도 가장 높은 평가를 받게 될 것이다. 이런 사회적 변화를 거부하는 자가 있다면 단지 그동안 문화적 가치를 독점적으로 향유해 왔던 이들뿐일 것이다.

3) 정치적 쟁점

이런 방향으로의 실제적 이행은 어떻게 가능한가? 앨버트는 대안경제의 작동시스템과 이를 추진하기 위해 필요한 제도에 대해서는 상세히 설명하고 있지만 이런 경제적 변화를 가능케 할 정치사회적 변화에 대해서는 언급하지 않고 있다. 파레콘은 평의회, 균형적 직군, 지시가격 제도와 촉진위원회 등의 새로운 제도를 필요로 한다. 그런데 이런 제도들이 가능하기 위해서는 기존의 경제제도를 물리력과 법으로 지탱해주고 있는 자본주의의 정치적·법적 시스템 전체를 변화시켜야 한다. 노동자 평의회와 소비자 평의회들이 만들어지더라도 서로 고립되지 않고 지역적으로나 전국적으로나 서로 연결되기 위해서는 새로운 정치적 연결망이 필요하다. 동네 이상의 지역 및 산업 수준의 상급 평의회들은 하급 평의회들로부터 제안된 생산계획안을 취합하여 공급과 수요의 과잉 여부를 조절하지만, 상급 평의회에 파견되는 대표들은 언제라도 소환될 수 있음에도 불구하고 이들이 조정에 관한 전문 지식과 경험, 인적 네트워크를 갖고 새로운 '조정자 계급'으로 변질될 가능성은 항존한다.(스탈린주의) 이런 위험들이 어떻게 지속적으로 통제될 수 있는가? 또한 각 지역의 노동자·소비자 평의회들은 언제부터 어떤 규범을 갖고 동시에(또는 비슷한 시기에) 출범할 수 있을까? 각각의 지역적, 산업적 수준의

21_ 같은 책, 408쪽.

평의회들 간의 불균형이 발생할 경우 이를 어떻게 극복할 수 있을까? 생산수단의 공유와 균형적 직군의 편성은 어떤 방식으로 지역적, 전국적 수준에서 가능하게 될 것인가?

이런 질문들은 곧 파레콘이라는 경제모델의 현실화가 아래로부터 어느 한 지역에서 출발해서 전지역으로 전국적으로 퍼져나가는 자연발생적 경로를 따라 형성된다는 것이 불가능하다는 점을 시사한다. 이미 전국적이고 전산업적 수준에서 파레콘 모델이 작동하지 않을 경우 어느 지역에서 발생한 자연발생적 경로들은 기존 제도와 관행들의 장벽에 직면하여 차단되고 고립되고 정체되고 소멸되기 쉽다. 곧 파레콘 모델이 특정한 시기에 특정한 정치적 프로세스를 필요로 한다는 것을 의미한다. 아래로부터 상향식 경제평의회를 전국적 차원에서 동시화할 수 있는 정치적 프로세스란 어떤 것일까? 최근 진행 중인 베네수엘라 혁명이 적절한 예를 제공한다. 베네수엘라 혁명은 크게 3단계 과정을 거쳐 진행 중이다.

1단계: 98년 차베스 그룹은 선거 참여를 결정하고, 98년 12월 10일 대선 승리 후 4개월 만인 99년 4월 19일 제헌의회 소집 여부 국민투표를 실시 86% 찬성으로 통과시키고, 그해 6월 25일 제헌의회 의원 선출선거를 하여 131석 가운데 차베스 지지자 119명을 당선시켰다. 11월 17일 새 헌법("볼리비안 헌법")을 제정하고, 12월 16일 국민투표를 실시하여 71.2%의 지지로 통과시킨다. 2000년에는 새 헌법에 의해 대법원과 기존 의회가 공식 해산되고, 7월에는 대통령 선거, 국회의원 선거, 주지사 선거 등 동시다발 선거에서 압도적 승리를 거두어 기존의 보수양당체제를 파기하고 중앙권력과 지방권력의 완전한 교체를 이루어낸다.

2단계: 새 헌법을 기반으로 중앙의 주요 권력의 교체를 이루며 사회개혁을 집행하기 위해 49개 개혁법률을 통과시킨 시기와 이에 대한 반혁명세력의 조직적 반발을 제압하는 2003년 4월까지의 시기에 해당한다. 2000년 법적·정치적으로 권력 기반을 다지게 되지만 가용할 자원이 적은 차베스는 군대를 이용하여 '플랜 볼리바르'를 시행, 빈민층에 대한 교육, 의료지원, 주택지원 사업을 전개하여 200만 명 이상의 빈민에게 혜택을 부여, 초기 민중의 지지를 강화하는 계기를 마련한다. 2000년 11월 9일 신속한 개혁 추진을 위해 국회 승인 없이 대통령에게 1년간 입법권을 부여하는 '대통령 특별입법권'을 국회로부터 승인 받고, 1년 후인 2001년 11월 10일 탄화수소법, 토지법, 협동조합법 등 49개 개혁입법을 선포한다. 이에 대응하여 반혁명세력은 반차베스연합을 결성 2002년 4월 12일 쿠데타를 시행(20여명 사망, 148명 부상)하나 30만 명이 넘는 빈민들의 시위와 군대의 출동으로 48시간 만에 쿠데타는 실패하고 차베스가 복귀한다. 쿠데타 이후에도 차베스는 경제정책에서 유화조치를 지속했다가 2002년 12월에서 2003년 2월까지 직장폐쇄 등 자본 총파업으로 약 110억 달러의 손실이 발생했다.

3단계: 자본 총파업 이후 차베스는 각종 사회개혁의 실행계획인 '미션'에 박차를 가하기 시작, 국영석유회사를 완전히 장악하고, 5월 14일 '사회와 경제 발전을 위한 기금 설립을 결정, 이를 통해 국가 총재정의 40%를 미션에 쏟아붓기 시작했다. 도시에서는 200-400가구, 농촌에서는 그 1/10에 해당하는 가구들이 주민자치위원회를 만들어 자율적으로 프로그램을 결정하고 집행하고, 이 사업을 뒷받침하기 위해 '볼리비안 서클'이라는 자율적 정치조직이 주민자치위원회나 협동조합, 노동조합에 파고들어 정치교육을 수행하게 된다. 이렇게 미션-주민자치위원회-볼리비안 서클이 삼위일체가 되면서 확대된 민중의 조직화를 토대로 아래로부터 민중참여적 개혁이 본격화된다. 이런 방식은 "여전히 반대파 세력이 장악한 복지부동의 관료체제를 우회하기 위해서" 추진된 것으로, 가령 초기 교육 미션은 교육부와 별도로, 의료 미션은 보건부와 별도로 운영되었다. 이렇게 중앙정부의 조직적 지원 하에서 각종 미션이 성과를 보이자 차베스는 '21세기 사회주의'를 선언하게 된다.[22]

베네수엘라의 혁명과정은 결코 순탄치 않았고, 초지일관된 흐름을 가진 것도 아니었다. 초기 제헌의회 구성을 통해 차베스는 구체제의 인적 잔재를 청산하는 급진적 변화를 꾀했지만 변혁의 실제 내용을 결정하는 경제정책만큼은 "시장의 보이지 않는 손과 국가의 보이는 손이 서로 맞잡는 중간지대"를 목표로 제시하는 식으로 극히 조심스러운 행보를 보였다. 즉 혁명적이라기보다는 서구 복지국가 모델에 가까운 내용을 선호했다.(107) 또 49개 법안 역시 급진적이라기보다는 온건한 진보개혁조치에 가까웠다. 그러나 반혁명 세력이 이를 '혁명의 씨앗'으로 간주하고 총파업과 쿠데타로 대응하자 이에 맞서 아래로부터 민중의 조직화가 이루어져 차베스는 구출되었고, 사회적으로 혁명의지가 날로 높아갔다. 하지만 쿠데타 이후에도 차베스는 일련의 유화조치를 취했고, 경제팀을 덜 급진적인 장관들로 대체했고, 국영석유회사에도 좀더 온건한 인사들을 선임했다. 심지어 해고된 경영진을 되돌려 놓기도 했다. 그러나 2002년 12월 자본총파업 이후 차베스는 이런 유화조치가 무의미하다는 것을 깨닫고 아래로부터의 민중참여에 기초한 급진개혁을 추진하기 시작했다.(118-20)

엎치락뒤치락했던 이런 과정을 해피엔딩으로 규정하기에는 아직 이르다. 아직까지 차베스 개인의 리더십에 의존하는 측면이 크고, 지지세력 내부에도 관료주의와 기회주의적 부패가 만연해 있고, 혁명을 이끌어갈 확고한 정치조직이 부재한 상황이기 때문이다. 차베스는 2006년 12월 선거 승리 이후 '제5공화국운동'의 해산과 '베네수엘라 통합사회주의당'의 창당을 제안했으나, 거대정당의 건설이 반대로 당의 과두제적 성격을 강화시켜 아래로부터의 혁명의 힘을 억제할 위험도 상존한다.(128-29) 또 미국으로부터의 위협

22_ 김병권, 「베네수엘라 혁명의 배경과 개요」, 김병권 외, 『베네수엘라, 혁명의 역사를 다시 쓰다』, 시대의창, 2007, 62-74쪽. 이하 이 글에서의 인용은 본문의 괄호에 쪽수를 표시한다.

과 약 40%에 달하는 반대세력의 위협 역시 만만치 않다.(130-34) 이런 안팎의 위협에 대응하여 차베스는 남미지역통합(ALBA)을 추진하면서 2007-2021년에 걸친 14년간의 '전국적인 시몬 볼리바르 프로젝트'를 시작하고 있다.

그러나 큰 틀로 보면 위로부터의 개혁이 아래로부터의 개혁에 발화점을 제공하고, 다시 아래로부터의 민중참여가 위로부터 개혁의 위기를 구출한 후, 위로부터의 개혁과 아래로부터의 개혁이 합체되어 큰 물줄기를 만들어 일국적 차원에서는 21세기 사회주의로의 새로운 전진을, 국가 간 체계에서는 남미지역통합이라는 대세를 만들어내고 있는 셈이다. 이 과정은 위로부터의 개혁과 아래로부터의 민중참여적 개혁은 양자택일적이 아니라 상보적인 정치적 프로세스라는 점을 확인하게 해준다.

4. 이행의 과제와 전망

1) 연속혁명적 과정

김세균이 강조하듯이 사회주의라는 과도기를 거치지 않고, 자본주의에서 새로운 코뮌사회로의 직접적 이행은 불가능하다. 경제발전의 수준과 대중의 집합적인 정치적-문화적 역능의 수준이 높고, 조성된 국내외적 조건이 유리할수록 사회주의 기간을 단축할 수 있을지는 몰라도 과도기로서 사회주의 체제의 수립은 어떤 경우든 불가피하다. 이 과정에서 코뮌사회적 요소가 우위에 있더라도 극히 불안정하고 언제든 구계급사회로 회귀될 수 있기에 낡은 요소를 소멸시켜가는 작업은 일회적 조치로 이루어질 수 없는 지난한 작업이다.[23]

23_ 김세균, 「사회주의 정치체제에 대한 소고」, 『진보평론』 30호, 2006년 겨울, 130쪽.

이런 불안정한 상태에서는 생산양식의 측면에서 코뮌적 요소가 일시적 우위를 차지한다고 해서 노동사회적 · 소비사회적 주체양식에서 문화사회적 · 향유사회적 주체양식으로의 이행이 저절로 이루어지기는 어렵다. 전자에서 후자로의 비중이 증대하는 이행은 사회의 다양한 수준에서 연속적 · 동시다발적인 변화를 필요로 한다. 생산양식의 변화와 주체양식의 변화가 동시에 맞물려서 진행되다 보면 갈등과 괴리, 비조응이 발생할 수 있고, 이런 괴리가 전체 변혁을 실패로 이끌기 쉽다. 소비에트 혁명과 중국 혁명이 실패한 것은 생산양식과 주체양식의 동시적 변화 또는 양자의 상호침투 과정을 중시하기보다는 양자택일적 환원주의(객관주의적 편향이나 주관주의적 편향)나 잘못된 단계론(과도기적 특성을 지닌 사회주의체제를 변혁의 최종목표로 착각하거나 스탈린식의 국가사회주의체제를 완결된 하나의 독자적인 사회구성체로 간주하는 견해)에 매몰되었던 것과 무관치 않다. 이런 맥락에서 트로츠키의 "연속혁명론"과 마오의 "문화혁명론"은 이행론의 차원에서 새롭게 재점검될 필요가 있다. 이 둘은 생산양식의 이행과 주체양식의 이행의 문제를 동시적 · 연속적으로 사고하고자 했던 역사적 선례이기 때문이다.

사회주의 체제가 낡은 요소와 새로운 요소의 모순적 통일로 특징지어지는 과도기적 체제라면 어떤 고정된 사회주의 체제의 상을 제시하는 것은 불가능하다. 오히려 문제는 어떻게 해서 사회주의적 변화를 촉발시킬 것인가, 그리고 촉발된 사회주의적 변화를 가속시켜 새로운 코뮌사회로의 이행을 앞당길 것인가에 있다. 이 "어떻게"의 관건은 국가도 전위당도 아닌 프롤레타리아 대중 자신의 집합적인 정치적-문화적 역능에 달려 있다.[24] 프롤레타리아 대중의 집합적인 정치적-문화적 역능의 증대는 어떻게 가능할 것인가?

24_ 같은 글, 150쪽.

2) 계급 · 대중 · 다중의 차이와 연결

그런데 이런 이행이 어려운 것은 살아 움직이는 사회시스템의 가동을 중단하지 않은 채 전체를 뜯어고치면서 그것이 새로운 시스템으로 작동하도록 해야 하기 때문이다. 이는 마치 노동하고 있는 사람의 전체 장기를 수술하는 것과도 같아 일시적으로 부분 마취를 하여 장기의 일부를 고치는 동안에도 그 사람이 일하고 먹고 마시는 일을 계속해야 하는 것과도 같은 일이다. 국가권력을 장악하여 변화를 촉발시키는 것은 부분 마취를 통해 시스템의 일정 부분을 일시 정지시키고 수술을 가하는 일에 불과하다고 할 수 있다. 새로운 코뮌적 요소들은 대중 스스로의 삶의 과정 속에서 창출되어야 하고, 일상 속에서 다면적 시행착오를 거쳐 안착되어 가야 한다. 대중의 집합적 힘이 일시적으로 모여 국가권력을 장악하는 데 사용된 후 대중은 즉각 자신들의 삶의 자리로 돌아가 하루하루의 신진대사를 영위해야 하며, 새로운 사회의 요소는 바로 이 일상 속에서 창출되어야 하는 것이다. 국가권력의 장악이 혁명의 첫 단추를 끼우는 것에 불과한 이유가 여기에 있다.

물론 국가장치는 이런 변화를 위한 전사회적 시동을 거는 역할을 맡고, 이를 거부하는 낡은 요소들의 준동을 억제하는 역할을 맡아야 하지만, 새로운 코뮌적 요소를 창출하는 일은 일상의 경제생활과 사회문화생활 전반에서 능동적으로 협력하고 연대하며 창의성을 발휘해야 할 대중의 더 큰 몫이다. 전체주의로 회귀하지 않으면서도 자본주의가 불필요하게 부풀려 놓은 사회적 욕구, 반생태적이지만 기능적으로는 편한 상품소비의 메커니즘, 교육장치와 일상 속에 만연된 경쟁심리 등을 극복하는 주체는 어떤 주체인가? 이런 주체는 집합적 힘을 하나로 모아 권력을 장악하는 순간의 '대중'은 아니다. 일상 속에서는 창의성과 자율성, 능동성과 연대성을 필요로 하는 새로운 주체가 필요하기 때문이다. '다중'(multitude)은 바로 이런 새로운 주체에 붙여질 수 있는 명칭이다. 개개인은 획일적인 광고를 보고 획일적으로 브랜드

상품을 소비하는 익명의 대중일 수도, 또는 6월 항쟁 때 시청 앞 광장을 뒤덮은 100만 여명의 대중의 일원일 수 있지만, 다른 차원에서는 자신의 지적 · 정서적 · 윤리적 · 신체적 역능을 다차원적으로 발휘하는 '다중'이 될 수 있다. 또 복합적 역능을 발휘하는 다중적 개인들의 자유롭고 자발적인 연합인 코뮌을 창출하는 다중 주체로 거듭날 수도 있다. 민중 · 계급 · 다중 같은 개념들의 의미와 각 개념들의 관계가 새롭게 정립될 필요가 있는 이유 가 여기에 있다.

그동안 맑스주의 안팎에서 수많은 정파와 분파들 간의 대립은 이 개념들 을 동일평면에서 양자택일할 수 있는 대당개념들로 간주해온 "문법적 착각" 에서 비롯된 바가 크다. 그러나 이 개념들은 마치 x, y, z 축이 하나의 통합된 입방체의 서로 다른 세 차원을 지칭하듯이 하나의 통합된 사회적 주체의 서로 다른 차원을 지칭하는 개념들이다. 이렇게 보면 민족은 계급과 대립되 는 개념이 아니라 인종적 · 영토적 · 국가적 수준의 개념이 혼용된 집합적 주 체를 지칭하는 개념이자, 제국주의적 침략과 식민적 지배의 위협이 항존하 는 한 언제든 동원될 수밖에 없는 개념이다. 그에 반해 계급은 생산수단의 소유와 박탈을 기준으로 한 개념이기에 영토적 · 인종적 주체와도 정치적 신분 개념과도 차이가 있는 부르주아 계급의 해체 없이는 지속될 수밖에 없는 개념이다. 반면 민중은 지배권력에 대응하는 노동자 · 농민 · 소생산자 등을 포괄하는 피지배 집단을 통칭하는 개념이고, 국가와 자본은 피지배 계 급들의 민중적 연대를 두려워하기에 분할통치의 기술을 거듭해서 발전시킨 다. 대중은 대도시화 · 산업자본주의화가 산출한 표준화된 노동과정과 획일 적인 소비문화가 만들어낸 익명적 군중을 뜻하는 개념이자, 작은 무리에 대 응하는 '크리티칼 매스'(critical mass)로서 봉기를 가능케 할 물리적 힘을 지 칭하는 개념이기도 하다. 반면 다중은 개성과 자율성을 갖춘 다수 또는 한 개체 내의 다양한 주체적 요소들의 중층적 절합을 뜻하는 개념으로 획일적

(몰적) 대중에 대응하는 개성적·자율적 다수를 의미한다. 들뢰즈·가타리는 '다중' 개념을 쉽게 시각화하기 위해 얽혀서 뻗어나가는 풀뿌리를 의미하는 '리좀'이라는 개념을 쓰기도 했다. 하지만 이 개념은 개인주의적 분자화와 밀접한 연관이 있어 저항적·창조적 다중 대신에 순응적·소비주의적·냉소적 다중으로 함몰할 수 있다.[25]

이런 점에서 민중인가 다중인가, 계급인가 다중인가라는 양자택일적 질문은 잘못된 질문이다. 필요한 것은 어떻게 하면 다중적 개인들의 자유롭고 평등하며 자발적인 연대를 통해 지배체제를 전복할 수 있는 '크리티칼 매스'(저항적 민중·대중)를 형성할 수 있을 것인가라는 질문이다. 전통적 개념들은 주체적 요소를 구성하는 인종적·지리적 차이, 정치적 지배와 피지배, 생산수단의 유무로 인해 발생하는 주체양식의 차이들을 지칭하는 실체적 개념들이기 때문에 다중이라는 새로운 측면이 부각된다고 해서 소실될 수 있는 것이 아니다. 오히려 개개의 주체들은 내적으로는 지적·정서적·윤리적·신체적 역능들의 다차원적 배치의 차이를 지닌 복합적 구성체이자 외적으로는 인종적·지리적 차이와 권력과 생산수단의 배치의 차이에 의해 영향을 받는다는 점에서 '다중적'이다. 따라서 '다중'이라는 개념은 주체가 본래 안팎으로 다중적 배치의 구성체라는 사실, 주체가 그 배치의 어느 한 요소로 환원될 수 없는 복합 네트워크적 존재라는 사실을 밝혀주는 개념인 것이지 그 각각의 요소와 대치되는 개념인 것은 아니다. 여기에 양성평등의 문제와 더불어 아동청소년·노인·장애인 문제와 같은, 그동안 간과되었던 소수자의 문제가 추가되어야 한다. 이 문제들 역시 계급이나 민족 문제가 해결된다고 자동으로 해결될 수 있는 것도 어느 다른 문제로 환원될 수 있는 문제도

25_ 빠올로 비르노, 『다중』, 김상운 옮김, 갈무리, 2004. "오늘날 다중의 감정적 상황이 '나쁜 감정'—편의주의, 냉소주의, 사회적 통합(순응주의), 견해의 끊임없는 변화, 명랑한 체념—에 의해 표방된다는 것은 의심할 여지가 없다"(143-44쪽).

아니다. 이 모든 요소들은 새로운 코뮌적 주체형성 과정에서 입체적으로 연결되어 동시에 해결되어야 할 문제들이다.

따라서 주체성을 폐쇄된 평면이나 사다리 형태로 보는 대신 개방적인 3차원 이상의 동역학적 과정으로 사고하기 시작할 때 기존의 양자택일적 혼란이 제거될 수 있다. 이럴 경우 남는 문제는 다음과 같은 것이다. (1) 분할통치로 개별화된 민중이 능동적으로 '크리티칼 매스'를 형성하고 국가권력 장악하기, (2) 아래로부터 코뮌적 요소를 새롭게 창출할 수 있는 다중 네트워크 구성하기(어소시에이션 운동), (3) 이 양 축의 긍정적 상호작용을 통해 새로운 생산양식과 주체(구성 및 생활)양식의 상호침투, (4) 새로운 생산양식·주체양식의 세계화가 그것이다. 물론 이 네 가지는 순서를 지칭하는 것이 아니라 동시에 진행되어야 할 서로 다른 차원의 실천을 총칭하는 것이고, 서로가 서로에 대해 상보적 관계에 놓여 있는 것들이다. 그동안 '정통' 맑스주의를 포함한 진보 세력들의 문제점은 이 네 가지 과제들을 순서의 관계나 환원주의적 관계로 파악해왔다는 데 있다고 할 수 있다.

5. 나가며

자본주의 극복은 이 네 차원의 동시다발적 실천들에 의해서만 가능할 수 있다. '정통' 맑스주의는 국유화 및 계획경제에만 초점을 맞추어 왔기에 사회주의의 다차원적 성격을 이해하지 못하거나 은폐해 왔다. 반대로 무정부주의자나 막연하게 사회혁명을 주장하는 공상적 유토피아주의자는 과거의 전체주의에 대한 트라우마로 인해 위로부터의 혁명과 아래로부터의 혁명이 합류하는 창조적인 정치적 형태를 보지 못하고 있다. 이런 점에서 양자 모두에게 코뮌주의란 먼 미래에 도달할 관념론적 이상일 따름이다.[26] 21세기 맑스주의가 이런 관념론을 극복할 수 있는가의 여부는 코뮌주의의 다차원적 성격과 참여계획적인 복합적 생산·소유체제의 대강을 체계적으로 해명하고, 낡은 것과 새로운 것의 모순적 통일 속에서 노동자·다중의 자립적인 문화정치적 네트워크를 창출할 수 있는 제과정에 대한 이론적·정치적 로드맵을 제시하고 이를 실천해갈 수 있는가에 달려 있다.

자본주의는 생산양식과 주체양식의 공시적 변화를 통해서만 극복될 수 있다. 후자 없는 전자는 맹목적이고, 전자 없는 후자는 공허하다. "역사적 공산주의"는 후자를 간과하고, 무정부주의 혹은 공동체주의는 전자를 무시한 결과 현실적 대안이 될 수 없었다. 이런 편향과는 달리 코뮌적 생태문화사회론은 산노동이 자본의 도구가 되는 노동사회 대신 죽은 노동이 주체적 역능(지적·정서적·윤리적·신체적 역능) 향상의 수단이 되며 자연과 공생 가능한 생태문화사회로의 이행을 모색한다. 이 사회는 공공적 소유·조합적 소유·코뮌적 소유·개인적 전유 등으로 구성된 복합적 소유체제와 참여계획경제 시스템으로 운영될 것이다.

이런 사회로의 이행의 관건은 프롤레타리아 대중의 집합적인 정치적-문화적 역능 강화에 따라, (1) 민중이 능동적으로 '크리티칼 매스'를 형성·국가권력 장악하기, (2) 아래로부터 코뮌적 요소를 새롭게 창출할 수 있는 다중 네트워크 구성하기(어소시에이션 운동), (3) 이 양 축의 긍정적 상호작용을 통한 참여계획경제와 코뮌적 주체양식의 상호침투, (4) 코뮌적 생태문화사회의 세계화라는 과제들의 동시다발적·연속적 실천에 달려 있다. 이런 다수준적 실천들의 동시다발적 경로에 대한 이론적·정치적 로드맵을 구성·실천해 가는 것이 21세기 맑스주의의 당면 과제이다.

26_ 박영균, 「사회주의와 변혁의 주체: 코뮌과 노동자 계급」, 『진보평론』 30호, 2006년 겨울, 20-21쪽.

제 3 부

문화사회로의 이행을 위한 실험

06 | 21세기 코뮌주의와 문화혁명

1. 들어가며

2007년 내내 '87년 체제 20여 년 간 진보와 개혁을 위한 다양한 노력들이 전개되었음에도 불구하고 민주주의의 발전이 아니라 오히려 민주주의의 후퇴로 귀착된 원인이 무엇인가에 대해 수많은 논란이 있었다. 하지만 무성한 논의들이 무색하게 2007년 대선에서 투표자 다수(48.7%)는 그간 배경에서 양극화를 촉진해온 주범인 신자유주의를 아예 무대 전면으로 끌어올리려는 '이명박 정부'를 선택했다. 성장의 병폐를 더 많은 성장을 통해 해소해 보겠다는, 한판 '도박'을 벌인 셈이다.

이런 투기적 선택에 맞서 '인간의 얼굴을 한 자본주의', 사회투자국가, 사회적 공화주의 같은 자유주의적, 사회민주주의적 대안들이 제기되고 있다. 하지만 이윤율을 좇아 오직 첨단산업과 고도금융에만 투기하느라 산업과 고용 전반의 균형을 파괴해버린 신자유주의의 장기 하강 궤도 속에서 성장과 분배의 연결 고리는 끊긴 지 이미 오래이다. 지난 10년간 한국에서는 자유주의 개혁세력이 주도한 국가가 이 간극을 채울 능력이 없음은 물론 오히려 그 간극을 계속 확대해 왔음이 입증되었다. 사민주의의 다양한 변종들은 자신들이 집권하면 이 간극을 없앨 수 있다는 환상을 유포하고 있지만, 유럽의 사례는 그것이 불가능하다는 것을 확실히 보여주고 있다. 이미 세계화된 자본이 초국가적 권력을 장악한 상황에서 개별 국가가 그에 맞서 실질적 조절·통제 능력을 갖기 위해서는 아래로부터 대중의 강력한 압력 형성에 기반하지 않으면 안 될 형편이기 때문이다. 만일 그런 조건이 갖추어져 국가가 그런 능력을 실행할 수 있게 된다면 그런 국가는 이미 현단계 자본주의 국가의 한계를 초월한 국가일 수밖에 없다는 점에 현대 사회민주주의의 딜레마가 존재한다. 지난 30여년 간 이런 원인들이 해소되지 못한 채 누적된 결과 오늘날 세계적으로 거대권력을 행사하고 있는 자본의 투기 행위와 그에 종속된 국가들의 방임을 억제하고 통제할 어떤 제도적 장치도 존재하지 않는다. 그리고 다수 대중은 이렇게 점증하는 투기 행위에 입을 벌리고 그 떡고물이 떨어지기를 눈이 빠지게 기다리고 있을 따름이다. 상황이 이러하므로 민주주의 역시 위기에 처하는 것은 당연하다.

마침내 정권 교체가 현실로 나타나자 돌파구를 찾기 위한 움직임들이 부산해지고 있다. 민주노동당의 탈당 사태, 진보신당 창당 운동 등이 그러하다. 하지만 이들이 단지 사회민주주의의 새로운 변종에 그친다면 사정은 나아지지 않는다. 위-아래, 좌-우가 모두 막혀 있는 현상황에서 진정한 돌파구를 만들어가기 위해서는 근본적이고 장기적인 관점에서 사태를 철저히 진단하고 새로운 이론과 실천의 틀을 구성해야 한다.

민주주의란 본래 대중의 자기-통치를 뜻한다. 하지만 가까운 시기를 되돌아볼 때 80년 5월과 87년 6월의 특정 기간을 제외하고는 우리 사회에서 자율·자립에 기반한 대중의 자기-통치 능력은 지속적으로 훼손되어 왔다. 대신 대중이 얻은 것은 자본주의적 성장 논리와 소비 중독의 일상적 내면화였을 뿐이다. 자기-통치의 권리를 투표 때만 행사하고, 일상에서는 더 많은 성장과 더 많은 소비를 추구한다면 민주주의의 실종은 필연적이다. 아무리 새로운 진보정당을 구성해도 대중 다수가 성장·소비 중독과 '이데올로기적 향락'1에 빠져 자기-통치 능력을 상실할 경우 사정은 달라질 게 없다. 오늘날 민주주의의 회생 여부는 대공황의 신호를 보내고 있는 신자유주의 광풍이라는 외부의 거대한 적만이 아니라 깊이 침윤된 성장-소비 중독이라는 내부의 적을 어떻게 극복하고, 대중의 자기-통치 능력을 재생·강화할 것인가에 달려 있다.

이 엉켜있는 난제를 어떻게 해결해나갈 것인가? 이 난제에 대해 문화적 관점에서 해법을 제시해 보려는 것이 이 글의 목적이다. 물론 정치경제적 해법보다 문화적 접근이 더 중요하다는 식의 낡은 '문화주의'적 접근을 반복하겠다는 것은 아니다. 문화가 아무리 중요하고 상대적 자율성을 갖는다고 해도 문화적 해법이 정치적·경제적 실천을 대신해 줄 수 있는 것은 아니다. 오히려 여기서 강조하고자 하는 것은 정치나 경제가 중요한 만큼 문화도 중요하다는 것이고, 정치와 경제적 해법을 추구할 때 반드시 문화적 해법을 동시에 고려해야만 한다는 점이다. 환원주의에 빠지지 않으면서 어떻게 대중의 자기-통치 능력의 재생을 위한 정치적·경제적·문화적 해법 간의 적합한 상관관계를 파악할 것인가가 문제이다. 말은 쉽지만 이 문제는 결코 해결하기가 쉽지 않다. 단언하자면 이제까지의 어떤 혁명도 이 문제에 대한 올바른 해법을 찾아내지 못했고, 또 그 때문에 실패해 왔다고 해도 과언이 아니기 때문이다.

1_ 슬라보예브 지젝, 『이데올로기라는 숭고한 대상』, 이수련 옮김, 인간사랑, 2002, 86쪽. 지젝에 따르면 이데올로기적 내면화에 수반되는 향락이 사람들이 이데올로기적 내면화를 기꺼이 수락하는 조건이다. 2006년 한미FTA 반대운동과 2007년 대선 과정에서 다수 대중들은 미래의 FTA가 가져올 불확실한 파국에 대한 비판적 분석보다는 이미 익숙해져 있는 신자유주의의 이데올로기적 내면화가 주는 현재적 향락을 선택했던 셈이다.

단순화의 위험을 무릅쓰고 요약하자면, 1917년 러시아혁명은 기동전 형태의 정치혁명으로 폭발했지만 역동적으로 솟아오른 문화혁명의 요구를 기각함으로써 스탈린주의로 귀착되었던 데 반해, 68혁명은 아래로부터 폭발한 문화혁명을 통해 사회 시스템을 일시에 뒤흔들었지만 그 폭발적 에너지가 정치혁명으로 연결되지 못한 채 오히려 신자유주의의 반동으로 흡수되고 말았다. 상반되는 이 두 역사적 혁명은 정치혁명과 문화혁명의 분리라는 한계를 어떻게 극복할 것인가라는 중요한 과제를 남겼다. 90년대 초 동구권의 붕괴와 함께 변혁론마저 침체된 이후 오늘날까지 이런 분리를 어떻게 극복할 수 있는가에 대해 이렇다 할 논의가 제기되지 않고 있다. 이 글은 코뮌주의와 문화혁명의 관계를 원리적 차원에서 살핌으로써 이 분리를 극복할 수 있는 이론적·실천적 해법의 단서를 풀어보려는 시론이다.

2. 이행의 메커니즘과 작동 조건

자본주의를 극복하면서 대안사회로 나아가는 '이행'은 현실적으로 매우 복잡하고 어려운 문제와 봉착한다. 이 과제가 어려운 것은 살아 움직이는 사회시스템의 가동을 중단하지 않은 채—전신마비 수술과는 다르게—전체 사회 시스템을 뜯어고치면서 새로운 시스템으로 작동하도록 해야 함과 동시에 그 시스템 속에서 살아가는 사람들 스스로가 성장·소비 중독으로부터 벗어나 지속적이고 전면적으로 새로운 생활양식을 구성해가야 하기 때문이다. 정치혁명을 통해 국가권력을 장악하여 사회 시스템 전체의 혁명적 변화를 촉발시킨다 해도 그것은 부분 마취를 통해 시스템의 특정 부분을 일시 정지시키고 부분 수술을 가하는 일에 불과하다. 대중의 집합적 힘이 일시적으로 모여 국가권력을 장악하는 데 사용된 후 대중은 즉각 자신들의 삶의 자리로 돌아가 하루하루의 신진대사를 영위해야 하며, 새로운 사회의 요소는 바로 이 일상 속에서 창출되어야 하는 것이기 때문이다. 국가권력의 장악도 힘들지만 그것조차도 혁명의 첫 단추를 끼우는 것에 불과한 이유가 여기에 있다.[2]

대중은 한편으로는 전체주의로 퇴행하지 않도록 아래로부터 국가에 대한 통제력을 강화해야 하는 과제와 동시에 다른 한편으로는 자본주의가 불필요하게 부풀려 놓은 사회적 욕구, 반생태적이지만 기능적으로는 편한 상품소비의 메커니즘, 교육장치와 일상 속에 만연된 경쟁심리, 가족주의와 성차별·인종차별의 관행 등을 극복해가야 하는 문화적 변혁을 스스로 수행해가야 하기에 이 과정은 매우 지난한 과정이다. 정치혁명이 지속적인 문화혁명에 의해 보완되고 강화되지 않으면 안 되며, 문화혁명은 다시 정치혁명으로 연결되어야만 자본주의 극복의 길이 열릴 수 있는 이유가 여기에 있다. 또 문화혁명은 단지 정치혁명이 일어난 이후에만 필요한 것이 아니다. 정치혁명 이전부터 상당한 정도로 문화혁명이 진행되지 않고서는 정치혁명을 수행할 아래로부터의 자기-통치적 대중 주체의 형성이 불가능하다. 설령 아래로부터 대중 주체가 형성되지 않았음에도 불구하고 어느 날 갑자기 정세적 요인으로 정치혁명이 이루어져 위로부터 시스템 변혁이 시작됐다고 해서 하루아침에 대중의 자기-통치 능력이 성숙해질 수는 없기 때문이다. 문화혁명 자체가 제대로 된 정치혁명의 선행 조건일 수밖에 없는 이유가 여기에 있다.

자본주의의 생산양식이 요구하는 소비적 주체화 양식에 의해 길들여진 대중이 자본주의 내부에서 이를 극복할 새로운 주체화 양식을 스스로 창출

2_ 심광현, 「코뮌적 생태문화사회의 필요조건: 생산양식·주체양식의 공시적 변화」, 제3회 맑스코뮤날레 조직위원회 편, 『21세기 자본주의와 대안적 세계화』, 문화과학사, 2007, 178쪽. 이 글은 본 책에 함께 수록되어 있다.

하면서 이 과정에서 새로운 정치혁명을 촉진함과 동시에 그 정치혁명의 과정을 아래로부터 통제하는 자기-통치 능력을 어떻게 강화해갈 수 있을까? 이 복잡한 문제를 풀기 위해서는 정치혁명과 문화혁명의 관계, 생산양식과 주체양식의 관계, 자연-문화-경제-문명의 관계를 새롭게 살필 필요가 있다. 우선 문화와 문명 개념의 비교를 통해 생산양식과 주체양식의 관계를 살펴보기로 하겠다.3 사전적인 의미에서 '문명'은 "사회의 여러 기술적, 물질적 요소 발전에 의해 이루어진 소산, 또는 그렇게 하여 인간 생활이 발전된 상태"를 가리키는 반면, '문화'는 "세련된 교양, 예술이나 풍습의 정수, 정신적인 생활습관과 사고방식, 전승되는 집단적 생활양식의 총체, 배양과 경작과 사유, 배양되고 경작된 산물, 훈련과 수양과 교화" 등을 지칭하는 것으로 구별한다. 달리 말해 문명이 기술적·물질적 발전에 기초한 특정한 '생산양식'을 지칭하는 데 반해, 문화는 특정한 시대와 사회에서의 개인과 공동체들의 특정한 '생활양식'을 지칭하는 것인 셈이다. 이렇게 보면 넓은 의미의 문화를 '삶의 양식의 총체'라고 정의하는 인류학적 개념의 모호함을 넘어서서 '객체적 생산양식'으로서의 문명과는 구별되는 '주체적 생활양식'이라고 문화를 재정의해야 할 필요가 생긴다. '주체적 생활양식'이란 개개인이 특정 집단의 지적·정서적·인성적 사고방식과 생활습관을 전승받아 집단의 구성원이자 개성을 지닌 주체로 '사회화'되는 특정한 '주체화 양식'을 말하는 것이다.

이런 구별은 다음과 같은 의미론적인 차이를 부각시켜 준다. 문명은 과학기술의 발전에 따른 생산수단과 생활수단(도구와 기계, 교통수단, 미디어, 시설물, 의식주 등) 및 그와 관련된 다양한 제도의 발전이라는 객관적 산물의 축적에 초점이 주어지는 명사적 개념이다. 반면, 교화와 수양을 함축하고

3_ 이하의 글은 심광현의 글 「소외를 넘어 문화사회로」, 김누리·노영돈 편, 『현대문화 이해의 키워드』, 이학사, 2007, 383-401쪽의 내용을 발췌, 수정, 보완한 것임.

있는 문화 개념은 개개 구성원의 지성적·감성적·인성적·신체적 능력의 계발, 자연 및 타자에 대한 주체의 태도와 관계 맺기(수용과 표현) 능력의 계발이라는 점에 초점이 주어지는 형용사적(느끼기)임과 동시에 동사적(소통하고 수행하기) 개념이다. 문명이 과학기술의 발전과 결부된 생산수단과 생활수단의 발전이라는 객관적 성과의 축적을 지칭하는 명사적 개념이라면, 문명의 발전이란 곧 자연에 대한 인간의 집단적 지배력의 강화를 뜻한다. 그에 반해 문화가 인간 잠재력의 계발 및 인간과 인간, 인간과 자연 사이의 관계 맺기를 지칭하는 동사적, 형용사적 개념이라면 문화는 두 가지 지점에서 문명과 자연의 '사이-공간'에 위치하는 개념인 셈이다. 계발해야 할 인간 잠재력이란 것 자체가 한편으로는 자연적으로 주어진 특정한 역능이면서도 다른 한편으로는 전승과 학습을 통한 일정한 '계발 과정'을 통해 자연 상태를 넘어서 문명화의 경로를 밟아가기 때문이다. 또한 문화가 인간과 인간 사이의 관계 맺기만이 아니라 인간과 자연 사이의 관계 맺기를 함축하고 있다는 점에서도 문화는 문명과 자연의 '사이-공간'에 위치한다고 할 수 있다. 레이먼드 윌리엄스도 이와 유사하게 자연과 문화를 대립적인 것으로 보는 대신 문화란 곧 '자연적 성장의 육성'에 다름 아닌 것으로 파악한 바 있다.

우리는 공동의 결정에 의해 계획할 수 있는 것은 계획해야 한다. 그러나 문화 이념의 강조는 하나의 문화란 본질적으로는 계획 불가능함을 상기시킬 때 정당성을 가질 수 있다. 우리는 생활 수단과 공동체의 수단들을 확보해야만 한다. 그러나 이런 수단들로 어떤 삶을 살게 될 것인지는 알 수도 말할 수도 없는 것이다. 문화의 이념은 자연적 성장(natural growth)의 육성(tending)이라고 하는 하나의 은유에 의존하고 있다. 그리고 은유적으로나 사실적으로나 궁극적으로 강조되어야 하는 것은 바로 성장인 것이다. 이것이야말로 바로 우리가 재해석할 필요가 가장 큰 영역이다…민주주의에는 아직도 중대한 물질적 장애들이 있다. 그러나 우리의 마음속에는 미덕을 가장하여 그 뒤에서 남을 조종하고 우리 자신의 입장에서 남의 갈 길을 정하려는 장애물이 또한 있는 것이다. 이러한 문화의 이념에 대항하여 자연적 성장을 육성하는 것이라는 문화의 이념이 필요한 것이다. 부분적이나마 살아있는 과정의 일부를 안다는 것은 그 과정의 비상한 다양성과 복합성을 이해하고 경이로워 하는 일이다. 부분적이나마 인간의 삶을 안다는 것은 그 생의 비상한 다양성과 가치의 풍요로움을 이해하고 경이로워 하는 일이다. 우리는 자신의 집착에 의해 살아가야 하지만 남의 집착도 인정하고 성장의 길을 열어주는 것을 공동의 사업으로 삼을 때에만 비로소 충족한 공동의 삶을 살 수 있는 것이다…공동의 문화 이념은 특정한 사회적 관계 속에서 자연적 성장의 이념과 그것을 육성하는 이념을 통합시켜 준다.[4]

윌리엄스에 의하면 '자연적 성장의 이념만을 강조하는 것이 낭만적 개인주의의 전형이라면, '육성'의 이념만을 강조하는 것이 권위주의의 전형이다. 이에 대해 윌리엄스는 사회 전체의 관점에서는 양자택일이 아니라 양자가 동시에 필요하다고 주장한다.

공동의 문화라는 이념은 특정한 사회적 관계 속에서 자연적 성장의 이념과 그 육성의 이념을 하나로 통합시켜준다. 전자는 낭만적 개인주의의 전형이며 후자는 권위주의적 훈육의 전형이다. 그러나 각자는 전체적 관점에서 볼 때 필요한 강조점을 표시해준다. 민주주의를 위한 투쟁은 인간 존재의 평등의 인식을 위한 투쟁이며, 그것이 아니라면 아무것도 아닌 것이다. 그러나 인간의 개성과 다양성을 인정해야만 비로소 현실적인 공동의 통치는 이뤄질 수 있는 것이다. 우리가 자연적 성장을 강조하는 것은 지배양식이 편리하게 선별적으로 이용하는 힘이 아니라

4_ Raymond Williams, *Culture and Society 1780-1950* (New York: Columbia University Press, 1983), pp. 320-22.

전체적인 잠재적 에너지를 보이기 위함이다. 그러나 동시에 우리는 사회적 현실인 육성도 강조한다. 어떤 문화도 전체적 과정으로 볼 때 선별이요 강조요, 특수한 형태의 육성인 것이다. 어떤 공동 문화의 탁월성은 그 선택이 자유로우면서도 공동으로 이루어지고 또 재선택이 이루어진다는 데에 있다. 육성은 공동의 결정에 따른 공동의 과정이며, 이 과정은 그 자체 내에 생의 실제적 다양성과 성장을 함께 포괄하는 것이다. 자연적 성장과 육성은, 인간존재의 평등이라는 근본원리에 의해 보장되어야 하는, 하나의 상보적 과정의 두 부분인 것이다.[5]

이와 같은 지적은 오늘날에도 공히 적용될 수 있다. 오늘날 근본 생태주의에서는 '자연적 성장'만을 강조한다면, 신자유주의에서는 과거 권위주의적 육성과는 다르게—물리적 폭력이 아니라 화폐적 폭력을 통해—'노동 유연성'이라는 명목으로 '다기능의 육성'을 강제하고 있기 때문이다. 문화가 자연과 문명의 '사이-공간'에서 양자를 연결해주는 역할을 한다면 반대로 문화가 자연과 문명이라는 양극으로 분해될 위험도 항존한다. 오늘날 자본주의는 자연의 억압과 문화의 문명화를 통해 이런 위험을 극대화하고 있고, 주체적 역능, 기쁨의 감응 능력들 모두를 사물화, 기계화, 전자화하고 있다. 자본-권력의 증대에 반비례하여 주체-능력이 감소하는 이유가 여기에 있다. 이에 대한 생태주의적 저항은 우리 사회에서는 아직 대중운동으로 발전하지 못하고 있다. 자연에 대한 문명의 억압에 맞설 수 있는 힘은 자연으로의 회귀를 통해서는 불가능하기 때문이다. 그 해답은 "자연적 성장의 육성"이라는 문화의 이념으로부터 찾아야 한다.

자연과 문명 사이에 존재하는 문화의 위상을 좀 더 명확하게 파악하기 위해서는 일종의 개념적 지도가 필요하다. 다음의 다이어그램은 그레마스

5_ Ibid, pp. 322-23.

의미사각형을 이용하여 자연(1)의 일부인 인간의 자연적 잠재력의 문화적 육성(2)을 통해 경제(3)가 발달하고 경제적 생산의 축적 결과로서 기술문명(4)이 구축되어 가는, 자연에서 문명으로의 성장·전화의 과정을 그려본 것이다.

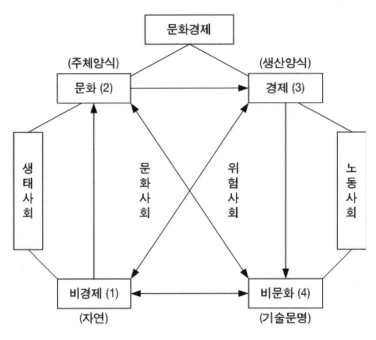

<자연-문화-경제-문명의 의미론적 관계망>

　그레마스 의미사각형의 구도에 적용하여 해석하자면 문화(2)와 경제(3)는 대립관계이며, 문화(2)와 비문화(4), 경제(3)와 비경제(1)는 모순관계이고, 문화는 비경제, 경제는 비문화의 부분집합 관계를 이룬다. 대립관계는 상대를 서로에게 끌어가려는 힘의 역학을 표시하며 모순관계는 양자택일을, 부분집합 관계는 문화가 자연의 일부이고 경제는 기술문명과 축적의 일부임을 뜻한다. 한편 문화와 비경제를 연결하는 축은 스피노자 식으로 말하면 능산적

자연의 축(윌리엄스가 말하는 "자연적 성장의 육성")을 뜻하며 경제와 비문화를 연결하는 축은 소산적 자연(작용 결과)의 축을 의미한다고 해석할 수 있다.

이런 관계망 속에서 주체의 다양한 문화적 역능(2)을 모두 경제적 생산과정(3)에 투입하여 사물과 부의 생산과 축적(4)이라는 방향으로 몰고가는─부의 축적이 목적이고 주체는 그 수단이 되는─사회상태가 자본주의 노동사회/위험사회라고 할 수 있다. 그와 반대 방향으로 경제적 산물과 기술문명의 축적된 수단을 주체의 문화적 역능의 균형 발전과 풍부한 문화적 향유를위해 활용토록 방향 지운─주체의 역능 증대와 향유가 목적이고 부와 권력이 그 수단이 되는─사회 상태를 코뮌주의 생태사회/문화사회라고 명명할수 있겠다. 문화사회의 방향은 자연생성과 친화적인 관계를 누리며 경제를다중의 문화적 향유의 방향으로 사용하도록 이끄는 방향이다. 반면 위험사회의 방향은 자연생성을 착취하고 경제를 부와 권력의 축적에 종속시키는방향이다.

위험사회 속에서는 다중의 문화적 역능의 육성과 향유는 배제되고 오직극소수만이 부와 권력을 독점한다. 오늘날 신자유주의 세계화는 이와 같은위험사회의 지구화를 촉진하고 있다. 자본주의 생산양식에서는 소비재 혹은생산재의 생산(=원자재+노동력+생산수단)의 순환이 가속화될수록 원자재인 자연과 노동력을 공급하는 인간 주체의 역능은 고갈되고 수동적 소비의 증대와 생산재(생산수단)의 축적이 지구를 뒤덮게 된다. 오직 부의 축적이 목적이고 자연과 인간은 그 수단으로 사용될 뿐인 자본주의적 경제활동의 최종 결말이 이것이다. 자본-권력의 증대를 위해 지구적 자연과 인간주체를 고갈시키는 이와 같은 경향을 어떻게 역전(위험사회/노동사회에서문화사회/생태사회로 이행)시킬 것인가?

앞의 그림이 보여주듯이 이런 역전(이행)은 단지 성장과 분배의 균형을 이루는 일, 비정규직의 정규직화를 통한 완전고용의 실현과 같은 경제(3) 내부의 변화만으로는 가능할 수 없음을 앞의 그림을 통해 쉽게 알 수 있다. 자본주의 문명 체제에서는 (3)의 생산과정 전체가 (4)의 부의 축적 경향에 철저히 종속되기 때문이다. 따라서 (4)에 종속되어 있는 (3)을 (2)의 방향으로 전환시키는 것만이 진정한 변화를 가져올 수 있고, 이런 전환의 능력 자체도 (2)로부터 비롯될 수밖에 없다. 문화혁명이 단순히 부와 권력의 소유와 분배 방식을 바꾸는 경제혁명이나 정치혁명의 수단으로 머물 수 없고, 보다 근본적인 문명 전환의 관건이 되는 이유가 여기에 있다.

3. 코뮌주의적 문화

맑스는 이미 「코뮌주의자 선언」(1848)에서 부르주아사회가 축적된 노동(죽은 노동, 자본)의 증식을 위해 산노동을 강제하고 착취하는 사회, 사회성원들이 맹목적으로(소외된 노동임에도 불구하고) 노동을 최우선시하고 찬양하게 만드는 사회라면, 코뮌주의사회는 축적된 노동이 오직 노동자들의 생활과정을 확장시키고 풍요롭게 만드는, 그리하여 노동자들의 문화적 역능이 활짝 개화할 수 있도록 후원하는 수단으로서만 기능하는 사회라는 점을 명료하게 정식화한 바 있다. 부르주아사회는 자본축적을 위한 소외된 노동이 제일의 사회적 가치가 되는 '노동사회'라면, 코뮌주의사회는 개개인의 문화적 역능의 개화가 제일의 사회적 가치가 되는 '문화사회'라는 주장인 셈이다.[6]

하지만 맑스의 이런 주장은 이후 망각되거나 의도적으로 배제되었고, 부르

6_ 심광현, 「맑스적 코뮌주의의 '문화사회적' 성격과 이행의 쟁점」, 『문화/과학』 50호, 2007년 여름, 27쪽. 이 글은 본 책에 함께 수록되어 있다.

주아사회와 코뮌주의사회의 구별 기준은 사적 소유나 계획경제의 유무 같은 경제주의적인 것으로 왜곡되어 왔다. 코뮌주의가 '공산주의'(집산주의)로 오역되어 왔던 것도 이런 근본적 왜곡의 무의식적 반영이다. 맑스의 'communism'을 '코뮌주의'로 재번역하는 일이나, 부르주아사회를 노동사회로, 코뮌주의사회를 문화사회로 새롭게 명명하려는 것은 널리 만연된 이런 왜곡을 해체하고, 맑스적 코뮌주의사회의 의미를 명료히 하기 위함이다. 물론 '코뮌주의사회=문화사회'라고 할 때 코뮌주의사회에서는 노동 자체가 모두 소멸되고 문화활동만이 남는다는 뜻은 아니다. 코뮌주의사회에서도 노동은 남게 될 것이지만 그때 노동의 의미와 성격은 부르주아사회에서의 소외된 노동과는 달리 소외되지 않은 노동, 인류 진화의 정점에서 '유적 인간의 문화적 잠재력을 실현해나가는 노동, 즉 문화활동으로서의 노동으로 변하게 될 것이다. 그와 동시에 문화의 성격과 의미 역시 부르주아사회에서 통용되는 상품화된 문화의 성격과 의미와는 전혀 다르게 변하게 될 것이다.[7]

상품화된 노동이나 문화와는 전혀 성격과 의미가 다른, 문화사회에서 실현될, 노동이 단지 그 일부에 지나지 않을 문화활동, 유적 인간의 문화적 잠재력이란 어떤 것일까? 앞서 말했듯이 생산수단과 생활수단(도구와 기계, 교통수단, 미디어, 시설물, 의식주 등) 및 그와 관련된 다양한 제도의 발전이라는 객관적 산물의 축적에 초점이 주어지는 명사적 개념인 문명(앞의 그림의 4)과 다르게, 교화와 수양을 함축하고 있는 문화 개념은 개개 구성원의 지성적·감성적·인성적·신체적 능력의 계발, 자연 및 타자에 대한 주체의 태도와 관계 맺기(수용과 표현) 능력의 계발이라는 점에 초점이 주어지는

7_ 같은 글, 27쪽. 강내희, 「코뮌주의와 문화사회」, 『문화/과학』 50호, 67-72쪽. 강내희는 윤소영을 따라 자본주의 노동사회에서의 노동과 문화가 교환가치에 기반한 "부유함"(Reichtum)을 생산하고 소비하는 행위라면, 코뮌주의 문화사회에서의 노동과 문화는 사용가치에 기반한 "풍요로움"(Reichlichkeit)을 향유하는 것이라고 구별한다.

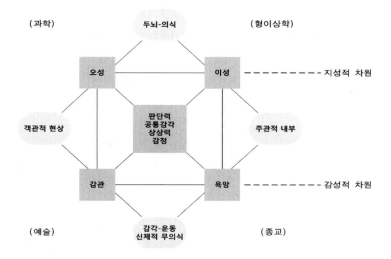

<인간 인식 능력들의 관계 지도>

형용사적(느끼기)임과 동시에 동사적(소통하고 수행하기) 개념이다. 따라서 문화적 잠재력을 충분히 발현하게 하는 문화활동이란 개개인의 지성적·감성적·인성적·신체적 능력의 계발, 자연 및 타자와의 관계 속에서 수용하고 표현하고, 느끼고 소통하는 능력을 풍부하게 키워내는 활동을 뜻하는 것이다. 지적·신체적 능력을 활용하는 데 주력하는 정신노동과 육체노동이 문화활동의 작은 일부에 다름 아닌 이유가 여기에 있다. 이런 관계를 다이어 그램으로 그려보면 위의 그림과 같다.[8]

세계의 구조를 직접 해명하려던 과거의 철학과는 달리 인간이 대체 어떤 능력을 갖고 있고, 능력들 간의 관계가 어떤 것인지를 연구하여 인식의 가능

8_ 위의 그림은 인간 능력들 간의 관계에 대한 칸트의 이론을 필자가 다이어그램으로 압축해본 것이다. 과거 조선시대의 성리학자들은 종종 복잡다단한 이론을 시각적 다이어그램으로 정리하곤 했다. 이런 도식화는 이론의 복잡성을 단순화할 위험은 있지만 관계를 명료히 한다는 점에서 적극적으로 연구개발할 필요가 있다고 본다.

조건을 탐구하는 것을 자신의 철학의 새로운 과제로 삼아 근대적인 '철학적 인간학'을 정초했던 칸트에 따르면 인간 주체의 능력들(faculties)은 오성과 이성 같은 지성적 능력만이 아니라 감관과 욕망 같은 감성적 능력, 판단력, 상상력, 공통감각 등으로 다양하게 이루어져 있다. 그는 이런 능력들 중에서 특정한 능력을 중심에 두고 능력들 간의 위계를 세웠던 다른 철학자(주지주의 혹은 경험주의)들과는 다르게 이런 역능들은 서로 환원불가능하고 대체불가능한 다양한 기능들을 갖고 있고, 개개인은 이런 역능들의 협업과 종합에 의해 인격적 주체로 성장해가는 것이라고 주장했다. 칸트 사후 19세기에 들어 산업 자본주의의 확산에 따라 이런 능력들 중에서 지성, 특히 오성(수리·논리적 능력, 아도르노가 말한 '도구적 이성'의 발달)의 계발만이 강조되었고, 20세기에 들어서는 IQ 검사를 통해 이런 능력을 위계화하는 데까지 이르게 되었다. 그에 따라 20세기에는 인간의 잠재력과 능력이라고 하면 대개가 '지성'만을 떠올리며 나머지 능력들은 지성의 발전을 위한 도구나 수단에 불과한 것으로 간주하는 경향이 일반화되었다. 이런 인간관은 근대 자본주의가 인간 노동을 과학기술의 발전, 부의 축적을 위한 수단에 불과한 것으로 간주했던 것과 대응관계를 이룬다.

하지만 심리학과 생물학 등의 급속한 발전에 따라 오늘날 이렇게 편향된 주지주의적 인간관은 더 이상 통용되기 어렵다. 하버드 대학의 심리학 교수 하워드 가드너의 『다중지능 이론』[9]에 따르면 인간의 지능은 단일한 것이 아니라 환원 불가능한 기능을 가진 다중적 지능들의 협동에 기초하고 있고, 이런 분류는 완결된 것이 아니라 심리학적, 뇌과학적 연구의 발전에 따라 계속해서 추가될 수 있다. 두 세기 전 칸트의 사상과 비교하여 가드너의 다중지능 이론의 개요를 표로 정리해 보면 다음과 같다.

9_ 하워드 가드너, 『다중지능: 인간 지능의 새로운 이해』, 문용린 옮김, 김영사, 2001.

<다중지능 비교표>

항 목		내 용
지성	언어 지능	언어에 대한 민감성, 언어학습능력, 특정한 목표를 달성하기 위한 언어 활용 능력
	논리수학 지능	문제를 논리적으로 분석하고, 수학적 조작을 수행하고, 과학적 방법으로 문제를 탐구하는 능력
감성 및 신체능력	음악 지능	연주, 음악적 양식을 이해하고 작곡하는 기술
	신체운동 지능	문제 해결, 또는 사물을 아름답게 꾸미기 위해서 몸 전체나 일부분을 활용하는 능력
	공간 지능	공간을 인지하고 다루는 잠재력
인성	대인 지능	타인의 욕구와 동기, 의도를 이해하고 타인과 효과적으로 일할 수 있는 능력
	자성 지능	자기 자신을 이해하고, 자신의 욕망, 두려움, 재능을 조절하여 삶을 살아가는 잠재력
후보 지능들	자연 지능	동식물 연구가(naturalist)의 지능. 환경과 다양한 종에 대한 인식 능력. 생물친화적 경향성 등
	영성 지능	우주적, 실존적인 문제에 대한 관심, 존재 상태에 도달하는 능력, 타인에게 영향을 미치는 능력
	실존 지능	실존적 양태에서 자신의 위치를 파악하는 능력, 환경의 특정 양태를 구별하는 능력(8과 1/2 지능)

이런 관점은 오늘날 교육과정을 혁신하는 데 중요한 이론적 논거를 제공하고 있지만, 다른 한편으로는 앞서 정의한 "문화＝인간 주체의 유적 잠재력의 자연적 성장의 육성"이라는 개념을 구체적으로 이해하고 발전시키는데 도움을 준다. 심리학적 실험을 통해 인문학과 과학기술 발전의 전제가되는 언어지능과 논리·수학적 지능 이외에도 예술문화와 대중문화 발전의전제가 되는 음악지능, 신체운동지능, 공간지능을 적극적으로 계발해야 할필요, 또한 사랑과 우정과 신뢰와 공감의 능력이라고 할 대인지능, 생태위기극복의 전제가 되는 자연친화적이고 생명친화적인 지능, 그 외에도 세계와타자에 대한 존재론적 공명, 자아발전의 전제가 되는 영성지능과 실존지능, 자성지능 등의 환원 불가능하고 대체 불가능한 지능들이 과학적으로 해명되

고 있기 때문이다.

이렇게 보면 현대 자본주의 사회가 인간 주체에게 잠재된 다중지능을 어떻게 왜곡하고 억압하고 있는지가 보다 분명하게 드러난다. 특히 오늘 한국 사회에서는 사회성원 모두가 입시지옥을 통과하는 동안 다중지능을 거의 상실하게 되는 바, 이를 통해 고전적인 '노동의 소외'는 물론 인간의 문화적 역능 자체로부터의 광범위한 '소외'가 일반화되고 있음을 쉽게 알 수 있다. 생태적 문화사회를 향한 코뮌주의 운동은 바로 이렇게 소외된 인간 잠재력을 재생하려는 운동이자, 특정 개인만이 아니라 모든 사회구성원들이 동등하고 호혜적으로 다중지능적 문화적 역능을 상향 발전시킬 수 있는 여건을 만들려는 운동이라고 할 수 있다. 코뮌주의적 '문화혁명'이 단순히 이데올로기적 상부구조를 변혁하는 운동이 아닌 이유, 그리고 과거 사회주의 변혁과정에서 이데올로기 비판과 대항 이데올로기 구성에만 초점을 두었던 문화혁명이 실패할 수밖에 없었던 이유도 이를 통해 쉽게 알 수 있다. 문화를 이데올로기와 동일시하는 것은 인간 잠재력의 전체를 지성의 일정 부분으로 환원하는 오류에 다름 아니기 때문이다.

생태적 문화사회를 향한 코뮌주의 운동은 단순히 소외된 인간 능력의 재생 차원을 넘어, 자연과 타자를 배제한 특정 개인들의 진화를 넘어, 다양한 구성원들 모두의 다양한 능력들의 다중적 공진화, 인간과 자연의 공진화를 향한 혁명적 변화를 촉진하는 거대한 움직임이다. 이 혁명적 변화의 핵심인 억압되고 배제되었던 다양한 능력들의 다중적 공진화는 단지 왜곡된 이데올로기를 제거하기만 하면 저절로 형성되는 것이 아니라 각 능력들의 "자연적 결"을 따라—인간 자신이 자연의 일부이므로—이루어지는 "자연적 성장의 육성"이라는 지속적 실천을 통해서만 가능한 것이기에, 결국 사회 구성의 원동력인 인간 주체 자신의 주체화 과정 전체의 변혁이기에 바로 문화혁명에 다름 아니라고 할 수 있다. 그간 코뮌주의 운동의 역사에서 제대로 이해되고 실천되지 못했던 중요한 지점이 바로 이 부분이다.

4. 코뮌주의 운동 자체의 문화혁명적 성격

연구자 코뮌 <수유＋너머>가 발간한 『코뮤주의 선언』은 이와 관련하여 매우 흥미로운 제안들을 담고 있다. 고병권은 「코뮤주의와 소유」라는 글에서 데리다를 따라 '소유'라는 말에는 '재산'과 '고유성'의 소유라는 두 가지 의미가 담겨 있다고 보면서, 전통적인 코뮌주의자들은 소유 문제를 물질적 생산에 한정해서 논의해 왔을 뿐 정체성의 생산 문제는 간과해 왔음에 반해, 맑스는 "한편으로는 생산력, 다른 한편으로는…혁명적 대중의 형성"을 코뮌주의 이행의 전제로 삼으면서 '물질적 소유 양식'과 '주체 소유 양식'을 함께 고려했다는 차이를 지적하고 있다. 이런 관점에서 고병권은 맑스가 「코뮌주의자 당 선언」에서 사적 소유의 철폐가 코뮌주의의 과제이고, 그 주체인 프롤레타리아트란 곧 '무산자'이자 '무명자'로서 프롤레타리아 혁명이란 사물이나 사람에 대해 공히 '척도를 공유하지 않은' '공통의 좋은 관계'를 수립하는 것에 다름 아니라고 해석하고 있다. 바로 이 공통의 관계를 그는 국가도 아니고 개인도 아닌, 비국가적 공공성(첨언하자면 비국가적·비시장적 공공성)이라 부를 수 있는 공유라고 지칭한다. 나아가 이렇게 공통의 좋은 관계를 수립하는 코뮌주의적 소유란 소유의 의미 자체를 바꾸는, 어떤 법적 형식을 지칭하는 '권리'가 아니라 관계를 구성할 수 있는 '기예'나 '능력'을 뜻하는 것이라고 해석하고 있다.[10]

공통의 좋은 관계를 구성할 수 있는 기예나 능력은 어떻게 획득될 수 있

10_ 고병권, 「코뮤주의와 소유」, 이진경, 고병권 외, 『코뮤주의 선언』, 교양인, 2007, 129-37쪽.

는가? 이런 기예나 능력이 더 질 높은 노동력을 강요하는 신자유주의적 경쟁 속에서 위계화된(상대평가에 의해 서열화된) 능력을 뜻하지 않음은 물론이다. 같은 책에서 정정훈은 맑스에게는 인간의 다양한 감성적 활동-능력을 노동이라는 하나의 활동으로 고착화하는 사회적 관계를 극복하는 것이 주요 과제였다는 점에 주목하면서 계급과 더불어 노동을 제거하는 코뮌주의 혁명은 그 어떤 지배적 척도에 의해서도 제한되지 않고 다양한 방향으로 현실화하고 표현될 수 있는 잠재력으로서의 감성적 활동-능력의 다양성에 의해 특징지어진다고 주장한다. 또한 맑스가 '각인의 자유로운 발전이 만인의 자유로운 발전의 조건이 되는 하나의 연합체'라고 불렀던 코뮌에서는 잠재력 차원에서의 능력의 증대만이 아니라 협동의 차원에서의 능력도 증대한다. 코뮌에서 연합된 개인은 단순한 수적 집합이 아니라 공통된 리듬으로 연합하는 관계를 형성하기에, 즉 한 개체는 다른 개체와 더불어 집합체를 구성함으로써 능력의 증대를 경험하기에 코뮌이란―스피노자와 들뢰즈를 따라―공통된 리듬으로 협동하여 능력과 기쁨의 감응을 증대시키는 협동-체에 다름 아니라는 것이다.11 이런 맥락에서 <수유+너머>의 동인들은 코뮌은 기쁜 감응의 공동체이고, 코뮌의 구성적 활동은 기쁜 감응의 구성 활동이라고 정의한다.12

　기쁜 감응의 구성이라고 할 때 먼저 생각나는 것이 예술이다. 그런데 기쁨의 감응을 능동적으로 증대하려는 행위의 하나인 예술은 오늘날 철저히 제도화되어 있다(특정한 방식의 평가와 선정, 교육과 보상 및 직업 기준들에 따라 제도화되어 있는 문학제도, 미술제도, 영화산업제도 등). 그런 제도화에 따라 근대 예술은 자본주의적 교환의 틀에 갇혀 기쁨의 감응을 증대하는 기예나 능력을 철저히 작품화(사물화, 문명화)하였기에 초점은 예술가의 기

11_ 정정훈, 「코뮌주의와 능력」, 『코뮌주의 선언』, 375-81쪽.
12_ 진은영, 「코뮌주의와 유머」, 『코뮌주의 선언』, 289쪽.

예나 능력 자체가 아니라 돈으로 교환가능한 제도적으로 승인된 작품의 생산과 유통에 주어져 있다. 이렇게 돈과 교환가능한 제도적 승인을 얻기 위해 오늘의 예술가들과 관객들은 서로 '기쁨의 감응'을 증대한다기보다는 오히려 고통의 감응을 촉발하는 기이한 창작 과정, 의미를 알 수 없는 난해함으로 인해 괴로움을 참아야 하는 고통스러운 감상 과정에 직면해 있다. 이런 점에서 '순수예술'은 일종의 신비로운 종교적 고행을 닮아가고 있다.

흔히 삶과 예술의 분리, 감상자와 창작자의 제도적 분리라고 말하는 근대예술의 '숙명'이란 것도 이렇게 보면 초역사적인 필연이 아니라 단지 예술의 자본주의적 제도화의 결과일 따름이다. 따라서 근대예술은 공통의 관계를 구성하면서 성원들 각자가 기쁨의 감응을 능동적으로 증대하려 할 때 참고해야 할 좋은 모델은 아니다. 작품화된 사물, 제도화된 작품, 명사화된 기예로 환원된 근대예술이 아닌 다른 활동에서 기쁨의 감응을 증대시킬 새로운 기예와 능력(동사적 수행능력과 형용사적 감응능력)을 되찾아야 할 이유가 여기에 있다. 소비 자본주의의 중핵을 이루고 있는 상품화된 대중적 오락이나 향락이 그런 활동이 아님은 물론이다. 자본주의적 상품미학은 능동적인 기쁨의 감응을 증대시키는 것이 아니라 감성적 활동 능력을 수동적인 상태, 중독 상태로 유도함으로써 관객의 오감과 상상력과 창의성을 위축시키거나 편향시키고, 나아가 마비시키기 때문이다. 관객을 수동적인 위치에 고정시킴으로써 관객의 감성적 활동 능력을 축소시키기는 순수예술도 그와 유사한 부작용이 크다.

수동적 예술 감상이나 상품화된 대중오락이 아니라 능동적인 다른 활동이란 어떤 것일까? 가령, 정치적 토론과 독서 및 글쓰기를 통해 지성적 능력을 활성화하고, 오감을 열고 자연과 대화하며, 그림을 그리고 노래를 부르며, 함께 연극을 하고, 춤을 추며 감성적 능력을 활짝 피우고, 친구를 사귀고 약자를 돌보며 인성을 확장하고, 뛰고 달리며 신체적 능력을 갱신하는 다양한 활동들을 적절한 시공간 배치 속에 연결하고 반복되도록 하여 과거와는 다르게 능력을 증대하여 일정한 시간 후에는 이전과 다른 주체로 재생되어 가는 과정이 그것이다. 이 각각의 과정이 일회적인 것으로 그치지 않고, 또 서로 간에 단절되지 않고(그래야만 다중지능이 형성 가능하므로) 순환되기 위해서는 무엇보다 먼저 이런 활동을 수행할 주체들에게 일정한 시간과 공간이 제공되어야 하고, 공동 시설과 도구들이 필요하다.

이런 활동들 각각은 새로울 것도 없고, 또 부분적으로는 누구나 하고 있는 것들이다. 어떤 이들은 정치가나 학자가 되기 위해, 예술가나 스포츠맨이 되기 위해, 또는 취미활동으로 이런 활동들 중의 일부를 평생 또는 일정한 시간에 하고 있다. 하지만 다른 활동을 할 시간과 동기가 결여되어 있고, 지적·감성적·인성적·신체적 역능 전체를 반복해서 강화하거나 각 능력들을 유기적으로 연결하지는 못하고 있다. 달리 말하면 자본주의 사회 내에서 모두가 분업화된 직업체계 내에 갇혀있듯이 각자의 능력의 육성 역시 분업화된 방식으로 개별적으로 진행되고 있는 것이다. 이 때문에 대다수 사람들의 능력은 직업세계에서 그러하듯이 개인의 일상생활에서도 특정 방향으로만 발달하고 다른 능력들은 심각하게 퇴화하고 있다. 능력들의 소외와 능력들 간의 단절, 소통 부재는 사람들 사이의 소통 부재와 사람과 자연 사이의 소통 부재를 강화한다.

문화혁명은 이런 능력들의 퇴화, 단절, 소통의 부재를 극복하는 것에 다름 아니고, 정치경제 시스템(생산양식)의 혁명에 의해 자동으로 이루어지는 것이 아니다. 오히려 생산양식의 변화가 이루어지기 전부터 개별 주체들 스스로가 자기 자신을 변화시킴으로써 생산양식의 변화를 촉진할 주체적 동력을 충전하는 과정이 시작되어야 한다. 이런 충전과정은 각자가 낮에는 직장에서 노동해야 하지만 저녁과 주말과 휴가 중에는 개인적으로는 독서와 글쓰기와 영화감상 등에 시간을 보내고, 일정한 동료들과 지속적인 만남을 통해 더불어 정치적 토론을 하고 그림을 그리고 연극 연습을 하며, 등산을 하고 스포츠를 즐기며, 공동육아와 노인 간호, 장보기와 요리하기, 등산과 농장 활동 등으로 공동의 생활을 꾸려나가는 관계로 자신의 삶을 새롭게 채워나 감으로써 이전에는 학원과 동아리를 찾아다니며 사람들과 파편적인 관계를 갖고 나머지 시간을 상품의 소비에 할애해왔던 것과는 전혀 다른 인간관계 와 자연과의 관계를 맺어나가는 일들로 꾸려질 것이다. 물론 여기서 동료들 과 지속적인 관계를 맺는다는 것이 고정된 사람들과 평생 같은 만남을 지겹 도록 유지해야 한다는 것을 뜻함이 아님은 물론이다(각자의 자유로운 선택 이 전제된 동료들과의 만남이기에). 자신의 요구와 무관하게 강제된 학교생 활과는 다르게 자율적으로 지속적이면서도 다면적인 활동을 선택하여 다양 한 사람들과 정기적인 만남과 상호협력이 가능하도록 시공간과 자원을 공동 으로 구성하고 유지되도록 하는 것이 곧 "자유로운 개인들의 연합"인 코뮌 의 형성이다.

이런 맥락에서 코뮌의 구성은 당장 자본주의적인 노동과 경제활동 자체 를 변화시키지는 못해도 그 외의 시간 동안 개인들의 생활양식의 일부, 즉 문화적 능력의 배치 패턴을 바꾸는 것이기에 코뮌주의 운동 자체가 각자가 자신과 동료들의 생활과 문화를 바꾸는 운동, 즉 문화운동이자 장기적인 문 화혁명의 중요한 과정일 수밖에 없다. 코뮌주의 운동은 코뮌을 구성하는 과 정 자체의 문화혁명적 성격으로 인해 그 자체가 문화운동일 수밖에 없다는 것이다. 이런 관점은 자본주의를 비판·극복하고자 노력해온 그간의 사회운 동 전반에 대해 새롭게 사고하도록 만든다. 그간 진보적 사회운동은 문화운 동을 정치선전의 도구이거나 기껏해야 문학과 예술이나 대중문화 영역에 한정된 부문운동으로 간주해왔고, 문화운동의 종사자들 스스로도 그렇게 생 각해 왔다. 이는 주체양식으로서의 문화가 아니라 이데올로기적 상부구조의 일부로서의 문화 또는 문명적 성과의 일부인 작품창작이나 공연 서비스로서의 문화라는 그릇된 관념에서 비롯된 것이다. 이 때문에 사회운동 종사자들 스스로는 자신의 주체양식, 즉 지성적·감성적·인성적·신체적 능력의 퇴화와 오염, 왜곡된 배치는 변혁하지 않은 채 외부의 생산양식의 변혁만을 추구해 왔고, 문화는 바로 그 외부적 변혁의 수단으로 간주되었던 셈이다. 이런 관점은 사실상 노동이 주가 되고 문화는 그 수단이 되는 자본주의 노동사회의 관점을 그대로 반영한 것에 다름 아니다. 그러나 문화가 목적이 되고 노동이 그 수단이 되는 코뮌주의 문화사회의 관점에서는 자본주의를 극복하려는 사회운동은 그 자체가 코뮌주의적 문화운동이 되지 않으면 안 된다. 자신과 동료들의 생활양식과 문화적 패턴을 함께 변화시키지 않고서는 사회를 바꿀 수 없기 때문이다.

여기서 한 가지 분명히 해야 할 점은 코뮌주의 문화운동은 자본주의적 주체양식을 코뮌주의적 주체양식으로 변혁함을 통해 자본주의 생산양식(노동사회·위험사회)을 코뮌주의 생산양식(문화사회·생태사회)으로 변혁하려는 운동이기 때문에 정치와 무관한(탈정치화된) '순수한 문화운동'(가령 '예술을 위한 예술운동'과 같은 순수 문화운동)이 아니라 그 자체가 정치적 지향점이 뚜렷한 문화운동이라는 점이다. 이런 이유에서 코뮌주의 문화운동은 단순한 문화운동이 아니라 인간과 인간의 관계를 변혁하려는 문화정치적 운동이고, 자연과 인간의 관계를 변혁하려 한다는 점에서 생태적인 지향점을 분명히 할 수밖에 없다. 이 때문에 코뮌의 다양한 문화활동 중에서 정치토론과 대안 정치에 대한 시뮬레이션과 같은 정치적 프로그램은 부차적인 것이 아니라 필수적인 지적 활동이다. 이 점이 코뮌주의 운동을 탈정치화된 생활협동조합 운동—중산층의 웰빙 먹거리 운동이나 빈곤층의 상호부조 운동이든—이나 문화 동아리 활동과 차별지어 주는 중요한 특징이다. 또한 정치토론이 이와 같이 코뮌 활동에서 중심적 기능을 차지함으로써 특정 지역의 코뮌을 지역 활동으로 국한시키지 않고 전국적이고 세계적인 차원으로 개방하고 연결시켜 주는 링크 역할을 하게 되는 것이다.

코뮌의 활동을 문화정치적인 역능의 증대와 함께 비자본주의적인 호혜적 생활협동 프로그램의 결합을 통한 비자본주의적인 생활양식과 반자본주의적인 정치적 프로그램의 결합이라고 정의할 경우 비로소 코뮌주의 운동은 맑스의 코뮌주의 사상의 본체와 만날 수 있다. 이런 점에서 마치 문화가 자연과 경제적 생산양식을 매개하는 '사이-존재'적 주체양식이었듯이 자율적이고 호혜적인 비자본주의적 생활공동체이자 경제공동체임과 동시에 문화정치적인 토론장이자 실험실인 코뮌은 비자본주의적인 경제와 반자본주의적인 정치를 매개하는 단위이다. (1) 여기서 비자본주의적인 경제란 비상품적 · 비화폐적 경제이면서도 전근대적인 고립적인 자급자족적 경제가 아니라, 유비쿼터스 컴퓨팅에 의해 아래로부터의 '참여계획'이라는 효율적 장치를 통해 자립적이면서도 비자본주의적 교환을 가능케 하여 외부와 연결된 코뮌들의 네트워크 경제를 뜻한다. (2) 한편 반자본주의적 정치란 단지 자본주의 외부의 고립된 섬으로 머물지 않기 위해 정치적 토론으로 활성화된 코뮌들의 광범위한 네트워크를 통해 자본주의 국가장치를 비판하고, 변형 · 해체하여 민주적인 기구로 재구성해 나갈 현실정치적 힘을 실행해가는 대중의 자기-통치적인 정치를 뜻한다. 이런 점에서 지역 코뮌들은 경제적으로나 정치적으로나 광범위한 네트워크를 구성해야 한다. 가라타니 고진은 이런 이유에서 코뮌주의 운동은 단순한 어소시에이션이 아니라 "어소시에이션의 어소시에이션"을 구성해가는 운동임을 강조한 바 있다.

그런데 위로부터의 중앙집중적인 전제적 계획에 의한 '공산주의'와는 다른 코뮌주의 운동에도 두 가지 다른 흐름이 존재한다. 그 하나는 앞서 말한 바와 같이 '어소시에이션의 어소시에이션'을 강조하는 흐름이고 다른 하나는 어소시에이션 자체에 강조점을 두는 운동이다. <수유+너머>가 주장하는 "코뮨주의"(communism)는 명시적인 것은 아니지만 후자의 경향이 강해 보인다. 이런 경향을 이들의 "코뮌주의"의 정의에서 찾아볼 수 있다. 고병권은 코뮌주의를 "국가와 자본에서 벗어나는 삶의 시도"로 정의했다. 그러나 자본·국가의 지배에서 "벗어나는" 것과 "이를 극복하는 것" 사이에는 큰 간극이 있을 수 있다. 노장 사상이나 간디의 운동, 몰몬교 같은 전통적인 공동체 운동도 국가와 자본의 포획으로부터 "벗어나려는" 시도였기 때문이다. 이들이 "적대의 정치학"을 대신할 "우정의 정치학"을 강조하는 것에서도 이런 경향이 엿보인다.

물론 "극복하기" 위해서는 먼저 "벗어나는" 실험부터 해야 한다. 하지만 후자의 노력이 전자의 노력과 선순환 구조를 이루지 않는 한, 이는 자본·국가의 지배에 무해한 소수자들의 자족적인 유토피아적 실험에 머물기 쉽다. 맑스가 고립된 기묘한 성을 세우는 데에 몰두하며 노동자들의 정치운동에 반대했던 오웬의 홈-콜로니나 푸리에의 팔랑스테르 운동을 공상적이고 심지어는 반동적이기까지 하다고 비판했던 것도 그 때문이었다.[13]

수많은 생활협동조합 운동이 그러하듯이 현재 자본·국가의 지배 하에서 왜곡되어 있는 '사회적 공공성의 코뮌적 전화'를 위한 사회적 투쟁과 실천 없는 코뮌운동은 고립된 공동체주의로 머물 수밖에 없다. 반면, 반자본 투쟁, 사회화 투쟁에만 매몰되는 운동은 아래로부터 자율적·자립적 동력 구성이라는 코뮌운동의 다른 한 축을 간과함으로써, 단지 이데올로기적 전위주의로 고립되거나 제도 개혁운동으로 흡수될 수밖에 없다. 자본·국가의 지배를 극복·대체할 수 있는 진정한 코뮌주의 운동은 오직 두 차원의 선순환구조를 만드는 일을 통과하지 않고서는 성립될 수 없다. 이제까지 진보적 사회운동, 변혁적 진보정당 운동들은 대체로 후자의 편향에서 벗어나지 못했다면, 최근 새롭게 형성되고 있는 '코뮌주의' 운동과 자율주의 운동은 전자의

13_ 칼 맑스·프리드리히 엥겔스, 「공산주의당 선언」, 『칼 맑스/프리드리히 엥겔스 저작선집 1』, 김세균 감수/최인호 외 옮김, 2005(초판 13쇄), 429-31쪽.

편향에 기우는 경향을 보이고 있다.

5. 칸트와 코뮌주의적 사회미학

이런 까닭에 문화운동의 개념과 기능과 위상 전체는 물론, 사회운동의 개념과 목표와 과제 역시 변화해야 하고, 사회운동 전반의 생태적-문화정치적 재조직화가 요구된다(정치운동, 노동운동, 인권운동, 빈민운동, 교육운동, 언론운동, 학생운동 등의 생태문화정치적 재구조화). 달리 말해 이제까지 분리되어 있던 사회운동과 문화운동이 전면적으로 상호침투하면서 양자 모두가 그 성격과 위상을 바꾸어야 한다. 이는 사회운동 자체가 생태적-문화정치적 운동으로 그 성격을 전환함과 동시에 문화운동은 예술운동이나 정부 문화정책에 대한 비판적 개입 수준을 넘어 사회운동 전반의 문화정치적 재구조화를 위한 실험적·창조적 기획(다수준적·중장기적·과정적 기획)[14] 기능을 담당하는 것으로 그 위상을 전환해야 한다는 것이다.

이렇게 문화운동의 코뮌주의적 재편, 사회운동의 문화적 재편이 이루어질 경우 앞서 말했던 기쁜 감응의 증대를 구체적으로 어떻게 이루어낼 수 있는가라는 문제가 새롭게 제기될 수밖에 없다. 새로운 문화운동과 새로운 미학과의 관계라는 문제가 바로 그것이다. 본래 미학은 정의상 "감성적 인식의 학"(theory of aesthetic cognition) 또는 "감성적인 것 일반"(the aesthetics)을 지칭하는 용어였으나 근대사회에 들어 이는 "예술미학", 즉 예술작품의

14_ 심광현, 「맑스적 코뮌주의의 '문화사회적' 성격과 이행의 쟁점」, 44쪽. 에리히 얀치(『자기-조직하는 우주』, 범양사, 1995)에 따르면 '과정지향적' 기획은 구조지향적인 경직된 기획이 아니라 '임의 편향 걸음'(random biased walk)을 통해서 창조적 과정을 연장하고, 비창조적 과정을 제거하며, 창조적 과정들 간의 상호작용을 자극하고 촉진하는, 다수준들 간의 대화를 촉진하는 개방적 기획이다(366-72쪽).

미적 효과에 관한 연구, 또는 예술 창작의 내적 원리와 방법, 작가 개인의 양식적 특수성을 규명하는 연구라는 의미로 그 폭이 대단히 협소하게 제한되어 버렸다. 그 결과 미학은 대다수 사람들의 일상생활과는 직접적인 연관을 상실하고, 오직 예술 전문가들의 능력과 작품의 위계를 판정하는 특수한 척도에 관한 논의로 주변화되고 말았다. 그러나 칸트의 경우만 해도—헤겔이 그러했듯이—미학을 예술미학으로 환원시키지 않았고, 오히려 미학은 미감적 판단력과 (자연)목적론적 판단력의 두 부분을 포괄함과 아울러, 순수이성 비판(오성과 감성의 절합 메커니즘)과 실천이성 비판(이성과 욕망의 절합 메커니즘)을 매개하는 역할, 그에 따라 인간 내부의 모든 능력들 간의 일치와 불일치가 발생하는 장소에 대한 연구라는 특별한 역할을 떠맡고 있었다.

이때 칸트가 말하는 미적 판단력은 아무 방향 없이 제능력들을 중립적인 방향으로 매개하는 것이 아니라 외적 정보의 처리 결과가 기쁨과 즐거움을 증대하여 결과적으로 인간 내부의 여러 능력들의 증대, 즉 코나투스의 증대를 가져오는 방향으로 작동하는 방향성을 지닌 적극적 역할을 가진 것이었다는 점에 주목해야 한다. 하지만 들뢰즈는 이런 방향성을 간과하고 판단력 비판의 위상을 단지 능력들 간의 불일치가 발생하는 장소라는 측면만을 강조했다. 그러나 칸트의 경우 미적 판단은 애당초 쾌/즐거움을 선택하고 불쾌/슬픔을 배척한다는 뚜렷한 방향을 가지고 있다. 나아가 미적·생태적 판단은 그 성격상 주관적 판단이면서도 보편적인 공감이 가능한 특별한 위치를 차지하고 있는 바, 칸트는 이를 '공통감각'이라고 불렀다.(들뢰즈는 이를 능력들의 일치를 보장하려는 장치라는 이유로 거부했다.) 칸트의 미학은 이렇게 주관적이면서도 보편적인 즐거움이 가능한 조건을 밝히고 있고, 그 조건이 바로 "공통감각"임을 밝히고 있다. 이런 점에서 칸트의 미학은 미적-생태적인 동시에 개인적이면서도 사회적인, 즉 사회적 개인들의 연합으로 "공통성"을 발명하고 구성해내는 코뮌주의 운동의 창조적 미학으로 적합하다고 할 수 있다.

칸트 미학을 이렇게 "사회적 개인들의 연합"인 코뮌의 미학으로 재위치시키려는 시도는 그동안 칸트 미학을 근대 형식주의 미학의 철학적 논거로 활용해왔던 주류 미학의 입장에서나 동일한 이유에서 칸트 미학을 비판해온 내용 미학 또는 리얼리즘 미학의 입장에서 보자면 황당하게 보일 수도 있을 것이다. 그러나 전자가 자연과 숭고, 공통성의 문제를 칸트 미학에서 의도적으로 배제한 결과였을 뿐이라면, 후자는 형식과 내용의 그릇된 분리, 개인과 사회의 그릇된 이분법에 기초하여 칸트 미학을 의도적으로 배제한 결과였을 따름이다. 이런 오해와는 달리 단지 칸트 미학만이 "사회적 개인들의 자유롭고 평등한 연합"을 꿈꾸었던 맑스의 정치학과 만날 수 있고, 우리는 이렇게 맑스의 정치학과 만난 칸트의 미학을 코뮌주의적 사회미학이라고 새롭게 명명할 수 있다고 본다. 그리고 바로 이런 관점에서 칸트를 오해했던 들뢰즈의 미학에 대한 칸트적 비판이 새롭게 가능하다고 본다.

들뢰즈는 칸트의 독창적인 점이 감성과 지성의 차이를 단지 정도상의 차이로 보는 독단론과 경험론을 비판하면서 "인간이 지닌 능력들의 본성이 서로 다르다"고 본 점에 있다고 강조했다. 반면, 표면적으로는 주체와 대상 사이의 예정조화라는 라이프니츠적 이념을 거부했지만 실제로는 주체의 능력들 간의 일치라는 조화의 이념을 뒤로 도입하고 이를 근거로 논리적, 도덕적, 미감적 공통감각의 이론을 전개했다는 것에 칸트 철학의 문제가 있다고 보았다. 여러 능력들의 일치를 보장해주는 '공통감각'은 모든 차이를 동일성으로 흡수해버리는 전통적인 사유의 이미지를 인식론적으로 재현하는 것처럼 보이기에 '차이의 철학'인 들뢰즈로서는 허용할 수 없었을 것이다. 들뢰즈는 전통적인 사유는 차이의 개념을 가다듬는 대신에 개념적 차이를 달성함으로써 차이를 개념의 동일성 속에 다시 가두어 버렸다고 비판한다. 들뢰즈가 보기에 일치와 동일성을 보장하는 것은 공통감각만이 아니다. 반성적 판단력 역시 능력들의 일치를 가능하게 한다. 칸트 철학에서는 반성적 판단력 자체가 하나의 독특한 능력인 동시에 여러 인식 능력들이 합류하여 자유롭게 일치하는 장소의 역할을 한다는 것이다.[15]

그런데 들뢰즈는 칸트가 보장하려는 능력들 간의 일치 대신에 불일치를 강조하고, 우리 내부의 능력들의 불일치야말로 우리들에게 전통적인 동일성의 사유를 넘어서도록 강제하는 동력이라고 주장한다. 하지만 흥미롭게도 들뢰즈가 자신의 초기 저서인 『칸트의 비판철학』에서는 능력들의 일치를 모색하는 칸트를 비판했지만, 1992년 가타리와 함께 쓴 『철학이란 무엇인가』에서는 오히려 자신이 비판했던 칸트로 복귀하고 있다는 점에 주목할 필요가 있다.

우리는 이처럼 개념들의 창조를 통제하는, 동시-적용이라는 철학적 기능을 취향이라고 부르기로 한다. 만일 구도의 설계를 이성이라고, 인물들의 창안을 상상력이라고, 그리고 개념의 창조를 오성이라고 부른다면, 취향은 아직 한정되지 않은 개념, 아직 테두리에 머물고 있는 인물, 아직 채 드러나지 않은 구도의 세 가지 기능으로서 나타난다. 바로 이러한 까닭에 창조하고 창안하고 설정해야 하는 것이지만, 취향은 본질적으로 각기 다른 이 세 가지 요구들을 일치시키는 규율과도 같다.[16]

서로 다른 세 가지 요구들을 일치시키는 규율이 '취향', 즉 칸트 식으로 말해 '취미판단'이라면 이것은 곧 서로 다른 능력인 오성과 이성과 상상력을 합류시키는 반성적 판단력의 역할 덕에 가능한 것이다. 이질적 능력들이 따로 논다면 우리 정신은 분열될 수밖에 없다. 칸트가 반성적 판단력에 일치의

15_ 심광현, 『프랙탈』, 현실문화연구, 2005, 125-26쪽.
16_ 질 들뢰즈·펠릭스 가타리, 『철학이란 무엇인가』, 이정임·윤정임 옮김, 현대미학사, 1995, 114쪽.

기능을 부여했던 것도 이런 문제를 고려해서였다. 이런 점에서 들뢰즈의 칸트 비판을 액면대로 수용해서는 안 될 것이다. 칸트를 평가하는 두 명의 들뢰즈가 있었듯이 칸트에게도 상반되는 두 측면이 있다. 즉 '미'(beauty)의 판단에서는 일치를 강조한 칸트가 '숭고'(sublime)의 판단에서는 불일치를 통한 일치를 강조하고 있기 때문이다. 칸트가 거대한 대상이 주체에게 불현듯 다가와 능력들의 일치를 불가능하게 만들어 버리면서 새로운 사유를 강제하는 특수한 경험을 강조했다는 사실을 들뢰즈 역시 강조하고 있다.[17]

자연의 기형적이고 무형적인 대상과 마주칠 때 상상력은 자기 능력을 극단까지 몰고가는 맹렬함을 체험하며 광대함에 직면하여 총괄적 최대를 포착하려 노력한다. 하지만 전체성이라는 이성의 이념과 비교하면서 상상력은 대상을 파악하는 자신의 역량의 불충분성을 느끼며 한계에 직면하게 되는데 바로 이 순간 숭고가 체험된다는 것이다. 칸트는 한계에 도달해 능력들의 불일치를 경험한 상상력이 이성에 호소하고 그것과의 일치를 통해 비로소 (고통을 경유한) 쾌감을 얻게 되는 것을 숭고라고 말한다. 들뢰즈는 숭고의 분석에서 나타나는 상상력과 사유의 불일치 관계, 그리고 불일치를 통한 일치를 『판단력 비판』의 위대한 발견이라고 부른다.

이것은 칸트가 공통감각의 형식으로부터 능력을 자유롭게 고려하는 유일한 경우이다. …『순수이성비판』에서 도식적 상상력은 여전히 논리적 공통감각의 지배 하에 있었다. 미적 판단력에 있어서 반성적 상상력도 여전히 미감적 공통 감각의 지배 하에 있었다. 그러나, 칸트에 따르면 숭고와 함께 상상력은 그 한계에 직면할 것을 강요받는다. …숭고에 있어서는 인식 모델 혹은 공통감각의 형식은 적절치 못한 것으로 여겨지고 완전히 다른 사유 개념을 찾게 된다. …모든 능력들의

17_ 심광현, 『프랙탈』. 이하의 내용에 대해 58-61쪽 참조할 것.

규제되지 않은 활동, 그것은 미래의 철학을 정의하게 될 것이다.[18]

그렇다면 <미감적 판단력 비판>의 두 축인 <미의 분석>과 <숭고의 분석>은 한편으로는 전통적인 사유의 이미지(능력들의 일치)와 다른 한편으로는 새로운 사유의 이미지(능력들의 불일치)를 함께 포함하고 있는 셈이다. 우리가 질서를 인식하고 그로부터 아름다움을 발견하기도 하지만 그와 동시에 기존 질서를 깨뜨리고 무질서에 빠졌다가 새로운 질서를 창조해낼 수 있는 능력이 있는 것도 능력들의 일치와 불일치라는 인식 과정의 양면성 덕이다.

들뢰즈는 차이의 문제를 부각시키는 데 전념했기 때문에 칸트 철학에 내재한 '차이와 동일성의 상보적 관계'를 주목하지 못했다. 그러나 인간 능력들의 일치/불일치, 인간 주체와 자연 사이의 조화/부조화는 칸트 철학의 근저에서—미와 숭고의 관계처럼—양자택일이 불가능한 인식론적이고 존재론적인 쌍을 이루고 있다. 일치하기도 불일치하기도 하는 이런 이중성 때문에 인식 능력의 확장과 축소, 옳음과 틀림, 진실과 허위의 관계가 역동적인 변화를 이룰 수 있다.

칸트가 숭고를 미와 선, 미학과 윤리학을 연결하는 매개 장소로 보았다는 사실도 주목해야 할 지점이다. 숭고의 경험을 통해 우리의 감성과 이성은 협소한 차원에서 광대한 차원으로 확장되는 변화, 이를테면 환골탈태의 변화를 겪는다. 미적인 자기 확장을 통해 윤리적으로 성숙하게 된다는 것이다. 인간 능력들의 조화로운 일치, 인간 주체와 자연 환경과의 조화로운 일치만을 또는 불일치와 차이만을 일방적으로 전제해서는 안 되는 이유가 여기에 있다. 경외의 대상이었던 자연에 대한 과거의 기억을 되살려 자연과의 일치

18_ 질 들뢰즈, 『칸트의 비판철학』, 서동욱 옮김, 민음사, 1995, 195-96쪽.

속에서 공명하면서도 일치 속에서 차이를 찾아내고 발전시킬 수 있는 새로운 문화를 창조하기 위해서는 미적 체험을 통해 윤리의식의 고양을 촉진시키는(이질적 능력들의 불일치를 통한 일치를 통해 공포와 고통을 극복하고 즐거움을 고양시키는) 숭고의 경험을 일상생활에서부터 확대해 나갈 방안을 모색해야 한다.

6. 코뮌주의적 문화운동으로서의 <민중의 집> 운동

이런 사회미학적 잠재력을 어떻게 실현해 나갈 것인가? 2006년부터 필자와 문화연대 활동가들은 이를 위해 <민중의 집> 건립운동을 추진해 왔다.19 <민중의 집> 운동의 핵심 방향은 단순한 생활협동조합 운동이나 지역화폐 운동과는 다르게 지역을 거점으로 상호부조적인 생활공동체를 구성하되, 거기서 그치지 않고 비자본주의적인 경제적 · 사회문화적 생산 · 주체화 · 교통양식을 실험하고, 반자본주의적인 정치적 역량의 상호증대를 도모하기 위한 다차원적인 복합적 실천을 통해 아래로부터의 자율적인 어소시에이션을 구성함으로써 정치, 경제, 사회문화적인 모든 수준에서 자본-국가의 지배원리와 시스템에 대항하는 대안적인 삶의 양식을 지역적-전국적-세계적 차원에서 구축해가는 장기적인 과정의 현실적 장치를 지역 차원에서 구축하는 복합적 운동이라는 점에 있다.

이런 운동이 전적으로 새로운 것은 아니고, 19세기 초반부터 다양한 지역에서 다양한 방식으로 전개되어온 코뮌운동의 전통과 맞닿아 있다. 역사적

19_ <민중의 집>의 세부 계획에 대해서는 최준영의 글, 「지역-현장을 거점으로 한 <민중의 집> 운동」(『문화/과학』 50호), 「민중의 집, 무엇을 할 것인가」(『문화/과학』 52호, 2007년 겨울)를 참조할 것.

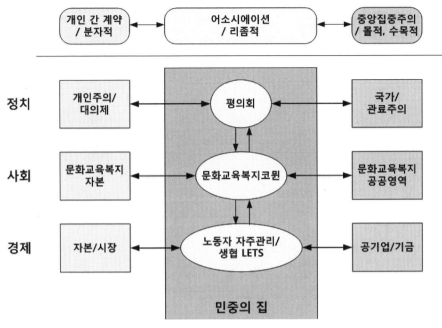

<사회구성체 내 <민중의 집> 운동의 위상>

으로 코뮌운동은 두 가지 흐름을 보여주었다. (1) 그 하나는 급진적 성향의 공동의 정치적 결사로서의 코뮌운동이다. 1789-1795년 프랑스 혁명 당시 급진적 공화주의자들이 설립했던 도시평의회 운동과 1871년 3월-5월 사이의 파리코뮌, 그리고 러시아혁명 당시의 공장·농장·병사 소비에트들이다. (2) 다른 하나는 68 운동에서 나타났던 탈중심, 반권위, 자치를 지향하는 급진적 주거공동체 운동이다. 독일의 함부르크와 베를린에서 시도된 코뮌 1, 코뮌 2의 사례, 그리고 프랑스의 상황주의자들이 시도했던 코뮌운동들이 그 것이다.[20] 이 운동들에는 참고할 만한 다양한 성과들이 있었음에도 불구하고 전자가 정치주의적 편향을 보였다면 후자는 문화주의적 편향에 갇혀 있

20_ 오제명 외 공저, 『68·세계를 바꾼 문화혁명─프랑스와 독일을 중심으로』, 도서출판 길, 2005, 229-36쪽.

었다는 한계가 있다. 그 외에 경제주의적, 조합주의적 테두리에 갇혀 있는 지역화폐운동이나 생활협동조합 운동의 사례들도 다양하게 존재해 왔고, 이들은 오늘날 한국사회에도 다양하게 존재하고 있다.

이런 역사적 유형들과 <민중의 집> 운동이 다른 점이 있다면, (1) 과거 코뮌운동들의 정치주의적, 문화주의적, 경제주의적 편향을 극복하여, 세 차원의 선순환 구조를 만들고자 한다는 점, (2) 또한 유비쿼터스 컴퓨팅/web2.0 환경이라는 오늘날 보편화된 과학기술의 성과를 매개로 지역적 고립을 넘어서는 전국적-세계적 네트워크 구성을 지향한다는 측면이다. 이런 복합적 성격이 제대로 구현되기 위해서는 우선 자본주의 시스템에서의 정치-경제-사회문화적 차원 사이의 상관관계에 대한 올바른 이해가 전제되어야 한다.

자본주의 시스템은 자본이 주체가 된 생산과정에 임노동이 참여하고, 그 대가로 받은 임금으로 식량과 생필품을 구매·소비하고, 문화적 향유와 교육, 보건의료와 주거 등 주체의 재생산 비용을 충당하는 방식으로 작동한다. 반면 자본은 임금을 포함한 생산비용 외에 이윤을 축적하고, 이중 일부를 재투자하여 자본의 확대재생산을 추진한다. 임노동 역시 주체 재생산에 필요한 비용을 제외하고 남은 화폐를 저축할 수 있으나 그 규모와 비율은 자본 축적의 규모와 비율에 비교할 수 없게 작다. <자본과 상품 생산>→<주체 재생산>→<자본과 상품 확대 재생산>의 순환과정이 거듭될수록 그 격차는 커져간다. 한편 자본과 임노동은 이 과정에서 일정한 비용을 국가에 세금으로 납부하고, 국가는 걷어들인 세금 중 일정 부분은 국가장치의 유지비용(사법·입법·행정·군사경찰 예산 등)으로 사용하고, 일부는 주체 재생산을 위한 비용(복지예산)으로, 나머지는 자본의 확대재생산을 위해 투자한다(연구개발·사회간접자본 건설예산 등).

전후 황금기라고 불리던 45-73년 사이의 복지자본주의(케인스주의) 시대에는 국가가 자본으로부터 많은 세금을 걷어 복지에 많은 비용을 지출하고,

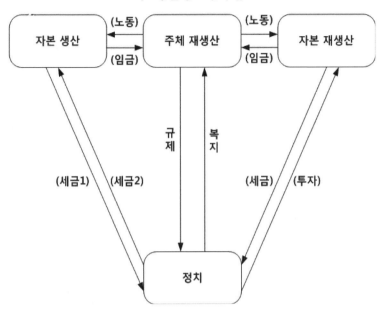

<자본주의 시스템의 작동 메커니즘>

사회간접자본에 대해서도 공공성이 높은 부문에 많은 투자를 행했던 시대였다. 그러나 80년대 이후 신자유주의 시대에는 국가가 자본으로부터 적은 세금을 걷고 복지지출을 줄이고, 자본에 유리한 방향으로 공공부문을 민영화/시장화하면서 자본에 대한 재투자는 늘리는 방향으로 시스템이 작동하고 있다. 최근 들어 세계적으로 신자유주의의 병폐가 극심해지자 진자운동의 방향을 반대로 돌리려는 움직임이—조지 소로스와 빌 게이츠 등—자본가 계급 내부에서도 커지고 있다.

하지만 진자운동의 방향이 케인스주의 방식으로 돌아간다고 해도—현재로는 복귀가 불가능하지만—사태가 근본적으로 개선되는 것은 아니다. 자본 주도의 생산-임노동/임금에 의한 주체 재생산-자본의 확대재생산이라는 경제적 생산-사회문화적 재생산의 기본 메커니즘은 바뀌지 않고 오히려 더욱 강화되기 때문이다. 이 메커니즘이 반복될 경우 생산과정에서 주체가 자본의 논리에 통제·종속된다는 기본적인 문제점(소외된 노동) 외에도 노동 주체의 지적, 감성적, 인성적, 신체적 역량 모두가 자본의 논리에 종속됨으로써 주체의 자립, 자율, 자치의 역량이 지속적으로 파괴된다는 더 근본적인 문제가 남고, 나아가 자본 주도의 생산과정에서 자연생태계의 훼손과 파괴와 자원고갈이 심화되어 지구적 생태위기를 가속화한다고 하는 문제점을 양산하게 된다. 그 결과 오늘날 '위험사회화'(사회적, 문화적, 생태적 위험사회화)의 지구화라는 통제 불능의 상태로 치닫고 있다.

자본주의의 병폐를 극복하는 관건은 국가가 분배의 방향을 어떻게 이끄는가라는 보조 메커니즘의 수정에 있는 것이 아니라 경제적 생산-주체의 사회문화적 재생산의 기본 메커니즘을 어떻게 근본적으로 다른 메커니즘으로 대체할 것인가에 달려 있다. 그것은 곧 <자본 주도의 생산>→<임노동/임금에 의한 주체의 재생산>의 과정을 <비자본주의적인 연합적 생산>→<호혜적인 주체의 재생산>의 과정으로 대체하는 것이다. 다음 그림에서 <생협 프로그램>-<문화교육복지 프로그램>은 후자의 생산-재생산 메커니즘의 출발점이 될 수 있다. 이 출발점을 통해 호혜적인 참여의 습성이 일정하게 축적되면 이를 토대로 소위 '참여계획경제' 시스템의 시뮬레이션이 부분적으로 가능할 수 있고, 장기적으로는 생산-재생산 과정 전체로 이 시스템을 확대해나갈 수 있다.

물론 이런 식의 대안적인 생산-재생산 시스템의 현실적 가동과 확대에는 많은 시간과 노력이 들지만, 무엇보다도 정치적 노력이 병행되지 않으면 안 된다. 이 시스템을 실험하고 확대해가는 동안 한편으로는 자본-국가의 착취와 지배 강화, 일상적인 복지의 해체에 적극 대항해야 하기 때문이고, 다른 한편으로는 자본-국가를 아래로부터 통제할 수 있는 새로운 정치적 참여

프로그램을 실험하고 발전시켜야 하기 때문이다. 이 때문에 호혜적인 생협 프로그램과 문화교육복지 프로그램 이외에 직접 민주주의를 실험할 수 있는 정치 평의회 프로그램이 함께 가동되어야 한다. 이와 같은 삼위일체형 모델은 규모는 작지만 지속적으로 발전하여 지역적-전국적-국제적 네트워크로 확장될 경우 자본주의의 경제적 생산-사회문화적 재생산-정치적 통제의 삼위일체 모델을 극복하고 대체하여 대안사회로 나아갈 수 있게끔 해주는 시스템 시뮬레이션 과정의 기본 단위라고 할 수 있다.

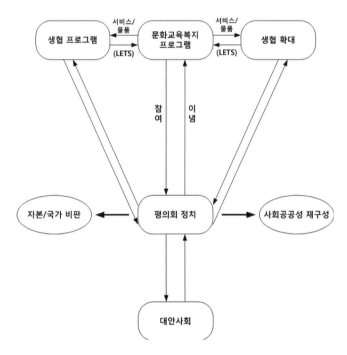

<<민중의 집> 운동의 작동 메커니즘>

혹자는 이렇게 복잡한 구조를 가진 운동이 아래로부터 민중 자치적인 방식으로 과연 가능할 것인가에 대해 의문을 가질 수 있다. 그러나 위의 그림

은 이런 입체적 대응 구조를 가진 운동이 아닌 어떤 운동도 현실적으로 자본주의의 병폐를 극복할 수 없다는 점을 보여주고 있다. 20세기의 진자 운동을 겪고 나서도 여전히 시혜적 프로그램에 대한 환상에 매달릴 것인가 아니면 힘들지만 자율적인 자립적 노력에 박차를 가할 것인가는 전적으로 각자의 선택에 달려 있다. 또 다양한 프로그램을 가진 <민중의 집> 운동을 과연 문화운동이라고 부를 수 있는가라는 의문이 들 수 있다. 이는 앞서 정의한 문화＝주체화 양식＝생활양식이라는 정의에 입각해볼 때 <민중의 집> 운동은 철저하게 문화운동이며, 사회적 개인들의 자유로운 연합에 의해 사회미학적 기쁨의 감응을 증대시키고 다중적인 문화정치적 역능을 증대시키는 운동이라는 점에서 새로운 문화운동임이 분명하다.

7. 나가며

이 글에서는 <민중의 집>의 구체적인 프로그램에 대해 기술하지 않았다. 구체적 프로그램은 지역에 따라 구성원들의 경제 및 문화정치적 능력의 상황에 따라 다양하게 구성될 수밖에 없기 때문이다. 그 대신 여기서는 코뮌주의 운동의 구성 원리, 특히 정치혁명과 문화혁명의 관계에 대해 원리적 차원에서 간과되었던 문제를 규명하는 데 주력하였다. 그러나 이 과정에서 정치혁명과 문화혁명의 관계에 대한 역사적 고찰을 다루지 못했다. 러시아혁명과 68혁명 과정에서, 특히 러시아혁명의 과정에서 양자는 흔히 생각하는 것보다 매우 심각한 충돌과 갈등을 겪었다. 1905년 1차 러시아혁명 이후 본격화되기 시작했던 레닌주의와 보그다노프주의의 대립으로 나타났던 그 갈등은 1917년 혁명 이후 1923년까지 권력을 잡고 있던 레닌의 지속적인 압력에 의해 후자의 흐름이 일방적으로 해체되면서 사실상 러시아혁명 전체를 비극적 결말로 이끄는 데 기여했다. 그동안 국내 맑스주의 전통에서는 레닌주의의 수용이 압도적이었던 관계로 레닌이 매도했던 보그다노프의 이론과 실천에 대한 관심은 초기부터 배제되어 왔고, 그로 인해 맑스주의 혁신을 위한 다양한 사상적·문화정치적 실험을 포함하고 있던 보그다노프주의와 보그다노프가 창립하고 이끌던 프롤레트쿨트(proletkult) 운동의 역할과 의미는 제대로 알려지지 않았다.[21] 그동안 한국 좌파 운동에서 정치주의 편향이 일방적으로 우세했던 것도, 좌파 문화운동의 싹조차 제대로 트이지 못했던 것도 이와 무관치 않다고 본다.

금년 2008년은 68혁명 40주년을 맞는 해로 문화혁명과 정치혁명의 관계를 재조명하려는 연구와 논의도 활발해질 것이고, 상대적으로 무시되었던 문화혁명의 중요성이 부각될 것으로 예상된다. 그러나 여기서 주의해야 할 점은 정치주의 편향에 대한 비판이 새로운 문화주의 편향으로 귀결되어서는 곤란하다는 점이다. 코뮌주의 운동은 정치, 경제, 사회문화적 심급의 모든 수준에서 무정부주의적인 자본의 논리와 중앙집권적인 국가주의 논리 양자에 대항하여 자율적이고 호혜적인 정치·경제·사회문화적 실천을 창조해가는 총체적인 운동이기 때문이다. 다만 이 글에서는 이 총체적인 운동의 복잡한 과정속에서 문화혁명과 문화운동이 차지하는—그동안 간과되었던—적합한 위

21_ Zenovia A. Sochor, *Revolution and Culture: the Bogdanov-Lenin Controversy* (New York: Columbia University Press, 1988). 이 책에서 저자는 러시아혁명의 과정이 흔히 알려진 바와 다르게 초기에는 레닌이 일방적으로 주도했다기보다는 오히려 그와 경쟁자였던 보그다노프의 영향이 러시아 내부에서 광범위했음을 보여주고 있다. 또한 레닌의 보수적이고 경제주의적인 단계론에 대항하여 보그다노프는 급진적인 문화혁명을 주장했으며, 과거의 보수적 문화의 영향을 벗어난 독자적인 프롤레타리아 문화의 새로운 건설을 위한 체계적인 조직론을 주장했지만, 레닌의 집요한 공격에 의해 무력화되었다는 점을 다각도에서 논증하고 있다. 이 문제에 대한 역사적 평가가 이 글의 초점이 아니므로 이에 대한 논의는 다음 기회로 미루겠으나 독자적인 비자본주의적인 생활양식과 문화정치적 능력의 구축을 위한 역사적 실험의 한 사례로서 프롤레트쿨트 운동의 성과와 한계에 대한 정밀한 평가는 더 이상 미뤄둘 문제가 아니다.

상과 역할에 대한 올바른 이해, 그리고 이에 따른 사회운동 전반의 문화적 혁신의 시급성과 중요성을 강조하고자 했다. 문화혁명 없는 정치혁명은 맹목적이며, 정치혁명 없는 문화혁명은 공허하다. 21세기의 코뮌주의 운동은 그간 분리되었던 양자 간의 선순환 고리를 만들어내려는 노력으로부터 새롭게 출발해야 할 것이다.

07

문화사회로의 이행을 위한 교육적 실험:
대안적 생산양식-주체양식의 선순환 연결 고리 찾기

1. 들어가며

『파레콘』(2003)의 저자 마이클 앨버트는 일반 대중들이 사회 변화를 시도
하는 것을 꺼리는 이유로 (1) 새로운 세계가 세워져도 결국은 낡은 세계와
똑같이, 또는 그보다 더 나쁘게 되고 말 것이라는 걱정과 (2) 새로운 세계를
세우기 위해 내가 과연 무엇을 할 수 있을까라는 의심이 들면서 참여계획경
제의 비전과 모델이 최소한 경제적 측면에서 첫 번째 걱정을 해소해 줄 수
있을 것이라고 말한 바 있다.[1] 나 역시 이에 동의하지만 앨버트는 두 번째
의심에 대해서는 아직까지 적절한 답변을 제시하지 못하고 있다. 대안적 생
산양식의 청사진은 그려낼 수 있지만 이 청사진을 누가 어떻게 실현해 나갈
것인가의 문제, 즉 사회변화를 주도해나갈 주체형성의 문제에 대해서는 뚜
렷한 제시가 없다는 것이다. 물론 이는 앨버트와 그의 동료들만의 한계가
아니다. 89년 동구 사회주의권의 붕괴 이후 이 두 가지 문제를 동시에 해결
할 수 있는 적절한 대안이 제시되었다는 얘기는 아직까지 듣지 못했기 때문

1_ 마이클 앨버트, 『파레콘: 자본주의 이후 인류의 삶』, 김익희 옮김, 북로드, 2003, 491쪽.

이다. 그렇다면 앨버트의 '파레콘'(participatory economics) 모델 같은 대안경제의 모델들은 적극적으로 모색되고 있는 데 반해(여기에 찬성하든 아니든), 이런 제도적 대안이 주체적 대안과 결합하는 보다 적극적 방향으로 왜 발전하지 못하고 있을까?

넓은 의미에서 보자면 주체적 대안을 모색하려는 시도가 없었던 것은 아니다. 68혁명의 실패 이래 세계적 관심을 야기해온 미셸 푸코와 들뢰즈/가타리의 연구, 이를 계승한 네그리/하트의 자율주의 운동은 자본주의에 예속된 주체형태를 해체하고 대안적인 주체형태를 모색한 대표적 사례이기 때문이다. 그러나 이 모델은 '파레콘'의 경우와는 반대로 대안경제의 모델을 결여한 채 변혁의 잠재성만을 강조하고 있다는 점에서 현실성이 없다는 비판을 받아왔다. 이는 그간 시도되어온 다양한 형태의 대안적 생산양식과 주체화 양식에 대한 모색들이 서로 결합하지 못한 채 '공전'을 거듭하고 있음을 단적으로 보여주는 사례들이다. 2000년대에 들어 미국 헤게모니가 붕괴하면서 세계자본주의 전반의 위기가 가속화되는 데 비례하여 대안세계화 운동 역시 널리 확산되고 있으나, 대안세계화의 실제적 동력이라 할 두 축이 공전을 거듭하는 한 운동의 대중적 확산은 이루어지기 어렵다.

국내에서도 사정은 크게 다르지 않다. 뒤에서 상술하겠지만 자본주의에 대한 비판은 넘쳐나는 데 반해 대안적 생산양식과 주체양식을 위한 연구와 실험이 크게 부족함은 물론 양자를 결합하려는 시도는 더욱 희귀하다. 여러 이유가 있겠으나 아마도 주된 이유는 맑스주의를 포함한 여러 급진적 이론과 운동을 연구해온 이들이 여전히 분과학문적/부문운동적 경계에 갇혀, 대안적 생산양식을 고민하는 사회과학적 연구와 대안적 주체양식을 고민하는 인문학적 연구를 적극적으로 횡단하고 '통섭'하지 못하고 있는 데에 있지 않을까 싶다. 『문화/과학』은 92년 출범 시부터 이런 분과주의적 한계를 넘어서기 위해 노력했고, 99년 이래 '생태적 문화사회론'이라는 형태로 대안적 사회구성체론을 제기해 왔지만 지식과 역량의 한계로 다른 그룹들과 마찬가지로 생산양식과 주체양식의 두 축을 내재적으로 연결하는 데에 이르지 못하고 있다. 그러나 최근 들어 이런 한계를 절감하는 이들 간에 통합적인 '전략적 씽크탱크' 구성을 위한 논의, '적녹보' 연대의 필요성에 대한 논의들이 활발하게 전개되고 있어 조만간 이런 한계를 넘어서는 일정한 변화가 있지 않을까 싶다.

이 글은 이런 변화를 촉진하기 위한 한 가지 시도이자 우리가 전개해온 문화사회론에 내재한 잠재력을 적극 발휘하여 그간의 한계들을 넘어서면서 문화사회적 관점에서 대안적 생산양식과 주체양식을 결합할 수 있는 현실성 있는 실험방식을 제시하려는 데 목적이 있다. 물론 이런 실험적 모형은 앞으로 공동의 연구와 실험을 통해 수많은 교정을 거쳐야 할 것이지만 대안세계화를 모색해온 연구자와 활동가들이 분과학문적/부문운동적 경계를 적극 횡단하면서 현실성 있는 대중운동의 새로운 지평을 열어나가는 데 하나의 자극제가 되기를 기대해본다.

2. 문화사회론의 공백과 난점에 대하여

우선 우리가 전개해온 문화사회론의 한계를 살피는 일부터 시작해 보기로 하겠다. 문화사회론은 지난해 <수유+너머>의 정정훈이 적절히 지적했듯이 다음과 같은 성과와 한계를 갖고 있다. 그는 문화사회론의 욕망과 문제의식에 공감하면서 '나도 문화사회에 살고 싶다'고 말한다. "'그러나 내가 살아가는 사회가 이랬으면 좋겠다는 심정적 공감과 실제로 이런 사회가 어떻게 구성될 수 있는 가에 대한 이론적 동의는 다른 문제이다. …이는 단지 입장 차이만을 가지고 있다는 뜻은 아니다. 문화사회론에는 하나의 이론으로서 작동하기 위해 필요한 완결성에서 공백과 난점들이 존재하기 때문에 문화사회론의 문제의식과 욕망에 공감하면서도 동의하기가 어려운 것이다.[2] 그의 논평의 핵심을 요약해 보면 다음과 같다.

1) 성과

(1) 국가와 자본의 배제적 폭력으로 인해 배제된 이들끼리 또한 서로에게 폭력을 행사하는 오늘날의 참담한 상황에서 문화가 그저 '먹고 살만한 사람들의 호사거리가 아니라 현재의 상황을 극복하기 위한 핵심적 가치라는 것을 분명히 한 점과,

(2) 맑스가 지향한 코뮤니즘이 노동을 폐지하고 자기실현의 활동인 문화를 중심으로 하는 사회를 추구한다는 것을 밝혀낸 점은 문화연구가 코뮌주의와 어떻게 만날 수 있는지에 대한 전망을 열어주었다는 점이 그것이다.

2) 한계

(1) 코뮌 네트워크가 국가로부터 구별되는 자율성을 확보하면서도 국가를 운영할 수 있으려면 양자 사이에 매개항이 필요할 수밖에 없다. 전통적 용어로 표현하자면 당에 대한 이론이 필요하지만 문화사회론에는 당에 대한 이론과 대의제에 대한 입장이 공백으로 남아 있다.

(2) 코뮌과 국가의 관계에서 풀리지 않는 문제, 즉 문화사회론의 입론에 의하면 코뮌의 존재 가능성은 그것에 우호적인 국가를 전제로 했을 때만 성립하는 것으로 보인다는 것이다. 물론 문화사회론은 이와 반대의 것을 명시적으로 주장하고 있다. 그런데 여기에는 일종의 논리적 순환이 내재된 것은 아닌가?

2_ 정정훈, 「문화사회론의 공백과 난점들」, 『문화/과학』 56호, 2008년 겨울.

(3) 문화사회의 구성 주체와 결부된 문제로 문화사회론은 코뮌주의의 주체를 '노동자-다중'으로 파악한다. 그러나 노동자는 현실태를, 다중은 잠재태를 지칭하는 개념이므로 이 용법 자체가 모순적이다.

위의 비판을 다시 압축한다면 그간 문화사회론의 성과가 코뮌주의 사회의 내용과 성격이 곧 생태적 문화사회라는 점을 적극적으로 명시화해낸 데에 있었다면, 그러한 사회로의 이행이 어떻게 가능한가를 둘러싼 복잡한 문제를 제대로 규명하지 못했다는 것이라 할 수 있겠다. 그간 문화사회론이 이행의 문제에 대한 탐색을 전혀 하지 않았던 것은 아니다. 그러나 추상적인 개관이거나 국지적인 논의 수준에 머물렀고, 그로 인해 이론 내적 균열과 모순이 야기되었다는 지적을 면할 수 없다고 본다. 하지만 이런 지적은 단지 문화사회론에 대해서만 지적될 수 있는 한계가 아니라—앞서 언급했듯이—현재까지 국내에서 전개된 다양한 좌파적 논의들 대부분에 공히 해당하는 문제점이기도 하다. 그러나 신자유주의 세계화의 모순이 극에 달하고, 대공황의 위험이 임박한 현 시점에서 이행의 문제는 더 이상 추상적인 미래의 과제로 미뤄두거나 개별적/분산적 실천만으로 해결될 일은 아니다. 이런 이유에서 미흡함이 있더라도 위에서 지적된 문화사회론의 공백과 난점들에 대해 답해보고자 한다.

1) 국가, 당, 그리고 코뮌의 관계를 어떻게 파악할 것인가의 문제가 있다. 정정훈은 다음과 같이 지적한다.

국가 장악을 통한 국가의 기능전화는 문화사회로의 이행에 필수 요소이며 '코뮨주의'나 '자율주의'와 문화사회론을 구별하여 주는 관건적 지점이다. 문화사회로의 이행에는 '코뮌국가'를 통한 제도개혁을 과도기적이나마 결코 피할 수 없다고 생각하는 것이다. 이런 주장에는 국가의 기능변화 없이 코뮌 네트워크의 활성화는 사실상 어렵다는 인식이 내포되어 있다. 그렇다면 이 주장은 코뮌 네트워크는 국가의 지원(봉사) 없이 자율적으로 자기조직화를 완성할 수 없다는 것을 함의하는 것이 아닐까? 국가의 기능전화 없이는 잠재태로 존재하는 코뮌 네트워크는 결코 지배적 현실태로 이행할 수 없다는 논리이고, 그것이 현실태로 이행하기 위해서는 반드시 국가의 도움을 전제할 수밖에 없게 된다. 그렇다면 문화사회론의 명시적 주장과는 다르게 국가가 코뮌에 대해 우위에 서게 되는 것을 뜻한다.

국가는 억압/지배의 장치이기에 애당초 기능전환의 대상이 아니라 해체의 대상이고, 국가는 아래로부터 코뮌 네트워크가 성장할수록 그에 비례하여 자연적으로 해체될(스폰지에 구멍이 넓어지면 0에 이를) 것이라고 보는 입장에서는 '국가의 기능전환'이라는 문화사회론의 문제의식은 불필요해 보일 뿐만 아니라 은연중에 국가 우위적인 사고를 깔고 있는 것이 아닌가 하는 의구심이 제기될 수도 있겠다. 하지만 이행이 허공중에서 이루어지는 것이 아니라면 가장 먼저 다음과 같은 현실적인 장애요인부터 숙고해야 한다.

(1) 국가/자본이라는 현실적 지배장치는 잠재적 코뮌의 성장을 관망하는 수동적 관찰자가 아니다. 국가장치(ISA/RSA)는 자본주의 전체 시스템의 재생산을 보장하는 강력한 제도적 물질적 힘을 가지고 있고, 시스템의 재생산이 위협 받기 시작하면 위협을 제거하기 위해 신속하게 가동할 수 있는 만반의 준비를 갖추고 있다. 종교적 코뮌들은 자본주의 전체 시스템을 위협하지 않기에(프로테스탄트의 경우처럼 오히려 재생산을 촉진하기 때문에) 허용되지만 대안을 모색하는 정치적, 경제적 코뮌의 성장은 일정 범위를 넘어서면 허용되지 않는다는 것을 20세기의 역사가 예증하고 있다.[3]
(2) 국가장치는 전쟁과 같은 외부로부터의 강제력, 또는 혁명에 의하지

않고서는 결코 스스로 해체되지 않는 관료제와 상비군의 복합체로서 상대적 자율성을 지니고 존속해 왔다. 이제까지의 모든 정치 개혁이 대부분 수포로 돌아간 것도 이들의 강력한 저항 때문이다.

(3) 소비재의 상당 부분은 일상생활 속에서 코뮌 네트워크에 의해 상품/화폐 경제를 대체해갈 수 있지만, 국가/대자본이 장악하고 있는 생산재와 기반시설은 그럴 수 없다. 이 때문에 일정 시점에 이르면 생산재와 기반시설 부문의 사회화와 참여계획적 조정을 위해 관료제적인 국가의 기능전환이 필수적으로 요구된다. 생산재 없이 소비재의 생산만으로 경제 전체가 굴러간다는 환상을 갖지 않는 한 말이다.

그런데 아래로부터 코뮌 네트워크가 발전하여 전국적으로 확대되어 가는 과정이 자본주의적 재생산에 큰 변화를 야기하게 되는 시점에 이르면 국가 장치의 부정적 개입이 필연적이기에 코뮌 네트워크의 자생적 성장만으로는 부족하고 선거를 통해 국가의 기능전환이 불가피하게 요구된다고 보는 것이 곧 국가의 우위를 전제로 하는 것을 뜻하는 것은 아니다. 오히려 코뮌 네트워크가 충분히 성장하지 않을 경우 기존 관료제 국가의 기능전환을 위한 주체적 개입과 동력이 불충분하므로 코뮌의 성장은 오히려 국가장치 기능전환의 필요조건이라고 할 수 있다. 따라서 문제는 코뮌의 성장이라는 필요조건만으로 국가의 기능전환이 제대로 가능한가라는 질문에 답하는 것이다. 정정훈의 지적대로 이 질문에 답하려면 '당' 문제를 적극적으로 사고해야 한다. 이 경우 '당'은 기존의 정당과는 다른 조건과 형태를 갖춘 '대안정당'이

3_ 조너선 크롤, 『레츠: 인간의 얼굴을 한 돈의 세계』, 박용남 옮김, 도서출판 이후, 2003. 유럽과 미국에서는 1930년대 공황기에 지역통화가 번성했다. 가장 성공적인 사례는 오스트리아의 뵈르글 지역으로 1년 만에 도시의 조세와 실업문제가 해결되었다. 2백 개의 다른 지역 공동체가 이 사례를 따르고자 했으나 화폐공급의 지배력 상실을 두려 위한 중앙은행이 뵈르글 의회를 상대로 소송을 걸어 이 실험은 결국 종말을 맞게 되었 다. 바바리아에서 있었던 여러 시도도 중앙은행의 방해로 좌초되고 말았다(16쪽).

어야 한다. 그 이유는 다음과 같다.

(1) 우선 이 정당은 코뮌과 무관한(혹은 그 상부에 위치한) 대의제 정당
이 아니라 내적으로 문화사회의 이념을 공유하는 정치 활동가들과 전문
가들의 코뮌으로서 내부적으로 평의회적인 의사결정 방식과 경제적 어
소시에이션에 기반해 있으면서 코뮌 네트워크의 일부로 출범해야 하며,
(2) 지역 코뮌의 활동과 경험에 기반하여 관료제적/대의제적 국가를 참
여계획경제와 평의회 체계로 기능 전환하는 데 필요한 전문적 네트워크
를 구축함과 아울러,
(3) 이를 현실화하기 위해 다양한 선거에서 승리할 수 있는 역량과 국가
의 성공적 기능 전환에 필요한 국제 연대를 구축해야 한다. 그리고 선거에
승리한 후에는 한편으로는 국가의 기능 전환을 다른 한편으로는 코뮌 네
트워크의 전국적-국제적 확산을 촉진하는 사회운동적인 역할이라는 이중
적 과제로 인해 기존 정당과는 전혀 다른 정치적 구성체라고 할 수 있다.

물론 이 대안정당이 권력을 갖게 되면 다시 코뮌에 대한 지배를 행사하게
되지 않을까 하는 우려가 있을 수 있다. 그러나 이런 우려는 이 대안정당이
(1)의 성격을 갖고 출발하는, 그 자체가 코뮌 네트워크의 일부이기 때문에
불식될 수 있을 것이다. 이 경우 정치 활동가들의 현실적 양태를 생각할 때
과연 이들이 코뮌을 구성할 수 있는가라는 의문이 들 수 있다. 그러나 연구
자코뮌, 노동자코뮌, 예술가코뮌 등, 다양한 계층과 직종, 지역에서 대중적으
로 코뮌을 구성해가야 한다고 볼 때 굳이 정치활동가들의 코뮌만 성립할
수 없다고 단정할 이유는 없다. 기왕의 연구자, 노동자, 예술가들도 자본주
의적 경쟁과 개인주의, 사적 소유와 특권을 소유하려는 아비투스에 물들어
있기는 마찬가지이기 때문이다. 따라서 어떤 직종에 종사하는가와 무관하게

코뮌을 구성하기 위해서는 주체의 변화가 요구되는 것이고, 이런 지속적 노력을 전제로 사회운동적 경험이 풍부한 활동가와 연구자들이 정치적 코뮌을 구성하는 일은 오히려 일반적인 연구자나 노동자, 예술가들이 코뮌을 구성하기보다 더 쉬울 수도 있다는 가능성을 애초부터 배제할 이유가 없다. 만일 이런 노력이 불가능하다고 단정한다면 대중적 코뮌 운동 역시 애당초 불가능하다고 보아야 할 것이다.

이런 관점에서 보면 전국적 대안정당과 지역/부문 단위의 코뮌은 별개의 기구라기보다는 단일한 코뮌 네트워크 내에서 역할 분담이라는, 즉 한 시스템의 거시적 기능과 미시적 기능을 담당하는 두 날개라고 보는 것이 타당하다. 코뮌 네트워크가 기존의 사회 시스템 전체를 대체해갈 새로운 사회 시스템의 모태라면, 새가 두 날개를 가져야 날 수 있듯이 전국적 차원의 역할과 지역적 차원의 역할을 동시에 수행하지 않으면 안 된다. 이는 코뮌 운동이 초기에는 가능한 단위에서부터 무작위적으로 전개될 수밖에 없지만, 다른 한편으로 이 운동이 경제적-정치적-문화적인 모든 수준에서, 소비재와 생산재의 생산과 유통과 소비의 모든 측면에서, 지역적-전국적-국제적 차원에서 대안적 기능을 수행해 나갈 것이라는 점을 가정하지 않으면 안 된다는 말이기도 하다. 대안정당은 이런 다차원적 기능의 거시적 축을 감당하는 운동체라고 할 수 있다.

2) 이행의 주체 문제와 관련해서 정정훈은 다음과 같이 지적하고 있다.

여기서 문화사회론이 사용하는 다중 개념은 자율주의의 그것과는 일정한 차이를 보인다. 노동자-다중이라는 표현은 노동자-민중이라는 용어의 변용이라고 할 수 있다. 문화사회론은 이데올로기 비판의 문제설정에 욕망의 정치라는 문제설정을 절합하며 노동자계급이라는 일괴암적 주체에 대한 집착을 비판하며 다양한 차이를 가진 욕망의 주체들의 연대를 고민해 왔다. 이 다양한 욕망의 주체들의 연대를 아마도 다중이라고 표현하는 것이라고 판단된다. 그러나 동시에 자본주의라는 현실적 삶의 조건 속에서는 노동자계급운동이 다양한 욕망의 주체들의 운동들과는 구분되는 특장점이 있다고 파악하는 것 같다. 이런 문제의식은 러시아 혁명 당시 노동자계급과 인민대중의 연합을 주장했던 레닌의 전략과 매우 닮아 있다.

정확한 진단이다. 우리가 사용하는 노동자-다중의 개념은 과거의 노동자-민중 개념의 시대적 변화에 상응하는 개념이다. 우리는 이런 연대 없이는 이행이 불가능하다고 본다. 주체들은 언제나 복합적 상태에 처해 있지만 오늘의 대중의 구성은 과거보다 더 복잡해지고 있다. 가장 큰 비중을 차지하고 있는 노동자계급의 계속적인 분할(비정규직 노동자) 이외에도 잠재적-현재적 실업자와 언더클래스, 호모사케르와 같은 비계급들의 증가, 대자적 의식을 획득한 소수자 운동의 증대와 같은 이질적 주체들을 포괄하기에는 민중이라는 일괴암적인 개념이 부적합하기 때문에 우리는 '다중'이라는 표현을 사용한다. 정정훈은 이럴 경우 '노동자'라는 표현이 현실태를 지칭하는 데반해 '다중'이라는 표현은 본래 잠재태를 지칭하는 표현이므로 모순적인 용법이 아닌가라는 반론을 제기한다.

문제는 문화사회론이 자율주의로부터 연원한 다중 개념을 사용하면서 다중이라는 개념이 작동할 수 있는 조건인 다른 개념들과의 배치관계로부터 이 개념을 임의적으로 절단하여 사용하고 있다는 것이다. 네그리를 비롯한 자율주의자들에게 다중은 무엇보다 반주권적인 개념이다. 즉 다중은 주권을 매개로 통일될 수 없는 이질성들, 차이들의 협력이며 그것은 국가적 기획의 주체로 나타날 수 없다. 하지만 문화사회론에서는 노동자와 연대한 다중이 국가 장악 및 국가 운영의 주체로 나타난다. 그러면서도…다중이 어떻게 국가 장악과 그 운영의 주체로 작동할 수 있는지에 대한 충분한 설명이 제시되지 않고 있다. 이는 다중의 핵심 개념을 편의적으로 이해하는 데서 비롯된다.

우선 우리가 사용하는 '다중' 개념은 자율주의에서 연원한 것이 아니라 들뢰즈에게서 차용한 것이다. 분할불가능한 개체('in-dividual')라는 의미의 개인이 아니라, 다중적으로 분할-절합 가능한(multi-dividual) 다양한 역능들의 프랙탈한 네트워크로서, 그러면서 특정한 배치를 이루는 바로서의 특이성, '소수자'를 지칭하는 개념으로 <수유+너머>가 말하는 '중-생' 개념과도 유사한 의미를 갖는다고 생각한다.[4] 물론 철학적 관점에서 보면 노동자-다중이라는 개념은 모순어법이고 일관성을 상실한 것으로 보인다. 그러나 이행의 문제는 단지 철학적인 문제에 국한된 것이 아니라는 점을 고려해야 한다. 현실적인 이행 과정은 낡은 것과 새로운 것이 교차하는 과정이며 이 과정에서 양자의 혼합이 불가피한 시기가 존재한다. 특히 이행의 초기에는 인식론적 단절을 이룬 주체라고 할지라도 아직 소수에 불과한 새로운 주체들이 낡은 세계관에 사로잡혀 있는 대중들을 변화시키는 노력을 수행하면서 이들이 자기 변화와 사회 변화를 추동하도록 노력해야 한다. 대중운동이라는 관점에서 보면 새로운 주체와 낡은 주체의 '절합'은 불가피하다. 이런 연결이 '절합적'일 수밖에 없는 것은 화학적 변화가 하루아침에 일어나는 것이 아니기 때문이다. 이 때문에 '다중' 개념이 새로운 주체형태를 지칭하는 잠재태적 개념이라고 해도 대중의 다수를 이루는 노동자계급이 주권과 임노동에 포획된 상태라는 사실을 무시한 채 이들이 잠재적인 다중의 일부라고 지칭

---

[4] 이런 점에서 우리가 말하는 '다중'은 위상수학에서 말하는 불연속 지점으로서의 특이점, 수유+너머에서 말하는 가변적 잠재성을 갖는 중-생(multi-dividual), 특이점들의 집합(들뢰즈)과 큰 차이가 없다. 이진경, 「코뮨주의와 특이성」, 고병권・이진경 외, 『코뮨주의 선언』, 교양인, 2007 참조.

하는 것은 오히려 현실태가 잠재태의 일부라는 식의 추상적 논의를 반복하는 것에 다름 아니다. 만일 현실태가 잠재태의 일부라는 주장만을 일관되게 주장하는 것이 철학적으로 올바른 태도라면 자본주의 사회라는 현실태는 문화사회라는 잠재태의 일부로서 잠재태의 본성을 인식하기만 한다면 언젠가는 낡은 틀에서 벗어날 것이라고 주장하는 것과 다름아니게 될 것이다. 이런 태도는 현실적인 이행의 과정을 외면하는 것이다. 우리는 이런 이유에서 모순어법임에도 불구하고 이행의 현실적 주체는 오히려 노동자(현실태)-다중(새로운 현실태이자 미래의 동력을 내재한 잠재태)의 변증법적 절합의 형태를 취할 수밖에 없다고 본다.5

5_ 심광현, 「코뮌적 생태문화사회구성체 요강에 대한 보론」, 『문화/과학』 52호, 2007년 겨울. "들뢰즈는 잠재태 (1)→현실태 (1)→잠재태 (2)→현실태 (2)의 상호 얽힌 과정 중에서 잠재태 (1)→현실태 (1), 그리고 잠재태 (2)→현실태 (2)로의 발생적 과정에만 주목하면서 이를 미규정적인 미분적 관계에서 규정적인 관계로의 생성이라고 설명한 데 반해, 지배적인 현실태 (1) 속에서 잠재태 (2)가 새롭게 출현하여 이와 갈등하면서 이를 극복하고, 새로운 현실태 (2)로 실현되어 나아가는 이행의 과정, 즉 현실태 (1)→잠재태 (2)→현실태 (2)로의 갈등적인 이행을 경유한 새로운 구성의 과정은 제대로 규명하지 않았다. 이 복잡한 과정은 지배적인 현실태 (1)을 외면하고, 잠재태 (2)의 삶의 특이성을 발견하고 이를 실현하려고 부단히 노력한다고 해서 부드럽게 저절로 이루어지는 과정이 아니다. 오히려 기존 현실태의 강력한 저항 속에서 충돌과 투쟁을 거치는 복합적 과정을 통과해야만 이루어지는 과정이라는 점에 주목해야 한다. 우리가 "현실태와 잠재태의 변증법"이라고 지칭한 관계가 바로 이런 갈등적 국면이고, 좀 더 정확히 표현하자면 이는 '현실태 (1)과 잠재태 (2)의 변증법'이 될 것이다. 분명히 잠재태 (2)에서 새로운 현실태 (2)로의 실현은 미규정적이고 미분적 관계가 규정적 관계로 전환되는 과정을 포함하고 있고, 들뢰즈의 공헌은 맑스가 포착하지 못했던 바로 이 발생적 과정을 존재론적 · 인식론적으로 명료화했다는 점에 있다. 그러나 들뢰즈는 앞서 말한 자본-국가라는 두 현실태 (1)의 '사이-공간'에서 잠재태 (2)가 기성의 두 현실태 (1)과 가질 수밖에 없는 갈등적 관계를 명료화하지 못했다. 우리가 이 관계를 "미분법" 대신 "변증법"이라고 부르는 것은 바로 이 지점이 자본주의 사회 내의 "지금 여기에서" 자본주의와의 투쟁을 통해 성장전화하는 맑스의 코뮌주의 운동이 위치한 지점이기 때문이다. "미분법"이 잠재태가 현실태로 전화하는 '발생의 차원'을 분석한 것이라면 "변증법"은 이러한 잠재태의 운동이 허공에서 이루어지는 것이 아니라 기성의 현실태라는 주어진 환경과 대결하고 충돌하며 이를 해체해가는 "투쟁과 이행의 차원"을 분석한 것인 셈이다. 맑스가 들뢰즈를 통해 보완되어야 하면서도

그럼에도 불구하고 이런 설명만으로는 그 동안 이행의 과정을 둘러싸고 제기된 두 가지 쟁점을 해소하는 데에는 불충분하다. 그 이유는 이런 몇 가지 가정과 해석만으로는 국가와 노동자계급이라는 지배적 현실태를 아직은 희망사항에 불과한 '코뮌 네트워크'와 인간의 유적 잠재력의 다른 표현인 '다중'의 성장에 의해 대체해가는 현실적 과정이 어떻게 이루어져야 하는가 라는 복잡한 과정이 잘 파악되기 어렵기 때문이다. 이 때문에 이행의 목표와 조건, 과정과 주체, 현실적인 방법과 경로 등의 제반 문제를 구체화하는 일이 필요하다.

3. 이행의 목표와 조건

우리가 생각하는 이행의 목표점은 그간 누구이 강조해 왔듯이 '생태적 문화사회'이다. 생태적 문화사회란 자연과 인간 역능의 파괴/소외에 기반한 자본축적이 사회적 생산의 목적이 아니라 자연-사회의 지속 가능한 공생 시스템에 기반한 인간 역능의 풍요/발전이 사회적 생산 전반의 목적이 되는 사회를 뜻한다.

나는 다른 글에서 '자본주의 노동사회'와 '코뮌주의 문화사회'의 차이를 맑스의 자본축적의 도식을 이용하여 단순 명료하게 대비해 본 바 있다. 자본주의 노동사회를 $M \rightarrow C(LP+MP) \rightarrow M'$(상품 판매라는 관점에서는 $C-M-C$)

그와 동시에 다시 들뢰즈가 맑스에 의해 보완되어야 하는 이유가 여기에 있다…. 현실태 (1)에 대한 잠재태의 도전이 유효하기 위해서는 현실태 (1) 내에서 모순이 격화되는 과정과 그에 따른 현실태 내에서의 물질적·이데올로기적 변화의 궤적을 구체적으로 분석해야 한다. 또한 현재 다양하게 분화되어 있는 대중운동이 분열을 거듭하는 대신 그 창조적 잠재력을 실현할 수 있는 새로운 연대의 방향으로 나아가기 위한 정치적·물질적 조건에 대한 분석이 필요하다. 자율주의의 문제점은 바로 이와 같은 두 가지 역사적 조건에 대한 분석의 중요성을 간과하는 데 있다."

으로 표현할 수 있다면 코뮌주의 문화사회는 LP→C(LP+MP)→LP'로 도식화할 수 있다.[6] 두 도식의 가운데 항목은 동일하게 노동력과 생산수단의 결합을 보여주고 있지만 시작과 끝은 상이하다. 전자의 경우 인간 노동은 단순히 자본축적을 위한 생산 과정의 한 요소이자 한갓된 수단에 불과하지만, 후자의 경우 인간은 잠재력을 현실화하기 위한 생산과정의 **"수단이자 동시에 목적"**으로 나타나고 있다. 전자의 경우에는 인간 능력은 자본축적의 순환과정이 강제하는 노동 과정을 경유하는 동안 순전한 수단으로 소진되고 말지만(소외), 후자의 경우 인간은 자신의 능력의 향상이 이루어지는 한에서 노동과정에 참여한다. 즉 소외된 노동이 자본축적의 수단이 되는 생산양식이 아니라 오히려 모든 생산수단과 자원이 주체적 역능(지적, 정서적, 윤리적, 신체적 역능 등)의 증진이라는 목표에 맞게 배치되고 사용되는, 동시에 인간만을 위해 자연을 착취하는 대신 인간과 자연의 공생을 가능케 하는 인간과 자연의 신진대사 방식을 목표로 하는 새로운 생산양식(생태적 문화사회)으로의 전환이 그것이다. 이렇게 되면 경제의 개념과 의미는 문자 그대로 그 어원인 "살림살이"(oikos)라는 의미로 변하게 될 것이다.

그렇다면 현재 지구상의 모든 인간 주체의 역능이 향상되고, 다양한 인간학적 차이들이 차별적 위계화로 고착되는 방식을 넘어 자유롭고 평등한 사회적 관계 속에서 상호 인정되게 하는 데 필요한 다양한 생산수단과 교통수단은 어디서 조달되는가? 그 동안 자본주의적 지구화 과정에서 축적된 생산/교통수단 및 개발된 자원과 지식은 불충분한 것이 아니라 이미 넘쳐나고 있다. 이런 충분한 수단과 자원들이 다수 성원의 역능 향상을 위해 사용되지 못하고 단지 더 많은 자본축적을 위해 소모되고 있을 따름이기에 대중에게

6_ 심광현, 「코뮌적 생태문화사회의 필요조건: 생산양식·주체양식의 공시적 변화」, 제3회 맑스코뮤날레조직위원회 엮음, 『21세기 자본주의와 대안세계화』, 문화과학사, 2007, 158-60쪽. 이 글은 본 책에 함께 수록되어 있다.

부족한 것으로 비쳐질 따름이다. 전체 부의 80% 이상을 전체 인구의 20% 이하가 소유하고 있는 현 상황을 역전시킬 경우 전체 인구의 80%의 역능 향상을 위한 생산/교통수단과 자원이 충분히 제공될 수 있다. 따라서 문제는 인구, 자원, 생산수단의 부족이 아니라 이 각각의 역능을 절합하는 배치의 문제, 즉 생산양식과 주체양식의 공시적 절합 방식이 문제인 셈이다.

발리바르 역시 오래 전에 이행의 과제란 곧 새로운 주체양식과 새로운 생산양식의 창조적 절합이라고 정식화한 바 있다.

> 마르크스의 철학은 헤겔과 프로이트 사이에 있는 관계 또는 내가 사용하는 표현에 따르자면 초개인적인 것에 대한 근대적 존재론의 사례이다. 이는 마르크스의 철학이 개인주의('방법론적'이라 할지라도 마찬가지다)와 유기체론(또는 '사회학주의')의 대립 너머에 자리잡고 있음을 의미하는데…마르크스는 이 두 입장 중 어느 것으로도 환원될 수 없다. …마르크스를 위하여 또 그에 반하여 철학한다는 것은 '계급투쟁의 종언'…이라는 질문이 아니라 계급투쟁의 내적 한계들, 즉 그것과 모든 곳에서 일치함으로써 그것으로 절대 환원불가능하게 되는 초개인적인 것의 형태들이라는 질문을 제기하는 것을 의미한다. 지적 차이와 비교될 수 있는 거대한 '인간학적 차이들'(우선 성적 차이)이라는 질문이 여기서 실마리가 될 수 있다. 그러나 또한 마르크스에 대해 취해진 이러한 거리 속에서일지라도 생산양식들(또는 가장 일반적인 의미에서의 '경제')의 문제설정과 주체화 양식(따라서 상징적 구조들의 작용 하에서의 '주체의 구성')의 문제설정 간의 접합 모델이 항상적으로 필요한 준거일 수 있다. 이는 바로 그러한 접합이 철학을 변증법의 관념으로 주기적으로 귀결시키는 주관주의와 자연주의에 대한 저 이중적 거부의 표현이기 때문이다.[7]

7_ 에티엔느 발리바르, 『마르크스의 철학, 마르크스의 정치』, 윤소영 옮김, 문화과학사, 1995, 160-61쪽.

우리는 그간의 연구를 통해 새로운 주체양식의 원리를 자유-평등-박애의 '이념적 체화'라고 집약할 수 있다면, 새로운 생산양식의 원리를 고진의 맑스 해석을 따라 어소시에이션으로 집약할 수 있다고 본다. 이렇게 보면 맑스가 '사회적 개인'이라고 불렀던 새로운 주체들의 연합(발리바르가 '초개인적인 것'이라고 부르는 것), 즉, '자유로운(그리고 평등하고 호혜적인) 생산자들의 연합이라는 코뮌주의 사회란 바로 이 두 원리의 현실적 결합체에 다름 아니다.

주지하듯이 맑스는 '사회적 개인'의 구체적인 의미와 '생산자 연합'의 구체적인 내용이 무엇인지를 천착하지 않았다. 하지만 『헤겔 법철학 비판』, 『경제철학 수고』, 『독일 이데올로기』와 『공산당 선언』 등 1840년대의 저작에서 그 내용을 취합해 보는 것은 불가능하지 않다. 그렇다고 해서 그 내용으로 충분하다고 할 수도 없다. 그렇다면 맑스는 왜 이런 작업은 무시하고 『자본』 같은 방대한 과학적 분석에 몰두했을까? 다음과 같은 이유들을 생각해볼 수 있다.

(1) 맑스 이전의 다양한 사회주의, 공산주의 운동들은 대안사회의 모델을 개발하고 실천에 옮기는 일에 주력한 데 반해 정작 자신들이 극복하고자 했던 자본주의 사회 시스템 전체의 작동원리에 대해서는 무지하거나 쉽게 극복이 가능하다고 (맑스 자신도) 오해했다. 48년 혁명의 실패 이후 맑스는 이런 무지와 오해에 기초한 유토피아적 운동 및 성급한 낙관주의의 오류를 넘어서기 위해 당시 급속하게 팽창해가고 있는 자본주의 시스템 전체의 발생과 작동 메커니즘, 그리고 그 발전 가능성과 한계를 총체적으로 규명하고 비판하는 데에 전력을 다했다.

(2) 1867년에 『자본』 초판 발간 이후 1870년대에 들어 맑스는 성장하고 있는 복잡한 자본주의 시스템 전체의 내적 모순의 역동적 전개에 대응하는

실질적인 이행의 경로와 방법을 고민했지만, 정작 그 이행의 주체가 되어야 할 유럽의 노동자운동은 국가(사회)주의와 조합주의의 틀에 포섭되어 갔기에 『고타 강령 비판』 이후 맑스의 주된 관심은 아직 그 틀에 포섭되지 않고 광범위하게 살아 움직이고 있던 러시아 농촌 코뮌들로 이동했다.8

이런 맥락에서 보면 1840년대에서 1870년대에 이르는 동안 맑스의 관점은 국지적 차원에서의 대안사회 모델을 개발하고 실천하려는 유토피아적 사회주의 운동에 대한 비판에서 출발하여 자본주의 시스템 전체의 작동과 내적 모순에 대한 과학적 분석과 비판을 거쳐 초기 사회주의 운동이 추구했던 어소시에이션의 모델로 다시 회귀하는 듯한 궤적을 그리는 것처럼 보인다. 그러나 이는 단순한 회귀가 아니라 오히려 다음과 같은 변증법적 의미를 지닌다고 해석할 수 있다 (1) 기존 시스템에 대한 철저한 비판적 분석과 결합되지 않은 대안은 공상적 유토피아주의에 그치고 만다. (2) 그에 반해 시스템 전체에 대한 철저한 비판 그 자체가 대안사회로의 이행 과정을 자동으로 생성해주는 것은 아니다. (3) 결국 필요한 것은 시스템 비판과 대안 시스템 창조라는 두 과정의 변증법이다. 우리는 이런 이유에서 맑스의 사상과 이론적 실천의 핵심을 유토피아적 사회주의 대 과학적 사회주의라는 이분법에서 찾는 대신 양자에 대한 변증법적 비판인 "과학적 유토피아주의"라고 파악했다.9

8_ 같은 책. 발리바르는 맑스가 말기에 이르러서는 자신이 이전에 주장한 것(진화적인 역사관)과는 상반되게 역사적 발전의 길들의 구체적인 다수성(반진화론적 시간)을 상정했고, 가장 오래된 시간과 가장 최근의 시간의 '단락'을 생각했는데, 러시아 농촌 코뮌들이 주변 환경으로부터 기술들을 차용한다면 서유럽에서 자본주의 발전을 특징지었던 '적대들', '위기들', '갈등들', '재난들'을 모면하고 공산주의 사회의 건설에 봉사할 수 있다고 주장했다고 기술하고 있다(145-47쪽). 그러나 맑스는 러시아 농촌공동체가 자신의 내부에 비상품경제와 시장생산의 잠재적 모순을 내포하고 있어서 국가와 자본에 의해 악용될 가능성이 크므로 '러시아 코뮌'을 구제하려면 러시아 혁명이 필요하다고 주장했다는 점을 도외시해서는 안 된다는 강조를 잊지 않았다(146쪽). 이런 주장은 위로부터의 혁명과 아래로부터의 코뮌의 성장이 상보적 관계일 수밖에 없음을 다시 한번 일깨워준다.

그러나 맑스가 1870년대에 이런 인식에 도달했을 때 비판과 대안의 변증법을 실천할 주체들은 사라졌고, 유럽 자본주의는 금융화와 제국주의로 치달았으며, 맑스의 변증법적 사상은 당시 맑스 자신이 비판했던 '맑스주의자들'에 의해 과학적 사회주의와 유토피아적 어소시에이션의 이분법으로 해체되어 있었다. 이후 양자의 변증법적 절합이 이루어졌던 것은 오직 1917년 레닌의 "4월 테제" 이후에서 10월 혁명에 이르는 일정 기간에 불과했고, 이후 이런 절합을 이루어내려던 다양한 시도들은 대공황과 파시즘, 세계대전과 냉전체제라는 거센 격랑에 휩쓸려 사라져 버렸다. 이후에도 이런 시도는 견고한 이분법적 환원주의의 틀에 부딪쳐 매번 제대로 발아된 바가 없다.

따라서 자본주의 극복을 명시화했던 네 차례의 혁명, 즉 1848년(1)-1871년(2)-1917년(3)-1968년(4) 혁명들의 반복된 시도에도 불구하고 결국은 모두가 무효화되었던 지난 역사를 되돌아본다면 다음과 같은 의구심이 드는 것도 당연하다고 할 수 있다. 인류는 아직까지 과학적 비판과 유토피아적 대안을 동시에 결합하여 이론화하고 실천할 수 있는 '진화'의 단계에 도달하지 못한 것이며, 변증법적 관점에서 파악된 '과학적 유토피아'라는 급진적 이념은 한갓된 '꿈'에 불과한 것이 아닐까라는 의구심 말이다.

하지만 네 차례의 세계 혁명은 그 조건과 성격이 달랐다는 점에 주목할 필요가 있다. '세계체계론'의 관점에서 보면 (1)은 영국 헤게모니가 확립되어 유럽 자본주의가 팽창하던 시기에 발발했고, (2)와 (4)는 영국헤게모니와 미국헤게모니가 정점에 달했을 때 발발한 데 반해, 세계적 차원에서 헤게모니 교체기에 발발한 혁명은 (3)뿐이었다는 점이 그것이다. 이런 맥락에서 거칠게 구분하자면 (1), (2), (4)는 일정하게 주체적 조건이 형성되었다 해도 객관적 조건이 불리하여 실패할 수밖에 없었다면, (3)은 객관적 조건은 무르익은

9_ 심광현, 「맑스적 코뮌주의의 '문화사회적 성격'과 이행의 쟁점」, 『문화/과학』 50호, 2007년 여름, 25쪽. 이 글은 본 책에 함께 수록되어 있다.

데 반해 올바른 주체적 조건의 미비로 인해 실패할 수밖에 없었다는 평가가 가능하다고 본다. 다시 말해서 지난 2세기 동안 어떤 혁명도 객관적 조건과 주체적 조건이 합치한 상태에서 진행된 바가 없다는 것이다. 따라서 지난 역사로부터 얻을 수 있는 교훈은 "대안은 없다" 혹은 "불가능하다"가 아니라 대안이 현실화되려면 주객관적 조건을 일치시켜야 한다는 것이다.

그런데 이제 세계는 미국헤게모니의 붕괴에 따른 세계 대공황이 임박한 상황에 처하고 있다. 이는 (3)이 가능했던 것과 유사한 객관적 조건을 만들어 내고 있다. 그러나 1910년대와 현재는 큰 차이가 있다. 당시 자본주의는 세계시장의 관점에서 보면 더 팽창해나갈 충분한 여백을 갖고 있었지만, 오늘의 세계는 자본주의 시장으로 포화 상태에 처해 있다. 역사지리적 유물론의 관점에서 보면 20세기 초 세계자본주의의 내적 모순의 폭발은 유럽이라는 제한된 공간에 국한된 것이었기에 모순의 공간적 '이전'이 가능했던 데 반해, 오늘의 자본주의는 내적 모순의 폭발을 이전할 여분의 공간을 갖고 있지 않다는 점에 큰 차이가 있다. 이런 점에서 보면 맑스가 생각했던 '세계혁명'의 객관적 조건은 오늘에 이르러서야 비로소 형성된 셈이다. 이 점이 1917년과 오늘의 객관적 조건 간의 가장 큰 차이이다.

그러나 주체적 조건이라는 측면에서 보면 어떠한가? 1880년대부터 1910년대에 이르는 동안 유럽사회주의 운동은 크게 성장했고, 말년의 엥겔스조차 사회주의 정당이 선거를 통해 승리할 가능성을 고민할 정도로 상황 변화에 직면했었다. 1차대전에 임박하자 제2 인터내셔널이 단결한다면 전쟁을 방지할 수 있을 것이라는 자신감마저 형성된 상황이었다. 러시아의 경우는 볼셰비키와 멘셰비키, 도시 소비에트 운동, 그리고 농촌 코뮌들의 광범위한 지지를 받았던 사회혁명당을 포함한다면 1910년대에 이르러 혁명적 열기가 사회 전반에 팽배해 있었다. 이행의 조건을 거칠게 비교하자면 우리는 1세기 전에 비해 세계 자본주의의 모순을 이전할 공간적 여지가 부재하다는 점에서 과거보다 유리한 객관적 조건을 맞이하고 있으나 주체적 조건에서는 터무니없이 열악한 상황에 처해 있다고 할 수 있다. 이런 주객관적 차이를 어떻게 해석해야 할 것인가? 여기서 우리는 두 가지 가능성을 치열하게 고민해야 한다고 본다.

(1) 만일 현재 우리가 처한 주체적 조건에 큰 변화가 없다면 오늘날 미국 헤게모니의 붕괴는 대안사회로의 '긍정적 통과점'으로 나아갈 가능성보다는 오히려 과거와 같이, 또는 더 나쁜 방식으로 '부정적 통과점' 쪽으로 분기할 가능성이 높다는 사실을 냉철하게 사유해야 한다.

(2) 반면 인식론적 전환과 함께 새로운 주체적 조건의 변화를 적극 추동한다면 긍정적 통과점으로의 이행을 촉진할 가능성이 없는 것은 아니다. 여기서 인식론적 전환은 1917년 당시의 주체적 조건에 대한 재평가를 포함해야 한다. 달리 말해 '변증법적 유토피아주의'(데이비드 하비) 혹은 '과학적 유토피아'라는 맑스적 관점에서 볼 때 20세기 초의 혁명 주체들은 사실상 이분법적 환원주의에 빠져 있었기에 새로운 생산양식과 주체양식을 절합할 능력을 결여했다는 점을 냉혹하게 평가해야 한다는 것이다. 오히려 당시의 혁명 주체들은 다양한 세력으로 분열되어 맑스적 의미의 혁명적 주체형성에 이르기는커녕 오히려 그 성장을 저해하거나 억압했다는 점을 고려한다면, 오늘의 주체적 조건이 과거에 비해 열악하다고만 할 수 없다는 것이다.

사정이 이렇다면 현재 무엇보다 시급한 것은 새로운 주체형태의 창조를 위한 노력이다. 그러나 주체형태의 새로운 창조는 새로운 생산양식의 창조라는 과제와 무관하게 수행될 수 없으며, 낡은 주체형태 및 낡은 생산양식의 견고한 톱니바퀴의 회전이라는 현실태와 무관하게 '허공'중에서 창조되는 것이 아니다. 이 점을 무시하게 되면 앞서 말한 바와 같은 비판과 대안 창조의 변증법이라는 맑스의 교훈을 망각하는 것이 될 것이다. 따라서 현재의 주체적 조건을 변화시키려는 연구로 바로 나아가기에 앞서 비판과 대안, 새로운 주체양식과 생산양식의 변증법적 과정이 구체적으로 무엇을 의미하는지를 먼저 파악할 필요가 있다.

4. 이행의 변증법적 과정

다음 그림은 대안사회로의 이행을 주체형태(세로축)와 사회적 과정(또는 사회적 관계)(가로축)으로 인수분해하고 양자의 절합을 변증법적 과정으로 함수화한 것이다. 관념적으로는 현재 상태 <X>에서 대안사회 <Z>로의 이행이 가장 짧은 대각선을 따라 이루어지는 것이 바람직하다. 그러나 현실적으로는 주체형태와 사회적 과정상의 다양한 장애 요인들로 인해 그럴 수 없다. 이 때문에 현재 상태의 주체형태와 사회적 과정을 변화시키는 중간 과정들을 설정해야 하는데 'X→A→B→C→D→Z'로 나아가는 지그재그 형의 이행이 그것이다.

이 그림에서 B와 D의 변화는 시간적으로 보면 일정한 후퇴를 포함하는 것으로 보인다. 이는 X 상태까지 이르는 과정에서 낡은 주체형태의 관성(자본주의적 아비투스)에 의해 B와 D와 같은 새로운 주체형태로의 전환에 상당한 지체 현상이 나타나기 때문이다. 하지만 이런 지체를 통해 주체형태의 발본적인 재구성이 없이는 사회적 과정상의 변화 A와 C는 올바르게 작동하기 어렵고 언제든지 X 상태로 후퇴할 수 있다. 물론 변화된 주체형태 B와 D 역시 A와 C가 폭넓게 지역과 부문에 뿌리내리고 일상화되는 과정 없이는 언제든 X 상태로 후퇴할 수 있다. 이 때문에 주체형태의 변화와 어소시에이

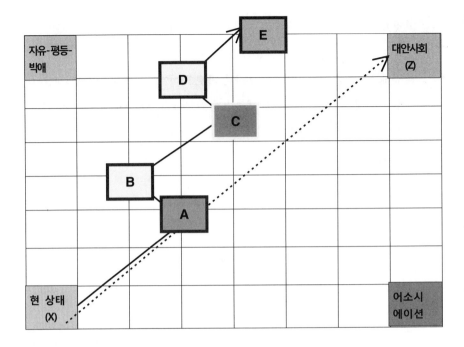

선의 변화 간의 상호 견인 효과를 증폭시켜야 한다. 여기서 이 지그재그 운동을 두 가지 궤적으로 계열화하여 파악할 필요가 있다. X→A→B→D로의 수직 상승의 계열과 X→A→C→E로의 수평적 확장의 계열이 그것이다. 여기서 전자가 대중의 문화정치적 자율성/참여/개입의 상승 계열이라면 후자는 경제적 어소시에이션의 원리의 전국적 확장의 계열이다. 이 두 계열의 구체적인 내용은 뒤에서 다시 상술하기로 하겠다.

그런데 무엇보다 어려운 것은 X에서 A로 전진해나가는 첫 번째 변화의 국면이다. 이 국면 A는 주체형태와 사회적 과정 모두가 X로부터 일정한 변화를 이룬 것을 의미하기 때문이다. 이 최초의 변화가 무엇이며 이 변화는 어떻게 가능한가?(시작이 반이다) 아마도 A가 가장 초기 형태의 <어소시에이션의 어소시에이션>이라고 볼 수 있을 것이다. 이는 주체형태와 생산양식 두 가지 측면에서 일정한 변화를 함축하고 있다. 주체형태는 자유주의적 개인에서 소규모 직장 및 지역 단위에서 직접민주주의적 참여와 실험을 수행할 수 있는 문화정치적 평의회를 이룰 수 있는 적극적 자세로 변화하며, 생산양식은 의식주의 일정한 부분을 화폐교환이 아닌 비화폐적 교환에 의거한 부분적 경제공동체(비화폐적 생활협동조합)를 이룬 상태라고 할 수 있다. 이런 A 상태가 일정 기간 성공적으로 작동하면서 주체형태가 보다 적극적인 B의 형태로 전환하는 과정이 필요하다. 여기서 B는 자기통치적인 주체로 변화하여 자유-평등-박애의 이념(Y축의 지향점)을 체화한 문화정치적 어소시에이션의 네트워크를 추진한다. 이 과정은 A를 C와 같은 비화폐적 어소시에이션의 전국적 네트워크(X축의 지향점)로 발전시키는 매개 동력으로 작용한다. 이렇게 하여 C는 더욱 강한 자율성을 지닌 확장된 주체형태인 D, 즉 기존의 국가를 평의회 네트워크로 전환시킬 수 있는 정치적 발전의 경제적 기반으로 작용하며, 이 주체들은 다시 사회 전체를 어소시에이션 네트워크로 전화시킨다.

그러나 이런 유형의 전개 과정은 장애요인을 가정하지 않은 것인데, 현실적으로는 앞서 말했듯이 두 가지 장애 요인이 작동한다. (1) 하나는 대중의 주체형태를 현실에 안주시키는 예속적 이데올로기이며, (2) 다른 하나는 국가와 자본의 현실적 폭력이다. 앞서 말했듯이 문화정치적, 경제적 어소시에이션의 발전은 일정 시점이 되면 기존의 대의제 국가와 자본의 지배에 커다란 위협으로 등장하게 되는데, 그럴 경우 국가와 자본은 기존의 법적, 물리적 억압 수단을 최대한 활용하여 어소시에이션의 해체를 시도하게 마련이다. 현존하는 자본주의 사회가 그 내부의 적대적 모순이 축적, 폭발할 경우 기존의 지배세력들의 다양한 지배수단과 무기들에 효과적으로 대응하기 위해서는 이 다양한 수준의 지배장치들에 대한 분석과 대응 전략이 필요하다. 따라서 어소시에이션은 초기부터 이에 대한 비판과 대응전략을 내포하지 않으면 안 된다. 이제까지 역사적으로 제기된 다양한 비판과 대응전략들을

사회적 실천의 제 심급들	비판	대안
경제적(생산양식)	생산수단사유화/상품경제 비판	경제적 어소시에이션
문화적(주체양식)	ISA/물신화된 주체형태 비판	문화교육적 어소시에이션
정치적(권력양식)	관료제/국가계획경제 비판	평의회/참여계획경제
	대의제/선거정당 비판	대안정당
	RSA 비판	국제평화네트워크

사회적 실천의 제 심급 별로 구분해 보면 위와 같은 유형화가 가능하다고 본다. 그런데 이런 전체적인 이행의 모형을 아무리 정교하게 시뮬레이션할 수 있게 된다고 해도 이 모형을 실천해야 할 주체는 누구인가라는 문제를 해결하는 것은 별개의 문제이다. 누가 이 많은 과제들을 자기 자신의 삶의 문제로 자각하고 해결하기 위해 노력할 것인가, 이런 과제 해결을 위한 노력들이 어떻게 광범위한 대중운동으로 성장해갈 수 있을까? 다양한 단체와 개인들이 생활협동조합 같은 소박한 단위의 경제적 어소시에이션에는 참여하더라도 정치적 평의회와 문화적 코뮌 활동에는 참여하지 않을 경우, 역으로 문화적, 정치적 활동에는 적극적이면서도 경제적 어소시에이션에는 무관심할 경우를 어떻게 변화시킬 수 있을까? 이런 와중에서 결국 대안정당과 어소시에이션이 서로 분리되어 따로 움직일 경우는 어떻게 할 것인가? 따라서 대안사회의 모형을 시뮬레이션하는 연구와 별개로 새로운 주체형성이라는 과제를 새롭게 의제화할 필요가 있다.

5. '혁명적 실천'의 의미: 포이에르바흐 테제 11번과 2번의 결합

평의회 운동, 어소시에이션 운동, 대안정당 운동 등의 여러 대안들은 별개의 역사적 궤적을 거쳐 형성되어온 실천적 프로그램들로서 각기 상이한 경로의존성으로 인해 하나의 통일체로 연결되기가 쉽지 않다. 위에서 점검한 문제들을 되짚어보면 이들 간의 선순환 고리를 만들어내지 못한다면 현실적으로 대안사회로의 이행은 불가능하다고 보아야 한다. 이런 연결 고리 구성의 단초를 어디서 찾을 수 있을까?

나는 맑스의 「포이에르바흐 테제」가 여기에 도움을 줄 수 있다고 본다. 「포이에르바흐 테제」(1845년)의 마지막 테제(11번), 즉 "철학자들은 세계를 단지 다양하게 해석해 왔을 뿐이다. 그러나 중요한 것은 세계를 **변화**시키는 것이다"라는 구절은 너무나 잘 알려져 왔다. 하지만 이제까지 이에 동의하는 모든 이들이 고민해온 현실적인 문제는 세계를 근본적으로 '**변화시킬 수 있는 방법**'이 묘연하다는 데에 있었다. 맑스 이후 맑스주의의 역사는 마치 성배를 찾아 나서듯 이 '방법'을 찾아 헤맨 긴 여정에 다름 아니었다고 해도 과언이 아니라고 본다. 그런데 '등잔 밑이 어둡듯이' 정작 이 '방법'에 관한 중요한 제안이 이미 「포이에르바흐 테제」의 2번 테제에 함축되어 있었다면 어떻게 할 것인가?

「포이에르바흐 테제」의 11개 테제의 순서를 논리적 순서로 생각하여 읽게 되면 테제 2번은 테제 11번의 결론에 이르기 위한 예비적 검토로 이해하기 쉽다. 그러나 비선형적인 변증법의 관점에서 보면 테제 11번에 대한 답, 즉 세계를 변화시킬 방법에 관한 답을 테제 2번에서 읽어낼 수 있다. 테제 2번은 다음과 같다. "환경의 변화와 교육에 관한 유물론적 교의는 **환경이 인간들에 의해 변화되며 교육자 자신도 교육되어야 한다**는 것을 잊고 있다. …**환경의 변화와 인간 활동의 변화 혹은 자기 변화와의 일치는 오직 혁명적 실천**으로서만 파악될 수 있고 합리적으로 이해될 수 있다." 여기서 '혁명적 실천'이라는 구절을 상투적인 의미에서의 정치적 봉기 형태의 실천이라는 식으로 파악하면 그 앞 구절에 있는 "**환경이 인간들에 의해 변화되며 교육자 자신도 교육되어야 한다**"는 구절의 진정한 의미와 중요성을 놓치기 쉽다.

만일 이 구절이 중요한 의미를 갖지 않는다면, 「포이에르바흐 테제」의 11개 테제의 의미는 단지 포이에르바흐를 포함한 기존의 철학들의 관조적 태도 대신에 '감성적 인간 활동'인 '실천'의 중요성을 강조하고, 이 실천이라는 것이 단지 세계의 일부가 아니라 세계 전체를 혁명적으로 변화시키는 실천 이라는 점을 강조한 당위적 주장에 다름 아니게 될 것이다. 그러나 나는 이런 표피적 해석과는 다르게 <관조→실천>으로, <세계의 해석→세계의 변혁>으로의 강조점을 이동시키는 맑스의 주장에는 다음과 같은 방법적 제안이 개입되어 있다는 점에 주목하고자 한다. 다시 말해서 세계를 변화시키는 '혁명적 실천의 요체는 바로 그 실천의 주체인 인간 자신을 교육하는 것이며, 그 과정에서 교육자 자신도 교육되어야 한다'는 주장에 있다는 것이다. 이런 관점에서 나는 테제 11번과 2번을 절합하여 다음과 같은 새로운 테제를 제시하고자 한다.

세계를 단지 해석하는 데서 그치는 대신 세계를 진정으로 변화시키기를 원한다면 그 변화의 주체가 되고자 하는 사람 자신부터 새로운 방식으로(즉, "환경의 변화와 인간 활동의 변화 혹은 자기 변화와의 일치"가 이루어지도록) 교육되어야 한다.

이와 같이 수정된 테제가 중요하다고 생각하는 이유는 이제까지 많은 이들이 세계를 변화시키기 위해 노력했지만, 환경을 변화시키기 위해 각고의 노력을 기울인 만큼 자기 자신의 변화가 환경의 변화와 일치되도록 스스로를 새롭게 교육하려는 데에 노력을 경주한 것으로 보이지는 않기 때문이다. 정말 유물론적 관점을 지녔다면 역사적 자본주의에 의해 (자연적, 사회적) 환경이 오염된 만큼 그 속에서 살고 있는 자신과 다른 주체들 역시 오염되었다는 사실을 외면해서는 안 될 것이다. 이 사실을 망각하고 자신은 예외적인 존재로 남겨둔 채(변화시키지 않은 채) 환경만을 제도적으로 변화시키려 한다면 이는 결국 고양이에게 생선가게를 맡기는 것과 다름 없는 결과를 초래하게 될 따름이다. 20세기 혁명이 실패했던 주된 원인은 바로 이런 단순한 사실에 대해 '맹목적'이었다는 점에서 찾을 수 있다고 본다.

환경을 변화시키려는 사람은 환경을 변화시키려는 노력에 병행하여, 그리고 환경을 변화시키려는 방향과 일치된 방식으로 자신을 변화시키기 위해 스스로를 성공적으로 교육할 수 있는 방법을 창안해야 한다. 현재와 같이 부자유스럽고 불평등하며 경쟁과 착취로 얼룩진 세계를 자유롭고 평등하고 호혜적인 관계가 넘치는 세계로 변화시키기를 원하는 사람은 대안세계의 제도적 청사진을 설계하는 일만이 아니라 이와 병행하여 자기 자신과 타인을 자유롭고 평등하고 호혜적인 사람으로 변화하도록 상호 교육할 수 있는 실제적인 교육적 방법을 창안하고 이 프로그램들을 직접 실천해야 한다는 것이다. 이런 교육이 소수에 한정되는 것이 아니라 대중적으로 확산되어야 함은 물론이다. 그러나 우리는 자유-평등-호혜의 이념을 '머리'로 이해할 뿐만 아니라 온 몸으로 '체화'하여 새로운 주체로 거듭날 수 있는 <자기 교육>은 물론 <대중교육>의 원리와 구체적 방법을 아직까지 잘 알지 못하고 있다. '제 눈의 가시를 보지 못하고', '등잔 밑'을 들여다보지 않았기 때문이다.

6. '사회적 개인들의 어소시에이션'을 위한 새로운 통합적 교육 실험

이런 문제는 내가 다른 글(「감정의 정치학」)[10]에서 기술한 바와 같이 자

10_ 심광현, 「감정의 정치학: '자기-통치적' 주체의 창조를 위한 새로운 문화정치적 프레임」, 『문화/과학』 59호, 2009년 가을. 이 글은 본 책에 함께 수록되어 있다.

유-평등-박애의 이념의 '체화'가 무의식적 억압을 제거하면 자연적으로 나타나는 현상이 아니라는 데에 있다. 대중은 자유-평등-박애의 이념을 '인식'하기만 하면 그렇게 행동할 수 있는 '텅 빈 주체'가 아니다. 대중이 부르주아적 혹은 파시즘적 주체에서 벗어나는 것은 인식의 문제가 아니라 '체화(embodiment)'의 문제인 이유는 인간이 복잡한 감정과 욕구를 가진 동물이기 때문이다. 아직도 잔존하는 봉건적-가부장적 지배양식과 부르주아적 지배양식의 중첩은 가족과 학교, 미디어와 교회 등의 다양한 이데올로기 장치들을 통해 순응과 무기력, 불안과 공포, 질투심과 향락의 욕망들로 점철된 감정적 주체를 양산하고 있다.

가령 우리는 자본가가 아닌 경우에도 화폐의 증식을 목표로 삼고, 화폐의 권력을 수용하는 모든 종류의 부르주아적 욕망에서 자유롭지 못하다. 가치 법칙에 따라 행동과 사유를 규제하고 그에 따라 생산 수단 및 생존 수단을 분배하려는 메커니즘, 혹은 가치법칙에 따라 '계산하는' 습속이나 태도가 항상 이미 우리를 포섭하려고 손을 벌리고 있다. 즉 적대는 의사당이나 국가 권력 주위에만 존재하는 게 아니라 우리 자신의 삶, 우리 자신의 욕망 안에도 존재하는 것이다. 따라서 이 모든 영역에서 프롤레타리아는 부르주아와 대결해야 한다. 적대의 미시 정치학, 혹은 미시적인 적대의 윤리학이 필요하다. 반계급의 정치학은 권력의 장악으로 환원되지 않는 이 모든 정치적 영역에서 부르주아의 권력과 대결할 것을 요구하며, 그러한 권력에 의해 침윤되고 재생산되는 삶의 방식 자체와 대결할 것을 요구한다. 권력이 우리의 신체와 삶 속에서 자신을 재생산하기 위해 설치한 많은 통제와 통치, 훈육의 메커니즘과 대결하며, 그것을 대신할 수 있는 자기-통제와 자기-통치, 자기-훈련의 방법들을 창안해야 하며, 그것을 통해 권력의 재생산에 반하는 집합적 능력을, 집합적 신체를 생산해야 한다.[11]

이런 예속적 감정을 비워내고 자유와 독립심, 모험과 용기, 평화와 사랑에 대한 감정으로 충만한 자기-통제, 자기-통치, 자기-훈련의 방법들을 통해 새로운 주체로 거듭나는 데에는 한 번의 각성이 아닌 지속적인 각성, 그리고 한두 번의 수련이 아닌 지속적인 실천적 수련들이 요구된다. 이런 점에서 수동적-반동적 감정으로 물든 주체가 어떻게 능동적-진보적 감정으로 충만한 주체로 거듭날 것인가의 문제에는 '각성의 정치'만이 아니라 '감정의 정치', '인식의 정치'만이 아니라 '체화의 정치'라는 더 확장된 '프레임'이 요구된다.

그렇다고 '감정의 정치'나 '체화의 정치'라는 새 프레임을 '각성의 정치'나 '인식의 정치'와 대립시키자는 것이 아니다. 오히려 각성과 인식이 감정과 체화의 프레임과 선순환하는 방식으로 연결되지 않을 경우 실질적인 주체의 변화는 일어나지 않는다는 점을 주목하자는 것이다. 이런 관점은 '인간 주체'에 대한 통념의 변화를 요구한다. 인간은 관념론자들이 주장하듯이—데카르트적인 사유하는 정신의 명령으로 좌지우지되는—정신-기계의 이분법으로 분할된 주체가 아닐 뿐만 아니라 들뢰즈/가타리가 주장하듯이 단지 다양체적 차이들로 분산된 분자적 존재이기만 한 것만도 아니다. 관념론적 동일성의 논리도 자연주의적 차이의 논리도 인간 주체의 역설적 성격, 즉 지적-정서적-신체적-윤리적 차이들의 복합적 연결망으로서의 주체, 여러 유형의 선험적 형식들(감성적, 지성적 형식들)과 자연적, 사회적 경험 속에서 수용된 타자들 간의 역동적 관계들의 결절점(nodal point)으로서의 주체의 역설적 특성을 제대로 파악하지 못한다.

인간 주체는 동일성의 논리와 차이의 논리의 양자택일이 아니라 양자의 이율배반적 '절합'을 통해서만 제대로 파악될 수 있다. 이 변증법이 없다면

11_ 이진경, 「코뮨주의와 정치」, 『코뮨주의 선언』, 99-100쪽.

주체 내부의 갈등이나 충돌도 없으며, 주체형태의 변화도 불가능할 것이다. 인간 주체는 내부에서 이성과 감성, 의식과 무의식적 욕망과 충동 등의 여러 '자기 형태'들이 끊임없이 서로 싸우고 있는 일종의 전쟁터라고도 할 수 있다. 헤겔의 '주인과 노예의 변증법'이나 니체의 '초인'은 주체가 항상 긴박한 전쟁 상태에 처해 있음을 단적으로 표현해주고 있다. 그러나 이들은 절대정신이라는 인식적 주체 혹은 초인적 의지의 주체라는 일방에게 손을 들어줌으로써 감각적-감정적 주체를 외면했고, '억압된 것의 복귀'로 인해 치러야 할 엄청난 대가를 간과했다. 맑스 역시 계급 간 전쟁에만 주목했지 개별 주체 내면의 전쟁, 개별 주체들 간의 전쟁은 간과했다.

이런 역사적 오류들에서 벗어나기 위해서는 내적으로는 여러 형태의 주체들 사이에서 그리고 외적으로는 타자들 사이에서 균형을 잡고, 공생할 수 있는, 일종의 '줄타기'와도 같은 역동적인 '주체화'의 경로를 찾아내야 한다. 이 경로는 관념적, 추상적 개념이 아니라 뼈와 살, 감각과 감정과 욕망을 지닌 인간 주체에 의해 '체화'되고 '살아져야' 한다. 24시간 다양한 감정으로 채색되어 있는 인간 주체가 어떻게 복종심과 불안과 공포와 향락에 매몰된 수동적-반동적 감정에서 벗어나 자유-평등-박애의 이념에 부합되는 능동적-진보적 감정으로 충만하여 자율적으로 행동하며, 상호 연대하는 주체로 거듭날 수 있을 것인가? 이 질문에 대한 이론적-실천적 답변을 찾아 새로운 주체형성을 위한 교육학의 프로그램을 만들고 실천하는 일은 방대하고도 지난한 일이 아닐 수 없고, 다양한 예비적 고찰을 요할 뿐 아니라 다양한 형태의 공동 연구와 교육적 실천을 필요로 한다. 예비적 고찰에 대해서는 이미 앞서 말한 「감정의 정치학」을 통해 제시한 바 있으므로 여기서는 향후 공동 연구와 교육적 실천을 촉진하기 위한 몇 가지 제언을 하고자 한다.

1) 자유-평등-박애의 이념과 감정을 체화한 새로운 주체는 부르주아 사

회의 원자적 개인주의가 상정해온 이기적 개인이나, 반대로 전근대적/전체주의적인 폐쇄적 공동체에 예속된 개인이 아니라 자율적-개성적이면서도 타자와의 공생과 협력을 중시하는 "사회적 개인"이다. "사회적 개인"이란 소수의 자유로운 발전이 만인의 자유로운 발전을 억압하는 부르주아 사회 속의 개인이 아니라 "각자의 자유로운 발전이 만인의 자유로운 발전의 조건이 되는 하나의 연합체"(맑스) 속의 개인이다. 이런 개인은 연합체적 사회에 속해 있으면서도 자신의 자유로운 발전과 만인의 자유로운 발전의 공존을 추구하는 개인이다. 각자가 자유롭고 개성적이고 자립적이 되면 될수록 사회적이 되고, 그 역도 가능해지는 그런 상태의 개인이 곧 '사회적 개인'이다. 이 '사회적 개인'의 육성이 곧 새로운 주체형성 과정의 명확한 교육적 이념으로 설정되어야 한다.

현재의 원자적, 이기적 개인 주체들이 이와 같은 '사회적 개인'으로 거듭나도록 하기 위해서는 전혀 새로운 방식의 인문학/예술 교육이 필요하다. 앞서 말했듯이 그 동안 대부분의 연구는 상대적으로 대안적 생산양식의 구성이라는 과제 쪽으로 쏠려왔고, 대안적 주체양식의 창조는 도외시해 왔다. 사회과학자들이 좋아하지 않을 표현이지만 이런 경향적 쏠림 현상을 사회과학적 편향이라고 부를 수 있겠다. 이 경우에도 자본주의 생산양식에 대한 비판적 분석에 비해 대안적 생산양식의 창조를 위한 노력은 상대적으로 부족한 형편이다. 진보적 인문학과 예술의 경우에도 자본주의적 주체양식(소비주체) 비판에 기울인 노력에 비하면 대안적 주체형성을 위한 연구와 실험은 미미한 것이 사실이다. 그나마 예외적으로 이런 노력을 기울일 경우 '미학주의' 또는 '문화주의'라는 폭격을 받아 좌초되기 십상이었다. 이런 불균형과 편향은 정치경제학적 환원주의에 다름 아니라고 할 수 있다. 그렇다고 이에 반하여 포스트모던적 반동으로 나타났던 문화주의나 미학주의 같은 새로운 주관주의적 환원주의로 돌아가야 한다는 것이 아니다. 문제설정과 해결을 위한 노력의 프레임 설정에서 나타났던 역사적 편향과 이분법적 환원주의를 극복하기 위해서는 새로운 연구와 실천 방식의 긴장 관계를 새롭게 구성해야 한다는 것이다. 그간의 편향성을 그려보면 다음과 같다.

	자본주의 비판	대안사회로의 이행
생산양식(A)	자본주의 정치경제학 비판(1)	평의회/어소시에이션 (3)
주체양식(B)	소비주체/이데올로기 비판(2)	? (4)

이 표에서 양적/질적 연구의 순위를 매겨 보면 다음과 같다. A의 압도적 우위((1)의 압도적 우위) 하에서 (1) > (2) > (3) > (4)의 순위가 그것이다. 그러나 (4)에 대한 새로운 연구의 필요성을 강조하는 것이 (1), (2), (3)과 상호연관성 없이 독립적으로 이루어져야 한다는 의미가 아님은 물론이지만, (1), (2), (3)이 잘 된다고 해서 (4)가 자연스럽게 도출되는 것은 아니다.

2) 하지만 현재 제도화되어 있는 기성의 인문학과 예술 교육 과정이 새로운 주체형성을 위한 교육(4)에 적합한 것은 아니다. 이제까지 인문학은 고전 텍스트의 해석학 또는 읽고 쓰는 리터러시를 가르치는 교육에 머물러 왔을 뿐 인간의 지성적-감성적 역능 간의 상호작용, 미적 감정과 도덕적 감정 간의 상호작용과 같은 문제들을 직접 주제화하여 자율적이면서도 상호 부조적인 태도를 '체화'할 수 있는 자기-통치적이고 연대적인 주체형성에 직접 기여할 수 있는 교육 프로그램을 발전시켜온 바가 없다. 예술 역시 정해진 장르에 따라 일정한 재료와 형태를 패턴화하여 예술 상품이나 디자인을 만들어내는 일종의 기술 교육에 머물렀을 뿐 오감을 계발하여 자연과 타자와의 감성적 소통을 촉진하여 감수성을 풍부하게 하고 주어진 틀을 넘어서 물질적-정신적 경계들을 가로질러갈 상상력의 기예를 훈련하지 않는다. 이 모든 역능의 계발은 개개인에게 맡겨져 있을 뿐으로 대다수 개인들은 이런 역능

들을 표현하고 확인할 기회를 결여한 채 주어진 텍스트와 콘텐츠의 소비자로 전락할 수밖에 없도록 교육되고 있다. 교수/교사와 학생은 인문학과 예술교육을 철학, 문학, 역사, 미술, 음악, 연극, 영화 등의 장르적 틀 속에서 생산되고 정전으로 분류된 콘텐츠에 관해 해석된 지식을 전수하고 전수받는 교육으로 대하는 데에 익숙해져 있다. 그리고 오직 소수의 전문가들만이 인문학적 지식과 예술과 대중문화 콘텐츠를 생산하고 대다수는 이를 해석하고 감상하는 소비주체로 구분된 이분화된 생활양식에 파묻혀 있다. 이런 점에서 기존의 인문학과 예술 교육은 소수에게는 직업교육이 되지만 다수에게는 불필요한 교육이라는 차원에서 한 걸음도 벗어나 있지 않다. 만일 개인이 성장 과정에서 혹은 중장년이 되어 실존적 고뇌에 직면할 경우 이런 문제를 상담하기 위해서는 교회나 정신분석상담자를 찾아야 할 따름이다. 기존의 인문학과 예술은 이와 같이 수동적인 방식으로 그리고 대중문화와 교회는 적극적인 방식으로 ISA의 중요한 성분으로 작용하고 있다.

3) 따라서 새로운 주체형성을 위해서는 기존의 인문학과 예술 교육은 전적으로 혁신되어야 한다. 철학 교육은 철학사적 지식을 전수하는 수준을 넘어서서(이것이 불필요하다는 것이 아니라 이것만을 하는 것이 문제라는 것이다), '철학 하기', 즉 기존의 진리들, 철학적/과학적/윤리적 주장들의 자명성에 대해 비판하기, 존재와 사유의 구조와 과정에 대해 스스로 형이상학적 질문들을 제기하기 등의 프로그램을 만들어내야 하고, 학생만이 아니라 교수/교사들 스스로를 재교육해야 한다. 미학과 문학 역시 미학사적/문학사적 지식과 글쓰기 방법을 전수하는 수준을 넘어서서, 자본주의적 욕망으로 왜곡된 문화와 주체들을 다루는 장르적 텍스트들을 통해 도착적 쾌감을 소비하거나 혹은 단지 이를 풍자하고 냉소하는 소극적 수준을 넘어서, 자연과 사회, 역사와 미래, 진리와 미와 숭고, 사랑과 증오, 과학기술과 윤리 간의

갈등에 대한 다양한 생각과 실존적인 고민을 표현하고 소통할 수 있는, 자율적이며 연대적인 주체형성을 위해 감각과 감정과 상상력을 훈련할 수 있는 프로그램을 개발하고 실험해야 한다. 예술 역시 기존의 예술사적 지식 전수와 장르화된 콘텐츠 제작을 위한 매체기술 교육이라는 협소한 차원을 넘어서서 감각과 감정과 상상력을 직접적으로 개화하고 다양화할 수 있는, 창의성을 증진하기 위한 새로운 프로그램을 개발해야 한다.

4) 나아가 이렇게 재구성된 철학하기-문학하기-예술 표현의 프로그램들은 분과적으로 따로 운영되는 데서 그치는 것이 아니라 하나의 통합과정으로 연결되어 교수/교사나 학생 모두가 교육과정을 경유하는 동안 스스로 지성적-감성적-윤리적-신체적 자기 갱신을 이룰 수 있도록 설계되어야 할 것이다. 가령 철학, 문학, 연극 교육과정에 참여하는 교수/교사와 학생들이 공동으로 새로운 주체형성 과정에 관한 연극을 기획하고, 연출, 연기하고 제작하는 경험을 통해 철학적 비판과 문학적 글쓰기와 연극적 표현과 공간/소도구의 제작 과정 전반이 삼투되는 경험을 공유한다면 어떠할까? 하나의 연극을 시로 재구성하고, 그에 대한 철학적 논평을 제기하는 철학 수업은 어떠할까? 이렇게 세 개 혹은 다섯 개의 교육과정이 한편으로는 개별적으로 운영되면서도 다른 한편으로는 공통으로 프로젝트를 만들어내도록 설계된 교육과정을 단지 1년 정도만 운영해 보더라도 여기에 참여하는 사람들 전체가 이전과는 전혀 다르게 새로운 주체형성의 과정을 경험할 수 있지 않을까?

5) 또한 이 교육은 다시 사회과학이나 과학기술 교육과 통합적으로 연결되어야 한다. 물론 여기서 말하는 사회과학이나 과학기술 교육 역시 분과학문적인 기존의 지식교육을 의미하는 것이 아니라 대안적 생산양식의 구성을 시뮬레이션 하도록 재구성된 사회과학적, 과학기술적인 교육 프로그램이다.

가령 모든 교수/교사와 학생들이 가상의 지역 코뮌이나 어소시에이션의 전국적 네트워크 구성을 위한 모형을 컴퓨터상으로 시뮬레이션하고 가상적으로 특정 단위의 모형을 직접 구성하여 실천에 옮기는 프로그램을 개발하고 실험하는 통합적 교육과정을 만들어 본다면 어떠할까? 또한 '파레콘' 같은 참여계획경제 모델을 실험하는 'second life' 게임 프로그램을 공동으로 만들어보고 평가하고, 그 과정에서 개발한 다양한 드로잉과 도표, 글과 토론 장면들을 영상으로 찍어 전시회나 연극을 만들어 본다면 어떨까? 또는 특정 도시의 교통과 주거, 산업과 문화 전체를 참여관찰의 방식으로 조사하고, 각자가 그 도시의 세대별, 계층별, 직업별, 성별 차이에 따른 가상 도시인의 입장에 서서 설문조사에 참여하고, 도시 전체를 재설계하는 가상 프로젝트를 제안하여 평의회-참여계획경제-지역 코뮌-교육프로그램 등을 결합하는 실험을 수행해 본다면 어떠할까?

물론 위에서 언급한 가상의 교육과정들은 현재의 교육 제도 내에서는 실현이 불가능한 것들이다. 하지만 초중등학교 교육과정에서 일부 의욕적인 교사들은 통합수업을 통해 아주 제한된 방식이지만 이런 형태의 대안교육을 실험하고 있다. 그런데 이런 교육적 실험들이 확산되기 어려운 것은 시간상의 제약 탓이기도 하지만 더 큰 이유의 하나는 좀더 체계적인 대안교육 프로그램의 부재이다. 이런 프로그램들이 공급될 수 있다면 여러 대안학교들과 홈스쿨 운동이 이런 실험에 참여할 가능성은 충분히 있다. 한편 대학의 인문학/예술 교육에서도 교수와 학생들이 의지만 있다면 프로젝트형 수업으로 이런 프로그램을 개발할 여지가 전혀 없는 것은 아니다. 고립된 한두 명의 교수나 학생 단위가 아니라 여러 대학, 학회, 연구회들이 공동 프로그램을 개발하는 공동의 연구실험 네트워크를 구성한다면 지금 당장이라도 불가능한 일은 아니다.

7. 나가며

이행에 관한 무겁고 딱딱한 이야기로 시작해서 새로운 주체형성을 위한 유쾌한 상상, 즐거운 교육에 관한 상상으로 이 글을 마치게 되었다. 그런데 '즐거운 교육'이라고? 아마도 교육 하면 지겹다는 생각부터 드는 것은 비단 학생들만이 아닐 것이다. 현재와 같은 교육 시스템을 운영하는 교사나 교수들 그리고 학부모들 역시 마찬가지일 것이다. 하지만 앞서 살펴본 바와 같은 대안적 방식으로 교육이 이루어진다면 누가 정말 교육을 싫어하고 두려워할까? 교육이 지겹고 '지옥훈련'으로 느껴지는 것은 교육의 목표와 수단이 전도되고, 교육-학습의 방법과 평가가 철저히 왜곡되었기 때문이지 교육 자체가 원래 그런 것이기 때문은 아니라는 점을 위와 같은 간단한 '상상의 실험'을 통해 확인할 수 있다고 본다.

날이 갈수록 교육이 점점 더 심하게 왜곡되고 있는 것은 교육의 목표가 인간 잠재력의 실현, 인격의 발달로 정조준된 것이 아니라 오직 자본축적을 위해 필요한 특정 기술과 지식의 습득만으로 무장된 노동력의 재생산, 그리고 가혹한 생산과정을 기꺼이 감수할 수 있게 하기 위한 신체적 훈육과 그에 대한 대가로 주어지는 소비에 대한 욕망과 충동의 형성을 위해, 보다 거시적으로는 사회적 생산관계 내에 부여된 계급적 위치를 재생산하도록 정밀하게 프로그램화되어 왔기 때문일 따름이다. 학부모와 교사와 정부가 함께 협력하여 그와 같이 제도화된 교육과 학습이라는 블랙홀 속으로 모든 아이들을 밀어넣어 시스템의 재생산에 필요한 주체를 국수처럼 뽑아내는 이런 시스템을 알튀세르는 ISA라는 개념으로 정확하게 포착한 바 있다. 대안사회로의 이행을 원한다면 무엇보다도 이 장치에 예속된 주체들 스스로 이를 대체할 새로운 교육적 실험에 착수하도록 서로 협력하는 일이 시급하다.

이 새로운 통합적 교육과정의 개발과 상호교육적 실험은 경제적으로 다양한 어소시에이션을 구성하고 정치적으로 수많은 평의회를 조직하는 사회적 실천보다 더 넓고 심원하게, 광대한 철학적 비전과 대담함, 문학적 상상력과 예술적 감수성을 요구하는 숭고하고도 유쾌한 작업이다. 우리가 92년 『문화/과학』 출범 당시부터 '즐거운 혁명'이라는 화두를 내걸었던 것은 이렇게 즐겁고 유쾌하게 자신과 타인을 변화시키면서 각자의 역량을 풍부하게 발전시키는 상호교육과정 없이는 자본주의를 넘어 대안사회를 창조해가는 일 자체가 불가능하다고 보았기 때문이다. 그러나 앞서 말했듯이 이 글에서 제안하는 교육적 실험은 단순한 인문학적/예술적 실험에서 머무는 것이 아니라 대안적 생산양식과 주체양식을 결합하여 선순환을 이루도록 하기 위한 공동의 연구와 실험을 통할 때라야 올바른 효과를 낼 수가 있다. 이 때문에 사회과학과 인문학, 그리고 예술, 나아가 과학기술 사이의 적극적인 협업과 분업, 즉 '수평적 통섭'[12]이 요구된다. 이런 관점에서 공동의 연구와 교육을 위한 어소시에이션을 구성하여 자기교육과 상호교육을 실천해 나가는 일이야말로 '즐거운 혁명'의 첫 발걸음에 해당할 것이다. 현실적 여건과 무관하게, 어디에서든 누구든, 크던 작던, 준비가 충분하든 불충분하든, 이런 첫 발걸음을 떼지 않는 한 대안사회로의 이행에 관한 논의는 한갓된 '유토피아적 꿈'의 차원에 머물고 말 것이다.

우리가 지금 서있는 "이 자리가 바로 로두스다. 여기서 뛰자!"

12_ 심광현, 『유비쿼터스 시대의 지식생산과 문화정치: 예술-학문-사회의 수평적 통섭을 위하여』, 문화과학사, 2009의 제11장 「유비쿼터스 시대의 새로운 학술운동과 사회운동: 이념적 통섭과 프랙탈 네트워크」 참조.

08

19세기의 유토피아에서
21세기의 유토피스틱스로

만약 완전한 혁명을 위한 이들 물질적 요소들이 준비되지 않는다면, 즉 한편으로는 당시의 생산력, 다른 한편으로는 혁명적 대중의 형성—현 사회의 일면적, 부분적 상태에 반대해서만이 아니라, 현재의 '생활의 생산' 자체에 반대하여, 현 사회의 토대인 '총체적 활동'에 반대하여 혁명을 일으키는 혁명적 대중의 형성—, 이 양자가 존재하지 않는다면 그때는 아무리 저 혁명의 이념이 수없이 외쳐진다 하더라도 그것은 실천적인 발전과는 전혀 무관한 것으로 되어버린다.— 공산주의의 역사가 이를 증명하고 있다.[1]

마르크스주의 철학은 의식된 경향을 새로움으로 창출해내는 이론과 실천이 아닐 수 없다. 여기서 중요한 것은 다음과 같다. 즉 과정을 중시하며 아직 끝맺지 않은 전체성은 어떤 빛의 상에서 모사될 뿐 아니라, 나아가 그것을 촉진시킨다는 점 말이다. 여기서 빛이란 <의식된 희망, 변증법적으로 그리고 유물론적으로 개념화된 희망>을 지칭한다.[2]

1. 역사의 반복과 차이

청년 맑스가 『독일 이데올로기』에서 예견했듯 이제까지 공산주의 혁명은

1_ 칼 마르크스·프리드리히 엥겔스, 『독일 이데올로기 I』, 박재희 옮김, 청년사, 2007(초판 14쇄), 74쪽.
2_ 에른스트 블로흐(1959), 『희망의 원리 1』, 박설호 옮김, 열린책들, 2004, 30쪽.

생산력과 혁명적 대중의 형성이라는 두 가지 물질적 요소를 "동시에" 갖추지 못했기 때문에 모두 실패했다. 1917년의 러시아혁명과 1949년의 중국혁명은 후자는 갖추었다. 그러나 전자를 갖추지 못한 상태에서 일어났기 때문에 결국 그 혁명적 동력은 낙후된 생산력을 발전시키는 일에 소진되었고, 양자는 '국가자본주의'와 '사회주의 시장경제'라는 기이한 혼합물로 퇴행하고 말았다. 반면 서구의 68혁명은 전자는 어느 정도 갖추었다. 하지만 후자가 형성되지 못했기에 실패하고 말았다. 1871년의 파리코뮌 역시 프러시아군의 포위라는 예외적인 전시 상황 이외에도 파리 이외의 다른 지역에서 봉기의 부재에 따른 파리코뮌의 고립, 실제적인 혁명전략의 부재 등이 실패 요인이 되었기 때문이다.

그런데 이런 점 이외에도 아리기가 제시한 세계체계의 헤게모니 순환이라는 관점에서 보면 과거의 혁명들은 다음과 같은 공통점을 지니고 있다. 1789년의 프랑스혁명과 1917년의 러시아혁명은 네덜란드 헤게모니와 영국 헤게모니의 해체기(이자 새로운 헤게모니로의 이행기)에 발생한 반면, 1871년의 파리코뮌과 서구의 68혁명은 영국 헤게모니와 미국 헤게모니의 정점에서 발생했다는 점이다. 이런 맥락에서 보면, 미국 헤게모니의 해체기에 해당하는 오늘의 상황에서는 1789년의 프랑스혁명이나 1917년의 러시아혁명과 유사한 성격의 혁명이 발생할 가능성이 높다. 물론 역사는 반드시 동일하게 반복하지는 않는다. 하지만 '사건으로서의 역사'의 반복을 말하기는 어렵다 해도, '구조로서의 역사'의 반복에는 주목할 필요가 있다.

가라타니 고진은 『역사와 반복』(2004)에서 이에 대해 다음과 같이 말하고 있다. "국가와 자본의 반복강박적인 성질에서 유래하는 반복은 폐기할 수 있는 것이 아니라고 생각한다. 또 약 60년이라는 역사의 주기성에는 경제학적 근거가 있다. 그러므로 이와 같은 반복성을 부정할 필요는 없다"고, 또한 "거기서 되풀이되고 있는 것은 형식이지 개개의 내용이 아니다. 또 이와 같은 반복은 발견된 것이지 의식적으로 실현될 수 있는 것이 아니다. 역으로 말하면 그것은 알고 있다고 해도 손쉽게 회피할 수 없는 것이다'라고 말이다.3 그런데 가라타니가 1990년 이후의 사태를 19세기 제국주의의 반복이라고 보고 있는데 반해, 이 글에서 주목하고자 하는 것은 향후 2010-30년대가 1910-30년대의 혁명과 반혁명의 반복에 해당할 수 있다는 점이다.

물론 구조의 반복이라고 해도 벌어진 시간적 간격에서 발생한 여러 조건들의 차이와 행위자들의 지식과 경험의 차이가 구조의 변화를 야기할 수 있기에 20세기 초와 21세기 초의 구조적 반복만이 아니라 그 차이가 무엇인지를 해명하는 일이 중요하다. "차이와 반복"이라는 점에서 보자면 생산관계는 100년 전과 현재는 대동소이하지만 생산력은 100년 전과는 비교할 수 없을 정도로 거대한 발전이 이루어졌다는 점에 주목할 필요가 있다. 이렇게 주장하면 낡은 '기술결정론'을 되풀이하려는 것이 아닌가라는 의심이 제기될 수 있다. 하지만 여기서 강조하고 싶은 것은 '기술'과 '생산력'은 개념부터 차이가 있다는 점이다. 양자 간의 개념적 차이를 확인하기 위해서는 맑스로 되돌아갈 필요가 있다.

맑스가 말하는 <생산력의 발전>은 단순히 기술적인 의미에서 '생산수단의 고도화'만을 의미하지 않는다. 우선 그가 말하는 (1) '생산력'은 <자연적 소재와 에너지 + 생산수단 + 노동력>의 '결합'을 의미하는 것이므로 기술이 곧 생산력인 것이 아니라 기술은 생산력의 한 요소일 따름이다. (2) '발전'이란 이 결합 방식이 지역적 차원을 넘어서 세계적 차원으로 확산되는 것을 의미한다. 이런 이유에서 맑스는 생산력 발전이 혁명의 전제조건임을 다음과 같이 설명한 바 있다.

3_ 가라타니 고진, 『역사와 반복』, 조영일 옮김, 도서출판 b, 2008, 8-9쪽.

한편 이 생산력의 발전(이는 동시에 인간이 지역적인 존재가 아니라, 그들의 세계사 속에서 현실적으로 경험적으로 존재하고 있다는 의미를 내포한다)은 다음과 같은 이유에서도 절대적으로 필요한 현실적인 전제이다. 즉, 첫째로는 생산력의 발전 없이는 단지 궁핍만이 일반화될 뿐이고, 따라서 궁핍과 함께 필수품을 둘러싼 투쟁이 다시 시작되지 않을 수 없어, 온갖 해묵은 더러운 일들이 다시 발생하게 될 것이기 때문에, 그리고 둘째로는 생산력의 세계적 발전과 함께 비로소 인간의 보편적 교류가 확립되고, 따라서 한편으로는 '무산자' 대중이라는 현상을 모든 국가 속에서 만들어내고(보편적 경쟁), 다른 한편으로는, 각 국가는 다른 국가의 혁명적 변화에 의존하지 않을 수 없게 만들어, 결국에는 지역적으로 국한된 개개인들을 세계사적이며 동시에 경험적으로도 보편적인 개인들로 바꾸어 놓기 때문이다. 위의 것들 없이는 (1) 공산주의는 단지 하나의 지역적 현상으로만 존재하며, (2) 교류의 '힘' 역시 보편적인 것으로, 즉 견딜 수 없는 힘으로까지 발전할 수 없으며, 미신에 둘러싸인 우물 안 개구리 신세를 벗어나지 못한다. (3) 교류의 확장은 지역적 공산주의를 없애 버릴 것이다. 경험적인 면에서 예상할 때, 공산주의는 오직 '일거와' 또한 '동시적인' 행동에 의해서만 가능하며, 이는 다시 생산력과 그와 연결된 세계적 교통의 보편적 발전을 전제로 한다.4

이런 맥락에서 보면 이제까지 자본주의를 극복하고자 시도했던 그 어떤 혁명도 결코 성공할 수 없었던 것이 당연한 셈이다. 생산력의 세계적 발전과 함께 인간의 보편적 교류가 확립되는 일은 오늘과 같은 '유비쿼터스 시대'의 도래와 더불어 비로소 가능해진 일이기 때문이다. 이는 곧 오늘에 이르러서야 맑스가 말한 세계적 차원의 공산주의 혁명의 전제 조건 하나가 비로소 충족될 수 있게 되었음을 의미한다. 그렇다면 또 다른 조건인 "혁명적 대중의 형상"은

4_ 칼 마르크스·프리드리히 엥겔스, 『독일 이데올로기 I』, 66쪽. 이하 이 책에서의 인용은 본문에 그 쪽수를 표시한다.

어떠한가?

맑스에게 생산력이 단순한 기술이 아니듯이 혁명적 대중은 단순히 봉기하는 대중이 아니다. 맑스에 의하면 혁명적 대중은 "각 사람들을 각종의 국민적 또는 지역적 한계로부터 해방시키고 그들로 하여금 전세계의 생산(정신적인 생산을 포함하여)과 실천적으로 관계를 맺게 하고, 또한 전지구를 이렇게 모든 측면에서 전면적으로 생산해 내는 즐거움을 누릴 능력"을 지닌 대중, "전반적인 상호 의존 즉, 각 사람들 간의 이 자연필연적인 '세계사적 협동 형태'를 이룰 수 있는 능력을 갖춘 대중을 의미한다.(69-70) 그러나 현재 상황에서는 세계적 차원은 고사하고 한국의 경우에도 이런 대중은 아직 형성되지 않고 있다. 물론 최근 채 1년이 안 되는 짧은 기간에 파죽지세로 확산된 중동혁명과 유럽과 미국 등지에서 빈발하고 있는 대중 시위와 폭동, 한국의 < 희망버스 >의 물결 등은 오랫동안 위축, 소멸되었던 대중운동이 세계적 차원에서 새롭게 형성되어 시작되고 있음을 알리는 명백한 지표이기는 하다. 하지만 이렇게 봉기하는 대중과 맑스가 말한 혁명적 대중의 형성과는 아직 상당한 거리가 있다.

공산주의 의식이 대규모로 만들어지기 위해서도, 또한 그 목적 자체의 승리를 위해서도 광범위한 인간 변혁이 필요한데, 이 변혁은 오로지 실천적인 운동 즉 '혁명' 속에서만 이루어질 수 있다. 그러므로 혁명이 필요한 까닭은 단지 지배계급이 달리 타도될 '방법이 없기 때문'만이 아니라, '타도를 수행하는 계급은 오직 혁명 속에서만 모든 낡은 찌꺼기를 떨쳐 버리고 사회를 새롭게 건설할 능력을 몸에 갖출 수 있기 때문이다.(71-72)

그런데 이 주장의 논리 구조를 잘 들여다보면 순환론적이다. 현재 진행 중인 간헐적인 봉기를 전면적인 혁명으로 전환하기 위해서는 혁명적 대중의식이 만들어져야 하는데, 이를 위해서는 <광범위한 인간변혁>이 필요하고, 다시 이 변혁은 <아직 도래하지 않은 혁명> 속에서만 가능하다는 것이기 때문이다. 현재의 문제를 해결하는 데 미래의 변화가 관건이라는 것이다. 이런 순환론적 모순을 깨뜨릴 수 있는 방법은 통상적인 의미에서의 선형적 시간관에서 벗어나 아직 도래하지 않은 미래를 현재 속에 삼투시키는 비선형적인 시간관에 입각하는 것뿐이다. 하지만 도래할 혁명을 현재 속에 삼투시키는 이런 역설적인 시간관이 논리적인 차원을 넘어서 실제로 어떻게 현실화될 수 있을까?

뒤에서 상술하겠지만 복잡계 과학이 여기에 열쇠를 제공할 수 있다. 그리고 이런 관점에서 맑스의 사상을 종래의 선형적인 시간관에서 풀어내어 비선형적인 관점에서 적극적으로 재해석할 필요가 있다. 20세기의 '현실사회주의'의 실패로 인해 그 동안 역사의 문서고 속에 폐기처분되었던 유토피아적 사유를 되찾아내어 현재의 관점에서 재고해야 하는 일도 필요하다. 과거에는 불가능했던 계획이 생산력 발전의 지구화라는 오늘의 상황에서는 가능할 수 있기 때문이다. 그리고 이런 관점에서, 1990년대 말부터 유토피아적 사유의 중요성을 새롭게 강조하고 있음에도 적극적 반향을 얻지 못하고 있는 월러스틴의 <유토피스틱스>(utopistics) 역시 재평가할 필요가 있다.

이렇게 여러 시간대의 비선형적인 겹침의 과정으로 역사를 보게 되면 지난 200년 간의 시간 속에서 하나의 뚜렷한 "차이와 반복"을 포착할 수 있다. 유토피아적 사유가 소멸되고 냉소주의와 회의주의가 만연하던 1990년대 말에 새롭게 등장한 월러스틴의 <유토피스틱스>와 유토피아 사상이 만개했던 19세기의 유럽을 동요시켰던 푸리에, 맑스, 윌리엄 모리스의 각기 다른 유토피아적 사상 간의 차이와 반복이 그것이다. 이와 같은 역사의 반복과 차이라는 조건 속에서 유토피아적 사상의 반복과 차이라는 사유와 행위의 출현의 의미를 반추함으로써 21세기의 세계사적 이행기를 맞아 "무엇을 할 것인가?"라는 질문을 던지며 그 답을 찾아보려는 것이 이 글의 목적이다.

2. 유토피아에서 '유토피스틱스'로

에른스트 블로흐는 『희망의 원리』에서 서구 철학은 물론 맑스주의 역시 현실을 변화시키고 초월하려는 미래지향적인 자유로운 의식을 포기하고 있기 때문에 사상적 빈곤을 겪고 있다고 비판하면서 다음과 같이 말한 바 있다.

헤겔을 포함한 지금까지의 철학자들은 최전선과 새로운 무엇의 진지한 특성으로부터 변증법적이고 개방적인 요소를 완전히 차단시키고, 이를 사변적이고 낡은 방법으로 폐쇄시켰다. 이러한 방법으로 앞으로 향하려는 시각은 중지되고, 기억은 희망의 끈을 느슨하게 만들어버렸던 것이다… 만일 우리가 정적이며 폐쇄된 존재의 개념과 결별한다면, 희망의 실질적인 차원은 다시 떠오르게 될 것이다. 이 세상은 무엇에 대한 성향, 무엇에 대한 경향성, 무엇에 대한 잠재성으로 가득 차 있다. 바로 그리로 향하는 의지의 대상은 곧 의도하는 행위의 실현과 다를 바 어디 있겠는가? …본질은 결코 과거 속에 있지 않다. 오히려 그와 반대이다. 세계의 본질은 그 자체 최전방에 위치하고 있다.[5]

미래를 사유한다는 것은 언제나 한갓 공상에 그칠 수 있는 위험을 내포한다. 이 때문에 미래에 대한 사유는 엄밀성을 강조하는 철학이나 현재의 구조적 복잡성을 분석하기에도 바쁜 정치경제적학 접근과 충돌하기 쉽다. 맑스역시 공상적 사회주의의 비현실성을 비판하면서 "지금 여기에서의 실천"을

5_ 에른스트 블로흐, 『희망의 원리 1』, 45-46쪽.

강조하지 않았던가? 하지만 과거와 현재의 중요성을 강조하다 보면 미래의 변화를 예측하고 준비할 시간이 없게 된다. 그럴 경우 다가올 미래의 변화에 대응할 힘과 계획 역시 축적될 수 없다. 이럴 경우 미래는 기술과 조직의 "혁신"을 준비하는 자본의 손에서 벗어나기 힘들다. 이 때문에 진보는 과거와 현재에 매달리고 오히려 보수가 미래를 준비하는 역설이 발생한다. 20세기의 역사가 이를 입증하고 있다. 이 역설에서 어떻게 벗어날 수 있을까?

월러스틴의 <유토피스틱스>가 이 역설에서 벗어나기 위한 생산적 단서를 제공한다. 1998년 임마뉴엘 월러스틴은 토마스 모어가 고안해낸 이래로 20세기에 이르기까지 다양한 형태로 그 모습을 드러내었던 <유토피아>와는 다른 의미의 대체 용어로 <유토피스틱스>(utopistics)라는 개념을 제시한 바 있다. 그는 이런 대체용어를 고안한 이유를 다음과 같이 설명하고 있다.

유토피아는 종교적 기능이 있으며 때로는 정치적 동원을 위해 활용되기도 한다. 그러나 정치적으로 유토피아는 반발에 부딪히게 되는 경향이 있다. 유토피아는 환상을 길러내며, 따라서 필연적으로 끔찍한 환멸을 낳기 때문이다. 게다가 유토피아는 끔찍스러운 잘못들을 정당화하는 데 이용될 수 있고, 실제로 이용되기도 했다.[6]

이에 반해서 <유토피스틱스>는 다음과 같이 정의되고 있다.

유토피스틱스는 역사적 대안들에 대한 진지한 평가이며, 가능한 대안적 역사체제의 실질적 합리성에 대한 우리의 판단행위이다. … 완벽한 (그리고 불가피한) 미래의 모습이 아니며, 대안적일 뿐만 아니라 확실히 더 나은, 또 역사적으로 가능한

6_ 임마뉴엘 월러스틴, 『유토피스틱스: 또는 21세기의 역사적 선택들』, 백영경 옮김, 창비, 1999, 11-12쪽. 이하 이 책에서의 인용은 본문에 그 쪽수를 표시한다.

(그러나 확실한 것과는 거리가 먼) 미래의 모습인 것이다. 따라서 이는 과학과 정치학, 도덕의 동시적인 실행이다. …유토피스틱스는 우리의 목표가 무엇이어야 하는가—다시 말해 수단이라 불리는 부차적이고 부수적인 목표가 아니라 우리의 전반적 목표—에 대해 과학과 도덕, 그리고 정치학으로부터 우리가 배우는 바를 조화시키는 일이다.(12-13)

그런데 월러스틴은 이와 같은 유토피스틱스가 실현될 수 있는 시기는 오직 체계적 분기의 순간, 그리고 역사적 이행의 순간뿐이라고 말한다. 그리고 "지금 우리는 그 순간에 와 있다"(14)고 말한다. 그러면서 그는 이 이행의 시기에 대해 세 가지를 강조한다.

1) 살아내기는 끔찍할지라도 영원히 지속되지는 않을 것이다. 우리는 혼돈의 현실이 그 자체로서 새로운 질서체제를 생산한다는 사실을 알고 있다. 하지만 그러한 과정이 종결되는 데 50년이나 걸릴지 모른다는 사실을 덧붙인다면, 그것이 큰 위안이 되지는 못할 것이다.

2) 두 번째 사실은, 분기에 기인하는 그러한 혼돈의 상황에서 결과는 예측 불가능할 수밖에 없음을 복잡성의 과학이 우리에게 가르쳐주고 있다는 점이다.

3) 세 번째 사실은…한 체제는 평형상태를 회복하려는 메커니즘을 지니며, 어느 정도까지는 그것을 이뤄낸다. 그것이 장기적으로 보아 프랑스와 러시아 혁명이 '실패'한 것으로 간주될 수 있었던 이유이다. …그러나 체제가 평형상태와는 멀리 떨어졌을 때, 체제가 분기할 때, 작은 동요도 큰 결과를 낳을 수 있다. …위기와 이행의 시기에는 자유의지의 요소가 중심적이 된다. 2050년의 세계는 우리가 만드는 대로 될 것이다. 이는 우리의 주체성과 우리의 헌신, 그리고 우리의 도덕적 판단에 전적인 권한을 부여하게 된다.(92-93)

체계가 평형상태와는 멀리 떨어진 상태에서 분기할(두 갈래로 갈라질) 때 작은 동요도 큰 결과를 낳을 수 있다는 사실을 카오스 이론에서는 "나비효과"라고 부른다. 월러스틴은 이런 과학적 근거에 입각해서 이 시기에는 자유의지적인 주체적 노력이 그 어느 때보다 중요해진다고 주장하고 있다. <과학＋정치＋도덕의 조화를 실천하는 유토피스틱스>를 주체적으로 실행하는 것이 오늘날 인류가 당면한 최대 과제라고 주장하는 것 역시 이런 맥락에서이다. 하지만 이런 주장은 <유토피아적 사회주의에서 과학적 사회주의로>의 이행을 촉구했던 엥겔스의 주장과는 정면으로 배치된다. 유토피스틱스가 과학과 정치만이 아니라 도덕적 헌신과 자유의지를 강조하는 것은 결국 엥겔스가 배제했던 유토피아적 요소를 되찾아 오자는 것이기 때문이다. 그럼에도 불구하고 월러스틴이 엥겔스 이후 맑스주의 역사에서 오랫동안 유지되어온 과학과 유토피아의 대립을 넘어서고자 하는 데에는 그 나름의 역사 해석이 배경이 되고 있다.

월러스틴은 맑스주의의 역사를 먼저 세 시가—(1) 맑스 자신의 시기, 곧 1840년대-1883년, (2) 1880년대-제3인터내셔널에 이르는 정통맑스주의의 시기, (3) 1950년대-현재에 이르는 "천의 맑스주의"의 시가—로 구분하였다. 그 중 (1)의 시기는 '철학적 사회과학'의 시기로서 토머스 모어나 생시몽주의적인 유토피아적 요소가 지배적이었다면("파리코뮌은 미래의 정치적 사건의 선구가 아니라 천년왕국론적 사회주의가 내몰아 쉰 마지막 숨이었던 것이다."[234]), (2)의 시기는 '과학적 사회과학'의 시기로서 맑스 시기의 유토피아가 이데올로기로 거부되었고, (3)의 시기는 '과정해석으로서의 사회과학'의 시기로서 단순한 이데올로기가 아닌 '유효한 유토피아'(만하임적인 의미의 유토피아)를 추구하는 시기라고 보고 있다.(232-36) 이런 시기 구분을 더 단순화하면, 맑스 시대와 우리 시대, 그리고 그 사이의 시기라는 구분으로도 대체할 수 있다.

그런데 이런 구분이 정교하든 단순하든, 비선형적인 관점에서 시기 구분을 바라볼 때 비로소 유효할 수 있다. (3)의 시기에도 (1)과 (2)가 사라지는 것이 아니라 잔존하며 대립했고, 이 대립이 월러스틴이 (3)에서 강조하고자 하는 '유효한 유토피아'의 실제적인 변혁 전략의 재구성을 저해했기 때문이다. 그 결과 무정부주의적 유토피아주의적 사회주의와 국가주의적 과학적 사회주의 간의 격렬한 대립은 아직도 현재 진행형이다. 월러스틴이 <유토피스틱스>라는 용어로 <과정 해석으로서의 사회과학과 정치와 도덕의 조화로운 결합>을 모색하면서 '유효한 유토피아'를 모색하려는 것도 바로 맑스주의 역사를 잠식해온 이 무의미한 대립을 넘어서려는 시도인 셈이다. 하지만 월러스틴의 <유토피스틱스>의 개념이 이 대립을 어떻게 실제적으로 넘어설 수 있는지는 여전히 불분명하다.

> 세 번째 시기의 사회과학이 당면한 지적 과제 및 사회적 과제들과 천의 맑스주의 시기의 맑스주의가 당면한…정치적 과제는 유토피아답다는 의미에서 실제로 제 구실을 할 변혁의 전략을 재구성하는 일이다. …그것들의 지적 과제는, A가 결코 A가 아닌, 모순이 그 본질인, 전체가 부분보다 더 작은, 그리고 해석이 그 목표가 되는, 그런 파악할 수 없는 것—즉 과정—을 파악할 수 있을 어떤 방법론을 창출하는 것이다. 이것 역시 유토피아적일지 모르겠지만, 오로지 이 같은 지적 유토피아만이 정치적 유토피아를 가능한 것으로 만들어줄 것이다. 이 두 과제는 동전의 양면이며 따라서 서로 떼어놓을 수 없는 것이다.(242)

여기서 그가 강조하는 "모순이 그 본질인, 전체가 부분보다 작은, 그리고 해석이 그 목표가 되는, 그런 파악할 수 없는 것—즉 과정—을 파악할 수 있을 어떤 방법론"은 유토피아의 내용을 설명하는 것이 아니라 오늘의 발전된 <복잡계 과학>의 기본적인 특징인 퍼지 이론과 프랙탈 이론("모순이 그 본질인, 전체가 부분보다 작은")과 다이내믹 시스템 이론(해석과 목표가 피드백 구조를 이루는 역동적 과정을 해명하는 방법)의 일면을 보여주는, 그가 말하는 '지적 유토피아'의 방법론적인 특징이라고 볼 수 있다. 문제는 이런 복잡계 과학적인 방법이 어떻게 정치적으로나 도덕적으로 '유효한 유토피아'와 결합할 것인가에 있을 것이다. 그러나 월러스틴은 그 결합이 어떻게 가능한가를 구체화하지는 않았다. 이하에서는 오늘날 발달된 생산력의 높은 수준과 복잡계 과학의 몇몇 방법들을 함께 고려하여 이런 결합의 가능성을 구체화할 수 있는 방안을 모색해 보고자 한다.

3. 과학적 디스토피아와 과학적 유토피아의 두 갈래 길

오늘날 과학기술은 20세기에는 상상할 수도 없었던 놀라운 속도로 발전하고 있고, 과거에는 서로 분리되어 발전했던 과학과 기술공학의 여러 분야들이 G-N-R의 삼각체제로 융복합을 이루기 시작하고 있다. 첨단과학기술의 발전은 일상생활에서도 심대한 변화를 야기하고 있는데, 지구 전체를 유무선 인터넷-USN-케이블-위성 등을 통해 실시간으로 연결하기 시작하는 유비쿼터스 컴퓨팅(혹은 NBIC-GNR) 기술들이 그것이다. 이런 신기술들의 실용적 형태로 나타난 <소셜 미디어 네트워크>는 장구한 시간을 요하던 지식의 소통을 실시간으로 가속화하며, 2008-9년의 <촛불항쟁>이나 2011년 중동혁명의 경우처럼 지식의 민주적 소통을 가속화하여 부와 권력이 쳐놓은 불통의 벽을 해소해가는 과정 역시 앞당길 가능성을 높여준다.

물론 이런 새로운 기술적 장치가 기존의 낡은 지식생산 패러다임(지식들 간의 적극적 소통을 억압하는 분과주의적, 장르주의적 패러다임)을 매개로 부와 권력의 불통장치와 강고하게 결합할 경우 오히려 유례없이 억압적인 '과학적 디스토피아(조지 오웰의 『1984』, 올더스 헉슬리의 『멋진 신세계』, 영화 <블레이드 러너>, <매트릭스>)가 등장할 위험도 높다. 오늘의 발전된 첨단 과학기술이 거대 자본 및 군수산업과의 결합을 계속 강화해간다면 이전에는 단지 공상소설과 SF영화에서만 허구적으로 그려졌던 '과학적 디스토피아'가 유사 이래 처음으로 실현될지도 모른다는 우울한 예측을 피하기 어렵다.(2005년에 최초로 GNR 혁명의 기술지도를 공표한 미국의 발명가이자 과학자인 레이 커즈와일에 의하면 미군은 2025년 경에 중대급 규모의 무인로봇군대를 창설할 계획이라고 하며, 이미 이라크전에서 미군은 잠자리 크기의 무인정찰기나 시가 전용 소형 로봇을 선보인 바 있다.) 이것이 바로 앞서 월러스틴이 강조했듯이 자본주의 세계체계가 평형상태에서 멀리 떨어져 요동치기 시작하고 있는 오늘날 우리가 당면하고 있는 체계 분기의 두 방향 중에서 실현가능성이 매우 높은 방향이다. 이런 형태의 자동기술의 군사화야말로 미국 헤게모니의 해체 과정에서 요동치는 세계적 차원의 봉기에 직면하여 과잉축적된 자본이 자신을 보호하기 위해 손쉽게 선택할 수 있는 방안이기 때문이다.(2000년대에 들어와 세계적 흥행을 주도한 할리우드의 블록버스터 영화들 거의가 G-R-N을 소재로 삼고 있다는 점은 자본-국가의 미래 전략이 어떤 방향으로 나아가고 있는지를 예측하게 해준다.)[7]

이런 우울한 '과학적 디스토피아'에 대해 '과학적 유토피아' 이외에 어떤 대안이 가능할 수 있을까? 하지만 '역사적 맑스주의'와 좌파 이론에서는 과학과 유토피아가 반대극의 대척점에 서있는 것으로 간주되어 왔다. 이런 점에서 과학과 유토피아의 새로운 결합 가능성을 이론적으로 정초하는 일, 즉 월러스틴이 제시했지만 구체화하지 못한 '지적 유토피아'의 구성 가능성을 이론적으

7_ G-N-R의 위험과 이에 대한 대응에 대한 세부적인 내용에 대해서는 필자의 글, 「미국 기술혁신의 엔진, GNR 혁명의 명과 암」, 『유비쿼터스 시대의 지식생산과 문화정치』, 문화과학사, 2009를 참조할 것.

로 정초하는 일이야말로 유사 이래 처음으로 현재진행형인 '과학적 디스토피아'의 경향에 실천적으로 맞서기 위해 무엇보다 해결해야 할 시급한 과제가 아닐 수 없다. 과학과 유토피아적 사유를 대립에서 결합으로 전환하기 위해서는 문제를 바라보는 틀 전체를 새롭게 짜야 한다.

우선 유토피아와 과학을 대립항으로 설정하는 대신, 유토피아와 이데올로기를 대립항으로 설정할 필요가 있다. 그럴 경우 과학과 유토피아의 관계를 이데올로기와 신화라는 다른 개념들과의 복잡한 관계 속에서 재구성할 수 있다. 이 관계들을 그레마스 의미사각형을 이용하여 다이어그램으로 시각화하면 다음과 같다.[8]

이 사각형의 네 모퉁이는 모두 사회적 현실의 일부를 이루면서도 그로부터 벗어나 자립하려는 일련의 경향들을 지칭한다. 이와 달리 사회적 현실 자체는 갈등하는 제경향들의 모순적 복합으로 사각형의 중심부에 위치해 있다고 볼 수 있다. 이 각각의 항목 간의 의미론적 관계를 기술해 보면 다음과 같다.

8_ 여기서 이데올로기와 유토피아를 대립항으로 설정한 것은 양자가 현실로부터의 이탈이라는 공통점을 가지면서도 전자가 현실을 유지하기 위해 모순을 은폐하는 데 반해, 후자는 다른 현실을 꿈꾸기 때문에 현실을 거부한다는 차이점을 갖는다고 보는 칼 만하임의 구분에 기초한 것이다(Karl Mannheim[1936], *Ideology and Utopia* [New York: Harcourt, Brace & World, 1963]). 만하임에 의하면 "이데올로기가 단지 특정 층위에 관한 위기를 재현하고, 이데올로기들의 폭로를 통해 나타나는 객관성은 항상 전체로서의 사회의 자기 해명의 형식을 취하는 데 반해, 인간의 사유와 행위로부터 유토피아적인 요소들이 모두 완전히 소멸될 경우 인간의 본성과 발전은 완전히 새로운 성격을 지니게 될 것이다. 유토피아의 소멸은 인간 자신이 단순한 사물에 불과한 정적인 사태를 초래한다. 그럴 경우 우리는 상상할 수 있는 최대의 역설에 직면하게 될 것인데, 이를테면, 존재의 합리적 통제의 최고 단계에 도달하여 아무런 이상도 없는 상태가 된 인간이 단지 충동들의 피조물이 된다는 역설이 그것이다. 따라서 매우 길고 고통스러운, 그러나 영웅적인 발전을 이룬 후에 자각의 최고 상태, 즉 역사가 맹목적 운명이기를 그치고 점점 더 인간 자신의 창조가 되는 그 순간에 도달하자마자, 유토피아가 소멸하면서 인간은 역사를 형성하려는 의지를 상실하게 되고, 그에 따라 역사를 이해할 수 있는 능력 역시 상실하게 된다는 것이다"(236); 심광현, 『유비쿼터스 시대의 지식생산과 문화정치』, 29쪽에서 재인용. 이하의 다이어그램과 설명은 필자의 이 책 29~31쪽의 내용을 부분적으로 수정, 보완한 것이다.

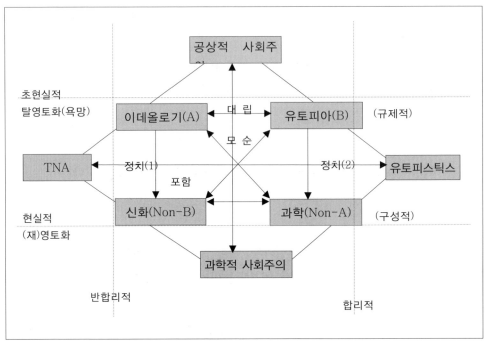

<이데올로기와 유토피아의 의미사각형>

1) 이데올로기와 유토피아는 첨예하게 대립하면서 둘 다 초현실적 성격이 강하다. 이데올로기는 기존 질서를 옹호하거나 모순을 은폐하려는 경향에 의해 실제로 모순에 가득찬 현실로부터 멀어진다. 그러나 유토피아는 기존 질서에 대한 불만이라는 상반된 이유에서 다른 현실을 꿈꾼다는 점에서 실제 현실로부터 벗어나려는 경향이다.

2) 신화와 과학은 서로 대립하지만 현실적이다. 신화는 지배자의 입장에서 현실을 탈역사화하고, 반합리적으로 객관화하려는 경향을 띤다. 그러나 과학은 현실을 역사화하고, 합리적으로 객관화하려는 노력이다.

3) 이데올로기와 신화는 반합리적이고 탈역사적이라는 점에서 공통점을 지

닌다. 하지만 전자가 현재의 지배질서를 유지하는 데 초점을 두는 데 반해, 후자는 과거의 지배질서를 보존하는 데 초점을 둔다는 점에 차이가 있다.

4) 유토피아와 과학은 합리적이고 역사적인 점에서 공통점을 지닌다. 그러나 전자가 미래지향적(규제적)이라면 후자는 현재지향적(구성적)이라는 점에 차이가 있다.

5) 이데올로기와 신화는 현재의 지배질서와 과거의 지배질서를 온존하려는 보수적 경향의 두 축이다. 유토피아와 과학은 미래의 변화와 현재의 객관화를 지향하는 진보적 경향의 두 축을 이룬다.

6) 현재의 유토피아는 미래의 이데올로기나 신화가 될 수 있다. 현재의 과학 역시 미래의 이데올로기나 신화가 될 수 있다. 그러나 이데올로기와 유토피아가 제거됨과 동시에 신화마저 제거되는 미래를 상상하기는 어렵다. 이는 곧 과거와 미래가 모두 소멸되어 역사가 벡터로서의 힘을 상실하고 오직 스칼라로서의 양만 남게 되는 양상이기 때문이다. 이런 경우가 바로 만하임이 우려했던 바로서 "유토피아의 포기와 더불어 인간은 역사를 창조하려는 의지를 잃게 될 것이며 그와 함께 역사를 이해하는 능력마저 잃어버리게 될 것이다."(232)

이런 관점에서 보면 과학과 유토피아를 대립관계로 보는 것은 '유토피아적 사회주의'와 '과학적 사회주의' 간의 대립이라는, 19세기 후반의 사회운동이 당대에 급속히 부상하던 자연과학과의 결합 과정에서 나타났던 실증주의적 편향의 역사적 산물일 따름이다. 그러나 오늘의 관점에서 보면 유토피아적인 꿈꾸기가 과학기술의 역사를 추동해온 실제적인 동력임을 확인하기란 어렵지 않다. 유토피아적 꿈꾸기는 당대의 지배질서와 지배이데올로기로부터의 탈주를 꿈꾸기만 하는 것이 아니라 과학적 상상력의 원동력이자 기술혁신을 추동하기도 한다. 반면 지배이데올로기는 유토피아적 꿈꾸기의 진보적 성격을 두려워하며 모든 열망을 지식/권력의 복합체인 신화로 환원시키고자 노력한다. 이렇게 (지배)이데올로기가 유토피아와 강력한 대당을 이루듯이 신화와 과학은 오랫동안 대당을 이루어 왔다. 신화야말로 인류의 지식 탐구(를?) 권력관계를 영구화하기 위해 전도시킨 오랜 기술이라고 할 수 있다. 이런 구분은 신화를 '인류 문화의 보고'로 '신성시'하는 최근의 경향에 비추어 보면 터무니없는 주장처럼 보일 수 있다. 그러나 이런 경향이야말로 90년대 이후 지구화된 포스트모더니즘의 이데올로기적 왜곡의 산물일 따름이다. 물론 모든 신화 자체가 이데올로기이거나 반과학적인 것은 아니다. 오히려 대부분의 신화와 이데올로기는 과학과 유토피아를 자신의 이해를 위해 모순적으로 전유하고 '착취'한다. 신화가 꿈꾸기를 자극하는 것처럼 보이는 것은 신화가 유토피아적 요소들을 모순적으로 전유했기 때문일 따름이다.(30)

푸코 이래 모든 지식은 권력관계와 맞물려 있다고 보면서 권력관계로부터 자유로운 과학이란 허구적 신화에 불과하다는 인식이 팽배해 왔다. 그러나 필자는 지식과 권력/자본의 관계가 절대적 '유착관계'가 아니라 상대적 '절합관계'를 이룬다고 본다. 그렇지 않을 경우 지식/권력의 유착에 대한 '과학적 비판이나 혹은 과학 자체에 대한 비판조차 불가능해지기 때문이다. 푸코의 논지를 절대화하는 것은 지식과 권력의 유착을, 나아가 과학과 자본의 유착을 당연시하는 결과를 초래하기 쉽다. 미국식 포스트모더니즘은 이런 맥락에서 신자유주의의 세계화 과정에서 지식/권력, 과학/자본의 유착관계를 정당화했다는 비판을 모면하기 어렵다. 이런 허구적 혼성화에 맞서기 위해서는 이데올로기와 유토피아의 대립, 신화와 과학의 대립, 이데올로기와 과학의 모순, 신화와 유토피아의 모순, 이데올로기와 신화의 포함관계, 유토피아와 과학의 포함관계라는 의미론적 쌍들을 새롭게 사유할 필요가 있다. 이렇게 볼 때 진보적 지식의 발전을 위해 필요한 것은 '이데올로기-신화'의 포함관계에 대한 비판만이 아니라, '과학-유토피아적 사유'의 포함관

계를 적극적으로 재사유하는 일이다.(31)

4. 19세기의 유토피아: 푸리에, 맑스, 모리스

역사적으로 과학과 유토피아적 사유의 포함관계는 적극적으로 성찰된 적이 거의 없다. 19세기 혁명의 과정을 돌아보면 양자의 관계는 대립적이거나 모순적으로 융합되어 있었다. 20세기에 들어서는 과학과 유토피아적 사유의 결합이 대부분 사라졌다. 수많은 SF에서 보여지듯이 과학과 디스토피아적인 묵시록과의 결합이 대중화되기 때문이다. 이런 점에서 과학과 유토피아적 사유의 결합은 역사적으로 선례를 찾기 어렵고, 그것이 가능했다 해도 극히 예외적이었다. 맑스의 『공산당 선언』(이하 『선언』)과 푸리에의 『산업적 협동사회적 새 세계』에서 그 드문 예를 찾아볼 수 있다. 하지만 양자의 경우 중요한 차이는 전자는 혁명적 관점에서 Tm여졌고, 후자는 혁명의 부재를 특징으로 하고 있다는 점이다. 그에 반해 윌리엄 모리스의 『에코토피아뉴스』(*News From Nowhere*)는 혁명적 관점에서 쓰여진 유토피아라는 점에서 맑스와 공통점을 갖는다. 하지만 과학을 부정한다는 점에서는 맑스와 차이가 있다. 맑스가 과학적-혁명적-유토피아적 사유의 세 요소를 종합하고 있다면, 푸리에와 모리스는 이 중에서 두 가지 요소만을 결합하고 있다. 이런 맥락에서 월러스틴이 <유토피스틱스>라는 용어로 <과학과 정치와 도덕의 조화로운 결합>을 모색하면서 '유효한 유토피아를 탐구하려는 것은 과학과 도덕의 결합을 추구한 푸리에나 혁명적 정치와 도덕의 결합을 탐색한 모리스와는 달리 과학과 도덕과 혁명적 정치의 결합을 강조한 맑스의 사상을 현실적으로 복원하려는 노력이라고 볼 수 있다. 하지만 월러스틴은 앞서 말했듯이 이 삼자의 '조화만을 이야기했을 뿐 어떻게 이 '조화가 가능한지를 규명하지는 않았다. 따라서 이 과제를 실제적으로 달성하기 위해서는 맑스에게서 이 결합이 어떻게 이루어졌는지, 그리고 맑스적 관점에서 푸리에와 모리스의 제안을 어떻게 비판적으로 재수용할 수 있는지, 나아가 현대적 관점에서 이 삼자의 관계를 어떻게 비판적으로 재구성할 수 있는지를 검토할 필요가 있다.

엥겔스는 『공상적 사회주의에서 과학적 사회주의로』(1880)라는 유명한 소책자에서 오웬, 생시몽, 푸리에의 사회주의의 문제점을 다음과 같이 지적한 바 있다.

> 그들 모두에게 사회주의는 곧 절대적 진리, 이성 및 정의의 표현으로서 그것은 발견되기만 하면 능히 전 세계를 정복할 수 있다는 것이다. 그런데 절대적 진리는 시간, 공간 및 인류 역사 발전에 의존하지 않으므로 그것이 언제 어디에서 발견되는가 하는 것은 순전히 우연이다. 이와 동시에 이 절대적 진리, 이성 및 정의는 각 개인의 주관적인 이해력, 생활조건, 인식의 폭 및 사유의 발전 정도에 의해 제약된다. 그러므로 이러한 절대적 진리들이 충돌할 경우에는 그것들의 모순을 상호 완화시키는 방법으로 갈등을 해결할 수밖에 없다. 그런 방법으로는 오늘날 까지도 프랑스와 영국의 대다수 사회주의적 노동자들의 머리를 사실상 지배하고 있던 일종의 절충적인 평균적 사회주의밖에는 아무것도 나올 수가 없었다. …사회주의를 과학으로 바꾸기 위해서는 우선 그것을 현실의 토대 위에 올려 세워야만 했다.[9]

여기서 엥겔스가 <과학>이라고 말한 것은 곧 역사유물론이라는 새로운 사회과학, 자본주의 생산양식의 내적 비밀에 해당하는 '잉여가치를 발견한 과학'을 의미했다. 하지만 엥겔스에 의하면 종래의 사회주의자들은 이 과학을

9_ 프리드리히 엥겔스, 『공상에서 과학으로』, 나상민 옮김, 새날, 2006, 48-49쪽.

알지 못했기 때문에 자본주의 생산양식과 그 귀결을 '비판하기만 했지' '설명할 수는 없었다.'

종래의 사회주의는 이 유물론적 역사관과 상응될 수 없었는데 그것은 프랑스 유물론자들의 자연관이 변증법이나 최신 자연 과학과 상응될 수 없었던 것과 마찬가지이다. 종래의 사회주의는 비록 현존하는 자본주의적 생산양식과 그 귀결을 비판하기는 했으나 그것을 설명할 수 없었으며 그것을 극복할 수도 없었다. 그것은 자본주의적 생산양식을 단순히 쓸모없는 것으로 배척할 수 있었을 뿐이다. 이 사회주의는 자본주의적 생산양식 아래에서 내재적인 노동계급 착취에 격분하면 할수록, 착취의 본질이 무엇이며 또 그것이 어떻게 생겨나는가를 명확히 지적할 수 없었다. 그러나 문제는, 한편으로는 그것의 역사적 연관 속에서 자본주의적 생산 방식을 보이면서 그 발생의 불가피성, 일정한 역사적 시기에서 그것의 필연성, 따라서 그 멸망의 불가피성까지 설명하는 것이었으며, 다른 한편으로는 지금까지도 아직 해명되지 않은 채로 있는 이 생산양식의 내적 성격을 폭로하는 일이었다. 이것은 잉여가치의 발견에 의해 이루어졌다.10

이 두 가지 위대한 발견, 즉 유물 사관과 잉여가치에 의해 자본주의적 생산의 비밀을 폭로한 것은 마르크스의 공적이다. 이 발견에 의해 사회주의는 과학으로 되었다. 현 단계에서 문제는 무엇보다도 이 과학을 모든 세부와 상호 관련 속에서 더욱 완성시켜 나가는 일이다.11

『선언』에서 맑스와 엥겔스가 초기 사회주의자들을 비판한 것은 그들에게 유물론적 과학이 결여되어 있었기 때문만이 아니다. 오히려 그들이 "모든 정

10_ 같은 책, 70-71쪽.
11_ 같은 책, 71쪽.

치적 행동, 특히 모든 혁명적 행동을 거부"[12]하고, "프롤레타리아트 해방의 물질적 조건들을 발견하지 못하며, 이러한 조건들을 창출하기 위하여 사회과학을, 사회 법칙들을 찾아 나선다"(429)는 이유에서였다. 이렇게 보면 애초에 정치를 과학적 탐구로 대체하려 했던 바에 대한 비판이 나중에는 과학의 부재를 도덕으로 대체하려 했다는 비판으로 바뀐 셈이다. 물론 후자의 경우에 엥겔스가 초기 사회주의자들에게 과학이 결여되어 있다고 본 것과 공산당 선언에서 초기 사회주의자들이 '사회과학, 사회법칙'을 찾아 나선다고 비판했을 때, 그 '과학'은 동일한 의미를 지닌 것은 아니며, 맑스/엥겔스가 인정하는 과학은 '유물론적 역사과학'에 한정된다는 점을 간과해서는 안 될 것이다. 그러나 그와 동시에 맑스/엥겔스가 초기 사회주의자들의 '공상적 계획'을 통째로 부정한 것이 아니라는 점 역시 간과해서는 안 된다.

그 저술들은 현존 사회의 모든 기초들을 공격한다. 그러므로 그 저술들은 노동자들의 계몽에 극히 가치 있는 자료를 제공한다. 미래사회에 대한 그들의 적극적인 명제들, 예를 들면 도시와 농촌 간의 대립, 가족, 사적 영리, 임금 노동 등의 폐기, 사회적 조화의 선포, 국가의 단순한 생산관리기구로의 전화.(430)

이런 맥락에서 비교해 보면 우리는 초기 사회주의자들과 맑스/엥겔스 간의 차이가 <유토피아 대 과학>에 있다기보다는, 오히려 양자 모두 <과학적 유토피아>를 추구하고 있었다고 볼 수 있다. 『선언』에 드러난 유토피아는 이렇게 묘사되어 있는데, 이런 내용은 푸리에가 그렸던 미래의 <협동사회>의 모습과 큰 차이가 없다.

12_ 칼 맑스/프리드리히 엥겔스, 「공산주의당 선언」, 『칼 맑스/프리드리히 엥겔스 저작 선집 1』, 김세균 감수/최인호 외 옮김, 박종철 출판사, 2005(초판 13쇄), 430쪽. 이하 이 「공산주의당 선언」에서의 인용은 본문의 괄호 속에 인용 쪽수를 표시하겠다.

부르주아 사회에서는 살아 있는 노동은 축적된 노동을 증식시키는 수단일 뿐이다. 공산주의 사회에서는 축적된 노동은 노동자들의 생활과정을 확장시키고 풍요롭게 하며 후원하는 수단일 뿐이다. 이와 같이 부르주아 사회에서는 과거가 현재를 지배하나, 공산주의 사회에서는 현재가 과거를 지배한다. 부르주아 사회에서는 자본이 자립적이며 개성적인 반면, 활동하는 개인은 비자립적이며 비개성적이다.(414-15)

발전과정 속에서 계급적 차이들이 소멸되고 모든 생산이 연합된 개인들의 수중에 집중되면, 공권력은 그 정치적 성격을 상실하게 될 것이다. …그렇게 되면 낡은 부르주아 사회 대신에 각인의 자유로운 발전이 만인의 자유로운 발전의 조건이 되는 하나의 연합체가 나타난다.(420-21)

푸리에(와 그의 제자들)는 <계급투쟁>과 <프롤레타리아 혁명> 없이 이에 도달할 수 있다고 생각했다. 하지만 맑스(와 그의 제자들)는 이런 과정 없이는 유토피아 실현 역시 불가능하다고 생각했다는 점에 둘의 근본적인 차이가 있다. 이런 점에서 양자간 대립의 핵심은 <유토피아와 과학의 대립>이라기보다는 오히려 <개혁 대 혁명>의 대립이라고 보는 것이 적절하다.

그들은 프롤레타리아트 쪽을 보고서 아무런 역사적 자발성도, 프롤레타리아트 고유의 정치운동도 보지 못한다. …그들은 자신들의 계획에서, 가장 고통 받는 계급으로서의 노동계급의 이익을 주로 대변하고 있다고 생각한다. 이처럼 그들에게는 프롤레타리아트란 가장 고통 받는 계급이라는 관점 아래서만 존재한다. 그러나 계급투쟁의 발전되지 않은 형태와 그들 자신의 생활처지로 말미암아 당연하게도 그들은 자신들이 저 계급 대립을 완전히 초월해 있다고 믿는다. 그들은 모든 사회 성원들의 생활 처지를, 또한 가장 좋은 처지에 있는 성원들의 생활처지도 개선하려고 한다. 그러므로 그들은 아무런 차별도 두지 않고 사회 전체에, 아니 그 중에서도 특히 지배계급에게 호소한다. [그들의 의견에 따르면] 사람들이 그들의 체계를 이해하기만 하면, 그 체계를 있을 수 있는 가장 좋은 사회에 대한 있을 수 있는 가장 좋은 계획이라고 인정하게 될 것이다[라고 한다]. …그러므로 이 체계의 창시자들이 많은 점에서 혁명적이었다 할지라도, 그 제자들은 매번 반동적 종파를 형성한다. 그들은 프롤레타리아트의 계속적인 역사적 발전을 마주보고서도 그 스승들의 낡은 견해를 고수한다. 그러므로 그들은 시종일관 계급투쟁을 무디게 하려고 하며, [계급] 대립을 중재하려 한다.(430-31)

그런데 프롤레타리아트 혁명의 성공과 실패로 점철되었던 20세기의 역사는 <개혁과 혁명>의 관계가 『선언』이 파악했던 것처럼 명백하지 않다는 것을 보여준다. 뿐만 아니라 『선언』에서 주장했던 세계혁명이 아직까지 일어나지 않았다는 점에서 초기사회주의를 '공상적'이라고 비판했던 『선언』이야말로 오히려 더 '공상적'이었던 것이 아닌가라는 비판을 면할 수 없다. 『선언』의 1882년 러시아어 번역판의 서문(맑스/엥겔스 공동 작성)에는 이런 비판을 의식하는 듯 다음과 같은 수정적 기술이 있다.

『선언』이 처음 발간되던 시기(1848년 1월)에 프롤레타리아 운동이 보급된 지역의 범위가 얼마나 협소했던가는 [각종 반정부당들에 대한 공산주의자들의 입장]이라는 『선언』의 마지막 장이 극명하게 보여주고 있다. 무엇보다도 여기에는 러시아와 합중국이 빠져 있는 것이다. …오늘날에는 모든 것이 얼마나 달라졌는가! …이제 다음과 같은 질문이 생긴다. 러시아의 촌락공동체는 물론, 이미 심하게 붕괴되어 버린 원시적 토지공동소유 형태이긴 하지만, 토지소유의 보다 높은 공산주의적 형태로 직접 이행할 수 있는가? 아니면 서구의 역사 발전 속에서 나타나고 있는 것과 동일한 해체과정을 먼저 겪어야만 하는가? 오늘날 이 질문에 대해 있을 수 있는 유일한 대답은 다음과 같다. 러시아의 혁명이 서구의 노동자 혁명의 신호가 되어, 그리하여 양자가 서로를 보완한다면, 현재의 러시아의 토지공동소유는 공산주의적 발전의 출발점으로서의 역할을 할 수 있을 것이다.(383-87)

이렇게 상황이 계속 달라지고, 맑스/엥겔스 사후에 러시아혁명이 발생했음에도 양자가 서로를 보완하기는커녕, 냉전 구도로 대립하다가 소비에트 러시아가 역사의 무대에서 사라졌음을 상기해볼 때 『선언』은 아직까지도 "공상적 선언"에 머무르고 있을 따름이다. 더구나 엥겔스가 1880년대에 주장한 아래의 기술은 그야말로 공상적 선언이 아니고 무엇인가?

계급의 폐지는 특수한 사회계급이 생산수단과 생산물을 점유하며 그와 더불어 정치적 지배권도 점유하고 교육과 정신적 지도를 독점하는 것이 불필요하게 될 뿐 아니라 경제적, 정치적, 정신적 발전의 장애가 되는 그러한 생산 발전의 높은 단계를 전제로 한다. 지금은 이러한 단계에 도달했다.[13]

사회적 생산에 의해 사회의 모든 성원에게만이 아니라 또한 그들의 육체적 및 정신적 능력의 완전하고 자유로운 발전과 이용을 보장할 수 있는 가능성—이 가능성이 지금 처음으로 존재하고 있다.[14]

이에 비하면 푸리에의 주장은 훨씬 덜 공상적이다. 그는 당시의 산업적 문명사회가 머지않아 하강기에 접어들면서 시험적 팔랑쥬의 건설로부터 시작되는 절반의 협동사회로 이행이 이루어지는 과정을 200-300년으로 설정했다.[15]

13_ 프리드리히 엥겔스, 『공상에서 과학으로』, 113쪽.
14_ 같은 책, 114쪽.
15_ 이문창, 「샤를르 푸리에의 생애와 사상」, 샤를르 푸리에, 『산업적 협동사회적 새 세

시험적 팔랑쥬가 처음 건설되었던 1852년(미국 텍사스에 세운 콩시데랑의 팔랑쥬)을 기준으로 본다고 해도, 푸리에가 예견했던 문명시대로부터 보증주의 시대(반(半)협동사회)로의 이행은 아직도 실현 가능성이 최소 50-150년은 여전히 남아 있기 때문이다. 흔히 감상적이고 공상적인 소설이라는 평가를 받는 윌리엄 모리스의 『에코토피아 뉴스』 역시 1952년에 1차 혁명이 발생하고, 대략 150년 정도가 지나야 미래사회가 구축될 수 있다고 보는데, 이는 『선언』이나 엥겔스의 주장에 비하면 훨씬 덜 공상적이다.16 하지만 모리스는 미래의 공산주의사회로 이행하기 위해서는 <혁명>이 필수적이라는 점에서 맑스/엥겔스와 공통점을 가진다. 물론 그가 그려보였던 영국(선진국)에서의 혁명은 1952년에 발발하지 않았고, 아직까지도 이루어지지 않고 있다는 점에서 역시 '공상적'이라는 평가를 면할 수 없다. 이렇게 오늘의 시점에서 보면 맑스/엥겔스에 의해 '공상적'이라는 비판을 받았던 푸리에의 사상과 계획이야말로 아직 실현 가능성을 남겨 놓고 있는 가장 덜 공상적인 전망인 반면, 가장 과학적이라고 자부했던 맑스/엥겔스의 혁명적 사상이야말로 가장 공상적이라는 역설이 나타난다. 이 역설을 어떻게 해석해야 할 것인가?

사건으로서의 역사라는 관점에서 본다면 맑스/엥겔스/모리스의 사상은 실현되지 못한 꿈으로 폐기될 수 있을 것이다. 그러나 구조로서의 역사라는 관점에서 보면 『선언』과 『에코토피아 뉴스』와 푸리에의 『협동사회』 사이에는 모순보다는 오히려 긴밀한 연관성이 존재한다. 자본주의적 문명사회가 전지구적으로 확산되는 시점에 이르러서야 비로소 그 한계가 보편적으로 노출되기 시작하고, 이 과정에서 새로운 사회로의 혁명적 전환과 그에 대한 반동적 대응이라는 이행과정이 나타난다는 거시적 측면에서 보면 멀리 떨어져 있는 것처럼 보였던 과학적-유토피아적-혁명적 관점 사이에서

계』, 이문창 옮김, 형설출판사, 1982, 327-28쪽.

16_ 윌리엄 모리스, 『에코토피아 뉴스』, 박홍규 옮김, 필맥, 2008, 461쪽.

지그재그 형태의 역동적인 수렴 과정도 나타날 수 있기 때문이다. 다시 말해서 과학적-유토피아적-혁명적 관점의 일치를 선형적인 과정으로 보는 대신 비선형적인 창발적 일치라는 복잡계 과학적 관점에서 보면 역설이 해소될 수 있다는 것이다. 그리고 이렇게 본다면 <개혁과 혁명의 이분법> 역시 넘어설 수 있다.

5. 개혁과 혁명의 변증법적 유토피스틱스

시간적 차원에서 보면 자본주의 세계체계는 네 차례의 헤게모니적 순환을 거치고 있는 중이다. 따라서 앞으로 다섯 번째의 새로운 헤게모니로 이행해가는 것처럼 보일 수 있다(아리기도 최근에는 중국으로의 헤게모니 이행에 비중을 두고 있는 듯하다). 그러나 공간적 차원에서 보면 자본주의 세계체계가 500년 만에 처음으로 지구 전체를 포섭하게 되었다는 점에 주목할 필요가 있다. 미국 헤게모니가 등장하던 시기까지만 해도 <중심-반주변-주변>은 국민국가의 경계선을 따라 구획되어 있었지만, 20세기를 경유하면서 오늘날 <중심-반주변-주변>의 구별은 국민국가적 경계선을 넘어 모든 국가를 횡단하고 있다. 자본주의가 지구적 차원에서 공간적 포화상태에 이르게 되었다는 사실은 다음과 같은 두 가지 새로운 변화를 함축하고 있다.

1) 오늘날 생산력 발전은 지구적 차원에서의 교통의 발전과 실시간 커뮤니케이션을 가능하게 한다. 동시에 전지구적 차원에서 프롤레타리아트를 대량 생산하고 있다. 2010년 기준으로 전세계의 도시화율이 50%를 넘어섰는데, 이는 자본주의적 산업화의 지구적 확산을 명백히 보여주는 지리적 지표이다.

2) 과거에는 선진국에서 착취는 있었지만 수탈은 보이지 않았다. 후진국에서는 그 반대 현상이 지배적이었다. 따라서 착취와 수탈의 상호의존성이 가시

화될 수 없었다. 그러나 오늘날에는 지구의 모든 공간에서 착취와 수탈이 공존하는 양상이 드러나고 있다. 이런 변화는 제1세계와 제3세계의 지리적 구별을 없애고 제1세계 속의 3세계, 제3세계 속의 1세계라는 새로운 양상을 보여주면서, 전지구적 차원에서 프롤레타리아트에 대한 자본/국가의 수탈이 노골화되고 있음을 뚜렷이 드러내고 있다. 이런 현상은 <후진국→개도국→선진국>으로의 선형적 발전이 가능할 것이라고 믿었던 과거의 <발전주의> 이데올로기, 전체 성장의 파이가 커지면 분배의 몫도 증가할 것이라고 믿었던 <자유주의> 이데올로기가 더 이상 효력을 발휘할 수 없음을 보여주는 징표이다.

1)이 자본주의 하에서 생산력 발전의 지구화의 지표라면, 2)는 자본주의적 생산관계의 모순이 전지구적 차원에서 백일하에 드러나고 있음을 보여주는 특징이다. 이 두 가지 지표는 서로 포지티브 피드백 관계를 이룰 수밖에 없다. 2)에 대한 대중들의 고조된 불만이 1)에 의해 실시간으로 소통되면, 2)의 모순에 대한 대중의 인식 역시 더 급속하게 확산될 수 있기 때문이다. 2011년 창발된 아랍혁명이 소셜미디어 네트워크에 의해 실시간으로 세계적으로 인지되고, 2011년 가을에는 월가에서 시작된 <오큐파이 운동>이 실시간으로 중계되면서 지구적 차원에서 복제되기 시작하는 경우가 바로 이에 해당한다. 나아가 정보의 지구화를 매개로 금융위기 역시 신뢰의 위기와 함께 그 어느 때보다 더욱 빠른 속도로 확산되고 있다. 이런 양상은 월러스틴이 지적하듯이 과거와는 달리 오늘의 자본주의 세계체계가 드디어 그 임계점에 도달한 것이 아닌가라는 질문을 제기하게 만든다. 달리 말하면 신자유주의 시대에 확산되었던 자본주의 세계체계에 내재한 복합적 모순의 <지리적-통시적 치환>이라는 운동 대신에 이제는 자본주의 세계체계 전반에 내재되었던 복잡한 모순들의 <전지구적-공시적 응축>이 나타나고 있는 것이다.

물론 복합적 모순의 공시적 응축이 나타난다고 해서 모순의 동시적 폭발이 이루어지고, 모든 국가들에서 동일한 형태의 혁명이 이루어질 수는 없다. 각 지역과 국가들의 복합적 모순의 구조와 현상형태가 각기 그 역사적 경로의존성에 따라 상이하기 때문이다. 하지만 모순의 전지구적 폭발에 일정한 시차가 발생하더라도, 혁명과 개량의 불균등한 공시적 병존, 두 과정의 연속적인 지그재그 형태의 교차 가능성이 새롭게 나타날 수 있다. 전지구적 차원으로 모순이 확산된 결과로 나타나는 복잡성과 창발성은 인류가 처음으로 겪는 일이기에, 러시아혁명에서 나타났던 일국혁명과 세계혁명, 단계적 혁명론과 연속혁명론의 양자택일에서 전자가 후자를 압도했던 것과는 다른 양상이 처음으로 나타날 가능성이 있다. 또한 과거에는 미국의 개입으로 무산되고 말았던 1971년 칠레의 <선거혁명>과 같은 변화가 21세기에 들어 베네수엘라의 <선거혁명>을 계기로 남미 전 지역으로 확산되고 있는 <볼리비안혁명> 같이 더욱 큰 규모로 확대되어 현실화되고 있는 것도 지난 2000년대에 들어와 발전주의와 자유주의 이데올로기(와 TINA)의 영향력이 지구적 차원에서 급격하게 약화된 것과도 무관치 않다. 향후 세계공황을 계기로 이런 방식이 더욱 급진화되어 개혁과 혁명이 대립적인 악순환을 이루었던 과거의 족쇄에서 풀려나와 연속적인 지그재그 형태의 선순환을 이룰 가능성이 있다면, 19세기에는 서로 대립하거나 분리될 수밖에 없었던 <유토피아-혁명-과학> 사이의 생산적 '절합' 가능성도 처음으로 열릴 수 있다. 이런 분석을 전제로 할 경우 이제 시급한 과제는 <유토피아-정치-과학>의 생산적 절합의 구체적인 경로와 작동 효과를 해명하는 일이 될 것이다. 이 삼자의 '조화로운 절합'은 어떻게 가능한가?

그 동안 유토피아(U)는 다양한 형태로 묘사되어 왔다. 이를 요약해 보면 <모든 구성원이 인간의 유적 잠재력을 발휘하여 능력에 따라 일하고 필요에 따라 충족/향유할 수 있는 사회>이다. 이와 같은 목표에 도달하기 위해서는 두 가지 현실적인 수단이 필요하다. 그 하나인 정치(P)는 생산관계의 개혁과

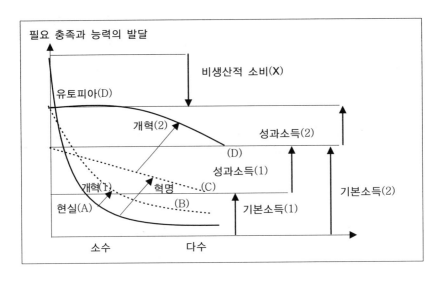

<유토피스틱스의 정치경제적 로드맵>

혁명을 위한 현실적 수단이다. 다른 하나인 과학(S)은 생산력 발전을 위한 현
실적 수단이다. 이를 U=f(P×S)라고 공식화하고, 현실에서 미래의 U에 이르
는 개혁적이고 혁명적인 과정의 정치경제적인 측면을 다이어그램으로 요약해
보면 위와 같다.

　(A)가 극소수만이 발전된 생산력의 성과를 소유, 향유하며 다수는 생존에
허덕이고 있는 오늘날 현실의 소득/능력의 분포곡선(양극화)이라면, (D)는 사
회 구성원 다수가 <능력에 따라 일하고 필요에 따라 가져가는> 유토피아적
인 협동사회의 소득/능력의 분포곡선이다.

　(B)는 복지국가적인 개혁(1)을 통해서 현실의 소득/능력의 양극화를 완화하
여 멱함수 분포가 종함수 분포로 전환된 경우이다. 이는 그동안 자본주의사회
내에서 케인스주의/사회민주주의가 실행할 수 있는 최대치의 분포(1950-70
년대 황금기의 서구의 복지국가)에 해당한다. 이 경우 최상위계층의 소득/능
력은 누진세를 통해 하강하고, 최하위계층의 소득/능력은 복지를 통해 다소

상승하게 될 것이다.

(C)는 연간 사회적 부가가치의 총 40%를 차지할 정도의 막대한 양의 불로소득의 상당량을 세금을 통해 환수하여 이를 재원으로 일정액의 무조건적이고 보편적인 기본소득과 노동기회를 사회성원 모두에게 제공함으로써 맑스가 말한 공산주의의 1단계에 도달하는 것이다. 이를 위해서는 반드시 <불로소득의 환수>와 더불어 <생산수단의 사회화>라는 혁명적 과정이 요구된다. 이 과정에서 생산력의 후퇴가 이루어지지 않도록 적정 범위 내에서 노력/희생의 정도에 따른 성과소득(1)이 지급될 수 있는 정치적이고 과학적인 노력이 병행될 필요가 있다. 이때 성과소득(1)으로부터 발생하는 개인간 격차는 자본주의적인 상속이 허용되지 않는 <개인적 소유>로 승인되어야 할 것이다.[17]

(D)에 도달하는 과정은 단순히 생산수단의 사회화라는 혁명적 과정을 통해서만 이루어지는 것이 아니다. 생산력의 지속 가능한 발전과 더불어 육체노동-지식노동의 분할, 도시-농촌의 분할이라는 수백 년간 축적된 관행을 지속적으로 개혁하여야 한다. 다수의 대중이 '다중지능'의 개화를 체험하게 하고 전 사회적 협력에 적극적으로 참여토록 하기 위한 다각적인 주체적인 노력이 필요하다. 사회구성원 전체가 적극적으로 생산양식과 생활양식의 전면적인 개혁(2)에 참여하는 과정이 요구된다. 이는 푸리에가 말한 바와 같이 협동사회에서는 생산력이 비약적으로 발전한다는 가정을 전제하는 것으로, 이에 따라 기본소득(2)가 전 구성원에게 지급될 수 있게 되면, 맑스가 말한 바와 같이 "능력에 따라 일하면서 필요에 따라 가져가는" 공산주의의 높은 단계가 성취

17_ 맑스 자신도 공동의 소유와 타인의 소유를 수탈하는 <사적 소유>를 철폐한다는 것이 곧 타인에게 피해를 주지 않는 <개인적 소유>까지 철폐하는 것은 아니라는 점을 『선언』에서 강조한 바 있다(421). 양자의 자세한 차이에 대해서는 필자의 글 「맑스적 코뮌주의의 '문화사회적' 이행의 성격과 쟁점」, 『문화/과학』 50호, 2007년 여름 참조(이 글은 본 책에 함께 수록되어 있다). 기본소득과 성과소득의 결합에 대해서는 마이클 앨버트의 『파레콘』(김익희 옮김, 북로드, 2003) 참조

될 것이며, 소수 부자들의 과다한 사적 소유와 사치품 구입 및 향락적 서비스 등에 소진되는 비생산적 소비(X)는 소멸될 것이다. 그러나 이럴 경우에도 사회적 인프라의 발전을 위해 필요한 일정량의 잉여노동을 축적하기 위해 노력에 따른 성과소득(2)이 지급될 수 있어야 한다.

이런 간단한 다이어그램을 통해서 보면 <개혁(1)> 보다 <혁명>이 사회 구성원 다수에게 분명한 이득이 될 수 있다. 그리고 <혁명> 후 <개혁(2)> 가 연속적으로 실행된다면 현실적으로 유토피아에 '접근'할 수 있다. 하지만 왜 이런 일이 현실화되지 않고 있을까? 이 질문에 답하려면 <혁명적 대중의 형성>이라는 맑스가 말한 필요조건의 문제를 다시 살피지 않으면 안 된다. 대중이 신화와 이데올로기의 합성물인 <TNA>에 사로잡혀 있다면, 또는 이데올로기와 유토피아의 합성물인 <공상적 사회주의>나 신화와 과학의 합성물인 <과학적 사회주의>에 매몰되어 있다면, 과학과 유토피아의 합성물인 <유토피스틱스>의 실현 주체는 부재하게 된다. 유토피스틱스의 주체로서의 대중은 어떻게 형성될 수 있을까? 유토피스틱스의 주체가 된다는 것은 대중들이 유토피아적 비전과 과학적 사고를 동시에 '체화'하고 있어야 한다는 것을 의미한다. 보편교육을 통해서 과학의 대중화가 상당히 진행되고 있으므로 과학적 사고의 체화는 그렇게 어려워 보이지 않는다. 하지만 어떻게 아직 실현되지 않은 유토피아적 비전을 현재의 대중이 '체화'할 수 있을까?

이는 유토피아가 나중에 도달하게 될 어떤 고정된 목표가 아니라 현실 변화를 추동하기 위해 우리 스스로가 민주적인 사회적 합의를 통해 설정하고 조정하는, 칸트적 의미에서의 <규제적 이념>일 경우라야만 가능할 것이다. 달리 말하면 <규제적 이념>이란 유토피아에 도달하는 현실적 과정의 외부에 존재하는 누군가(지도자)에 의해 구성된 미래의 목표(구성적 이념)가 아니라 현실적 과정을 추동하는 과정에서 매번 현실의 장벽에 부딪칠 때마다 주체 스스로가 희망의 가능성을 <자가-발전> 시키는 <자기 규제>의 노력을 의미하는 것이다. 월러스틴이 말하는, "모순이 그 본질인, 전체가 부분보다 작은, 그리고 해석이 그 목표가 되는, 그런 파악할 수 없는 것—즉 과정—을 파악할 수 있을 어떤 방법론"으로서 희망의 원리가 현실 변화의 과정에 내재적인 동력이 되어야 한다는 것이다. 이런 의미에서 위의 공식은 다음과 같은 "자기-되먹임적"인 형태로 수정될 필요가 있다: $U = f(U \times P \times S)$.

이 공식은 미래에 도달해야 할 목표 전체가 현실적 과정의 부분으로서 내재해야 한다는 것을 의미한다. 즉 전체 역시 하나의 부분집합이 되는 <멱집합>, 목표에 대한 해석 자체가 목표와 과정 자체를 수정하게 만드는 <프랙탈한 자기 조직적인 다이내믹 시스템>이 되어야 한다는 것이다. 여기서 U가 <자유롭고 평등한 개인들의 연대적인 협동사회>를 의미한다면 이를 실현하고자 하는 사회적 실천의 과정 자체가 <자유롭고 평등한 개인들의 연대적 실천>의 과정으로 조직화되어야 한다. 이것이 곧 "사회를 변혁하려는 자는 인간 자신을, 교육자 자신을 변화시켜야 한다"는 <포이에르바하 테제 3번>이 의미하는 바라고 할 수 있다. 이런 맥락에서 보면 과거의 혁명이 실패하고, 유토피아와 과학이 결합하지 못한 것은 <테제 11번>의 지도인 $U = f(P \times S)$가 테제 3번과 결합된 $U = f(U \times P \times S)$로 발전하지 못했기 때문이라고 할 수 있다.

이렇게 구분할 경우 전자의 공식에서 '과학(S)'이 뉴턴적인 <단순성의 과학>이었다면, 후자의 경우 '과학(U×S)'은 목적과 수단이 "자기 되먹임"의 관계에 놓인 포스트뉴턴적인 <복잡계 과학>일 수밖에 없다는 사실도 자명해진다. 이럴 경우 과학 발전에 의한 생산력 발전의 의미도 변화할 것이다. 전자의 경우에는 원자력의 경우처럼 자연환경의 파괴에도 불구하고 생산성 향상을 위한 생산수단의 발전에만 치중했다. 하지만 후자의 경우에는 원자력을 폐기하고 대체에너지 개발과 친환경적인 생산수단의 발전을 위한 생태학적 과학의 발전이 생산력 발전을 주도하게 될 것이다. 또한 전자의 공식에서 '정치'(P)는 생산수단의 사회화를 위해 특정한 계급 '대상'과 투쟁하는 정치였다.

그러나 후자의 공식에서 '정치'(U×P)는 특정 계급 '대상'과의 외적 투쟁만이 아니라 자기 자신—즉, 자본주의적인 일중독과 소비중독, 가부장적인 위계, 반생태적인 삶의 양식 등에 중독된 소외된 자기 자신—을 '변혁'하기 위한 내적 투쟁도 포함하는 "자기-되먹임"하는 복잡계적인 정치라고 할 수 있다. 이렇게 과학과 정치의 의미가 변화될 경우 다음과 같은 구별이 가능해진다.

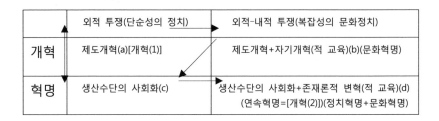

지난 20세기 동안 개혁과 혁명은 (a)와 (c)와 같이 대립 구도를 이루어왔다. 그러나 <복잡성의 문화정치>라는 관점을 도입하게 되면 개혁과 혁명의 관계는 (a)→(b)→(c)→(d)와 같은 지그재그 형태의 연결을 통해서 이분법적 대립 구도에서 벗어날 수 있다. 이는 (b)와 (d)에서와 같이 <자유-평등-연대의 가치>와 복잡계 과학적 지식을 '체화'한 대중적 주체 형성을 위한 새로운 교육과 생활양식을 '체화'하는 대중적 주체형성을 위한 문화혁명이 (a)→(c), (c)→(d)로 가는 과정을 견인해야 함을 의미한다. 윌리엄 모리스의 유토피아가 이런 복잡성의 문화정치적 관점을 이해하는 데 적합한 사례를 제공해주고 있다.

6. 유토피아의 자기-되먹임 과정, 문화혁명

레이먼드 윌리엄스는 「유토피아와 SF」라는 글에서 아벤수어(Miguel Abensour)가 제시한 구별, 즉, 1850년 이후에 유토피아적 모드가 <대안적 조직 모델의

체계적인 구성>으로부터 <대안적 가치에 대한 개방적이고 발견적(heuristic)인 형태의 담론>으로 변화했다는 주장에 주목하면서(E. P. Thompson은 이후자를 "욕망의 교육"이라고 해석했다), 윌리엄 모리스의 『에코토피아 뉴스』가 바로 후자 형태의 유토피아 소설이라고 설명하고 있다. <체계의 모드>는 그 체계에 정합성이 있는가, 현실적인가 아닌가를 비판적으로 따지게 만드는 경향을 야기한다. 푸리에가 제시한 <정념인력과 협동사회의 체계>는 이런 경향의 희생물이라고 할 수 있다. 그에 반해 <발견의 모드>는 그 담론의 정합성이나 현실성이 부족하더라도 대안적 가치의 중요성, 비전의 중요성을 '환기'시켜 주며, 이에 비추어 현실 변화의 길을 발견하도록 촉구하는 경향이 있다. 윌리엄 모리스의 유토피아가 바로 그런 <발견의 모드>를 잘 보여주고 있다는 것이다.[18]

레이먼드 윌리엄스는 윌리엄 모리스의 유토피아가 관대하지만 감상적인 <발견적 변혁 모델>이라고 진단받고 비판받아 왔는데, 이에 대해 자신도 대체로 동의하지만, 윌리엄스는 이 소설에서 유토피아로의 <이행> 장면이 매우 중요하다는 점을 특별히 강조한다. 즉 이행이 다른 유토피아에서와 같이 단순히 발견되거나 마주치거나 투사되는 것이 아니라 <쟁취>된다는 점에 차이가 있다는 것이다. 저자/독자와 이 새로운 세계 사이에는 카오스, 내전, 고통스럽고도 느린 재건의 과정이 놓여 있다. 이 모든 과정의 마지막에 있는 달콤하고 작은 세계는 결과이자 동시에 약속이다. 윌리엄스는 바로 이 점이 과거의 다른 유토피아 소설들의 특징인 <개혁>의 관점이 아니라 무장투쟁일 뿐만이 아니라 새로운 사회적 관계들과 인간의 감정의 길고도 불균등한 발전이라는 <혁명>의 관점을 지닌 모리스의 유토피아의 큰 특징이라고 본다. 이 혁명의 과정이 개발되고, 길고 힘든 과업들을 성취하는 과정이라는

18_ Raymond Williams(1980), "Utopia and Science Fiction," in *Culture and Materialism* (London: Verso, 2005), pp. 202-205.

점이 중요한데, 이것이 곧 <꿈으로부터 비전으로의 이행>이라고 윌리엄스는 강조한다.(204-205) 윌리엄 모리스 자신도 실제로 자신의 소설을 다음과 같이 끝맺고 있다.

'당신은 우리와 함께일 수 없습니다. 당신은 전적으로 과거의 불행한 시대에 속하므로 우리의 행복조차 당신을 지치게 만들 겁니다. 다시 돌아가세요. 당신은 이제 우리를 보았고, 당신 시대의 의심할 여지가 없다는 모든 처세훈에도 불구하고, 이 세계를 위해 아직도 평안의 시대가 예비되어 있다는 것을 당신의 눈으로 보고 알았습니다. …자 돌아가세요. 그리고 우리를 보시게 된 것에 의해 당신은 당신의 고투에 약간의 희망이라도 더했으니 좀더 행복해 하십시오. 설령 어떤 고통과 노고가 필요하다고 해도, 우정, 평안, 그리고 행복의 새로운 시대를 조금씩 건설해가기 위해 분투하면서 살아가십시오.' 그래 정말 그렇다! 내가 본 대로 다른 사람들도 볼 수 있다면, 그것은 하나의 꿈이라기보다 오히려 하나의 비전이라고 말할 수 있으리라.[19]

꿈과 비전의 차이란 무엇일까? 비전이란 억압된 욕망이 검열을 피해 왜곡되고 모순적인 것들의 무질서한 결합으로 나타나는 꿈과는 달리 <보이지 않는 세계를 마음속에서 생생하게 그려내는 상상력>, <아름다운 광경>이라는 사전적 의미를 가지고 있다. 레이먼드 윌리엄스가 반 세기 이후에 모리스의 유토피아를 꿈이 아니라 <비전>이라고 부르는 것은, 모리스의 유토피아가 미래의 아름다운 광경만이 아니라 그와 더불어 그런 세계에 도달하게 되는 힘든 과정, 즉 고통을 수반하는 혁명과 개혁의 엎치락뒤치락하는 과정 자체를 <생생하게> 그려내어 모두가 공유할 수 있게 만들기 때문이다. 하지만 모리

19_ 윌리엄 모리스, 『에코토피아 뉴스』, 358-59쪽.

스가 강조하는 <혁명적 유토피아의 비전>은 단번에 그 목표를 성취하는 혁명이 아니라 "새로운 시대를 조금씩 건설하기 위해 분투하는", 부단한 개혁의 과정을 동반하는 <장구한 혁명>의 과정이다. 여기서 이 <장구한 혁명>이라는 비전의 성격과 이런 비전을 체화해 나갈 혁명의 주체에 대해 좀 더 상술해 보자.

우선 그 비전의 내용적 측면에서 보자면, 모리스의 유토피아에서는 노동과 예술이 구별되지 않는 생태적인 삶의 즐거움이 강조되고 있다. 모리스를 꾸준히 한국 독자들에게 소개해온 박홍규는 모리스의 사회주의와 유토피아가 현대기술을 거부한 러스킨과 현대 사회조직을 거부한 맑스의 결합이라고 평가한다. 그의 유토피아에서는 자본주의의 종언이 곧 기계시대의 종언으로서, 기차가 없어지고 대도시도 해체되며, 정부도 사라지고, 빈곤과 불평등이 해결된 상태에서 사람들이 일에 기쁨을 느끼며 관습을 스스로 변화시키는 작은 공동체들이 연방을 이루는 새로운 삶의 형식과 가치가 그려지고 있기 때문이라는 것이다. 특히 모리스의 유토피아는 아나키적인 상태를 강조하기 때문에,[20] 플라톤으로부터 모어, 맑스와 벨라미에 이르는 일반적인 <권위주의적 유토피아>와 달리 드물게 <비권위주의적 유토피아>라고 구분한다. 하지만 박홍규는 콜이 지적했듯이 모리스의 유토피아적 사회주의가 국가를 불필요하게 만

20_ 하지만 박홍규의 해석에는 한 가지 동의할 수 없는 중요한 문제점이 있는데 그가 모리스를 '아나키스트'로 해석하는 부분이 그것이다. 앞서 윌리엄스가 강조했듯이 그의 유토피아는 <혁명적 이행>의 과정을 중시했다는 점에서 아나키즘과는 구별되며, 오히려 맑스와 공명한다. 이 사실은 톰슨의 방대한 전기적 연구에 잘 드러나 있다. E. P. Thompson(1955), "William Morris, Bruce Glasier and Marxism," in *William Morris: Romantic to Revolutionary* (Stanford: Stanford University Press, 1988). 이 책의 부록에서 톰슨은 버나드 쇼의 증언을 인용하면서, 모리스 자신이 생전에 스스로를 맑스주의자라고 불렀음에도 불구하고, 그의 사후 대다수 모리스의 전기작가나 정치평론가들이 모리스가 맑스주의를 거부한 낭만주의자나 아나키스트라고 혼동하는 것은 모리스와 함께 운동에 참여했던 글레이저라는 전기작가가 자신의 낭만주의적 관점으로 모리스의 생애를 왜곡되게 평가했기 때문이라고 비판하고 있다(pp. 741-62).

드는 생활양식을 사람들이 몸에 익히기 전에는 기존 질서 파괴에 나서도 소용이 없다고 주장했다는 점에서 크로포트킨과는 구별된다는 점, 노동의 즐거움과 교육, 노동의 '질'과 생활의 '질'을 축으로 사회적 생산을 인간의 참된 욕구에 따르도록 재조직할 것을 요구했다는 점에서 모리스가 강조하는 '혁명'이 '근원적 혁명으로서의 문화의 혁명'을 뜻한다고 강조하고 있다.[21]

마르크스주의의 주체화, 그리고 그 참된 변증법적 파악에 노력한 칼 코르쉬에 따르면 마르크스의 생산력이라는 개념에는 사회적 생산력으로서의 '혁명적 계급 그 자체'가 포함되며, 사회적 생산력의 발전은 프롤레타리아의 행동으로 나타난다. 따라서 노동자계급은 그 생산력의 성숙을 자신의 자주적 행동에 의해 증명해야 한다. 이러한 노동자계급의 자기 형성을 모리스는 민중의 집합적 무의식의 의식화, 곧 교육이라고 보았다.[22]

노동자계급의 자기 형성, 자기 교육이 문화혁명의 중핵을 이룬다는 것은 의문의 여지가 없다. 이미 오래 전에 E. P. 톰슨은 『영국 노동자계급의 형성』에서 19세기에 진행되었던 영국 노동자계급의 자기 교육의 역사를 상세히 추적한 바 있고, 랑시에르 역시 『무지한 스승』을 통해 프랑스의 노동자계급의 자기 교육의 역사를 복원한 바 있다. 하지만 민중의 '자기 교육'이라고 해서 과학과 반드시 대척점을 이루어야 하는 것은 아니다. 생산력의 성숙에는 '과학적 지식의 발전'이 포함되지 않을 수 없기 때문이다. 민중의 자기 교육은 육체노동과 지식노동의 제도적 분할의 장벽을 뛰어넘어 민중 스스로 지적-육체적 성장을 도모해가는 과정이다. 따라서 아래로부터의 '문화혁명'을 강조한다고 해도 그 과정에서 과학을 배제할 수가 없다. 그러나 노동자 민중의 자기

21_ 박홍규, 「모리스 사상에 대한 평가와 계승」, 『에코토피아 뉴스』, 448-59쪽.
22_ 같은 글, 456쪽.

교육 과정에서 흔히 과학은 배제된다.

다른 한편, 문화혁명 과정에서 노동자계급의 평등한 의식의 상승이 자유와
연대의식의 확장과 선순환을 이루는 일 역시 결코 쉽지 않다. 19세기 중반에
서 해방 전후 시기까지 100년간 조선의 민중운동사를 "민중 스스로 사(士)가
되어야 할 유토피아를 꿈꾸면서 해방에 대한 염원을 키우고, 면종복배하면서
무언의 저항을 해온" 복잡한 과정으로 새롭게 해석한 조경달은 이와 관련된
문제를 다음과 같이 제기한 바 있다.

모리야마 시게노라는 '평등주의는 권위주의를 약화시키는 반면 상승 지향을 격화
시켜, 상승된 개인의 권위주의를 다시금 강화시킬 가능성을 갖는다'라고 시사하
였다. 여기서 말하는 상승이라는 것은 그야말로 사士의 문제로 생각할 수 있다.
사士 의식 내지 사士에 대한 염원은 확실히 변혁의식의 기저를 이루는 것이지만,
변혁이라는 목적이 달성되었을 때 그 의식은 사회 발전에 질곡이 될 가능성도
있다. 현실적으로 모두가 사士로의 상승을 도모하고자 경쟁을 격화시킨다면, 권
위의 계층화를 만들어내지 않을 수 없고 독재권력을 배태시키는 온상이 되기도
한다. 민주주의가 발전할수록 사士 의식의 내실에 의문을 갖게 되는 시기가 도래
할 것이다. …신채호가 내린 결론은 민民이 사士가 되어야 한다는 명제를 버리고,
거꾸로 사士가 민民이 되어야 한다는 명제를 설정한 것이었다. 그렇지만 사士=
지식인을 둘러싼 갈등은 지식인만이 아니라 일반민중도 포함해 앞으로 지속될
것이 분명하다.[23]

<이단 동학>이 내걸었던 "만인의 군자화", "민이 사가 되어야 한다"는
명제는 "모두가 지식인이다"라는 그람시의 테제와 공명한다. 또 "사가 민이

23_ 조경달, 『민중과 유토피아—한국근대민중운동사』, 허영란 옮김, 역사비평사, 2009,
309-11쪽.

되어야 한다"는 신채호의 테제는 모택동이 제기했던 "하방"(下方) 테제와도 공명한다. 그러나 조경달은 어느 쪽을 강조해도 변혁 후에는 사(土)를 둘러싼 갈등이 지속될 것이라고 보고 있다. 이 문제를 어떻게 풀 수 있을까?

마이클 앨버트는 <참여계획경제>에서 이 문제를 <균형직군>과 <평의회>에서의 상호평가라는 방식으로 해결할 수 있다고 제안한 바 있다.[24] 그런데 민주적 조정절차 자체에도 갈등이 발생할 여지가 없는 것은 아니다. 인간 본성의 다양성과 차이, 경쟁심과 질투심 등의 문제가 민주적 절차로 모두 해결되는 것은 아니기 때문이다. 바로 이 점에서 마치 자연법칙처럼 개인과 사회를 지배하는 정념에 대한 연구가 협동사회에 대한 연구에 선행되어야 한다고 강조했던 푸리에의 주장을 재고할 필요가 있다.

정념인력의 연구는 직접으로 협동사회 기구의 발견에 통한다. 그렇다고는 하지만 인력에 앞서 협동사회를 연구하려고 생각한 까닭에 우리는 수세기에 걸쳐 그릇된 방법 속에서 착란을 일으키고 낙담하고, 그래서 불가능하다고 생각해 버리는 위험을 범한다.[25]

푸리에는 자연계가 뉴턴의 만유인력에 따라 움직이듯이 인간사회는 정념인력의 법칙에 따라 움직이기에 이 법칙에 따라 사회를 변혁한다면 인간의 완전한 행복이 실현될 것이라고 생각했다. 그는 정념을 크게는 3가지로, 작게는 12가지로 구별한다. (1) 제1의 기본 정념은 감각적(sensuel) 정념(오감), (2) 제2의 기본정념은 감정적(affectuese) 정념(우정, 야심, 연애, 가족애)으로 소수의 대인관계에서 채워지는 정념, (3) 제3의 기본정념은 기제적(mécanisante)

24_ 마이클 앨버트, 『파레콘: 자본주의 이후, 인류의 삶』, 403쪽.
25_ 샤를르 푸리에, 『산업적 협동사회적 새 세계』, 333쪽. 이하 이 책에서의 인용은 본문에 그 쪽수를 표시한다.

정념(밀모정념, 전환성 정념, 복합정념)으로 사회관계에서 채워지는 정념이다. 푸리에는 이 중에서 제3의 기제적 정념을 중시하는데, 이 정념의 해방에 의해 생산력이 비약적으로 상승한다고 한다. <밀모정념>(음모와 분열 정념)을 만족시키기 위해서는 각 집단 간의 대항 경쟁을 야기시킬 수 있는 노동조직이, <전환성 정념>(변덕과 대조 정념)을 만족시키기 위해서는 오락이나 작업에서 2시간마다 변화를 야기할 수 있게 해야 하며, <복합정념>(열광과 맞물기 정념)을 만족시키기 위해서는 각 집단 간에 열광, 흥분을 환기할 수 있는 분업조직을 만드는 것이 좋다는 것이다.

그는 이런 정념들에 맞추어 생활과 생산집단을 조직하면 생산노동에서조차 고통이 아닌 만족을 느끼며, 놀이와 노동의 구별이 소멸되고, 놀이와 같은 기쁨 속에서 생산력을 비약적으로 증대시키게 될 것이라고 주장했다.(324-25) 매일 저녁 8시에 <정념 거래소>에 들러서 다양한 정념들을 만족시킬 노동과 오락을 선택하게 하고, 1시간 단위로 매번 일과 놀이를 교대하여 신체가 노동으로 지치지 않게 하고, 하루에 5번 식사 하고, 하루에 4시간 30분 정도의 수면을 취하는 생활 시간표를 제시하기도 했다.(406-408) 정념과 기호의 다양성과 부조화와 경쟁의 필연성을 부정하는 오웬 식의 금욕적 공동체주의야말로 공상적인 것이라고 비판하고, "인접한 뉴앙스 사이의 부조화는 자연의 일반법칙"이라는 점, 협동사회적 조화에서는 "조화와 동일하게 부조화도 필요한 것"이라는 점을 강조하면서 푸리에는 <조화와 부조화의 변증법>을 새로운 사회의 설계와 실험에 필수적인 안내 원리로 삼고 있다.(410-12)

이런 점에서 보면 푸리에의 <정념인력론>은 아직까지도 일반화되어 있는 경쟁과 협력, 자유와 평등을 양자택일하는 악순환 구조 대신 양자의 선순환 구조가 일상생활에서부터 사회적 생산에 이르기까지 일관되게 적용될 수 있는 방안을 새롭게 만들어내려는 시도에 다름 아니라고 할 수 있다. 이런 점에서 푸리에의 청사진은 가장 광범위하고도 자세한 문화혁명의 지도라고도 할 수 있다. 물론 푸리에의 정념 연구는 그 자체로 논란의 여지가 많은 부분이고, 인지과학적 검증이 필요한 부분이다. 하지만 생활양식과 존재양식의 대대적 변화를 의미하는 문화혁명의 과정에 대한 충분한 연구 없이 사회체제를 구상해서는 안 된다는 푸리에의 주장은 충분히 경청할 가치가 있다. 물론 푸리에는 "정념인력의 과학이 협동사회를 성공시키는 유일의 방도"(333)라고 생각했다는 점에 한계가 있다. 이 점은 맑스와 엥겔스가 충분히 비판한 바 있다. 하지만 정치혁명과 문화혁명의 변증법을 무시한 문제점은 맑스 사후 맑스주의에도 동일하게 적용될 수 있다.26 그렇다면 이제까지 어느 시기에도 제대로 이루어질 수 없었던 자유-평등-연대의 선순환, 문화혁명과 정치혁명의 선순환이 가능할 수 있을까? 이를 위해서는 두 가지 관점이 새롭게 세워질 필요가 있다고 본다

26_ "맑스는 오웬이나 푸리에가 자본주의 극복보다는 고립된 공동체 내에서 '도덕경제'를 실현하려는 공상에 사로잡혀 있었기 때문에 유토피아적이라고 비판하고, 그 자신은 자본주의 생산양식 전체의 실질적 변혁을 연구했다. 하지만 맑스는 자본주의의 작동 메커니즘과 그 모순적 경향성에 대한 과학적 분석에 천착하면서도 오웬과 푸리에의 '어소시에이션'을 대안의 핵심으로 계승했다. 어소시에이션과 그 주체로서 노동자연합이라는 맑스의 대안은 이후 '유토피아적 사회주의'에서 '과학적 사회주의'로의 진보를 주창한 엥겔스와 레닌에게서 희석·실종되었다는 사실은 이후 평의회주의(소비에트)에 대한 억압과 국가자본주의로 변질된 러시아혁명의 역사적 경로와 직간접적 연관이 있다고 본다. 이런 점에서 고전 맑스주의가 주창한 '과학적 사회주의'란 사실상 '유토피아 사회주의'의 편향에 대한 반대 편향에 다름 아니라고 할 수 있다. '자유롭고 평등한 생산자들의 연합'이라는 대안을 현실화하려면 과학적 탐구만으로는 부족하다는 성찰이 필요하다. 연합적 생산양식의 주체들에게 요청되는 자립성과 자발성과 연대의 역능은 경제법칙의 과학적 발견만으로 형성되기 어렵기 때문이다. 과학적 분석과 생태적-문화정치적 문제의식이 결합되어야 하는 이유가 여기에 있다. 이런 점에서 유토피아 사회주의와 맑스의 차이는 과거에 오해했던 것처럼 절대적이라기보다는 상대적인 것이다. 물론 그 차이를 상대화한다고 해서 자본주의에 대한 과학적 분석의 유무라는 중대한 차이가 사라지는 것은 아니다. 우리가 맑스 사상의 요체를 '어소시에이션'이라는 대안과 자본주의에 대한 과학적 분석을 양자택일적으로 사고하는 대신, 오히려 양자를 '절합'하려 했던, 즉 '유토피아적-과학적' 문제설정이라는 절합적 사고로 파악하려는 것은 이 때문이다"(심광현, 「맑스적 코뮌주의의 '문화사회적' 성격과 이행의 쟁점」, 25쪽).

1) 이런 선순환 구조가 과거에 이루어지지 못했다고 미래에도 불가능한 것은 아니다. 혁명을 '단기적 사건'으로 보는 대신 '장기적인 구조 변혁의 과정'으로 본다면, 과거의 실패한 혁명들을 미래의 세계사적 혁명의 준비 과정으로 다시 보는 해석이 필요하지 않을까? 이렇게 보면 '68혁명은 지나간 혁명이 아니라 오히려 21세기 세계 혁명에 선행하는 장구한 문화혁명의 출발점이라고 볼 수 있다. 이에 따라 당시에 태동한 생태주의와 페미니즘, 코뮌주의적 실험과 예술적 실천 등을 분리된 사건들로 보는 대신, 자유-평등-연대의 가치들 간의 선순환 구조를 '체화'한 새로운 주체형성의 교육적 프로그램으로 새롭게 연결할 수 있게 될 것이다.

2) 또한 프랑스혁명 이래 제반 혁명들의 성공과 실패, 19세기-20세기에 제출되었던 각종 유토피아적인 계획과 실천들을 낡은 것으로 폐기하고 망각하기보다는 오히려 새로운 $U=f(U \times P \times S)$를 시뮬레이션하기 위한 기초 제안으로 재활용할 필요가 있을 것이다. 지나간 정치혁명과 유토피아적인 계획과 실천들을 선형적 역사로 보고 지나쳐버리는 대신 비선형적으로 연결된 복잡한 계열들로 재파악하는 <계보학적 연구>와 더불어 이를 복잡계 과학적인 관점에서 '절합'하여 문화혁명과 정치혁명의 선순환 구조를 해명하는 <혁명적 문화정치의 계보학>으로 재구성해야 할 필요가 여기에 있다. 그리고 이런 연구가 21세기의 <유토피스틱스>의 이론적 토대를 제공해줄 것이다.

글을 마무리하며, $U=f(U \times P \times S)$의 공식에 입각해서 19세기의 유토피아 사상의 특징을 요약해 보면 다음과 같다. 맑스/엥겔스의 『선언』은 유토피아를 목표로 전제하고 있지만 $(P \times S)$를 강조하고 있는 반면, 푸리에는 $(U \times S)$를 강조하면서 혁명적 정치를 결여하고 있다. 이와 달리 모리스는 $(U \times P)$를 강조하면서 과학을 거부하고 있다는 점에서 각기 일면을 결여하고 있다. 이런 점에서 19세기의 유토피아는 2차원적 구도에 머물러 있어, 4차원적인 실제의 역사-지리적 현실의 움직임과는 큰 간극을 가질 수밖에 없었다. 그러나 앞으로

21세기의 유토피스틱스는 유비쿼터스 시대의 도래와 더불어 가속화되고 있는 생산력 발전의 전지구화라는 새로운 조건을 배경으로 과거의 유산을 재평가하면서 위에서 그려낸 <유토피아의 정치경제적 지도>를 $U=f(U \times P \times S)$의 형태로 재구성하여 <4차원의 로드맵으로 지도화>하고 실천해가는 과제를 떠맡아야 할 것이다.

제 4 부

새로운 주체형성과 마음의 정치학

09 | 감정의 정치학 : '자기-통치적' 주체의 창조를 위한 새로운 문화정치적 프레임

1. 들어가며

우리 사회는 신자유주의적 자유의 증가에 비례하여 정치적 부자유가 증가하며, 소통의 테크놀로지가 증가하는 데 비례하여 문화적 소통은 억압되는 방식으로 정치경제적, 문화정치적 모순이 중첩되며 격화되는 와중에 있다. 그러나 전면화되고 있는 국가폭력 못지않게 혹은 더 우려스러운 것은 이런 상황에 대한 대중의 외면 혹은 순응이다. 자본/국가의 점증하는 폭력·억압·감시와 이에 대한 대중의 방관 혹은 수용이 서로 맞물려 악순환을 이룰 경우 그나마 잔존하던 형식적 민주주의조차 소멸하여 '부르주아 독재'에 이를 수밖에 없다. 도처에서 이런 징후가 점증하고 있다.

그러나 자본/국가의 부당성을 폭로하고 비판하는 것만으로는 이런 악순환의 고리를 끊기 어렵다. '반주변적' 자본/국가는 장기불황(혹은 대공황에 근접하는 국면)이 심화될수록—역사적으로 그러했듯이—기존 축적체제의 유지-갱신을 위해 새로운 형태의 '본원적 축적체제'를 모색하는 것 이외에는 선택의 여지가 없으므로 더욱 더 노골적인 폭력을 행사할 것이다. 결국 열쇠를 쥐고 있는 것은 대중이다. 생존의 조건이 더욱 열악해지고 폭력적이 될 경우 대중은 어떤 선택을 할 것인가? 상식적으로 보면 비합리적인 폭력과 억압에 정면으로 맞서는 것이 합리적 선택이다. 그러나 지난 역사를 돌이켜 보면 비합리적 상황이 가중될 경우 대중은 합리적 선택을 하지 않았다.

빌헬름 라이히는 『파시즘의 대중심리』(1933)에서 독일의 대중이 비합리적 선택을 한 이유를 기계론적이고 권위주의적인 문명에 의해 오랫동안 육성된 반동적 정서의 반작용에서 찾았다. "권위적인 기계문명과 이 문명의 기계론적이고 신비주의적인 인생관의 억압을 받은 인간이 지니는 기본적인 감정 태도", 즉 "평범한 인간 성격의 비합리적인 반응이 모인", "반역적인, 노예상태에 있는 소심한 인간의 심리상태인" "반역적인 정서와 반동적인 사회사상의 결합."[1] 파시즘의 도래는 다수의 대중들이 이기적 생존과 향락을 위해—타자를 폭력적으로 배제하는, 그에 따라 자신의 자율적 주체성도 동시에 배제하는—노예상태를 감수했기 때문이라는 것이다. 라이히의 진단과 처방은 단순하지만 명료하다. 참된 민주주의란 사랑, 노동, 그리고 지식의 자연스러운 자기조절과 함께 나타난다. 그는 이를 노동민주주의라고 부른다. 반면, 파시즘이란 인간이 지닌 비합리성의 다른 표현으로 자연스러운 자기조절의 방해와 함께 나타난다. 따라서 오직 '자연스러운 생명력'을 발전시키는 합리적 행위를 촉진시키는 것에 의해서만 비합리적인 파시스트적인 행위를 근절할 수 있다는 것이다.(482-84)[2]

라이히는 비합리적 상황에 대한 대중들의 정서적 불구가 오랜 기간 동안 반복-강화되어온 작업장과 가족 내에서의 권위주의적인 노동과 삶의 메커니즘에 의해 구축된 성격갑옷의 산물이라고 보았다. 어려서부터 누적된 성적인 억압으로 인해 대중은 겁을 먹고 무비판적인 태도를 취하게 된다. 갑옷 속에 동결된 에너지는 합리적인 사회 비판에 이용되지 못한다. 성적 문제에 대한

1_ 빌헬름 라이히, 『파시즘과 대중심리』, 오세철 옮김, 현상과인식, 1987, 12-14쪽.
2_ 같은 책, 482-84쪽.

명확성의 결여, 애정생활에 대한 거짓말과 속임수 때문에 정치적 속임수를 꿰뚫어 볼 수 있는 사람들의 능력이 저하된다는 것이다. 그와 반대로 사람들이 성적인 욕망과 더 많이 접촉하면 더 큰 사회문제들과 접촉할 수 있는 길이 뚫릴 것이라는 것이다. 이런 관점에서 라이히는 성정치적 해방을 지향하는 임상적 활동을 통해 방어, 불안, 죄책감으로 대중을 폐쇄시킨 성격갑옷을 해체하고, 대중 스스로 자신의 삶의 주체가 되는 길을 찾기 위해 임상적 희망과 사회적 희망의 통합을 모색했다.[3]

하지만 양성평등을 전제로 한 성해방이 대중의 정치적 해방에 필수적이라는 라이히의 주장은 프로이트의 정신분석학회와 공산당 모두로부터 거부되었다. 이런 주장은—68혁명 전후로 마르쿠제에 의해 다시 부활되어 대중적 지지를 받았던 시기를 제외한다면—오늘날까지도 널리 수용되지 못하고 있다. 하지만 "자연스러운 생명력의 발전"이 억제당할 경우 파시즘은 언제든 부활할 수 있다는 라이히의 경고가 여러 징후로 되살아나고 있다. 파시즘의 형성과 발전에 대한 라이히의 진단과 처방의 관계를 재평가해 보아야 할 이유가 여기에 있다. 위로부터의 파시즘이 독일사회 전체를 장악한 이유를 대중들의 정서적 반동화에서 찾았던 라이히의 진단은 정확했다. 그러나 그 원인을 억압적 '성경제'에서 찾고 '성정치'적 해방으로 처방하고자 했던 라이히의 주장은 지나치게 환원주의적이었다는 평가에서 벗어나기 어렵다.

여기서 주목해야 할 지점은 진단과 처방 사이의 커다란 간극이다. 개인들이 가족-공장-사회-국가라는 연결망 속에서 어떻게 특정한 주체로 형성되고 행동하게 되는가에 있어서 성문제는 중요한 변수임에 틀림없다. 그러나 '주체화'는 성적 요인으로 환원될 수 없는 복잡한 과정이다. 주체화 과정은 지적, 감성적, 윤리적, 신체적 발달 과정에서 생물학적 요인과 경제적, 정치적,

---

3_ 마이런 새라프, 『빌헬름 라이히』, 이미선 옮김, (주)양문, 2005, 202-203쪽.

사회문화적 요인들이 중층결정되는 복합적 과정이다. 성적 요인은 이 과정의 한 변수일 따름이다. 라이히의 진단처럼 주체화 과정이 왜곡될 경우 파시즘이 도래할 수 있다면, 그 처방은 왜곡된 주체화 전반에 대척할 수 있는 올바른 주체화의 길을 찾는 것일 것이다. 왜곡된 주체화와 올바른 주체화라는 대응은 마치 '진정한 주체화'의 '본질'을 찾아야 한다는 것처럼 들릴 수 있다. 진정한 주체화의 '본질'을 찾는 것은 종교나 정치적 도그마로 회귀하는 결과를 초래하기 쉽다. 어떻게 종교나 '당의 지도'에 의존하지 않고 올바른 주체화의 길을 찾을 것인가?

이 문제에 몰두했던 니체는 '초인의 길'을 제시했지만, 독일의 대중은 '초인적 주체화'의 길 대신 히틀러를 '초인'으로 숭배하는 길을 선택했다. 그에 반해 사회주의와 공산주의는 '올바른 주체화'를 위한 고민을 간과한 채 대중 동원과 경제주의적인 제도적 해결책을 찾는 데에만 몰두했다. 올바른 주체화의 길을 찾지 못한 대가가 얼마나 큰 것인지를 역사는 스탈린주의 독재라는 악몽을 통해 입증했다. 하지만 역사를 돌이켜 보면 올바른 주체화의 길은 이미 뚜렷하게 선언된 바 있다. '자유-평등-박애'를 슬로건으로 내걸었던 프랑스 혁명의 이상이 바로 그것이다. 프랑스 혁명 이래 모든 진보적 사유는 복종-불평등-경쟁으로 점철된 예속적 주체 형태에 갇혀 있는 대중이 어떻게 자유-평등-박애를 '체화한' '자율적이면서도 연대적인' 주체 형태로 거듭날 것인가의 문제('자유로운 생산자들의 평등하고 호혜적인 연합')의 주변을 맴돌았다고 해도 과언이 아닐 것이다. 그러나 대부분의 진단과 처방은 이미 선언된 이 전망을 망각하거나, 또는 이 전망을 지금 여기에서 현실화해 나가는 방법을 찾지 못했다. 자유주의와 사회주의는 자유와 평등을 나누어 가졌고, 파시즘과 스탈린주의는 자유와 평등 모두를 말살했다. 68혁명은 오랫동안 파묻혀 있던 '자유-평등-박애'라는 프랑스 혁명의 이상을 되살려냈지만, 이 이념의 대중적 '체화'에 성공하지 못했다. 마르쿠제가 강조한 성해방의 논리는 억압을 제거하면 "자연스러운 생명력의 발전"이 이루어질 것이라는 라이히의 처방과 동일한 연속선상에 놓여 있었다. 그러나 70-80년대의 상황은 성적 억압의 제거가 곧 자유-평등-박애의 이념을 '체화'한 주체 형성이 아니라 마약과 약물 중독, 섹스산업의 소비 주체로 귀착될 수도 있다는 사실을 입증했다. 들뢰즈/가타리는 『안티오이디푸스』와 『천의 고원』에서 현대 수학과 생물학의 도움을 통해 "자연스러운 생명력의 발전"이 '당위적'인 것이 아니라 '실재적'인 것임을 밝히기 위해 천착했고, 억압가설에 반대하여 자연스러운 '욕망의 생산'을 강조했지만, 그들이 제시한 '리좀마틱스' 역시 현실태(사회)가 아무리 억압적이라도 잠재적(자연적)으로는 누구나 자유로울 수 있다는 주장에서 한 걸음도 나아간 것이 아니었다고 할 수 있다. 그리고 이런 귀결은 그들이 '인격적 주체'라는 개념 자체를 거부하고 잠재적 특이성들의 자유로운 발현으로서의 '멀티튜드'를 강조했던―자연스러운 (욕망의) 다양체로 회귀하자는―자연주의 철학의 필연적 결과이기도 하다.4

결국 자유-평등-박애의 이념의 '체화'는 억압을 제거하면 자연적으로 나타나는 현상이 아니라는 데에 문제가 있는 셈이다. 대중은 자유-평등-박애

4_ 이종영, 『정치와 반정치』, 새물결, 2005. "들뢰즈에게서 문제는 엄연히 실재하는 개인의 개별성들을 부인한다는 점이다. 이것은 주체적 사실성에 위배된다. 한 개체적 인간은 독립된 유기체로서 자기 보존 본능을 갖는 의식과 지각의 주체이다. 그러나 독립된 유기체로서의 속성, 자기 보존 본능을 갖는다는 사실, 의식과 지각의 주체라는 사실 등은 한 개체적 인간을 고유한 개별자로 상승시켜주지 않는다. 그것들은 모든 동물적 생명체들이 공유하는 것이기 때문이다. 그것들은 오히려 '절대적 의식' 또는 일의적 존재에 가깝다. 그러나 한 개체적 인간 내부에는 어떤 충중결정적인 결절점이 존재하고, 이 결절점이 주체적 독립성의 지탱물을 이룬다. 들뢰즈가 부인하고 싶어하는 것은 바로 주체적 독립성의 지탱물이 되는 그러한 결절점의 존재이다"(66쪽). "결국 강도의 차이에 따라 발생하는 것일 뿐인 들뢰즈적 개체는 개인적 주체성이나 인격성과는 아무런 관련도 갖지 않는 것이다. 들뢰즈 자신이 '사실상 개인이란 율리시즈다. 즉 엄밀히 말해 그는 그 누구도 아니다라고 말하고 있듯이 말이다. 다른 한편 들뢰즈에게서 고유성(singularité)은 현실화되기 이전의 이데아적 상태 또는 원리적 상태에 머물러 있는 것이다"(68쪽).

의 이념을 '인식'하기만 하면 그렇게 행동할 수 있는 '텅 빈 주체'가 아니다. 대중이 부르주아적 혹은 파시즘적 주체에서 벗어나는 것은 인식의 문제가 아니라 '체화'(embodiment)[5]의 문제라는 것이다. '체화'의 문제가 쉽지 않은 것은 인간이 복잡한 감정과 욕구를 가진 동물이기 때문이다. 아직도 잔존하는 봉건적-가부장적 지배양식과 부르주아적 지배양식의 중첩은 가족과 학교, 미디어와 교회 등의 다양한 이데올로기적 장치를 통해 복종심과 무기력, 불안과 공포, 질투심과 향락의 욕망들로 점철된 감정적 주체를 양산하고 있다. 이런 예속적 감정을 비워내고 자유와 독립심, 모험과 용기, 평화와 사랑에 대한 감정으로 충만한 새로운 주체로 거듭나는 데에는 지속적인 실천적 노력들이 요구된다. 이런 점에서 수동적-반동적 감정으로 물든 주체가 어떻게 능동적-진보적 감정으로 충만한 주체로 거듭날 것인가의 문제는 '각성의 정치'만이 아니라 '감정의 정치', '인식의 정치'만이 아니라 '체화의 정치'라는 더 확장된 '프레임'을 요구한다는 얘기가 된다.

물론 감정의 정치나 체화의 정치라는 새 프레임을 각성의 정치나 인식의 정치와 대립시키자는 것이 아니다. 오히려 각성과 인식이 감정과 체화의 프레임과 결부되지 않을 경우 어떤 효과도 볼 수 없음을 주목하자는 것이다.[6] 이런

5_ '체화'는 이를 인식론의 새 지평으로 제창한 메를로-퐁티의 현상학을 수용한 제3세대 인지과학의 핵심 개념이다. '체화'는 외부의 진리를 내부로 수용한다는 뜻이 아니라, 시간과 공간과 같은 가장 기본적인 인식론적 범주들이나 개념작용조차 몸의 행동에서 비롯된 것이라는 주장을 함축한다. 이런 관점에서 레이코프와 존슨은 개념의 신체화, 형태의 신체화, 공간의 신체화, 시간의 신체화, 신경적 신체화를 통해서 우리는 몸과 사물들을 특정한 방식으로 '도식화'(schematize)한다고 주장한다. 세계 속에서 세계와 우리 몸의 생태가 상호작용하는 가운데 발생하는 이와 같은 생태학적 도식화를 통해서 우리는 우리 자신이 의식하지 못하는 수많은 신체화된 '프레임'들을 산출하며 활용한다(G. 레이코프·M. 존슨, 『몸의 철학』, 임지룡 외 옮김, 도서출판 박이정, 2002).
6_ 마르틴 후베르트, 『의식의 재발견: 현대 뇌과학과 철학의 대화』, 원석영 옮김, 프로네시스, 2007. 게르하르트 로트에 의하면 감정 시스템의 작동자라고 할 우리 뇌의 변연계는 뇌 속에서 최종 결정자 역할을 한다. 문제가 복잡한 상황에서 변연계의 영역들은 전두뇌의 상부에 있는 인식 부위들과 함께 관여한다. 그러나 오래 숙고할 경우 이성적이고

관점은 '인간 주체'에 대한 상의 변화를 요구한다. 인간은 관념론자들이 주장하듯이—데카르트적인 사유하는 정신의 명령으로 좌지우지되는—정신-기계의 이분법으로 분할된 주체가 아닐 뿐만 아니라 들뢰즈/가타리가 주장하듯이 단지 다양체적 차이들로 분산된 분자적 존재이기만 한 것만도 아니다. 관념론적 동일성의 논리도 자연주의적 차이의 논리도 인간 주체의 역설적 성격, 즉 지적-정서적-신체적-윤리적 차이들의 복합적 연결망으로서의 주체, 여러 유형의 선험적 형식들(감성적, 지성적 형식들)과 자연적, 사회적 경험 속에서 수용된 타자들 간의 역동적 관계들의 결절점으로서의 주체의 역설적 특성을 제대로 파악하지 못한다. 인간 주체는 동일성의 논리와 차이의 논리의 양자택일이 아니라 양자의 변증법적 '절합'을 통해서만 제대로 파악될 수 있다. 이 변증법이 없다면 주체 내부의 갈등이나 충돌도 없으며, 주체 형태의 변화도 불가능할 것이다. 인간 주체는 내부에서 여러 '자기'들이 끊임없이 싸우고 있는 일종의 전쟁터라고도 할 수 있다. 헤겔의 '주인과 노예의 변증법'이나 니체의 '초인'은 주체가 항상 긴박한 전쟁 상태에 처해 있음을 단적으로 표현해주고 있다. 그러나 이들은 절대정신이라는 인식적 주체 혹은 초인적 의지의 주체라는 일방에게 손을 들어줌으로써 감각적-감정적 주체를 억압했고, 억압된 것의 복귀로 치러야 할 엄청난 대가를 외면했다. 맑스 역시 계급적 주체들 간의 전쟁에만 주목했지 주체 내면의 전쟁은 간과했다.

이런 역사적 오류들에서 벗어나기 위해서는 내적으로는 여러 형태의 주체들 사이에서 그리고 외적으로는 타자들 사이에서 균형을 잡고, 공생할 수 있는, 일종의 '줄타기'와도 같은 '주체화'의 길을 찾아내야 한다. 이 길은 관념적,

---

합리적인 결정에 반드시 이르는 것은 아니다. 뇌의 인지 영역은 단지 충고자로서 활동하는 반면, 감정 영역은 오성이 가동되어야 할지 아닌지를 결정함으로써 최종 결정권을 행사한다(63쪽). 감정은 인지적이고 의식적인 통제 없이 작동할 수 있다. 그러나 동시에 감정적 반응은 인지적으로 병렬 처리될 수 있다(62쪽).

추상적 개념이 아니라 뼈와 살, 감각과 감정과 욕망을 지닌 인간 주체에 의해 '체화'되고 '살아져야' 한다. 24시간 다양한 감정으로 채색되어 있는 인간 주체가 어떻게 복종심과 불안과 공포와 향락에 매몰된 수동적-반동적 감정에서 벗어나 자유-평등-박애의 이념에 부합되는 능동적-진보적 감정으로 충만하여 자율적으로 행동하며, 상호 연대하는 주체로 거듭날 수 있을 것인가? 이 질문에 대한 이론적-실천적 답변을 찾는 일은 방대하고도 지난한 일이 아닐 수 없다. 여기서는 다만 세 가지 예비적 고찰을 통해 이 작업의 기본 윤곽을 그려보고자 한다.

첫 번째는 스피노자의 철학과 뇌과학을 통합적으로 연구하고 있는 안토니오 다마지오의 연구를 통해서 인간 주체 내부에서 감정이 차지하는 위상과 기능을 재검토하는 것이다. 이는 근대적 주체화의 과정에서 평가절하되었던 감정의 중요성을 과학적으로 재평가하기 위함이다. 그러나 다마지오의 연구는 감정의 메커니즘에 대한 과학적 이해를 얻는다고 해서, 혹은 스피노자 식으로 이성에 의한 감정의 조절을 시도한다고 해서 감정의 전환이 쉽게 이루어지는 것이 아니라는 점을 재삼 확인해 줄 따름이다. 감정의 전환을 위해서는 그 메커니즘에 대한 과학적 인식을 넘어서는 여러 가지 실천적 절차들이 필요하다.

두 번째로 푸코에 대한 재검토가 필요한 이유가 여기에 있다. 푸코는 죽기 직전 그리스/로마 시대의 철학의 근간을 이루었던, '자기에의 배려'라는 개념을 부각시켜, 예속적 주체화에서 벗어나기 위해 신체와 감정의 조절을 위해 그리스/로마의 철학자들이 사용했던 복잡한 자기 수양의 절차들을 2001년에 강의록으로 출간된 『주체의 해석학』(1981-82년 콜레쥬 드 프랑스에서의 강의)7에서 자세히 예시하고 있다. 푸코는 이 작업을 통해서 자기가 무엇인지를

7_ 미셸 푸코, 『주체의 해석학』, 심세광 옮김, 동문선, 2007.

아는 것이 문제가 아니라 자기를 무엇으로 만들어갈 것인가가 중요하며, 이를 위해서는 복잡한 실존의 기술들과 절차가 필수적임을 강조했다. 그러나 이런 실존의 기술과 절차들을 활용한 주체의 윤리적 재구성이 어떻게 새로운 정치적 주체화로 연결될지에 대해서는 암시적인 언급으로 그치고 있다.

세 번째로 정치란 곧 '감성의 분할에 다름 아니라는 랑시에르의 논의는 주체화와 정치의 관계를 해명할 생산적 단서를 제공해 준다. 랑시에르는 기성의 정치가 배제하는 무지한 자들의 자유와 평등은 향후 도달해야 할 목표가 아니라 애초에 선언되어야 할 출발점임을 강조한다. 랑시에르는 이런 출발점이 이미 프랑스 혁명기의 칸트와 쉴러를 통해 명시적으로 선언된 것임을 환기시킨다. 이런 논의들을 통해 68혁명 이후 새로운 주체화의 길을 모색했던 들뢰즈와 가타리, 푸코의 작업들이 남겨 놓은 미진한 문제들의 해결을 위한 노력이 결국 '자유-평등-박애'의 '체화라는 프랑스 혁명의 문제설정(칸트와 쉴러의 철학적 문제설정)으로 다시 회귀할 수밖에 없음을 확인할 수 있다. 역사는 200년이 지났지만 인류는 여전히 제자리 걷기를 반복하고 있는 셈이다. 이 반복에서 어떻게 벗어날 것인가?

2. 감정의 위상과 기능

스피노자는 충동, 동기, 정서, 느낌을 모두 통틀어 '감정'(affectus)이라고 통칭했지만, 인지과학자 다마지오는 감정(affectus)을 정서(emotion)와 느낌(feeling)으로 구별한다. 그에 의하면 정서는 신체적으로 촉발되는 생물학적 현상이기에 '정서의 생물학'을 규명하는 것이 가능하지만 느낌은 생물학적으로 설명될 수 없는 마음의 운동과 연관된다. 정서가 먼저 태어나고 느낌은 그 뒤를 따라 그림자처럼 정서의 뒤를 쫓는다는 것이다.[8] 정서는 몸이라는 무대 위에서 연기한다면 느낌의 무대는 마음이다. 정서는 행위 또는 움직임으로, 현재의 과학적 탐지 수단으로—예컨대 호르몬 분석이나 전기 생리학적 파동 패턴을 관찰함으로써—포착할 수 있다. 그러나 느낌은 모든 심상이 그렇듯이 언제나 안에 숨어 있어 그 소유자를 제외한 누구도 볼 수 없다.(38) 그러나 다마지오는 느낌이 몸이 아니라 마음의 영역에 속한다고 해서 그것이 '생각'으로 환원될 수 있다고 보지 않는다. 그는 느낌의 본질이 신체 상태의 표상이기 때문에, 신체가 아닌 외부의 표상들로 이루어진 생각과는 구별되는 독자적 기능을 가진다고 본다. '신체 상태에 대한 지각'이라고 정의할 수 있는 느낌의 본질이 없다면, 우리는 더 이상 '행복한 느낌'이 든다고 말할 수 없고, 대신 '행복하다는 생각'이 든다고 말해야 할 것이기 때문이라는 것이다.(105)

이런 구별에 입각하여 우리는 신체 내부의 정신적 메커니즘이 <신체적 변화와 직결된 정서-신체 상태에 대한 지각으로서의 느낌-신체 상태에 대한 지각과는 구별되는 생각>이라는 3가지 상호 구별되는 차원의 연동 관계를 통해 작동하고 있음을 알 수 있다. 다마지오는 이렇게 신체 상태와 생각의 '사이'에 끼어 있는 느낌을 통해서 우리는 이러저러한 몸의 이미지뿐만 아니라 동시에 우리 자신의 사고양식에 대한 이미지를 갖게 된다고 주장한다.

느낌은 느낌의 본질이자 느낌에 독자적인 내용을 부여하는 신체의 상태, 이 필수적인 신체 상태의 지각에 수반되는 변화된 사고 방식, 그 주제와 관련해 느껴지는 정서와 합치하는 생각들을 모두 포함한다. 긍정적인 느낌의 예를 들자면, 그와 같은 경우에 마음은 단순히 편안하고 행복한 존재 상태 이상의 것을 표상한다. 마음은 편안하고 행복한 사고의 상태 역시 표상한다. 몸과 마음 모두 조화롭게 작용하고 있다. 그리고 우리의 사고력은 최고 수준에 있거나 최고 수준에 도달할

8_ 안토니오 다마지오, 『스피노자의 뇌: 기쁨, 슬픔, 느낌의 뇌과학』, 임지원 옮김, 사이언스북스, 2007, 10쪽. 이하 이 책에서의 인용은 본문에 그 쪽수를 표시한다.

수 있다. 마찬가지로 슬픔이라는 느낌은 단순히 몸이 아픈 상태 또는 기력이 부족한 상태가 아니다. 많은 경우에서 슬픔은 우리의 사고가 상실에 대한 좁은 범위의 사고 주변에 머물며 그곳에서 빠져 나오지 못하는 비효율적인 상태를 가리키기도 한다.(108-10)

느낌은 통상적으로 생각하는 것처럼 '단순한 느낌'이 아니라 신체의 외부로부터 발생하는 구체적인 자극과 정보, 신체의 내부 상태, 그리고 신체 내에서 발생하지만 신체 외부의 세계를 지시하는 상징체계들을 사용하는 추상적 사유의 세 차원들이 중첩되는 복잡한 심적 과정이다. 이런 이유에서 느낌이 결여되거나 마비된다면 신체의 외부와 내부의 과정은 단절되고, 외부에 대해 수동적 반응에 이끌리거나 반대로 외부의 상황이나 신체 상태와 무관한 망상에 빠지게 된다. 느낌은 물리적 과정과 정신적 과정 사이에 벌어져 있는 '간극'을 매개하고 조절하는 독특한 위상을 갖는다. 느낌을 <물리적 자극→정신적 과정 혹은 물리적 과정→행위>로 나아가는 사이에 잠시 거쳐가는, 혹은 이 절벽에서 저 절벽으로 건너 뛰어넘어야 할 간극으로 볼 것인가, 아니면 반대로 서로 무관하게 떨어져 있던 물리적 과정과 정신적 과정이 끊임없이 통섭(通攝)되고 조절되는 조절장치로 볼 것인가에 따라 느낌의 인식론적, 존재론적 위상은 크게 달라질 수밖에 없다. 들뢰즈는 스피노자를 따라 감정(affectus)을 강조했지만, 동시에 스피노자를 따라 감정은 2종 인식(이성)과 3종 인식(직관)에 의해 조절되어야 할 1종 인식으로 파악했다. 이런 낮은 위상 속에서 파악된 감정은 물리적 과정(자동기계)에서 정신적 과정(자동기계)으로 나아가는 사이의 단순한 '간극—멈칫거림과 주저함—일 따름이기에 두 과정 중의 하나로 환원될 수밖에 없다. 들뢰즈는 '감각의 논리'와 '의미의 논리'를 탐구했지만, 그 사이의 '간극'에 위치한 '감정의 논리'는 탐구 대상으로 삼지 않았다. 이는 그가 '주체' 이전의 '개체화' 과정을 강조하거나 반대로 개체화 '이후'의 사유의 논리(이미지)를 강조함으로써 '주체'를 해체하는 데에 몰두했던 것과도 상통한다. 하지만 다마지오에 의하면 느낌은 지나쳐가야 할 단순한 '간극'이 아니다.

다마지오에 의하면 느낌은 우리가 창의력, 판단, 광대한 양의 지식의 동원과 조작을 필요로 하는 의사결정 등과 관련된 비전형적 문제를 해결하는 것을 돕는다. 오직 '심적 수준의 생물학적 적용만이 문제 해결 절차에 필요한 대량의 정보를 적시에 통합하는 것을 가능하게 해준다. 느낌은 용광로처럼 들끓는 마음이라는 절차와 작용에 중요한 영향을 미친다. 의식적 느낌은 두드러진 심적 사건으로 애초에 느낌을 생성시켰던 정서와 그 정서를 촉발한 대상에 대해 끊임없이 주의를 환기시킨다. 자전적 자아─개인의 과거와 미래에 대한 감각으로 확장된 의식─를 가지고 있는 개인에게서 느낌의 상태는 뇌로 하여금 정서와 관련된 대상과 상황을 부각시켜 다루면서, 그 대상을 따로 떼어내 정서를 개시하도록 만든 평가 절차를 다시 점검하고 필요한 경우 분석한다. 느낌은 관련된 신경지도에 '주의'라는 도장을 꽝 찍어주는 셈이다.(209)

이런 관점에서 보면 물리적, 생물학적, 사회적인 환경들에 둘러싸여 있는 우리의 몸과 몸 속의 뇌, 그리고 마음의 구조와 기능은 단순히 순차적인 직렬적 관계를 이루고 있는 것이 아니다. 들뢰즈는 이 관계를 동일한 물리적 과정이 '추상화'(간격이 만들어지는)되는 순차적 과정으로 파악했다. 하지만 다마지오에 의하면 이 과정은 동질적인 추상화 과정이 아니다. "느낌은 생물의 내부를 탐색하는 심적 감지기이자 진행 중인 생명활동을 증거하는 목격자라고 할 수 있다. 느낌은 또한 우리의 파수꾼이라고도 할 수 있다. …느낌은 바깥 세상의 조화나 부조화를 나타낸다기보다는 우리 몸 깊은 곳의 조화나 부조화를 나타낸다. 기쁨과 슬픔 및 다른 감정들은 우리를 최적의 상태로 생존할 수 있도록 이끌어주는 절차에서 갖게 되는, 우리 신체에 대한 개념이라고 할 수 있다."(164) 이런 이유에서 우리의 외부와 몸과 마음의 관계는 < 외

부→몸→마음(→사유)>이라는 순차적 관계가 아니라 <외부→몸←마음(←사유)>이라는 중첩적 주름과 유사한 관계를 이룬다고 보아야 할 것이다.

마음이 존재하는 것은 일단 그 내용을 채울 몸이 존재하기 때문이다. 한편 마음은 몸을 위해 실용적이고 유용한 임무를 수행한다. 올바른 목표물에 대해 자동화된 반응이 실행되는 것을 조절하고, 새로운 반응을 예견하고 계획하며, 몸의 생존에 도움이 되는 모든 종류의 상황과 사물을 만들어내는 것이 마음의 임무이다.(238)

몸에 자리 잡고 몸을 중심으로 사고하는 우리 마음은 몸 전체의 하인이다.(239)

이런 통찰은 몸과 마음의 관계에 대한 유물론과 관념론의 전통적인 대립을 넘어선다. 유물론은 외부의 물리적 과정으로 몸과 마음을 환원한다면, 관념론은 외부와 몸을 마음의 관념으로 환원한다. 그러나 몸은 물리적 외부나 마음의 관념 어느 한쪽으로 양극 분해될 수 있는 단순한 대상이 아니다. 오히려 화이트헤드가 말하듯이 우리의 몸은 물리적인 극과 개념적인 극이 서로 마주쳐 포개지는 '주름진' 합생체(nexus)다. 화이트헤드는 이 두 극의 최초의 만남을 '느낌'이라고 부르며, 이것이 모든 존재와 생성의 출발 지점이라고 명명한다.9 스피노자가 우리의 마음이 몸의 관념으로 이루어져 있다고 말한 것은

9_ 알프레드 N. 화이트헤드, 『과정과 실재— 유기체적 세계관의 구상』, 오영환 옮김, 민음사, 1996(1판 5쇄). 화이트헤드는 직관적 느낌이야말로 그것 없이는 보다 복잡한 양태들이 일어날 수 없는 원초적이고 본질적인 경험이라고 주장한다. 칸트도 여기서부터 시작하기는 했으나 칸트는 직관이 수용하는 경험적 여건을 결합성이 없는 요소들이라고 간주했는데, 이에 반해 화이트헤드는 최초의 느낌의 사실들 자체가 분리불가능하게 결합된 여건들이라는 점을 강조했다. 이 때문에 칸트에게서는 직관된 요소들을 결합하는 역할이 개념에게 주어지는 것(주관적→객관적)과 반대로 화이트헤드에게서는 애초에 복합적인 객관적 느낌을 추상화하는 것(객관적→주관적)이 인식의 과정이 된다(299쪽). 칸트가 『순수이성비판』에서 취했던 철학적 입장을 <순수느낌의 비판>으로 수정하는 것이 자신의 유기체의 철학의 목표라고 그가 선언한 것도 이 때문이다(230쪽).

우리 마음은 외부의 물체를 있는 그대로 지각하지 못하고 단지 몸에 의해 유발된 변용을 통해서만 외부를 지각할 수 있다고 말한 것에 다름 아니다. 따라서 몸이 없으면 마음도 없다. 물론 이 경우 몸이라고 하는 것은 단순한 물체가 아니며, 몸의 중요한 일부인 뇌 역시 단순한 물체가 아니다. 우리의 몸과 그 기능적 종합조절장치라고도 할 뇌에는 진화의 과정을 통해 세련된 다양한 기능과 지식들이 새겨져 있다. 다마지오는 이를 다음과 같이 설명한다.

마크 존슨이나 조지 레이코프가 주장하듯이 마음이 신체활동과 자세에 대한 뇌의 표상에서 생성된 개념에 기초하여 만들어진다고 할 때, 뇌는 맨 처음 아무 것도 없이 깨끗한 상태로서 몸에서 들어오는 신호를 새겨 넣을 빈 서판과 같은 것이라고 생각하기 쉽다. 그러나 뇌는 빈 서판으로 출발하지 않는다. 탄생시점부터 뇌에는 우리의 몸이 어떻게 관리되어야 하는지에 대한 지식이 스며들어 있다. 탄생시점부터 수많은 지도화가 일어나는 장소와 신경의 연결부위가 존재한다. 뇌는 처음부터 선천적인 지식과 자동화된 방식을 가지고 있으며 몸에 대한 수많은 관념이 미리 결정되어 있다. 충동과 정서가 이러한 장치의 대표적인 예이다. 충동과 정서는 매우 특이적이며 진화과정에서 보존된 행동들의 저장소이고 특정 상황에서 그 실행을 뇌가 충실하게 보장하고 있다.(237-38)

화이트헤드의 '과정철학'의 핵심 '실체'라 할 '현실적 존재'는 한 마디로 매순간의 '경험적 느낌의 방울'(73)이다. 그 속에서 여건(datum)의 다수성이 하나로 느껴지는 것이 곧 미적 경험의 순간이다. 그 순간에 느껴지는 대상과 함께 하는 느낌의 일자성(一者性)이 나타난다. 대상의 다양성이 하나의 통일성으로 경험되는 것은 오직 그런 직관적 느낌에 의해서이다. 인식과정의 이해(칸트 식의 오성과 이성에 따른 개념적, 범주적 이해)라는 것은 그 다양한 요소들을 사후적으로 쪼개고 추상하는 과정에 지나지 않는다. 또한 그는 인식이라는 것은 오직 중간 과정일 뿐이고, 그 전과 후에는 최초의 복합적이고 분석 불가능한 느낌이 있고, 그 후에는 만족스러운 강도 높은 느낌이 있을 뿐이라고 주장한다(307-309). 이런 점에서 우리가 사태를 정확히 파악하려면 최초의 '느낌의 복잡성'으로 항상 되돌아와야 한다.

칸트가 '선험적—문자 그대로 경험하기 이전에 우리 몸에 내장된—인식 능력이라고 불렀던 다양한 기능들이 바로 그것이다. 많은 이들이 칸트의 선험적 인식능력이 단지 이성에 국한되어 있다고 착각하지만, 칸트가 선험적 인식능력이라고 불렀던 것에는 오성과 판단력과 이성과 같은 상위인식능력만이 아니라, 감관과 감정과 욕구와 같은 하위인식능력도 포함된다. 칸트가 말한 코페르니쿠스적 전환은 바로 우리의 몸에 내재된 이와 같은 다양한 기능들을 통해 우리가 외부세계를 인지하는 것이지 백지 상태로 외부의 경험을 있는 그대로 지각하는 것이 아님을 말한 것이다.(이런 점에서 우리의 몸은 세상에서 가장 복잡한 기능을 내장하고 있는 물리적-생물학적-정신적 기계장치라고도 할 수 있다.) 칸트에게서 오성과 감관은 외부를 지각하는 기능을 통해 '관찰적 질서'를 구성해낸다면, 이성과 욕구는 사유를 통해 '개념적 질서'를 구성해내는 데 반해, 판단력과 감정은 자연법칙과 자유를 향해 반대 방향으로 운동하는 관찰적 질서와 개념적 질서 사이에 벌어진 '간극'을 결합하여 순환시키고, 조절하는 기능을 떠맡는다. 이런 점에서 칸트에게서 판단력과 감정은 다마지오가 말하는 '느낌'에 해당한다. 그렇다면 칸트는 왜 판단력과 감정을 구분하는가? 앞서 다마지오가 '신체적 상태의 지각'이라고 정의한 느낌은 단순한 느낌이 아니라 우리가 외부의 자극-신체상태-마음의 복잡한 수준들의 중첩적 절합이 이루어지는 장소라고 말했던 바를 상기해보면 그 이유를 알 수 있다. 이 절합은 단순한 혼합이 아니다. 다마지오는 이 중층적 절합이 이루어지는 세부 메커니즘을 아래와 같이 기술하고 있다.

관념의 관념이란 개념은 여러 모로 중요하다. 이 개념은 관계를 나타낼 수 있게 하고 기호를 창조할 수 있다. 뿐만 아니라 자아에 대한 관념이 탄생할 길을 열어준다. 자아는 이차적 관념인데 이는 두 가지 일차적 관념에 기초하고 있다. 그 중 하나는 우리가 지각하는 대상에 대한 관념이고 다른 하나는 그 대상에 대한 지각을 통해서 변용되는 우리 몸에 대한 관념이다. 자아라는 이차적 관념은 이 두 가지 다른 관념들, 즉 지각된 대상과 그 지각을 통해 변용된 몸 간의 관계에 대한 관념이다.(249)

우리 몸은 외부 대상의 지각(1)과 그 지각을 통해 변용된 몸에 대한 지각(2)을 대면하면서 양자를 종합해서 지각(3)해야 할 필요성에 직면한다. 이 두 가지 1차적 관념(혹은 지각)의 반복은 결국 자아라는 이차적 관념(3)을 산출한다는 것이다. 이를 칸트 식으로 번역하자면, 우리 몸은 오성과 감관의 합성과정을 통해 외부 대상을 지각(인식)(1)하며, 이 지각(인식)을 통해 변용된 몸에 대한 지각(감정)(2)을 합성하면서 판단력이라는 자아 개념(3)을 형성하게 된다는 것이다. 물론 외부 대상의 지각에 의해 변용된 몸의 상태에 대한 느낌 속에서 판단력이 작동하는 과정은 외부의 지각과 몸에 대한 지각이 기왕에 우리 몸에 내재해 있는 이성과 욕구(욕망)의 작동과 일치 혹은 불일치하는지를 검토하고 조절하는 과정이다. 이런 점에서 느낌—판단력과 감정의 절합적 과정—은 물질과 기억, 연장과 사유, 육체와 정신, 생물학적 유전과 사회적 환경이 마주치는 주름진 교차로에 해당한다고 할 수 있다. 우리가 자아 혹은 주체라고 부르는 것은 바로 이 감정의 교차로에 위치한 교통순경과도 비슷한 역할을 감당하고 있다. 이 느낌의 복잡한 주체화 과정, 혹은 감정적 주체의 환원불가능한 특이성을 올바로 이해하지 못할 경우 많은 문제가 발생할 수 있다.

자연은 수백 만 년에 걸쳐서 자동적 항상성 기구를 발달시키고 개선시켜 왔다. 그런데 비자동적인 도구는 고작 수천 년의 역사를 지니고 있을 뿐이다. 자동적 도구는 목표 및 방법과 수단이 잘 확립되어 있고 높은 효과를 보인다. 그러나 비자동적인 수단을 살펴보면 일부 목표에 대해서는 대체로 합의에 도달했지만 다른 많은 목표들에 대해서는 여전히 협상의 여지가 있으며 그 도달 방법이 완전히 확립되지 않은 상태이다. 맑스주의의 목표들은 비록 한정된 범위에서지만 경탄할만한 측면도 있다. 그들이 표명한 의도는 좀 더 공평한 세상을 만드는 것이기 때문이다. 그러나 맑스주의를 추진했던 사회들이 선택한 방법과 수단은 커다란 재앙이었다. 그 많은 이유 가운데 하나는 그들이 선택했던 방법과 수단이 끊임없이 이미 확립된 자동적인 생명 조정 메커니즘과 끊임없이 충돌을 일으켰기 때문이다.(197)

이로써 우리는 자연적인 항상성 기구인 우리 몸의 조절장치와 사회적인 항상성 기구라고 할 이념적-제도적 조절장치의 상호관계라는 문제, 다시 말해서 감정의 조절과 정치적 조절의 상호관계라는 문제에 이르게 되었다. '감정의 정치학'이라는 프레임은 이 상호관계의 복잡성(조화와 일치, 부조화와 불일치, 대립과 갈등, 폭발 등)을 분석하기 위한 문제틀이다. 맑스는 '소외'의 개념을 통해 이 관계가 자본주의 사회에 이르러 극도의 모순에 처해 있음을 지적했고, 프로이트는 꿈과 무의식의 분석을 통해서 자연적 항상성 기구와 초아자라는 사회적 항상성 기구가 어떻게 연결되고, 충돌하고, 봉합되는가를 구체적으로 보여주었다. 그러나 맑스의 분석은 개인 주체가 사회적 관계에 의해 착취되는 메커니즘을 외적으로 분석하는 데 머물렀을 뿐 개인 주체의 항상성 기구의 내적 작동을 분석하는 데까지 나아가지 못했다면, 프로이트는 개인 주체의 내적 작동을 분석하는 데에 머물러 주체와 그를 둘러싼 사회적 관계의 상관관계로 나아가지 못했다. 양자의 한계를 넘어서기 위해서는 두 기구의 작동의 내적 상관관계를 초점의 중심에 둘 필요가 있다.

사회적 관습과 윤리적 규칙은 부분적으로는 기본적인 항상성 기구가 사회 및 문화의 수준으로 확장된 것이라고 볼 수 있다. 민주국가를 통치하는 헌법, 그 헌법과 조화를 이루는 법률, 법률을 적용하는 사법 체계 등이 모두 항상성 도구이다. 이들은 이들의 모델이라고 할 수 있는 다른 층의 항상성 조절 메커니즘, 즉 욕구/욕망, 정서/감정, 이 둘의 의식적 조절과 마치 탯줄로 연결되듯 연결되어 있다.(198)

우리 몸을 둘러싼 사회적 관습과 규칙들의 절차와 같은 사회적 항상성 도구들은 우리 몸과 무관한, 또는 우리 몸에 강제된 외부적 환경이 아니라, 우리 몸의 내적 조절 메커니즘과 '탯줄'처럼 연결되어 있다는 통찰이다. 이런 통찰은 우리 외부의 환경과 우리 몸의 관계는 마치 엄마 몸과 자궁 속의 아이의 몸의 관계가 '탯줄'로 연결되어 있듯이 내적으로 연결되어 하나의 순환적 회로를 이루고 있다는 사실을 일깨워준다. 발터 벤야민은 사회문화적 환경과 개인의 몸과 마음 간의 내재적-무의식적 관계를 다음과 같은 비유를 들어 날카롭게 통찰한 바 있다.

19세기는 개인의식은 점점 더 반성 속으로 침잠하면서 그러한 성향을 유지한 데 반해 집단의식은 점점 더 깊은 잠에 빠진 시대/Zietraum(시대의 꿈/Zeit-Raum)이다. 그러나 잠자고 있는 사람이—이점에서는 광인도 마찬가지이다—자기 몸을 통해 대우주로 여행을 떠나고, 예를 들어 맥박이나 내장의 움직임, 심장의 고동소리, 근육의 감각 등 내부의 소리나 느낌들(이러한 것들은 건강한 깨어 있는 사람들에게서는 건강의 부단한 물결 속에서 하나로 합류될 것이다)이 잠자고 있는 사람의 부단히 예민해지는 내부 감각 속에 환상과 꿈의 이미지들을 만들어내서 내부 감각이 이것들을 해석하고 설명하게 되듯이 꿈을 꾸는 집단에게서도 상황은 이와 비슷해, 이들은 아케이드를 통해 자기 내면으로 침잠해 들어간다… 개인에게는 외적인 많은 것들이 집단에게는 아주 내적인 것이 된다. 개인의 내면에는 장기들의 감각, 즉 병에 걸렸는지 아니면 건강한지 하는 느낌이 있는 것처럼 집단의 내면에는 건축이나 패션, 아니 이뿐만 아니라 날씨도 포함되어 있다. 하지만 이처럼 무의식의 무정형의 꿈의 형상 속에 머무는 한 그것들은 소화과정이나 호흡 등과 하등 다를 바 없는 자연과정에 그치게 된다. 집단이 정치를 통해 그것들을 내 것으로 만들고, 그것들로부터 역사가 생성되기 전까지 그것들은 영원히 동일한 것의 순환 속에 머물게 된다.[10]

자본주의는 꿈을 수반한 새로운 잠이 유럽을 덮친 하나의 자연 현상으로 이러한 잠 속에서 신화적 힘들이 재활성화되었다.(15)

그렇다면 집단이 어떻게 소비자본주의라는 꿈에서 깨어나 정치를 통해 새로운 역사를 생성할 수 있을 것인가? 벤야민은 이를 위해 '변증법적 각성'의 방법을 모색한다. 그러나 개인 주체들이 각성하지 않고서 집단이 각성할 수 있는 방법은 없다. 벤야민은 모두에게 각성하라고 외치지만 개인들이 "처음에는 잠에서 깨어나려고 뒤척이다가 오히려 깊은 잠에 빠지게"(15) 된다면 뾰족한 방법이 없다. 개인 주체들이 깊은 잠에서 깨어나 행동하지 않는다면, 또는 깨어났다가 다시 더 깊은 잠에 빠지게 된다면 집단이 깨어나는 것은 더욱 더 불가능할 것이다. 그런데 왜 벤야민은 각성만을 주장하는 것일까? 만일 각성의 방법만으로 개인적, 사회적 주체의 변화가 가능하다면, 이는 결국 인식의 힘으로, 사유의 힘으로 몸과 마음을 모두 바꿀 수 있다고 보았던 계몽주의적 관념론의 반복이 아닐까? 이런 점에서 노동자계급의 의식적 단결을 강조했던 맑스, 무의식적 갈등의 발생을 분석, 인식함으로써 정신병을 치유할 수 있다고 보았던 프로이트, 그리고 변증법적 각성을 통한 집단의 정치화를 모색했던 벤야민 모두는 결국 적절한 주체 이론을 결여하고 있었던 것이 아닐까? 사회적 항상성 기구가 주체의 자연적 항상성 기구와 충돌하면서 전자가

10_ 발터 벤야민, 『방법으로서의 유토피아』, 조형준 옮김, 새물결, 2008, 11-12쪽. 이하 이 책에서의 인용은 본문에 쪽수를 표시한다.

후자를 파괴한다면, 전자에 후자가 순응하는 대신 후자가 능동적인 변화를 통해 전자를 변화시키는 길 외에 다른 방법이 없다. 그러나 맑스 이래 대다수 진보 이론들은 개별 주체가 예속적 상태에서 벗어나기 위해 필요한 내적 지도와 실천적 절차를 발견하고 실험하는 데에는 실패해 왔다. 이에 반해 인지과학자 다마지오의 '느낌의 과학'은 주체의 내적 지도가 지각 혹은 사유로 환원될 수 없는 다차원적인 '느낌'의 복잡계적인 역동적 구성체로 그려질 수 있음을 과학적으로 해명하고 있다. 그러나 다마지오에게는 몸을 감싸고 있는 사회적 환경을 변화시키기 위해 주체가 스스로 어떻게 변화할 수 있는지를 보여주는 실천의 방법이 부재한다. 다마지오의 과학적 해명과 합치하면서도 주체의 능동적 변화를 가능하게 해줄 새로운 방법은 없을까?

저 유명한 맑스의 포이에르바흐의 테제를 차용하여 말하자면, 이러한 과제는 다음과 같이 기술될 수 있을 것이다. **'이제까지의 철학은 주체를 해석하는 데만 몰두해 왔다. 그러나 앞으로 철학의 과제는 주체를 변혁하는(혹은 새로운 주체를 창조하는) 것이다.'** 세계의 해석에서 세계의 변혁으로 행위를 전환하기 위해서는 그 행위의 주체 자신이 먼저 변화해야 하기 때문이다. 앞서 말한 바와 같이, 2001년에 출간된 말기 푸코의 콜레쥬 드 프랑스의 강의록 『주체의 해석학』은 바로 이런 과제 해결을 위해 생산적 단서를 제공해 준다.

3. 주체적 변화를 위한 실존의 기술들

말기 푸코의 강의에 의하면 고대 그리스와 로마 사람들은 '나는 누구인가?'라는 질문을 결코 던지지 않았다. 그들이 자기 자신에게 가해야 할 노력이 있었다면 그것은 결코 '자기 인식'의 작업이 아니었고, 오히려 '나는 나를 무엇으로 만들어야 하는가?'라는 문제였다. 그것은 발견하고 해석해야 할 정체성의 문제가 아니라 실천해야 할 윤리적 행동의 문제였다. 고대에 자기와 자기를 분리시키는 것은 '인식'의 거리가 아니라 '현재의 자기'와 '생이라는 작품 사이의 윤리적(행동학적)[11] 거리였다는 점을 푸코는 강조한다. 고대의 주체의 문제는 자기를 인식하는 데 있는 것이 아니라 자기의 삶을 작품의 재료로 간주하는 데 있었다. 푸코는 이를 일컬어 '실존의 미학'이라고 명명했다. 그것은 주체가 자기 자신을 인식하려고 노력하는 것이 아니라, 숙고된 규칙에 따라 자신의 생을 구축하고, 지속적으로 수행하는 일정한 행동 원리들을 뜻한다. 이렇게 오늘날과는 크게 다른 주체관을 고대로부터 발굴해내면서 푸코는 '나는 누구인가?'를 질문하는 현대의 주류 심리학이나 정신분석학적 테크닉, 오이디푸스적인 탐색들로부터 벗어나고자 한다. 푸코가 보여주듯이 고대에 시행되었던 실존의 테크닉들은 다수이다. 우리는 그것들을 재발명해야 한다. 푸코의 논지를 따르자면 중요한 것은 우리 자신을 해석을 통해 재발견하는 것이 아니라 우리 자신을 새롭게 만들어 내는 일이다.[12] 말기의 푸코는 철학을 실천하는 독특한 양식을 창조했다. 현실태의 수동적 반복을 중단하고 새로운 삶의 가능성을 창조하며 그것을 사는 것이 새로운 행동철학을 발명하는 것이 관건이라는 것이다.(27-28) 그렇다면 이 새롭게 창조해야 할 주체는 어떤 주체인가?

오늘날 우리에게 동시에 제기되는 정치적, 윤리적, 사회적, 철학적인 문제는 개인을 국가와 그 제도들로부터 해방시키려 하는 게 아니라 우리 자신을 국가와 거기에 결부된 개인화 유형으로부터 해방시키는 문제이다. 우리는 새로운 형태의 주체화를 촉진할 필요가 있다.(573)

11_ 푸코나 스피노자가 사용하는 '윤리'(ethics)라는 개념은 개인의 외부로부터 개인에게 부과되는 사회적, 초월적 '도덕'(morals)이 아니라, 개인에게 '체화된' 주체적 행동양식을 뜻한다. 이런 맥락에서 들뢰즈는 『천의 고원』에서 '윤리'는 '(동물)행동학'(ethology)과 동일한 어원을 갖고 있다고 말한다.

12_ 미셸 푸코, 『주체의 해석학』, 25-26쪽. 이하 이 책에서의 인용은 본문에 쪽수를 표시한다.

단순히 자본과 국가로부터 해방되는 것만으로는 문제가 해결되지 않는다. 오랜 시간 자본과 국가에 의해 길들여진 개인화의 유형, 그렇게 사는 것 이외는 다른 방법을 모르는 개인적 주체형태들이 그대로 남기 때문이다. 또한 그렇게 예속화된 삶에 길들여진 주체 형태들이 그대로 남아 있다면 자본과 국가로부터 해방되는 것 자체도 불가능하다. 벤야민의 말대로 "처음에는 깨어나는 듯하다가 더욱 깊은 잠에 빠지게 되기 때문이다." 따라서 푸코는 두 가지 핵심 과제를 설정한다. 1) 새로운 주체형태란 자본/국가에 예속되지 않은 주체이다. 이런 주체는 어떤 주체인가를 발견해야 한다. 2) 주체가 주체 스스로를 변화시킬 수 있는 조건은 어떤 것인가? 3) 이런 가능성의 조건 하에서 주체가 자신을 창조하는 방법은 어떤 것인가?

1) 첫 번째 과제와 관련하여 푸코가 제시하는 것은 오늘날과는 전혀 다른, 그리스와 로마 시대의 주체형태이다. 그것은 다른 무엇—권력, 부, 타자들—을 돌보는 것이 아니라 오직 '자기 자신을 돌보는 알', '자기에의 배려'에 몰두하는 주체이다. 물론 이렇게 자기 자신을 돌보는 것은 부와 신분에서 특권을 가질 때라야 가능하다. 그러나 고대의 귀족들은 근대의 귀족이나 현대의 부르주아들이 부와 권력의 축적과 유지를 위해 몰두하는 것과는 달리 그 유리한 특권을 활용하여 단지 자기 자신을 돌보는 데에 몰두한다는 점에 큰 차이가 있다.

고대 그리스에서 자기 자신을 돌보는 것은 특권이다. 그것은 타인들을 돌보아야 하고 타인들에게 봉사하거나 살기 위해 직업에 고심해야 하는 자들과 대조되는 사회적 우월성의 징표이다. 부, 신분, 출신이 주는 유리한 조건은 자기 자신을 돌볼 수 있는 가능성으로 해석된다. Otium의 로마적 개념은 이 테마와 무관하지 않다. 즉 여기서 지시된 '여가'는 특히 자기 자신을 돌보는 데 보내는 시간이다. 이런 의미에서 철학은 그리스에서나 로마에서나 마찬가지로 보다 광범위하게 확산된 사회적 이상을 철학 고유의 요구사항들의 내부에 옮겨놓았을 뿐이다.(521)

이렇게 '자기 자신을 돌보는 것은 "자기 자신의 지배자가 되기, 자신에게 완벽한 지배력을 행사하기, 완전하게 독립적이기, 완벽하게 자기에게 속하기와 같은 법률적-정치적 모델 위에 구상된다. 또한 이 관계들은 자신을 향유하기, 자기 자신과 더불어 즐거움을 취한다. 자신 안에서 모든 관능을 발견하기와 같은 소유적인 향유의 모델 위에서 표상된다."(523) 이 모델은 '대중의 자기-통치'(demo-cracy)라는 민주주의의 정의에 완전히 부합된다. 물론 고대 그리스의 폴리스와 로마의 공화정 시대의 민주주의는 노예제 생산양식의 토대 위에서 특권을 누렸던 제한된(폴리스의 안과 밖을 포함한 전체 구성원의 1/10에 국한된) 숫자의 독립적이고 자율적인 시민들만의 민주주의였다. 그러나 같은 시대의 다른 지역에서는 노예제라는 경제적 토대를 공유하더라도 민주주의가 성립되지 못했다는 역사적 사실을 고려한다면, 노예제는 고대 그리스/ 로마 시대의 공화정의 필요조건일 수는 있어도 충분조건은 아니라는 점을 쉽게 이해할 수 있다. 따라서 민주주의의 충분조건은 다른 데서 찾아야 하는데 푸코는 그것이 바로 '자기에의 배려'라는—오늘날 우리가 이해하기 어려운—주체화 양식이라고 제시하고 있는 셈이다. 그렇다면 민주주의의 '실질화'가 가능하도록 자기가 자기를 지배하는 이런 형태의 주체화는 실제로 어떻게 현실적으로 가능한 것일까?

2) 이런 질문에 대해 푸코는 '윤리적 거리'라는 조건을 제시한다. 당시의 관점에 의하면 자기가 자기 자신을 독립적으로 완벽하게 지배하는 일은 단지 깨달음을 통해서 저절로 이루어지는 것이 아니다. 이는 부단한 자기 수련의 실천을 요하는데, 그 이유는 주체라는 것 자체가 여러 차원의 자기들로 구성되어 있기 때문이라는 것이다. 애당초 자기 자신이 단일체라면 '자기에의 배려' 혹은 '자기 통치'라는 개념 자체가 성립하지 않는다. 달리 말하면 자아가 단일체가 아니라 복합체이기 때문에 자칫하면 이 여러 자기들 중의 어떤 자기는 외부의 힘에 예속되고, 어떤 자기는 망상에 빠지게 됨으로써 결국은 독립

성을 상실하게 될 우려가 크다는 말이다. 이런 생각은 앞서 살폈듯이 인간 주체가 다양한 역능들과 기능들로 구성된 복합체라는 다마지오나 칸트의 통찰과 상통한다. 이러한 복합체는 외부로부터 고립된 주체가 아니라 항상 외부와 대면하는 주체이다. 이 때문에 자기에의 배려가 성공하기 위해서는 외부와의 관계에서나 내부에서 다양한 자기들과의 관계에 있어서 '윤리적 거리'를 필요로 한다. 푸코는 이런 '윤리적 거리'에 대해 다음과 같이 기술한다.

> 윤리적 주체는 결코 자신의 (사회적, 외적) 역할과 완벽하게 일치하지 않는다. 우선 자기에게 행사해야 하는 지상권이 보존해야 하고 보존할 수 있는 유일한 것이기 때문에 이 거리가 가능해진다. 이 거리는 권력의 유일하게 명확한 현실을 규정하기까지 한다. 내가 타자를 지배하게 되는 경우 유일하게 결정적이고 본질적이며 실제적인 일차적 지배인 내 자신의 지배라는 모델에 입각해 지배할 수밖에 없다…. 윤리적 차원은 타자의 시선의 내면화의 결과가 아니다. 절대적 타자가 절대적 자기의 투사이고 또 전율할 필요가 있다면 그것은 절대적 자기의 상징에 지나지 않는 절대적 타자 안에서라기보다는 절대적 자기 앞에서이다. 이와 같이 '윤리적 거리의 통치성'이라고 명명한 바를 명확히 설정하면서 문제시된 것은 정치적인 것이었다. 일반적으로 "스토아주의의 일상적 태도에서 자기 수양은 정치활동의 중대한 대안으로 체험되기보다는 정치활동의 조절적 요소였다.(571-72)

3) 이런 윤리적 거리를 만들어내면서 주체는 부단히 자기-통치를 수행하는데, 푸코는 당시의 다양한 문헌들 속에서 이와 같은 '자기-통치'의 기술들을 다채롭게 찾아낸다.(521-32)

푸코는 이렇게 다양한 실천의 기술들의 수행을 다음과 같은 원칙들로 요약한다. "1. 자기 수양은 능동적인 인간에게 양적인 제한의 규칙을 부여한다.(자기 자신을 망각하게 될 정도로 정치적인 과업, 금전에 대한 배려, 다양한 책무

(1) 자기에의 배려라는 이러한 실천에는 다양한 기능들이 포함되어 있다.

- 우선 비판적 역할이 있다. 대중이나 나쁜 스승, 부모나 측근들로부터 습득할 수 있는 모든 악습과 그릇된 의견을 버리게 해주어야 한다.

- 투쟁의 역할도 한다. 자기 실천은 계속되는 싸움으로 이해된다. 개인에게 평생 동안 싸울 수 있는 무기와 용기를 줄 필요가 있다. 격투사의 기마창시합의 은유, 전쟁의 은유 같은 두 은유가 얼마나 빈번했는지는 잘 알려진 사실이다.

- 자기 수양은 교육적 모델보다 의료적인 모델이 훨씬 더 가깝다. 그리스 문화에는 아주 오래된 영혼의 정념뿐만 아니라 신체의 병을 의미하는 'pathos' 개념이 존재했고, 육체와 영혼을 돌보다, 치료하다, 절단하다, 희생시키다, 정화하다 등의 표현들을 적용, 가능하게 해주는 은유적 장의 풍부함이 존재했다. 철학의 역할이 영혼의 병을 치유하는 데 있다는 것이 에피쿠로스주의자, 견유주의자, 스토아주의자에게 친숙한 원칙이었음을 상기할 필요가 있다.

(2) 1, 2세기에 자기와의 관계는 항상 스승이나 지도자 혹은 타자와의 관계에 근거해야 하는 것으로 생각되었다. 그 누구도 스스로 자신이 빠진 'stultia' 상태로부터 벗어날 수 있을 만큼 강하지 못하다고 세네카는 말한다. 이러한 영혼의 수련에서 그 실천이 되는 사회적 관계는 다수적이다.

- 엄격한 교육체계가 존재한다.

- 사적인 충고를 제공해주는 고문들이 많다.

- 영혼의 지도는 가족관계, 보호관계, 우정관계 등과 같은 다른 관계들과 중첩되고, 또 이 관계들에 활기를 불어넣는다.

(3) 훌륭한 격투사처럼 우리는 발생 가능한 사건들에 대항할 수 있는 법을 배워야 한다. 우리는 사건들에 의해 동요되지 않는 법과 사건들이 우리에게 불러일으키는 감정들에 사로잡히지 않는 법을 배워야 한다. 그런데 발생가능한 사건들 앞에서 자기 제어를 유지하기 위해서는 무엇이 필요한가? 참되고 합리적인 담론을 의미하는 'logoi'가 필요하다. 미래에 맞서기 위해 필요한 장비는 참된 담론이라는 장비이다.

- 우리가 필요로 하는 참된 담론들이 세계와 우리와의 관계, 자연의 질서상에서 우리의 위치, 일어나는 사건들과 관련한 우리의 의존성이나 독립성 내에서만 우리와 연관이

있다는 사실이다. 참된 담론들은 우리의 사유, 표상, 욕망의 해석이 결코 아니다.

- 플루타르코스에 의하면 참된 담론은 실존의 모든 역경에 대비하기 위해 갖추어야 하는 약과 같다. 그것은 마치 '목소리만으로 개들의 으르렁거림을 잠재울 수 있는 스승'과도 같다. 이것은 자신의 본성을 되찾기 위해 영혼이 자신에게 돌아가야 한다고 주장하는 플라톤이 추천하는 활동과는 다른 것으로, 플루타르코스나 세네카가 추천하는 것은 교육, 독서, 권고를 통해 주어진 진실의 흡수이다. 이는 상기운동을 통해 자기 자신 깊은 곳에 숨겨진 진실을 재발견하는 것이 아니라 점진적으로 추진된 자기화를 통해 획득된 진실들을 내면화한다.

(4) 점진적 기억훈련의 기술: 이 기술은 진실과 주체를 연결시키는 것으로, 주체가 모르고 있었고 또 주체 내에 거주하지도 않던 진실로 주체를 무장시키는 것이 관건이다.

- 경청의 중요성: 제자는 우선 정숙하고 경청해야 한다.

- 글쓰기의 중요성: 여러 종류의 일지들을 기록하는 개인적인 글쓰기.

- 배운 바를 기억한다는 의미에서 자기로의 회귀: 자기 자신으로 돌아가 거기에 놓아둔 '부'를 점검하기, 이따금 다시 읽는 일종의 책을 자기 안에 갖추어야 한다.

(5) 사유 내에서의 사유를 통한 단련

- 미래의 불행에 대한 명상: 에피쿠로스주의자들은 아직 발생하지 않은 불행으로 미리 고통을 받는 것은 무용하며 현재의 불행으로부터 자신을 더 잘 보호하기 위해서는 과거의 기쁨들을 생각에 떠오르게 하는 것이 더 낫다고 주장, 반면 엄격한 스토아주의자들은 이를 아주 열심히 실천한다. 우선 일어날 가능성이 없더라도 최악의 상태를 아주 체계적으로 상상하는 것이 중요하다. 이런 사건들이 먼 미래에 발생할 수 있는 것으로 생각해서는 안 되고 이미 현행적으로 실현되고 있는 것으로 생각할 필요가 있다. 이런 연습은 그것들이 실제적인 불행이 아니고 우리가 그것들에 대해 갖는 의견이 그것들을 진정한 불행으로 생각하게 만든다는 것을 확신하기 위해서이다. 이런 훈련을 통해 미래와 불행을 소거해 버리는 것이 목적이다.

- 현실에서 수행되는 훈련: 절제, 금식, 신체적 인내 훈련. 이는 외부 세계와 관련한 개인의 독립성을 수립하고 시험하는 것이 관건이다.

- 사유 상에서 시행되는 명상의 축과 현실상에서 수련하는 연습의 축 사이에는 자신을

단련하는 데 한정된 일련의 다른 수련들이 있다. 이 예는 기독교의 신앙생활 근처에서 재발견되는데, '표상들의 통제'가 관건이다. 야간 파수꾼과 화폐 검사관의 은유. 표상된 사물에 의해 충격을 받거나 동요되는지의 여부와 그 이유가 무엇인지를 아는 것. 정념들이 포효하자마자 즉시 나타나 정념들을 잠재우는 스승의 목소리.

– 이 모든 수련의 최정상에 죽음의 명상, 혹은 훈련이 발견된다. 세네카가 이 실천을 가장 많이 수행했다. 이 수행은 매일 매일을 생의 마지막 날처럼 살게하는 경향이 있다. 생 속에 죽음을 현재화하는 방식이다. 인생의 긴 지속을 하루와 같이 짧은 시간으로 여기고 인생 전체가 매일매일에 달려 있는 것처럼 사는 데 있다. 매일 아침 인간은 인생의 유아기에 있어야 하지만 저녁이 죽음의 순간이라고 여기며 하루 동안을 살아야 한다. "잠자리에 드는 순간에 기쁜 마음으로 웃으며 나는 살았다고 말하자"라고 세네카는 열두 번 째 서신에서 말한다.

가 실존을 엄습하게 내버려 두어서는 안 된다.) 2. 자기와의 관계의 우선성은 다른 모든 관계로부터 주체의 독자성을 수립할 수 있게 해주고, 주체의 독자성은 이 다른 관계들의 확장을 제한하는 데 도움을 준다."(570-71)

그러나 주체의 독자성을 수립하는 데 가장 큰 우선순위를 부여하는 자기-통치의 원칙과 실천들은 중세 기독교 수도원 모델의 확산과 더불어 폐기되며, 서구사회는 진실의 주체화를 거치지 않는 자기 실천, 요컨대 자기에 대한 진실의 고백을 거치고, 고해 형식을 갖고 복종을 목적으로 하는 주체의 대상화라는 자기 실천의 단계로 넘어간다.(24) 나아가 자본주의 사회로 접어들면서 이런 방식의 주체화는 "개인들을 범주로 분류하고 그들의 고유한 개인성을 통해 개인들을 지정하며, 그들에게 정체성을 고정시키고 그들이 내면에서 확인해야 하는 진실의 법칙을 부과하는 형태"로 권력화된다. "이런 형태의 권력은 (정치권력과는 반대로) 구원을 지향한다. 이런 형태의 권력은 (군주권과 반대로) 헌신적이고 (사법적인 권력과 반대로) 개별화하는 경향이 있다. 이 권력은 생명과 공통적 외연을 갖고 그 연장 속에 있고 진실—개인 자신의 진실—의 생산과 연루되어 있다. 이 권력은 18세기부터 갑자기 사회적 신체 전반에 확산되고 무수한 제도로부터 지지를 받았다."(573)

이제 주체의 대상화 전략에 따라 근대 주체들은 수많은 분과학문들과 분업화된 직업의 경계선들을 따라 고정된 정체성을 갖도록, 훈육적 통치(치안)의 대상과 매개체로 전락한다. 이런 과정의 누적적 반복을 통해 대중은 날이 갈수록 '자기-통치성'으로부터 멀어지며, 수많은 이데올로기적 (국가)장치들에 의해 통치의 재료와 대상으로 예속된다. 푸코는 이런 상태에서 벗어나기 위한 전략으로 2000년 전으로 거슬러 올라가 '자기-통치'의 전략과 기술들을 발굴해냈다. 그러나 이 고대의 전략을 다시 택하기로 결정한다고 해도 그 전략을 실천하기 위해서는 고대 그리스/로마의 자유로운 시민들과 같이 '자기에의 배려'를 위한 충분한 '여가' 시간이 주어져야 하는 것이 아닐까? 설령 시간과 여타의 조건이 주어진다고 해도 소비자본주의의 달콤한 행복의 전략과 기술에 푹 젖어있는 대중들이 어떻게 그와 같이 엄격한 자기-통치의 전략을 채택하고 또 일상적으로 실천할 수 있을까? 첫 번째는 자기-통치의 전략과 실천이 가능한 현대적 조건에 대한 질문이라면 두 번째는 이런 조건이 가능할 경우 자기-통치의 기술들이 과연 과거와 같이 엄격한 실천의 방식이어야 할 것인가에 관한 질문이다.

그러나 첫 번째 질문은 어떤 의미에서는 무의미하다. 만일 예속적 주체로부터 벗어나 자기-통치적인 주체가 되는 것을 무엇보다 우선시한다면 이를 위한 조건이 주어질 수 있는가 아닌가를 따지는 것 자체가 문제가 되지 않는다. 조건이 주어져 있지 않다면 조건을 새롭게 만들어가면 되기 때문이다. 따라서 문제는 두 번째 질문에 답하는 것이다. 다음 절에서는 첫 번째, 조건을 바꾸는 일이 어떻게 가능한가를 랑시에르의 논의를 통해 살펴보고, 랑시에르의 주장이 두 번째 질문에 어떤 답을 제공해줄 것인지를 확인해 보도록 하겠다.

4. '감성 분할'의 정치와 '콜라주의 정치'

랑시에르는 이렇게 주어진 조건 자체를 바꾸어 대중이 스스로 자기-통치를 이루어가는 실례들을 제시한다. 『프롤레타리아들의 밤』(1981)에서 그는 1830년대의 다양한 자료들(편지, 시, 연대기, 신문, 자서전 들…)을 통해서 1830년 7월 혁명 시기의 프랑스 노동자들이 사유할 시간을 얻기 위해, 노동자의 권리이자 의무인 밤잠을 포기하고, 낮에는 일하고 밤에는 모여 신문을 만들고, 시와 노래를 지으며 사회문제를 토론했던 기록들을 찾아낸다. 또한 『평민 철학자』(1983)에서 랑시에르는 시간은 나의 것이 아니라고 말하면서도 그의 것이 아닌 글 쓸 시간을 스스로 취함으로써 다른 시간을 여는 평민 철학자 루이-가브리엘 고니의 사례를 제시한다.[13]

또한 『무지한 스승』(1987)에서는 프랑스 혁명기의 망명자였던 조세프 자코토가 네덜란드어를 모르면서 네덜란드 학생들에게 프랑스어를 가르치게 된 사례, 즉 교사가 학생들에게 어떤 지식도, 기술도, 수완도 설명하지 않은 채, 단지 프랑스어의 네덜란드 대역판인 책을 읽게 함으로써 학생들 스스로가 시행착오를 통해 프랑스어를 습득해가는 사례를 소개한다. 그는 이 사례를 통해서 교육은 유식한 스승으로부터 무지한 학생에게 지식이 설명되고 전달되는 것이 아니라 학생 스스로가 자신에게 잠재한 역능을 스스로 취해가는 과정임을, 그러나 그렇다고 교육자의 개입이 불필요하다는 것이 아니라 단지 기존의 질서가 강제하는 지성적, 감성적 분할과 위계의 승인으로부터 발생하는, 무능력의 고백과의 단절을 위해 교육자가 필요하다는 사실을 보여준다. 이런 사례를 통해 랑시에르는 기존의 학교교육이 학생들과 교사 사이, 그리고 학업과정에서의 이어지는 학년들 사이는 대등하지 않다는 불평등의 전제

13_ 자크 랑시에르, 『감성의 분할: 미학과 정치』, 오윤성 옮김, 도서출판 b, 2008, 133쪽.

에 기초하여 지적 위계를 정립하는 것을 그 본질적 기능으로 삼고 있다는 사실을 폭로한다.[14]

이런 사례들을 일반화하여 랑시에르는 플라톤 이래 대부분의 철학들, 학문들은 바로 지적, 감성적 분할과 위계의 제도들이라고 주장하며, 이런 제도들 자체가 정치적 지배의 주요한 결절점들이라고 비판한다. 이런 분석을 거쳐 『정치적인 것의 가장자리에서』(1990)에서 그는 정치적인 것을 다음과 같이 정의한다.

> 정치적인 것은 두 가지 이질적인 과정들의 조우다. 첫 번째 것은 정부의 과정이다. 그것은 공동체의 사람들의 집단과 그들의 동의를 조직화하는 데 있고, 자리들과 기능들의 위계적 분배에 기초를 둔다. 나는 이 과정에 치안이라는 이름을 주겠다. 두 번째 것은 평등의 과정이다. 그것은 보잘 것 없는 사람과 보잘 것 없는 사람의 평등의 전제에 의해 그리고 그것을 검증하려는 관심에 의해 인도되는 실천들의 유희에 있다. 이러한 유희를 지칭하는 데 있어서 가장 고유한 이름은 해방이라는 이름이다.[15]

그는 기성의 사회학이 평등 선언의 사회적 힘을 부인함으로써 그리고 정치를 이권투쟁과 동일시함으로써 사회학은 정치를 치안으로 환원시키며 정치를 사라지게 만든다고 주장한다.(139) 그러나 이렇게 대중들의 지적, 감성적 역능 자체가 평등하다면 그들은 왜 스스로 자기-통치의 주체가 되지 않는가? 랑시에르에 의하면 치안과 위계적 교육이 그 일차적 원인이다. 이차적 원인은 대중 자신의 무능함의 고백에 있다. 자코토와 그의 학생들의 사례는 대중이 이 두 가지 장애를 뛰어넘어 자기-통치의 기술을 습득할 수 있음을 보여준다.

14_ 자크 랑시에르, 『무지한 스승』, 양창렬 옮김, 궁리, 2008, 270-73쪽.
15_ 자크 랑시에르, 『정치적인 것의 가장자리에서』, 양창렬 옮김, 도서출판 길, 2008, 139쪽.

이런 논의들을 통해서 랑시에르는 위계적인 방식의 지적, 감성적 분할과 그 분할을 뛰어넘는 지적, 감성적 평등의 실천은 치안에 맞서는 정치라는 실천과 상응한다고 주장한다.

'감성의 분할, "그것은—어쩌면 푸코적 의미에서 다시 검토된—칸트적 의미로, 자신에게 느끼게 하는 것을 결정짓는 선험적 형식들의 체계"로서 "경험 형식으로서의 정치의 장소와 쟁점을 동시에 규정하는, 시간들과 공간들, 보이는 것과 보이지 않는 것, 말과 소음의 경계 설정"이다. "정치는 우리가 보는 것과 그것에 대해 우리가 말할 수 있는 것에 관한 것, 누가 보는 데 있어서의 능력과 말하는 데에 있어서의 자질을 가지고 있는지에 관한 것, 공간들의 속성과 시간의 가능성들에 관한 것"이다.16 이런 이유에서 경험의 형식을 이런 저런 방식으로 정하는 일 자체가 이런 저런 주체들을 치안의 대상으로 만들 것인가 아니면 자신의 목소리와 느낌과 지향점을 표현하는 정치적 주체로 나서게 할 것인가를 결정하는 '비가시적인 프레임'이 될 수 있다. 특정한 방식으로 감성을 분할하고 위계화하는 이 프레임을 그대로 수용할 것인가 거부할 것인가가 바로 정치적 문제라는 것이다. 따라서 위계적이고 불평등한 감성 분할의 프레임이 곧 치안이라면 이 프레임을 거부하는 것 자체가 민주주의적 평등, 즉 정치의 가능한 지평을 산출하게 된다.

보바리 부인, 또는 감정 교육이 출간될 때, 이 저작들은 즉시, 플로베르의 귀족 정치적 입장과 정치적 순응주의에도 불구하고, '문학에서의 민주주의'로 인식된다. 어떤 메시지를 문학에 부여하는 것에 대한 그의 거부 자체가 민주주의적 평등에 대한 하나의 증거로 간주된다. 가르치는 대신 그리는('묘사하는'-필자) 그의 결의에 의해 그는 민주주의자라고 그의 반대자들은 말한다. 이러한 무차별의 평

16_ 자크 랑시에르, 『감성의 분할: 미학과 정치』, 10-15쪽. 이하 이 책에서의 인용은 본문에 그 쪽수를 표시한다.

등은, 모든 주제들의 평등은 규정된 하나의 형태와 규정된 하나의 내용 사이의 모든 필연성의 관계에 대한 부정이라는 어떤 시적 결의의 결과다. 그러나 이 무차별, 이것은 결국 여하한 시선에 대해서도 개방되어 있는, 한쪽의 습자지 위에서 일어나는 모든 것에 대한 평등 자체가 아니라면 무엇인가? 이 평등은 재현의 모든 위계들을 타파하고 문자의 임의적인 순환에 의해서만 그려진 공동체인, 정통성 없는 공동체로서의 독자들의 공동체를 또한 설립한다.(16-17)

랑시에르는 19세기 중반 소설에서 나타났던 이 무차별적인 민주주의가 20세기 회화에서는 '반-재현적—추상이라고 잘못 명명된—회화의 평평함으로, 그리고 다시 페이지, 게시물, 타피스트리의 평평함과 연결되는 '계면'(interface)의 평평함으로 나타나는 과정을 추적한다.

말레비치를 <흰 바탕에 검은 네모꼴>의 작가인 동시에 '삶의 새로운 형태들'에 대한 혁명적 예찬자로 만드는 것은 주위의 '혁명적 열기'가 아니다. 그리고 혁명적 예술가들과 정치가들 사이의 일시적인 동맹을 굳히는 것은 새로운 인간에 대한 어떤 연극적 이상이 아니다. 형상화를 파괴하는 예술가를 새로운 삶을 발명하는 혁명가에 연결시키게 되는 이 '새로움'이 형성되는 것은 우선, 다른 '매체들' 사이에 창조된 계면 속에서, 시와 그 인쇄술 또는 그 삽화 사이, 연극과 그 무대 장치들 또는 그 게시물 제작자들 사이, 장식물과 시 사이에 짜여진 관계들 속에서다. 이 계면은 그것이 재현 논리에 내재하는 이중의 정치를 폐지한다는 점에서 정치적이다.(20)

여러 장르적 경계들로 분할되어 있던 매체들 사이의 인터페이스는 분할되어 있던 감각들의 새로운 '짜임 관계'(constellation)를 형성하며, 이 새로운 '감성적 성좌'는 노동분업의 경계 안에 예속되어 있던 소외된 주체들을 자신들의 몸에 잠재되어 있던 감각적, 감정적, 상상적, 지적, 신체적 역능들 간의 '통섭'을 촉진하여 '자기에의 배려'를 활성화하고, 자기-통치적인 자율적인 윤리적 주체로 거듭날 수 있게 만드는 '감성적 실험'의 엔진이다. 이런 이유에서 19세기 중반에서 20세기 전반기에 모든 장르를 횡단하며 고전주의적 재현의 규범들을 전복했던 모더니즘의 미학적 혁명은 감성의 분할에 예속되었던 주체들을 지적-감성적 인터페이스를 통해 자율적이고 자기-통치적 주체로 거듭나게 함으로써 모든 형태의 소외와 차별을 지양하려는 해방의 정치와 내적으로 연결될 수밖에 없다. 랑시에르는 모더니즘 혁명을 통해 탄생한 이 감성적 혁명을—고대의 '윤리적 이미지 체제를 거부하고 탄생했던—고전주의 시대의 '시학적-재현적 체제'에 맞서는 '미학적 예술 체제'라고 부른다.

> 미학적 예술 체제는 바로 예술을 단독적인 것과 동일시하고, 이 예술을 모든 특유한 일반법칙으로부터, 주제들, 장르들, 그리고 예술들의 모든 위계로부터 벗어나게 하는 체제다. 그러나 이 체제는 예술의 행동방식들을 다른 행동방식들과 구별하던, 그리고 그 일반법칙들과 사회적 점유들의 질서를 분리하던 모방의 장벽을 산산조각 내면서 그것을 한다. 미학 체제는 예술의 절대적 단독성을 단언하고 동시에 이 단독성에 대한 모든 실용주의적 기준을 파괴한다. 그것은 동시에 예술의 자율성 그리고 삶이 그 자체 형성되는 형태들과 제형태들의 동일성의 근거가 된다. 이 체제의 첫—그리고 어떤 의미에서는 넘을 수 없는—선언인 쉴러의 '미학적 상태'는 상반된 것들의 이러한 근본적인 동일성을 잘 가리킨다. 미학적 상태는 형태가 즉자적으로 시험 받는 순간, 순수한 중단 상태다. 그리고 그것은 어떤 특유한 인간성의 형성 순간이다.(30-31)

이 미학적 상태는—쉴러가 질료 충동과 형식 충동의 대립을 넘어서 양자 사이의 자유로운 유희라고 불렀던—칸트가 (1) 냉혹한 자연법칙과 자기 입법적인 자유 간의 대립을 넘어서 양자 간의 자유로운 유희의 역능인 반성적 판단력, (2) 외부 대상에 대한 감각적 지각과 내적 욕구들 간의 대립을 넘어서 양자 간의 자유로운 유희의 역능인 쾌/불쾌의 감정, (3) 그리고 다시 (1)과 (2)의 두 차원 사이의 자유로운 유희의 역능인 상상력, 이 세 가지 차원들 간의 자유로운 '통섭'을 통해, 인간에게 내재한 모든 잠재적 역능들[17]이 위계화된 분할을 넘어서 하나의 역동적 성좌를 이루는—벤야민이 '정지 상태의 변증법'(Dialektik als Stillstandt)이라고 불렀던 순간—'특유한 인간성의 형성 순간을 지칭하는 것이라고 할 수 있다. 이 순간은 인간에게 잠재된 제역능들이 자유로운 유희를 행하는 순간이다. 랑시에르는 이 순간을 '이중 중지'의 순간이라고 설명한다. "오성의 인지능력의 중지, 그리고 욕망의 대상들을 강제하는 감성능력의 상관적 중지가 그것들이다."[18] "왜 이러한 중지는 동시에 삶의 새로운 기술, 공동의 삶의 새로운 형태를 만드는가?"(63)

가장 일반적인 대답은 이렇게 작성될 수 있다. 그것은 그 정치가 지배의 감각중추와는 다른 감각중추에 예술의 사물들이 속한다는 것에 의해 예술의 사물들을 규정하기 때문이다. 칸트의 분석에서 자유로운 놀이와 자유로운 외형은 재료에 대한 형태의 권력을, 감성에 대한 지성의 권력을 중지시킨다. 이러한 칸트의 철학적 제안들은 쉴러에 의해 프랑스 혁명의 맥락 하에서 인류학적이고 정치학적인 제안들로 바뀐다. '재료'에 대한 '정치'의 권력은 대중에 대한 국가의 권력이고, 감각의 계급에 대한 지성의 계급의 권력이며, 자연의 인간들에 대한 문화의 인간

17_ 칸트의 구별에 의하면 이 역능들은 대단위로 구별하면 모두 7가지이다. (1) 상위인식 능력인 오성, 판단력, 이성, (2) 하위 인식능력인 감관적 지각, 쾌불쾌의 감정, 욕구(욕망), (3) 이 두 차원을 연결하는 상상력이 그것이다. 이 중에서 감관적 지각은 외감의 능력인 공간적 지각(통상 오감이라고 부르는 것)과 내감의 능력인 시간의 직관으로 구별된다. 욕망의 경우에는 훨씬 더 다양한데 스피노자는 <에티카>에서 이를 46가지로 구별한다.

18_ 자크 랑시에르, 『미학 안의 불편함』, 주형일 옮김, 인간사랑, 2008, 62-63쪽.

들의 권력이다. 미적인 '놀이'와 '외형'이 새로운 공동체를 만든다면 그것은 그것들이 지성적 형태와 감각적 재료 사이의 대립—이것은 두 인간들 사이의 차이이다—에 대한 감각적 거부이기 때문이다. 바로 여기서 놀이자로서의 인간을 진정한 인간으로서의 인간으로 만드는 방정식이 그 의미를 찾는다. 놀이의 자유는 노동의 복종성과 반대된다. 마찬가지로 자유로운 외형은 외형을 현실과 연결시키는 구속과 반대된다. 이 카테고리들—외형, 놀이, 노동—은 감성 분할의 카테고리들이다. 그것들은 실제로 일상적 감성 경험 안에 지배나 평등의 형태들을 기입한다. 플라톤의 공화국에는 수공예 기술자에게 가능한 자유로운 놀이가 없는 만큼이나 '흉내내는 사람'의 권력에게 '자유로운 외형'도 없었다.(63-64)

물론 프랑스 혁명기에 칸트와 쉴러에 의해 개념화된, 새로운 자율적 주체성의 탄생을 가능케 하는 이 '자유로운 놀이'는 역사적으로 보면 오직 특정의 순간, 가령 러시아 혁명기, 그리고 68혁명의 특정 시기에 재조명되었고, 일부 사람들에 의해 예술적 급진성과 정치적 급진성 사이의 동맹 형태로 실험되었을 따름이다. 그 동맹이 해체된 오늘의 예술 상황을 지배하는 두 가지 상반된 비판적 태도들을 랑시에르는 이 해체된 동맹의 두 파편으로—즉 동맹이 해체되는 순간 끊임없이 반복될 수밖에 없는 모순—으로 설명한다. 그는 그 하나를 '숭고의 미학'으로, 다른 하나는 '관계적 미학'으로 명명한다. 랑시에르가 자세히 설명하고 있는 양자의 특징을 도표로 대략 재구성해보면 다음과 같다.(51-80)

서로를 제거하는 극단적 지점까지 밀고나가게 되는 상반된 논리를 지닌이 두 가지 예술의 정치적 형태들 사이의 긴장은 19세기에 형성된 모더니즘의 '미학적 체제' 자체를 위협한다. 그러나 랑시에르는 이 '미학적 체제'를 기능하게 만드는 것도 바로 이 양자의 긴장임을 강조한다.(81) 랑시에르는 양자의 긴장의 악순환 안에서 미학과 정치가 함께 갈 수 없다는 증거를 발견하는

숭고의 미학	관계적 미학
1. 일상적 경험에 거리 두기의 미학	1. 미시정치적인 근접성의 정치들
2. 상업적 생산물의 동질성과 절대적 거리를 둔 절대적 타자의 감각적 기입	2. 예술의 자율성이나 예술에 의한 삶의 변혁을 거부하고, 공동의 영역을 물질적-상징적으로 재구성하기 위해 몸, 이미지, 시간, 공간들 사이의 관계들을 새롭게 만들기
3. 이질적인 것과의 수동적 만남의 시공간을 통해 감성의 두 체제를 갈등 상황에 처하게 하기	3. 관객의 지위에서 행위자의 지위로의 이동, 장소들의 재구성에 역점을 두기
4. 이질적-감각적 형태의 고독에 가치를 부여하기	4. 공동의 공간을 그리는 행위에 가치를 부여하기
5. 저항하는 형상을 통해 정치적 약속을 부정적으로 보호하는 작품	5. 예술로서의 자신의 특수성을 제거하면서 삶의 형태가 되는 미적 혁명
6. 예술이 삶의 형태가 되는 것을 거부하고, 예술 안에서 형태를 취하는 것이 삶이라고 보는 방식-쉴러의 여신은 아무 일도 하지 않기 때문에 약속을 담고 있고, '예술의 사회적 기능은 사회적 기능을 갖지 않는 것이다(아도르노)	6. 국가적 혁명으로 고안된 정치적 혁명에 맞서 감각 공동체의 형성으로서의 혁명을 제시하기(19세기 후반의 '미술공예운동', 20세기의 '베르크분트'나 '바우하우스', 상황주의 도시계획가들의 유토피아적 기획, 요셉 보이스의 '사회적 조형예술' 등)
7. 모든 정치적 개입으로부터 순수한 상태를 유지한다는 조건 하에서만 정치적인 예술(저항적 형태의 정치)	7. 예술로서의 자신을 제거하면서 정치를 하는 수행하는 예술(예술의 삶-되기의 정치)

일반적인 판단과는 다르게 '비판적 예술'이라는 개념 하에서 양자가 연결되는 방식들의 다양성을 식별하는 것이 가능하다고 주장한다. "비판적 예술은 예술을 '삶'을 향해 밀어내는 긴장과 반대로 미적 감각성을 감각적 경험의 다른 형태들과 분리하는 긴장 사이에서 협상해야 한다"(85)는 것이다. 여기서 협상은 "이질적 논리들의 조정형태"를 취하는, 두 힘들 사이의 "이중 놀이" 형태의 결합 방식을 취하는데, 그는 이를 "미적-정치적 제3자 원리", 혹은 '제3의 길'인 "콜라주의 정치"—"예술의 세계와 비예술의 세계 사이의 교환과 옮김의 정치"—라고 부른다.19

서로 모순되어 보이는 이 두 예술의 미학적 논리는 사실은 다음과 같은 이유로 인해 모순적인 것이 아니다. '숭고의 미학'이 강조하려는 예술의 자율성 논리는 사실은 '예술을 위한 예술'의 논리가 강조해온 것처럼 '순수예술 자체의 자율성을 지키려는 것보다는 자본과 상품의 동일성의 논리에 의해 파괴되는 '주체의 자율성'을 작품 속에서나마 지키려는 것이다. 이는 푸코가 발견한 '자기에의 배려'라는 자기-통치의 실천에서 일관되게 전제된, 주체 내부에서 취해지는 '윤리적 거리'라는 과제를 작품을 통해 만들어내려는 것이다. 이런 거리 속에서 자기-목적적이고자 하는 예술은 결국 자기-목적적인 주체에 대한 열망의 물리적 흔적일 따름이다. 한편, '관계의 미학'의 참된 의미는 예술과 사회적 삶의 단순한 통합에 있는 것이 아니다. 만일 양자의 통합 자체가 목표라면 문화산업이 이미 그런 통합을 이루어내었기 때문이다. '관계의 미학'이 지향하는 것은 자본주의적인 지식노동과 육체노동의 분할, 지성과 감성의 분할을 뛰어넘는 것이고, 이런 도약은 지식인, 예술가, 대중 모두가 지적-감성적 분할의 위계를 넘어서는 지적-감성적 자유와 평등을 공유한다는 전제에서만 출발할 수 있다. 모든 사람이 지적-감성적 자유와 평등을 공유한다는 것은 모두가 예속적 주체가 아니라 자율적 주체임을 전제로 하는 것이다. 이런 맥락에서 보자면 '숭고의 미학'이나 '관계의 미학'은 모두가 자율적인 주체성, 자기-통치적인 주체성이라는 공통성을 전제하고 있다. 다만 차이가 있다면 전자가 현실적으로 말살되어 가고 있는 자기-통치적 주체의 자율성의 '흔적'을 작품 속에 기입하려 하는 데 반해, 후자는 모든 대중에게 내재한 자율적 주체성의 잠재태에서 출발하여, 자율적 주체성의 현실태를 사회적 공간과 관계 내부에서 새롭게 생산하려 한다는 점에서 차이가 있을 따름이다. 이런 맥

19_ 랑시에르는 이 콜라주 속에서 전개되는 이질적인 것들의 조합의 다양한 미끄러짐의 모습들을 '놀이', '목록', '만남', '신비'라는 현대전시의 네 가지 주요 모습들을 빌려 정리하여 제시한다(85-93).

락에서 보자면 중요한 것은 예술인가 사회인가, 그 어느 쪽에 방점을 찍는 문제가 아니라, 그 어느 쪽에서든 제도화/관습화된 감성의 분할과 위계를 뛰어넘는 자기-통치적 주체성의 생산이 지속적으로, 나아가 집합적으로 실천되는가 아닌가에 있다.

랑시에르는 1830년대와 1850년대 사이 노동자 운동의 문서고를 뒤지면서 노동력을 재생산하라고 주어지는 밤 시간에 노동자가 아닌 한 명의 시인 또는 철학자로서 살아가는 프롤레타리아들을 발견하고, 노동자들이 자신들의 고유한 정체성에 기초하여 노동자문화를 발전시켰을 것이라는 자신의 가정이 틀렸다는 것을 깨달았다고 한다. 노동자운동에서 노동자적 정체성과 계급의식을 발견하려는 것은 결국 '노동자는 노동자다'라는 동어반복의 고리에 사로잡히는 것으로, '각자 제자리에'라는 플라톤적 몸짓의 뒤집어진 형태에 지나지 않는다는 것이다. 그 대신 19세기 문서고에서 랑시에르는 노동자들이 전통적인 분할—사유하는 인간과 노동하는 인간, 말하는 인간과 소음만을 내뱉을 뿐인 인간—과 단절하는 모습을 발견했다. 이렇게 지성과 감성의 전통적 분할을 스스로 뛰어넘을 수 있다면 프롤레타리아는 자본/권력에 예속된 주체를 폐기하고 스스로 자기-통치적 주체로 거듭날 수 있을 것이다.[20]

푸코가 고대 그리스의 민주주의와 로마의 공화정을 가능하게 했던 토대를 '자기에의 배려'라는 자기-통치적인 실존의 미학과 기술에서 발견했다면, 랑시에르는 19세기의 조세프 자코토라는 '무지한 스승'과 그의 학생들의 사례, 19세기 중반에 태동한 '미학적 체제'의 사례에서 자기-통치적 주체 생산의 가능성을 발견하고 있다. '무지한 스승'의 교육적 모형은 "가르치고 배우는 행위는 기본적으로 스승의 앎이나 학식을 전달하고 설명하는 데 있는 것이

20_ 양창렬, 「옮긴이의 말」, 자크 랑시에르, 『무지한 스승』, 269-70쪽.

아니라 학생의 지능이 쉼 없이 실행되도록 강제하는 의지에 달려 있다." "스승이 학생에 대해 가지는 '반(反)권위적 권위' 속에서 학생은 자신의 지능을 스승의 지능에 복종시키는 것이 아니라 자율적으로 책의 지능과 씨름한다. 스승은 학생에게 구하던 것을 계속 구하라고 명령함으로써 학생의 앎의 원인이 된다. 따라서 스승의 의지와 학생의 의지가 관계 맺고, 학생의 지능과 책의 지능이 관계 맺는다. 의지와 지능의 관계의 이러한 분리가 지적 해방의 출발점이라고 자코토/랑시에르는 말한다."21

'무지한 스승-학생'의 이러한 반권위적 모형은 예술적(감성적) 교육에 대해서도 동일하게 적용될 수 있을 것이다. 학생이 자신의 감성을 스승의 감성에 복종시키는 것이 아니라 자율적으로 작품의 감성과 씨름하고, 스승은 학생이 스스로 구하던 감성적 해방을 계속하라고 명령함으로써, 스승의 의지와 학생의 의지가 관계 맺고, 학생의 감성과 작품의 감성이 관계 맺는 방식이 그것이다. 하지만 지적 교육과 감성적 교육 사이에는 특정한 차이가 있다. 지적 해방이 모르는 지식을 습득하여 '체화'하는 것이라면 감성적 해방은 모르는 것을 알게 하는 것이 아니라, 분할되고 폐쇄된 감각들을 스스로 일깨워 '계면'하고, '통섭'하며, 이 과정에서 발생하는 다양한 정서적 촉발들, 희망과 절망, 평안함과 불안, 용기와 공포, 긴장과 무기력, 흥미와 지루함이라는 다양한 감정과 욕망들 간의 조정과 균형 잡기를 통해, 즉 자기 내부의 여러 유형의 자기들 간의 대립과 충돌과 협력의 과정을 거쳐 자기-배려와 자기-통치에 이르는 길을 찾아내는, 몸과 마음을 적극적으로 '살아나게' 만드는 연습이자 실험이기 때문이다. 이런 점에서 감성적 해방을 위한 실천은 푸코가 말했던 '자기-배려'의 미학적 실천들과 상통한다.

21_ 같은 글, 271쪽.

5. 나가며

그러나 지난 역사에서 발견될 수 있는 지적-감성적 해방의 실천 유형들은 오늘의 현실에서는 지난 역사의 기록으로서만 남아 있다. 이런 유형의 자기-통치적인 주체화를 위한 실천들, 지적-감성적 해방을 향한 실천들은 역사과정에서 반복적으로 시도되었고 또 사회적 방해로 인해 좌절되었다. 빌헬름 라이히는 혁명 초기에 성을 긍정하는 성법률을 도입했던 소비에트에서의 '새 생활 투쟁'에 대한 조사보고서라고도 할 수 있는 『성혁명』(1930)의 결론 부분에서 새로운 실험의 좌절을 안타까워하면서 다음과 같이 기술하고 있다.

성 쾌락의 긍정이라는 주체적 형태로, 그리고 노동 민주주의라는 객관적인 사회 형태로 삶을 긍정하는 것은 주체적 의식과 객관적 발전을 가져옴에 틀림없다. 삶을 긍정하는 투쟁이 조직되어야 한다. 그것의 가장 강력한 구조적 적은 인간이 지닌 쾌감 불안이다. 유기체적인 쾌감 불안은 자연스러운 쾌락 경험에 대한 사회적 방해로 생기며, 대중 심리학적이고 성 정치적인 실천이 매일 마주치는 모든 어려움의 핵심을 정숙함, 도덕, 지도자에의 복종 등의 형태로 나타낸다…금욕주의, 권위주의, 삶 부정으로서의 왜곡은 아마 일단은 성공할 수도 있다. 그러나 결국은 인간의 자연적인 힘, 즉 자연과 문화의 통일이 승리할 것이다.[22]

여기서 '쾌감 불안'이라는 인간 내부의 적에 대항하여, 또한 사회적 방해(라이히가 종교적 사회주의자와 경제주의적 맑스주의자의 상호보완적인 방해라고 부른 것 등)에 대항하여 삶을 긍정하는 투쟁을 조직하는 일은 한편으로는

22_ 빌헬름 라이히, 『성혁명』, 윤수종 옮김, 새길, 2000, 373-75쪽.

감성 분할의 비가시적 프레임에 갇혀 있는 자기 내부의 제반 역능들 간의 새로운 짜임 관계를 구성하여 자유-평등-박애의 감정을 지속적으로 재생산할 수 있는 자기-통치적 주체의 구성과 다른 한편으로는 "관계의 미학"과 같은 유형들을 포함하여, 대중들의 지적-감성적 해방의 실천적 형식(제도가 아닌 수행적 형식)을 창안하는 일을 요구한다.23 어떠한 제도적 틀도 이렇게 개인적이면서도 집합적이며, 감정적이면서도 정치적인 이 두 가지 상보적인 실천적 과제를 대신해주지 못한다. 그럼에도 불구하고 이런 실천적 과제는 아직까지도 사회적 의제로, 정치적 의제로 부각되지 못하고 있다. '**감정의 정치학**'이라는 새로운 프레임의 가시화가 필요한 이유가 여기에 있다.

물론 이런 프레임 자체는 이미 살펴본 바와 같이 새로운 것이 아니며 푸코의 '자기에의 배려', 쉴러의 '미적 교육', 라이히의 '성정차', 랑시에르의 '미학의 정차'와 같은 프레임과 연속선상에 놓여 있다. 그럼에도 불구하고 '감정의 정치학'이라는 개념을 제시하는 이유는 앞서 다마지오가 말한 바와 같이 감정 혹은 느낌은 주체의 생물학적-감각적-지각적 능력과 충동, 사회문화적으로 형성된 정서와 기호를 운영하는 능력인 사유 과정들이 교차하는 환원불가능한 주체의 중심을 이루고 있기 때문이다. 이런 맥락에서 '감정의 정차'는 '자기에의 배려'와 '미적 교육'에 내포된 정치적 의미, 그리고 '미학의 정차' 같은 개념들을 함께 포괄할 수 있는 상위의 개념이라고 할 수 있다. 감정은 단순히 생물학적인 것만도, 개인적인 것만도 아닌, 단지 사회적인 것만도 아닌 자연-개인-사회적 관계와 역능들이 교차하는 역동적 장이다. 특히 감정은 무정형적인 것, 미분적인 특성이 강하기 때문에 제도화된 고정적인 틀의 아래에서

23_ 이런 실천적 형식이 바로 수잔 랭거가 말했던 '감정의 형식'이다. 랭거에 의하면 예술(특히 음악)은 '설명적'(discursive) 상징체계가 아닌 '현시적'(presentational) 상징체계를 이용하여, 우리의 감정을 관통하지만, 말이나 논리적 형식으로는 설명할 수 없는, 긴장, 모호함, 대조, 갈등과 같은 감정의 형식들을 제시한다. Susan Langer, *Philosophy in a New Key* (Cambridge, Mass.: Harvard University Press, 1942), pp. 206-207.

또는 그 외부에서 꿈틀거리고 있는, 현재적이며, 미래의 전조에 해당하는 유동적 힘들을 함축하는 것이다. 이런 이유에서 '감정의 정치학'은 카오스적인 요동과 변화의 시기에 변화의 전조를 읽어내는 데 중요한 역할을 할 수 있다. 레이몬드 윌리엄스 역시 이와 유사한 의미에서 '**감정 구조**'[24]라는 개념을 제안한 바 있다.

부상 중이거나 혹은 부상 직전이라 해도 그것들은 그것들이 촉감할 수 있는 압력들이나 효과적인 제한을 경험과 행위에 가하기 전에 정의와 분류와 합리화를 기다릴 필요가 없다. 그런 변화들이 '**감정의 구조들**'(강조-필자)에서의 변화들로 정의될 수 있다. 이 용어는 까다롭다. 그러나 감정은 세계관이나 이데올로기와 같은 보다 형식적인 개념들과의 차별성을 강조하기 위해 선택된 용어다. 이는 항상 그것들을 포함해야만 함에도 불구하고 형식적으로만 유지되는 체계화된 신념들을 넘어서 나아가야 한다는 것뿐만 아니라, 의미들과 가치들이 능동적으로 살아 있고 느껴진다는 점에 관심을 갖는다는 것, 그리고 이런 것들과 형식적이거나 체계적인 신념들과의 관계들이 실천에서는 가변적이고(역사적인 가변성을 포함하여), 사적인 이견에 대한 형식적인 동의에서부터 선별되고 해석된 신념들과 행위되고 정당화된 경험들 사이의 보다 미묘한 상호작용에 이르는 넓은 범위에 걸쳐 가변적이라는 것을 의미한다.(132)

24_ Raymond Williams, *Marxism and Literature* (Oxford: Oxford University Press, 1977). "사유가 습관적인 과거 시제로 기술된다면, 그것은 우리가 '생각하기'라고 부르는 것, 즉 의식, 경험, 느낌과 같이 더 능동적이고 유동적이고 덜 단일한 것과는 구별된다. 이런 구별은 예술 작품과 예술 제작의 구별과도 상응한다. 객관적인 것과 주관적인 것, 신념과 경험, 사유와 느낌, 일반적인 것과 직접적인 것, 사회적인 것과 인격적인 것의 구별…. 두 가지 큰 현대의 이데올로기 체계의 부인할 수 없는 힘인 심리적인 것과 미적인 것은 이 직접적 느낌과 주관적이고 인격적인 것들이 새롭게 일반화되고 집적된 것이다. 이러한 개인적인 형식들에 대항해서는 고정된 사회적인 일반성의 이데올로기적 체계들은 무력하다"(p. 129). 이하 이 책에서의 인용은 본문에 그 쪽수를 표시한다.

우리는 충동, 저항, 톤과 같은 특징적인 요소들, 특히 의식과 관계들의 감정적 (affective) 요소들에 대해 말하고 있는 것이다, 즉 사유에 대항하는 느낌이 아니라 느껴진 사유와 사유로서의 느낌에 대해, 또한 살아있고 상호 연관되는 지속 상태의 일종의 현재적인 종류의 실천적 의식에 대해 말하고 있는 것이다. 우리는 이런 요소들을 하나의 구조, 특수한 내적인 관계들을 지닌, 동시에 상호 구속적이고 긴장을 이루는 하나의 집합으로 정의한다. 그러나 우리는 또한 여전히 진행 중인, 종종 그러나 아직 사회적인 것으로 인지되는 것이 아니라 사적이고, 특이하게 개성적이고 심지어는 고립된 것으로 간주되는, 그러나 분석을 해보면 부상하고 있는, 연결하고 있는 그리고 지배적인 특징들을 갖는, 그 특수한 위계들을 갖는 하나의 사회적 경험을 정의하고 있는 것이다. 이것들은 종종 형식화되고, 분류되고, 많은 경우에는 제도들과 구성체들로 구축되는 나중 단계에 가서야 비로소 승인되고 인정된다. 그때가 되면 사정이 달라진다. 하나의 새로운 감정 구조가 통상적으로 진정으로 사회적인 현재 속에서 형식을 갖기 시작했다고 말해진다.(132)

윌리엄즈는 방법론적인 측면에서 '감정의 구조'라는 개념이 일종의 문화적 가설이라고 말한다. 그것은 어느 한 세대나 시기에서 그런 요소들과 그것들의 연결을 이해하기 위한 시도로부터 도출된, 항상 상호작용적으로 그런 증거들로 되돌아가야 할 필요가 있는 가설이다. 그것은 애초에 단순한 것이 아니라 보다 형식적으로 구조화된 '사회적인 것'을 설명하기 위한 가설이지만, 역사적으로 확실하며 현재 진행형의 문화적 과정 속에서 더욱 확실한 것(느껴지고 살아지는 것)들에 적합한 가설이다. 이 때문에 이 가설은 (다양한 형태의 '감정의 형식들'을 제시하는) 문학과 예술과 특수한 관련성을 갖는다. 거기서 드러나는 사회적인 내용들은 현재적이고 감정적인 유형으로 신념 시스템이나 제도들 혹은 명백한 일반적 관계들로 환원될 수 없는 것들이다. 예술이나 문학은 특수한 종류의 살아있는 사회구성체이며, 보다 광범위하게 경험되는 감정의 구조들을 충분히 활용하여 '명료화'(articulation)할 수 있는 유일한 형식으로 간주될 수 있다.(133)

윌리엄즈에 따르면 '감정의 구조들'은 '해결 중'(in solution)의 사회적 경험이기에 이미 해결된 형태로 정리된 다른 형태의 사회적인 의미구성체들과는 구별되는 것이다. 물론 모든 예술이 현재의 감정 구조와 관련되는 것은 아니다. 예술적인 구성체들은 이미 선언된, 지배적인 혹은 잔여하는 사회적 구성체들과 다양한 방식으로 연관된다. 그리고 '해결 중인 감정의 구조'가 연관되는 것은 일차적으로 '부상하는' 구성체들에 대해서이다(비록 낡은 형식으로 변용되거나 혹은 분산된 형식이라 하더라도). 그러나 이 특수한 해결은 결코 단순한 유동성은 아니다. 그것은 의미론적 가용성의 모서리에 위치해 있기에 특수한 명료화—새로운 의미론적 비유들—가 물질적 실천에서 발견될 때까지는 전(前)-구성체적인 특성을 많이 갖는 구조화된 구성체이다.(134)

오늘날 대공황의 전조 속에서 부상하고 있는 새로운 감정의 구성체가 억압적-예속적 주체화의 길로 나아갈 반동적 감정 구성체로 전락하지 않도록 하기 위해서는 다양한 방법을 통해 능동적이고 긍정적인 감정을 생산하면서,[25] 자유-평등-박애의 해방적 이념을 체화하는 새로운 감정 구성체를 구성해 나가기 위한—조세프 자코토의 사례가 보여준 바와 같은—상호교육적인 실험적 실천들이 필요하다. 칸트, 쉴러, 푸코, 그리고 랑시에르 등이 예시하는 철학적, 미학적 분석들은 오직 그러한 지적-감성적 실천들의 확산만이 자유롭고 평등한 자기-통치적 주체들 간의 창조적인 정치적 연대를 예비할 수 있다는

25_ 안토니오 다마지오, 『스피노자의 뇌: 기쁨, 슬픔, 느낌의 뇌과학』. "자연을 관찰하고 감상하는 일, 과학적 발견을 숙고하고 음미하는 일, 위대한 예술을 경험하는 일 등은 적절한 배경에서 영적 경험을 효과적으로 불러일으키는 정서적으로 유효한 자극 역할을 할 수 있다. 이것은 부정적 정서가 일어날 수 있는 상황에서 긍정적 정서를 생성하는 것이다"(336쪽).

사실을 단적으로 보여준다. 이런 사례들에 힘입어, 그동안 세계를 재현/표현/해석하는 역할에 머물렀던 예술/철학/인문학은 이제는 새로운 역할, 즉 세계를 변혁할 수 있는 자기-통치적인 주체를 새롭게 창조하는 역할을 적극적으로 떠맡아야 한다.

10

제3세대 인지과학과 '신체화된 마음'의 정치학

> 환경의 변화와 교육에 관한 유물론적 교의는 환경이 인간들에 의해 변화되며
> 교육자 자신도 교육되어야 한다는 것을 잊고 있다…. 환경의 변화와 인간
> 활동의 변화 혹은 자기 변화와의 일치는 오직 혁명적 실천으로서만 파악될
> 수 있고 합리적으로 이해될 수 있다.
>
> —맑스, 「포이에르바흐 테제」 3번

1. 들어가며

그동안 주체양식의 변혁이라는 과제는 생산양식의 변혁에 비해 덜 강조되어 왔다. 이런 사정은 개인은 사회적으로 구성된 존재이므로 사회를 바꾸어야 개인도 바뀔 수 있다는 사회과학적 통념이 진보 학계와 운동 전반을 지배해왔음을 반영하는 것이다. 또한 후기구조주의와 포스트모더니즘의 확산 과정 속에서 일반화된 해체론적 흐름에 의해 '주체' 개념 자체가 해체되거나 실종되는 효과도 여기에 한몫을 더했다고 할 수 있다. 한편, 생태학과 페미니즘 역시 자본주의적 주체양식에 대한 비판과 해체를 촉진하는 데에 기여한 만큼 새로운 주체양식을 구성하는 데 기여했는지는 아직 모호해 보인다. 새로운 주체성의 창조를 혁명의 제1 의제로 내세웠던 펠릭스 가타리와 안토니오 네그리도

자본주의적 주체양식으로부터의 '탈영토화'를 강조한 데 비해 새로운 주체양식을 위한 '재영토화'에 대해서는 그 필요성을 피력한 차원을 크게 넘어서지 못했다.

혁명적 코뮤니즘 운동의 가장 기본적인 과제는 이런 식의 개념화[국가 권력의 정복과 그에 의해 이루어지는 국가의 점진적 소멸이라는 방식의 전통적 노동자 운동의 권력에 대한 개념화─필자]와 관계를 끊고 그것이 직접 대결하게 되는 국가로부터, 더욱 근본적으로는 바로 자본주의적 국가의 모델 그 자체로부터…그리고 사회체의 모든 바퀴들과 주체성의 모든 차원들에서 작용하는 그것의 각양의 기능들로부터 단절하는 것이다. …이 문제는 우리로 하여금 코뮤니즘과 해방에 대한 두 번째의 다이어그램적 명제를 정식화하도록 이끈다. 그것은 정치적 실천의 재영토화의 시급성에 관한 것이다. …코뮤니즘이 이의를 제기하는 것은…보수적이고, 파괴적이고, 억압적인 재영토화이다. 코뮤니즘적 성질에 의해 야기되는 재영토화는 이와는 완전히 다른 성질의 것이다. 그것은 자연적-보편적 기원으로 복귀하는 것처럼 가정하지 않는다. 그것은 하나의 원환적(circular) 혁명이 아니다. 오히려 그것은 사람들로 하여금 가장 탈영토화된 흐름들 내부에서 '자기 자신의 영토를 확보하도록, 그리고 그들 자신의 개인적이고 집단적인 운명을 정복하도록 허락하는 그러한 조건들을 창출함으로써 지배적 현실들과 의미작용들을 '분해하는' 것을 허용한다. …다섯 번째 차원이 덧붙여져야 한다. 그것은 조직화 그 자체의 차원이다. 간헐적인 저항으로부터, 투쟁의 결정적 전선들과 기계들—이것들은 투쟁을 효과적으로 수행하기 위해 자신들이 지니고 있는 다가적(多價的) 욕구들, 풍부함, 복잡성 등 그 어느 것도 잃어버리지 않을 것이다—을 구성하는 것으로 이동해야 될 때가 다가왔다. 이러한 이행을 위해 일하는 것은 이제 우리의 몫이다.[1]

그러나 이런 주장이 제기된 지도 이십 년이 지나고 있지만 탈영토화된 흐름 내부에서 자기 자신의 영토를 확보하도록 하는 정치적 실천의 재영토화, 간헐적 저항을 넘어서 투쟁의 결정적 전선과 시계들을 구성하면서도 다가성과 풍부함을 잃지 않는 '조직화'로의 이동은 제대로 이루어지지 않고 있다. 오히려 신자유주의가 세계적으로 확산되어온 지난 20년간 탈영토화와 다가성의 욕망은 재영토화와 조직화에 대한 요구와 점점 더 대립적인 경향을 보이며 '분화'를 거듭해왔고, 조직화의 길은 요원해지고 있다. 이런 경향의 심화를 예감하면서 들뢰즈는 그의 박사학위 논문이자 이론적 주저이기도 한 『차이와 반복』(1969)에서 '단순한 차이의 철학'에 대해 다음과 같이 경고한 바 있다.

맑스와 헤겔의 근본적 차이를 주장해온 논평자들은 자본에서 분화(differenciation)의 개념(사회적 복수성multiplicity의 핵심에서의 미분화: 노동의 분할)이 대립, 모순과 소외와 같은 헤겔적 개념들을 대체했고, 헤겔적 개념이란 그것들의 생산의 실제 운동과 원리로부터 분리된 추상적 효과들을 지시하는 단순한 현상적 운동일 뿐이라는 점을 올바르게 강조했다. 분명히 이 지점에서 차이의 철학은 아름다운 영혼들의 담론 속으로 되돌아가는 것을 경계해야만 한다: 사회적 장소들 및 기능들의 이데아 속에서 평화적으로 공존하는 상태의 단지 차이에 불과한 차이들을 말이다. …그러나 맑스의 이름은 이 위험으로부터 그것을 구해내기에 충분하다. …이런 의미에서 혁명은 차이의 사회적 힘이자 사회의 역설이며, 사회적 이데아의 특수한 격노이다. 혁명은 결코 부정적인 것에 의해서 진행되지 않는다. …부정적인 것은 문제의 그림자임과 동시에 잘못된 문제 자체이다. 실제적인 투쟁은 부정적인 것에 의해서가 아니라 차이와 긍정의 힘에 의해서 진행되며, 올바른 것의 전쟁은 가장 높은 힘의 정복을 위한 것이며, 문제들에게 그것들의 진리를

1_ 펠릭스 가따리·안토니오 네그리, 『자유의 새로운 공간』, 이원영 옮김, 갈무리, 1995, 128-33쪽.

회복시켜줌으로써, 의식의 재현과 부정적인 것의 형식들을 넘어선 그 진리를 평가함으로써, 그리고 마지막으로는 그것들이 의존하고 있는 명령들에 접속함으로써 문제를 결정하는 것이다.[2]

'다수성의 정치'에 반대하여 '소수성의 정치'를 주창했던 들뢰즈는 정치적 사유는 차이에 대한 단순한 긍정보다 자본주의적 사회체의 동학과의 교전에서 시작해야만 한다고 제안하며, 자신과 가타리는 맑스주의자였다고 말한 바 있다.[3] 이는 곧, 차이의 철학이 유의미하기 위해서는 어떤 형태로든 적대적 모순의 정치학과 결합되어야 함을 강조하는 것이다. 하지만, 변증법과의 결별을 주장했던 차이의 철학이 어떻게 다시금 맑스의 변증법과 결합할 수 있을까? 한편으로는 다양한 차이들을 긍정하면서도 다른 한편으로는 차이 속에서 적대를 찾아내고 투쟁하는 것이 가능하기 위해서는 차이와 적대적 모순을 양자택일적인 것으로 파악했던 것과는 달리 새로운 형태의 인식론과 윤리학이 필요할 것으로 보인다. 그러나 아직까지 맑스(주의)의 적대의 변증법과 들뢰즈/가타리적인 차이의 존재론의 결합은 단순한 '수사학' 차원을 넘어서는, 실천적인 함의를 농축한 새로운 인식적-윤리적 지도 그리기까지 나아가지 못하고 있다. 그러나 지도도 없이 낡은 생산양식과의 치열한 교전 속에서 새로운 주체양식을 창조적으로 구성해나가는 힘겨운 과제를 수행하자고 하는 것은 새로운 사회를 구성하기 위한 대중운동의 길을 여는 데에 기여하기 어렵고, 창조적 소수자들 역시 미로 속에서 길을 잃기 쉽다. 주체양식의 변화에 관한 탐구가 새롭고도 근본적인 방식으로 심화되어야 할 이유가 여기에 있다.

2_ G. Deleuze, *Difference and Repetition*, tr. Paul Patton (New York: Columbia University Press, 1994), pp. 207-208.

3_ Deleuze, *Negotiations: 1972-1990*, tr. M. Joughin (New York: Columbia University Press, 1995), p. 171.

이 지도 그리기는 21세기 첨단과학기술로 갱신을 거듭하고 있는 자본주의 생산양식의 재생산 과정과 맞물린 낡은 주체양식에 대한 비판과 교전 수칙을 포함하면서도 이를 대체하고 사회변혁을 주도할 새로운 주체양식 창조의 실험적 경로를 포함하게 될 것이므로 매우 복잡한 피드백 루프들로 가득찬 회로 그리기가 될 것이다. 여기서는 세 가지 기초 작업을 마련하는 일에 한정하고자 한다. 1) 먼저 들뢰즈가 강조한 적대의 변증법과 차이의 철학의 결합의 의미를 맑스와 벤야민의 독특한 변증법 개념을 매개로 더 구체화하여 주체성의 지도 자체가 환원불가능한 차이들의 역동적 체계로 구성되어 있음을 보이고자 한다. 2) 다음으로 제3세대 인지과학의 도움으로 이 역동적 체계가 유기체-환경, 몸-뇌의 구조적 연동을 통해 변증법적으로 작동하고 있음을 규명할 것이다. 3) 마지막으로 스피노자의 윤리학에 대한 마트롱의 해석과 조지 레이코프가 강조하는 '감정이입의 정치학'을 매개로 주체성의 지도가 어떻게 외부-몸-감정-이성의 지속적인 마주침을 통해 변용될 수 있으며, 어떤 의미에서 개인의 윤리가 집단의 윤리와 정치를 좌우하는 중요한 고리가 될 수 있는지를 규명하고자 한다. 이렇게 몸과 감정과 이성을 포괄하는 마음의 과학과 윤리를 새로운 생산양식을 만들어낼 새로운 주체양식의 창조를 위한 정치로 확장할 수 있는 새로운 문제틀을 '**신체화된 마음의 정치학**'이라고 지칭하고자 한다.

2. 적대와 차이의 변증법이 작동하는 주체성의 지도

그간 양자택일적으로 반목해왔던 '적대의 정치학'과 '차이의 정치학'이 유의미하게 결합할 수 있으려면, 이론적으로 변증법과 차이의 철학 각각이 하나가 아니라 둘 이상의 서로 다른 유형으로 구분될 수 있어야 한다. 모순을 융해시키는 헤겔 변증법과 적대적 모순의 작동을 생명으로 하는 맑스 변증법의 구별, 위계화된 경쟁적 차이를 정당화하는 철학과 생태적 연결망 속에서 상호 의존하는 차이의 철학 간의 구별이 그것이다. 이 구별이 어떤 의미를 갖는지를 각기 살펴보면 다음과 같다.[4]

1) 전자와 관련해서 데이비드 하비는 『희망의 공간』에서 두 가지 변증법(이것과 저것의 변증법과 이것 또는 저것의 변증법)을 구별했는데, 이 구별이 잘못된 양자택일로 가지 않게 하려면 각각 적용되어야 할 공간적 층위를 구별할 필요가 있다. '이것 또는 저것'의 선택이 발생하는 장은 사회적 적대의 공간인 데 반해, '이것과 저것'의 상호의존의 변증법이 적용되어야 하는 장은 음전기와 양전기처럼 두 개의 대립적 극(물질과 정신)이 하나로 연결되어야만 생명을 탄생시킬 수 있는 자연적-생태적 공간이기 때문이다. 그런데 사회적 적대를 규명하고 이를 극복할 방안을 찾아야 할 지점에서 상보성을 강조하거나, 그와 반대로 상호 존중해야 할 문화적, 성적, 인종적 차이들의 평등한 네트워크를 강조해야 할 지점에서 오히려 양자택일적 적대를 촉진하려고 할 경우 '변증법'은 남용되고 은폐의 이데올로기로 전락하게 된다.

2) 한편, 자본주의사회에서 사회적 적대가 작동하는 공간은 총자본-총노동 간의 모순이 자본과 국가권력의 유착에 의해 관철되는 계급투쟁의 복잡한 회로를 가진 중층적이고 역동적인 시스템적 공간이다. 전체 시스템 공간의 여러 층위의 회로들을 관통하는 각 흐름들은 개별 노드나 링크 수준이 아니라 전체 시스템의 구조화 방식에 연결되는 분화의 정도에 따라 상이하게 조절되기 때문에 사회적 적대는 개별적인 것에 초점을 맞추어서는 파악될 수 없고, 오직 전체 시스템의 중층적 구조 전체의 수준에서 파악될 수 있을 뿐이다. 이런 의미에서 구조적인 적대는 시공간적 역동성을 취하면서 각 회로들의 노드와 링크를 지역-생태-젠더-인종-세대의 차이들로 나누는 분할선(앞서 맑

4_ 심광현, 「자본주의 압축성장과 세대의 정치경제/문화정치 비판의 개요」, 『문화/과학』
63호, 2010년 가을, 42-45쪽. 이하의 내용은 이 글의 내용을 수정, 보완한 것이다.

스가 말한 노동분할의 분화의 선)을 따라 다양한 갈등들로 치환하며, 또한 제갈등들을 응축시키거나 폭발시킨다. 현상적이고 일상적인 수준에서 지역-생태-젠더-인종-세대의 차이들이 서로 상이한 갈등으로 치닫게 되는 이유, 그러나 제갈등이 응축되다가 폭발점에 이르는 시기가 되면 제갈등이 구조적 적대를 따라 횡적으로 연결되면서 커다란 전선을 이루게 되는 이유가 여기에 있다. 하지만 그렇다고 해서 지역-생태-젠더-인종-세대 간 경계들을 구조적 수준에서 나타나는 계급투쟁이라는 상수의 종속변수로 간주해서는 안 된다. 이런 경계와 차이들은 일부는 자연적, 생물학적인 차이들이자 일부는 문화적 차이들로서 사회적 구조 변동의 차원을 넘어서서 지속되는 것이기 때문이다. 이런 차이들은 생태학적 연결망을 이루는 차이들이기 때문에 일종의 존재론적으로 '**상보적 차이들**'이지 본래적으로—사회적으로 양자택일해야 하거나 위계화되어야 할—적대적인 차이들은 아니다. 그럼에도 불구하고 이들은 총자본과 국가의 지배전략에 따라 계급갈등과 겹쳐져 어느 순간 적대적 차이로

변증법의 유형 / 차이의 공간적 유형	이것 또는 저것의 변증법(적대) (대립물의 투쟁)	이것과 저것의 변증법(상보성) (대립물의 상호의존과 침투)
사회적 공간 내의 구조적 적대 (계급투쟁)	1. 맑스의 혁명적 선택 (A) 2. 벤야민의 변증법적 전환과 혁명적 중단	1. 헤겔의 초월적 변증법과 (B) 2. 시민사회의 다양성을 강조한 계급적대의 은폐
생태적 공간 내의 비적대적 차이 (지역-세대-젠더-인종적 차이)	1. 자본주의에 의한 제반 차이들 간의 분열과 대립 촉진 2. 사회적 다원주의=경쟁과 적자생존의 진화 (C)	1. 맑스의 자연과 인간의 신진대사, 2. 벤야민의 자연-이미지-신체의 집단적 신경감응 3. 지역-노동-생태-젠더-세대-인종 간 협동과 공생의 네트워크와 진화(D)

<변증법-공간 유형의 매트릭스>

'전위'되는 경우가 다반사다. 그리고 나면 계급갈등과 겹쳐진 차이들이 존재론적으로 '**위계적 차이들**', 즉 사회적으로 정당화된 '**차별**'로 둔갑되기 쉽다. 이런 혼동들을 넘어서기 위해서는 두 가지 차이(적대적/비적대적 차이)가 발생하는 공간적 유형과 두 가지 변증법의 유형을 결합하여 앞의 표(이 표는 본 책 133쪽에도 있다)와 같이 4개의 항을 가진 매트릭스를 구성하는 일이 필요하다.

1)과 2)에서 기술한 내용을 겹쳐서 보면 단순한 양자택일 대신, 네 가지 선택적 조합의 경우가 드러난다. 여기서 중요한 차이는 <A-D> 묶음과 <B-C> 묶음의 대결이다. 이런 관점에서 보면 그간 사회운동 내에서 맑스주의와 포스트-맑스주의, 맑스주의와 생태주의, 맑스주의와 페미니즘 간의 갈등이나 분열은 대부분 <A>와 <D>를 상호무관한 것, 또는 양자택일적인 것으로 간주한 데서 비롯된 것으로 해석할 수 있다. 이런 양자택일 속에서 실제로는 <A-C>와 같이 다양한 차이들을 민주적으로 승인하지 않는 전체주의적인 파괴적 조합(스탈린주의와 파시즘), <B-D>와 같이 차이들의 다양성은 인정하면서 사회적 적대의 해결에는 무관심한 왜곡된 조합(자유주의적인 포스트모던 생태주의/일부 페미니즘 등)이 확대되는 현상이 드러났다. 그에 반해 자본주의는 <B-C>의 자유주의적으로 왜곡된 파괴적 조합 속에서 현실적으로는 (C)의 완화(케인스주의)와 강화(신자유주의) 사이를 반복하는 형태로 전개되어 왔음도 알 수 있다. 이에 맞서 확연하게 <A-D>의 혁명적이면서도 생태적이고 민주적인 조합을 창조적으로 제시한 맑스와 벤야민의 경우를 환기할 필요가 있다.

이 네 가지 조합은 자본주의 생산양식과 맞물린 네 가지 유형의 주체양식(및 권력양식)을 보여주는 것이라고도 할 수 있다. 탈영토화 속에서 재영토화의 흐름을 만들어내는, 자본주의와 교전하면서 쾌활함과 기쁨을 만들어낼 수 있는 새로운 주체양식은 오직 A-D의 유형에서만 찾을 수 있다. 맑스의 경우 <D>의 문제설정을 명시적으로 체계화하지 못한 대신 <A>를 명시적으로 체계화하기 위해 전력을 다한 것이 사실이지만, 초기와 후기 저술에서는 <D>의 중요성에 대해 다각적으로 해명했으며, 전 저술에 걸쳐 "인간과 자연의 신진대사"가 사회 시스템의 작동을 관통하고 있다는 점을 강조한 바 있다.[5] 벤야민의 경우는 맑스와는 반대로 <D>의 중요성을 강조하기 위해 『파리 아케이드』와 같은 방대한 연구를 통해 다양한 문화적 차이들의 생태학적 연결망을 찾아내기 위한 계보학적-고고학적 탐구에 일생을 바치면서도 그와 동시에 '혁명적 단절과 중단의 중요성(A)'을 설파하면서, 양자의 조합을 '**꿈과 각성의 변증법**'(무의식과 의식의 변증법)으로 개념화한 바 있다. 앞서 살펴본 바에 의하면 들뢰즈의 경우도 A-D에 해당할 수 있다. 이에 따라 들뢰즈가 반대한 변증법은 B-C의 조합이지 A-D의 변증법이 아님도 유추해볼 수 있다. 그리고 A-D의 문맥을 공유한다는 점에서 보자면 들뢰즈의 입장을 '적대와 차이의 변증법'이라고 재해석해볼 수도 있을 것이다.

하지만 들뢰즈는 전 저작에 걸쳐 변증법이라는 개념 자체의 효용성을 부정하면서 이를 미분법(微分法, differentiation)이라는 개념으로 대체하려고 노력했고, 간혹 이 개념을 긍정적으로 사용할 경우에도 인간적 의미에서의 적대와 차이의 변증법을 훌쩍 넘어서는 것처럼 보인다. 『시네마』에서 들뢰즈는 에이젠슈타인의 이미지가 (그리고 많은 점에서 정통 맑스주의적 변증법이) 인간적인 것(즉 인간과 자연)을 중심으로 하는 변증법을 작동시킴에 반해 베르토프는 물질의 변증법을 구성한다고 주장한다. 베르토프의 '현실에 대한 코뮤니즘적 해독'의 본질은, 무한한 상호작용의 물질적 우주와 물질의 눈의 비인간적 지각의 이같은 조합이라는 것이다. 그 조합은 '물질의 공통체와 인간의 코뮤

5_ 맑스의 사상에 내재한 생태학적 문제설정에 대해서는 존 벨라미 포스터, 『마르크스의 생태학』, 이범웅 옮김, 인간사랑, 2010; Paul Burkett, *Marx and Nature: A Red and Green Perspective* (New York: St. Martin's Press, 1999); 심광현, 「맑스주의와 생태주의의 그릇된 반목을 넘어: 생태학적 맑스와 세 가지 생태학의 절합을 위하여」, 『문화/과학』 56호, 2008년 겨울 참조. 이 글은 본 책에 함께 수록되어 있다.

니즘의 동일성'을 보여준다. 그것은 도래한 사람이 아니라, 앞으로 올 인간 혹은 초극하고 있는 인간, 즉 물질의 상호작용에 적실한 인간이었다. 니콜라스 쏘번은 이런 지각을 "전 세계적 아상블라주 속에서 사유하고 행동하기의 지평에 대한 지각", "'누구나-임'을 포함하는 전 지구적 아상블라주에 대한 지각"이라고 부른다.6

그런데 앞서 살폈듯이 변증법 개념은 이질적이고 대립적인 것들 간의 모순만이 아니라 상호의존성도 함축하고 있는데, 이 상호의존적 '짝패구성'(coupling)의 다른 항목이 무엇이든 간에 언제나 한 항목은 우리 의식과의 상관성이어야 한다는 점이다. 그렇지 않을 경우 변증법에 대한 의식적 자각도 얻을 수 없기 때문이다. 이 짝패에서 인간의 의식이라는 문제를 제거할 수 있다고 보게 되면 '자연 변증법'이 주요 의제로 부상하게 되는데 들뢰즈가 주목한 물질의 변증법의 경우가 그러하다. 그러나 이런 접근은 뒤에서 다시 살피겠지만, 주체양식의 변화라는 문제를 종속 변수로 다루거나 의제에서 배제하게 되기 때문에 문제가 있다. 물론 들뢰즈가 인간이라는 문제 자체를 아예 소거했던 것은 아니다. 벤야민에게서 의식적 각성의 변증법적 짝패가 무의식적 꿈이었다면, 들뢰즈에게서는 물질적 우주의 비인간적 지각의 짝패는 '도래할 인간의 새로운 지각'이다. 이 도래할 인간의 지각을 들뢰즈는 '초월론적 경험론'이라고 부른다. 쏘번에 의하면, 들뢰즈의 초월론적 경험론은 사물들 내부에서 그것을 가로지르며 그것에 대항하는 연결과 공명의 관계를 긍정하면서 동일성과 재현의 모든 사유를 전복하기 위한 니체적인 '관점주의'이다. 차이들의 강도적 세계를 다루는 그의 초월론적 경험론에서 관계들이 사물들로부터 도출되는 것이 아니라 사물들이 관계들로부터 도출된다. 관계들은 '**전체**'에 내부적이지 않고, '**전체**'가 주어진 계기의 외부적 관계들로부터 도출되며 또 그것들과 더

6_ 니콜라스 쏘번, 『들뢰즈 맑스주의』, 조정환 옮김, 갈무리, 2005, 60-61쪽.

불어 변화한다. 그러므로 그의 경험론의 단위로서의 특수한 것은 결코 하나의 단위가 아니며 관계들의 다양체이다. 이런 다양체들에 직면하여 경험론은 새로운 관계들과 공명들을 통해 새로운 차이를 창출하려고 노력한다. 그러므로 그것은 '있음/임'(is)의 방법론이 아니라 '그리고'(and)의 방법론이다.7

들뢰즈가 '그리고'를 통해 증식하는 관계들의 다양체를 초월론적 경험의 방법론적 핵으로 설정한 것은 벤야민이 꿈을 각성의 변증법적 짝패로 설정함으로써 자본주의와 교전하는 각성하는 주체에게 몽상의 풍요로움과 자유를 부여하고자 했던 긍정적 자세와 공명한다. 들뢰즈가 경험의 폭을 개체화 이전의 수준, 퍼스가 1차성이라고 부른, 시몽동은 '전개체적인 것'이라고 불렀던 생물학적이고 물리학적인 수준으로 확장하고자 했다면, 벤야민은 무의식적인 경험과의 대비를 통해 경험의 폭을 두텁게 하고자 한 셈이다. 그런데 들뢰즈가 전개체적인 것(1차성)을 철학의 새로운 이념으로 설정해야 한다고 주장하면서 개체(2차성)와 개체간 관계(3차성)를 그 결과물로 환원해 버림으로써 인식론의 자연주의화로 귀착한 것과는 달리, 벤야민은 경험의 폭을 두텁게 하면서도 인식의 형이상학적 측면을 버리지 않았다. 당시로는 규명되지 못했던 경험과 인식론의 심오한 관계 속에서 '미래철학의 과제'를 읽고자 했다.8

칸트적 사유의 유형 아래에서 상위의 경험 개념을 인식론적으로 정초하는 작업이 그것이다. 그리고 이것이야말로 다가올 철학이 주제로 삼아야 할 것이다. 그것은 상위의 경험에 상응할 수 있는 어떤 유형을 칸트적 체계 속에서 드러내고 뚜렷하게 부각시키는 일이다. …미래의 형이상학에 대한 서설을 칸트가 세운 유형을 토대로 얻어내고 여기서 이 미래의 형이상학, 이러한 상위의 경험을 주시하는

7_ 같은 책, 67-68쪽.
8_ 발터 벤야민, 「미래 철학의 프로그램에 대하여」, 『발터 벤야민 선집 6』, 최성만 옮김, 도서출판 길, 2008, 99-118쪽 참조. 이하 이 글에서의 인용은 본문에 그 쪽수를 표시한다.

일이 중요하다.(103)

칸트의 인식론이 지니는 결정적 오류들은 의심할 여지없이 그가 염두에 둔 경험의 공허함에서도 기인한다. 그리하여 새로운 인식 개념을 만들어내고 세계에 대한 새로운 표상을 만들어내는 이중 과제 역시 철학의 터전 위에서 단 하나의 과제가 될 것이다. …인식론에서 모든 형이상학적 요소는 일종의 병원균으로서 그것은 인식을 경험 영역 전체의 자유와 깊이로부터 차단하는 데서 표출된다. 철학의 발전은, 인식론 속의 이러한 형이상학적 요소들을 척결하는 작업이 그와 동시에 이 요소들을 어떤 보다 깊은 형이상학적으로 성취된 경험 쪽으로 지시한다는 점을 통해 기대할 수 있다. 경험과 인식론, 즉 그것에 대한 보다 깊은 연구가 결코 형이상학적 진실들로 이끌어줄 수 없는 어떤 경험, 그리고 형이상학적 연구의 논리적 장소를 아직 충분히 규정할 능력이 없는 인식론, 이 둘 사이에는 가장 심오한 관계가 있으며, 여기에 미래 철학의 역사적 맹아가 놓여 있다.(104)

여기서 주목해야 할 점은, 벤야민이 말한 미래철학의 과제가, 한편으로는 칸트 철학의 결함인 경험의 공허함을 극복하면서도, 다른 한편으로는 칸트의 체계적 사유까지 버리는 것이 아니라 오히려 빈곤하지 않은 상위의 경험 개념을 칸트적 사유의 유형 아래에서 인식론적으로 재정초하는 것이라고 주장하는 점이다. 이에 비추어보면 들뢰즈는 경험의 선차성을 강조하면서 감성적 경험과 선험적 이성의 결합을 인식의 성립 조건으로 보았던 칸트의 체계 자체를 버리고 있다. 이런 경험론적 환원은 벤야민이 미래철학의 역사적 맹아가 위치한 곳이라고 말한 경험과 인식론 사이의 '심오한 관계'를 해체시켜 버린다. 바로 이 점에서 들뢰즈의 '심원한 반변증법주의, 인간을 넘어서는 자연주의적 유물론이 작동하고 있고, 인간이 아닌 이질적 타자들과의 접속의 울림과 공명을 증폭시키는 반면, 인간적인 사회적 적대(적 구조)의 인식의 중요성을 약화시키게 만든다. 이런 간극이 발생하는 것은 들뢰즈가 현재의 자본주의 공리계에 포획되고 예속된 인간이 아니라 '다가올 인간', '도래할 민중'에 초점을 두었기 때문이다. 그가 현실태보다는 항상 잠재태를 강조했던 것도 이런 태도와 공명한다. 그리고 바로 이런 점에 들뢰즈의 한계가 있다고 할 수 있다. 하지만 새로운 주체양식을 탐색했던 이런 문제의식이 가시적인 성과를 내지 못했다고 해서 다시 공리계에 갇힌 현실의 주체양식에 머물 수밖에 없다고 보아서도 안 될 것이다. 결국 현실태와 잠재태 간의 이 간극, 인간적 의식과 인간을 넘어선 자연 사이의 이 간극을 어떻게 채울 수 있을 것인가가 관건인 셈이다. 프란시스코 바렐라가 제창했고 현재는 에반 톰슨 등이 주도하고 있는 '제3세대 인지과학'이 이 간극을 조명하는 데에 상당한 도움을 줄 수 있다.

3. 자연과 의식 간의 '설명적 간극'

에반 톰슨은 우리 시대의 철학과 과학의 두드러진 문제 중의 하나가 의식과 자연 사이의 '설명적 간극'이라고 말한다. 톰슨은 우리 시대는 아직까지, 과학적 연구의 대상으로서의 생명과 마음이라는 측면과 우리가 주관적으로 경험하는 생명과 마음 사이에 존재하는 개념적이고 인식론적인 간극을 연결하기 위한 설명을 결여하고 있을 뿐 아니라, 그 설명 형식에 대해서도 확신하지 못하고 있다고 한다. 톰슨은 이 간극을 어느 한 방법에 의해 환원주의적으로 채우는 대신, 이 간극을 제대로 파악하기 위해 생물학과 신경과학, 심리학, 그리고 철학적 현상학의 여러 성과들을 상호-조명하는 방식을 제안한다. 이런 관점에 서서 톰슨은 현재까지 인지과학은 정서(emotion)와 감응(affect), 그리고 동기(motivation)와 같은 주관성의 문제를 간과하고 단지 인지(cognition)에만 초점을 두어왔다는 점에서 매우 불완전하며, 주관성과 인지를 함께 설명하기 위해서는 포괄적이고 완전한 '마음의 과학'(science of mind)이 필요하다고 주장한다. 달리 말하면 전통적인 철학과 심리학으로부터 현대의 인지과학으로 탐구의 방향이 이행하면서 중요한 문제, 즉 주관적 경험의 문제가 소실된 것을 인지과학이 어떻게 복원할 수 있는가라는 것이 오늘날 인지과학이 당면한 문제라는 것이다.[9]

톰슨은 바렐라와 함께 인지과학의 역사를 3세대로 구분하는데, 제1세대 인지과학에 해당하는 '인지주의'(cognitivism, 혹은 '계산주의 computationalism)는 1950-70년대를 지배했고, 1980년대에는 제2세대 인지과학이라 불릴 수 있는 '연결주의'(connectionism)가 인지주의에 도전했고, 다시 1990년대에는 제3세대 인지과학인 '신체화된 역동주의'(embodied dynamism)가 뒤따랐는데, 오늘날에는 이 세 가지 접근법이 공존하며, 서로 분리되어 있음과 동시에 다양한 형식으로 혼합되고 있다고 설명한다.(3-4)

1) 1950년대에 등장한 계산주의는 유기체의 내적 상태를 무시하고 감각적 자극과 행동적 조건에만 주목했던 행동주의 심리학에 반기를 들면서 내적 상태를 해명하기 위해, 뇌를 컴퓨터를 모델로 삼아 복잡한 정보를 가공 처리하는 '물리적 상징 시스템'으로 간주했다. 이 접근법은 상징적 표상(재현)의 구조와 내용, 그리고 주어진 문제를 풀기 위해 상징적 표상을 조작하는 알고리즘의 본성을 규명하는 데 집중한 결과, 행동주의 전통이 금기시했던 '의식'의 문제를 행동주의와 같은 방식으로 삭제했고, 그 결과 인지와 의식은 완벽하게 분리되었고, 개인의 주관적인 심적 상태와 뇌에 심어진 초개인적인 인지적 회로 사이에는 건널 수 없는 심연이 자리잡게 되었다. 이로써 데카르트적인 이분법이 만들어낸 마음과 물질, 의식과 자연 사이의 설명적 간극이 더욱 심

9_ Evan Thompson, *Mind in Life: Biology, Phenomenology, and the Science of Mind* (Cambridge, London: The Belknap Press of Harvard University Press, 2007), 서문 ix-x, pp. 3-4. 이하 이 책에서의 인용은 본문에 표시한다.

화되었을 뿐 아니라 하위개인적(subpersonal)인 계산주의적 인지와 주관적인 심적 현상 사이의 새로운 간극이 추가되었다. 자켄도르포에 의하면 이 모델은 고전적인 '마음-몸' 문제에 더하여 새로운 형태의 '마음-마음' 문제를 추가했다. 톰슨은 이런 문제들을 다음과 같이 정돈한다.(4-7)

(1) 현상학적인 마음-몸 문제: 뇌는 어떻게 경험을 갖게 되는가?

(2) 계산주의적인 마음-몸 문제: 뇌는 어떻게 추론에 성공하는가?

(3) 마음-마음 문제: 계산적 상태와 경험 사이의 관계는 무엇인가?

톰슨은, 인지인류학자 에드윈 허친스에 의하면 계산주의는 인간의 계산이라고 하는 사회문화적인 행위를 개인의 두뇌로 투사한다는 점에서 은유적인 혼동에 기초해 있음에도 불구하고, 즉 계산적 행위가 문화와 사회와 '신체화 과정들로 얽혀 있는 사회문화적 시스템의 속성임에도 불구하고, 이런 사회문화적 차원의 문제를 추상한 채, 손과 눈과 종이와 펜을 들고 상징을 조작하는 수학자나 논리학자와 같은 개인을 애초의 개인적 모델로 설정하고 있다는 점에 근본적인 문제가 있다고 비판한다.(7-8)

2) 그런데 톰슨에 의하면 '연결주의'는 계산주의의 이런 문제점을 비판하는 대신, 계산주의의 물리적-상징-시스템의 신경학적 불완전성에 비판의 초점을 맞추고 있다. 연결주의는 컴퓨터를 모델로 하는 대신 인공 신경 네트워크를 모델로 삼아, 신경 네트워크의 설계(유닛, 층위, 연결), 학습 규칙, 네트워크의 행위로부터 창발하는 분산된 하위상징적(subsymbolic) 표상(재현)들에 초점을 맞추기 때문이라는 것이다. 계산주의가 마음을 두뇌 안에 확고하게 거주하는 것으로 간주하는 반면, 연결주의는 인지과정과 환경 간의 관계의 보다 역동적 개념을 제공한다. 그럼에도 불구하고 연결주의 시스템은 환경과의 감각운동적 '짝패구성'(coupling)을 포함하지 못하고 있고, 그 대신 인공적인 입출력의 토대 위에서 작동한다. 연결주의는 인지란 미리 정해진(관찰자나 설계자에 의해 외부로부터 시스템에 주어진) 문제를 푸는 것이며, 마음이란 본질

적으로 두개골에 의해 제약된, 인지적 무의식이며, 마음-두뇌에서 계산적 재현의 하위개인적(subpersonal) 영역이라는 계산주의적 생각을 계승하고 있는데, 차이가 있다면 계산과 재현의 본성이 무엇인가에 대한 것일 뿐이라는 것이다. 따라서 연결주의에서도 주관성의 문제는 삭제되어 있고, 설명적 간극은 논의되지 않고 있다.(7-10)

3) '신체화된 역동주의'는 연결주의와 마찬가지로 물리적 상징 시스템보다는 자기-조직적인 역동적 시스템들에 초점을 둔다. 그러나 인지과정은 두뇌와 몸과 환경을 포함하는 연속적인 감각운동적 상호작용의 비선형적이고 순환적인 인과성으로부터 창발한다는 주장을 추가한다. 이 접근법의 중심적 은유는 머리 속의 신경적 네트워크로서의 마음이 아니라 세계 속에 신체화되어 있는 역동적 시스템으로서의 마음이다. 톰슨에 의하면 이 접근법은 서로 분리 발전해온 '역동적 시스템 이론'(시스템 다이내믹스 이론)과 '신체화된 자율적 행위자 이론'을 통합한 것으로서, 다음과 같은 네 가지 요점이 강조되어야 한다고 한다.

(1) 비의식, 무의식, 전의식, 그리고 의식 간의 관계는 전혀 명료화되지 못하고 있다.

(2) 경험적인 문제로서, 개인의 심리적이고 육체적인 과정들에 대한 앎의 범위와 한계는 명확하게 지도화되어야 하며, 이는 주체들을 가로질러 변화한다.

(3) 심리학적이고 생물학적 존재로서의 우리들이 무엇인가 하는 바의 대부분은 어떤 의미에서는 무의식적이다. 따라서 주관성은 이 무의식적인 구조와 과정들과의 연관 속에 위치시키지 않고서는 이해될 수 없다.

(4) 인지적인 것과 정서적인 것을 포함하는 이 무의식적인 구조와 과정은 신체를 관통하여 확대되며, 신체가 뿌리를 내리고 있는 물질적, 사회적,

문화적 환경을 통해서 순환고리를 이룬다. 따라서 이 과정은 두뇌 내부의 신경과정에 한정되지 않는다.

톰슨은 1990년대에 등장한 이 접근법이 의식에 대한 과학적이고 철학적인 관심의 '부활'과 상응하며, 인지과정에 대한 과학적 설명과 인간의 주관성과 경험 사이에 놓인 설명적 간격을 조명하기 위한 새로운 의욕적 시도들과 일치한다고 주장한다. 특히 톰슨이 프란시스코 바렐라와 엘리너 로쉬와 공동으로 저술한 『신체화된 마음』(*The Embodied Mind*, 1991)은 마음의 신체화된 역동주의적 설명과 인간의 주관성과 경험에 대한 현상학적 설명 사이에 다리를 놓으려는 최초의 시도였다는 것이다.(10-13)

2001년에 사망한 바렐라와의 공동연구를 독자적으로 발전시키고 있는 톰슨의 최근 연구 성과를 여기서 모두 개관할 수는 없으나, 몇 가지 중요한 성취를 정리해보면 다음과 같다.

1) 발제적 접근과 현상학은 주관성과 의식은 유기체와 주관적으로 살고 있는 몸, 그리고 생명 (혹은 삶)-세계(life-world) 전체를 포괄하는, 완전한 의미에서의 "생명"이라는 의미에서, 생명의 자율성과 지향성의 관계 속에서 해명되어야 한다는 명제로 수렴한다.(13)

2) 여기서 말하는 지향성은 인지과학적으로는 자기-조직적이고 자율적인 시스템이 환경과의 연속적인 상호작용 속에서 의미를 '능동적으로 산출'(enact)하는 '구조적 짝패구성'(structural coupling)이라는 하위개인적인 인지 시스템을 의미하는 것이며, 현상학적으로는 개인적 수준에서 나타나는 지향성의 상관적 구조를 지칭하는 것이다. 장-피에르 뒤피에 의하면, 지향성은 다음과 같이 복잡계적 함의를 갖고 있다.

주어진 [자율적] 네트워크는 통상 자기-행동들(혹은, 종종 불리듯이 "끌개들")의 다중성을 보유하며, 네트워크의 초기 조건에 의존하는 그것들 중의 하나 혹은 다른 것으로 수렴한다. 한 네트워크의 "생명"은 따라서 외부 세계로부터의 섭동 혹은 충격들의 산물로서 하나에서 다른 하나로 이행하는 끌개들의 "풍경"을 통과하는 하나의 궤적으로 생각될 수 있다. 이런 외부 사건들은 네트워크 자신의 행위의 결과로서 네트워크의 문맥 속에서 의미를 획득하게 된다는 점에 주목하자: 네트워크가 외부 사건들에 부여하는 내용—즉 의미—은 정확히 자기 행동, 혹은 외부사건들로부터 귀결되는 끌개이다. 그렇다면 분명히 이 내용은 순전히 내생적이며, 어떤 외부의 "초월적" 객관성의 반영이 아니다. 이런 논의는…브렌타노가 "내재적 객관성"이라고 불렀던 바에 대한 매우 만족스러운 모델의 싹을 최소한 제공한다. …이 끌개는 네트워크의 행위에 전적으로 참여하면서 동시에 그러나 어떤 의미에서는 그것이 논리적 복잡성의 보다 높은 수준으로부터 결과한다는 사실에 의해, 네트워크의 행위를 초월하는 하나의 개체(entity)이다. 네트워크의 역동성은 그러므로 하나의 끌개가 비록 이런 역동성의 산물임에도 불구하고 하나의 끌개를 향해 나아가는 경향을 가지고 있다고 말해질 수 있다. 이 네트워크는 따라서 브렌타노와 훗설의 의미에서 '지향적인 피조물'이다. 시스템 이론은 한 시스템의 역동성과 그것의 끌개 사이의 이런 역설적 관계를 기술하기 위해 "자동 초월성"(autotranscendence) 이라는 용어를 주조해야만 했다. 이것은 실제로 "내재성 속의 초월성"(transcendence within immanence)이라는 훗설의 생각과 크게 다르지 않다.[10]

톰슨은 이를 다음과 같이 부연한다. 외적 사건들은 시스템 속에 포함된 것이 아니기에 실제로 초월적이다. 그러나 그것들은 미리 딱지 붙여진 외적 사건으로 도착하는 것이 아니라, 네트워크의 (자기-조직적인) 역동성에 의해 그

10_ J. P. Dupuy, *The Mechanization of Mind: On the Origins of Cognitive Science* (Princeton, NJ: Princeton University Press, 2000), pp. 104-105.

것들이 가진 의미와 함께 그 자체로 구성되거나 닫혀진다. 다른 말로 하자면 시스템에 대해 외적인 사건들로서의 그것들의 지위는(시스템의 관찰자에 대한 그것들의 지위와는 반대로) 시스템 자신의 행위의 한 기능이다. 듀피의 제안대로 구성적 지향성은 일종의 자기-조직에 상응한다.(27)

3) 여기서 말하는 자율성은 순환적 인과성을 지닌 자기-조직성이며, 이 자기-조직성은 '상향적' 과정과 '하향적' 과정의 상호의존적 영향을 포함하는 공동-창발성, 또한 부분과 전체의 공동-창발성과 상호 규정성을 통해 형성되는 것으로 이해된다. 이 상호규정적 공동-창발성을 해명하기 위해 '역동적 체계의 과학(science of dynamic system, 혹은 다이나믹 시스템 이론, 순수수학의 한 분과 이론)과 다이나믹 시스템 모델링(경험적 체계의 수학적 모델링)과 이런 도구를 이용한 생물학적이고 심리학적인 현상에 대한 경험적 조사를 포함하는 '역동적 체계 이론'의 접근법이 사용된다.(38)

4) 전통적인 계산주의적 모델은 인풋-아웃풋 정보 유입과 통제의 외적인 메커니즘에 의해 정의되는 체계로서 '타율적'(heteronomous)인, '타자에 의해 통치되는'(other-governed) 체계를 가정하고 있는 데 반해, 톰슨은 '내생적'(endogenous)이고 자기-조직적이고 자기-통치적인(self-governed) '자율적'(autonomous) 체계를 모델로 내세우며, 이것이 오토포이에시스(autopoiesis) 이론이라고 설명한다. 톰슨에 의하면 오토포이에시스는 지구상의 모든 생물학적 존재의 자율성의 모범적 사례이다. 이는 주변 환경과 물질과 에너지를 끊임없이 교환하고 있기에 열역학적으로 결코 평형 체계가 아니지만, 한 시스템을 하나의 통일성으로 정의해주는 관계들의 자기-언급적(순환적, 회귀적) 네트워크를 지칭하는 **조직적 폐쇄**(Organizational Closure)와, 다른 한편으로는 그런 시스템의 회귀적인 역동성을 지칭하는 **작동적 폐쇄**(Operational Closure)라는 특징을 지닌다. 또한 자율적 체계는 항상 그것의 환경에 구조적으로 짝패구성되어 있다. 한 시스템의 행위가 다른 시스템의 행위의 한 기능을 이루고 있을

때 둘 혹은 세 시스템이 짝패구성 되어 있다고 부른다(다이나믹 시스템 언어로 말하면, 한 시스템의 상태 변수는 다른 시스템의 상태 변수이며 그 역도 동일하다). "구조적 짝패구성"은 둘 혹은 그 이상의 시스템들 사이에서 회귀적인 상호작용의 역사를 지칭한다.(45)

5) 한편, 자율적 체계는 물리적 세계 안에서 '기본적인 자율성'을 '매 순간 만들어내기'(instantiation) 위해 필요한 에너지와 열역학적 요구들을 처리해야 하는데, 이런 점에서 보면 "자율성"은 다음과 같은 사항들을 조절하고, 변용하고, 통제할 수 있도록 물질과 에너지의 흐름을 관리할 수 있는 능력을 의미한다: (1) 내적인 자기-구성적 과정, (2) 환경과의 교환 과정. 이를 위해서 살아 있는 세포 시스템은 특정한 기본적 구성요소와 경계를 가져야 한다.

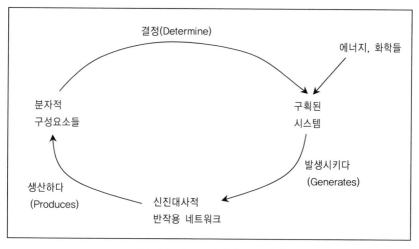

<기본적인 오토포이에시스 조직화>(45)

이에 대응하여 하나의 신경체계는 오토포이에시스의 생물학을 유지하고 정교화하기 위한 기본적인 패턴에 따라 작동하는데, 그 근본 논리는 운동과 감각적 행위의 흐름을 지속적으로 순환하게끔 짝패를 구성하는 것이다.

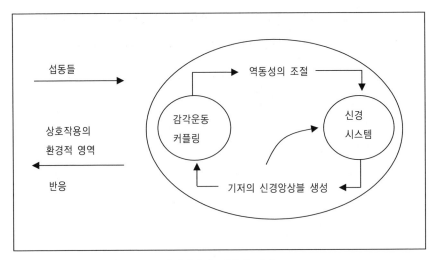

<신경체계의 작동적 폐쇄>(47)

신경체계는 감각적 표면(감각기관과 신경의 끝)과 'effectors'(근육과 땀샘들) 를 신체 내에서 연결하는 것이다. 이런 방식으로 신경체계는 유기체를 하나의 운동하는 단위로, 자율적으로 감각 운동하는 행위자로서 통합하고 유지시켜 준다. 이 신경학적인 것이 동물의 왕국에서 발견되는 감각운동적 조절에서 나타나는 모든 변주들에 깔려 있다. 모든 동물에서 신경적 네트워크는 동물의 어떤 감각이 직접 그것이 움직이는 것에 의존하고 있고, 그것이 움직이는 방식은 그것이 감각한 내용에 직접 의존하는 방식의 감각운동 사이클을 확립하고 유지시킨다. 어떤 동물도 단순히 수동적인 반응체가 아니다. 모든 동물은 그 자신의 감각운동적 관점에서 환경과 마주친다.(47)

6) 그런데 톰슨에 의하면 한 체계를 타율적으로 볼 것인가 자율적으로 볼 것인가는 관점에 따라 달라진다. 우리가 유기체를 유한한 세포 혹은 다세포 개체로 볼 경우에는 그것을 조직적이고 작동적으로 폐쇄 시스템으로 볼 필요가 있는 반면, 그 유기체의 수행이나 행위를 환경과의 구조적 짝패구성 속에서 볼 경우에는 타율적 체계로 볼 수 있다는 것이다. 이 경우에는 우리가 관찰

하고 있는 체계는 유한한 신경 네트워크가 아니라 유기체의 더 큰 시스템(그 속에서 신경체계는 하나의 구성요소로 간주되는 시스템)이 된다. 이와 유사하게 유기체를 환경의 통제에 종속된 것으로 볼 경우 우리는 같은 시스템을 다루는 것이 아니라 <유기체+환경>이라는 더 큰 시스템을 다루고 있기 때문에 유기체는 그 일부로서 타율적인 것이 된다. 톰슨은 이 때문에 신경체계와 유기체를 자율적으로 보는 관점과 그것들이 신체적이면서 환경적으로 뿌리내리고 있다고 보는 관점은 일관성을 가진다고 주장한다.(51)

7) 이 자율적이면서 타율적인 체계로부터 어떻게 의미가 만들어지는가? 톰슨은 월터 프리맨과 패티의 논증 사례를 이용하여 신경계를 가진 복잡한 체계는 언어적 모드와 역동적 모드의 상보적 관계, 즉 상징적 정보가 역동적 체계로부터 에너지 변환(transduction)의 방식으로 창발함과 동시에 그에 대해 제약을 가하는 방식으로 의미를 산출한다고 주장한다.(55) 정보는 DNA 시퀀스의 정태적인 선형적 배열에 내재된 것이 아니고, 오히려 오토포이에시스적으로 조직된, 3차원의 개체, 즉 하나의 신체로서의 세포 속에서 그리고 세포에 의해서 역동적으로 구성된다고 한다. 따라서 언어적 모드는 역동적 모드로부터 창발하며, 정보는 오직 역동적으로 신체화된(embodied) 것으로서만 존재하게 된다는 것이다. 이런 점에서 정보는 그레고리 베이트슨이 주장한 바와 같이 "차이를 만드는 차이"이며, 외부로부터 부과되는 것이 아니라 하나의 맥락 내에서 '형성된다(formed)'.(56) 그러므로 데카르트적으로 외부 세계를 내적으로 재현하는 것이 아니라 자율적 체계는 하나의 환경을 자신의 구조와 행위로부터 분리 불가능한 것으로 '발제(enact)한다. 현상학적 언어로는 그들은 자신의 고유한 구조의 인장이 찍힌 하나의 세계를 구성한다(폐쇄시킨다). 메를로-퐁티가 골드스타인을 인용하면서 말했듯이, "환경은 유기체의 존재 혹은 유기체의 현행화(actualization)를 통해서 세계로부터 창발한다." 이는 곧 폰 윅스퀼의 독창적인 '움벨트'(Umwelt) 개념과 동일한 것으로, 동물이 자기의 감각운

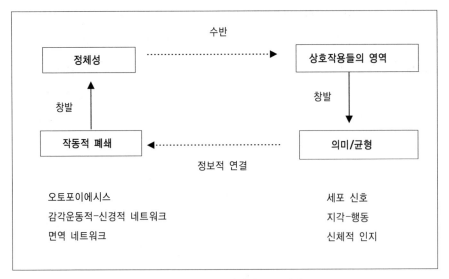

<자율적인 자아와 세계의 공동창발>(60)

동적 저장고 덕분에 세계가 그 동물에게 제시되는, 체험적이고 현상학적인
의미에서의 환경(environment)이다. "하나의 주체가 지각하는 모든 것이 그의
지각 세계이고, 그가 행하는 모든 것은 그의 작동체-세계(effector-world)이다.
지각적 작동체-세계들이 하나의 폐쇄된 단위, 즉 움벨트를 함께 형성한다."11
이런 맥락에서 정보란 곧 한 체계가 자신의 환경에 대한 '지향적 관계'인 것이
며, 두뇌와 몸과 환경의 역동적 패턴은 정보적인 것이라고 할 수 있다.
(59-60) 이 공동-창발성의 논리를 톰슨은 위와 같은 그림으로 설명하고 있다.
    톰슨은 이런 맥락에서 자기 정체성과 의미를 산출하는 생명체의 자기조직
적 운동을 바렐라의 주장을 통해 다음과 같이 정리한다. 바렐라는 시인 안토
니오 마카도의 말을 빌려서, '발제'(enaction)라는 개념을 "걸어가면서 길을 놓

11_ J. von Uexküll, "A stroll through the worlds of animals and men," in K. S. Lashley, ed.,
    Instinctive Behavior: The Development of a Modern Concept (New York: International
    University Press, 1957), p. 6.

는" 행위로 기술했다. "걸을 걷는 것은 너의 발길이다, 너는 걸어가며 길을 놓는다."12

톰슨에 의하면 발제(enaction)는 하나의 법칙을 발제하는 행위이지만, 그와 동시에 하나의 행위의 실연(performance) 혹은 실행을 함축하고 있다. 톰슨은 '발제적 접근 방법'을 다음과 같이 여러 상호연관된 생각들의 통합이라고 설명한다.

1) 첫 번째 아이디어는 생명체는 능동적으로 스스로를 발생시키며 유지하는 자치적 행위자들이며, 그에 의해서 자신에게 고유한 인식 영역(cognitive domain)을 발제, 혹은 산출한다는 것이다.

2) 두 번째 아이디어는 신경체계는 하나의 자율적, 혹은 자기통치적인 (autonomous) 역동적 체계라는 것이다. 즉, 이는 상호작용하는 뉴런들의 순환적이고 재기입되는(reentrant) 네트워크로서 자신의 작동에 따라서, 자기에게 고유한 일관되고 의미있는 행위 패턴을 능동적으로 산출하고 유지한다는 것이다. 신경시스템은 계산주의적인 의미에서 정보를 처리하는 것이 아니라, 의미를 창조한다.

3) 세 번째 아이디어는 인식은 상황지어지고 신체화된 행위 속에서의 숙련된 노하우를 연습하는 것이라는 것이다. 인식 구조와 처리 과정은 지각과 행위의 재귀적인 감각운동 패턴들로부터 창발한다. 유기체와 환경 사이에서의 감각운동적 짝패구성은 신경적 행위의 내생적이고 역동적인 패턴들의 구성체를 결정하는 것이 아니라 조절하며, 신경행위의 구성체는 반대로 감각운동 짝패구성을 주조한다(inform).

4) 네 번째 아이디어는 하나의 인식적 존재의 세계는 그것의 뇌에 의해 내적으로 재현된, 미리 상세화되어 있는 외적인 영역이 아니라, 발제된 관계

12_ F. J. Varela, "Laying down a path in walking," in W. I. Thompson, ed., *Gaia: A Way of Knowing. Political Implications of the New Biology* (Hudson, NY: Lindisfarne Press, 1987), p. 63.

적 영역이거나 또는 그 존재의 자치적 행위와 그리고 환경과의 짝패구성 양식 (mode)에 의해 산출된 것이라는 것이다.

5) 다섯 번째 아이디어는 경험은 부수 현상적(epiphenomenal)인 문제가 아니라 마음에 대한 모든 형태의 이해에 중심적인 문제이며, 주의 깊은 현상학적 방법으로 조사될 필요가 있다.

톰슨은 이와 같은 접근법에 의해 생명과 인식적 존재에 고유한 자율성을 설명함으로써 자아와 주관성을 근저로부터 설명할 수 있기 때문에, 인지생물학과 현상학 사이의 '설명적 간극'을 메꿀 수 있다고 주장한다.(13-14) 또한 톰슨은 생명체의 자기목적적인 자율성은 철학적으로는 칸트의 판단력 비판에서 찾을 수 있다고 한다. 칸트에 의하면 생명체는 자연의 산물이지만, 인공물과는 달리 자연적인 목적을 갖는다고 한다. 칸트는 내재적 목적과 상대적 목적을 구별하는데, 후자가 어떤 목표를 위한 수단으로서의 효과가 갖는 유용성이나 이득이라면 전자는 직접 목적으로 간주되는 효과에 속한다. 칸트는 생명을 갖는 유기체를 인간에 대한 상대적 목적을 갖는 것으로 간주하는 것에 반대하면서 내재적인 목적을 갖는 존재로 본다.(132-33)

생명체의 자기 작동과 의미-만들기의 메커니즘에 대한 더 상세한 논의는 다음 기회로 미루고, 지금까지의 논의가 앞서 언급했던 의식과 무의식의 변증법의 보다 상세한 함의와 작동 기제를 이해하는 데 어떤 도움을 줄 수 있을지를 정리해보자.

1) 생명체는 단순한 개체가 아니라 신경체계와 물질-에너지 순환체계로 구성된 복잡계이며, 자기-언급적인 신경학적으로는 자율적-폐쇄적이면서 에너지적으로는 타율적-개방적이며, 두뇌-몸-환경의 공동-창발성에 의해 작동하고 있다는 사실에 대한 과학적 확인은 인간 주체성의 구조에 대해서도 그대로 적용될 수 있다.

2) 의식은 무의식적으로 작동하는 여러 하위 순환체계들로부터 창발함과

동시에 그에 대해 일정한 제약을 가하는 방식으로 의식과 무의식은 상호의존적이고 공동-창발적이라고 할 수 있다. 이 때문에 생명현상은 의식의 차원만으로도 무의식의 차원만으로도 환원불가능하며, 오히려 양 차원의 역동적 상호작용의 메커니즘에 의해서만 이해될 수 있다. 이런 맥락에서 보면, 들뢰즈의 차이의 철학은 물질-에너지 체계의 개방적 연결망으로의 확장만을 상대적으로 강조한 데 비해서 신경체계의 조직적-작동적 폐쇄의 중요성은 간과했다고 할 수 있고, 결과적으로 의식과 무의식의 변증법을 규명할 수 없었다고 평가할 수 있다.

4. 감정과 이성의 변증법

무의식과 의식의 변증법은 그 자체로 너무 광범위한 상호작용을 포함하기 때문에, 우리가 직접적으로 자각할 수 있는 범위로 그 작용을 제한할 필요가 있다. 이 범위를 의식적 자각 쪽으로 최대한 좁히면 무의식과 의식의 변증법을 감정과 이성의 변증법으로 제한할 수 있다.[13] 그런데 의식이 정신에서 차지하는 비중이 2% 정도에 불과하여 의식과 무의식 간에는 비대칭성이 크듯이, 이성과 감정의 변증법에서도 주목해야 할 점은 바로 이 비대칭성이다.[14] 이런

13_ 여기서 사용하는 감정은 감응(affect), 정서(emotion), 느낌(feeling)을 포괄하는 넓은 개념이다. 문맥에 따라 세 가지를 구별할 필요가 있을 경우를 제외하고는 모두 감정이라는 상식적 표현을 사용할 것이다.

14_ Geroge Lakoff, *The Political Mind: A Cognitive Scientist's Guide to Your Brain and its Politics* (New York: Penguin Books, 2008), p. 3. "신경과학자 마이클 가자니가(Michael Gazzaniga)에 의하면, 뇌가 수행하는 바의 98%가 의식적 자각 범위 외부에 있다. 엄격히 말해서 98이란 숫자는 실제로 사유를 셀 수 없기 때문에 별 의미는 없다. 그러나 이 퍼센트는 올바른 것 같다. 가령, 텍스트 분석에서, 의식적 자각도 안 되고 글로 쓰여진 것도 아닌 하나의 텍스트를 이해하기 위해 필요한 모든 것을 써내려 간다면, 대략 95-98퍼센트는 오른쪽 반구 근사치에 있는 것 같다"(p. 275의 각주 1).

비대칭성으로 인해 감정의 작동에 대한 이성의 조절 능력은 매우 제한적일 수밖에 없으며, 우리의 마음의 복잡성을 지배하는 것은 이성보다는 감정임을 직관할 수 있다. 스피노자가 말했듯이 우리 몸은 외부 대상의 지각(1)과 그 지각을 통해 변용된 몸에 대한 지각(2)을 대면하면서 양자를 종합해서 지각(3) 해야 할 필요성에 직면한다. 이 두 가지 1차적 관념(혹은 지각)의 반복은 결국 자아라는 2차적 관념(3)을 산출한다. 이를 칸트식으로 번역하자면, 우리 몸은 오성과 감각의 합성과정을 통해 외부 대상을 지각(인식)(1)하며, 이 지각(인식)을 통해 변용된 몸에 대한 지각(affect-emotion-feeling: 넓은 의미의 감정)(2)을 합성하면서 판단력이라는 자아 개념(3)을 형성하게 된다. 물론 외부 대상의 지각에 의해 변용된 몸의 상태에 대한 감정 속에서 판단력이 작동하는 과정은 외부의 지각과 몸에 대한 지각이 기왕에 우리 몸에 내재해 있는 이성과 욕망의 작동과 일치 혹은 불일치하는지를 검토하고 조절하는 과정이다. 이런 점에서 감정은 물질과 기억, 연장과 사유, 육체와 정신, 생물학적 유전과 사회적 환경이 마주치는 주름진 교차로에 해당한다. 다시 말하면 감정은 통상적 의미에서 주관성(subjectivity)이라고 부르는 복합적 흐름의 교차로에 위치한 교통 순경과도 비슷한 역할을 감당하고 있는 셈이다.

이렇게 자연적인 항상성 기구인 우리 몸의 조절장치인 감정의 조절과 사회적인 항상성 기구라고 할 이념적-제도적 조절장치 사이의 상호관계의 복잡성(조화와 일치, 부조화와 불일치, 대립과 갈등, 폭발 등)을 분석하기 위한 이론적 프레임을 필자는 '**감정의 정치학**'이라고 지칭한 바 있다.15 따라서 감정의

15_ 심광현, 「감정의 정치학: 자기-통치적 주체의 창조를 위한 새로운 문화정치적 프레임」, 『문화/과학』 59호, 2009년 가을(이 글 역시 본 책에 함께 수록되어 있다). "수동적-반동적 감정으로 물든 주체가 어떻게 능동적-진보적 감정으로 충만한 주체로 거듭날 것인가의 문제는 '각성의 정치'만이 아니라 '감정의 정치', '인식의 정치'만이 아니라 '체화의 정치'라는 더 확장된 '프레임'을 요구한다는 얘기가 된다.
물론 감정의 정치나 체화의 정치라는 새 프레임을 각성의 정치나 인식의 정치와 대립시키자는 것이 아니다. 오히려 각성과 인식이 감정과 체화의 프레임과 결부되지 않을

정치학은 두 가지 기본적으로 상이한 과제를 해결해야 한다. 하나는 개인적 차원에서 감정조절이라는 복잡한 과제이며, 다른 하나는 개인적 감정조절과 사회적 제도 사이의 상호관계의 조절이 그것이다. 이하에서는 이 두 과제를 안토니오 다마지오와 알렉산더 마트롱의 스피노자 해석에 기대어 순차적으로 기술해 보겠다.

우선, 안토니오 다마지오에 의하면 스피노자의 심신평행론은 마음과 몸은 서로 평행하며 서로 연관되어 있는 절차로서 마치 한 물체의 양면처럼 모든 측면에서 서로를 모방한다고 보는 것이다. 그러나 이 메커니즘에는 비대칭적인 면이 있다. 대개 이 현상은 몸이 마음의 내용을 구성하는 방향으로 주로 이루어지고 그 반대 방향으로 일어나는 경우는 그보다 적다. 반면 마음의 관념은 서로 상승작용을 일으킬 수 있지만, 몸의 경우에는 그런 일이 일어날 수 없다.16 인간의 마음이 외부의 물체를 실제로 존재하는 상태로 지각하는 것은 오로지 몸의 변용에 대한 관념을 통해서인데, 이 메커니즘이 가지고 있는 전략은 바로 몸에서 일어나는 사건이 마음에서 관념으로 표상된다는 것이다. 이 과정에는 표상 가능한 '대응'이 존재하며, 이러한 대응은 한 방향―몸에서 마음―으로 진행된다. 스피노자는 관념이 그 양이나 강도에서 '몸의 변용'에 '비례'한다고 언급한다. '비례'라고 하는 말은 '대응', 심지어는 '지도화'라는 말을 상기시킨다. 우리는 대개 우리의 마음이 사물, 활동, 추상적 관계 등 우리의 몸이 아닌 바깥 세상과 관계된 이미지나 사유로 채워져 있다고 생각한다. 그러나 스피노자에 의하면 우리의 마음은 동시적으로 활동 또는 외부 사물을 통한 변용의 과정에서 우리 몸의 각 부분에 대한 이미지, 표상, 사유로 이루어져 있다.(246-47)

경우 어떤 효과도 볼 수 없음을 주목하자는 것이다"(18쪽).

16_ 안토니오 다마지오, 『스피노자의 뇌― 기쁨, 슬픔, 느낌의 뇌과학』, 임지원 옮김, 사이 언스북스, 2007, 251-52쪽. 이하 이 책에서의 인용은 본문에 그 쪽수를 표시한다.

우리의 몸과 마음에서 일어나는 느낌은 우리가 건강하고 편안한 상태인지 아니면 곤란하고 괴로운 상태인지를 표현해준다. 이 때문에 느낌은 단순히 정서에 덧붙은 장식물이 아니다. 내키는 대로 간직하거나 집어 던져 버릴 수 있는 것이 아니라는 말이다. 느낌은 생명체 내부의 생명의 상태를 드러내 주는 것이다. …줄타기와도 같은 아슬아슬한 생명의 현상에서 대부분의 느낌은 균형에 도달하기 위한 고군분투의 표현이다. 균형을 이루기 위한 절묘한 조정과 수정 없이 너무 많은 실수가 벌어진다면 생명 조절 행위 전체가 완전히 무너져 버릴 것이다. 인간 존재의 왜소함과 위대함을 동시에 드러내 줄 수 있는 것이 있다면, 그것은 바로 느낌이다.(11-12)

생물체는 생존을 위해서 자신의 생명 현상을 조절할 수 있는 능력을 획득하며, 자신의 기능을 '보다 완전한 상태'로 끌어올리기 위해 노력한다. 그 상태가 바로 스피노자가 기쁨이라고 불렀던 것이다. 이 모든 노력과 경향은 무의식적으로 작용한다. 그런데 감정의 힘은 매우 강력해서, 해로운 감정—비합리적인 감정들—을 극복하는 것은 오로지 이보다 더 강력한 긍정적인 감정, 즉 이성이 촉발한 감정을 통해서만 가능하다. 그의 생각의 핵심은 순수한 이성 자체가 아니라 이성으로 유도된 정서가 동반될 때 열정을 억누르는 것이 가능하다는 것이다. 이것은 결코 쉽게 성취될 수 있는 것이 아니다.(18-20)

칸트는 우리가 무엇을 욕망하고 느끼는가의 문제를 다루기는 했지만 이 문제가 우리의 마음 전체에 미치는 영향을 깊이 천착하지 않았다. 이는 그가 감성적 인식을 하위 인식으로 보고 이에 대한 이성적 인식을 상위 능력으로 보면서, 전자에 대한 후자의 통제 가능성을 지나치게 신뢰했던 데에서 연유한다. 이는 곧 칸트가 관념론과 유물론의 '사이'에 주목했지만 물질의 저항을 과소평가하는 전통적인 관념론의 편향에서 결국 벗어나지 못했음을 의미한다.

이에 반해 스피노자는 욕망, 감응, 충동, 정서, 느낌 등을 모두 아울러 감정적 인식, 즉 1종 인식이라고 지칭하면서, 1종 인식이 갖는 물귀신과 같은 위력을 파악하는 데 주력했다.

스피노자는 『에티카』 제3부에서 물질적 저항과 코나투스 간의 변증법적 상호작용에서 발생하는 1종 인식의 구조를 체계화했다. 그러나 3부 자체만을 독해해보면, 어떤 원리에 따라 감정이 수십 가지의 다양한 유형들로 세분화되는지를 파악하기가 어렵다. 알렉산더 마트롱의 기념비적 연구 『스피노자 철학에서 개인과 공동체』는 이 문제에 빛을 던져준다. 스피노자는 자연상태에 처한 개인/개체들이 환경과 개체들 간의 관계 속에서 어떻게 다양한 유형의 1종 인식을 얻게 되고 그에 의해 자신의 능력을 증진하거나 혹은 감소하게 되는가를 체계적으로 분석했는데, 마트롱은 스피노자가 구축한 이 복잡한 체계에 내재된 암묵적 원리를 다음과 같이 명시적 원리로 해명한 바 있다.

그에 의하면 스피노자의 윤리학은 다음과 같은 체계로 이루어져 있다. 하나는 개인적 삶을 다루며 다른 하나는 인간 상호관계들을 다루는 두 개의 계열과 그 각각은 다시 두 개의 군을 포함한다. 토대에 속하는 군과 전개에 속하는 군이 그것이다. 따라서 도합 네 개의 군이 있는 셈이다.

1) A1 군: 개인적 삶의 토대(정리 9-정리 13의 주석). 곧 욕망, 기쁨과 슬픔, 사랑과 미움.

2) A2 군: 개인적 삶의 전개(정리 13의 주석-정리 26의 주석). 곧 환경을 함수로 생겨나는 사랑과 미움의 파생 형태

3) B1 군: 인간 상호관계의 토대(정리 27-정리 32의 주석). 곧 감정모방. 여기서 따라 나오는 보편성의 욕망, 그리고 여기서 발생하는 인간 상호간의 사랑과 미움.

4) B2 군: 인간 상호관계의 전개(정리 33-정리 49). 곧 환경을 함수로 생겨나는 인간 상호적인 사랑과 미움의 파생 형태.[17]

이 내용들을 도표로 정리해 보면 아래와 같다.

코나투스의 일반이론	정리 4-정리 8	
코나투스의 계열화	토대 (1)	전개 (2)
개인적 삶　(A 군)	A1: 정리 9-정리 13의 주석	A2: 정리 13의 주석 　　정리 26의 주석
공동체적 삶　(B 군)	B1: 정리 27-정리 32의 주석	B2: 정리 33-정리 49

이 구별의 체계에 근거하여 『에티카』 3부에 자세히 분류되어 있는 감정들의 유형을 긍정의 계열과 부정의 계열로 나누어 구분해 보면 다음과 같은 계열표를 얻을 수가 있다.

여기서 중요한 지점은 A1→A2, B1→B2, A1→B1, A2→B2로의 이행이다. 가령, 스피노자가 사랑과 미움을 정의하는 정리 [3부] 13의 주석은 A1군과 A2군에 동시에 속한다고 볼 수 있다. A1의 도달점이자 A2의 출발점 역할을 하는 것이다. 소외는 일단 사랑과 미움이 출현하면서 절정에 오르고 나면 계속해서 눈덩이처럼 불어간다. 과도하게 증폭되며, 점점 더 일탈적 방식으로 가능한 모든 방향으로 파생해가고, 또 이 일탈 자체로 인해 더 강화된다. A2군은 이 파생에 대한 탐구이다. 이 파생의 과정은 다시 두 양상을 포함하는데, 한편으로 사랑과 미움은 한 대상에서 다른 대상으로 전이된다(정리 14-18). 다른 한편, 우리는 스스로를 사랑하는 대상과 동일시하거나 혹은 미워하는 대상과 역동일시한다(정리 19-26).(165) 마트롱에 의하면 이와 같은 감정의 전이는 일정한 한계 내에서 동요하는 형태를 취한다.

17_ 알렉산더 마트롱, 『스피노자 철학에서 개인과 공동체』, 김문수·김은주 옮김, 도서출판 그린비, 2009(초판 2쇄), 121쪽. 이하 이 책에서 인용은 본문에 그 쪽수를 표시한다.

유형	긍정의 계열	부정의 계열	비고
1. 정동 자체	욕망		의식되어진 정동, 본능, 충동
2. 개인적 삶의 토대 (A1: 정리 9-정리 13의 주석)	1. 기쁨	2. 슬픔	정신적 완전성의 증가(기쁨)와 감소(슬픔)
	3. 쾌활	4. 우울	정신적·신체적 완전성의 증가(쾌활)와 감소(우울)
	5. 사랑	6. 증오	외부 원인의 관념을 동반하는 기쁨/슬픔 (사랑은 이미지의 긍정적 집중, 미움은 이미지에 대한 부정적 집중)
3. 개인적 삶의 전개 (A2: 정리 13의 주석-정리 26의 주석)	7. 희망	8. 공포	불확실한 기쁨/슬픔
	9. 안도	10. 절망	의심이 제거된 희망/공포
	11. 환희	12. 낙담	의심했던 과거의 사물의 표상에서 생기는 기쁨/슬픔
		13. 연민	타인의 불행에서 생기는 슬픔
	14. 호의	15. 분개	타인에게 선을 행한 사람에 대한 사랑/증오
		16. 질투	타인의 불행을 기뻐하고 타인의 행복을 슬퍼하는 것=증오 자체
	17. 교만		자신에 대해 정당한 것 이상으로 느끼는 데서 생기는 기쁨
	18. 과대평가		다른 사물에 대해 정당한 것 이상으로 느끼는데서 생기는 기쁨
	19. 경멸		다른 사물에 대해 정당한 것 이하로 느끼는 데서 생기는 기쁨
4. 공동체적 삶의 토대 (B1:정리 27-정리 32)	20. 자비심 (연민에서 발생)	21. 경쟁심 (연민이 욕망과 관계될 때)	연민에서 친절을 베풀려는 욕망/타자의 욕망에 대한 욕망
	22. 명예욕	23. 정중함	대중의 기분에 부합하려는 욕망
	24. 찬미	25. 비난	우리를 기쁘게 하려는 타자의 행위에서 느끼는 기쁨/혐오
	26. 명예	27. 치욕	타인에게 칭찬받거나 비난 받는다고 믿는 기쁨/슬픔
	28. 자기만족	29. 후회	위와 달리 외적 원인의 관념을 동반하는 기쁨/슬픔
5. 공동체적 삶의 전개 (B2:정리 33-정리 49)		30. 동경 (우리가 사랑하는 것의 부재에서 오는 슬픔)	선은 모든 종류의 기쁨 혹은 동경을 만족, 시키는 것, 악은 모든 종류의 슬픔 혹은 동경을 방해하는 것
	31. 과감/대담	32. 소심함/수치	과감/대담(악의 두려움에 의해 억제되지 않는 경우), 소심함/수치(예견되는 악을 더 작은 악으로 피하게 하는 공포)
		33. 당황	예견되는 악과 다른 악의 위협이 심할 경우의 공포
	34. 감사/사은	35. 잔인	자기에게 친절한 자에게 친절/ 자기를 사랑하는 자에게 악을 전가함
6. 기타 (정리 50-59)	36. 경탄 (경멸에 대립되는 것)	37. 공황(두려워하는 것에 의한 경탄)	
	38. 존경	39. 전율	우리를 능가하는 것에 대한 경탄/분노나 질투에 대한 경탄
	40. 헌신	41. 조롱	경탄이나 존경과 결합된 사랑/ 증오하거나 두려워하는 것에 대한 경멸
		42. 모멸	우둔함에 대한 경멸
	43. 자기애 (자기만족)	44. 겸손	자신의 강함/약함에 대한 기쁨/슬픔
	45. 용기 46. 관용		이성의 명령에서 자기 유를 보존하려는 욕망/ 이성의 명령으로 다른 사람을 돕고 우애로 결합하려는 욕망
7. 정리 56의 주석	향락욕, 음주욕, 탐욕(부), 명예욕, 정욕		대상의 종류에 따른

이는 영혼의 동요의 한 형태로서…개체는 상반되는 소외 사이에서 우왕좌왕하면서도, 항상적으로 특정한 중간지점—그가 인식하기만 한다면 그에게 자신의 독특한 본질을 드러내 줄—을 중심으로 흔들리는 것이다. 그러므로 인간이 유연할지라도, 무한하게 유연하지는 않다. 또한 인간은 조건 형성에 따를 수 있지만, 이것도 특정한 한계 내에서이다.(184)

시간의 계기가 개입되면, 우리에게 의심스러워 보이는 과거나 미래의 사물을 상상하는 데서 생기는 기쁨과 슬픔이 바로 희망과 공포이다. 이는 항상 쌍을 이루면서 역동적으로 움직이는데, 희망과 공포의 배합은 네 가지 단계로 주기를 이루며 나아간다. 1) 아직은 희망이 우세하나 이미 공포가 증가하고 있는 단계(그리고 증가하는 공포가 희망과 동등해지는 한계-상황), 2) 공포가 우세하며 증가하고 있는 단계(그리고 절망이라는 한계-상황), 3) 아직은 공포가 우세하나 이미 감소하고 있는 단계(그리고 감소하는 공포가 희망과 동등해지는 한계-상황), 4) 희망이 우세하고 공포가 감소하는 단계(그리고 안심이라는 한계-상황)가 그것이다.(188) 마트롱은 이 순환적 진화의 네 국면을 다음과 같이 상세히 기술한다.(194-96)

1) 우리가 처음으로 겪는 실패들은 우리를 상심하게 하고 깨어나게 한다. 불확실성이 희망과 공포를 출현시킨다. 처음에는 과도하게 불안해하지는 않는다. 전체적으로는 희망이 공포를 크게 압도한다. 이 때문에 우리가 무르고 타성적이게 되는 평화로운 국면이 서서히 위험이 커지고 평화가 사라지며 공포가 완만하게 증가하여 균형을 이루는 황혼의 순간이 도래한다.

2) 짧은 균형의 시기가 지나고 공포가 우세해진다. 우리는 점차 심리적 공황에 빠져 터무니없는 제안조차 따를 참이며 아무에게나 조언을 구한다. 그러나 무위로 끝나고 완전한 절망이 도래한다.

3) 예측하지 못한 우연한 사건이, 낙담에 종지부를 찍는 작은 희망을 안겨

준다. 우선은 방어적인 일에 몰두하며, 열성을 다해 자신을 지킨다. 이 노동에서 얻은 성공이 다시 희망을 자극하여 희망은 완만히 증가, 진취적으로 내다보기 시작한다. 그런 다음 여명이 도래하고 희망이 공포와 균형을 다시 이룬다.

4) 이 문턱을 넘어서면 희망이 우세해진다. 우리는 수세에서 공세로 이행한다. 우리는 이제 새로운 선을, 항상 더 새로운 선을 획득할 궁리만 한다. 동시에 더 우리 수단들의 효력을 그리고 운명의 가호를 믿는다. 마침내 완벽한 안심이 도래한다. 공포가 없으므로 수고롭게 무엇을 할 욕구도 느끼지 않는다. 다시 무르고 타성적이게 되고, 가증스러워지며, 허영에 부풀어 올라 허세에 가득 찬다. 누군가 충고라도 해주면 전부 모욕으로 간주한다. 하지만 착각은 오래가지 못하고 사이클은 다시 시작된다.

마트롱은 이런 사이클을 개인적 차원에서 사회적 차원으로 이행하여 네 개의 순환적 진화과정을 제시한다. "야만(3국면)에서 문명(4국면)으로, 그 다음 퇴락(1국면)으로, 그리고 예속으로 치닫는 첨예한 위기의 시기(2국면)를 지나, 다시금 이전의 야만으로 다소간 완결적으로 회귀하면서 사이클은 순환한다.(197) 사회적으로 미신이 희망과 공포의 사이클의 상이한 여러 국면을 거쳐 어떻게 변천하는지는 다음과 같이 설명된다. 미신은 2국면에서 생겨나(가혹한 경험에 대한 방어반응이자 신을 조종하여 이 경험을 치유하려는 노력으로서 등장한다) 우리를 3국면으로 이행시킨다. 미신에 힘입어 우리는 다시금 희망을 품는다. 3국면에서 성서 자체가 새로운 숭배의 대상이 된다. 그러나 희망이 다시 우위를 점하는 4국면으로 접어들면서 미신은 점차 완화되며 잠잠해지고, 여유를 갖게 되어, 이 여유 덕에 지상의 기쁨만이 아니라 사변에도 힘을 쏟는다. 고난을 겪으면서 망각해버렸던 플라톤-아리스토텔레스적 세계관을 되찾게 되며, 형이상학적 지류와 미신적 지류를 화해시키려고 노력하다가, 점차 사이비-이성 쪽으로 기울어진다. 공포의 환영들은 점점 덜해지고,

불일치는 약화되고, 공통분모가 다시 출현하는 경향을 띠며, 보편종교가 가장 쉽게 확산될 수 있는 아주 특권적인 순간에 도달한다. 하지만 이 순간도 오래 가지 못하고, 성공에 도취되어 무신론으로 나아간다. 무신론은 안심의 한계-국면에 상응한다. 미신적인 자들이 자기 번민을 투사시켰던 배후-세계에 강박적으로 사로잡히는 반면, 무신론자는 배후-세계를 망각하며 오히려 자기야 말로 이 가소로운 자연의 지배자들의 지배자라 자임한다. 그러나 실패의 여파로 미신은 잿더미에서 다시 살아나고 균형추는 사이비-신앙 쪽으로 기운다. 마지막으로 2국면에서 공포가 다시 우위를 점하고 우리가 또 다시 심리적 공황에 빠질 때, 체계 역시 끝장난다.(202-207) 이 네 국면들의 순환적 사이클을 다이어그램으로 그려보면 아래와 같다.

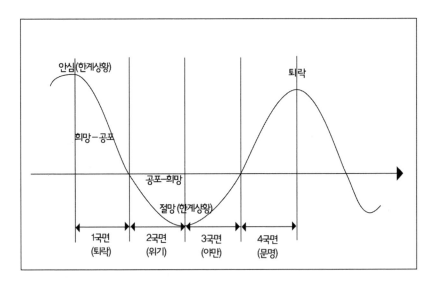

마트롱에 의하면 절대적 안심은 우리가 자기 자신과 우주를 신뢰할 때만 가능하다. 불확실성이 생기려면 이 두 가지 믿음 중 하나가 상실되어야 한다. 이런 일이 발생하는 세 가지 경우의 수는 다음과 같다. 1) 우리 자신의 힘을 의심하지만 우리가 스스로를 돕는 것과 무관하게 운명이 다소간 우리를 도와 주리라고 생각하는 경우, 2) 이같은 기적적 가호를 의심하면서 우리 능력과 자원으로 사건을 지배할 수 있으리라 생각하는 경우, 3) 둘 다를 의심하면서 우리를 거역하는 환경에 대해 아무것도 할 수 없다고 여기는 경우가 그것이다. 세 번째 경우에만 우리는 심각하게 불안해하며 공포가 희망보다 우세하게 된다.(192-93)

마트롱은 전쟁과 교역의 경우에도 이런 희망-공포의 주기가 교대로 나타난다고 본다. 자연 상태에서는 전쟁이 우세할 것이고 잘 형성된 사회에서는 교역이 우세할 것이며, 우리가 살아가는 현실사회에서는 장기적으로 보면 양자는 거의 똑같은 비중을 차지한다는 것이다. 그런데 이 주기적인 요동에서 새겨두어야 할 점은, 사랑이나 미움은 필연적으로 그 반대물로 뒤바뀌는 경향을 띤다는 점이다. 미움은 상호적인 미움 때문에 커지지만 단 특정 문턱까지만 그렇다. 이 문턱에서부터 사이클은 반전하며 미움은 사랑으로 뒤바뀌기 시작한다. 특정한 조건에서는 미움이 사랑에 정복될 수 있으며, 이것이 중요하다. 따라서 이제 정치의 주요 임무가 무엇일지 알 수 있다. 과정이 거쳐가는 파국적 동요들을 제거함으로써 과정을 안정화하는 것, 또한 부정적 상호성으로 퇴락하지 않게 막으면서 긍정적 상호성을 조절하는 것이 바로 그것이다.(297) 달리 말하면 좋은 정치란 곧 개인적-집단적 감정의 윤리학(적 조절)과 사회적 제도의 정치학(적 조절)의 짝패구성이자 선순환적 피드백 구조를 지속적으로 유지하는 일이라고 할 수 있다. 그렇다면 이런 일의 구체적 메커니즘을 파악하는 일이 무엇보다 중요해진다. 시스템 다이내믹스 이론이 이 메커니즘을 해명하는 데 도움을 줄 수 있다.

스피노자에 의하면 우리의 생명 시스템은 신체-감정-이성-직관의 층위들을 갖고 있으며, 이 층위들은 본성상 더 큰 완전성으로 이행하려는 활동성, 즉 자기 자신을 보존하려는 코나투스를 지닌다. 그러나 이 생명 시스템은 외적 원인에 의해 더 작은 완전성으로 이행하는 경우들 앞에 수없이 노출되어 있는 취약성도 동시에 지니고 있다. 전자의 경우에는 기쁨의 감정이 활성화되면서 시스템 전체의 활동성(역능)이 증진되며, 후자의 경우에는 슬픔의 감정이 확산되면서 시스템 전체의 활동성의 감소가 초래된다. 이렇게 생명 시스템은 기쁨 계열의 감정과 슬픔 계열의 감정 상태로 수시로 변화하게 되는데, 시스템 다이내믹스 이론에 의하면 이런 변화는 다음과 같이, 선순환 혹은 악순환, 정체화와 안정화의 피드백 루프라는 네 가지 경우들로 구분될 수 있다.

1) 악순환 고리와 선순환 고리는 양의 피드백 루프라는 동일한 피드백 구조를 갖는데, 이 경우들은 양의 피드백 루프에 의한 자기 강화가 목표를 성취하는 방향으로 이루어지면 선순환 고리라고 부르고, 목표 성취에서 멀어지는 반대방향으로 강화가 이루어지면 악순환 고리라고 부른다. 따라서 악순환 고리를 선순환 고리로 전환시키기 위해서는 시스템의 구조적 변화보다는 시스템의 특정 변수의 값을 제한하는 장애 요인이 있는지를 살펴보거나 특정 변수의 값이 지나치게 낮은 상태에 머물러 있는지를 검토해 보아야 한다.

2) 음의 피드백 루프 역시 목표 성취에 일치하는 방향으로 안정화되는지, 아니면 목표 성취와 반대되는 방향으로 안정화되는지에 따라 구분될 수 있다. 전자를 안정화 고리라고 부르고, 후자를 정체화 고리라고 부른다. 전자는 목표 지점에서 균형을 이루는 음의 피드백 루프이며, 후자는 목표에서 벗어난 지점에서 균형을 이루는(갇혀 있는) 음의 피드백 루프이다. 정체화 고리를 안정화 고리로 전환시키고자 할 경우도 피드백 구조를 변화시키는 대신 변수값을 조절하는 것이 필요하다.

3) 그러나 정체화 고리를 선순환 고리로 변화시킨다든지 악순환 고리를 안정화 고리로 전환시키고자 할 경우에는 양의 피드백 루프와 음의 피드백 루프 간의 전환이라는 구조 변화가 필요하다.[18]

18_ 김도훈·문태훈·김동환, 『시스템 다이내믹스』, 대영문화사, 1999, 254-55쪽. 다음 쪽의 그림은 이 책의 254쪽의 그림에 필자가 약간의 설명을 부가한 것이다.

- 시스템의 피드백 구조를 이해하고 나면, 피드백 구조를 활용하여 시스템을 어떻게 바람직한 방향으로 변화시킬 것인가에 대한 질문이 제기된다.

- 피드백 구조를 활용한 시스템의 변화에는 크게 보아 두가지 수단이 존재한다.
   첫째는 변수 값(파라미터)을 조정하는 정책이며,
   둘째는 구조(피드백 구조)를 변화시키는 정책이다.

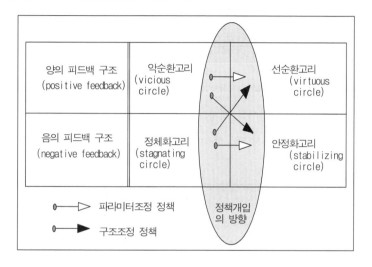

위의 그림을 통해서 생명 시스템을 재해석할 경우 우리는 다음과 같은 세 가지 중요한 가이드라인을 얻을 수 있다.

(1) 우선, 악순환 고리(슬픔에서 더 큰 슬픔으로 나아가는 팽창고리)를 선순환 고리(기쁨에서 더 큰 기쁨으로 나아가는 팽창고리)로, 정체화 고리(기쁨을 슬픔으로 상쇄하는 고리)를 안정화 고리(슬픔을 기쁨으로 억제하는 고리)로 전환시키기 위해서는 감정의 변수 값을 조정해야 한다. 이와 같은 감정적 값의 조정은 슬픔의 감정을 기쁨의 감정으로 대체하는 것을 의미한다. 그러나 이런 대체 과정은 마음만 먹는다고 저절로 가능한 것이 아니라 스피노자가 강조하듯이 외적 조건들이 잘 갖추어질 경우에 가능한 것이다(슬플 때 맛있는

음식을 먹거나, 좋은 음악을 듣거나, 좋은 친구를 만나거나 등등). 감정은 우리 몸의 변용에 대한 지각이므로 감정을 변화시키기 위해서는 무엇보다도 몸을 움직이고 외적 조건을 변화시켜야 한다. 체육과 예술활동이 절대적으로 중요한 이유가 여기에 있다. 스피노자 시대에는 체육과 예술활동이 오늘날과 같이 제도화되어 있지 않았기에 몸의 움직임을 통한 정서적 변화의 효과에 대한 고려가 적을 수밖에 없었다면, 19-20세기 동안 체육과 예술활동은 당시와는 비교할 수 없게 증대되었고, 그 효과에 대한 과학적 연구 역시 비약적으로 증대했다. 이런 맥락에서 스피노자적인 윤리학에 잠재된 몸의 변용을 통한 기쁜 감정의 증진은 명시적-체계적으로 부각될 필요가 있다. 우리는 이를 이성적-금욕적 윤리학에서 감성적-미적 윤리학으로의 패러다임 전환이라고 지칭할 수 있을 것이다.

(2) 다른 하나는 악순환 고리를 안정화 고리로, 정체화 고리를 선순환 고리로 전환시키기 위한 구조조정이 그것이다. 위의 그림에서 대각선 방향으로 정향된 구조조정은 감정의 동요에 젖어있는 일상적 생활을 과학적 이성의 지도에 따라 행위하고 생활하는 방식으로 감정적 층위에서만 발생하는 피드백 루프의 구조를 이성이 개입하여 감정과 이성 간의 피드백 루프 구조로 전환시키는 것이다. 이와 같은 구조조정은 변수 값의 조정보다 훨씬 어려운 일이다. 스스로에게 자유로워지라고 명령하는 칸트의 실천이성의 정언명법의 방식이 바로 이와 같은 구조조정에 해당한다고 할 수 있다. 이 일은 무척 어렵지만 (1)의 경험을 통해서 기쁜 감정이 충전될 경우 상대적으로 그 가능성이 높아진다. 실제로 칸트도 이 어려움을 인식하고 『판단력 비판』에서 미와 숭고의 경험만이 도덕적 감정을 예비해 준다고 보완한 바 있다. 이렇게 (1)+(2)의 누적된 경험만이 생명 시스템의 장기 지속과 전체적인 능력의 증진을 가져올 수 있고, 외적 조건의 제약을 넘어서 시스템 전체의 자유를 증대시킬 수 있다.

(3) 마지막으로 스피노자가 강조한 3종 인식(칸트는 거부했던 '지적 직관,

즉, 전체의 작동 원리를 꿰뚫어보는 신적 직관에 근접하는 지적 직관)은 인간의 몸과 마음, 감정과 이성의 피드백 루프 시스템이 자연과 고립된 것이 아니라 능산적 자연의 한 부분 시스템이라는 사실(앞서 톰슨이 말한 자율적이면서 타율적인 중층적 체계의 일부임)을 통찰하여, 그로부터 생명 시스템의 활동성을 최대한으로 더 큰 완전성으로 이행하게 하려는 인식이 극대화된 결과라고 볼 수 있다. 현대적으로 재해석하자면, 이는 앞서 말한 생명 시스템의 복잡한 중층구조와 감정의 리듬 및 주기를 시스템 다이내믹스와 제3세대 인지과학과 같은 구조적 짝패구성의 방식으로 이해하게 된 상태의 인식을 지칭한다고 할 수 있다. 이렇게 원심적 회로들로 중층화된 짝패구성의 작동을 공시적으로 자각할 수 있는 상태에 이르게 되면, 현재의 작은 기쁨보다 미래의 더 큰 기쁨에 주목하며, 시스템이 더 큰 완전성에 이를 수 있도록 하기 위한 신체적-감정적-이성적 노력에 박차를 가하는 일이 가능해질 수 있다. 이런 노력은 1)과 2)의 경우처럼 개인적 감정조절만이 아니라 개인적 조절과 사회적 제도의 조절을 선순환 고리로 연결하는 방식에 대한 통찰을 포함하고 있으며, 나아가 사회적 제도 조절이 지구적 차원의 생태 환경과 선순환 고리를 이룰 수 있도록, 즉, 개인의 신체-감정-이성과 집단적 신체-감정-이성, 그리고 생태환경 전체가 선순환 고리를 이룰 수 있도록 인식의 심화와 확장으로 나아갈 수밖에 없다. 펠릭스 가타리가 개체생태학적 위기-사회생태학적 위기-자연생태학적 위기를 동시에 극복하기 위해 시급히 확립되어야 한다고 주장했던 '생태-철학'이 바로 이런 수준의 인식을 의미할 것이다.

5. 감정 자본주의 비판과 감정이입의 정치학

그러나 이와 같이 중층적인 선순환 고리를 만들어내려는 새로운 주체양식의 구성이 쉽지 않은 것은 자본주의적 감정착취라는 거대한 장벽이 점점 더 거대해지고 있기 때문이다. 20세기 후반 서비스 산업과 마케팅의 비중이 급격히 팽창하면서 현대 자본주의는 감정 자체를 착취의 새로운 영역으로 재구성해 왔는데, 특히 임상심리학을 배운 저널리스트였던 대니얼 골먼의 『감정지능』(1995)이 대대적인 주목을 받은 이후 미국의 심리학자들은 이 감정지능(Emotional Intelligence)을 IQ처럼 세부적으로 등급화하는 데 몰두하고 있다. 미국에서는 감정지능에 속하는 능력은 자기인식, 감정관리, 동기부여, 감정이입, 관계조율이라는 다섯 가지 범주로 구분되어, IQ가 군대와 직장에서 생산성 증대를 목적으로 등급화하는 데 사용되었듯이, 단기간 내에 직장 내 등급화 도구로 전환되어 사용되고 있다고 한다. "한 다국적 컨설팅 회사에서는 경력사원 평가에서 EI 능력과 그밖에 세 가지 능력을 측정했다. 20점 만점에 평균 9점을 넘긴 사원들은 다른 사원들에 비해 120만 달러 높은 수익—139% 추가 수익—을 올렸다'고 한다. 또 한 가지 사례는 "EI 능력을 토대로 선발된 외판원들은 다른 외판원들에 비해 9만 1,370달러 높은 실적을 냈고, 이로써 순매출 255만 8,630 달러가 증가했다. 또한 EI 능력을 토대로 선발된 외판원들은 전형적인 방식으로 선발된 외판원들에 비해 입사 1년 내 이직률이 63% 낮았다."[19]

에바 일루즈는 감정지능이란 아비투스의 한 형태로서 감정지능으로 획득할 수 있는 자본은 문화자본과 사회자본 사이의 경계선에 있는 자본이라고 주장한다. 그에 의하면 감정지능이 문화적인 것은 부르디외가 어렴풋이 제안한 것처럼 문화평가의 양태와 규범이 모종의 감정양식 내지 정조(tonality)를 포함하기 때문이라고 한다. 한편 감정지능이 사회적인 것은 감정이 사회적 상호작용을 작동시키고 변형시키는 데 사용되는 원료 자체이기 때문이라고

19_ 에바 일루즈, 『감정 자본주의』, 김정아 옮김, 돌베개, 2010, 129-30쪽. 이하 이 책에서의 인용은 본문에 표시한다.

한다. 요컨대 문화자본이 신분 기호의 핵심이라면 감정양식은 네트워크 마련과 사회자본 축적의 핵심이라는 것이다.(131-32)

그러나 일루즈는 감정 자본주의가 활용하는 감정은 '차가운 친밀성'으로서, 사적 관계들을 '탈신체화'한 것으로, 정서적으로 싫고 좋고를 결정하는 것은 신체적 공감이 아닌 코드화된 텍스트를 통해서 이루어지기 때문이라는 것이다. 그런데 일루즈는 감정 자본주의가 현실적 모순을 은폐하는 중산계급의 이데올로기이기 때문에 비판하는 것이 아니라, 현실적 모순을 제대로 감추지 못하는 실패한 이데올로기라는 점을 비판한다. 오늘날 탈신체화된 차가운 친밀성은 인터넷 사이트를 통해서 소통되는데, 가령 웹을 통한 파트너 찾기 과정에서 유저들은 만남의 매매적 속성을 십분 의식하게 되고, 결국 실망, 싫증, 피로, 그리고 냉소의 감정을 품게 된다는 것이다. 이에 대해 일루즈는 메를로-퐁티적인 의미에서 몸으로 느끼는, 신체화된 감정, 타인과 직접 교감하는 자아를 이상적 모델로 내세운다. 일루즈의 이상적 자아 모델이 교감하는 자아라면, 이상적 관계 모델은 낭만적 사랑이다.(224-27) 하지만 교감하는 자아들 간의 낭만적 사랑은 오늘의 감정 자본주의에 의해 지속적으로 착취되고 있으며, "후기자본주의 사회의 소비상품 사용의 지배적 양태"가 되어버린 '냉소적 감장'에 의해 지속적으로 침식되고 있다. 그리고 소비자본주의의 냉소적 감정에 물든 자아는 '낭만적 사랑'이나 '신체화된 교감' 자체를 냉소적으로 거부한다. 이런 악순환에서 어떻게 벗어날 수 있을까?

스피노자적인 의미에서 보자면, 감정은 기본적으로 몸의 변용에 대한 관념이므로, 오늘날 일반화된 탈신체화된 냉소적 감정은 인터넷에 몰두하면서 몸을 습관적으로 고정시키는 데에 그 연원을 두고 있다. 이 때문에 탈신체화된 차가운 친밀성과 싸우는 가장 효과적인 방법은 오프라인에서 몸을 움직이는 것이다. 그런데 톰슨에 의하면 세계 속에서 몸을 움직이는 주체로서의 의식이라는 것은 자아와 타자 사이의 어떤 감정이입적인 이해를 전제로 하기 때문에,

몸을 움직이는 주체는 타자와의 상호주관적 연결을 향해 열려 있다. 톰슨은 이와 같은 개방적 상호주관성과 연결된 '감정이입'(empathy) 속에서 우리는 타자의 신체적 행위가 그 혹은 그녀의 경험이나 마음의 상태를 표현하고 있는 지향적 존재라는 점을 직접적으로 안다고 본다. 이때 타자가 인간에 한정되지 않는다는 것은 물론이다.20 톰슨의 주장대로 몸을 가진 생명체들이 환경으로 부터 고립되어 태어난 후에 비로소 환경과 관계를 맺는 것이 아니라, 환경과 몸의 동시적인 짝패구성을 통해 태어나고, 발달하는 존재이기에 본질적으로 '지향적' 존재이며, 감각운동과 감정과 지성 역시 순차적으로 발달하는 것이 아니라 짝패구성을 통해 역동적 순환 시스템을 이루는 것이라면, 신체화된 감정이입은 부차적인 것이 아니라 생명 작동의 핵심을 이루는 것이라고 할 수 있다.

> 어원학적으로 말하자면 정서(emotion)란 단어는 문자 그대로 외향적인 운동을 의미한다. 정서는 외향적인 표현과 행위를 향한 경향이 있는 내부의 충동의 분출(well up)이다. 그러므로 정서의 어원학적 의미—외부로 움직이는 충동—와 지향성(intentionality)의 어원학적 의미—하나의 목표물에 향해진 하나의 화살, 그리고 외연적으로 자기 자신을 넘어서 세계로 향한 마음의 목적—사이에는 긴밀한 유사성이 있다.(363-64)

몸의 내부와 외부가 언제나 순환적 연결망 속에서 함께 작동하고 있기 때문에, 감각과 감정과 의식은 매 순간 지향적 관계 속에서 감정이입의 대상을 찾고 있는 셈이다. 이런 점에서 감정이입은 몸과 마음의 발달 과정에서 핵심적인 역할을 할 수밖에 없다(스피노자가 말한 감정 모방과 전염). 스피노자의

20_ Thompson, op. cit., pp. 386-90. 이하 이 책에서의 인용은 다시 본문에 표시한다.

말대로 해로운 감정은 좋은 감정을 통해서만 극복될 수 있다면, 자본주의적으로 착취되고 등급화된 감정자본과 냉소적 감정을 극복할 수 있는 단서는 감정이입의 능력이 얼마나 생명과정의 핵심 원리인가를 이해하는 데에서부터 찾아야 할 것이다. 톰슨이 설명하고 있는 네 가지 유형의 감정이입이 여기에 도움을 줄 수 있다.(392-402)

1) **감각운동적(sensorimotor)-감응적(affective) 감정이입**: 지각과 행동에서 나의 살아있는 신체가 너의 살아있는 신체와 수동적 혹은 비자발적으로 짝패 구성하기로서, 이는 신체적 유사성에 기초하여, 감각운동과 감정적 수준에서 타자와 자아를 연결하는 짝패구성이다. 신생아는 다른 아이의 울음에 반응하여 운다.

2) **상상적 감정이입**: 나 자신을 너의 장소로 상상적으로 전위하기로서, 이 과정은 1)보다 더 적극적이고 인지적이다. 9-12개월 사이에 "공동 관심"(joint attention)이라는 인지능력이 발생하는데, 이는 아이와 어른, 그리고 양자가 관심을 공유하는 대상이나 사건으로 이루어진 삼각 구조를 지칭한다. 이 과정은 첫 번째 사람과 세 번째 사람 사이로 아직 분화되지 않은 선험적인 지향적 관계로부터 자아-이해와 타자-이해가 동시에 발생한다는 것을 보여준다.

3) **함께-주목하기(joint-attention), 반복적 감정이입**: 너를 나에 대한 타자로, 나를 너에 대한 타자로 이해하기로서, 함께-주목하기 장면들이 반복되면서, 아이는 타자를 단순히 자신과 같은 지향적 존재로 파악하는 것이 아니라 지향적 행위자로서 자신을 타자가 감정이입적으로 경험하는 것을 파악하게 된다. 이와 같은 사회적 상호작용의 과정에서 언어, 상징적 재현, 의사소통적 관습을 위한 프레임워크가 제공된다. 이 과정은 대략 4살 정도가 되면 성취된다.

4) **도덕적 감정이입**: 하나의 인격체로서의 너에 대한 도덕적 지각으로서, 이는 타자를 관심과 존중을 받을 만한 가치가 있는 존재로 지각하는 것을

의미한다. 이는 연민이나 사랑과 같은 특수한 감정과 같은 것이 아니고, 타자로 향해지고 타자를 존중하는 관심의 느낌을 가질 수 있는 기본적인 능력을 뜻한다. 이 능력은 어른이 행동에 부여하는 규칙으로부터 발생하는 것이 아니라, 정신적 행위자로서의 다른 사람과 감정이입하고, 그들의 관점에서 사물을 보고 느낄 수 있게 되면서 발생하는 것이다. 서구의 도덕 철학에서는 감정에 대한 이성의 우위를 강조하는 칸트에 이르는 긴 전통이 있지만, 도움을 필요로 하는 타자에 대한 도움은 타자에 대한 관심을 갖게 추동하는 동료-느낌(fellow-feeling)이 없다면 의무로서 내재화될 수 없다. 도덕적 감정이 먼저이고, 도덕적 원칙은 두 번째이다.

톰슨의 네 가지 유형의 감정이입은 사회적 존재로서의 인간 발달의 모든 과정에서 감정이입이 적극적이고도 결정적 역할을 수행하고 있다는 점을 잘 보여주고 있다. 마크 존슨 역시 감정이입이 도덕적 행동에서 차지하는 중요성을 다음과 같이 강조하고 있다.

항상 타자들을 목적 자체로 대하라는 칸트적 정언명령은 우리가 타자의 장소를 상상적으로 취하는 일[상상적 감정이입-필재]과 무관할 경우 아무런 실제적 의미도 가질 수 없다. 칸트의 명백한 주장과 반대로, 우리는 만일 우리가 타자의 경험, 느낌, 계획, 목표, 그리고 희망들을 상상할 수 없다면, 누군가를 목적 그 자체로 대하라는 바가 구체적으로 무슨 의미를 뜻하는지를 알 수 없다.21

조지 레이코프 역시 실제로 사람들은 18세기의 계몽주의가 생각했던 것과 같은 "이성 기계"(reason machine)가 아니며, 이성은 그와는 다르게 작동하고 있다고 주장한다. 그럼에도 불구하고 미국 헌법은 대부분 낡은 계몽주의 시대

21_ Mark Johnson, *Moral Imagination: Implications of Cognitive Science for Ethics* (Chicago: University of Chicago Press, 1993), p. 200.

의 사상가들로부터 유래한 지적 프레임들에 의해 계승된 지적인 도구와 관념들에 기초해 있고, 이 때문에 이런 도구와 관념들은 더 이상 적합하지 않다고 주장한다. 톰슨은 이런 간극을 넘어서기 위해서 우리는 대부분 무의식적이고, 신체화되어 있고, 정서적이며, 감정이입적이고, 은유적인, 그리고 오직 부분적으로 보편적인 마음을 설명할 수 있고, 이런 마음을 잘 활용할 수 있는 심층적 합리성을 포용할 필요가 있는데, 이를 우리의 몸과 두뇌와 환경과의 상호작용에 의해 형성된 "신체화된 이성", 프레임과 은유와 이미지와 상징들로 구조화된 정서를 의식에는 접근될 수 없는 신경적 순환성의 광대하고 비가시적인 영역에 의해 형성된 의식적 사유와 통합하는 이성이라고 부른다. 이런 복잡한 구조화 과정에 통합되어 있기 때문에 우리의 두뇌는 중립적이거나 일반적인 목적을 위한 도구가 아니라는 것이다.[22]

레이코프는 우리의 마음은 데카르트나 칸트가 생각했던 것과는 아주 다르게 작용하고 있고, 과거의 위대한 정치사상가들—플라톤에서 아리스토텔레스를 거쳐, 루소, 홉스, 로크, 맑스, 밀, 존 롤즈 등—이 생각했던 것보다 훨씬 더 매력적인 피조물이기 때문에, 인간이 된다는 것이 무엇을 의미하는가에 대해 새롭게 떠오르는 인지과학적 발견에 입각하여 새로운 계몽주의에 입각한 새로운 정치철학을 수립해야 한다고 주장한다.(271) 이런 관점에서 레이코프는 권위와 규율과 복종의 정치학이라고 할 수 있는 보수주의에 대응해서 감정이입, 그리고 이 감정이입을 실행하기 위해 필요한 책임성과 힘을 증진할 수 있는 '감정이입의 정치학(politics of empathy)'이 새로운 진보적 사유의 기초가 되어야 한다고 역설하고 있다.(268)

이성과 감정 사이의 낡은 이분법은 양자를 대립적인 것으로 보고, 감정을 이성의 길을 따르도록 하는 관점을 취했다. 그러나 앞의 사례들이 보여주듯이

22_ Lakoff, op. cit., pp. 13-14. 앞으로 이 책의 인용은 본문에 표시한다.

이런 계몽주의적 사고방식은 심각한 오류를 범하고 있다. 이와 달리 레이코프는 이성은 감정(정서)을 필요로 한다고 주장한다. 다마지오가 입증해 보이듯이 감정을 경험하거나 다른 사람의 감정을 감지할 수 없게끔 뇌 손상을 입은 환자는 합리적으로 행동할 수 없는데, 그들은 어떤 결정이 행복하거나 불행하거나, 만족스럽거나 불안하게 만들지를 느끼지 못하기 때문이라는 것이다. 레이코프는 감정이 정치적 설득에서 중심적이면서도 정당화하는 역할을 한다고 주장한다. 감정의 활용은 계몽주의 시대의 사고가 생각했던 것처럼 비합리성에 대한 불법적인 호소가 아니다. 적합한 감정은 합리적이다. 고문이나 부패 혹은 주요 인물의 암살, 혹은 수천 명을 죽음으로 몰아가는 거짓말에 대해서 격노하는 것은 합리적이다. 어떤 정책이 사람들을 행복하게 만들 것이라면, 희망과 기쁨을 일으키는 것은 합리적이며, 지구 자체가 급박한 위험에 처해 있다면, 공포는 합리적이라는 것이다.(8) 이와 같은 격노, 희망, 기쁨과 공포는 모두가 감정이입의 산물이며, 이런 감정이입의 능력이 결여되면 합리성도 상실된다는 것이다. 레이코프 등이 이렇게 감정이입을 강조하는 것은 '거울 뉴런'이 우리의 지각과 행동을 통합해준다고 보기 때문이다. 우리는 우리가 주어진 행동을 수행하거나 누군가가 같은 행동을 수행하는 것을 볼 때 격발되는 '거울 뉴런 회로'(mirror neuron circuits)를 전-운동 피질(premotor cortex) 속에 갖고 있다. 거울 뉴런 회로는 이중 경로를 통해서 다음과 같이 다른 두뇌 영역들과 연결되어 있다.(39)

1) 몸의 근육 속의 운동 신경과 연결되어 근육운동을 직접 통제하는 일차적 운동 피질(the primary motor cortex),

2) 시각, 청각과 신체감각 영역들에서 발생하는 감각 정보를 통합하는 정수리 피질(parietal cortex),

3) 인슐라(insula)를 거쳐서 긍정적이고 부정적인 정서적 통로(emotional pathway),

4) 감정이입의 경험, 즉 동정(compassion)과 찬미(admiration)의 경험에서 적극적임에 틀림없는 포스테로메디얼 피질(posteromedial cortex),

5) 그리고, 감정이입을 위한 거울뉴런의 능력을 고양시키거나 또는 제한하기 위해서 <거울 뉴런들>의 적극적 활성화를 조절하는, 소위 <초(super)-거울뉴런들>에 연결되어 있다.

80년대 말 <거울 뉴런>의 원래 발견자들 중의 한 사람인 비토리오 갈레즈와 공동으로 레이코프는 2002년 거울 뉴런의 일차적 자료들을 조사하던 중 놀라운 사실을 발견했는데, 이 발견에 의하면 물리적 행동을 위한 개념적 구조가 신체 운동과 이 운동에 대한 시각적 지각을 지배하는 신경체계 내에 존재하고 있고, 무의식적인 프레임들 속에 특성화되어 있는 대부분의 기초 개념들이 거울 뉴런의 수준에서 신체화되어 있다고 한다.[23] 이런 이유에서 이들은 개념들을 우리의 감각운동 체계로부터 전적으로 분리된 것으로, 즉 탈신체화된 추상들로 간주하는 탈신체화된 계몽주의적 이성과는 전적으로 다르게 개념들이란 뇌의 감각운동 체계를 이용하면서 물리적으로 신체화되어 있다고 주장한다.(251-52) 따라서 거울 뉴런은 신체화된 의식과 무의식을 연결하는 교차로일 뿐 아니라, 유기체의 안과 밖을 짝패로 구성하는, 감정이입의 물리적 상관물이라고 할 수 있다. 이런 사실은 톰슨 등이 주장하는 생명 작동의 핵심 원리인 유기체와 환경의 구조적 짝패구성이 거울-뉴런이라는 신경물리학적 구조를 통해서 생성되는 감정이입의 공명을 중심으로 다차원적인 동심원 구조를 이루고 있다는 추론을 가능케 하며, 왜 레이코프가 '감정이

23_ 이 글의 원문(2010)에는 2002년에 갈레즈와 레이코프가 공동으로 거울뉴런을 <발견>한 것으로 잘못 기술되어 있었는데, 인지과학 전공자인 배문정 교수의 지적으로 레이코프의 원 텍스트를 재독해한 결과 현 상태로 원문을 수정할 수 있었다. 배교수에게 감사드린다.

입의 정치학을 21세기 진보적 사고의 핵심 지향이 되어야 한다고 주장하는지를 명확히 알게 해준다.

6. 나가며

생명이란 비대칭적으로 미래를 향해 있는데, 오토포이에시스적인 유기체화는 끊임없는 신진대사적인 자기-갱신을 요구하기 때문이다. 한스 요나스(1968)가 스피노자와 공명하며 주장했듯이, 생명의 기본 '관심'은 계속 나아가는 것이다. 생명의 이 내재적인 합목적성은 의식의 시간성과 지향성 속에 재요약된다. 의식은 미래를 향해 소진될 수 없게 정향지어진 자기-구성적 흐름이며, 세계의 감응적 (affective) 균형에 의해 이끌리고 있다.[24]

생명은 근본적으로 자기-갱신에 기초해 있고 의식과 감정이 기본적으로 미래지향적이라는 것은 감정이입을 '**신체화된 마음의 정치학**'의 중심 의제로 설정하는 데 중요한 단서가 된다. 감정이입은 안과 밖을 동시에 공명하며 상호교환할 수 있게 하는 짝패구성적 장치라고 할 수 있기에, 생명체의 자기-갱신적, 미래지향적인 오토포이에시스적인 경향이 작동하는 범위를 더 넓고 깊게 확장하는 데 기여하며, 너와 나의 교감을 강화하는 상상적 감정이입은 상호 자기-갱신의 범위 확장에 더욱 기여할 것이며, 이 과정의 반복을 통해서 절망 속에서도 희망의 감정을 집단적으로 창조할 수 있는 길을 열어줄 수 있기 때문이다.

앞선 논의를 통해서 우리는 인간은 이성적 동물이기에 앞서 감정적 동물이

24_ Thompson, op. cit., p. 362.

라는 '상식'을 인지과학적으로 확인한 바 있다. 그러나 이런 사실의 단순한 확인은 감정을 착취하는 감정 자본주의를 정당화하는 데 악용될 수 있다. 이런 위험에 대응할 수 있도록 제3세대 인지과학은 감정은 단순히 유기체 내부에 갇힌 순전히 주관적이기만 한 기쁨이나 슬픔, 희망과 공포와 같은 소극적이고 폐쇄적인, 비합리적인 감정이 아니라 오히려 유기체와 환경을, 자아와 타자를 동시에 연결하는 적극적인 '감정이입'의 산물이며, 따라서 이성적 판단과 합리적으로 연결되어 확장 가능한 감정이자, 이성적 판단의 토대가 되는 합리적인 감정이라는 점도 밝혀주고 있다. 이런 점에서 제3세대 인지과학은 스피노자가 역설하는 3종 인식, 칸트의 규제적 이성 개념과 합리적으로 연결될 수 있다.

마트롱에 의하면, 스피노자의 3종 인식은 두 얼굴을 하고 있다. 우선, 지속의 구도에서 이는 개인적-상호적인 코나투스에 완전한 만족을 안겨줌으로써 2종 인식의 실존을 완성한다. 일체의 소외와 분열을 극복하며, 가장 완전한 명료함 속에서 자아를 현실화하며, 가장 완전한 교유 속에서 우리를 현실화한다. 이 인식은 우리 영혼을 그 대상의 현재적 실존에서 풀어줌으로써 우리를 최종적 예속, 곧 죽음에서 해방시킨다. 또 동일한 본질을 인식하면서 이루어지는 지적 교유는 우리를 서로 대립시켜왔던 적대를 제거하는 데서 그치지 않고, 일체의 분리를 폐지하면서 공간적으로 정해진 대상의 실존에서 우리 영혼을 풀어준다. 요컨대 개인의 완벽하고 결정적인 해방과 제한 없는 공동체로의 이행이 그것이다.[25] 이런 점에서 스피노자적인 3종 인식은 톰슨이 말하는 감각적-상상적-반복적-도덕적 감정이입의 누적적 확장의 방향과 일치한다고 할 수 있다. 단 여기서 전제해야 할 점은 스피노자의 3종 인식을 신체와 감정을 초월한 직관으로 오해하지 않고, 신체와 감정에 뿌리를 내리는 **신체화된 직관**으로 이해해야 한다는 점이다.

25_ 마트롱, 앞의 책, 845-46쪽.

이런 전제 하에서 다음과 같은 마트롱의 결론을 수용할 수 있다. 마트롱은 스피노자 윤리학에 대한 방대한 해설서인 『스피노자 철학에서 개인과 공동체』를 다음과 같이 끝맺고 있다. 그는 3종 인식으로의 이행에 대한 스피노자의 윤리적 요구를 '메타-역사적 기획', 즉 "부르주아적인 자유국가와 인간 상호적인 이성적 삶이라는 과도적 단계를 넘어, 정신들의 코뮤니즘을 세우는 것"이라고 부른다. 이는 전 인류를 하나의 자기 의식적인 전체로서, 무한지성의 소우주로서 실존케 하고, 그 안에서 각각의 영혼이 자기 자신으로 머물면서도 이와 동시에 다른 모든 영혼이 되게 하는 것이다. 마트롱은 이 코뮤니즘은 논리적으로 재화의 코뮤니즘을 함축한다고 주장한다. 너와 내가 융합된다면 내 것과 네 것의 구분도 폐지될 것이기 때문이라는 것이다. 이는 법률과 제도적 강제가 없는 코뮤니즘으로서, 국가는 국가 자신이 무용해질 조건을 창출한 다음 사멸할 것이라는 것이다. 마트롱은 물론 이는 결코 도달할 수 없는 극한이지만, 칸트적 의미에서 '규제적 이념'의 역할을 한다고 첨언한다.26

2002년 거울-뉴런의 구체적 작동 메커니즘의 발견을 통해서 제3세대 인지과학은 그동안 수사학적인 의미로만 사용되던 감정이입이 생명의 핵심 능력으로서 이를 통한 상호주관성의 확대가 생명의 자기-갱신을 위한 합리적 요구이기도 하다는 점을 확인해 주었다. 이런 점에서 '**신체화된 마음의 코뮤니즘**'은 막연한 유토피아적 요구가 아니라, 생명과학적 합리성이 극대화된 요구라고 할 수 있고, 철학적으로는 칸트적인 의미에서 "초월론적 규제적 이념"으로서 미래지향적인 가이드라인일 뿐 아니라, 과학적인 관점에서 집단적 희망을 창조할 수 있는 새로운 '**희망의 원리**'가 될 수 있다.

26_ 같은 책, 844쪽.

11

'통치양식'의 문제설정과 새로운 주체이론의 탐색:
푸코-맑스-칸트-벤야민-인지과학의 '변증법적 절합'

1. 들어가며

사망하기 2년 전인 1982년 푸코는 '자기의 테크놀로지'라는 제목의 세미나(미국 버몬트 대학 연구세미나)에서 자신은 '통치'(governmentality)의 문제, 즉 타자지배(권력)의 테크놀로지와 자기지배의 테크놀로지로 연결된 지배관리관계의 테크놀로지에 관심을 가져왔는데, 그 동안에는 전자에 지나치게 역점을 두어왔다면, 이제는 후자로 관심이 기울어졌다고 기술한 바 있다.

25년 이상이라는 세월 동안 나의 목표는 우리의 문화 속에서 인간이 자기 자신을 인식하기 위해 전개시켜 온 각종 방식이었던 경제학, 생물학, 정신의학, 의학, 형벌학에 대한 역사를 소묘하는 일이었다. …소위 학문이라 불리는 이러한 인식을, 인간이 자기 자신을 이해하기 위해 사용하는 특수한 기술과 관련된 매우 특수한 <진리의 게임>으로 분석하는 일. …이러한 테크놀로지에는 네 가지 주요한 형이 존재하며, 각각의 형은 실천상의 모체를 지니고 있다는 점이다. 열거하면, 1) 생산의 테크놀로지: 이것은 우리가 사물을 생산하고, 변형하고, 조작하도록 해준다. 2) 기호 체계의 테크놀로지: 이것은 우리에게 기호, 의미, 상징, 혹은 의미작용을 사용할 수 있는 힘을 부여한다. 3) 권력의 테크놀로지: 이것은 개인의 행위를 규정하고, 개인을 특정한 목적이나 지배에 종속시켜 주체의 객체화를 꾀한다. 4) 자기의 테크놀로지: 이것은 개인이 자기 자신의 수단을 사용하거나, 타인의 도움을 받아 자기 자신의 신체와 영혼, 사고, 행위, 존재 방법을 일련의 작전을 통해 효과적으로 조정할 수 있도록 해준다. 그 결과 개인은 행복, 순결, 지혜, 완전무결, 혹은 불사라는 일정 상태에 도달하기 위하여 자기 자신을 변화시킬 수 있는 힘을 갖추게 된다. …보통의 경우, 먼저의 두 테크놀로지는 학문 및 언어학의 연구에 사용된다. 그러나 가장 나의 주목을 끈 것은, 나중의 두 테크놀로지인 지배와 자기의 테크놀로지이다. 나는 지배와 자기에 관한 지식의 편성 역사를 기획하여 왔었다. …타자 지배 테크놀로지와 자기 지배 테크놀로지 사이의 이 연결을 나는 지배관리관계(governmentality)라고 명명하였다. 어쩌면 나는 지배와 권력의 테크놀로지에 지나치게 역점을 두어 왔는지도 모른다. 요즘 나의 관심은 점차 자기 자신과 타자와의 상호작용, 그리고 개인이 행사하는 지배의 테크놀로지에서 얼마나 개인이 자기 자신에게 작용하는가에 대한 역사, 즉 자기의 테크놀로지로 기울어졌다.[1]

이와 같은 자전적 분석은 두 가지 지점에서 더 파고 들어가 보아야 할 중요한 시사점을 제공하고 있다. 1) 그 하나는 그가 학문의 분류를 생산, 기호, 권력, 자기의 테크놀로지라는 네 가지 기술-실천으로 분류하고 있다는 점이고, 2) 다른 하나는 자신의 주된 관심이 생산-기호가 아닌 권력-자기의 테크놀로지에 놓여 있다가 말기에 가서는 자기-테크놀로지 쪽으로 기울어졌다는 점이다. 이런 구분과 강조점의 변화를 '주체이론'의 재구성이라는 목적과 연관시켜 보면 다음과 같은 해석이 가능하다고 본다.

1_ 미셸 푸코, 「자기의 테크놀로지」, 푸코 외, 『자기의 테크놀로지』(영문출간 1988), 이희원 옮김, 동문선, 1997, 35-37쪽.

1) 첫째, 생산-기호-권력-자기의 테크놀로지라는 푸코의 분류는 맑스를 따라 알튀세르가 분류한 사회적 실천들의 분류, 즉 경제적-이론적-정치적-이데올로기적 실천들이라는 분류와 유사하면서도 이데올로기적 실천이라는 문제틀에는 결여되어 있는 개별 주체의 자기구성이라는 윤리적 과제를 사회적 실천 일반의 반열에 올려놓고 있다.(대신 푸코에게는 이데올로기라는 문제틀이 결여되어 있는데 이 문제에 대해서는 뒤에서 다시 살피도록 하겠다.) 알튀세르의 "주체 없는 과정"이라는 문제틀은 휴머니즘적 맑스주의의 이론적 취약성을 비판하는 데 기여하기는 했지만, 동시에 능동적인 주체적 변화라는 과제를 이론적 사유의 지평에서 배제(단지 경험적 실천의 측면에서만 유효하다고 보면서)하는 결과를 초래했는데, 이는 "목욕물을 갈면서 아이까지 버린" 셈이라고 할 수 있다. 알튀세르 이후 더욱 진전된 해체론과 포스트모더니즘의 세계적 확산 과정에서 낡은 계몽주의적-휴머니즘적 주체이론은 해체되었지만, 새로운 변혁주체 형성을 위한 이론은 재구성되지 못했다. 그 빈 자리는 라캉-지젝의 정신분석과 들뢰즈의 분열분석, 그리고 페미니즘 간의 치열한 경쟁과 대립에 의해 어지럽게 파편화되어온 것이 오늘의 현실이다. 물론 이 세 가지 계열의 이론들이 새로운 변혁적 주체형성에 이론적으로 기여하는 바가 없다는 것은 아니다. 그러나 이 이론들은 특수한 출발점이나 전제를 보편적인 것으로 일반화하거나 탈역사화하는 경향이 있고, 변혁적 주체형성의 일면적 계기들을 과도하게 강조함으로써 그 자체가 하나의 거대한 복잡계라고 할 수 있는 주체를 단순화, 파편화하는 데 일조했다는 데 문제가 있다고 본다. 물론 푸코 역시 자기의 테크놀로지에 대한 연구를 시작한 지 얼마 되지 않아 사망했기 때문에 새로운 주체이론을 체계화하지 못했지만, 이 문제를 다른 사회적 실천들과 대등한 반열에 올려놓았다는 점은 변혁이론의 새로운 구성을 위해 시사하는 바가 매우 크다고 본다.

2) 둘째, 푸코가 제시한 '통치' 개념은 권력의 테크놀로지와 자기의 테크놀로지를 연결하는 개념이기 때문에, 자기의 테크놀로지 연구가 상당히 진척되어야만 제대로 작동할 수 있다. 물론 푸코의 연구는 새로운 출발점을 제공했을 뿐이며, 이를 진척시키는 것은 우리의 과제일 것이다. 그러나 '통치' 개념이 적어도 두 테크놀로지의 순환적 연결로 이루어져 있다고 보는 시각은 국가권력의 장악과 해체라는 고전적인 '이행의 쟁점'을 분석하는 데 새로운 시각을 던져줄 수 있다. <통치=권력의 테크놀로지+자기의 테크놀로지>라는 문제틀은 두 테크놀로지의 결합 유형을 다음과 같이 배치할 수 있게 해주며, 이 배치 형태 속에서 <통치양식>의 유형을 명확히 구분할 수 있기 때문이다.

권력의 테크놀로지 자기의 테크놀로지	지배권력의 테크놀로지	탈지배적 권력의 테크놀로지
자기-부정/순응의 기술	통치양식(A)	통치양식(B)
자기-배려/창조의 기술	통치양식(C)	통치양식(D)

이렇게 배치해 보면, 푸코의 '통치' 개념은 근대에 들어서는 서로 분리되어 왔던 윤리와 정치를 다시 결합하려는 문제틀을 함축하고 있는 셈이다. 이는 윤리학을 정치학의 일부로 보았던 아리스토텔레스와, 모든 개인은 사회적 개인이며, 개인의 자유로운 발전이 사회 발전의 전제가 되어야 한다고 보았던 맑스의 관점과도 상통하는 것이다. 그러나 맑스는 생산양식 일반의 틀을 구성하는 데 주력한 나머지, 통치양식이라는 문제의식을 발전시키지 못했고, 고전적 맑스주의 역사—그람시를 제외하고는—이 문제에 관심을 기울이지 않았다. 역사적 사회주의 운동의 실패는 윤리와 정치를 통합적으로 파악할 수 있는 이런 문제의식의 결여와 연관이 깊다고 할 수 있다. 19세기 이후의 자유주의를 (A)라고 한다면, 스탈린주의는 자율적 주체의 테크놀로지를 등한시한 채

(A)에서 (B)로의 강제적 이행을 모색하다가 오히려 자유주의 통치양식 이전의 절대왕정의 통치양식으로 퇴화한 경우다.(북한은 이런 퇴화과정을 더욱 후진시켜 '세습제'로 고착된 경우다.) 그에 반해 20세기 후반의 신자유주의에서 유행하는 '자기-계발'의 논리는 (C)를 '안정화'하기 위한 것이다. 반면, 들뢰즈의 '탈주의 정치'는 신자유주의적인 (C)의 '포획장치'와 대결하면서, 자율적 주체의 창조적 잠재력을 최대한으로 강조하는 방향으로 나아갔다. 반면 푸코는 기존의 통치양식들을 계보학적으로 비판하면서, (D)의 가능성을 탐색했지만, 갑작스러운 사망으로 이를 미완의 과제로 남겨놓았다.

역사적으로 (D)는 아직 실현된 바가 없고, 맑스가 파리코뮌의 사례를 들어 제시했던 '코뮌국가'가 잠시 그 실현가능한 모습의 일면을 보여주었을 뿐이다. 그러나 맑스도 (D)라는 목표를 제시했을 뿐, (A)→(D)로의 현실적 전환의 지도를 제시하지는 못했다. 이는 맑스가 생산양식 분석과 이데올로기 비판의 문제를 넘어서서 통치양식의 구성이라는 지점까지 나아가지 못했던 것과 관련이 깊다. 반면, '억압가설'을 비판하며 '권력의 생산성'을 강조해온 푸코의 경우는 지배권력과 탈지배적 권력을 개념적으로 구분하기가 쉽지 않고, '권력의 포획성'과 '욕망의 생산성'을 대립적으로 설정한 들뢰즈의 경우에도 '대안적 권력'이라는 개념 자체가 들어설 자리를 찾기가 어렵다. 이들 이론이 결국은 자유주의적인 자기배려의 윤리나 무정부주의적 탈주에만 초점이 맞추어져 있다는 비판에서 벗어나기 힘든 이유도 여기에 있다. 이런 과정에서 '해방적 통치양식'으로의 이행이라는 현실적 과제는 실종되어 왔다.

이런 역사적 맥락들을 고려하면서 이 글에서는 통치양식 (D)의 '발명'은 푸코의 < 자기-배려/창조>의 테크놀로지와 맑스-알튀세르의 < 코뮌국가>라는 개념의 '변증법적 절합을 통해 가능할 수 있다는 가설을 제시하고자 한다.2 그리고 이런 가설에 입각해서 기존의 통치양식 (A), (B), (C)에 귀속된 자기의 테크놀로지 관련 이론들(푸코, 프로이트, 라캉, 들뢰즈)에 대해 비판적으로 분석하고, 통치양식 (D)로의 전환을 위해서는 칸트의 미적-윤리를 벤야민의 미메시스적 경험이론으로 보완하는 새로운 주체이론 (포이에르바흐 테제 3번의 이론적 확장) 구성이 예비적으로 요구된다는 점을 신경정신분석학의 도움을 매개로 설명해보고자 한다.

2_ 발리바르는 양자가 중요한 공통점을 갖고 있다는 점에 주목한 바 있다. 1989년에 발리바르는 이렇게 쓴다. "마르크스 대 푸코의 대결은 명목론자가 되는 적어도 두 가지 방식, 따라서 **역사에 대한** 철학들에 반대하여 **역사 속에서** 철학을 실천하는 두 가지 방식이 있음을 보여준다. …우리가 미셸 푸코의 작업에 의지할 수 있다는 것은 따라서 커다란 이점이다. 즉 마르크스를 반추하는 대신에, 마르크스에 대한 비판을 위하여 마르크스 안에서 준거점을 찾는 모호함 속에 남아 있는 대신에, 우리는 지금 분리된 동시에 필연적으로 대립되는 두 개의 이론적 집합을…갖고 있는 것이다"(에티엔느 발리바르, 「푸코와 마르크스: 명목론이라는 쟁점」, 윤소영 엮음, 『알튀세르와 라캉』, 공감, 1996, 259쪽). 그러나 발리바르는 명목론적 유물론이라는 관점을 공유한 이 두 개의 이론적 집합의 관계를 어떻게 설정할 것인가에 대해서는 더 논의를 진전시키지 않았다. 그는 1997년에도 이렇게 쓰고 있다. "가장 흥미로운 것은 다시 푸코의 아포리아와 맑스의 아포리아를 나란히 놓는 것이다. 그 곤란들은 우리가 볼 수 있듯이 대립된 항들에 관련되지만 전적으로 변혁이라는 중심적 관념에 본래적인 두 곤란들이다. …혹자는 이 모든 것으로부터 변혁으로서의 정치라는 관념은 마침내 붕괴한다고 부당하게 결론지을 것이다. 해방의 아포리아들이 해방에 관한 정식화와 요구를 끊임없이 재활성화시키는 것과 마찬가지로 변혁이라는 관념의 발본적 정식화가 자신이 제기하는 문제들의 장 전체를 제약하는 아포리아(그것이 "세계변혁"의 아포리아든 "자기 자신의 생산"의 아포리아든 간에)에 부딪힌다는 사실 때문에 변혁이라는 관념이 자격 박탈되는 것은 아니다. 정반대로 그러한 사실은 영속적 발명의 원동력이다"(에티엔느 발리바르, 『대중들의 공포』, 최원·서관모 옮김, 도서출판 b, 2007, 53-55쪽). 이런 아포리아를 의식하면서, 발리바르는 "해방으로서의 정치만큼이나 변혁으로서의 정치의 구성을 다시 의문시하는 타율성의 타율성을 보자고 제안"(61)하면서, 저항들의 다수자로-되기의 전략과 소수자로-되기 전략 사이에서 선택 대신 '탈통합이 필요함을 강조한다. 그리고 이는 이론적 선택의 문제가 아니라 정치적 기술의 문제라고 주장한다(71). 이런 관점은 발리바르가 맑스주의를 이질적인 "두 토대"인 생산양식과 주체화양식의 결합으로 재구성하려는 시도와 맞물려 있다(574). 그런데 이런 입장은 이데올로기이론이 국가이론(즉 국가에 내재한 지배양식의 이론)인 반면, 물신숭배이론은 기본적으로 시장이론(즉 주체화 양식)이라고 보는 것(566)에서 멈추어 있다. 필자의 입장에서는 이런 분리, 병치보다는 지배양식과 주체화양식의 모순적 결합을 '통치양식'으로 개념화하고, 통치양식과 축적양식의 모순적 통일로서 생산양식을 재개념화하는 것이— 맑스와 푸코를 병치하는 대신— 맑스를 푸코로 보완하는 적합한 방법이라고 생각된다.

2. 푸코와 프로이트

말기 푸코가 자기의 테크놀로지 분석을 위해 그리이스-로마 시대의 자기 수양의 사례 분석으로 거슬러 올라간 것을 두고, 하버마스 같은 비판이론가들은 '신보수주의적 회귀'라고 비판했던 점을 고려할 필요도 있다. 그러나 푸코의 텍스트를 면밀히 읽어본다면 그가 말하는 자기-테크놀로지가 신자유주의적-신보수주의적 '자기계발'의 테크놀로지와 전혀 다른 함의를 갖고 있다는 사실을 발견하기는 어렵지 않다.3

나의 모든 분석은 인간의 생활(존재)에 보편적 필연이 있다는 관념과 대립합니다. 나의 분석은 제도의 자의성을 밝히고, 우리가 여전히 누릴 수 있는 자유의 공간은 무엇이며, 얼마만큼의 변화가 아직도 일어날 수 있는지를 명백히 제시하는 일입니다.4

우리 모두는 생활하고 사고하는 주체입니다. 내가 반발하는 점은 사회사와 사상사 사이에 균열이 있다는 사실입니다. 사회사가는 인간의 사고를 고려하지 않고 행동을 기술하고, 사상사가는 인간의 행동을 고려하지 않고 사고를 기술하는 것으로 추정되었습니다. 하지만 어떠한 인간이라도 행동하고, 또한 사고합니다. … 오늘날 인간에 대한 관념은 규범적이고 자명한 것이 되었으며, 보편적인 것으로

3_ 서동진, 「자기계발하는 주체의 해부학 또는 그로부터 무엇을 배울 것인가」, 『문화/과학』 61호, 2010년 봄. 서동진에 따르면, 자기계발 담론은 1990년대 한국자본주의의 변화와 더불어 형성된 노동자주체성의 변화하는 과정과 평행해 왔는데, 이는 "자신의 삶을 사업 혹은 기업으로 대상화하며 자신과 맺는 관계에서 스스로를 기업가로 주체화하도록" 하는 "자아의 기업가화"라는 자기지배의 테크놀로지이다(46-47쪽).

4_ 럭스 마틴, 「진리-권력-자기: 미셸 푸코와의 대담—1982년 10월 25일」, 『자기의 테크놀로지』, 22쪽. 앞으로 동일한 책이나 논문을 계속해서 인용할 경우에는 두 번째부터는 본문에 그 쪽수만을 표시하도록 한다.

추정되었습니다. 휴머니즘은 보편적이지 않고, 주어진 상황에 따라 무척 상대적일 수도 있습니다. …이 말이 의미하는 바는 자유나 인권이 특정 영역에 제한되어야 한다고 우리가 결코 말할 수 없다는 점입니다. …이러한 의미에서의 휴머니즘에서 우리들이 상상할 수 있는 것 이상으로 우리의 미래에는 더 많은 비밀, 더 많은 자유의 가능성, 더 많은 발명이 존재할 것이라고 나는 생각합니다.(27-29)

생활하고 행동하고 사고하는 주체를 각기 다른 측면으로 분리시키고 균열시켜 놓은 것이 자연스럽고 자명하며, 보편적인 인간의 상태로 치부되는 한 자유의 공간을 발명하기는 더욱 어려워질 것이다. 푸코가 프로이트의 정신분석에 대해 비판적인 이유도 이런 문제인식과 관련되어 있다. 푸코는 프로이트의 정신분석 방법이 우리 자신에 대한 중요한 의미를 노출한다는 점에서는 일보 양보하고 있지만, 이러한 의미 중 그 어떠한 것도 결정적인 이해에 기여하는 것은 아무 것도 없다고 주장한다.

자기에 대한 탐구는 아무렇게나 닥치는 대로 순로를 달리다가, 결국에는 막다른 골목에 종착하는 일종의 정신적 미로에로의 여행이다. 여행 도중에 회복된 기억의 단편은, 우리에게 그 여행의 전체적 의미를 해석하는 기반을 마련해 주지 못한다. 우리가 우리의 기억으로부터 유도해 낸 의미는 오직 부분적인 진실이며, 그것의 가치는 수명이 짧다.5

오히려 푸코에게 정신은 기록보관소일 뿐만 아니라 거울이다. 자신에 관한 진리를 알기 위해 정신을 찾아 헤매는 일은 무익한 과업이다. 그 이유는 정신은 우리 자신을 기술하기 위해 우리가 마음 속에 불러낸 상을 비출 뿐이기

5_ 패트릭 H. 허튼, 「푸코-프로이트-자기의 테크놀로지」, 『자기의 테크놀로지』, 233-34쪽.

때문이다. 정신 속을 들여다보는 것은, 따라서 마치 거울 속에 비추어진 거울의 상을 보는 것과 같다. 우리는 무한한 후퇴의 상 속에 우리 자신이 비추어진 것을 본다. 결국 푸코에게 자기의 의미보다 더 중요한 것은, 우리가 그 의미를 파악하기 위해 사용하는 방식이다. 우리가 연속성을 발견하는 곳은 인류가 수 세기에 걸쳐 사용하여온 자기의 테크놀로지 속에서이다.(234) 이런 관점에서 푸코는 프로이트의 정신분석의 독창성에 이의를 제기하며, 그것이 오랜 계보를 지닌 기독교적인 <자기-고백>의 기술을 차용한 것이라고 보며, 그와 같은 <자기부정>의 기술에 대항하여 기독교 이전의 소크라테스-헬레니즘 시대로 거슬러 올라가 <자기-배려>의 기술을 찾아내고 있다. 이런 비판적 분석 속에서 정신분석의 방법은 지금은 의학적 어휘로 위장되어 있는 자기구제(self-help)의 치료법이라는 고대의 생활률에서 파생된 것으로, 비록 자기분석의 목적이 변화되어 왔지만, 그 기술은 변화되지 않았다고 지적하면서, 프로이트에 대해 "자기배려의 한 가지 방법을 탐구하는 것에 만족하였던 선조들과 대조적으로 프로이트가 이러한 다양한 기술을 통해 자기에 대한 진실을 발견하고자 애쓰는 이유가 무엇인가?"라는 질문을 던진다.(223-27)

기독교도들의 자기 분석과 자기-고백의 목적은 내세로 들어갈 준비를 위한 것이었다면, 스토아학파의 자기배려의 실천은 현실에 보다 효과적으로 대처하기 위해 기획된 것이었다. 그에 반해 프로이트의 정신분석은 신경증 환자들로 하여금 억압의 원인을 인식하게 하여 '정상적'인 생활인으로 돌아오게 하기 위한 것이다. 그러나 그렇게 돌아온 정상적인 생활 자체가 문제로 가득차 있다면 어떻게 할 것인가? 푸코는 이미 1954년에 발표한 첫 저서 『정신병과 심리학』에서 주체의 소외의 원인이 정신질환에 있는 것이 아니라, 오히려 "현대세계가 정신분열의 직접적인 원인을 제공하고 있다"는 점을 명쾌하게 지적한 바 있다.

사실 인간이 자기 언어 속에서 일어나고 있는 일에 이방인인 채로 남아 있을 때, 자기 활동의 산물에서 인간적이며 살아 있는 의미들을 확인할 수 없을 때, 이 세계 속에서 자기 조국을 발견할 수 없는데도 경제적이며 사회적인 결정이 그를 구속해 올 때, 또한 정신분열증과 같은 병리학적 형태를 가능하게 하는 문화 속에서 살고 있을 때, 인간은 현실 세계로부터 소외되어 어떤 객관성도 보장해 줄 수 없는 '사적인 세계'로 내몰린다. 그러나 현실세계의 구속에 순응하는 인간은 그가 도망치는 이 우주를 운명 같은 것으로 받아들이고 있다. 현대 세계는 정신분열의 직접적인 원인을 제공하고 있다. …실존 조건의 실제적 갈등만이 정신분열의 세계가 지닌 역설에 구조적인 모델이 될 수 있다. 요약컨대 질환의 심리학적인 차원은 얼마만큼의 궤변 없이는 독자적인 것으로 생각될 수 없다고 말할 수 있다. 물론 정신질환의 위치 설정을 할 수는 있다. 인간 발생과의 연관 하에서, 심리적이며 개인적인 역사, 실존 형태들과의 연관 하에 정신질환을 자리매김하는 것이 가능하다. 그러나 심리적 구조의 발달이나 본능의 이론, 혹은 실존적 고고학과 같은 신화적 설명의 힘을 빌리기를 원치 않는다면, 질환의 이러한 다양한 양상들을 존재론적 형태로 만들지 말아야 한다. 사실 유일한 '선험적' 구체성을 발견할 수 있는 것은 단지 역사 속에서 뿐이다. 그리고 이 '선험적' 구체성 속에서 정신질환은 자기 가능성의 텅 빈 열림과 더불어, 필요한 얼굴들을 취하는 것이다.6

주체는 베이컨이 말하듯이 '백자' 형태로 태어나는 것이 아니라 일정한 '선험적' 조건(특정한 형태의 생물학적 유전자의 배치에 의해 결정된 잠재적 능력들의 포맷)을 부여받고 태어난다. 그러나 이 '선험적 조건'은 태어나자마자 주체가 맞닥뜨리는 부모와 가족 환경 등에 의해 다양한 형태로 변형된다. 주체가 살아가면서 겪게 될 선험적 조건과 경험적 조건의 복잡한 상호작용은

6_ 미셸 푸코, 『정신병과 심리학』, 박혜영 옮김, 문학동네, 2002, 147-48쪽.

역사적으로 달라질 수밖에 없기에 푸코는 이를 '역사적 선험성'이라고 부른다. 푸코는 이 '역사적 선험성'의 복잡성을 리비도(원초적 자아)-자아-초자아 간의 억압/갈등의 관계로 한정했던 프로이트를 넘어서고자, 권력의 테크놀로지와 자기의 테크놀로지 간의 상호작용이라는 '통치'의 역사적 형태 변화에 대한 탐구라는 과제를 제기했다. 양자의 상호작용은 적어도 세 가지 관계 양상을 취할 수 있다. (1) 전자가 후자를 일방적으로 규정하거나, (2) 후자가 전자에 저항하여 일정하게 자율성을 획득하거나, (3) 혹은 후자가 자기 자신의 변화와 전자의 변화를 동시에 이루어내는 방식(포이에르바흐 테제 3)이 그것이다. 푸코는 '생정치'(biopolitics)와 지식/권력의 계보학이라는 문제틀로 (1)의 역사적 형태 변화를 추적했고, '자기의 테크놀로지'의 계보학이라는 문제틀로 (2)의 역사적 형태 변화를 추적했다.[7] 그러나 (3)의 역사적 형태변화를 추적하는 작업은 '통치양식의 (역사적 형태 변화의) 계보학'이라는 미완의 과제로 남게 되었다. 그렇다면 비슷한 시기에 주체 문제를 다루었던 알튀세르, 라캉, 들뢰즈의 작업은 이 미완의 과제를 해결하는 데 얼마나 기여했을까?

3. 알튀세르-라캉-들뢰즈

주지하듯이 알튀세르는 프로이트에 기대어 이데올로기의 개념을 변화시켰고, ISA라는 개념틀을 창안했지만, 이는 결국 (1)의 사회적 작동 메커니즘을 규명하는 데에 국한된 것이라고 할 수 있다. 이 때문에 알튀세르는 '기능주의'라는 비판을 받았다. 그러나 알튀세르는 이런 비판에 대해 다음과 같이 답변

7_ 푸코가 고대 그리스-로마 시대로 거슬러 올라가 참조했던 <자기-배려의 테크놀로지>의 계보학에 대한 비판적 분석에 대해서는 심광현, 「감정의 정치학」(『문화/과학』 59호, 2009년 가을) 참조. 이 글은 본 책에 함께 수록되어 있다.

한 바 있다.[8]

사실 맑스와 관련하여 발전하는 이데올로기 이론의 특수성은 국가장치와 이데올로기적 국가장치들의 기능과 기능양식에 대한 계급투쟁의 우위를 주장한다는 점에 있다고 할 수 있다. 이런 우위는 당연히 어떤 기능주의와도 양립할 수 없다.(128) …지배이데올로기의 재생산을 위한 투쟁은 언제나 계급투쟁에 종속한 채 끊임없이 재개될 수밖에 없는, 항상 미완성의 투쟁이다.(129) …부르주아 국가의 지배와 그 위험 효과에, 그리고 지배 이데올로기의 '자명성'에 종속되어 있으므로, 노동자 계급은 자신의 이데올로기, 곧 프롤레타리아 이데올로기를 실현하는 조직 형태와 행동 형태를 만들어내기 위해 지배 이데올로기에서 해방되어 그것에 대해 경계선을 그을 때에만 비로소 독자성을 쟁취할 수 있다. 이런 단절, 이런 근원적 간격 설정의 특수성은…부르주아지의 지배형태들 내부에서 부르주아지와 싸울 수밖에 없는 오랜 기간에 걸친 투쟁 속에서만 성취될 수 있다는 데에 있다.(145-46) …프롤레타리아 이데올로기가 부르주아 이데올로기의 직접적 대립물, 그 전도, 전복이 아니라, 전혀 다른 '가치들'을 갖는 전혀 다른 이데올로기, 곧 '비판적이고 혁명적인 이데올로기임을 뜻한다. 그리고 프롤레타리아 이데올로기는, 그 역사의 온갖 영고성쇠에도 불구하고, 이미 노동자 투쟁의 조직들과 실천들 속에서 실현되는 이런 가치들의 담지자이기 때문에, 사회주의로의 이행기의 이데올로기적 국가장치들이 될 어떤 것을, 따라서 또한 공산주의에서 국가의 폐절과 이데올로기적 국가장치들의 폐절이 될 어떤 것을 미리 보여준다.(147)

알튀세르의 반론처럼 "주체의 호명"과 "국가장치"와 관련된 이데올로기론은 계급투쟁의 관점을 전제하지 않는다면 의미를 상실한다. 그러나 알튀세르

8_ 루이 알튀세르, 「이데올로기적 국가장치들에 대한 노트」, 서관모 엮음, 『역사적 맑스주의』, 도서출판 새길, 1993.

의 이데올로기론은 부르주아 이데올로기의 '재생산'의 메커니즘을 규명하는 데에는 효과적이지만, 프롤레타리아의 이데올로기의 형성 메커니즘을 규명하는 데에서는 별로 효과적이지 못했다. 그는 다만 양자의 '비대칭성'과 후자가 전자와는 '전혀 다른 가치'임을 강조할 뿐이지, 자신이 말한 바처럼 "미리 보여" 주는 데에는 이르지 못했다. "미리 보여" 주지 못한 이유는 알튀세르 자신이 인정하듯이 다음과 같은 과제가 해결되지 못했기 때문이다.[9]

그[맑스는 훨씬 멀리 봤다. 그는 혁명 후 건설해야 할 미래 국가의 형태에 대해 생각했다. 파리코뮌 경험이 그에게 그것에 대한 첫 번째 구상을 제공했다. 그것은…국가가 아니라 '공동체'이거나, '더 이상 본래 의미의 국가가 아닌'어야…했다. 요컨대 그것은 자신의 소멸, 자신의 사멸을 초래할, 완전히 새로운 형태여야 했다. …맑스는(스탈린주의적 존재론이라는 반면교사의 혹독한 가르침을 받은) 맑스주의자들에게 특별히 어려운 과업을 물려준 셈이다. 노동자운동에게 국가를 불필요한 어떤 것으로 전환시킬 '코뮌'의 새로운 형태를 발명해야 한다는 과제를 남긴 것과 꼭 마찬가지로, 맑스는 맑스주의 철학자들에게 부르주아 이데올로기적 헤게모니의 종말을 촉진할 철학적 개입의 새로운 형태를 발명해야 한다는 과제, 요컨대 철학의 새로운 실천을 발명해야 한다는 과제를 남겨준 것이다. …이론적 헤게모니의 행사라는 철학의 기능은 철학의 새로운 실존 형태에 길을 비켜주기 위해 사라질 것이다. 그리고 노동자들의 자유로운 연합이, 맑스에 따르자면, 국가의 역할과는 완전히 다른 역할(폭력이나 억압과 같은 것이 아닌 역할)을 수행하기 위해 국가를 대체해야 하듯이, 이 자유로운 연합의 미래에 결부되어 있는 철학적 실존의 형태들은, 사회적 실천과 인간 관념들의 해방과 자유로운 작동을 증진시키기 위해, 지배 이데올로기의 구성과 이 구성에 수반하는 모든 절충과 이용을

9_ 루이 알튀세르, 「철학의 전화」, 『역사적 맑스주의』.

자신의 본질적 기능으로 삼기를 그치게 될 것이다. 국가와 관련한 전망에서 그런 것과 마찬가지로, 맑스주의 철학에 부여된 과제는 먼 미래를 위한 것이 아니다. 그것은 현재를 위한 과업이며, 맑스주의자들은 그것을 준비해야 한다.(95-97)

코뮌의 새로운 형태의 발명, "폭력이나 억압이 아닌" 다른 역할을 할 수 있는 노동자들의 자유로운 연합의 새로운 형태의 발명이라는 과제, 이 과제에 결부되어 있는 철학적 실존형태들의 발명이라는 과제는 아직도 미완의 과제로 남아있다. 알튀세르는 이 과제가 현재를 위한 과업이기에 당장 준비해야 한다고 강조했지만, 그가 실제로 제시했던 것은, 기존 통치양식의 폐절을 위해 투쟁하는 프롤레타리아 이데올로기가 개인들을 '투사-주체'로 호명하며, 전혀 다른 가치를 지닌 프롤레타리아 이데올로기와 결부된 프롤레타리아 독재(프롤레타리아 통치양식)는 오직 '투사-주체'들의 투쟁 과정 속에서만 형성될 수 있다는 것이었다.[10] 그러나 기존 가치와의 '투쟁'만으로 코뮌의 새로운 형태, 철학적 실존의 새로운 형태라는 새로운 가치가 발명-창조될 수 있는 것은 아니다. "환경을 변화시키기 위해서는 인간 자신이 변화되어야 하며, 교육자 자신도 교육받아야 한다"는 포이에르바흐 테제 3은 권력의 테크놀로지의 변화를 위해서는 자기의 테크놀로지의 변화가 동시에 이루어져야 함을 강조한 것이다. 알튀세르가 이루어내지 못했던 것은 그의 용어로 말하자면 새로운 코뮌 형태, 즉 비폭력적/비억압적인 권력의 테크놀로지와 그것에 결부된 새로운 철학적 실존형태, '자기의 테크놀로지'의 혁명적 변화였다. 이런 점에서 알튀세르는 분명히 부르주아적인 통치양식을 폐절할 새로운 통치양식으로의 이행을 고민했지만, 맑스가 그랬던 바와 같이 이를 미완의 과제로 남기고 말았다. 그 이유는 무엇보다도 그가 '철학적 실존형태'라고 불렀던 자기의 테

10_ 루이 알튀세르, 「이데올로기적 국가장치들에 대한 노트」, 『역사적 맑스주의』, 141쪽.

크놀로지의 변혁을 단지 '투사'의 형태로만 사고했던 것과 관련이 있다. 그런데 자기의 테크놀로지의 변화라는 과제는 인간 존재를 단지 싸우기만 하는 존재가 아니라, 투쟁함과 동시에 "생활하고, 사고하고, 행동하는 존재"(푸코)이자, "대상과의 관계 속에서 감성적으로 활동하는 존재"(맑스)로 바라볼 때라야 온전히 파악될 수 있다.

알튀세르가 권력의 테크놀로지를 비판하는 데 주력했다면, 라캉과 들뢰즈는 자기의 테크놀로지를 중심으로 사고했다고 할 수 있다. 그런데 라캉의 경우가 권력의 테크놀로지(1)와 자기의 테크놀로지(2)의 관계를 탐구하면서 (1)의 우세적 지평(상징계의 우위) 내에서 (2)의 문제를 '인식론적'(해석학적)으로 해결하는 데에 치중했다면, 들뢰즈는 (1)을 비판하고, (2)의 창조성을 최대화하려는 데에 몰두했지만, 통치양식(3)의 변화라는 문제의식의 부재로 역사를 (1)과 (2) 간의 영구적인 반복(진자운동)으로 추상화했다고 할 수 있다. 물론 이런 한계를 가진다고 해서 이들의 작업이 (3)의 과제 해결에 도움이 되지 않는다는 것은 아니다. 오히려 이들의 작업은 권력의 테크놀로지와 자기의 테크놀로지가 얽혀서 만들어내는 복잡한 지형 내에서 적절한 위치를 부여 받을 경우, (3)의 과제 해결에 생산적인 계기를 제공할 수 있다. 다시 말해서 양자 간의 대립이 통치양식의 역사적 형태 변화를 이루는 다양한 계기들의 일면을 환원주의적으로 강조하는 데서 발생한다면, '환원주의적 시각'을 버리고 통치양식의 역사적 형태 변화의 복잡성을 분석하게 되면, 양자는 통치양식의 상이한 국면에서 분석적 적합성을 가질 수 있다는 것이다.

보르메오 고리처럼 얽혀 있는 라캉의 실재계-상상계-상징계는 매우 복잡해 보이지만, 거시적으로 보자면, 프로이트의 이드-자아-초자아를 '언어적 전화'를 통해 논리형식주의적으로 일반화한 것일 뿐이다.[11] 이런 일반화를 다

11_ 알튀세르(1983), 「프로이트 박사의 발견」, 윤소영 엮음, 『알튀세르와 라캉』, 도서출판 공감, 1996. 알튀세르에 따르면 프로이트가— 다만 치료과정에서 수집된 분석 자료에

른 철학적 범주들과 비교하여 재구성해 보자면, 퍼스의 1차성-2차성-3차성, 들뢰즈의 전개체적인 것(감성적 이념)-개체화(감지)-개체간의 관계(지성)에, 스피노자의 실체(자연 그 자체)-1종 인식-2종 인식에, 칸트의 물자체-감성적 인식-지성적 인식의 구분과도 일정하게 상응한다고 할 수 있다. 물론 이런 비교 자체는 이들 간의 수많은 차이를 의도적으로 사상한 것인데, 이는 주체 문제(자기의 테크놀로지)를 온전히 사고하기 위해 필요한 일반적 틀을 도출하기 위한 것이다. 이런 일반적 틀은 철학사적 비교 분석을 요하는 방대한 작업을 거쳐야 정교하게 제시될 수 있겠지만, 단순화하자면, 주체란 자연사와 사회사의 상호작용으로부터 출현하는 '사이-존재'라는 것이다. 각각의 이론들은 이 '사이'의 상호작용의 성격과 그 속에서 주체의 위치와 역할의 어떤 측면을 어떻게, 무슨 목적으로 강조하는가에 따라 상이하게 편성되고 상호대립하게 된다고 볼 수 있다. 20세기 후반의 이론들 중에서 이 강조점의 차이에 따라 가장 첨예하게 대립하는 쌍이 라캉과 들뢰즈 간의 대립이다.

대한 묘사와 그 경험 결과들을 사고하고자 한 감동적 시도를 남겨주었지만, 결코 완성하지는 못한— "무의식의 어떤 과학적 이론을 구성"하고자 시도했다면, 라캉은 과학적 이론 대신에 단지 "정신분석학의 어떤 철학"(칸트나 엥겔스가 경고했던 바와 같이 존재할 권리가 없는 '대상 없는 과학', '대상 없는 철학')을 제시하여 사람들을 놀라게 했을 뿐이며, 프로이트가 스스로를 자연과학자라고 부른 것이 100% 정당한 데 비해, 라캉은 논리형식주의자라고 비판한다(47-55쪽 참조). 알튀세르는 같은 책에 수록된 「마르크스와 프로이트에 대하여」(1977)라는 글에서, 프로이트는 "심리학에서의 의식의 우선성에 대해 이견을 제기함으로써 '정신적 장치'를 하나의 전체로서 사고하게 되었는데, 그 속에서 자아 또는 '의식'은 단지 하나의 심급, 부분 또는 효과일 뿐"(15-16)이라고 본다는 점에서 모든 종류의 관념론과 유심론에 반대하는— 라캉은 헤겔-하이데거적인 유심론자이다— 유물론자라고 주장한다. 또한 "마르크스와 프로이트는 유물론을 통해서 서로 접근하게 되는데, 프로이트가 마르크스의 그것들에 매우 접근해 있으면서도 또한 그것들보다 훨씬 더 풍부한 변증법의 형상들"(전위, 응축, 과잉결정 등의 범주들)을 연구했다"(16)며 프로이트를 높이 평가한다. 그리고 그는 프로이트가 자신의 발견이 과학이론이 되기 위한 객관적 조건들을 구비하지 못한 자신의 시대의 한계를 잘 알고 있어서 겸손하게 행동했지만, 이 조건들이 갖추어질 경우 언젠가는 진정한 과학으로 전환될 것으로 정당하게 기대했다고 보는데, 실제로 2000년대에 들어서 신경/뇌과학의 발전에 힘입어 이런 전환이 나타나기 시작하고 있다.

우선 라캉은 상상계에 대해 상징계의 우위를 주장한다(개인적인 주체의 사회문화적 구성의 우위, 즉 상징적 구조에 대한 강조점). 그러나 들뢰즈는 프로이트-라캉의 정신분석이 우리를 부르주아적인 외디푸스 삼각형의 상징계 속에 코드화/영토화하는 것을 '숙명'으로 이론화하는 보수적 이론이라고 비판하면서, 이를 넘어서기 위한 탈코드화/탈영토화의 중요성을 강조하며, 상징계에 저항하는 실재계의 우위, 즉 자연사적인 것의 우위를 주장한다(무의식적 욕망의 실재적 힘에 대한 강조점). 그런데 이 상반된 주장의 공통점은 자연사-주체-사회사 간의 역동적 관계 속에서 양자 모두가 '행위 주체'를 폄하한다는 점이다.

1) 라캉이 상상계에 대한 상징계의 우위를 주장하는 것은 심리학에 대한 정신분석의 우위를, 심리학이 가장 소중히 여기는 '주체의 합일'에 대한 거부와 동시에 주체가 돌이킬 수 없게 분리되거나 '가로막혀 있다는 것을 보이기 위함이다. 라캉은 '외존(ex-sistence)이라는 신조어를 만들어내는데, 우리 존재의 핵심부도 근본적으로는 대타자이며, 외부적인 것이고 낯선 것이라는 생각을 표현하기 위해서이다. 주체는 탈중심적이고, 그의 중심은 그 자신의 외부에 있으며, 외심적이다.[12]

2) 들뢰즈 역시 주체가 탈중심화되어 있고, 낯선 것이라고 보고 있으며, 자아 심리학을 거부한다. 그러나 라캉에게 탈중심화된 주체가 그 자신의 외부에 있다고 할 때의 그 외부는 상징계이지만, 들뢰즈가 말하는 탈중심화된 주체가 탈영토화하는 차원은 상징계가 아니라 실재계이다. 들뢰즈는 실재적인 것을 베르그송을 따라 현행적인(actual) 것과 잠재적인(virtual) 것으로 구분하는데, 탈영토화가 발생하는 차원은 현행적 실재가 아니라 잠재적 실재 차원이며, 들뢰즈의 입장에서 보자면 상징계는 끊임없이 코드화가 이루어지는 현행

12_ 딜런 에반스, 『라깡 정신분석 사전』, 김종주 옮김, 인간사랑, 1998, 222쪽.

적 실재의 차원일 따름이다.

　라캉과 들뢰즈 모두는 상상계를 저평가하고, 고전적 의미에서의 중심화된 의식적 주체 개념을 거부하지만, 전자가 상상계에 대한 상징계의 우위와 실재계의 저항을 주장한다면, 후자는 탈영토화/탈코드화의 가능성을 상징계에 대한 실재계의 우위에서 찾고 있다. 전자가 개인에 대한 사회의 우위를 주장한다면, 후자는 사회를 거부하고 자연 쪽으로 탈주할 기회를 찾는 것과 유사하다. 이 양자 간 대립에서 어느 쪽에 손을 들어줘야 하는가? 라캉과 들뢰즈 사후에도 이 대립은 지젝과 바디우-랑시에르 간의 대립으로 반복되고 있다. 그런데 이 중 하나의 손을 들어주기에는 두 입장 모두가 부분적으로만 옳다. 만일 개인적 상상계에 대한 사회적 상징계의 우위가 영구하고, 본질적이라면, 주어진 사회 시스템의 상징계가 억압적이고 착취적일 경우 이에 대한 저항과 변혁의 가능성은 원천봉쇄가 될 것이다. 그러나 개인들은 탈영토화/탈코드화한다고 해도, 사회적으로 생존하기 위해서는 일정하게 재코드화/재영토화가 불가피하다. 이는 곧 일정한 형태로 새로운 상징계를 구성해야 한다는 것을 뜻한다. 이런 맥락에서 보자면 사회 시스템에 문제가 있을 경우 라캉은 들뢰즈의 주장을 허용해야 하며, 반대로 사회 시스템을 새롭게 구성하고자 할 경우 들뢰즈는 형식적으로라도 라캉의 주장을 용인하지 않으면 안 된다는 것을 뜻한다. 이런 분석을 통해서 우리는 아래와 같은 도식을 얻을 수 있고 이 도식 속에 기존 담론들의 위치를 배분해볼 수 있게 된다.

상징계 〳 상상계	지배적 상징계 (체계의 안정 국면)	지배적 상징계로부터의 탈주 (체계의 해체국면)	상징계의 해방적 재구성 (새로운 체계구성 국면)
수동적 상상계	(a)		(d)
능동적 상상계	(b)	(c)	(e)

a) 지배적 상징계 내에서 상상계의 수동적 위치를 강조하는 담론: 라캉의 주인 담론/대학 담론

b) 지배적 상징계에 저항하지만 결코 벗어나지는 않(으려)는 담론: 라캉의 히스테리 담론/분석가의 담론

c) 지배적 상징계로부터 탈주하지만 상징계의 해방적 재구성에는 이르지 못하는 담론: 들뢰즈의 노마디즘

d) 상징계의 해방적 재구성을 외치면서 개별 주체의 능동성은 배제하는 담론: 스탈린주의

e) 개별 주체의 능동성과 상징계의 해방적 재구성을 동시에 이루려는 담론: 맑스-벤야민의 담론

푸코가 구상했던 통치양식의 문제틀에 입각하면, 이들의 이론은 상이한 통치양식의 국면에 일정하게 부합한다. 체계가 안정된 국면에 처해있을 경우에는 라캉의 정신분석이 부분적 적합성을 갖는 반면, 체계가 해체 국면에 처할 경우 들뢰즈의 노마디즘이 부분적 적합성을 갖는다. 하지만 체계가 새로운 이행 국면으로 변화할 경우 이 두 가지 담론을 넘어서는 (d)와 (e)의 계기들이 출현한다. 러시아혁명 이후 (e)의 계기가 잠시 번쩍이다가 (d)가 지배하게 된 것(스탈린주의)은 상징계의 해방적 재구성이 그렇게 어렵다는 것을 여실히 보여준다. 또한 일시적으로 (e)의 계기가 전면화된다고 해도 인간 존재의 불완전성으로 인해 해방적 상징계의 창조가 쉽게 안정화되기 어렵기 때문에, (a)와 (b)의 계기로 후퇴하기 쉽다. 하지만 그렇다고 해서 (e)의 실현이 '선험적'으로 불가능하다고 보게 되면 모든 논의는 무의미해질 것이다. 이런 가능성을 열어놓지 않을 경우 비판적 분석(라캉)과 창조적 생성(들뢰즈)은 이율배반적이 된다. 칸트-맑스적 시각에서 유명론적 라캉과 실재론적 들뢰즈, 관념론적 라캉과 유물론적 들뢰즈, 합리론적 라캉과 경험론적 들뢰즈 간의 "변증법적 절합"

이 필요한 이유가 여기에 있다. 그런데 유명론과 실재론, 합리론과 경험론의 변증법적 절합은 허공에서 이루어지는 것이 아니라 개별 주체에 의해 이루어지지 않으면 안 되지만, 들뢰즈가 변증법 자체를 거부한다면,[13] 라캉은 이런 변증법을 수행할 "자율적 주체"라는 개념을 거부한다.

자아 심리학에 의하면 자아는 원초적 욕동과 현실의 명령 사이에 조화로운 균형을 이룸으로써 자율적이 된다. 그러므로 자율적 자아는 '강한 자아', '잘 적응된 자아', '건강한 자아'와 동의어이다. 그러나 라캉은 자아 심리학이 만들어 낸 이런 '자율적 자아'라는 개념을 거부한다. 자아는 자유로운 것이 아니라 상징계에 의해 결정된다고 주장한다. 자율성을 즐기는 것은 상징계이지 자아가 아니라는 것이다.(라캉 사전, 330)

'적응'이란 개념은 생물학적 개념으로, 유기체가 환경에 맞춰서 스스로 적응해 가도록 되어 있다는 생각이다. 적응은 내적 세계와 주위 세계 사이에 형성되는 조화로운 관계를 의미한다. 그러나 라캉에 의하면 현실이란 자아가 적응해야만 하는 단순하고 객관적인 것이 아니라, 자아가 꾸며낸 허구의 잘못된 표상과 투사의 산물 그 자체이다. 정신분석가의 임무는 오히려 적응이 가지고 있는 착각적인 의미를 전복시키는 것인데, 그 까닭은 그것이 무의식에 대한 접근을 막기 때문이다. 적응이라는 개념 속에 내포된 유기체와 환경 사이의 조화라는 생각이 인간에게 적용될 수 없는 까닭은 인간이 상징계에 기입됨으로써 '탈자연화'되기 때문이다. 인간에게는 어떤 '생물학적 틈새'가 존재하며, 인간이란 본질적으로 부적응적인 존재이다. 따라서 자연과의 조화를 찾으려는 어떤 시도도 죽음의 욕동 안에 집적된 본질적으로 과도한 욕망을 간과하게 된다.(라캉 사전, 335-36)

13_ 들뢰즈와 변증법의 관계에 대해서는 심광현, 「제3세대 인지과학과 마음의 정치학」(『문화/과학』 64호, 2010년 겨울)을 참조할 것. 이 글은 본 책에도 함께 수록되어 있다.

라깡의 저작에서 드러나는 일관된 주제는 인간 존재와 다른 동물, 또는 그가 표현하듯이 '인간사회'와 '동물사회'의 차이이다. 이러한 차이의 기초는 언어이다. 인간은 언어를 가지고 있는 반면에 동물은 단지 약호만을 가지고 있을 뿐이다. 동물의 심리가 전적으로 상상계에 의해서 지배되는 반면, 인간의 심리는 상징계라는 부가적 차원에 의해서 뒤얽혀 있다는 것이다. 그는 다른 인류학자들과 마찬가지로 문화를 자연과 차별화하는 법적 구조의 핵심으로서 근친상간의 금지를 지적한다. 또한 동물의 본능이 비교적 불변인 데 반해 인간의 성은 극도로 가변적이고 생물학적 기능을 목표로 삼지 않는 욕동에 의해 지배된다.(라깡 사전, 327-28)

그러나 자아 심리학에서 말하는 환경에 대한 적응과 균형의 개념에 기반한 '자율적 자아'의 개념을 거부한다고 해도, '주체의 자율성' 자체가 원천적으로 배제된다면, 환경과 타자에 대한 예속의 거부와 저항, 자유로운 주체의 삶을 공동으로 증진할 수 있는 새로운 환경(정치사회)의 창조도 원천적으로 배제될 것이다. 이런 점에서 라캉은 보수적이다. 하지만 "자유로운 생산자들(개인들)의 연합"(맑스)이 가능하기 위해서는 먼저 연합할 개인들 스스로가 자유롭거나 혹은 적어도 연합의 과정을 통해서 자유로워져야 한다. 그렇지만 이 길을 찾는 일이 쉽지 않은 것은 주체적 자유가 쉽게 통제할 수 없는 욕망의 문제와 복잡하게 얽혀 있기 때문이다. 라캉은 이런 문제의식을 "칸트와 함께 사드를"이라는 테제로 요약한 바가 있다. 그러나 이 테제는 (a), (b), (c)의 계기의 위상과 한계를 선명하게 하는 데에는 기여할 수 있지만, (e)의 문제의식은 함축하지 못한다. (e)의 문제의식을 발전시키기 위해서는 라캉과 들뢰즈 간의 진자운동을 넘어서 칸트-벤야민적 주체와 맑스의 '코뮌국가'의 문제틀을 겹쳐 봐야 하고, 이를 통치양식의 역사적 계보 속에서 재분석하는 작업이 필요하다. 그렇다면 통치양식의 역사적 계보를 어떻게 구성할 수 있을까?

조반니 아리기는 맑스의 자본주의 생산의 일반 정식 MCM'을 이용하여 근대 자본주의 세계체계의 역사를 통치양식(영토국가)과 축적양식(자본) 간의 변증법적 상호작용의 과정으로 파악한 바 있다.

여기서 제시된 구도에서, 자본주의와 근대 국가간 체계 사이에 존재하는 긴밀한 역사적 연계성은 통일성의 연계성인 동시에 모순의 연계성이다. …국가 간·기업 간 경쟁의 형태는 달라질 수 있으며, 그 형태는 근대세계체계—통치양식이자 축적양식으로서—의 작동 방식 또는 작동하지 않는 방식에 중요한 결과를 낳는다. …"끝없는" 자본축적과 상대적으로 안정적인 정치공간의 조직화 사이의 반복되는 모순을 해결하기 위해 연이은 세계헤게모니들이 근대세계체계를 형성하고 재형성하는 데서 어떤 역할을 해왔는지 온전하게 평가할 수 있을 것이다. 이렇게 이해해 볼 때 핵심적인 것은 대립적 통치양식 또는 대립적 권력 논리로서 "자본주의"와 "영토주의"라는 규정이다. 영토주의적 통치자는 권력을 세력 판도의 범위 및 인구 수와 동일시하며, 부/자본을 영토적 팽창 추구의 수단 또는 부산물로 인식한다. 이에 비해 자본주의 통치자는 권력을 희소자원에 대한 통제 범위와 동일시하며, 영토 획득을 자본축적의 수단이자 부산물로 간주한다. 마르크스의 자본주의 생산 일반 정식(MCM')을 활용하여, 우리는 두 가지 권력 정식 사이의 차이를 각각 TMT'와 MTM'이라는 정식으로 표시할 수 있을 것이다. 첫번째 정식에 따르면, 추상적 경제 지령 또는 화폐(M)는 추가적 영토 획득($T' - T = + \varDelta T$)을 목표로 하는 과정에서 수단 또는 중간 고리이다. 두번째 정식에 따르면, 영토(T)는 추가적 지불수단 획득($M' - M = + \varDelta M$)을 목표로 하는 과정에서 수단 또는 중간 고리이다.[14]

여기서 아리기가 말하는 통치양식은 지배와 지적-도덕적 지도력을 동시에

14_ 조반니 아리기, 『장기 20세기』, 백승욱 옮김, 도서출판 그린비, 2008, 81-83쪽.

의미하는 그람시의 헤게모니 개념에 의거한 것으로, "우세는 강제에 의존하는 것으로 인식될 것인 반면, 헤게모니는 갈등이 일어나는 모든 쟁점들을 '보편적' 지평에서 제기할 수 있는 역량이 있기 때문에 얻게 되는 부가적 권력으로 이해될 것이다."(75) 이런 관점에서 아리기는 국가 간 관계에서 세계헤게모니를 다음과 같이 정의한다. "한 국가는 자신이 피지배자들에 대한 통치자들의 집합적 권력을 일반적으로 확장하는 동력이라고 신뢰감 있게 주장할 수 있기 때문에 세계헤게모니적이 될 수 있을 것이다. 또는 반대로, 한 국가는 일부 국가들 또는 심지어 모든 다른 국가들에 대해 그 국가권력을 확장하는 것이 모든 국가의 피지배자들의 일반 이익이 된다고 신뢰감 있게 주장할 수 있기 때문에 세계헤게모니적이 될 수 있다."(77)

이런 관점에서 맑스가 <생산력과 생산관계의 모순적 통일>이라고 정식화한 생산양식 개념을 <축적양식과 통치양식의 모순적 통일>이라고 재정의할 수 있을 것이다. 낡은 축적양식의 해체는 낡은 통치양식의 해체와 맞물려서 새로운 축적양식과 통치양식의 생성을 촉진하게 되는데, 이 과정을 자본주의 세계체계의 역사적 발전 과정에서 세계헤게모니의 순환적 교체라는 아리기의 역사적 설명틀 내에 위치시켜 보면 다음과 같은 그림이 만들어질 수 있다. '해방적 통치양식'의 필요성에 대한 요청이 증대하는 것은 낡은 축적양식이 해체되고 새로운 축적양식으로의 이행이 진행되는 과정과 상응하는 반면, 지배적 통치양식에 대한 거부가 증대하는 것은 새로운 축적양식이 정점에 달한 이후 내부 모순으로 인해 해체되어 가는 과정과 상응한다고 보자는 것이다. 15세기 이후 자본주의 세계체계는 네 차례 세계헤게모니가 교체되면서 실물적 팽창(M-C)과 금융적 팽창(C-M)을 반복해 왔는데, 지배적 통치양식의 퇴락과 이에 대한 저항은 주로 금융적 팽창기에, 해방적 통치양식에 대한 탐색은 금융 팽창기가 해체되면서 새로운 실물적 팽창으로 이행해 가는 과정에서 나타난 혁명적 과정에 해당되며, 이후 새로운 세계헤게모니로의 이행이 완료되고 실물적 팽창이 새롭게 가속화하는 시기가 되면 서서히 소멸하는 방식으로, 자본주의 세계체계의 축적양식의 순환 운동과 통치양식의 순환 운동이 서로 맞물려 진행되어 왔다고 볼 수 있다. 이런 흐름을 다이어그램으로 그려보면 아래와 같다.

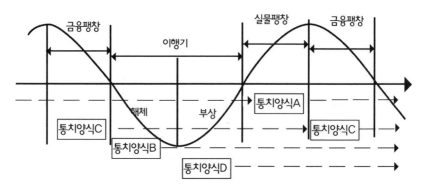

<자본주의 세계체계의 축적양식과 통치양식의 순환 주기>

이런 그림은 자본주의 세계체계의 역사적 변동에 따른 통치양식의 역사적 변동의 계보를 파악하기 쉽게 해준다. 프랑스 혁명 당시 로베스피에르 정부는 네덜란드 헤게모니의 해체에 따른 새로운 이행 국면에서 등장한 통치양식 (D-1)에 해당하며, 1871년의 파리코뮌은 영국 헤게모니의 정점 국면에서 통치양식(A)에 저항하며 두 달간 진행되었던 새로운 형태의 통치양식(D-2), 그리고 러시아혁명 당시 레닌이 주도했던 소비에트 정부는 영국 헤게모니의 해체에 따른 새로운 이행 국면에서 등장한 통치양식(D-3)에 해당한다고 할 수 있다. 이때 (D-1)이 위로부터의 혁명적 통치양식이라면, (D-2)는 아래로부터의 혁명적 통치양식인 데 반해, (D-3)는 (D-1)과 (D-2)의 종합을 시도한 것이라고 요약해볼 수 있을 것이다. 그러나 이 세 가지 시도들은 모두 실패했다. 이들의 성공과 실패의 역사적 계보를 자세히 규명하는 일은 다음 과제로 미루고, 여기서는 러시아혁명의 실패 요인을 레닌의 사례를(그에 대한 지적의 오

독을 함께) 분석해 봄으로써, 21세기의 이행기에 등장할 새로운 통치양식 (D-4)의 필요조건들이 무엇인가를 개괄해 보고자 한다.

4. 레닌과 포이에르바흐 테제에 대한 지젝의 오독과 왜곡

러시아혁명 과정에 대한 역사적 분석을 위해서는 별도의 글이 필요하지만, 여기서는 레닌의 문제의식을 중심으로 <해방적 통치양식>과 관련된 주요 쟁점들을 선별하여 일종의 "사고 실험"을 해보고자 한다. 러시아혁명 과정에서의 가장 중요한 쟁점은 세 가지 차원에서 혁명적 과정의 '비동시적' 진행과 시차적 상호작용이다. (1) 위로부터의 혁명, (2) 아래로부터의 혁명, (3) 그리고 위-아래의 교차 지점인 중간 수준에서 크고 작은 다양한 제도적 혁명(관료주의 철폐와 제도의 해방적 재구성 등)이 그것이다.

러시아혁명 과정에서 (1)을 주도했던 볼셰비키와 (2)를 주도했던 평의회/소비에트 운동은 극히 예외적인 사례를 제외하고는 끊임없이 대립해 왔고, 오늘날에도 이런 대립은 트로츠키주의와 자율주의 간의 대립으로, 지젝과 랑시에르-바디우 간의 대립으로 반복되고 있다. 그러나 1917년 러시아혁명은 볼셰비키(1)가 10월 봉기로 권력을 장악하기 이전, 이미 1917년 2월부터 광범위한 지역에서 소비에트(2)의 약진이 없었다면, 또한 레닌이 <4월 테제>("모든 권력을 소비에트로!")를 통해 (1)과 (2)의 적극적 결합을 추진하여 10월 혁명 직전에는 대다수 소비에트에서 볼셰비키가 다수파가 되는 변화과정을 만들어내지 않았다면 결코 성공할 수 없었을 것이다. 그러나 이 두 과정의 유기적 결합을 통해 권력 장악에 성공한 이후, 레닌은 (3)의 중요성을 서서히 실감해 나가다가, 사망 1년 전부터 (3)의 심각성을 느끼고 트로츠키와 협력하여 스탈린과 당의 관료주의화를 해체하고자 시도했지만 결국 실패했다. 그 결과 수년에 걸친 스탈린-트로츠키 간의 투쟁을 거쳐 스탈린 일인 독재체제가 구축되면서, 맑스-레닌적인 의미에서의 세계혁명 과정은 사실상 중단된다.

총체적 혁명은 생산양식 전체, 즉 축적양식만이 아닌 통치양식(권력의 테크놀로지와 자기의 테크놀로지)까지도 전면적 변화를 요구하는 것이기에 단기적으로 권력 장악에 성공했다고 해서 장기적으로도 사회 전체의 변화에 성공하리라는 보장은 없다. 아무리 혁명정부가 들어서서 위로부터의 혁명을 강제하더라도, 뿌리 깊은 낡은 생활습관과 제도의 끈질긴 관성이 새로운 생활양식과 제도의 창조를 끊임없이 교란하게 마련이고, 이 과정 속에서 혁명 주체들은 갈등과 폭력, 권력투쟁의 예기치 못한 함정들을 돌파할 수 있을 만큼 자기창조를 거듭해야 하고, 대다수의 대중들 역시 새로운 주체들로 거듭나야 한다. 대략 5-10년의 과정만이라도 짧게 스케치 해보면, 이 과정이 얼마나 어렵고, 또, 이를 위해서는 얼마나 많은 '준비'가—알튀세르의 주장처럼—필요한지를 생각해야 한다. 그러나 우리의 경우는 물론 세계적으로도, 이런 과정과 준비에 대한 본격적 논의는 여전히 충분히 이루어지지 않고 있다. 오히려 혁명의 시기와 가능성 여부, 폭력의 필요성 여부에 대한 논란만이 무성할 따름이다. 하지만 역사적으로도 그랬고, 사고 실험을 통해서도 예측할 수 있듯이, 체계의 카오스가 커지게 되면 새로운 체계로의 이행은 불가피해지고, 이 과정은 혁명-반혁명, 혁명 후의 퇴보와 재전진으로 얼룩지게 마련이다. 이 복잡다단하고 지그재그적인 과정은 호불호의 문제도 논리적인 문제도 아니다. 체계의 카오스가 증대되면서 발생하는, 물리적으로 복잡한 상호작용을 포함하는 현실적이고 객관적인 과정이다. 세계체계의 장기주기의 흐름에 비추어볼 때, 세계사적 이행과정은 이미 시작되었기 때문에, 과거의 실패를 반복하지 않도록, 다각적인 준비가 시급하다.

지젝은 1914년의 레닌을 따라, "공부, 또 공부하라"고 말한다. 당장 목전에 닥친 작은 문제들을 해결하기 위한 실천보다는 보다 근본적인 변혁을 위한 이론적 천착이 필요한 것은 물론이다. 그러나 그 공부가 어떤 공부인가가 문제이다. 5년 이상 지속된 혁명적 과정 속에서 많은 어려움을 절감했던 레닌은 1923년 3월 2일 당대회에 보내는 편지에서 다음과 같이 호소한 바 있다.[15]

이러한 국가기구를 구축하기 위한 요소들 가운에 우리가 가지고 있는 것은 무엇입니까? 오직 두 가지 요소를 갖고 있을 뿐입니다. 첫째는, 사회주의를 쟁취하기 위한 투쟁에 전력투구하고 있는 노동자들입니다. 그러나 이들은 충분히 교육받지 못했습니다. 그들은 더 나은 기구를 만들고 싶어 하지만, 어떻게 해야 할 지 모르고 있습니다. 따라서 그들은 그런 기구를 하나도 만들 수 없습니다. 그들은 이 일에 요구되는 문화를 아직 충분히 계발하지 못했습니다. 그런데 필요한 것은 문화입니다. …둘째로, 우리는 지식과 교육 및 훈련이라는 요소를 갖고 있습니다. 그러나 이 요소는 다른 나라와 비교해 볼 때 턱없이 불충분합니다.(116) …다음 번의 군사적 대결까지 우리가 확실히 살아남기 위해서는, 이 절대 다수의 인민대중이 문명화되어야만 합니다. 우리는 비록 즉시 사회주의로 이행하는 데 필요한 정치적 전제조건을 갖추고 있기는 하지만, 그렇게 할 수 있을 만큼 충분히 문명화되어 있지는 못합니다."(129) …이의 실현을 위해서는 당의 가장 권위 있는 기구를 "평범한" 인민위원회와 융합시키는 것을 제안하고 있는 것입니다.(131)

지젝은 레닌이 모두가 난감해 하고 있던 1914년의 절박한 상황에서 헤겔

15_ 레닌 외, 『레닌의 반스딸린 투쟁』, 김진태 옮김, 신평론, 1989. "12차 당대회에 보내는 편지"는 1923년 4월 개최 예정이었던 당대회에 공개적으로 보내는 편지로 작성된 것인데, 3월 10일 레닌이 뇌일혈로 쓰러진 후, 부인 크룹스카야는 이 문서를 비밀 보관했고, 이는 이후 '유언장'으로 알려졌다. 이 편지는 1924년 1월 레닌 서거 직후 제13차 당대회 직전에 대회 대표들에게 아무도 필기를 하지 않는다는 조건으로 낭독되었고, 이 중 일부가 미국의 급진주의자인 맥스 이스트먼에 의해 1926년 10월 18일 뉴욕타임스에 발표되었으며, 1956년 스탈린 사후 소련 당국에 의해 레닌의 서한 전문이 출간되었다(39-40쪽).

논리학을 열심히 공부해서 1917년 위기가 심화되었을 때, 사회민주주의를 넘어서는 혁명의 필요성과 긴박성을 설파할 수 있게 되었다고 말하지만, 혁명 후 실제적으로 새로운 체제를 건설하기 위해 필요한 일들을 충분히 준비하지는 못했다는(결과적으로 이 준비를 위한 공부도 부족했다는) 사실을 레닌의 호소를 통해서 확인할 수 있다. 레닌 자신도 (1)과 (2)만으로는 혁명을 완수할 수 없으며, 정치적 혁명 이후에는 무엇보다도 (2)와 (3)의 과제를 결합하는 일이 절실함을 강조했다. 지젝은 "역사가 종국에는 형제적인 정의를 위해 싸우는 편에 있게 될 것"이라는, 현재는 휴면상태에 있으면서도 여전히 출몰하는 희망에 새로운 생명을 주기 위해, 레닌을 '반복하자'고 제안한다. 그런데 그에 의하면 레닌을 반복하는 것은 레닌으로 돌아가서 그가 "했던 것을 반복"하는 것이 아니라, 그가 "실패한 것, 그가 잃어버린 기회를 반복"하는 것이다.16 그렇다면 그가 실패한 것, 그가 잃어버린 기회란 어떤 것일까? 이는 앞의 편지에서 명백히 확인할 수 있듯이 (2)와 (3)의 과제의 성공적 결합이 아니고 무엇일까? (3)의 과제의 중요성에 대한 레닌의 자각과 이 과제 해결의 실천방안 제시는 사망 1년 전부터 레닌이 중앙위원회에 보낸, 그러나 레닌의 뇌일혈로 인해 보내지지 못했던, 여러 편지들에서도 확인할 수 있다. 몇 가지만 예를 들어보면 다음과 같다.

16_ 슬라보예 지젝(2002), 『혁명이 다가온다: 레닌에 대한 13가지 연구』, 이서원 옮김, 도서출판 길, 2006. "레닌 반복하기는 우리 주변에 여전히 출몰하는 이 희망에 새로운 생명을 주는 것을 의미한다. 결과적으로 레닌을 반복하는 것은 레닌으로 돌아가는 것을 의미하는 게 아니다. 레닌을 반복한다는 것은 '레닌이 죽었다는 것', 그러니까 그의 특별한 해법이 실패했다는, 그것도 엄청나게 실패했다는 것과, 하지만 그 안에 여전히 구제해낼 만한 유토피아적 불꽃이 남아 있다는 것을 받아들이는 것이다. 레닌을 반복하는 것은, 사람들이 실제로 레닌이 한 것과 그가 열어낸 가능성의 장, 즉 그가 실제로 행한 것과 레닌 안에 레닌 자신보다 더 많이 있었던 다른 차원을 구별해야 한다는 의미이다. 레닌을 반복하는 것은 레닌이 했던 것을 반복하자는 것이 아니라 그가 실패한 것, 그가 잃어버린 기회를 반복하는 것이다"(272-73쪽).

저는 이번 대회에서 우리의 정치 체제에 상당한 변화가 이루어지기를 강력히 촉구하는 바입니다. …최우선적으로 저는 중앙위원회 수를 수십 명 내지 심지어 백여 명에 이르도록 증원시켜야 한다고 생각합니다. …새로 들어오게 되는 노동자들은(여기서 노동자라는 표현은 언제나 농민을 포함하는 것입니다) 소비에트의 기구들에서 오랫동안 종사해 왔던 사람들 이외에서 충원되는 것이 바람직합니다. 왜냐하면 소비에트 기관들에서 오래 동안 일해 온 그런 노동자들은 우리가 싸워서 극복하고자 하는 바로 그런 전통과 편견에 이미 물들어 있기 때문입니다. 노동계급 출신의 중앙위원회 위원들은 주로, 지난 5년간 승격되어 소비에트 기구 내에서 활동하는 자들보다 더 낮은 지위에 속한 노동자들이지 않으면 안됩니다. 그들은 보통의 일반적인 노동자와 농민들에 더 가까운, 그러나 직접적으로건 간접적으로건 착취자의 범주에 속하지 않은 그런 사람들이어야 합니다.(41-47) 스탈린은 너무도 무례합니다. 그리고 이 결점은 우리들 공산주의자들 속에서 사업을 할 때나 우리들 사이에서는 용납될 수 있을지라도, 서기장직을 맡는 데에서는 용납될 수 없습니다. 바로 그러한 이유로, 저는 동지들이 스탈린을 그 직위에서 해임하는 방법을 생각해 볼 것을 제안하는 바입니다. 다른 모든 측면에서 스탈린 동지와는 다른 사람을, 말하자면 보다 참을성 있고, 보다 성심 있으며, 보다 공손하고, 동지들에 대해 보다 세심하게 배려하며, 덜 변덕스러운 등등의 그런 사람을 그 대신 지명하도록 요청합니다.(45)

주지하는 바와 같이 병상에 갇힌 레닌의 이런 시도는 성공하지 못했고, 레닌 사후 스탈린은 가장 강력했던 경쟁자 트로츠키와 반대파들을 대거 숙청하고 살해하면서 30년간 1인 독재체제를 구축했다. 만일 레닌의 유언장이 사실이라면, 레닌이 실패한 것은 무엇보다도 스탈린을 제거하면서 동시에 당의 관료주의화를 해체하고, 아래로부터 "일반적인 노동자와 농민들에 더 가까운, 그러나 직접적으로건 간접적으로건 착취자의 범주에 속하지 않은 그런 사람들'의 적극적 참여를 이끌어내어 (1)과 (2)와 (3) 간의 선순환 구조를 만들어내는 일이었다고 할 수 있다. 지젝 역시 레닌이 이런 문제에 직면했다는 점을 기술하고는 있다.

레닌의 최후 저작들에서는 그가 『국가와 혁명』의 유토피아를 포기한 후 오랜 세월이 흘러, 볼셰비키 권력이 무엇을 해야 하는가에 대한 완화된 '현실적' 프로젝트의 틀이 발견된다. 더딘 경제 발전과 러시아 대중의 문화적 후진성으로 러시아가 '곧 바로 사회주의에 진입할 가능성은 없었다. 소비에트 권력이 할 수 있는 것은 '국가 자본주의'의 점진적 정책과 지체된 농민 대중에 대한 집중적인 문화교육을 결합시키는 일이다. 이는 '공산주의적 선동'이라는 세뇌가 아니라 발전된 수준의 문명화를 끈기 있게 점진적으로 성취시키는 것을 의미한다. …레닌은 반복적으로 직접적인 '공산주의의 이식'에 대해 경고했다. …그는 반복해서 '여기에서 가장 해로운 것은 서두르는 일'이라고 주장한다. 이러한 '문화혁명'의 입장에 반하여 스탈린은 전적으로 반레닌적인 '일국 사회주의 건설'이라는 개념을 선택한다.(24-34)

사정이 이러하다면, 레닌의 실패로부터 배워야 할 것은 (1)이 아니라 (1)+(2)+(3)의 결합을 지속적으로 성취하는 일일 것이다. 그러나 지젝은 다음과 같이 단언한다. 세 가지만 들어보자.

(a) 간단히 말해 당이라는 형식이 없다면 운동은 '저항'의 악순환에 빠지게 된다. …가장 보고 싶지 않은 일은 반세계화가 교화되어 단지 또 하나의 자본주의에 대한 '저항의 장소'가 되어버리는 일이다. 결과적으로 오늘날 핵심적인 '레닌주의'의 교훈은 다음과 같다. 정당이라는 조직의 형식 없는 정치는 정치 없는 정치이다.(198)

(b) 결론적으로 극단적인 정치 전략가 레닌과 생산의 과학적인 재조직을 꿈꾸는 '테크노크라트' 레닌이 분리되어서는 안 된다. 비록 그가 이 두 수준을 함께 생각하는 적절한 개념적 장치를 갖추지 못했을지라도, 레닌의 위대함은 그가 불가능하지만 반드시 필요한 이 임무를 행해야 한다는 긴급성을 인식하고 있었다는 점이다.(155)

(c) '그럼 우리가 아무것도 하지 말아야 한다는 건가요? 그냥 손 놓고 기다리라고요?'라는 식의 비난 말이다. 우리는 주저하지 말고 대답해야 한다. '예, 바로 그겁니다!' 어떤 상황에서는, 즉각 참여하고자 하는 충동에 저항하는 것, 끈기 있고 비판적인 분석을 사용하여 '일단 기다리면서 두고 보는' 것이 유일하게 할 수 있는, 진정으로 '실제적인' 일일 때도 있다. …1914년 제1차 세계 대전 발발 이후 레닌은 바로 그렇게 하지 않았던가? 그는 스위스의 외진 곳에 은둔하여 헤겔의 논리학을 읽으며 '공부하고, 공부하고, 또 공부했다.[17]

지젝이 제시하는 (a)와 (b)는 2002년의 주장이며, (c)는 2008년의 주장이다. 그러나 이 모든 주장의 공통점은 레닌의 '실패'가 아니라 레닌의 '성공'을 반복하자는 것일 뿐이다. 물론 레닌의 성공을 배우지 말자는 것이 아니다. 문제는 성공과 실패로부터 동시에 교훈을 끌어내야만 함에도 불구하고, 지젝은 <혁명이 다가온다>고 주장하면서 100년 전 레닌의 성공을 반복하자는 말만—그와 더불어 "스탈린주의의 내적 위대함"을 찬양하는 공허한 외침을—반복하고 있다. 이럴 경우 우리는 또 다시 레닌의 실패를 반복하면서 스탈린주의로 되돌아가는 길 이외는 선택의 여지가 없게 될 것이다. 우리는 지젝의 화려한 수사학적 유희 속에 숨겨진 헤겔적 관념론의 위험을 간파해야 한다. 지금

17_ 슬라보예 지젝(2008), 『폭력이란 무엇인가』, 정일권·이현우·김희진 옮김, 난장이, 2011, 31-33쪽.

은 아무 것도 하지 않고, '손 놓고 기다리는 것'이 아니라, 많은 일들을 새롭게 준비하고 공부해야 할 시기이다.

지젝은 『폭력이란 무엇인가』의 한국어판 후기를 다음과 같이 끝맺고 있다.

정신분석학적 해석 속에는 이론과 실천을 변증법적으로 통일하는 통찰만이 있다. 그러니까 정신분석가의 '해석'을 '시험'하는 것은 환자에게 그 진리 효과가 나타났느냐 하는 데 있다는 얘기다. 이는 우리가 맑스의 11번 째 테제, 즉 '지금까지 철학자들은 단지 세계를 다양하게 해석했을 뿐이다. 그러나 중요한 것은 세계를 변화시키는 것이다.'는 테제를 (다시) 읽어야 함을 뜻하는 것이다. 즉 맑스 이론을 '시험'하는 것은 맑스 이론이 말하는 프롤레타리아에게 진리-효과가 나타나느냐는 데 있다는 것이다. 프롤레타리아를 혁명적 주체로 전환시키는 진리-효과 말이다.(312)

그런데, 겉으로 보기에는 혁명적인 것처럼 보이는 이 그럴듯한 주장에는 두 가지 문제가 있다.

1) 맑스의 이론이 프롤레타리아를 혁명적 주체로 전환시키기 위한 필요조건을 제공하기는 하지만, 그의 이론은 자본주의 생산양식의 발생 조건과 그 모순적 작동 메커니즘을 구체적-체계적으로 해명한 역사과학이지, 아직은 과학이 아닌 정신분석학과 같은 해석학이 아니기 때문에 진리-효과에 의해 시험되는 것이 아니다. 그는 맑스의 포이에르바흐 테제를 다시 읽자고 말한다. 그런데 그 앞 문장에 비추어 보자면 이는 해석에서 변화로의 강조점 이동을 주장한 맑스의 논지를 이제라도 '다시' 계승하자는 주장이라기보다는, 오히려 '해석'을 중시하는 정신분석의 교훈을 매개로 하여 "세계 해석"의 비중을 새롭게 높이는 방식으로 다시 읽자는 것으로 보인다. 이렇게 맑스를 라캉으로 겹쳐 읽는 방식은 맑스를 전진시키기보다는 오히려 후퇴시켜 헤겔-포이에르바

흐로 되돌리게 하는 효과를 야기하게 될 뿐이다.18

2) 지젝의 말대로 <포이에르바흐 테제 다시 읽기>는 현시점에서 매우 중요하다. 그러나 이 중요성은 11번 테제를 3번 테제와의 연결 속에서 다시 읽을 때라야 의미를 얻게 된다. 테제 3번은 테제 11번을 실현하기 위한 전제조건을 밝히고 있기 때문이다. 테제 3번에 의하면, 세계를 해석하는 대신 세계를 변화시키기 위해서는, 세계를 변화시키고자 하는 사람 자신도 변화되어야 하며, 교육자 자신도 교육되어야 한다는 점이 전제되어야 한다. 이런 점에서 포이에르바흐 테제는 교묘한 해석자의 위치에서 벗어나지 않은 채, 타자들에게 변화를 요구하고 있는 지젝의 주장과는 달리, 알튀세르가 맑스를 따라서 강조했듯이, 권력의 테크놀로지와 자기의 테크놀로지 양자의 혁명적 변화, 즉 <해방적 통치양식(D)>의 구성만이 오직 혁명적 의미를 가진다는 점을 명백히 하고 있는 셈이다. 앞서 살폈듯이 혁명 후에 레닌이 뼈아프게 절감했던 점도 바로 이 3번 테제의 중요성을 미리 살피지 못했다는 점이라고 할 수 있다. 그럼에도 불구하고 레닌의 실패의 의미를 지젝은 전혀 깨닫지 못하고 있다는 사실을 다음의 구절에서 재확인할 수 있다.

궁극적으론 거대한 체계가 더 부드럽게 작동할 수 있도록 해 줄 뿐인 국부적 행위(새로운 주체성이라는 다양성의 공간을 마련하는 것과 같은 행위)에 참여하기보다는 아무것도 하지 않는 게 더 낫다. 오늘날 진짜 위협적인 것은 수동적인 것이 아니라 유사 능동성이다.19

18_ 이런 기이한 해석은 알튀세르가 라캉의 문제점을 비판했던 것과 유사한 문제에서 비롯된다고 생각된다. "라캉은 이렇게 양다리를 걸쳤다. 철학자들에게 그는 프로이트가 생각했던 것을 '안다고 가정되는 스승으로서의 보증을 내세웠다. 정신분석가들에게 그는 철학적으로 사고하는 것이 의미하는 것을 '안다고 가정되는 스승으로서의 보증을 내세웠다. 그는 세상 모든 사람들을 속였고, 그리고 필경 분명히, 자신의 극단적인 교활함에도 불구하고, 스스로도 속았을 것이다'(알튀세르, 「프로이트 박사의 발견」, 『알튀세르와 라캉』, 48쪽).

지젝은 여기서만이 아니라 그의 글 곳곳에서 새로운 주체성의 창조와 이를 위한 문화적, 교육적 노력의 필요성이나 중요성을 거부하거나 폄하한다. 앞서 인용한 레닌의 고민과 관련된 기술에서도 레닌이 강조한 '문화혁명'의 중요성에 대해서도 그저 담담히 '기술하고' 넘어갈 뿐, 그 함축적 의미를 충분히 규명하려는 노력은 보이지 않고 있다. 물론 새로운 주체성의 창조를 주장하지만 실제로는 자본주의를 더 부드럽게 작동하는 데에 그칠 뿐인 "유사 능동성"의 사례가—대부분의 NGO 활동들과 복지국가론 등—많은 것은 사실이다. 그러나 모든 주체성의 창조가 '유사-능동성'이 아님도 물론이며, 그렇지 않다면 혁명적 실천이라는 것 자체가 불가능하게 될 것이다. 하지만, 이런 문제점이 있다고 해서 지젝의 논의 모두가 무효라는 것은 아니다. 벤야민을 원용하여 지젝이 주장하듯이 구조적-법적 폭력이 심화된다면, 그 구조적 폭력을 제거하기 위한 "신적 폭력"이 불가피할 것이며, 그와 같은 순간이 오면, "모험을 건 결단" "일종의 내기" "고통을 감내하는 용기"는 필수적인 것이다.(311) 그러나 그런 용기를 발휘하는 순간을 통과하고 나도, 하루아침에 통치양식과 축적양식 모두가 한꺼번에 바뀌지는 않는다. 통치양식과 축적양식의 해방적 변화는 비대칭적이고 비동시적이며, 특히 정치가와 지식인, 대중 모두가 자기-통치적 주체로 변화하기 위해 상호 교육하고 실천하는 문화혁명의 기나긴 과정이 기다리고 있다는 사실에 주목해야 한다. 지젝의 일면적이고 관념론적인 주장을 변증법적으로 재구성해야 할 필요성이 여기에 있다.

5. 해방적 통치양식의 두 계기 간의 변증법

맑스는 포이에르바흐 테제 3번에서 "혁명적 실천"을 다음과 같이 정의한

19_ 슬라보예 지젝, 『폭력이란 무엇인가』, 296쪽.

바 있는데, 이는 앞서 말했듯이 권력의 테크놀로지(환경)와 자기의 테크놀로지(인간 자신)의 동시적 변화, 즉 해방적 통치양식(D)의 구성을 의미하는 것이다.

> 환경의 변화와 교육에 관한 유물론적 교의는, 환경이 인간에 의해 변화되며, 교육자 자신도 교육 받지 않으면 안 된다는 사실을 망각하고 있다. 따라서 이 교의는 사회를 두 부분으로 나누어 하나를 다른 것 위에 놓는 결과를 초래하는 것임에 틀림없다. 환경의 변화와 인간의 활동 또는 자기 변화의 일치는 오직 혁명적 실천으로서만 파악될 수 있으며, 합리적으로 이해될 수 있다.[20]

맑스는 환경의 변화와 인간 자신의 자기 변화의 일치가 혁명적 실천의 핵심임을 강조하기는 했지만, 이 일치의 구체적인 경로와 과정을 분석하거나 제시하지는 않았다. 앞서 살펴본 레닌의 편지는 이 '일치'의 어려움을 여실히 보여주는 것이다. 이 일치가 어려운 이유는 무엇보다도 권력의 테크놀로지나 자기의 테크놀로지나 각각의 경우 상반된-이율배반적인 경향이 충돌하고 있어 이 두 테크놀로지의 변화가 선순환을 이루는 것을 방해하고 있다는 데에 있다. 따라서 통치양식(D)의 구성 가능 여부는 각각의 경우에 대립하는 두 계기 간의 이율배반을 넘어설 수 있는가의 여부에 달려 있다고 할 수 있다. 헤겔 변증법과 칸트 변증법 간의 차이가 선명하게 드러나는 곳이 바로 이 지점이다. 전자가 이 문제를 해결할 수 없는 이유는 각각의 이율배반적인 계기와 경로들이 결코 "지양"될 수 없고, 오직 '절합'(Gliederung, articulation) 혹은 '짝짓기'(coupling)될 수 있을 따름이기 때문이다. 칸트는 『순수이성 비판』과 『판단력 비판』을 통해서 결코 지양될 수 없는 이율배반을 어떻게 '절합'(짝짓기)할 수 있는가를 명확하게 보여준 바 있다.[21] 이런 의미에서 헤겔의 변증법

20_ 칼 마르크스·프리드리히 엥겔스, 『독일 이데올로기 I』, 박재희 옮김, 청년사, 2007(초판 14쇄), 184쪽.

이 "지양의 변증법"이라면 칸트의 변증법은 "절합의 변증법"이라고 구분할 수 있다. 현실적 실천에서 이 구분이 갖는 중요성은 다음과 같은 점에서 드러난다.

1) 억압적/지배적 권력의 테크놀로지로부터의 해방을 둘러싸고 대립하고 있는 상반된 경향은 <볼셰비키>라는 <하향 경로>와 <평의회/소비에트>라는 <상향 경로> 간의 대립이다. 이 양자의 대립은 결코 양자택일 혹은 "지양"의 방법으로는 해소될 수 없다. 혁명과정에서 볼셰비키적인 독재를 포기할 경우 곧바로 부르주아 권력이 복귀할 것이며, 소비에트적인 요구를 포기할 경우 곧바로 스탈린주의로 변질될 것이기 때문이다. 고전적인 방식은 이 문제를 단계론의 방식으로 해결하는 것이다. 혁명적 과정 속에서 전자가 단기적인 과제라면 후자는 장기적 과제라는 것이다. 이행과정으로서의 사회주의와 도달 단계로서의 코뮌주의의 구별, 혹은 낮은 단계의 코뮌주의와 높은 단계의 코뮌주의의 구별이 그것이다. 그러나 이런 단계론적 해결이 변증법적 해결이 아님은 물론이고, 그 결과가 스탈린주의로의 고착(즉 낮은 단계에 영구히 머물기)임은 레닌의 편지와 그 이후의 역사가 여실히 보여주고 있다. 레닌은 이 문제를 해결하기 위해서는 <상향 경로>와 <하향 경로>가 선순환을 이루어야 함을 강조했다. 이는 곧 혁명적 실천이란 위로부터-아래로부터 동시적으로 전사회적 차원에서 민주주의를 '급진화'해야 한다는 것을 의미한다.(이런 점에서 말기 레닌은 트로츠키의 '연속혁명론'과 공명한다.) 이 과정이 바로 변증법적 '절합', 혹은 '짝짓기'(coupling)이다. 그러나 이 과정이 저절로 선순환을 이루는 것이 아닌 이유는, 이 복잡한 투쟁 속에 참여하는 주체들

21_ '변증법적 절합(짝짓기)의 의미와 작동 방식에 대해서는 심광현 「칸트-맑스-벤야민 변증법의 현대적 재해석」(『변증법』, 현대사상연구소, 2010) 참조. 이 글은 본 책에도 같이 수록되어 있다. 1장을 보라.

이 사적 소유와 권위주의라는 부르주아적 아비투스로부터 얼마나 자유로워질 수 있는가라는 별도의 문제가 곳곳에 도사리고 있기 때문이다. 권력의 테크놀로지를 혁명적으로 변화시키기 위해서는 위로부터-아래로부터 권력 구조의 변화라는 과정 이외에도 자기의 테크놀로지의 혁명적 변화가 동시에 필요한 이유가 바로 여기에 있다.

2) 주체가 자기-통치적인 자유로운 주체가 되는 데에도 크게 두 가지 경로가 대립해 왔다고 할 수 있다. 단순화하면, 이성적 방법과 감성적 방법, 합리주의와 경험주의 간의 대립이 그것이다. 스토아 학파적인 금욕적 수양이를 전거로 삼은 푸코의 자기-배려의 윤리), 칸트가 실천이성 비판에서 제시한 <정언명령>에 의해 욕구/욕망을 초월하는 실천이성적 윤리, 프로이트-라캉적 방식으로 억압된 욕망/갈등의 무의식적 착종 과정을 대화적 분석을 통해 깨달음을 얻고 자유로워지는 인식론적 윤리 등이 대표적인 <하향 경로>라고 한다면, 에피쿠로스적인 탈금욕주의적 수양, 라이히-마르쿠제-들뢰즈 등이 주장하는 욕망의 자유로운 해방의 윤리가 대표적인 <상향 경로>라고 할 수 있다. 그런데 이 두 가지 길의 대립이 환원주의적인 방식으로는 결코 해결될 수 없는 이유는 인간 존재 자체가 이성적이면서 감성적인 양면적 존재이기 때문이다. 죽기 직전의 레닌이 권력의 테크놀로지의 변혁과정의 성공 여부가 이율배반적인 두 경로의 양자택일이 아닌, 변증법적 '절합'에 있다고 보았듯이, 칸트 역시 『판단력 비판』에서 자유의지와 감성적 욕망 간의 대립을 양자택일적 환원주의 방식이 아닌 '변증법적 절합'이라는 방식으로 해결책을 제시한 바 있다. 이런 맥락에서 보자면 칸트의 윤리학은 흔히 오해하고 있듯이 실천이성비판의 초월론적 윤리학에서 머무는 것이 아니라 『판단력 비판』에 이르러서야 전체 윤곽을 드러낸다고 할 수 있다. 칸트의 윤리학을 '미적 윤리학이라고 불러야 하는 이유가 여기에 있다.

권력의 테크놀로지의 혁명적 변화의 관건이 하향 경로와 상향 경로의 양자 택일이 아닌 '순환적 짝짓기'(circulary coupling)를 이루고 있다는 점은 레닌의 편지와 지젝에 대한 비판을 통해서 살펴보았으므로 이제는 자기의 테크놀로지의 혁명적 변화에서도 하향 경로와 상향 경로 간의 양자택일을 넘어서 두 경로 간의 선순환 고리를 형성할 수 있는 실천이 관건이라는 점을 구체적으로 해명할 필요가 있다. 다음 절에서는 인지과학적 연구 성과를 매개로 이 과정을 더욱 상세히 파악해 보도록 하겠다.

6. 뇌과학과 자기의 테크놀로지의 미적-윤리적 변화

생명을 가진 인간은 서로 이질적인, 내부세계와 외부세계가 동시에 결합되어 있는 '역설적인 존재이다. 안이면서 동시에 바깥이기도 한 존재가 역설적인 이유는 이 두 측면 중 어느 한쪽이 다른 한쪽으로 환원되면 생명력을 상실하게 되는 동시에 양자가 갈등/모순 없이 연결되는 것이 아니라 안과 바깥 간의 대립이 항존하고 있기 때문이다. 전통적인 철학에서 그리고 현대과학에서도 여전히 지속되고 있는 일원론과 이원론의 대립, 유물론과 관념론의 대립은 이 해소불가능한 역설을 어느 한 쪽의 시각에서 인과적으로 설명하고자 했기 때문에 발생한다. 유물론은 인간 존재를 바깥에서 보기로만 해결하려 한다면, 관념론은 안에서 보기만으로 문제를 해결하려 한다. 하지만 이런 방식의 환원주의는 생명과 인간 존재를 반쪽으로 나누어 버리게 된다. 이런 시각 대신에 안과 바깥의 환원 불가능한 차이를 인정하면서도 양자를 연결하여 바라보려는 시각이 있다. 2세기 전, 괴테는 바깥에서 보기를 학문적 지식으로, 안에서 보기를 예술적 성찰의 문제로 파악하고, 양자가 결합된 전체성을 파악하기 위해서는 학문적 지식 자체를 예술적으로 성찰해야 한다고 주문했다.

전체라는 것은 지식에서든 성찰에서든 조립될 수 없는데, 그것은 지식에서는 내부가, 성찰에서는 외부가 빠져 있기 때문이다. 그래서 우리가 학문에서 모종의 전체성과 같은 것을 기대한다면 그 학문을 예술로서 사유하지 않으면 안 된다. 그것도 우리는 그 전체성을 어떤 일반적인 것, 과도하게 넘쳐나는 것에서 찾으려 해서는 안 되고, 예술이 각각의 개별 예술작품에서 재현되듯이 학문 역시 각각의 개별 대상에서 그때그때 온전히 입증되어야 할 것이다.(괴테, 「색채론의 역사에 관한 자료」)[22]

온전한 전체를 파악하기 위해서는 학문과 예술의 결합이 필요하다는 괴테의 성찰은 생활하고, 행동하고 사고하는 주체를 온전히 파악하기 위해서는 사회사와 사상사가 연결되어야 한다는 앞서 살핀 푸코의 주장과도 일맥상통하는 것이다. 푸코는 자유와 인권이 온전한 의미를 가지려면 생활하는 주체와 사고하는 주체의 분리를 전제로 한 기존의 "휴머니즘"을 넘어서야 한다고 주장했고, 이를 위해서 더 많은 발명이 필요함을 역설한 바 있다. 이런 발명이 성공하기 위한 전제 조건은 생활하는 주체와 사고하는 주체의 연결, 즉 바깥에서 본 주체와 안에서 본 주체의 연결이다. 그러나 앞서 살핀 바와 같이 푸코는 이 문제의 구체적인 해결에 이르지는 못했다. 하지만 21세기의 신경과학은 이 과제 해결을 진전시키는 데에 중요한 실마리를 제공해주고 있다. 마크 솜즈·올리버 턴불은 이 문제를 해결하려면 양쪽의 시각에서 관찰한 지식을 결합해야 한다고 본다. 이들은 이런 입장을 <양면적 일원론>이라고 기술하면서, 뇌/신경과학(바깥에서 본 지식)과 정신분석학(안에서 본 지식)을 결합한 <신경정신분석학>(Neuro-psychoanalysis)이라는 새로운 연구방식을 주창하고 있다.

22_ 발터 벤야민, 「인식 비판 서론」, 『독일 비애극의 원천』, 김유동·최성만 옮김, 한길사, 2009, 35쪽에서 재인용.

경쟁적인 입장들은 과학에서 서로 다투게 되고 어느 쪽이 옳은지 결정하기 위해
실험적으로 검증하게 된다. 그러나 모든 명제들이 검증될 수 있는 것은 아니다.
예를 들어, '신은 존재한다'와 같은 명제를 어떻게 검증할 수 있을까? 우리가 그것
을 받아들이는 일이 아무리 싫을지라도, 과학자들이 작업할 수 있는 검증 가능한
가설은 그 자체로는 검증할 수 없는 더욱 광범위한 명제들 속에 깊이 새겨져 있다.
이처럼 더욱 광범위한 명제들이 세계관을 규정하고 있는데, 그 속에서 과학자가
작업하고 있다. 그리고 세계관은 증명되지 않는다. 과학은 특별한 세계관 속에서
던져질 수 있는 질문들에 답하는 것으로 제한되어 있다. 그것은 세계관 그 자체를
검증할 수 없다. ····'신체와 정신은 하나다'(일원론의 입장)와 같은 진술이나 혹은
'정신은 실제로 존재하지 않는다'(유물론적 입장)와 같은 진술은 우리들의 견해로
는 과학적으로 검증 가능한 진술이 아니다. 그것들은 '신은 존재한다'라는 진술과
동일한 종류에 속한다. ····이것은 과학자들 자신이 채택해 왔던 철학적인 입장을
인식한다는 것이 얼마나 중요한 일인지를 여실히 보여주고 있다. 오로지 특별한
철학 체계 내에서 어떤 신경세포의 과정들이 의식을 야기하는 것으로 기술하는
일은 적절한 것이다. 비록 신경세포의 과정들의 특별한 부분집합이 의식적인 경
험과 독특하게 연관되는 것을 실험적으로 증명하게 될지라도, 이런 연합을 인과
적인 것이라기보다는 오히려 상관적인 것으로 보는 일은 (예를 들어, 이원론 체계
내에서) 여전히 가능할 것이다. 이런 이유 때문에, 즉 "신경세포의 과정들이 의식
을 야기한다"는 그런 가정이 "어려운 문제"가 과학에 제기하는 바로 그 문제를
교묘히 피하고 있기 때문에, 우리는 대부분의 우리 동료들이 최근 채택하고 있는
유물론적 입장을 지지하지 못하는 것이다. 우리는 약간 다른 입장을 선호하는
데····양면적 일원론은 우리가 단지 한 종류의 재료로만 되어 있음을 받아들이지
만(그것이 바로 일원론의 입장이다), 이 재료가 두 가지 다른 방식으로 지각된다
는 것도 암시하고 있다(따라서 양면적 일원론).[23]

솜즈와 턴불에 의하면 "양면적 일원론이 의미하는 바는 뇌가 바깥쪽에서 보았을 때는 (하나의 대상으로서) "육체적"인 것으로 보이고 안쪽에서 봤을 때는 (하나의 주체로서) "정신적인" 것으로 보이는 그런 재료로 되어 있다는 것이다."(84) 실제로 우리 자신은 매초 단위로 안에서 느낌을 받는 동시에 외부를 지각하는 행위를 의식적-무의식적으로 교대하고 있다. 이런 이유에서 신체와 마음을 이원론적으로 나누는 것 자체는 이렇게 교차하는 지각 방식 중의 하나를 인위적으로 선택하여 양자의 우위를 가늠하려는 태도일 따름이라고 할 수 있다.

신체와 마음 사이에서의 이런 구별은 지각의 가공품이다. 나의 외부적인 지각기구는 나(나의 신체)를 육체적인 실체로 보고 있으며, 나의 내부적인 지각기구는 나(나의 자기)를 정신적인 실체로 느끼고 있다. 이런 두 가지 것들은 하나이자 동일한 것—진정으로 단 하나의 "내"가 있을 뿐이다—이지만, 내가 바로 내가 관찰하고 있는 그것이기 때문에 나는 동시에 두 가지 다른 관점에서 내 자신을 지각하게 되는 것이다.(85)

인간 존재가 이렇게 내부세계와 외부세계라는 양면의 역설적 결합으로 이루어진다면, 이 결합의 구체적인 절차는 어떻게 이루어지고 있는가? 솜즈와 턴불의 설명에 기대어 이 복잡한 과정과 절차를 최대한 압축해서 설명해 보면 다음과 같다.

1) 뇌는 신체의 외부세계와 내부세계 사이를 중재한다. 외부 환경으로부터 온 정보가 감각기관을 통하여 도달하고, 대뇌반구의 뒷 부분으로 향한다. 각종의 감각

23_ 마크 솜즈 · 올리버 턴불(2002), 『뇌와 내부 세계: 주관적 경험의 신경과학 입문』, 김종주 옮김, 하나의학사, 2005, 82-84쪽.

수용기로부터 유래된 정보는 각각의 양식을 다루도록 특별히 고안된 일차 피질로 투사되면, 그 이후에는 주로 대뇌반구의 뒷부분에 있는 연합 부위에서 정보의 다른 조각들과 연결된다. 이전 경험의 흔적들과 통합된 이런 외부 세계의 지식은 전두엽의 연합피질에 전달되는데, 그곳에서 그것은 행동 프로그램을 안내해 준다. 이런 프로그램은 신체의 내부 세계로부터 유래된 영향에 의해서도 똑 같이 지배된다. 내부 정보는 맨 먼저 시상하부에 의해 기록되고, 전두엽으로 전달되기 전에 변연계에 있는 다른 정보와 연합된다. 이것이 우리의 내부 동기의 근원이 되는데, 그것이 개인적인 기억과 감정과 의식에 긴밀히 연결된다. 이런 식으로 전전두엽 계통은 행동을 지배할 채비를 갖추는데, 현재의 유력한 외부 조건과 내부 조건을 기초로 삼을 뿐만 아니라 이전의 경험도 그 기초로 삼는다. 이런 마지막 언급은 당연히 전전두엽에 영향을 주는 계통들 가운데 하나가 그들 사이의 '균형'이 깨어지는 방식으로 수정되고 있는 그런 경우들에서 일어날 수 있다는 것을 의미한다. 예를 들어, 어떤 사람은 그 자신의 욕동에 의해 너무 쉽게 영향을 받을 수도 있고, 따라서 단기간의 목표를 위해 강박적으로 행동할 수도 있으며, 외부세계의 관점에서 본다면 부적절한 방식으로도 그럴 수 있다. 그 대신에 정보의 내부 근원의 혼란으로 불활성을 초래할 수 있거나, 혹은 이전 경험의 감정적 표시에 근거하여 행동수정의 실패를 가져올 수도 있다.(55-56)

2) 외부 세계로부터 유래된 정보에 의지하는 뇌기능들(주로 전뇌 기능)은 주로 통로-의존적 기능이다. 이는 이런 계통들에 의해 처리된 정보가 분리된 조각들로 들어오고 분명하고도 특수한 경로를 통해, 뇌 전반에 아니라 특수한 부위를 목표로 하여 전달된다는 것이다. 반면에 내부세계로부터 유래된 정보는 뇌간을 통해서 전뇌의 모든 엽에 있는 뉴런들에게 동시에 영향을 미치는 방식으로 전달되는데, 이런 계통은 상태-의존적인 기능으로 분류되며, 뇌를 내장에 직접 연결시켜 준다.(59-61)

3) 다마지오에 의하면 의식의 내용은 외부 세계를 모니터 하는 뒷부분의 피질
통로에 부착되어 있는 반면에, 의식의 상태는 신체의 내부 환경을 모니터하는
뇌간의 상행활성화계통의 산물이라는 것이다. 따라서 의식의 내용은 외적인 지각
양식들로부터 유래된 피질지역에서의 변화를 나타내지만, 의식의 상태는 신체의
내적인 상황에서의 변화를 나타내게 된다.(128)

이 세 가지 설명을 통합하여 뇌를 통해서 이루어지는 외부 정보와 내부
정보의 결합 경로를 그려보면 아래와 같다.

이 그림은 우리가 생활하면서 지각하고 사고하고 행동하는 과정이 어떻게
단일한 경로가 아니라 상이한 경로들 간의 연결을 통해서 이루어지는가를 명
확하게 보여준다. 이 5가지 경로 중에서 한 가지라도 문제가 생기면 행동에
이상이 발생하고 주체는 질환에 빠진다. 칸트의 3대 비판서는 오늘날과 같은
뇌과학/인지과학의 도움 없이 이 경로들을 이론적으로 해명하고, 종국에는 전
체 경로의 연결과 종합이 어떻게 이루어지는지를 해명하는 방식으로 구성되
어 있다. 이 그림을 이용하여 칸트의 철학 체계를 재해석해 보면 다음과 같다.

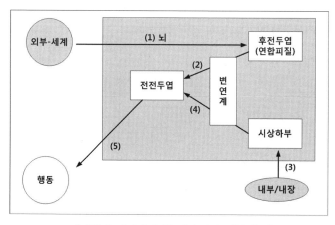

<뇌과학적 관점에서 본 마음의 능력들의 지도>

순수이성비판의 <분석론>이 (1)→(2)→(5)로 이어지는 경로를 인식론적으로 해명한 것이라면, 실천이성비판은 (3)→(4)→(5)로 이어지는 경로를 실천적(윤리적)으로 해명한 것이라고 할 수 있다. 그런데 칸트는 이 두 경로, 즉 외부정보의 경로와 내부정보의 경로가 항상 조화를 이루기보다는 오히려 이율배반적 상황에 처하게 된다는 점을 깨닫고 『판단력 비판』에서는 반성적 판단력을 통해 제능력들의 자유로운 유희가 이루어지는 과정에서 이 두 경로의 변증법적 '절합'이 이루어질 수 있다고 보았다. 이런 메커니즘은 뇌과학적으로 보자면, <전전두엽>에서 외부정보의 경로와 내부정보의 경로가 합류되는 과정과 상응한다고 할 수 있는데, 이런 종합은 저절로 이루어지는 것이 아니라 반드시 감정의 조절과정과 매개된다. 감정은 뇌간의 중간지역과 상위지역으로, 여기에는 시상하부, 복측피개영역, 부상완핵, 도수관주의 회색질, 봉선핵, 청반핵 복합체 및 고전적인 망상체가 포함된다.(150)

이런 점에서 칸트의 변증법이 헤겔의 변증법과 근본적인 차이가 있고, 그 차이로 인해 헤겔 변증법이 인간 존재의 해명에 부적절한 이유가 쉽게 드러날 수 있다. (1) 우선 외부 정보의 경로와 내부 정보의 경로는 상호의존적이면서도 상충할 수 있다는 점에서 변증법적이지만 결코 "지양"될 수는 없다. (2) 이 두 경로는 어느 한 쪽으로 환원 불가능한 차이를 유지하면서, 전전두엽에서 수렴되는데, 이 두 경로를 통해서 수렴된 정보들은 자유로운 유희를 통해 '절합되거나 또는 화학적 결합을 이루더라도 그 구성 성분 자체가 '지양'되는 것은 아니다. 칸트가 말하는 '선험적 종합판단'은 이런 두 가지 조건을 유지하면서 성립된다. 발터 벤야민이 미래 철학의 과제를 기술하면서 헤겔적 "지양"이 아닌 다른 방식의 종합의 필요성을 강조하면서 칸트의 삼원적 체계를 반드시 유지해야 한다고 강조했던 것도 바로 이런 맥락과 정확하게 일치한다.[24]

24_ "사람들은 순수철학에서의 나의 구분들이 거의 언제나 3분법적이 되는 것을 기이하게 생각했다. 그러나 그것은 사태의 본성에서 기인하는 것이다. 구분이 선험적으로

여기서 나는 연구의 결과가 아니라 연구의 프로그램을 다루기 때문에 다음과 같은 정도만 말해두고자 한다. 새로운 선험적 논리학의 토대 위에서 변증법의 영역, 즉 경험이론과 자유이론 사이의 이행이 일어나는 영역이 변형되는 것은 필연적이고 불가피할지라도, 이러한 변형이 자유와 경험의 혼합으로 수렴해서는 안 될 것이다. …왜냐하면 여기서 연구를 위해 열리는 변형 과정들이 예측할 수 없게 진행된다 할지라도, 칸트 체계의 삼분 구조는 보존되어야 할 유형의 위대한 중심 부분에 속하며, 무엇보다도 그 삼분 구조가 유지되어야 하기 때문이다. 이 체계의 둘째 부분이 여전히 윤리학을 다루어야 하는지(셋째 부분의 난점은 차치하더라도), 또는 인과성의 범주가 자유에 의해 어떤 다른 의미를 갖게 될지는 문제 삼아도 좋을 것이다. 이 삼분 구조는—이 삼분 구조가 지닌 형이상학적으로 심오한 관계들은 아직 발견되지 않았는데—칸트의 체계에서 이미 관계 범주들의 삼원성에 결정적인 근거를 두고 있다. 이러한 체계의 절대적 삼분 구조는 바로 이러한 삼분성에서 문화의 전체 영역과 관련되는데, 그러한 구조 속에 칸트의 체계가 이전의 철학자들에 대해 갖는 세계사적 우월성 중의 하나가 놓여 있다. 그렇지만 칸트 이후의 체계들이 갖는 형식주의적 변증법은 테제가 정언적 관계로, 안티테제가 가언적 관계로, 그리고 진테제가 선언적 관계로 규정되는 데 근거를 두고 있지 않다. 하지만 진테제의 개념 이외에도 어떤 다른 개념 속에 두 개념이 일종의 비진테제로 관계를 맺는 것도 체계의 관점에서 매우 중요하게 될 것이다. 왜냐하면 진테제 이외에 테제와 안티테제 사이의 또 다른 관계가 가능하기 때문이다. 그렇지만 이것은 관계 범주의 사원성으로 나아갈 수는 없을 것이다.[25]

지어져야 한다면, 그것은 분석적이거나 종합적일 것이다. 분석적일 경우는 모순율에 따른 것으로, 그 경우에 구분은 항상 2분법적이다(어떠한 것이든 A이거나 非A이다). 종합적일 경우에는 구분이(수학에서처럼, 선험적으로 개념에 대응하는 직관으로부터가 아니라) 선험적 개념들로부터 이끌어내져야 한다면, 종합적 통일 일반에 필요한 것, 1) 조건, 2) 조건 지어진 것, 3) 조건 지어진 것과 그것의 조건과의 통합에서 생기는 개념, 이것들에 따라서 구분은 필연적으로 3분법일 수밖에 없다'(임마누엘 칸트, 『판단력 비판』, 백종현 옮김, 아카넷, 2009, 187쪽).

이런 맥락에서 『판단력 비판』이 어떤 의미에서 <자기의 테크놀로지>의 대립하는 두 계열의 계보, 즉 이성의 윤리학과 감성의 윤리학을 변증법적으로 '절합'하는 위치에 놓여 있음을 이해하기 쉽다. 칸트는 『판단력 비판』의 서론에서 이와 같은 변증법적 '절합'을 아래와 같은 도식으로 체계화한 바 있다.26

마음의 전체 능력	[상위-필자]27 인식능력	선험적 원리	적용대상
인식 능력	지성	합법칙성	자연
쾌-불쾌의 감정	판단력	합목적성	기예
욕구 능력	이성	궁극목적	자유

이 도식에서 합목적성의 원리에 따라 기예를 실천하는 능력인 판단력(즉 반성적 판단력과 쾌-불쾌의 감정)은 합법칙성의 원리에 따라 자연을 탐구하는 능력인 지성(즉 순수이성과 감관)과 자유를 삶의 궁극목적으로 추구하는 능력인 이성(즉 실천이성과 욕구능력) 사이에서 매개적 위치에 놓여 있다. 이와 같은 매개적 역할이 부재할 경우 법칙 탐구와 자유의 추구는 서로 대립하고 분열할 수밖에 없어 양자 사이에는 건널 수 없는 심연이 발생하게 된다.

25_ 발터 벤야민, 「미래 철학의 프로그램에 대하여」, 『발터 벤야민 선집 6』, 최성만 옮김, 도서출판 길, 2008, 110-11쪽.

26_ 임마누엘 칸트, 『판단력 비판』, 187쪽.

27_ 여기서 "상위"라는 용어를 첨가한 것은 칸트의 표에서 인식능력이라는 같은 명칭이 두 곳에 위치한 것을 구별하기 위한 것이다. "상위 인식능력"은 뇌과학적으로 보자면 <전전두엽>에 속한다고 할 수 있다. 반면, 이 도식에서 칸트가 "마음의 전체 능력" 중에 "인식능력"을 위치시킨 것은 "감관(혹은 감각적 직관)적 인식능력"에 해당하는 것으로 뇌과학적으로는 후전두엽에 위치한 연합피질의 기능이다. 과학적 인식은 이 양자의 결합으로 가능하게 된다.

지성은 감관의 객관인 자연에 대해서 선험적으로 법칙 수립적이며, 가능한 경험에서 자연의 이론적 인식을 위한 것이다. 이성은 주관에서의 초감성적인 것인 자유 및 자유의 고유한 원인성에 대해서 선험적으로 법칙수립적이며, 무조건적으로 실천적인 인식을 위한 것이다. 전자의 법칙 수립 아래 있는 자연개념의 관할 구역과 후자의 법칙 수립 아래 있는 자유개념의 관할구역은 그것들이 각기 (각자의 기본법칙에 따라) 서로 간에 미칠 수도 있을 모든 교호적인 영향에도 불구하고, 초감성적인 것을 현상들과 분리시키는 커다란 간극에 의해 전적으로 격리되어 있다. 자유 개념은 자연의 이론적 인식과 관련해서는 아무것도 규정하지 않으며, 자연 개념 또한 마찬가지로 자유의 실천적 법칙들과 관련해서는 아무것도 규정하지 않는다. 그런 한에서 한 구역에서 다른 구역으로 건널 다리를 놓는다는 것은 가능하지가 않다. …그러나 자유에 의한 인과성의 결과는 이 자유의 형식적 법칙들에 따라서 세계 안에서 일어나야만 한다. …자유개념에 따른 결과는 궁극목적으로서, 이 궁극목적인(또는 감성세계에서 그것의 현상)은 실존해야 하며, 이렇기 위해서는 이 궁극목적을 가능하게 하는 조건이 (감성존재자 곧 인간으로서의 주관의) 자연본성 안에 전제되는 것이다. 이러한 조건을 선험적으로 그리고 실천적인 것을 고려함 없이 전제하는 것, 즉 판단력이 자연개념들과 자유개념 사이를 매개하는 개념을 자연의 합목적성 개념 안에서 제공하는 바, 이러한 매개 개념이 순수이론[이성]에서 순수실천[이성]으로의 이행, 전자에 따른 합법칙성에서 후자에 따른 궁극목적으로의 이행을 가능하게 한다.(184-85)

우리는 이런 방식의 매개적 결합(지양이 아닌 '절합')을 통해서 서로 대립하기 쉬운 자연법칙의 탐구와 준수 및 궁극적 자유의 추구를 동시에 이루어낼 수 있다. 마치 전전두엽을 통해서 외부 정보와 내부 정보가 결합을 이루듯이 말이다. 그렇다면 쾌-불쾌의 감정과 판단력은 어떤 방식으로 자연법칙과 자유를 매개하는가, 또는 이 매개과정의 메커니즘은 어떤 것인가?

자연의 합목적성이라는 판단력의 개념은 자연개념들에 속하되, 단지 인식능력의 규제적 원리로서만 그러하다. 비록 이 개념을 야기하는 (자연 또는 예술의) 어떤 대상들에 관한 미감적 판단이 쾌 또는 불쾌의 감정과 관련해서는 구성적 원리이지만 말이다. 인식능력들의 부합이 이 쾌의 근거를 함유하거니와, 이 인식능력들의 유희에서의 자발성이 야기한 이 개념으로 하여금 자연개념의 관할구역들을 자유개념의 것과 그 결과들에서 연결 매개할 수 있도록 한다. 이 자발성이 동시에 도덕 감정에 대한 마음의 감수성을 촉진함으로써 말이다.(186)

『판단력 비판』 서론의 최종 결론은 이 매개과정의 메커니즘이 두 가지 절차로 구성되어 있음을 보여준다. 1) 쾌-불쾌의 감정은 마음의 능력들 간의 자유로운 유희에서 부합 여부에 따라 발생하게 되며, 이 감정과 관련해서 미감적 판단은 구성적 힘(하향적 조절)을 발휘할 수 있다. 즉 미감적 판단은 자연과 예술작품의 미적 형식이 주는 쾌감을 얻기 위해 자연법칙에 대한 과학적 관심이나 식욕/성욕/권력욕 등을 괄호 속에 넣을 수 있는 힘을 발휘할 수 있다("무관심적 관심"). 2) 그러나 미감적 판단력은 자연의 합법칙성과 자유의 궁극목적에 대해서는 구성적 힘을 발휘할 수 없고, 단지 "규제적 원리"(상승하라는 요구)로서 도덕 감정에 대한 감수성을 촉진할 수 있을 따름이다. 즉 판단력은 양자의 매개가 반드시 필요하다는 주관적 요청을 하면서, "객관적 목적 없는 형식적 합목적성"이라는 방식으로 양자의 괴리를 좁히도록 조절하고자 노력할 수는 있다는 것이다.

이 두 가지 과정은 다음과 같은 기능을 발휘하면서 하나로 연결된다. 즉, 구성적 힘을 발휘하여 마음의 전체 능력들 간의 자유로운 유희를 이루어내면서 그로부터 얻어지는 쾌의 감정과 자발성을 토대로 하여 도덕 감정(자유로운 감정)에 대한 마음의 감수성을 촉진함으로써 주체를 주어진 자연조건에 순응하는 것에 머물지 않고, 확장된 자유를 향해 전진하도록 하게 돕는다는 것이다. 물론 이 과정은 순탄하고 일직선적인 것이 아니라 미와 숭고라는 두 차원 간의 교차로 이루어진 복잡한 과정이다. 우리의 눈높이에 적합한 대상의 미적 형식은 인식능력들의 조화로운 일치를 일으켜 쾌감을 야기한다. 그러나 눈높이를 크게 초월하는 거대한 대상(양적인 광대함을 가진 태산과 질적으로 고강도의 태풍)은 인식능력들의 불일치와 상상력의 한계를 노정하게 하면서 불쾌감과 공포감을 야기하는데, 이때 실천이성이 구원투수로 등장하여 상상력을 돕게 되면 주체는 불쾌감/공포감을 이겨내면서 주체의 능력을 확장하여 거대한 대상과 맞대면할 수 있게 되고, 여기에 성공할 경우 미의 차원에서는 맛볼 수 없었던 최대치의 쾌감을 느끼게(즉 노력에 대한 보상을 받게) 된다. 물론 이런 차원에 이르게 되는 것은 결코 쉬운 일은 아니지만, 미감적 판단력의 작용은 한편으로는 미와 다른 한편으로는 숭고라는 두 차원의 미적 경험을 교차시켜 예속적이고 수동적인 주체를 자유롭고 능동적인 주체로 형성하게 만드는, 자기변혁 테크놀로지의 훌륭한 원리가 될 수 있다는 점이 확인된다. 칸트가 말하는 미감적 판단력을 금욕의 윤리와 욕망의 윤리를 매개하고, 지성적 합법칙성과 자유의 궁극목적을 매개하는, 미적-윤리의 테크놀로지라고 부를 수 있는 이유가 여기에 있다.

7. 신경정신분석학과 벤야민의 미메시스

앞서 살펴보았듯이 정신 기구는 두 가지 서로 다른 방식으로 알려질 수 있다. 내부를 들여다봄으로써 우리 마음의 주관적 인상을 얻게 되는데, 이것이 정신분석이 마음을 연구하는 방법이다. 한편 뇌라는 신체기관은 마음에 대한 객관적인 시각, 즉 마음을 사물로 바라보는 시각을 제공해주며, 이것이 뇌-신경과학이 마음을 연구하는 방법이다. 솜즈와 텀불은 이 두 시각을 결합하여 <신경정신분석학>28이라는 학제적 연구를 주도하고 있는데, 이들이 설명하는 마음의 복잡한 작용을 다음과 같이 요약해볼 수 있다.(343-62)

1) 뇌는 우리 몸의 내적 욕구들과 외부 세계의 위험 및 환희와의 사이를 중재하면서 생물학적 존재로서의 생존을 증진시켜 준다. 뇌는 크게 보아 삼층 구조(삼부 뇌: 신피질-구피질-뇌간)로 되어 있는데, 그 중 가장 핵심에 위치한 것이 뇌간이다. 뇌간은 뇌의 해부학적 핵심으로 진화론적으로 가장 오래된 부분인데, 여기에는 우리의 식물성 내장의 생활을 조절하는 수많은 신경핵들이 있어서, 심장박동과 호흡과 소화, 기타 등등을 통제한다. 이 회로들은 모든 포유류가 공유하는 것으로 고정된 것이고, 여기에 사소한 변화가 생기면 살아남지 못하게 된다. 이런 회로들은 마음과 직접 관련되지 않으며, 사물들과 외부의 지각-운동 세계를 중재하는 역할을 한다.

2) 마음은 이런 계통들이 끝나는 곳, 즉 뇌간의 윗부분에 있는 회로들(시상하부)을 통해서 시작된다. 여기서 의식은 항상 변동하고 있는 연결장치를 통해서 자기의 현재 상태와 대상 세계의 현재 상태를 연결하는 과정에서 출현한다. 의식의 단위 각각은 자기와 대상들 간의 연결을 만들어내는데, 이런 의식적인 시간의 순간적 단위들은 피질 활성화의 맥동에 의한 율동적 진동(시각적 의식의 경우 40헤르츠의 진동)에 의해 구성된다. 그 맥동은 심층의 "망상" 시상핵들에서 방출되고 일초 동안 여러 번씩 의식의 두 종류(혹은 출처)를 서로 결합시킨다. 다마지오가 규명한 바와 같이 의식은 우리 주위에서 벌어지

28_ 마크 솜즈·올리버 턴불, 『뇌와 내부 세계: 주관적 경험의 신경과학 입문』, 374-78쪽 참조. 신경정신분석학 연구는 1990년대 초 뉴욕정신분석연구소의 후원 하에 구성된 학제간 스터디 그룹(솜즈와 턴불은 여기에 참여했다.)으로부터 시작되어, 2000년 7월에 <국제신경정신분석학회>가 창설되어 국제학술대회가 개최된 이후, 같은 제목의 잡지가 발간되고 있다. 자세한 내용은 www.neuropsa.org.uk 참조.

고 있는 일에게 투사되는 느낌(평가)들로 구성된다. 의식의 다양한 '통로'들은 토대를 이루는 의식의 '상태'에 의해 묶여지는데 그 자체가 '극미안'이다. 이는 달리 말하면 신체적 자기의 투사이고, 다마지오는 이를 핵심적인 의식, 혹은 기본감정이라고 부른다. 이 기본 감정은 특정 부류의 지각과 행동을 연결하는 역할을 하는데, 이런 연결들이 판크세프가 부르는 <기본감정 명령계통>이다. 여기에는 네 가지가 있다. 즉 추구(그리고 동반된 쾌락-갈망) 계통, 분노 (혹은 격노-분노) 계통, 공포(혹은 공포-불안) 계통, 공황(분리-고통) 계통이 그것들이다. 그런데 모든 인간이 공유하는 이 계통들은 각자의 유전자와 각자가 맞이하게 되는 환경 사이의 복잡한 상호작용을 통해서 개인적인 변형, 즉 "좋은" 대상관계와 "나쁜" 대상관계에 대한 개별적인 분류를 통해서 상이한 내용을 갖게 되고, 이를 통해서 각자가 자기만의 고유한 내부세계를 발전시키게 된다.

3) 그런데 "상속된 기억"들이 기본감정 명령계통의 <형태>를 결정한다면, 좋은 대상/나쁜 대상이 그런 계통들의 <내용>을 결정해준다. 이것은 잠재적인 학습계통의 핵심으로서 "감정적 기억"이라고 부른다. 이 두 가지가 과거로부터 유래된 것으로 의식에 미치는 무의식의 영향이라면, 의식 그 자체는 대상들과의 상호작용을 '재작동'할 수 있는 능력에 의해 지금 당장의 현재를 넘어서까지 확장되는데, 이것이 명백한 의식적인 기억하기이며, 이를 "삽화적 기억"(개인적 사건에 대한 기억)이라고 부른다. 삽화적 기억은 지금 현재의 핵심적 의식(내적 의식)과 과거 사건들에서 유래된 저장정보(외적인 의식)를 결합-재가동시키는데, 이런 일이 발생하는 장소가 해마이다.

4) 마음에 대한 내적 시각에서 가장 중요한 것은 능동적인 행위자의 경험이다. 이것은 곧 자기(self)와 동의어로서, 이 자기는 다만 주관적으로만 지각될

수 있을 뿐이다. 그러나 신경정신분석학은 이 주관적 자기 의식의 물리적 상관물을 객관적으로 연구할 수 있게 해주고, 그것의 기능적 구조를 밝혀줄 수 있다. 이 구조의 최하위 수준에는 최초의 자기(판크세프의 용어로 단순한 자아-유사한 생명 형태[Simple Ego-like Life Form])가 뇌간의 구조에서 나타나는데, 이것이 "살아 있다"는 경험의 근원이고, 이것은 반사와 본능적인 행동으로 프로그램화된 운동계통으로서, 이는 수동적이고 강박적인 기전으로서 여기에는 선택이 결여되어 있는데, 이것이 프로이트가 말한 "반복강박"이다. 신경과학적으로 보자면, 자유의지의 본질은 억제를 위한 능력으로서, 이것이 인간을 다른 영장류와 구별해주는 상위 수준의 "자기" 계통의 발달로서, 이 계통은 근본적으로 전전두엽에서 나타나는 억제 기전 위에 구성되어 있다.

5) 전전두엽은 행동에 관한 결정을 연기(억제)시킬 수 있다. 생각하기는 상상적인 행동하기로 간주될 수 있는데, 이로써 행동의 결과를 미리 평가한다. 따라서 억제는 사유의 필요조건이자 매개이다. 전전두엽은 출생 후에 성숙해지고, 2세와 5세 경에 두 번의 야무진 스퍼트를 보이지만, 태어나서 20년 동안에는 계속 발달하게 된다. 따라서 전전두엽은 상당히 "경험-의존적"이다. 인생의 초창기에 이런 집행 기전의 활동에 모습을 갖춰주는 경험들은 각자의 구조를 결정하게 되는데, 그것의 타고난 (신경화학적) 억제 능력의 적용은 처음 몇 년 사이에 아이의 발달의 이런 측면을 안내해주는 부모(와 다른 양육자)에 의해 말 그대로 조각된다. 이런 조각과정은 (1) 부모들의 행동과 (2) 그들이 말하는 바에 의해 지배된다. 부모들의 행동(1)은 전두엽과 두정엽의 외부 표면에 위치한 거울 뉴런(mirror neuron)을 통해서 아이들에게 "내면화" 혹은 "내사"(introjection)되는데, 아이들은 이 기전을 이용하여 관찰된 행동을 "상상 속에서" 거울로 비춰보는 셈이다. 이런 과정의 반복을 통해서 행동이 사유로 변화하고, 수동성은 적극성으로(예를 들면, 자제로) 변하게 된다. 그리고 나서

말을 하고 알아듣는 단계에 이르면 아이들은 "내부 언어"의 기전을 통해서 부모의 금지명령(2)을 억제로 변화시킨다. 언어는 자기-조절의 강력한 수단이 된다. 이것이 충동과 행동 사이에 사유를 개입시키는 두 가지 방식이다.

6) 이 과정이 잘못되면, 행동계통을 효과적으로 지배하는 자기 능력이 위험에 처하게, 즉 정신병리의 형태가 나타나게 된다. 솜즈와 텀불은 기본감정 명령계통이 프로이트가 이드라고 부른 것과 등가이며, 전두엽에서의 운동계통의 통제를 프로이트가 현실적 자아라고 부른 것과 등가라고 간주한다. 프로이트는 욕동 에너지를 억제시킬 수 있는 능력을 자아의 이성적-현실적-강제적-실행적인 모든 기능의 기본이 된다고 보았고, 이것을 구속 받지 않는 정신활동을 지칭하는 "일차과정"과 대비하여 "이차과정" 사유라고 구분했다. 솜즈에 의하면 대화치료는 자아의 통제 능력을 강화하는 수단이 될 수 있는데, 피억압물에 이차과정의 억제적인 강요를 부가하는 것이고, 그렇게 해서 자아(자기 혹은 자유-의지)의 융통성 있는 통제 하에 그것들을 두는 것이다. 전전두엽에 의해 발휘된 실행적인 통제의 연결된 네트워크로부터 제외되어 있는 뇌의 어떤 부위의 활동은 어떤 의미로는 피억압물이고, 이런 관점에서 보면 몇 가지 억압의 변형들이 있게 된다. 대화치료는 언어를 이용하여, "전이" 관계의 퇴행적 특성을 인위적으로 재점화함으로써 무의식 속에서 작동하던 피억압물을 확인하고 이를 이차과정의 억제 속으로 끌어들임으로써 전전두엽의 기능적 영향권을 확장시키는 것이다.

2000년 국제학회 창립으로 본격화된 신경정신분석학의 발전은 아마도 외부에서 본 마음과 내부에서 본 마음 간의 변증법적 절합의 메커니즘을 더욱 구체화하는 데 기여할 것이라고 본다. 그런데 신경증이나 분열증과 같은 정신적 병리상태에 처하지 않은 일반인들의 경우에는 정신분석적 대화치료를 수행할 수가 없는데, 여기서는 증상도 미미하고 전이도 발생하지 않기 때문이다. 그렇다면 위와 같은 신경정신분석학적인 마음의 지도 그리기는 일반인들의 <자기의 테크놀로지>를 예속적 주체에서 자기-통치적 주체로 전환시키는 데 어떤 도움을 줄 수 있을까?

다양한 논의들이 가능하겠지만, 여기서는 두 가지 단서를 발전시켜 보고자 한다. 그 하나는 기본감정 명령계통의 형식들에게 좋은 대상-나쁜 대상과의 관계 형성의 내용을 구체적으로 부여하는 구성적 역할이 거울 뉴런에 있다는 사실이 벤야민의 독특한 "미메시스" 개념과 "언어"이론을 과학적으로 해명하는 데 도움을 줄 수 있다는 것이다. 그리고 다른 하나는 이와 같이 과학적으로 재구성된 미메시스 이론은 칸트적인 미적-윤리의 테크놀로지를 인지과학적인 차원에서 보다 정교하게 발전시킬 수 있는 생산적 단서가 될 수 있다는 것이다.

벤야민에 의하면 "자연은 유사한 것들을 만들어낸다. 이는 의태(보호색)를 보기만 해도 알 수 있다. 그러나 유사한 것을 생산해내는 최고의 능력을 갖고 있는 존재는 인간이다. 어쩌면 인간이 지닌 상위의 기능들 가운데 미메시스 능력이 함께 작용하지 않는 기능은 없다고까지 말할 수 있다."29 이렇게 미메시스를 상위의 인간 능력들 중에서 가장 핵심적인 것으로 보는 벤야민의 가설은 이제 거울 뉴런이 전전두엽과 두정엽에 집중적으로 위치하여 모든 상위의 인식 기능의 핵심 역할을 하고 있다는 발견에 의해 검증되고 있다. 그런데 벤야민은 계통발생과 개체발생의 두 차원에서 미메시스에는 역사가 있으며, 후자의 경우는 <놀이>를 통해서 발달하게 되는 데 비해, 전자의 경우는 역사가 경과하면서 점차적으로 그 능력이 퇴화하고, 다른 영역으로 전환되고 있다는 가설을 제시했다.

29_ 벤야민(1933), 「유사성론」, 『발터 벤야민 선집 6』, 199쪽.

우리는 가정을 해볼 수 있다. 즉 예전에 투시력의 토대였던 미메시스 능력은 수천 년의 발전과정을 거치면서 점차 언어와 문자 속으로 옮아갔고, 이 언어와 문자 속에서 비감각적 유사성의 완전한 서고를 만들게 되었다는 가정이 그것이다. 이 처럼 언어는 미메시스 능력의 최고의 사용 단계를 나타내고, 그 안으로 이전에 유사성을 자각하는 능력들이 남김없이 들어간 매체가 되었을 것이다. 이 언어라 는 매체 속에서 사물들은 예전처럼 더 이상 직접적으로 예언자나 성직자의 정신 에 따라 서로 관계를 맺는 것이 아니라 그 사물들의 정수, 지극히 민속하고 섬세 한 실체들, 사물들의 독특한 향들이 서로 만난다. 달리 말해 투시력이 스스로 예 전에 가지고 있던 힘들을 역사가 흘러가는 동안 점차 물려받게 된 것이 바로 문자 와 언어이다.(206) 그러나 읽기와 쓰기에서 템포는 바로 그 읽기와 쓰기 과정과 떼어 놓고 생각할 수 없는데, 이 빠른 속도는 유사한 것들이 사물들의 흐름에서 번개처럼 순간적으로 떠올랐다가 이내 가라앉아 잠겨버리는 템포에 정신을 참여 케 하려는 노력 내지 능력과 같은 것이다. 그리하여 모든 범속한 읽기가—읽는 자가 뭔가를 이해하고자 한다면—모든 마법적인 읽기와 공유하는 것이 하나 있 다면 바로 이것이다. 즉 읽기 행위는 읽는 자가 헛수고를 하지 않기 위해 결코 잊어서는 안 되는 필수적인 템포, 아니 그보다는 어떤 위기의 순간에 의해 지배 받고 있다는 점이다.(207)

이 글은 매우 신중하게 해석될 필요가 있는데, 자칫하면 벤야민이 미메시 스 능력이 이제는 소진되고 단지 문자와 언어 속에만 그 흔적을 남기고 있다 고 주장하는 것처럼 오독할 수가 있기 때문이다. 그러나 벤야민의 주장에서 핵심은 이런 역사적 퇴화와 전이는 '계통발생적'인 차원에서 일어난 것이고, '개체발생적'인 차원에서는 아이들의 경우에서 볼 수 있듯이 <놀이>를 통한 미메시스 능력의 발달이 이루어지고 있다는 점이다. 또한 문자와 언어에는 비감각적 유사성이라는 의미에서의 미메시스적 투시력이 침전되어 있어서,

마치 번개처럼 순간적으로 떠올랐다가 이내 가라앉아 버리는 템포가 있는데 이와 공조할 수 있다면 일정하게 회복이 가능하다고 본다는 점이다. 그렇다면, 개체발생적 차원에서 아직 보존되고 있는 감각적 미메시스와 계통발생적 차원에서 문자와 언어에 침잠되어 있는 비감각적 미메시스라는 투시력은 내부 세계와 외부 세계의 연결을 선순환의 방식으로 이끌어가는 데 없어서는 안 될 경로가 되지 않을까? 그리고 이것이 곧 벤야민이 칸트적 경험의 빈곤함을 넘어서서 보충해야 한다고 주장했던 바를 실현할 수 있는 경로가 되지 않을까?

> 바로 그것이 **문제이다. 즉 적나라하고 원시적이며 자명한 경험이라는 표상**…그것은 어떻게든 자기 시대의 지평을 공유한 인간으로서 칸트에게 유일하게 주어진 경험, 아니 유일하게 가능한 경험으로 비친 그 경험이다…이 경험은 독특하면서 시간적으로 제한된 경험이었다. 그리고 사람들이 특징적인 의미에서 세계관이라고 칭할 수 있을 그 경험은 그것이 일정한 방식으로 모든 경험과 공유하는 이러한 형식을 넘어 계몽주의 시대의 경험이었다. 그러나 그 경험은 여기서 가장 본질적인 특성들을 두고 볼 때 근대의 다른 세기에서의 경험과 그다지 다르지 않다. 이 경험은 세계에 대한 가장 낮은[비속한] 경험 또는 견해들 중 하나이다. 칸트가 자신의 엄청난 저작을 바로 계몽주의의 성좌구조[상황] 아래에서 착수할 수 있었다는 것은 그의 저작이 말하자면, 의미의 영점 내지 최소치로 축소된 경험을 상대로 기도되었다는 것을 뜻한다.[30]

위의 두 인용문들을 종합해 본다면, 칸트의 3분 체계를 유지하면서도 이렇게 영점 내지 최소치로 축소된 경험을 다채롭고 풍요로운 경험으로 확장할

30_ 벤야민, 「미래 철학의 프로그램에 대하여」, 101쪽. 강조는 필자.

수 있는 가능성은 바로 미메시스적인 경험의 발달과 확장에 달려 있는 셈이다. 그런데 이때 벤야민이 말하는 미메시스는 우리가 익숙한 '동일성의 재현' (representation)이 아니라 마치 아이들의 기차 놀이와 같이, 거울 뉴런의 수행적 능력에 의한 "유사한 것의 체화"(embodiment)이다.

> 장난감의 표상 내용이 아이의 놀이를 규정하는 것이 아니라 실제 사정은 정반대이다. …모방은 놀이 속에 있는 것이지 장난감 속에 있는 것이 아니다.[31]

벤야민은 경험을 "살았던 유사성"이라고 정의한다. 이는 그가 칸트적 의미의 경험, 즉 자연과학적 인식이 되기 위해 최소화된 경험으로는 포괄할 수 없는, 다른 종류의 경험을 중시한다는 것을 뜻한다. 그 때문에 그는 '기억', '꿈과 깨어남', '충격' 체험, '마약' 체험, '기시감'과 같은 초심리학적이고 신비적인 체험 일반을 주목한다. 이런 이유에서 그는 늘 예술가, 미개인, 광기에 사로잡힌 사람, 예언적 투시력을 가진 사람, 어린아이의 경험에 관심이 끌렸다.[32] 칸트가 자신의 작업을 '예비학'이라고 부르면서 혼신의 힘을 기울여 정초해 놓았던 '미적-윤리'의 체계는 이런 방식으로 벤야민의 미메스시적 경험에 의해 보충되지 않으면 안 된다.[33]

31_ 벤야민의 「장난감의 문화사」; 최성만의 해제, 「발테 벤야민 사상의 토대: 언어-번역-미메시스」, 『벤야민 선집 6』, 45쪽에서 재인용.

32_ 최성만, 「발터 벤야민의 역사철학적 구제 비평」, 『발터 벤야민 선집 5』, 도서출판 길, 2008, 22쪽.

33_ 이렇게 벤야민에 의해 보충되는 칸트의 미적-윤리적 경험은 좁은 의미의 '미학'의 범주에 묶어둘 수 있는 경험이 아니다. "오히려 그러한 '미학'이라는 분과학문적 틀을 폭파하는 인식론적, 역사적, 정치적 함의를 갖는 경험의 '소우주'로서 파악된다. 그리고 벤야민에게 '미적 가상'은 헤겔과는 달리 '이념의 감각적 현현'이 아니라 신화를 인식하게 하는 신화적 매체와 같은 성격을 띤다. 미적 경험은 이미 어린 시절의 경험에서 마법적 경험으로 다가온다"(최성만, 같은 글, 22쪽).

8. 나가며

포에에르바하 테제 3번에서 맑스가 주장했던 바와 같이 환경의 변화와 인간 주체의 변화를 동시적으로 실현하기 위해서는, 다시 말해, 말기의 푸코가 고민했듯이 권력의 테크놀로지와 자기의 테크놀로지를 연결하는 '통치'의 개념들을 역사화하여, 해방적 통치양식으로의 이행의 구체적 형태를 '발명'하기 위해서는, 휴머니즘적/실존주의적 맑스주의와 구조주의적 맑스주의, 그람시와 알튀세르 간의 양자택일을 넘어서, 행위와 구조의 변증법에 기반한 새로운 권력이론-주체이론이 필요하다. 이 글은 기존의 주체 관련 이론들을 비판적으로 검토하면서 이 새로운 이론 구성을 위한 예비적 절차들이 무엇인가를 살피는, 일종의 '예비학(칸트적 의미의 예비학)에 해당한다고 할 수 있다.

이런 예비적 절차들을 검토한 결과, 맑스의 포이에르바흐 테제에 기반하여 푸코의 '통치' 이론을 통치양식의 역사적 변화라는 문제틀로 확장하고, 그 기반 하에서 벤야민이 「미래 철학의 프로그램」에서 제시했던 바와 같이, 칸트의 삼분법 체계를 유지하면서도 동시에 경험을 확장할 수 있는 새로운 형태의 주체이론의 구성이라는 과제가 제시되었다. 그리고 이런 과제를 해결하는 데에 있어 <신경정신분석학>과 같은 학제적 작업의 매개가 과학적 기반을 제공할 수 있다는 점을 확인하였다. 특히 여기서 벤야민의 미메시스 이론과 신경정신분석학의 결합이 관건인데, 벤야민의 혁명적 주체이론의 핵심 기제라고 할 수 있는 "꿈과 각성의 변증법"에 대한 보다 과학적인 해명을 기대할 수 있기 때문이다.[34]

34_ 벤야민의 꿈과 각성의 변증법에 대해서는 심광현, 「시공간의 변증법과 도시의 산책자」, 『시대와 철학』 제21권 3호, 2010년 가을 참조.

12

재난자본주의와 감정의 정치학:
불황과 우울증의 변증법[*]

1. 들어가며

세계보건기구는 2020년에 이르면 우울증이 신체적으로나 심리적으로나 전 세계에서 가장 큰 건강 저해 요인이 될 것으로 전망하고 있다. 이런 맥락에서 우울증 문제는 공공보건 분야에 커다란 과제로 등장하고 있다.[1] 20세기 말까지만 해도 우울증은 예외적인 현상이었을 뿐이지만 2000년대에 들어 우울증은 점점 더 일상적인 현상의 일부로 자리잡아가고 있는 것 같다. 그렇다면 왜 예외적이던 우울증이 일반적인 현상으로 부상하고 있을까?

우울증의 영어명칭인 'depression'에서 그 한 가지 답을 생각해볼 수 있다. depression은 우울증이라는 의미 외에도 '불황'이라는 의미를 가지고 있다('대공황'은 Great Depression). 오랫동안 'melancholia'라고 불리던 '(우)울증'이

---

[*] 이 글은 한국문화연구학회 2011년 가을정기학술대회(『재난 자본주의와 정서』, 2011년 10월 14일, 연세대학교 연희관)에서 발표한 필자의 동일 제목의 논문을 부분 수정, 보완한 것이다.

[1] 제레미 홈스(2002), 『우울증』, 김종승 옮김, 이제이북스, 2006, 10쪽. 이하 이 책에서의 인용은 본문에 쪽수를 표시한다.

'depression'이라고 새롭게 불리기 시작한 것은 20세기 초반, 오이겐 블로일러와 프로이트 등에 의해 명명되기 시작하면서부터였다는 점도 흥미롭다.(30)[2]

정신분석학적 증상인 우울증과 경제 위기의 증상인 불황의 기표가 동일한 명칭으로 지칭되기 시작한 시기가 20세기 초반의 장기불황과 그에 뒤이은 대공황 시기부터였다는 사실은 장기불황, 대공황의 시대는 곧 우울증의 시대이기도 하다는 가설을 세우게 자극한다. 그리고 이런 가설은 앞서 언급한 바와 같이, 세계적 차원에서 장기불황의 지속 혹은 대공황을 경유하게 될 2020년에 이르면 우울증이 전세계적으로 공공보건 분야의 최대의 과제가 될 것이라는 WHO의 예측을 통해서 다시 한번 예증된다고 생각한다.

하지만 이 글의 목적은 이런 가설을 경험적으로 입증하는 데 있지 않다. 오히려 이 가설을 불황과 우울증간의 변증법적인 관계 구조를 해명하는 데 사용함으로써 대공황의 문턱으로 진입해가면서 요동치고 있는 현대 자본주의 세계체계의 위기 속에서 대안사회로의 이행을 위해 필요한 새로운 주체형성의 경로를 이론적으로 탐색해 보려는, 일종의 사고 실험에 초점을 두고자 한다. 이 글의 표제를 '재난자본주의와 감정의 정치학'으로 설정한 것도 이런 이유에서이다. 전자가 구조화된 불황/대공황의 늪에 빠진 자본주의를 시사하는 것이라면 후자는 우울증의 늪에 빠진 주체들의 정치적 선택의 향방을 시사하는 것이라고 할 수 있다. 이런 관점에서 우선 불황과 우울증 개념의 변증법적 분석으로부터 논의를 시작해 보고자 한다.

2_ "프로이트의 초기 추종자였던 칼 아브라함은 처음으로 프로이트가 울증melancholia의 기원(기원전 400년경 히포크라테스가 처음으로 우울한 상태를 'melancholia'라고 명명했다. 오늘날 사용되는 'depression'이라는 말은 스위스의 정신의학자인 오이겐 블로일러가 처음으로 사용한 것이다.-옮긴이)에 대해 관심을 갖도록 했다."

2. 불황과 우울증의 변증법

우울증과 관련한 일반적인 논의에 의하면 우울증의 개념과 그 임상적 특성 및 증후들은 다음과 같이 기술될 수 있다.

1) 우울증은 어둡고 외로우며 단절되어 있다. 우울증 환자들은 증오에 사로잡혀 있는 동시에 거부당하기 쉽다는 이중적 의미에서 미움으로 가득 차 있다. 기본적으로 환자와 환자가 사랑하는 대상 사이에, 혹은 삶 그 자체에 애착관계가 단절되어 있다. 우울증적인 분노와 노여움은 이러한 연결고리가 끊기도록 놔두었다는 데에 대해 세상과 자신을 처벌하려는 시도로 볼 수 있으며, 이러한 괴로움을 겪지 않는 사람들에 대한 질투 어린 공격으로 볼 수 있다. 또한 그것은 인연의 고리를 복구하려는 절박한 노력이기도 하다. 유난히 두드러진 비참함이나 분노의 폭발은 다른 사람들을 깜짝 놀라게 만드는데, 그것은 "이제 다시 나를 버리지 말아주세요"라는 일종의 탄원이자 경고인 것이다.(14-15)

2) 정신분석학적 견지에서 살펴보면, 우울증적 자기 혐오는 전이이다. 상실감과 우울증 사이에는 분명한 연관성이 있다. 가령 어머니를 상실한 여성의 경우 이전부터 어머니에 대한 갈망과 습관화된 의존을 바탕으로 자신의 근심과 심적 고통을 해결해 왔다면, 어머니의 부재는 피할 수 없는 상실의 고통을 이겨나가는 데 필요한 내적 자원이 고갈되었다는 것을 의미했다. 안정적으로 결속된 사람은 하나의 인격체로서 가까운 사람들에 대한 내적 표상을 지니고 있다. 안정적인 내적 표상 덕분에 상실을 견뎌 내고, 또 이겨낼 수 있는 것이다… 애착의 대상이 눈 앞에서 사라지는 순간, 우울증이 다시 찾아오고 말 것이다.(24) 프로이트에 의하면 우울증 상태에서는 자기 비난과 더불어 상실한 (성적)대상과 관련된 양가감정을 느끼게 된다.

울증은… '자기애적 동일시'라 불러 마땅한 어떤 과정을 통해, 비난의 대상을 자아 그 자체의 내부에 설정하고, 그것을 자아에 투사한다. …그러면 자아는 마치 버림받은 대상처럼 취급된다. 다시 말해 자아는 다른 대상을 목표로 고안된 모든 복수심에 불타는 공격적인 처우를 받게 되는 것이다. …울증 상태에서…흔히 우리는 뚜렷하게 표면화된 반대감정이 병존하는 증상을 목격한다. 이것은 동일한 사람에 대해 (애정과 적개심처럼) 상반된 감정을 느끼는 것을 말한다.[3]

3) 강박증과 우울증적 경향은 종종 동시에 발생한다. 강박적 방어기제는 본질적으로 혼란스러운 세계에 질서를 부여하려는, 즉 통제 불가능한 것을 통제하려는 시도이다. 정돈되고 질서정연한 세계의 조화로운 관계라는 바라 마지 않는 이상과 긴장되고 무질서한 현실 사이의 괴리는 강박관념에 사로잡힌 사람에게 끊임없이 갈등을 야기하는 원천이 된다. 사회가 개인에게 묻는 책임의 정도를 벗어난 우울증적 죄의식과 자책감은 종종 과대망상 증상에서 볼 수 있는 것처럼, 환자로 하여금 올바른 행동방식을 찾기만 한다면 자신이 모든 것을 통제할 수 있을 것이라는 환상을 갖도록 만든다.(18)

4) 생리심리사회적 관점(생물학적, 심리학적, 사회적 요인들과 그들의 상호작용에 적절한 무게를 두는 관점)은 우울증이라는 내적 세계의 다면성을 그려낸다. 체중 감소, 의욕상실, 발달 장애, 수면 장애 및 (기쁨을 느끼지 못하는) 무쾌감증 등 이른바 "생물학적"인 특징들은 물론, 처지고, 침울한 기분에 만사가 고통이라는 기분 장애도 유전적 성향, 신경전달물질 장애 및 정신약리적 치료 등을 고려해 생물학적 관점에서 조망한다. 심리학적인 접근법에서는 죄책감과 억압된 분노, 낮은 수준의 자존감, 절망, 미래를 예측하는 능력의 부재, 그리고 전형적인 우울

3_ S. Freud, *Introductory Lectures in Psychoanalysis*, Standard Edition XV-XVI (London: Hogarth, 1916), pp. 319-63.

증적 세계관이라고 할 수 있는 색안경을 통해 보는듯한 어두운 전망에 초점을 맞춘다. 우울증에 대한 사회적 이론들이 우울증을 유발하는 요인으로 특히 주목하는 것이 상실이다. 이 견해에 따르면 우울증은 대인관계의 결핍이거나 대인관계 장애로 더욱 악화된다. 이것은 다시 주체적인 힘의 결핍과 사회적 지지와 역할이 부족해지는 현상을 유발한다. 편견과 사회적 지위의 박탈, 사회적 따돌림 등을 바탕으로 우울증의 직접적인 원인들은 훨씬 더 강력한 힘을 발휘하는 것이다.(25)

5) 신경정신분석학에 의하면 이별이나 상실과 같은 어린 시절의 고통스러운 사건들은 유아의 뇌 구조에 변화를 가져올 가능성이 있다. 상당기간 지속되는 스트레스는 혈중 코르티솔 수치를 높이게 되는데, 이는 다시 뇌하수체를 통제하는 뇌의 일부이자 인간의 호르몬 분비에 큰 영향을 끼치는 시상하부를 변화시킨다. 어린 시절에 겪은 좌절이나 상실이 두뇌의 수용기관들을 민감하게 만들어 나중에 사람들을 쉽게 우울증에 빠지게 할 수 있다는 신경과학의 연구결과는 영유아기 경험의 중요성을 강조하는 정신분석학의 견해를 뒷받침하고 있다. 상실과 우울증의 진행은 긴밀하게 연관되어 있다. 간질 연구 중 발견된 "수용기 흥분" 현상은 이같은 심화된 취약성의 기층 기저를 이해하는 데 매우 유용한 모형이다. 이 모형은 과거에 간질 발작을 빈번하게 경험한 사람일수록 앞으로 더 자주 발작을 일으킬 가능성이 높다고 주장한다. 다시 말해 이전에 경험한 발작들이 뇌를 민감하게 만들어 결국 사소한 자극으로 생긴 "흥분"만으로도 심각한 발작을 유발할 수 있다는 것이다. 이와 유사하게 어린 시절 반복적으로 경험한 외상성 충격은 이후 인생에서 좌절이나 상실과 아주 미미하게 관련된 생각이나 심상만으로도 우울한 상태에 빠지도록 뇌의 신경화학 체계를 고착시켜 버릴 수 있다. 이런 모형은 상상 속에서의 상실이나 상징적인 상실이 실제적인 상실만큼이나 우울증을 유발시키는 강력한 스트레스 요인이라는 정신분석학적 고찰을 어느 정도 뒷받침해 준다.(27-30)

이런 개괄을 통해서 우울증은 애착을 가진 대상의 상실로부터 비롯된 슬픔과 분노가 자신에게 전이되어 죄책감과 억압된 분노, 낮은 수준의 자존감, 절망, 미래를 예측하는 능력의 부재, 그리고 전형적인 우울증적 세계관이라고 할 수 있는 색안경을 통해 보는 듯한 어두운 전망에 빠진 상태. 그리고 이 상태가 지속되면 자살에 이를 수 있는 정신적 질병을 의미한다고 요약해볼 수 있다. 그러나 이런 상태는 갑자기 나타나는 것이 아니라, 유년기로까지 거슬러 올라갈 수 있는 오랜 기간에 걸친 상실의 경험, 그리고 상실과 무질서를 회복하고 통제하려는 강박증이라는 특징과 어우러져 있다는 점에 주목할 필요가 있다. 이런 의미에서 우울증은 다음과 같은 경과를 갖는다고 볼 수 있다.

1. 상실 경험의 반복
2. 회복을 위한 강박적 노력과 좌절
3. 애착대상 상실이라는 결정적 사건
4. 분노와 증오심의 자기 전이로 인한 죄책감과 자존감의 저하
5. 무력감과 고립
6. 자살로까지 이어지는 극단화

그런데 심리적 'depression'의 이런 특징은 경제적 'depression'의 특징과 구조적으로 상당한 유사성을 갖는다.
1. 장기 불황/대불황은 일회적인 사건이 아니라 불경기의 반복을 전제하고 있으며,
2. 이를 회복하려는 강박증적인 노력의 실패,
3. 그리고 생산과 소비, 산업자본과 금융자본 간의 순환고리가 깨져나감으로써 발생하는 결정적인 위기의 누적적 결합의 산물이다.

우울증이 외부 세계와 내적 욕망 간의 상호작용적 순환성의 불일치, 해체 혹은 파괴로 인한 심리적 신진대사의 항상성의 붕괴, 파괴라면, 불황은 생산과 소비, 산업자본과 금융자본 간의 상호작용적 순환성의 불일치, 해체 혹은 파괴로 인한 경제적 항상성의 붕괴 혹은 파괴라고 할 수 있다. 이렇게 보면 양자의 구조적 유사성은 경제적, 심리적인 대상 상실로 인해, 자연적-사회적 신진대사의 항상성이 해체된다는 점에 있다고 요약해볼 수 있다.

필자는 다른 글에서 "이렇게 자연적인 항상성 기구인 우리 몸의 조절장치인 감정의 조절과 사회적인 항상성 기구라고 할 이념적-제도적 조절장치 사이의 상호관계의 복잡성(조화와 일치, 부조화와 불일치, 대립과 갈등, 폭발 등)을 분석하기 위한 이론적 프레임을 '**감정의 정치학**'이라고 지칭한 바 있다."4 이런 관점에서 보면 개개인의 감정의 조절과 사회제도적 조절 사이에서 아래와 같은 4가지 조합 관계를 생각해볼 수 있다.

	경제적 항상성의 유지(3)	경제적 항상성의 해체(4)
감정적 항상성의 유지(1)	A	B
감정적 항상성의 해체(2)	C	D

(3)의 시기에는 A가 정상적이라면 C는 예외적인 경우가 될 것이지만, (4)의 시기에는 B가 예외적이고 D가 일반적인 경우가 될 것이다. 오늘날과 같이 장기 불황이 구조화되고 있는 경제상황의 경우가 그렇다고 할 수 있다. 이럴 경우 우울증은 앞서 WHO의 예측과 같이 개인적 차원을 넘어서 집단적 차원의 문제로 확산되며, 사회 전체, 문명 전체가 히스테리적, 우울증적인 상황으

4_ 심광현, 「감정의 정치학: 자기-통치적 주체의 창조를 위한 새로운 문화정치적 프레임」, 『문화과학』 59호, 2009년 가을, 27쪽. 이 글은 본 책에 함께 수록되어 있다.

로 빠져들 수 있다. 1929년 대공황이 도래하자 프로이트는 이 문제에 대해 진지하게 숙고하면서 「문명 속의 불만」[5]에서 다음과 같이 기술한 바 있다.

나는 이 글을 마무리하려고 서두르고 있지만 회피할 수 없는 의문이 하나 있다. 문명의 발달이 개인의 발달과 그처럼 광범위한 유사성을 갖고 있다면, 그리고 문명의 발달이 개개인의 발달과 똑 같은 수단을 채택하고 있다면, 문화적 욕구의 영향으로 말미암아 일부 문명이나 문명시대—어쩌면 인류 전체가—<신경증>에 걸렸다는 진단을 내릴 수도 있지 않을까? …공동체의 신경증을 진단할 때는 특별한 어려움에 부딪친다. 개인의 신경증을 다룰 때는 환자와 <정상적인> 주변 환경의 대조를 진단의 출발점으로 삼는다. 모든 구성원이 똑 같은 병에 걸린 집단에는 그런 배경이 존재할 수 없기에 다른 데서 그 배경을 찾아야 할 것이다…. 그러나 이런 어려움에도 불구하고 언젠가는 누군가가 문명 공동체의 병리학에 용감하게 착수하리라고 기대할 수 있다.[6]

프로이트는 문명 전체가 신경증에 걸렸다는 진단의 배경을 "다른 데서 찾아야 할 것"이라고 말하면서도 그 다른 배경을 명시하지는 않았지만, 그가 이 글을 쓴 1929-1930년의 시대상황을 고려할 때 그 배경이 "대공황"이었음을 추론하기는 어렵지 않다. 이런 암시와 더불어 프로이트는 문명적 차원에서 발생하는 공동체의 신경증에 대해 다음과 같이 기술하고 있다.

우리는 치료를 위해 자주 초자아와 싸워야 하고, 초자아의 요구 수준을 낮추려고 애쓴다. 문명적 초자아의 윤리적 요구에 대해서도 똑같이 저항이 일어날 수 있다. …문명적 초자아는 명령을 내릴 뿐, 사람들이 그 명령에 복종할 수 있는지 어떤지

5_ 프로이트(1930), 「문명 속의 불만」, 『문명 속의 불만』, 김석희 옮김, 열린책들, 2009(신판7쇄).
6_ 같은 글, 327-28쪽.

는 문제삼지 않는다. 문명적 초자아는 인간의 자아가 심리적으로 초자아의 요구를 무엇이든 수행할 수 있고 자신의 이드에 대해 무제한의 통제력을 갖는다고 생각한다. 이것은 잘못이다. 정상인들도 이드를 어느 한도까지만 통제할 수 있을 뿐이다. 인간에게 그 이상의 것을 요구하면, 그는 반항을 일으켜 신경증에 걸리거나 불행해질 것이다. <네 이웃을 네 몸처럼 사랑하라>는 명령은 인간의 공격 본능을 막는 가장 강력한 억지책이고, 문명적 초자아의 비심리학적 방식을 보여주는 좋은 본보기다. 이 명령을 수행하는 것은 불가능하다. 사랑을 그처럼 거대하게 부풀리면 사랑의 가치가 떨어질 뿐, 장애물이 제거되지 않는다. 그런데 문명은 이 모든 것에 전혀 관심을 기울이지 않는다.[7]

실제로 장기불황이나 대공황이 도래하면 화폐가치와 자산가치가 하락하기 때문에 개개인들의 삶이 곤궁해져서 평소에 비해 초자아의 요구 수준이 상대적으로 높게 여겨질 수밖에 없다. 하지만 이런 시기일수록 오히려 인류애적 사랑과 평화 유지의 자세가 더욱 요구되기에 문제적 상황이 발생한다. 오늘의 상황 역시 개인과 집단 사이에서 간극이 벌어지고 있다. 이 간극을 어떻게 해결할 것인가라는 문제에 대한 대안을 놓고 당시 아인슈타인과 프로이트 사이에 오간 서신교환은 흥미롭다.

1931년 국제연맹의 국제지적협력회는 <국제연맹과 지적 생활의 공동이익에 기여할 것으로 여겨지는 문제들>에 관해 대표적 지식인들 사이에 편지교환을 주선하고, 그 편지들을 정기적으로 공간하기로 하고, 아인슈타인에게 이를 의뢰했는데, 아인슈타인은 프로이트를 편지교환의 상대로 제안했고, 1932년 7월에서 1933년 3월에 양자 사이의 편지교환이 이루어진 바 있다. 이 편지교환에서 아인슈타인은 "인류를 전쟁의 위협으로부터 해방시킬 수 있는 방법

7_ 같은 글, 326쪽.

은 존재하는가?"라는 질문에 해답을 찾는 데 성공한 적이 없는데, 프로이트라면 이 문제에 내재한 심리학적 장애를 제거해줄 교육적 방법을 제시할 수 있으리라는 기대를 표명했다. 아인슈타인은 행정적인 차원에서는 국가들 사이에 일어날 모든 갈등을 해결할 입법-사법 기구를 설립하고, 모든 나라가 일정 정도의 주관을 무조건 포기하는 방법을 채택한다면 전쟁을 방지할 수 있음에도 불구하고 지난 10년간 이런 해결책을 찾으려는 모든 진지한 노력들이 실패한 데에는 심리적 요인이 작용하고 있는 것이 분명하다고 말하면서, 이 심리적 요인과 관련하여 모든 인간에게 내재된 증오와 파괴에 대한 욕망에 저항할 수 있도록 인간의 정신 발달을 통제하는 가능한 방법이 과연 있는지에 대해 프로이트에게 묻고 있다. 이에 대해 프로이트는 다음과 같이 답변한다.

당신은 인간을 전쟁에 열광하도록 만들기가 너무 쉽다는 사실에 놀라움을 표하고, 사람들이 전쟁 도발자들의 선동을 받아들이는 데에는 무엇인가가, 즉 증오와 파괴에 대한 본능이 그들의 마음속에서 작용하고 있는 게 아닐까 하는 의혹을 덧붙였습니다. 여기에 대해서도 나는 전적으로 동의할 수밖에 없습니다…. 우리는 이러한 공격성의 내면화를 양심의 기원으로 간주하는 극단적인 이단적 행위까지 저질렀습니다…. 우리의 당면 목표에 관해서 말하자면, 방금 말한 것에서 다음과 같은 결론이 나옵니다. 그것은 인간의 공격적 성향을 제거하려고 애써봤자 소용이 없다는 것입니다…. 인간이 전쟁에 기꺼이 호응하는 것이 파괴 본능의 결과라면, 가장 두드러진 방책은 파괴 본능의 적수인 **에로스로 하여금 거기에 저항하도록 하는 것입니다**(강조-필자). …오늘날 우리가 당하고 있는 고통의 상당 부분만이 아니라 우리가 이룩한 것의 대부분도 문화 발전의 산물입니다…. 문명의 심리학적 특징 가운데 두 가지가 중요해 보입니다. 하나는 지성이 강화되어 본능을 지배하기 시작하는 것이고 또 하나는 공격적 충동이 내면화하여 여러 가지 이익과 위험을 가져오는 것입니다. 전쟁은 문명이 우리에게 부과한 심리적 태도와 가장 격렬하게 대립됩니다…. 이 두 가지 요인—문화적 태도와 미래의 전쟁이 초래할 결과에 대한 정당한 불안—이 조만간 전쟁에 종지부를 찍으리라고 기대하는 것은 유토피아적 소망이 아닐 지도 모릅니다. 이것이 어떤 경로로 이루어질지, 또는 어떤 옆길로 빗나갈지는 짐작할 수 없습니다. 하지만 한 가지만은 단언할 수 있습니다. 문명의 발전을 촉진하는 것은 동시에 전쟁을 억지하는 작용도 한다는 것입니다.[8]

프로이트의 논점은 두 가지로 압축된다. (1) 그 하나는 인간의 파괴 본능(타나토스)을 "제거"하는 것은 불가능하며, 그것은 오직 "에로스의 저항"을 통해서만 "억제"될 수 있을 뿐이다. (2) 이와 유사하게 단순히 전쟁을 '반대'하는 것을 넘어서서 "문명의 발전"을 통해서 전쟁을 "억지"할 수 있도록 노력해야 한다는 것이다. 에로스의 촉진과 문명의 발전을 통해서 공격성과 전쟁을 억지하자는 주장은 합리적이면서도 현실주의적인 답변인 것 같다. 하지만 프로이트는 여기에도 단서를 달고 있다. 그는 (1) 강제적인 폭력, (2) 감정적 유대(동일화), (3) 이상주의적 이념 이 세 가지가 공동체를 단결시킬 수 있다고 말한다. 하지만 물리적 힘을 이념의 힘으로 바꾸려는 노력은 과거에도 그랬듯이 (범그리스 연합과 르네상스 시대의 범기독교 연맹 등의 실패) 현재로서는 실패할 수밖에 없고, 법이 원래는 야만적 폭력이었고 오늘날에도 폭력의 뒷받침이 없이는 존재할 수 없다는 사실을 무시하면 우리는 잘못된 예측을 하게 될 것이라는 것이다.[9] 이는 곧, 아직 인류는 폭력을 문명(이상주의적 이념)으로 전환할 수 있는 단계가 아니기 때문에 폭력을 억제할 수 있는 <대항폭력>을 갖추지 않고서는 전쟁을 막을 수 없을 것이라는 얘기로 요약될 수 있을 것이다.

8_ 프로이트(1933), 「왜 전쟁인가?」, 『문명 속의 불만』, 345-53쪽.
9_ 같은 글, 345쪽.

그런데 타나토스에 대한 에로스의 저항과 대항폭력은 서로 모순되는 것이 아닐까? 이 양자가 어떻게 결합될 수 있으며, 그럴 경우 이상주의적 이념은 어떤 역할을 할 수 있을까? 프로이트는 이런 질문들에 명확한 답을 내놓지는 않았지만, 인간 본성에 대한 오해에 파묻힌 이상주의적 이념은 현실과 동떨어진 공염불로 끝날 우려가 크다는 점을 다음과 같이 지적하고 있다.

선행이 현세에서 보상받지 못하는 한, 윤리의 설교는 결국 공염불로 끝날 것이다. 그리고 나는 재산에 대한 인간의 관계에 진정한 변화가 일어나는 것이야말로 어떤 윤리적 명령보다도 인간을 이 방향으로 이끌어가는 데 도움이 된다고 확신한다. 그러나 사회주의자들 사이에서 이 사실에 대한 인식은 인간 본성에 대한 새로운 이상주의적 오해에 묻혀, 실제 목적에는 쓸모없게 되어 버렸다.[10]

프로이트가 말한 "재산에 대한 인간의 관계에 진정한 변화가 일어나는 것"이야말로 실은 어떤 "윤리적 명령"보다 중요하다는 것이 본래 사회주의 사상의 기초이다. 그런데 왜 프로이트는 이 사상이 "인간 본성에 대한 새로운 이상주의적 오해에 묻혀, 실제 목적에는 쓸모 없게 되었다"고 말하는가? 그는 이렇게 답한다.

공산주의가 인류를 악에서 구원하는 길을 발견했다고 믿고 있다. 인간은 전적으로 선하고 이웃에 호의를 갖고 있지만 사유재산 제도가 인간의 본성을 타락시켰다는 것이 그들의 주장이다. …나는 공산주의 체제를 경제학적으로 비판하는 것에는 관심이 없다. 사유재산의 폐지가 합당하거나 유리한지는 내가 검토할 수 있는 문제가 아니다. 사유재산을 폐지하면, 인간의 공격 본능이 이용하는 도구

10_ 프로이트 「문명 속의 불만」, 327쪽.

가운데 하나를 빼앗을 수 있다. 그 도구는 가장 강력하지는 않지만, 상당히 강력한 것은 분명하다. 그러나 사유재산을 폐지해도, 공격 본능이 악용하는 힘과 영향력의 차이를 바꿀 수는 없고, 공격 본능의 본질을 바꿀 수도 없다. 공격 본능은 재산이 만들어낸 것이 아니다…. 공격본능은 사람들 사이의 모든 정애 관계와 애정 관계에 토대를 이룬다(한 가지 예외가 있다면 어머니와 아들의 관계일 것이다). 물적 재산에 관한 개인의 권리를 배제한다 해도 성관계에는 여전히 개인의 특권이 존재할 것이다…. 이 공격본능을 인간이 단념하는 것은 쉽지 않다. 인간은 이 본능을 만족시키지 않고는 편안함을 느끼지 못한다…. 공격본능을 발산할 수 있는 대상이 남아 있는 한, 상당수의 사람들을 사랑으로 단결시키는 것은 그리 어렵지 않다.[11]

프로이트의 논지의 핵심은 <에로스와 타나토스의 협력 또는 대립>이라는 본능의 변증법을 무시해서는 모든 것이 공염불로 끝날 것이라는 것이다. 그는 이 변증법을 다음과 같이 기술하고 있다.

생명현상은 이 두 가지 본능의 협력 또는 상호대립 행위로 설명할 수 있었다…. 유익한 생각은 그 본능의 일부가 외부 세계로 돌려져 공격과 파괴 본능으로 나타난다는 것이었다. 이렇게 되면 유기체는 자신을 파괴하는 대신 생물이든 무생물이든 다른 것을 파괴한다는 점에서, 죽음의 본능 자체를 강제로 에로스에 봉사하게 할 수 있었다. 반대로 외부에 대한 이 공격성을 제한하면 어쨌든 은밀히 진행되고 있는 자기파괴가 더욱 촉진될 수밖에 없을 것이다. 그와 동시에 우리는 이 사례를 통해 두 종류의 본능은 서로 분리된 상태로 나타나는 일이 거의—어쩌면 전혀—없으며, 다양한 비율로 혼합되어 나타나며 그 비율도 끊임없이 달라지기

11_ 같은 글, 291-92쪽.

때문에 우리가 좀처럼 인지할 수 없는 게 아닐까 하고 생각할 수 있다.[12]

이렇게 볼 때 에로스와 타나토스의 변증법에서 중요한 점은 (1) 이 양자는 협력할 수도 대립할 수도 있다는 것과, (2) 양자는 분리 불가능하게 '커플링'되어 다양한 비율로 혼합되어 나타난다는 점이다. 따라서 두 가지 과제가 제기된다. (1) 어떻게 하면 파괴본능을 자기파괴나 외부세계에 대한 공격으로 나아가지 않게 할 것인가? (2) 어떻게 하면 에로스의 비율을 늘려서 타나토스의 비율을 줄일 수 있을까? 프로이트는 이런 질문에 답하기보다는 이 질문과 유사한 다음과 같은 물음을 제기하면서 「문명 속의 불만」을 마무리하고 있다.

인류에게 숙명적인 문제는, 문명 발달이 인간의 공격본능과 자기파괴 본능에 의한 공동생활의 방해를 억누르는 데 성공할 것이냐, 성공한다면 어느 정도나 성공할 것이냐 하는 문제인 듯싶다. 바로 이 점에서 현대라는 시대는 특별히 관심을 기울일 가치가 있다. 인류는 꾸준히 자연력을 지배해 왔으며, 이제는 자연력의 도움을 받으면 별 어려움 없이 최후의 한 사람까지 서로를 죽일 수 있을 정도가 되었다. 현대인은 이것을 알고 있고, 그들이 지금 느끼고 있는 초조와 불행과 불안은 대부분 거기에서 유래한다. 이제 우리는 두 개의 <천상의 권력> 가운데 또 하나인 영원한 에로스가 그와 똑같이 불멸적 존재인 적수와의 투쟁에서 열심히 버티어 주기를 기대할 수밖에 없다. 하지만 어느 쪽이 성공하고 어떤 결과가 초래될 것인지를 누가 예측할 수 있겠는가?[13]

프로이트는 분명 (1)과 (2)가 1930년대의 가장 긴급한 과제임을 인정하고 있는데, 대공황에 임박한 21세기 오늘의 상황도 사정은 유사한 것 같다. 프로

12_ 같은 글, 297-98쪽.
13_ 같은 글, 329쪽.

이트가 보기에 당시 사회주의/공산주의 운동은 이 과제 해결에 적합한 대안을 제시하지 못했지만 그 자신도 해결책을 제시하지 못하기는 마찬가지였다. 그렇다면 1930년대와 유사한 문제에 직면하기 시작하고 있는 오늘의 상황에서 우리는 어떤 해결책을 찾을 수 있을까?

프로이트의 사상 전체를 평가하려는 것은 이 글의 범위를 벗어난 것이다. 여기서는 다만 이 글의 주제와 관련해서 프로이트의 주장 중에서 다음과 같은 부분에 대한 교정이 가능하다면, 해결의 실마리를 이끌어낼 수 있다고 본다. 프로이트는 위에서 보았듯이, "사유재산을 폐지해도 공격본능의 본질을 바꿀 수는 없다고" 비판하고 있지만, 이는 공산주의가 사유재산의 폐지를 통해 "인류를 악에서 구하는 길을 발견했다"고 간주했던 프로이트의 주장이 타당할 경우에는 적합한 비판이 될 수 있다. 하지만 이런 비판은 일종의 "허수아비 논쟁"에 해당한다. 공산주의가 사유재산을 폐지하자고 주장하는 것은 인류를 악에서 구원하기 위해서, 혹은 인간 본성을 변화시키기 위해서가 아니라, 프로이트가 강조하듯이 타나토스에 저항할 수 있는 에로스의 힘을 확산하고, 전쟁을 억지할 수 있는 문명의 발전을 촉진하는 데 가장 큰 장애 요인이라 할 수 있는, 구조화된 자본의 착취와 수탈, 즉 제도적으로 구조화된 타나토스를 억제하기 위해서이기 때문이다. 이런 각도에서 교정이 이루어진다면 "재산에 관한 인간 관계의 진정한 변화"가 어떤 윤리적 설교보다 중요하다거나, 폭력에 대해서는 대항폭력이 필요하다는 프로이트의 앞선 주장이 현실적인 적합성을 가질 수 있다. 이렇게 교정된 관점에서 볼 경우, 자본주의적으로 구조화된 폭력(타나토스)에 대해 에로스의 저항과 문명의 발전을 촉진하기 위해 무엇을 할 것인가? 프로이트는 이에 답하기보다는 다시 한번 문명의 발전에는 심각하게 고려해야 할 장애 요인이 존재한다는 점을 강조한다.

문명의 본질 속에는 문명을 개혁하려는 어떤 시도에도 굴복하지 않는 장애가 존재한다는 생각에도 익숙해져야 한다. 우리는 본능을 제한당하는 것은 각오하고 있지만, 그 밖에도 <집단의 심리적 빈곤>이라고 부를 수 있는 상태가 생겨날 위험에 주목해야 한다. 사회의 유대가 주로 구성원들 사이의 동일시로 이루어져 있고 지도자들은 집단 형성에서 마땅히 가져야 할 중요성을 얻지 못할 경우, 이런 상태가 생겨날 위험이 크다.[14]

에로스의 비율을 늘리고, 문명의 발전을 촉진하자는 주장이 단지 윤리적인 설교로 그치지 않기 위해서는, 이런 윤리적 노력이 "사유 재산의 폐지"와 같은 "재산에 대한 인간의 관계의 진정한 변화"와 결합되지 않으면 안 되며, 이런 정치경제적 변화의 이념에 대한 사회구성원들의 "동일시"가 확산되어 집단의 "감정적 유대"가 확산되어야 할 것이다. 그럴 경우 <집단의 심리적 빈곤>이라는 위험, 즉 장기불황 시에 만연할 수 있는 공동체의 신경증, 집단 우울증의 위험을 극복할 수 있는 현실적인 길이 열릴 수 있을것이다.

이런 맥락에서 프로이트의 논지를 재구성할 경우, 불황과 우울증의 악순환을 극복하여 경제와 집단심리(개인심리)의 선순환 구조로 전환하기 위해서는, (1) 자본주의적으로 구조화된 폭력에 맞설 수 있는 현실적인 대항폭력의 조직화(이는 공격본능의 적합한 사용에 해당할 것이다), (2) 이를 가능하게 할 에로스(감정적 유대)의 확산, (3) 그리고 이 양자에게 현실적인 보상의 방향을 제시할 수 있는 새로운 정치경제적인 이념이 시급히 결합되어야 함을 확인할 수 있다고 본다.

3. 감정과 이성의 변증법

프로이트는 「문명 속의 불만」에서 개인의 발달과 인류 문명과정의 발달

14_ 같은 글, 294쪽.

사이의 관계를 리비도의 분배를 둘러싼 자아와 대상 간의 경쟁과 유사한 "리비도 경제학" 문제로 파악하면서, 이 경쟁과 대립은 개인 내부에서 화해로 끝날 수 있으며 개인과 문명 사이에서도 화해가 이루어질 수 있을 것으로 기대할 수 있다고 말한 바 있다.15 그런데, 프로이트는 「왜 전쟁인가?」에서는 문명의 심리학적 특징 가운데 두 가지가 중요하다고 말한다. "하나는 지성이 강화되어 본능을 지배하기 시작하는 것이고, 다른 하나는 공격적 충동이 내면화되어 여러 가지 이익과 위험을 가져오는 것"16이라고 말한다. 하지만 이렇게 지성이 본능을 지배하고, 공격충동을 내면화하는 방향으로만 문명이 발달한다면 어떻게 개인과 문명의 화해가 가능할 수 있을까? 이 모순을 해결하려면 문명의 발달 방향에 대한 프로이트의 생각 자체가 수정될 필요가 있지 않을까?

빌헬름 라이히와 마르쿠제, 들뢰즈/가타리는 프로이트의 문명 개념이 지나치게 보수적이고, 또한 자본주의 문명=문명 자체로 동일시했다는 점을 비판하면서 타나토스 개념을 삭제하고 오직 에로스에 기초한 대안적 문명 개념을 발전시킨 바 있다. 필자는 이들처럼 프로이트가 자본주의 문명 이외의 문명을 생각하지 못한 것이 주된 문제라고 보지만, 타나토스 개념을 제거한 에로스에만 기초한 문명 개념은 프로이트가 지적했듯이 '공상'과 '공염불'로 귀결될 것이라고 생각하기에 프로이트의 < 에로스와 타나토스의 변증법>이라는 개념을 계승하면서도, 자본주의 문명을 넘어서는 다른 문명을 구상하는 것이 필요하다고 본다. 다시 말하자면 대안적 문명은 프로이트와 맑스의 절합을 통해서만 가능할 것이라는 생각이다.

프로이트의 말대로 에로스의 확장은 이를 희망한다고 저절로 이루어지는 것이 아니라, 내면화된 공격충동의 극복과 더불어 에로스와 타나토스의 비율

15_ 프로이트, 「문명 속의 불만」, 324쪽.
16_ 프로이트, 「왜 전쟁인가?」, 353쪽.

을 조정하는 리비도 경제학을 통해서만 가능해질 수 있고, <자유로운 개인들의 평등한 연합>으로서의 코뮌주의 사회 역시 문명진화의 산물로 언젠가는 도달하게 될 유토피아가 아니라 맑스의 말대로 자본-국가가 설치해 놓은 문명적 장애를 극복하는 현실적 투쟁을 통해서만 가능할 수 있다. 이는 달리 말하면, 앞서 프로이트의 논지를 재구성함으로써 얻었던 세 가지 과제의 결합, 즉 (1) 폭력에 맞서는 대항폭력, (2) 에로스(감정적 유대)의 확산, (3) 새로운 정치경제적인 이념(재산과 인간의 관계에서의 진정한 변화)을 결합하는 일에 다름 아니라고 할 수 있다. 여기서 (1)과 (2)가 곧 프로이트가 말한 에로스와 타나토스의 변증법이라면, (1)과 (3)은 맑스가 말한 코뮌주의의 이념과 실천을 의미할 것이다. 이는 곧 인공적/자연적 재난의 악순환을 야기하고 있는 현단계 자본주의를 극복하기 위한 새로운 형태의 감정의 정치학을 구성하는 과제가 될 것이다.

그런데 (1)과 (2)의 과제를 해결하는 데에 있어 프로이트의 처방은 불충분하다는 것이 문제이다. 대화치료를 통해 무의식적인 원인을 각성하게 함으로써 신경증과 우울증을 치료하려는 프로이트의 처방은 여전히 본능에 대한 지성의 우위라는 방향의 문명 발달 쪽으로 정향되어 있을 뿐만 아니라 사후적인 처방에만 한정되어 있기 때문이다. 그러나 지금 우리에게 필요한 처방은 이제까지의 문명 발달의 방향과는 다른 형태의 문명을 준비하는 일과 더불어 신경증과 우울증에 대한 사후적이 아닌 사전적인 예방조치이다. 이런 조치를 마련하지 못한다면 20세기 전반기에 닥쳐왔던 고통보다 더 심각한 최악의 고통 속으로 떠밀려 갈 수도 있기 때문이다. 지성의 일방적 우위도 아니면서 사전 예방적인 방식으로 에로스를 확장하고 자본-국가의 구조적 폭력에 맞서 대항폭력을 준비할 수 있는 방안은 무엇일까? 필자는 스피노자의 윤리학에 대한 마트롱의 현대적인 해석과 시스템 다이내믹스의 방법을 결합한 곳에서 실효적인 처방의 단서를 찾을 수 있지 않을까 생각한다.

스피노자는 자연상태에 처한 개인/개체들이 환경과 개체들 간의 관계 속에서 어떻게 다양한 유형의 1종 인식(감정적 인식)을 얻게 되고 그에 의해 자신의 능력을 증진하거나 혹은 감소하게 되는가를 체계적으로 분석했다. 여기서 핵심적인 요지는 기쁨의 감정은 신체적-정신적 능력의 증진을 촉진하며 그역도 마찬가지라면, 슬픔의 감정은 신체적-정신적 능력의 감소를 촉진하며 그 역도 마찬가지라는 점이다(스피노자의 이런 주장이 과학적으로 올바름을 현대의 뇌과학에 입각하여 증명한 안토니오 다마지오의 논리를 참조할 것). 그러나 스피노자는 전자가 바람직하고 후자가 바람직하지 않다고 해서 전자를 무한하게 증진시키고 후자를 제거하는 일은 불가능하다고 말한다(프로이트처럼). 이로 인해 우리의 감정적 인식과 신체 및 지성적 인식과의 관계가 아주 복잡해질 수밖에 없다.[17] 알렉산더 마트롱은 스피노자가 구축한 이 복잡한 체계에 내재된 암묵적 원리를 다음과 같이 명시적 원리로 해명한 바 있다.

이는 영혼의 동요의 한 형태로서…개체는 상반되는 소외 사이에서 우왕좌왕하면서도, 항상적으로 특정한 중간지점—그가 인식하기만 한다면 그에게 자신의 독특한 본질을 드러내 줄—을 중심으로 흔들리는 것이다. 그러므로 인간이 유연할지라도, 무한하게 유연하지는 않다. 또한 인간은 조건 형성에 따를 수 있지만, 이것도 특정한 한계 내에서이다.[18]

이에 따르면 감정은 유연하게 변화할 수 있지만 특정한 한계를 지닌 상반된 축 사이에서 중간 지점을 중심으로 진동하는 패턴을 지닌다고 할 수 있다.

17_ 심광현, 「제3세대 인지과학과 '신체화된 마음의 정치학」, 『문화/과학』 64호, 2010년 겨울, 224-30쪽. 이 글은 본 책에 함께 수록되어 있다.
18_ 알렉산더 마트롱(1969), 『스피노자 철학에서 개인과 공동체』, 김문수·김은주 옮김, 도서출판 그린비, 2009, 184쪽.

이는 곧 감정의 상승에도 한계가 있고 감정의 하강에도 한계가 있다는 것을 의미하며, 상승의 한계에 이르면 다시 하강이, 하강의 한계에 이르면 다시 상승의 운동이 시작된다는 것을 뜻한다. 스피노자, 칸트, 현대 심리학, 인지과학 등이 공통적으로 규명한 바와 같이 감정은 쾌와 불쾌, 기쁨과 슬픔이라는 두 개의 극을 가지고 있는데, 감정은 기쁨의 상한선과 슬픔의 하한선 사이에서 변증법적인 진자운동을 하고 있는 셈이다(이는 앞서 말한 프로이트의 에로스와 타나토스의 변증법과 유사하다).

마트롱에 의하면 시간의 계기가 개입되면, 우리에게 의심스러워 보이는 과거나 미래의 사물을 상상하는 데서 생기는 기쁨과 슬픔이 바로 희망과 공포이다. 이는 항상 쌍을 이루면서 역동적으로 움직이는데, 희망과 공포의 배합은 네 가지 단계로 주기를 이루며 나아간다. 1) 아직은 희망이 우세하나 이미 공포가 증가하고 있는 단계(그리고 증가하는 공포가 희망과 동등해지는 한계-상황), 2) 공포가 우세하며 증가하고 있는 단계(그리고 절망이라는 한계-상황), 3) 아직은 공포가 우세하나 이미 감소하고 있는 단계(그리고 감소하는 공포가 희망과 동등해지는 한계-상황), 4) 희망이 우세하고 공포가 감소하는 단계(그리고 안심이라는 한계-상황)이 그것이다.(188) 마트롱은 이 순환적 진화의 네 국면을 다음과 같이 상세히 기술한다.

1) 우리가 처음으로 겪는 실패들은 우리를 상심하게 하고 깨어나게 한다. 불확실성이 희망과 공포를 출현시킨다. 처음에는 과도하게 불안해지지는 않는다. 전체적으로는 희망이 공포를 크게 압도한다. 이 때문에 우리가 무르고 타성적이게 되는 평화로운 국면이 서서히 위험이 커지고 평화가 사라지며 공포가 완만하게 증가하여 균형을 이루는 황혼의 순간이 도래한다.

2) 짧은 균형의 시기가 지나고 공포가 우세해진다. 우리는 점차 심리적 공황에 빠져 터무니없는 제안조차 따를 참이며 아무에게나 조언을 구한다. 그러나 무위

로 끝나고 완전한 절망이 도래한다.

3) 예측하지 못한 우연한 사건이, 낙담에 종지부를 찍는 작은 희망을 안겨준다. 우선은 방어적인 일에 몰두하며, 열성을 다해 자신을 지킨다. 이 노동에서 얻은 성공이 다시 희망을 자극하여 희망은 완만히 증가, 진취적으로 내다보기 시작한다. 그런 다음 여명이 도래하고 희망이 공포와 균형을 다시 이룬다.

4) 이 문턱을 넘어서면 희망이 우세해진다. 우리는 수세에서 공세로 이행한다. 우리는 이제 새로운 선을, 항상 더 새로운 선을 획득할 궁리만 한다. 동시에 더 우리 수단들의 효력을 그리고 운명의 가호를 믿는다. 마침내 완벽한 안심이 도래한다. 공포가 없으므로 수고롭게 무엇을 할 욕구도 느끼지 않는다. 다시 무르고 타성적이게 되고, 가증스러워지며, 허영에 부풀어 올라 허세에 가득 찬다. 누군가 충고라도 해주면 전부 모욕으로 간주한다. 하지만 착각은 오래가지 못하고 사이클은 다시 시작된다.(194-96)

마트롱은 이런 사이클을 개인적 차원에서 사회적 차원으로 이행하여 네 개의 순환적 진화과정을 제시한다. "야만(3국면)에서 문명(4국면)으로, 그 다음 퇴락(1국면)으로, 그리고 예속으로 치닫는 첨예한 위기의 시기(2국면)를 지나, 다시금 이전의 야만으로 다소간 완결적으로 회귀하면서 사이클은 순환한다.(197) 사회적으로 미신이 희망과 공포의 사이클의 상이한 여러 국면을 거쳐 어떻게 변천하는지는 다음과 같이 설명된다: 미신은 2국면에서 생겨나(가혹한 경험에 대한 방어반응이자 신을 조종하여 이 경험을 치유하려는 노력으로서 등장한다) 우리를 3국면으로 이행시킨다. 미신에 힘입어 우리는 다시금 희망을 품는다. 3국면에서 성서 자체가 새로운 숭배의 대상이 된다. 그러나 희망이 다시 우위를 점하는 4국면으로 접어들면서 미신은 점차 완화되며 잠잠해지고, 여유를 갖게 되어, 이 여유 덕에 지상의 기쁨만이 아니라 사변에도 힘을 쏟는다. 고난을 겪으면서 망각해 버렸던 플라톤-아리스토텔레스적 세계관을 되찾게 되며, 형이상학적 지류와 미신적 지류를 화해시키려고 노력하다가, 점차 사이비-이성 쪽으로 기울어진다. 공포의 환영들은 점점 덜해지고, 불일치는 약화되고, 공통분모가 다시 출현하는 경향을 띠며, 보편종교가 가장 쉽게 확산될 수 있는 아주 특권적인 순간에 도달한다. 하지만 이 순간도 오래 가지 못하고, 성공에 도취되어 무신론으로 나아간다. 무신론은 안심의 한계-국면에 상응한다. 미신적인 자들이 자기 번민을 투사시켰던 배후-세계에 강박적으로 사로잡히는 반면, 무신론자는 배후-세계를 망각하며 오히려 자기야말로 이 가소로운 자연의 지배자들의 지배자라 자임한다. 그러나 실패의 여파로 미신은 잿더미에서 다시 살아나고 균형추는 사이비-신앙 쪽으로 기운다. 마지막으로 2국면에서 공포가 다시 우위를 점하고 우리가 또 다시 심리적 공황에 빠질 때, 체계 역시 끝장난다.(202-207) 이 네 국면들의 순환적 사이클을 다이어그램으로 그려보면 아래와 같다.

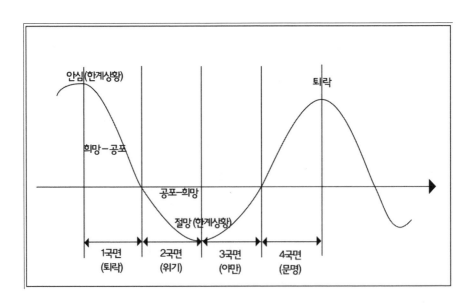

이 주기적인 요동에서 새겨두어야 할 점은, 앞서 말한 바와 같이 사랑이나

미움은 필연적으로 그 반대물로 뒤바뀌는 경향을 띤다는 점이다. 미움은 상호적인 미움 때문에 커지지만 단 특정 문턱까지만 그렇다. 이 문턱에서부터 사이클은 반전하며 미움은 사랑으로 뒤바뀌기 시작한다. 마트롱은 특정한 조건에서는 미움이 사랑에 의해 정복될 수 있다는 점을 강조하며, 정치의 주요 임무는 과정이 거쳐가는 파국적 동요들을 제거함으로써 과정을 안정화하는 것, 또한 부정적 상호성으로 퇴락하지 않게 막으면서 긍정적 상호성을 조절하는 것이라고 말한다.(297) 달리 말하면 좋은 정치란 곧 개인적-집단적 감정의 윤리학(적 조절)과 사회적 제도의 정치학(적 조절)의 선순환적 피드백 구조를 지속적으로 유지하는 일이라고 할 수 있다. 다시 말하면 경제적 불황과 정신적 우울증이 동시에 강화되는 상황이 오더라도 부정적 감정을 긍정적 감정으로 전환하면서 집단적 협력의 새로운 양식을 창출하려는 노력을 강화하여 경제적 불황은 지속되더라도 적어도 심리적 "Depression"에서만큼은 가급적 빠른 시일 내에 벗어나려고 노력하는 수밖에 없다고 할 수 있다. 이것이 어떻게 가능할까?

마트롱은 개인 감정과 집단적 감정을 일련의 주기적 과정으로 파악함과 동시에, 상승에서 하강으로, 다시 하강에서 상승으로의 과정이 필연적이라고 해석함으로써 역사에 대한 비관적 해석과 낙관적 해석을 동시에 제시하고 있다. 하지만 이런 주기적 해석을 법칙적으로 파악하기만 할 경우 새로운 상승기를 기다려야 하므로 일종의 숙명론에 빠질 위험이 있다. 이런 법칙적 주기의 개연성을 인정하면서도 여기에 함몰되지 않고 능동적으로 심리적 상승을 앞당기기 위해서는 별도의 노력이 필요하다. 기쁨과 슬픔, 희망과 공포의 변증법을 시스템 다이내믹스 이론으로 재해석하면 이런 노력을 구체화하는 데 도움을 얻을 수 있다고 본다. 시스템 다이내믹스 이론에 의하면 둘 이상의 피드백 루프는 다음과 같은 네 가지 경우로 구분될 수 있다.[19]

스피노자에 의하면 우리의 생명 시스템은 신체-감정-이성-직관의 층위들

- 시스템의 피드백 구조를 이해하고 나면, 피드백 구조를 활용하여 시스템을 어떻게 바람직한 방향으로 변화시킬 것인가에 대한 질문이 제기된다.

- 피드백 구조를 활용한 시스템의 변화에는 크게 보아 두가지 수단이 존재한다.
  첫째는 변수 값(파라미터)을 조정하는 정책이며,
  둘째는 구조(피드백 구조)를 변화시키는 정책이다.

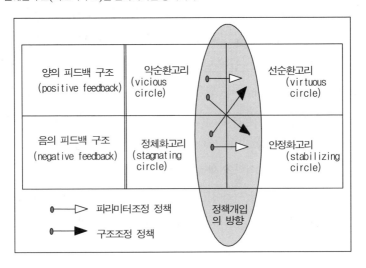

을 갖고 있으며, 이 층위들은 본성상 더 큰 완전성으로 이행하려는 활동성, 즉 자기 자신을 보존하려는 코나투스를 지닌다. 그러나 이 생명 시스템은 외적 원인에 의해 더 작은 완전성으로 이행하는 경우들 앞에 수없이 노출되어 있는 취약성도 동시에 지니고 있다. 전자의 경우에는 기쁨의 감정이 활성화되면서 시스템 전체의 활동성(역능)이 증진되며, 후자의 경우에는 슬픔의 감정이 확산되면서 시스템 전체의 활동성의 감소가 초래된다. 이렇게 생명 시스템은 기쁨 계열의 감정과 슬픔 계열의 감정 상태로 수시로 변화하게 되는데,

---

19_ 김도훈·문태훈·김동환, 『시스템 다이내믹스』, 대영문화사, 1999, 254쪽. 이 그림은 원문의 그림에 필자가 약간의 설명을 부가한 것이며, 본 책의 475쪽에도 실려있다.

시스템 다이내믹스 이론에 의하면 이런 변화는 위의 그림에서 보여진 바와 같이, <선순환> 혹은 <악순환>, <정체화>와 <안정화>의 피드백 루프라는 네 가지 경우들로 구분될 수 있다.[20]

1) 여기서 악순환 고리와 선순환 고리는 양의 피드백 루프라는 동일한 피드백 구조를 갖는데, 이 경우들은 양의 피드백 루프에 의한 자기 강화가 목표를 성취하는 방향으로 이루어지면 선순환 고리라고 부르고, 목표 성취에서 멀어지는 반대방향으로 강화가 이루어지면 악순환 고리라고 부른다. 따라서 악순환 고리를 선순환 고리로 전환시키기 위해서는 시스템의 구조적 변화보다는 시스템의 특정 변수의 값을 제한하는 장애 요인이 있는지를 살펴보거나 특정 변수의 값이 지나치게 낮은 상태에 머물러 있는지를 검토해 보아야 한다.

2) 음의 피드백 루프 역시 목표 성취에 일치하는 방향으로 안정화되는지, 아니면 목표 성취와 반대되는 방향으로 안정화되는지에 따라 구분될 수 있다. 전자를 안정화 고리라고 부르고, 후자를 정체화 고리라고 부른다. 전자는 목표 지점에서 균형을 이루는 음의 피드백 루프이며, 후자는 목표에서 벗어난 지점에서 균형을 이루는(갇혀 있는) 음의 피드백 루프이다. 정체화 고리를 안정화 고리로 전환시키고자 할 경우도 피드백 구조를 변화시키는 대신 변수값을 조절하는 것이 필요하다.

3) 그러나 정체화 고리를 선순환 고리로 변화시킨다든지 악순환 고리를 안정화 고리로 전환시키고자 할 경우에는 양의 피드백 루프와 음의 피드백 루프 간의 전환이라는 구조 변화가 필요하다.

20_ 심광현, 「제3세대 인지과학과 '신체화된 마음의 정치학」, 235쪽.

이런 방식으로 감정을 지닌 생명 시스템을 재해석할 경우 우리는 다음과 같은 세 가지 중요한 가이드라인을 얻을 수 있다.[21]

1) 우선, 악순환 고리(슬픔에서 더 큰 슬픔으로 나아가는 팽창고리)를 선순환 고리(기쁨에서 더 큰 기쁨으로 나아가는 팽창고리)로, 정체화 고리(기쁨을 슬픔으로 상쇄하는 고리)를 안정화 고리(슬픔을 기쁨으로 억제하는 고리)로 전환시키기 위해서는 감정의 변수 값을 조정해야 한다. 이와 같은 감정적 값의 조정은 슬픔의 감정을 기쁨의 감정으로 대체하는 것을 의미한다. 그러나 이런 대체 과정은 마음만 먹는다고 저절로 가능한 것이 아니라 스피노자가 강조하듯이 외적 조건들이 잘 갖추어질 경우에 가능한 것이다(슬플 때 맛있는 음식을 먹거나, 좋은 음악을 듣거나, 좋은 친구를 만나거나 등등). 감정은 우리 몸의 변용에 대한 지각이므로 감정을 변화시키기 위해서는 무엇보다도 몸을 움직이고 외적 조건을 변화시켜야 한다. 체육과 예술활동이 절대적으로 중요한 이유가 여기에 있다. 스피노자 시대에는 체육과 예술활동이 오늘날과 같이 제도화되어 있지 않았기에 몸의 움직임을 통한 정서적 변화의 효과에 대한 고려가 적을 수밖에 없었다면, 19-20세기 동안 체육과 예술활동은 당시와는 비교할 수 없게 증대되었고, 그 효과에 대한 과학적 연구 역시 비약적으로 증대했다. 이런 맥락에서 스피노자적인 윤리학에 잠재된 몸의 변용을 통한 기쁜 감정의 증진은 명시적-체계적으로 부각될 필요가 있다. 우리는 이를 이성적-금욕적 윤리학에서 감성적-미적 윤리학으로의 패러다임 전환이라고 지칭할 수 있을 것이다.

2) 다른 하나는 악순환 고리를 안정화 고리로, 정체화 고리를 선순환 고리로 전환시키기 위한 구조조정이 그것이다. 앞의 그림에서 대각선 방향으로 정향된 구조조정은 감정의 동요에 젖어있는 일상적 생활을 과학적 이성의 지

21_ 같은 글, 236-37쪽.

도에 따라 행위하고 생활하는 방식으로 감정적 층위에서만 발생하는 피드백 루프의 구조를 이성이 개입하여 감정과 이성 간의 피드백 루프 구조로 전환시키는 것이다. 이와 같은 구조조정은 변수 값의 조정보다 훨씬 어려운 일이다. 스스로에게 자유로워지라고 명령하는 칸트의 실천이성의 정언명법의 방식이 바로 이와 같은 구조조정에 해당한다고 할 수 있다. 이 일은 무척 어렵지만 (1)의 경험을 통해서 기쁜 감정이 충전될 경우 상대적으로 그 가능성이 높아진다. 실제로 칸트도 이 어려움을 인식하고 『판단력 비판』에서 미와 숭고의 경험만이 도덕적 감정을 예비해 준다고 보완한 바 있다. 이렇게 (1)+(2)의 누적된 경험만이 생명 시스템의 장기지속과 전체적인 능력의 증진을 가져올 수 있고, 외적 조건의 제약을 넘어서 시스템 전체의 자유를 증대시킬 수 있다.

3) 마지막으로 스피노자가 강조한 3종 인식(칸트는 거부했던 '지적 직관, 즉, 전체의 작동 원리를 꿰뚫어보는 신적 직관에 근접하는 지적 직관)은 인간의 몸과 마음, 감정과 이성의 피드백 루프 시스템이 자연과 고립된 것이 아니라 능산적 자연의 한 부분 시스템이라는 사실(앞서 톰슨이 말한 자율적이면서 타율적인 중층적 체계의 일부임)을 통찰하여, 그로부터 생명 시스템의 활동성을 최대한으로 더 큰 완전성으로 이행하게 하려는 인식이 극대화된 결과라고 볼 수 있다. 현대적으로 재해석하자면, 이는 앞서 말한 생명 시스템의 복잡한 중층구조와 감정의 리듬 및 주기를 시스템 다이내믹스와 제3세대 인지과학과 같은 구조적 짝패구성의 방식으로 이해하게 된 상태의 인식을 지칭한다고 할 수 있다. 이렇게 원심적 회로들로 중층화된 짝패구성의 작동을 공시적으로 자각할 수 있는 상태에 이르게 되면, 현재의 작은 기쁨보다 미래의 더 큰 기쁨에 주목하며, 시스템이 더 큰 완전성에 이를 수 있도록 하기 위한 신체적-감정적-이성적 노력에 박차를 가하는 일이 가능해질 수 있다. 이런 노력은 1)과 2)의 경우처럼 개인적 감정조절만이 아니라 개인적 조절과 사회적 제도의 조절을 선순환 고리로 연결하는 방식에 대한 통찰을 포함하고 있으며, 나아가

사회적 제도 조절이 지구적 차원의 생태 환경과 선순환 고리를 이룰 수 있도록, 즉, 개인의 신체-감정-이성과 집단적 신체-감정-이성, 그리고 생태환경 전체가 선순환 고리를 이룰 수 있도록 인식의 심화와 확장으로 나아갈 수밖에 없다. 펠릭스 가타리가 개체생태학적 위기-사회생태학적 위기-자연생태학적 위기를 동시에 극복하기 위해 시급히 확립되어야 한다고 주장했던 '생태-철학'이 바로 이런 수준의 인식을 의미할 것이다.22

4. 감정자본주의의 치료학적 내러티브를 넘어서

하지만 이와 같은 감정-이성의 변증법을 능동적으로 조절하려는 노력과 21세기에 들어와 더욱 극성을 부리고 있는 다양한 자기계발적인 심리치료들은 어떻게 구별되는가? 결론부터 말하자면 전자가 정치경제적 구조 변혁과 집단적 실천과의 연결망을 전제로 하고 있다면, 후자는 이런 전제 없이 고립된 개인들의 치료에 한정된다는 점에 근본적인 차이가 있다. 이와 같이 사회 구조적 변화 없이, 집단심리적 변화 없이 고립된 개인의 심리 치료에 국한된 처방에 치중하는 흐름을 에바 일루즈는 '상품화된 치료학적 내러티브'라고 부르며, 이런 치료학적 내러티브의 발전이 20세기 자본주의가 산출한 주체양식의 핵심 동력이라고 주장하고 있다.23

에바 일루즈에 의하면 19세기 자본주의와 20세기 자본주의는 주체양식의 측면에서 다음과 같은 차이를 가지고 있다. 1859년 새뮤얼 스마일즈의 『자기계발』이라는 책이 출판되어 광범위한 인기를 누렸는데, 빈손으로 시작해서 부와 명예를 걸머 쥔 남자들의 생애를 소개한 책이었다고 한다. 그러나 20세

22_ 같은 글, 237쪽.
23_ 에바 일루즈(2007), 『감정 자본주의』, 김정아 옮김, 돌베개, 2010.

기 초 프로이트의 정신분석학에 의하면 그와 같은 자기계발의 능력 자체가 사회계급에 의해 결정되고 정신발달의 다른 측면들과 마찬가지로 자기계발의 능력 역시 손상을 입을 수밖에 없다. 하지만 20세기 후반에 이르면 스마일즈의 자기발전의 에토스와 프로이트의 계급화된 치료학 담론이 완전히 뒤섞여 이제는 구별할 수 없게 되었고, 자기계발 에토스와 심리학의 굳건한 동맹으로 노동자와 부유층이 정신적 고통을 정체로 한 특징을 공유하게 되었다고 한다. 그리고 이 과정에서 정신적 질병은 "민주적 질병"이 되었고, 또 그 과정에서 정신치유는 번창하는 산업이 되었다고 한다. 그 결과 자기계발 내러티브와 고통의 내러티브는 상호의존적인 상생작용을 하게 되었다고 한다.[24]

에바 일루즈의 <감정자본주의>라는 프레임은 미국 자본주의가 두 가지 상반된 측면을 치료학 내러티브로 통합해 냈다는 점, 즉 20세기 자본주의의 본격적인 발전이 신경증과 같은 정신질환의 확산 과정인 동시에 정신치료산업의 발전 과정이기도 했다는 점을 잘 보여주면서, 그와 동시에 오늘날 그 치료효과와 사회통합효과는 점점 더 빈약해져 가고 있음을 지적하고 있다(결론 부분 인용). 그리고 이런 효과가 빈약해지고 있음은 사실상 미국경제가 대공황의 문턱으로 진입해감에 따라 점점 더 확산될 것이라는 점은 쉽게 예상해볼 수 있을 것이다. 이런 점에서 100년 전 프로이트가 동료 정신분석학자들에게 정신분석학의 미래 과제에 대해 밝힌 얘기가 오늘의 상황에 더 적합한 것일 수도 있다.

이 세상에 신경증으로 고통 받는 사람들은 어마어마하게 많다… 그러나 우리가 없앨 수 있는 고통의 양은 전체 고통에 비하면 보잘 것 없는 양에 불과하다. 게다가 우리도 먹고 살아야 하니 우리 일은 부유층에 한정된다. …우리는 극도로 심각한 신경증에 시달리는 광범위한 사회계층에는 조금도 관심을 가지지 않는다.[25]

24_ 같은 책, 85-89쪽.
25_ 같은 책, 86쪽.

이런 점을 솔직하게 드러내고 있다는 점에서 프로이트와 미국식 정신치료 산업은 분명히 구별될 수 있다. 나아가 미국식 정신치료산업이 철저하게 개인 주의적인 자기계발과 성공을 목표로 하고 있는 데 반해 프로이트의 경우 치료는 개인의 의지력에 의존하는 것이 아니라 가족과 같은 사회적 관계에서 발생했던 복잡한 관계에 대한 대화적 분석을 통해서 심적 건강을 회복하는 데 있었다. 프로이트는 개인심리학은 처음부터 사회심리학이라는 점을 다음과 같이 분명히 밝힌 바가 있었다.

…개인심리학은 처음부터 사회심리학이기도 하다. 한 개인이 부모와 형제자매, 사랑의 대상, 주치의 등과 맺고 있는 관계—사실상 지금까지 정신분석적 연구의 주요 대상이었던 모든 관계—는 사회 현상으로 생각할 필요가 있을 것이다. 그리고 이 점에서 그 인간 관계는 타인들의 영향이 부분적으로 또는 전적으로 배제된 상태에서 본능 충족이 이루어지는 이른바 <자기애적> 과정과는 뚜렷한 대조를 이룬다. …감히 말하건대, <수(數)>라는 요인에 그렇게 중요한 의미를 부여하기는 어려워 보인다. 따라서 이 가능성은 배제하고, 다른 두 가지 가능성에 기대를 걸어보자. 사회적 본능은 원초적이고 나눌 수 없는 본능이 아닐지도 모른다는 것이 첫 번째 가능성이고, 사회적 본능이 발달하기 시작하는 단서는 가족 같은 좁은 사회에서 찾을 수 있을지도 모른다는 것이 두 번째 가능성이다.[26]

프로이트가 개인심리학=집단심리학이라고 설정한 것은 개인과 집단 모두가 리비도 에너지의 집중을 통해 "결합"된다고 보았기 때문인데, 그는 성적결합에서 우정, 박애 등에 이르는 다양한 형태의 인간적 결합을 <사랑>이라는 명칭으로 통괄한다.

26_ 프로이트(1921), 「집단심리학과 자아분석」, 『문명 속의 불만』, 73-75쪽. 이하 이 글에서의 인용은 본문에 그 쪽수를 표시한다.

집단은 결코 진실에 목마른 적이 없다. 집단은 환상을 요구하고 환상 없이는 견디지 못한다. …꿈이나 최면술의 경우와 마찬가지로 집단의 정신활동에서는 사물의 진실성을 검증하는 기능이 뒷전으로 물러나고 그 대신 감정적 리비도 집중을 받은 욕망적 충동이 강하게 대두된다. …신경증 연구에 큰 도움을 준 리비도라는 개념을 이용하여 집단 심리학을 해명하도록 애써 볼 작정이다. 리비도는 감정 이론에서 유래한 낱말이다. 우리는 <사랑>이라는 낱말 속에 포함될 수 있는 모든 것과 관련된 본능들의 에너지를 리비도라고 부르는데, 그 에너지는 양적으로 방대한 규모에 이르는 것으로(현재로는 그 양을 실제로 측정할 수는 없지만) 여겨진다. 사랑이라는 낱말이 의미하는 바의 핵심은 물론 성적 결합을 목적으로 삼는 성애다…. 그러나 이것—어쨌든 <사랑>이라는 이름을 공유하는 것—에는 성애만이 아니라 다양한 사랑이 포함되어 있다. 한편으로는 자기애가 있고, 또 한편으로는 부모와 자식에 대한 사랑, 친구에 대한 우정, 보편적 인간애, 구체적인 대상과 추상적인 관념에 대한 헌신이 있지만, 우리는 이런 다양한 사랑을 구별하지 않는다.(97-99)

그는 리비도 집중의 본능이 지닌 본래적 속성(예를 들면 사랑하는 대상에 접근하고자 하는 갈망이나 자기 희생 같은 것)을 다음과 같이 설명한다. "플라톤이 말한 <에로스>의 그 기원과 기능 및 성애와의 관계에서 정신분석학이 말하는 사랑의 힘, 즉 리비도와 정확히 일치한다. 그리고 그 유명한 <고린도서>에서 사랑을 무엇보다 찬양한 사도 바울도 역시 사랑을 <좀 더 넓은> 의미로 이해하고 있음이 분명하다."(99)

그럼 이제 애정관계(좀더 중립적인 표현을 사용하면 감정적 유대)가 집단 심리의 본질을 이룬다는 전제에 대해서는 우리의 운이 어떨지 시험해 보자… 첫째, 집단은 모종의 힘에 의해 묶여 있다는 것이 분명하다. 그런데 세상의 모든 것을 결속시키는 에로스의 힘보다 더 훌륭하게 이런 위업을 달성할 수 있는 힘이 어디 있겠는가? 둘째, 개인이 집단 속에서 자신의 개성을 포기하고 다른 성원들의 암시에 영향을 받는다면, 이것은 개인이 다른 구성원들과 대립하기보다는 그들과 조화를 이루어야 할 필요성을 느끼기 때문이라는—결국 개인을 <그들을 사랑하기 위해> 자신의 개성을 버리고 다른 구성원들의 암시에 영향을 받는다는—인상을 준다.(100-101)

이런 가정 하에서 프로이트는 교회와 군대라는 인위적인 집단에서 개인은 한편으로는 지도자(그리스도와 사령관)와 리비도적 결합으로 묶여 있고 또 한편으로는 집단의 다른 구성원들과 리비도적 결합으로 묶여 있는 방식을 설명하며, 그와 더불어 심리적 공황의 메커니즘도 분석한다. 남들과 감정적 유대를 맺고 있는 동안에는 아무리 큰 위험도 작아 보인다. 그러나 일단 개인이 공황에 빠지면 자기 혼자만 염려하기 시작하고, 그의 이런 행위는 감정적 유대가 더 이상 존재하지 않는다는 사실을 입증한다. 그는 이제 혼자서 위험에 직면해있기 때문에, 필연적으로 위험을 전보다 더 크게 생각하는지도 모른다. 따라서 공황은 집단의 리비도적 구조가 이미 이완되었음을 의미하고, 그 이완에 대해 이치에 맞는 방법으로 반응하는 것이다. 이런 이유로 프로이트는 공포 때문에 집단의 리비도적 결합이 파괴되었다는 일반적 견해에 반대하면서, 오히려 감정적 유대가 사라지기 때문에 신경증적 공포나 불안이 증가한다고 주장한다.(104-106)

프로이트에 의하면, 리비도는 삶에 필요한 욕구를 만족시키는 데 참여하는데, 그 과정에 동참하는 사람들을 첫 번째 대상으로 선택한다. 개인의 경우와 마찬가지로 인류 전체의 발전에서도 오직 사랑만이 이기주의에서 이타주의로의 변화를 가져온다는 의미에서 인류를 문명화하는 요인으로 작용한다. 그리고 사랑은 여성에 대한 이성애—여기에는 여성에게 소중한 것을 해치지 말아야 하는 의무가 필연적으로 포함된다—만이 아니라, 공동작업에서 생겨나는 다른 남성에 대한 동성애—성적 특성이 배제된 승화된 사랑—에도 들어맞는다. 그러므로 집단 안에서 작용하는 자기애적 사랑이 집단 밖에서는 작용하지 않는 제한을 받는다면, 그것은 집단 형성의 본질이 집단 구성원들 사이에 존재하는 새로운 유형의 리비도적 결합에 있다는 증거라고 프로이트는 강조한다.(113) 그런데 집단심리학에 대한 분석의 결말에서 프로이트는 다음과 같이 주장하고 있다.

> 직접적인 성 본능에서 목적 달성이 금지된 성 본능으로의 발전이 완전히 성공적으로 이루어지지 않은 경우에는 언제나 신경증이 나타난다. 신경증은 이 발달 과정을 거친 뒤 자아 속에 받아들여진 본능과 억압된 무의식에서 생겨나는 본능, 즉 완전히 억압된 본능적 충동과 마찬가지로 직접적인 성적 만족을 추구하는 본능 사이의 <갈등>을 나타낸다.(162)

프로이트는 직접적인 성 본능에서 목적 달성이 금지된 성 본능으로의 발전이 성공적으로 이루어진 것을 <승화>라고 부르며, 이 승화가 문명을 가능하게 했다고 주장했다. 그러나 프로이트는 <승화>의 여러 형태들 간의 차이를 신경증과의 대비를 통해서 무화시키는 경향이 있다.

신경증은 사랑에 빠짐과 똑같이 집단을 붕괴시키는 효과를 갖는다고 말할 수도 있다. 반대로 집단 형성에 강력한 자극이 주어지면 신경증은 줄어들고, 어쨌든 일시적으로는 신경증이 사라지는 것처럼 보인다. …오늘날의 문명세계에서 종교적 환상이 사라진 것을 아쉬워하지 않는 사람들도 종교적 환상이 효력을 발휘하고 있을 때는 그 환상에 묶여 있는 사람들을 신경증의 위험에서 강력하게 지켜주었다는 사실을 인정할 것이다. 사람들을 신화-종교적 종파나 철학-종교적 공동체에 묶어 놓는 유대는 모두 우회적인 신경증 치료법의 형태라는 것도 우리는 쉽게 이해할 수 있다. …신경증 환자를 방치하면, 자신이 배제된 집단 형성을 자신의 증세 형성으로 대체할 수밖에 없다. 신경증 환자는 자기 자신을 위한 상상의 세계를 창조하고, 자신만의 종교, 자신만의 망상 체계를 만들어 낸다. 그리하여 인류의 제도를 뒤틀린 모습으로 재현한다.(160-61)

이런 관점에서는 어떤 형태의 보수적인 공동체라도 신경증 치료법이라는 이유로 정당화될 수 있다. 하지만 빌헬름 라이히는 이런 위험을 바로 잡기 위해 다음과 같은 점을 분명하게 구별한다.

노동민주주의는 성을 지지하고 부자연스러운 성윤리에 반대하며, 국제적인 계획 경제를 지지하고 착취와 국가 경계를 반대한다. 나치 이데올로기에는 반동적 운동에 커다란 도약을 부여하려는 어떤 합리적 핵심이 감추어져 있고, '피와 땅의 결합'이라는 표어에 나타나 있다. 그에 대해서 나치적 실천 속에서는 사회, 자연, 기술의 결합이라는 혁명운동의 근본 취지에 위배되는 모든 것이 나치의 사회세력들에, 즉 민족의 단일성이라는 환상에서 벗어날 수 없는 계급 구분에, 어떤 '공동체 이념'으로도 이 세상에서 없앨 수 없는 생산수단의 사적 소유에 꽉 달라붙는다. 국가사회주의는 자신의 이데올로기에서 합리적인 핵심, 무계급성, 자연에 가까운 삶으로서 혁명운동이 지니고 있는 것을 아주 신비적으로 표현한다. 이에 비해 혁명운동은 자신의 고유한 이데올로기적 내용을 아직 완전히 의식하지 못하고 있지만, 자신의 합리적인 세계관의 실현, 지상에서의 삶의 행복의 실현을 위한 경제적 및 사회적 전제 조건들에 대해서 분명히 하고 있다.27

27_ 빌헬름 라이히(1966), 『성 혁명』, 윤수종 옮김, 새길, 2000, 28-29쪽; Wilhelm Reich, *Die sexuelle Revolution* (Fischer Taschenbuch Verlag, 1966). 이 책의 1부는 Sexpol 출판사에서 1930년에 첫 출간되었다.

프로이트가 말했듯이 <승화>가 문명발전의 핵심을 이룬다는 점은 중요하다. 하지만 라이히가 강조하듯이 부자연스러운 성윤리에 기초한 <승화>는 결국 에로스와 타나토스의 적합한 비율을 파괴할 것이다. 승화가 자연스러운 성윤리를 포함할 수 있을 뿐 아니라, 신비주의나 종교적 환상과 등치되지 않도록 하기 위해서는, <승화>를 <미와 숭고의 변증법>이라는 관점에서 재해석할 필요가 있다. <미와 숭고의 변증법>은 감각적 쾌락이나 아름다운 형식에 대한 만족에만 머무는 협소한 의미의 미적 경험과는 다르게, 정의롭지 못한 폭력에 맞서는 대항폭력(적절한 대상에 대한 공격본능의 작용)이라는 일련의 고통스러운 과정을 경과하여 공동체적 연대라는 보다 확장된 형태의 인격적 확장으로 전환시키는 과정(레이코프[28]가 말하는 "감정이입의 정치학")에서 나타나는 변증법적인 미적 경험이다. 이런 관점에서 볼 때, 미와의 대립을 넘어서서 오히려 미로부터 자연스럽게 발전하게 되는 숭고의 경험을 만드는 일이야말로 개인적인 에로스와 공동체적 에로스를 연결하는 중요한 매개고리 역할을 할 수 있을 것이다. 그리고 이렇게 숭고가 개인과 공동체를 연결하게 될 경우, 숭고는 감각적 쾌락과 미적 만족을 배제하는 <억압적 승화>의 형태가 아니라 이를 포함하면서도 동시에 이를 넘어서는 <비억압적 승화>일 수가 있다. 이런 방식의 숭고한 경험을 체화한 주체는 현세의 보상에 만족하는 대신에 자신의 한계를 스스로 넘어서 인류적 연대의 일부로 성장했다는 사실에 자족할 수 있을 것이다.

5. 나가며

역사적 자본주의는 지난 500여 년 동안 네 차례의 헤게모니 이행을 겪었으

28_ George Lakoff, *The Political Mind: why you can't understand 21st-century politics with an 18th-century brain* (New York: Viking, 2008).

며, 매번 30년에서 근 반세기에 걸쳐 진행되어온 이행과정에서 대규모 전쟁을 통해서만 한계에 도달한 자본주의 생산관계의 혁신을 이루어낼 수 있었다. 오늘의 대공황은 미국헤게모니의 해체를 알리는 지표이자 새로운 생산관계로의 전면적 재편의 필요성을 알리는 징후이기도 하다. 그런데 농업/상업자본주의가 산업자본주의로, 산업자본주의가 지식정보(인지)자본주의로 전환되어왔던 자본주의 생산양식의 성격 변화 과정은 동시에 주체양식/감정양식이 변화해온 과정이기도 하다. 하지만 생산양식의 역사적 변화에 대한 심층적 연구에 비해 후자의 역사적 변화에 대한 연구는 미미한 실정이다. 또한 프랑스 혁명 이래 자본주의를 극복하고자 하는 다양한 형태의 혁명적 시도가 전개되었지만, 러시아 혁명을 제외하고는 모두 성공하지 못했고, 러시아 혁명 역시 대공황과 2차대전을 경유하면서 혁명적 성격을 상실했고, 소비에트러시아는 냉전 기간 동안 자본주의 세계체계의 하위 파트너로서 기능하다가 1990년대에 들어 해체되었다. 이런 이유로 혁명기에 전개되었던 주체양식의 변혁을 위한 다양한 실험들의 의미는 퇴색해버렸고 현대적으로 계승되지 못하고 있다.

이런 이유로 생산양식과 주체양식의 변증법적 관계에 대한 논의는 지극히 빈곤한 실정임에 반해, 21세기의 새로운 이행과정은 20세기 자본주의의 전지구화 과정에서 이루어진 과학기술의 기하급수적 발전과 지구적 차원의 생태 파괴로 인해 전대미문의 새로운 위험들을 야기하고 있다. 급속한 도시화율의 증가와 수명연장으로 인한 노령사회로의 진입, 인도-중국의 인구경쟁으로 인한 식량-에너지 부족 현상 등 역시 해결해야 할 새로운 과제들이다. 더구나 21세기의 자본주의 세계체계는 전지구적 차원으로 작동하고 있어서 과거와 같이 국지적인 탈주가 어려운 상황이다. 그리고 이와 같은 전대미문의 과제들을 인식하는 것 자체가 새로운 무력감을 강화할 수 있기 때문에 앞서 언급했던 (D)와 같은 정치경제적-심리적 불황의 교착상태가 장기화될 우려도 있다.

이에 따라 대중의 주체양식이 만성 우울증 상태를 취할 경우 대안사회로의 이행보다는 새로운 형태의 전쟁-파시즘의 복합구조로 이행할 가능성도 없지 않다. 2011년 3월 돌발적 쓰나미로 인한 후쿠야마 원전 폭발 사태와 같이 <자연재해+인재의 복합적 재난>이 도처에서 확산되고 있는 상황 역시 향후 2010-2020년대에 긍정적 통과점보다는 부정적 통과점이 늘어날 가능성을 보여주고 있다. 이런 새로운 장벽들을 고려하면서 심리적/경제적 불황을 자본주의를 넘어서는 대안적 주체양식과 생산양식으로 전환시키기 위한 계기로 만들기 위해서는 주체양식의 능동적 전환과 대안적 생산양식에 대한 밑그림 그리기를 적극적으로 결합시키기 위한 다각적인 노력이 필요할 것이다.

이 글에서는 이 양자의 결합의 전제 조건의 하나로, 자본주의 문명에 의해 산출된 신경증적이고 우울증적인 주체양식의 능동적 전환을 위한 몇 가지 단서들을 살펴보았다. 그리고 이 과정에서 슬픔의 감정을 기쁨의 감정으로 전환하기 위해 필요한 문화적 실천과 더불어, 프로이트가 무시해서는 안 된다고 경고했던 <에로스와 타나토스>의 변증법에 입각하여 숭고의 경험을 통해 대안적 형태의 감정적 유대를 확산할 수 있는 방법의 하나를 살펴보았다. 하지만 이와 같은 숭고의 경험은 단지 초자아의 명령만으로는 결코 이루어지기 어렵다는 점 역시 확인하였다. 이는 곧, 프로이트가 말하듯이 초자아의 요구를 일정하게 완화하는 과정을 무시해서는 안 될 것이라는 점을 새삼 확인하게 해준다. 숭고의 경험에서 이성은 주연이 아니라 조력자이며, 주연은 낯선 타자와의 접촉 과정에서 발생하는 고통을 경유하여 이전에는 경험하지 못한 신체적-정신적 연대감을 포괄적으로 경험해가는 감정이입적 경험이기 때문이다. 인지언어학자 마크 존슨은 이 문제를 다음과 같이 기술하고 있다.

항상 타자들을 목적 자체로 대하라는 칸트적 정언명령은 우리가 타자의 장소를 상상적으로 취하는 일[상]상적 감정이입-필재과 무관할 경우 아무런 실제적 의미도 가질 수 없다. 칸트의 명백한 주장과 반대로, 우리는 만일 우리가 타자의 경험, 느낌, 계획, 목표, 그리고 희망들을 상상할 수 없다면, 누군가를 목적 그 자체로 대하라는 바가 구체적으로 무슨 의미인지를 알 수 없다.[29]

인지과학적 철학을 연구하는 조지 레이코프가 강조하고 있듯이 우리는 21세기를 살고 있음에도 불구하고 여전히 계몽주의 시대의 사상가들로부터 유래한, 감정에 대한 이성의 우위를 강조하는 지적 프레임들에 의해 계승된 낡은 관념들에 기초해서 사고하고 있다. 더 이상 적합하지 않은 이 도구들을 넘어서 새로운 프레임을 짜기 위해서는 우리의 사유와 신체의 대부분이 무의식적이고, 신체화되어 있고, 정서적이며, 감정이입적이고, 은유적인, 그리고 오직 부분적으로 보편적인 마음을 설명할 수 있는, 이런 마음을 잘 활용할 수 있는 <심층적 합리성>을 포용할 필요가 있다. 레이코프는 이렇게 재구성된 이성을 우리의 몸과 두뇌와 환경과의 상호작용에 의해 형성된 <신체화된 이성>, 프레임과 은유와 이미지와 상징들로 구조화된 정서를 의식에는 접근될 수 없는 신경적 순환성의 광대하고 비가시적인 영역에 의해 형성된 의식적 사유와 통합하는 이성이라고 부른다. 레이코프는 우리의 마음은 데카르트나 칸트가 생각했던 것과는 아주 다르게 작용하고 있고, 과거의 위대한 정치사상가들—플라톤에서 아리스토텔레스를 거쳐, 루소, 홉스, 로크, 맑스, 밀, 존 롤즈 등—이 생각했던 것보다 훨씬 더 매력적인 피조물이기 때문에, 인간이 된다는 것이 무엇을 의미하는가에 대해 새롭게 떠오르는 인지과학적 발견에 입각하여 새로운 계몽주의에 입각한 새로운 정치철학을 수립해야 한다고 주장한다.[30]

29_ Mark Johnson, *Moral Imagination: Implications of Cognitive Science for Ethics* (Chicago: University of Chicago Press, 1993), p. 200.

30_ Lakoff, op. cit., p. 271.

이런 관점에서 레이코프는 권위와 규율과 복종의 정치학이라고 할 수 있는 보수주의에 대응해서 감정이입, 그리고 이 감정이입을 실행하기 위해 필요한 책임성과 힘을 증진할 수 있는 <감정이입의 정치학>(politics of empathy)이 새로운 진보적 사유의 기초가 되어야 한다고 역설하고 있다.[31] 하지만 레이코프는 이와 같은 <감정(이입)의 정치학>을 통해 인류가 나아가야 할 새로운 사회의 비전은 제시하지 않고 있다. 필자가 다른 글들에서 강조해 왔듯이 이 비전은 유토피아적 환상과는 달리 현실적으로 구현해 나가야 할 <코뮌주의적 생태문화사회> 이외의 다른 것이 될 수 없다. 이런 적극적 비전을 상정하고 또 구체화하는 일은 (1) 구조적 폭력에 맞선 대항폭력+(2) 신경증과 우울증을 넘어서 공동체적인 감정적 유대를 형성할 수 있는 미와 숭고의 변증법의 체화+(3) 규제적 이념으로서의 코뮌주의, 이 세 가지의 선순환 고리를 형성하는 데 없어서는 안 될 필요조건이다. 이 삼자의 결합을 통해 각각의 내용을 튼실히 하려는 적극적인 실천만이 21세기의 <재난자본주의>가 확산시키고 있는 정치경제적 불황과 만성적 우울증의 교착 상태를 넘어 대안사회로 나아갈 수 있는 현실적 경로를 열어젖힐 수 있을 것이다.

31_ Ibid., p. 268.

■ 참고문헌

가드너, 하워드. 2001. 『다중지능: 인간 지능의 새로운 이해』. 문용린 옮김. 김영사.

가타리, 펠릭스. 2003. 『세 가지 생태학』. 윤수종 역. 동문선.

_____ · 안토니오 네그리. 1995. 『자유의 새로운 공간』. 이원영 옮김. 갈무리.

강내희. 2007. 「코뮌주의와 문화사회」. 『문화/과학』 50호. 2007년 여름.

고병권. 2007. 「코뮤주의와 소유」. 이진경 · 고병권 외. 『코뮤주의 선언』. 교양인.

고진, 가라타니. 2005. 『트랜스크리틱』. 송태욱 역. 한길사.

_____. 2006. 『세계공화국으로』. 조영일 옮김. 도서출판 b.

_____. 2008. 『역사와 반복』. 조영일 옮김. 도서출판 b.

곽노완. 2006. 「'정치경제학 비판과 21세기 금융공황」. 『진보평론』 29호. 2006년 가을.

김경수. 2003. 「리좀 변증법의 구상: 맑스와 들뢰즈」. 『지구화 시대 맑스의 현재성 I』. 맑스코뮤날레조직위원회 엮음. 문화과학사.

김도훈 · 문태훈 · 김동환. 1999. 『시스템 다이내믹스』. 대영문화사.

김병권. 2007. 「베네수엘라 혁명의 배경과 개요」. 김병권 외. 『베네수엘라. 혁명의 역사를 다시 쓰다』. 시대의창.

김세균. 2006. 「사회주의 정체체제에 대한 소고」. 『진보평론』 30호. 2006년 겨울

김수행. 2007. 「한국사회와 자본의 세계화」. 『한국의 맑스주의 지형연구』(문화사회아카데미 자료집. 2007. 1. 8-2. 7).

김종철 편. 2005(13쇄). 『녹색평론』. 녹색평론사.

다마지오, 안토니오. 2007. 『스피노자의 뇌: 기쁨. 슬픔. 느낌의 뇌과학』. 임지원 옮김. 사이언스북스

들뢰즈, 질. 1995. 『칸트의 비판철학』. 서동욱 옮김. 민음사.

_____. 2001. 『천개의 고원』. 김재인 옮김. 새물결.

_____. 2004. 『차이와 반복』. 김상환 옮김. 민음사.

_____ · 펠릭스 가타리. 1995. 『철학이란 무엇인가』. 이정임 · 윤정임 옮김. 현대미학사.

라이헨베르크, G. · D. 슈나이처. 1987. 「칼 마르크스」. H. 킴멀레 편저. 『유물변증법』. 심광현 · 김경수 옮김. 문예출판사.

라이히, 빌헬름. 1987. 『파시즘과 대중심리』. 오세철 옮김. 현상과인식.

_____(1966). 2000. 『성 혁명』. 윤수종 옮김. 새길. (원저 출간. Wilhelm Reich. Die sexuelle Revolution. Fischer Taschenbuch Verlag, 1966. 이 책의 1부는 Sexpol 출판사에서 1930년에 첫 출간됨)

랑시에르, 자크 2008. 『감성의 분할: 미학과 정치』. 오윤성 옮김. 도서출판 b.

_____. 2008. 『무지한 스승』. 양창렬 옮김. 궁리.

_____. 2008. 『미학 안의 불편함』. 주형일 옮김. 인간사랑.

_____. 2008. 『정치적인 것의 가장자리에서』. 양창렬 옮김. 도서출판 길.

레닌 외. 1989. 『레닌의 반스딸린 투쟁』. 김진태 옮김. 신평론.

레이코프, G. · M. 존슨. 2002. 『몸의 철학』. 임지룡 외 옮김. 도서출판 박이정.

르쿠르, 도미니크 1996. 『마르크시즘과 인식론』. 박기순 역. 도서출판 중원문화.

리보위츠, 마이클. 1999. 『자본론을 넘어서』. 홍기빈 옮김. 백의.

마사오, 구로사키 외. 2009. 『칸트 사전』. 이신철 역. 도서출판 b.

마투라나, 움베르토 · 프란시스코 바렐라. 1995. 『인식의 나무』. 최호영 옮김. 자작아카데미.

마트롱, 알렉산더(1969). 2009(초판 2쇄). 『스피노자 철학에서 개인과 공동체』. 김문수 · 김은주 옮김. 그린비.

마틴, 럭스 1997. 「진리-권력-자기: 미셀 푸코와의 대담— 1982년 10월 25일」. 『자기의 테크놀로지』. 이희원 옮김. 동문선.

맑스, 칼. 1995. 『자본론 I-상』. 김수행 옮김. 비봉출판사.

_____. 1998(개역 10쇄). 『자본론 I-하』. 김수행 옮김. 비봉출판사.

_____. 1995(5쇄). 『자본론 II』. 김수행 옮김. 비봉출판사.

_____. 1999(11쇄). 『자본론 III-상』. 김수행 옮김. 비봉출판사.

_____. 2002. 『정치경제학 비판 요강 I』. 김호균 역. 도서출판 백의.

_____. 2005(초판 13쇄). 「공산주의 당 선언」. 『칼 맑스·프리드리히 엥겔스 선집 1권』. 최인호 외 옮김. 박종철출판사.

_____. 2006. 『경제학-철학 수고』. 강유원 옮김. 이론과 실천.

_____·프리드리히 엥겔스 2007(초판 14쇄). 『독일 이데올로기 I』. 박재희 옮김. 청년사.

모리스, 윌리엄. 2008. 『에코토피아 뉴스』. 박홍규 옮김. 필맥.

무어, 제이슨. 2006. 「생태위기와 세계사적 신진대사의 균열」(1). 과천연구소 세미나 엮음. 『역사적 자본주의 분석과 생태론』. 공감.

_____. 2006. 「자연과 봉건제에서 자본주의로의 이행」(2). 과천연구소 세미나 엮음. 『역사적 자본주의 분석과 생태론』. 공감.

_____ 외. 2006. 과천연구소 세미나 엮음. 『역사적 자본주의 분석과 생태론』. 공감.

밀러, A. 2001. 『천재성의 비밀: 과학과 예술에서의 이미지와 창조성』. 김희봉 역. 사이언스북스

박승호. 2005. 『좌파 현대자본주의론의 비판적 재구성』. 한울.

박영균. 2006. 「사회주의와 변혁의 주체: 코뮌과 노동자 계급」. 『진보평론』 30호. 2006년 겨울.

발리바르, 에티엔느 1995. 『마르크스의 철학, 마르크스의 정치』. 윤소영 옮김. 문화과학사.

_____. 2007. 『대중들의 공포: 맑스 전과 후의 정치와 철학』. 최원·서관모 옮김. 도서출판 b.

백승욱. 2006. 『자본주의 역사 강의』. 그린비.

_____ 편저. 2005. 『미국의 세기는 끝났는가』. 그린비.

베이트슨, 그레고리. 1990. 『정신과 자연』. 박지동 역. 도서출판 까치.

벤야민, 발터. 2008. 「미래 철학의 프로그램에 대하여」. 『발터 벤야민 선집 6』. 최성만 역. 도서출판 길.

_____. 2008. 『방법으로서의 유토피아』. 조형준 옮김. 새물결.

_____. 2008. 「'역사의 개념에 대한 관련 노트들」(1940). 『발터 벤야민 선집 5』. 최성만 역. 도서출판 길.

_____. 2009.『독일 비애극의 원천』. 최성만·김유동 역. 한길사.

벨, 다니엘 1996.『정보화 사회와 문화의 미래』. 서규환 옮김. 도서출판 디자인하우스

복잡계 네트워크 2008. 민병원·김창욱 편『복잡계 워크샵』. 삼성경제연구소

블로흐, 에른스트 2004.『희망의 원리 1』. 박설호 옮김. 열린책들.

비데, 자크 1995.『자본의 경제학, 철학, 이데올로기』. 박창렬·김석진 옮김. 새날.

비르노, 빠올로 2004.『다중』. 김상운 옮김. 갈무리.

새라프, 마이런. 2005.『빌헬름 라이히』. 이미선 옮김. (주)양문.

서동진. 2008.「자본주의의 심미화의 기획 혹은 새로운 자본주의의 소실매개자로서의
    68혁명」.『문화/과학』53호. 2008년 봄.

_____. 2010.「자기계발하는 주체의 해부학 또는 그로부터 무엇을 배울 것인가」.『문화/
    과학』61호. 2010년 봄.

서영표 2009.『런던 코뮌: 지방사회주의의 실험과 좌파 정치의 재구성』. 이매진

솜즈, 마크·올리버 턴불(2002). 2005.『뇌와 내부 세계: 주관적 경험의 신경과학 입문』.
    김종주 옮김. 하나의학사.

심광현. 1998.『탈근대 문화정치와 문화연구』. 문화과학사.

_____. 2003.『문화사회와 문화정치』. 문화과학사.

_____. 2003.「칸트와 들뢰즈를 경유한 맑스: 문화사회의 인식적 지도 그리기」. 제1회
    맑스코뮤날레 조직위원회 편『지구화 시대의 맑스의 현재성』1권. 문화과학사.

_____. 2005.『프랙탈』. 현실문화연구.

_____. 2007.「맑스적 코뮌주의의 '문화사회적 이행의 성격과 쟁점」.『문화/과학』50호
    2007년 여름.

_____. 2007.「소외를 넘어 문화사회로」. 김누리·노영돈 편『현대문화 이해의 키워드』.
    이학사.

_____. 2007.「시각적 리터러시의 철학적 기초」. 신정원 외 공저.『현대사회와 예술교
    육』(한국예술종합학교 예술연구소 총서1). 커뮤니케이션북스

_____. 2009.『유비쿼터스 시대의 지식생산과 문화정치: 예술-학문-사회의 수평적 통

섭을 위하여』. 문화과학사.

_____. 2009. 「유비쿼터스 도시의 출현과 대안적 도시인문학의 과제」. 경상대학교사회
과학연구원. 『마르크스주의 연구』 제6권 제2호. 2009년 여름.

_____. 2009. 「감정의 정치학: 자기 - 통치적 주체의 창조를 위한 새로운 문화정치적
프레임」. 『문화/과학』 59호. 2009년 가을.

_____. 2010. 「시공간의 변증법과 도시의 산책자」. 『시대와 철학』 제21권 3호. 2010년
가을.

_____. 2010. 「제3세대 인지과학과 '신체화된 마음의 정치학」. 『문화/과학』 64호. 2010
년 겨울.

_____. 2011. 「유비쿼터스 시대의 문화운동의 새로운 과제: 기본소득과 노동(운동)과
문화(운동)의 선순환의 고리」. 『제5회 맑스코뮤날레 기본소득 세션 발표자료집』.

_____. 2011. 「자본의 착취 형태 변화와 생명–과학–철학의 창발성」(<제5회 맑스코뮤
날레 종합섹션> 종합토론문). 제5회 맑스코뮤날레 조직위원회 엮음. 『현대자본
주의와 생명』. 그린비.

_____. 2011. 「기본소득, 노동(운동)과 문화(운동)의 선순환 고리」. 『도시인문학연구 제
3권 1호(2011년 4월)』. 시립대학교 도시인문학연구소

_____. 2011. 「제3세대 인지과학과 SF 영화: 자본주의 매트릭스 vs 대안적 매트릭스」.
서울대학교 인지과학연구소 · 서울대학교 사회과학연구원 공동주최. 『인지과학
으로 여는 21세기–시즌 3: 이성과 공감 세미나 자료집』.

_____. 2011. 「제1장 노나메기 재단 설립의 기본 방향과 목표」. 노나메기재단추진위원
회. 『기본계획(2.0)』. 2011. 6. 4.

_____ 편저. 2003. 문화연대 문화교육위원회. 『이제 문화교육이다』. 문화과학사.

_____ · 노명우 · 강정석. 2012. 『미래교육의 열쇠, 창의적 문화교육』. 살림터.

쏘번, 니콜래스 2005. 『들뢰즈 맑스주의』. 조정환 옮김. 갈무리.

씨벅, 토마스 · 진 우미커–씨벅. 1994. 「자네는 내 방법을 알고 있네: 찰스 퍼어스와 셜록
홈즈를 나란히 비교하기」. 움베르토 에코 외. 『논리와 추리의 기호학』. 김주환 ·

한은경 옮김. 인간사랑.

아리기, 조반니. 『장기 20세기』. 백승욱 옮김. 그린비. 2008.

안현효. 1996. 『현대 정치경제학의 재구성을 위하여』. 새날.

알튀세르, 루이. 1990. 『마르크스를 위하여』. 고길환·이화숙 역. 도서출판 백의.

_____. 1991. 『자본론을 읽는다』. 김진엽 역. 두레.

_____. 1993. 「이데올로기적 국가장치들에 대한 노트」. 서관모 엮음. 『역사적 맑스주의』. 도서출판 새길.

_____. 1993. 「철학의 전화」. 서관모 엮음. 『역사적 맑스주의』. 도서출판 새길.

_____. 1996. 「마르크스와 프로이트에 대하여」(1977). 윤소영 엮음. 『알튀세르와 라캉』. 도서출판 공감.

_____. 1996. 「프로이트 박사의 발견」(1983). 윤소영 엮음. 『알튀세르와 라캉』. 도서출판 공감.

액설로드, 로버트(1984). 2009. 『협력의 진화』. 이경식 역. 시스테마.

앤더슨, 크리스. 2008(7쇄). 『롱테일 경제학』. 이노무브그룹 외 옮김. 랜덤하우스.

앨버트, 마이클. 2003. 『파레콘: 자본주의 이후. 인류의 삶』. 김익희 옮김. 북로드.

얀치, 에리히. 1995(제5쇄). 『자기 조직하는 우주: 새로운 진화 패러다임의 과학적 근거와 인간적 함축』. 홍동선 옮김. 범양사출판부.

양창렬. 2008. 「옮긴이의 말」. 자크 랑시에르 『무지한 스승』. 양창렬 옮김. 궁리.

에반스, 딜런. 1998. 『라깡 정신분석 사전』. 김종주 옮김. 인간사랑.

에코, 움베르토 외. 1994. 『논리와 추리의 기호학』. 김주환·한은경 역. 도서출판 인간사랑.

엥겔스, 프리드리히. 1989. 『자연변증법』. 윤형식·한승완·이재영 역. 도서출판 중원문화.

_____. 2006. 『공상에서 과학으로』. 나상민 옮김. 새날.

오덤, 하워드. 2000. 『시스템 생태학 I·II』. 박석순·강대석 옮김. 아르케.

오제명 외. 2006. 『68·세계를 바꾼 문화혁명: 프랑스·독일을 중심으로』. 도서출판 길.

우희종. 2011. 「생명의 의미와 관계」. 제5회 맑스코뮤날레 조직위원회 엮음. 『현대자본주의와 생명』. 그린비.

윌러스틴, 이매뉴얼. 2005. 『윌러스틴의 세계체계분석』. 이광근 옮김. 당대.

_____. 1999. 『유토피스틱스: 또는 21세기의 역사적 선택들』. 백영경 옮김. 창비.

위데포드, 닉 다이어. 2003. 『사이버-맑스』. 신승철·이현 옮김. 도서출판 이후.

윤영수·채승병. 2005. 『복잡계 개론』. 삼성경제연구소

_____. 2006(2쇄). 『복잡계 개론』. 삼성경제연구소

윤종희·박상현. 2006. 「마르크스주의와 생태론」. 과천연구소 세미나 엮음. 『역사적 자본주의 분석과 생태론』. 공감.

이문창. 1982. 「샤를르 푸리에의 생애와 사상」. 샤를르 푸리에. 『산업적 협동사회적 새 세계』. 이문창 옮김. 형설출판사.

이정우. 2007. 「들뢰즈와 'meta-physica'의 귀환」. 제3회 맑스코뮤날레 조직위원회 편. 『21세기 자본주의와 대안적 세계화』. 문화과학사.

_____·현영미. 2005. 「복잡계 경제학과 정치경제학」. 김형기 엮음. 『새정치경제학 방법론 연구』. 한울.

이종영. 2005. 『정치와 반정치』(이행총서06). 새물결.

_____. 2006. 「소유의 역사적 체제들」. 『진보평론』 30호 2006년 겨울

이진경. 2011. 「생명의 잉여가치와 정치경제학 비판」(제5회 맑스코뮤날레 종합섹션 제1부 발제문). 제5회 맑스코뮤날레 조직위원회 엮음. 『현대자본주의와 생명』. 그린비.

일루즈, 에바. 2010. 『감정 자본주의』. 김정아 옮김. 돌베개.

일리, 제프. 2008. 『The Left 1848-2000: 미완의 기획. 유럽좌파의 역사』. 유강은 옮김. 뿌리와 이파리.

임선애. 2010. 「트랜스크리틱과 시차(視差)적 관점: 가라타니와 지젝의 차이」. 『지젝 읽기—현대사상 제6호』. 현대사상연구소

잉그리트, 길혀-홀타이. 2003. 『68운동: 독일·서유럽·미국』. 정대성 옮김. 들녘.

정병기. 2007. 「21세기 자본주의 사회의 혁명과 반혁명: 68혁명운동의 의미와 교훈」. 제3회 맑스코뮤날레 조직위원회 편. 『21세기 자본주의와 대안적 세계화』. 문화과학사.

정성진. 2007. 『마르크스와 트로츠키』. 한울출판사.

정정훈. 2007. 「코뮤주의와 능력」. 이진경. 고병권 외. 『코뮤주의 선언』. 교양인.

_____. 2008. 「문화사회론의 공백과 난점들」. 『문화/과학』 56호 2008년 겨울.

조경달. 2009. 『민중과 유토피아―한국근대민중운동사』. 허영란 옮김. 역사비평사.

조원희·김영용. 2005. 「사유재산, 시장제도와 외부화」. 김형기 엮음. 『새정치경제학 방법론 연구』. 한울.

조정환. 2005. 「오늘날의 코뮤니즘과 삶 정치」. 제2회 맑스코뮤날레 조직위원회 편. 『맑스 왜 희망인가』. 메이데이.

_____. 2007. 「문화에서 다시 삶―노동으로」. <자율평론> 19호. 2007. 1. 5.

_____. 2011. 「생명과 혁명: 생명에 대한 정치철학적 사유를 위한 서설」(제5회 맑스코뮤날레 종합섹션 제2부 토론문). 제5회 맑스코뮤날레 조직위원회 엮음. 『현대자본주의와 생명』. 그린비.

_____. 2011. 『인지자본주의: 현대세계의 거대한 전환과 사회적 삶의 재구성』. 갈무리

지젝, 슬라보예브 2002. 『이데올로기라는 숭고한 대상』. 이수련 옮김. 인간사랑.

_____(2002). 2006. 『혁명이 다가온다: 레닌에 대한 13가지 연구』. 이서원 옮김. 도서출판 길.

_____(2008). 2011. 『폭력이란 무엇인가』. 정일권·이현우·김희진 옮김. 난장이.

_____ 외. 2003. 『매트릭스로 철학하기』. 이운경 역. 한문화.

진은영. 2007. 「코뮤주의와 유머」. 이진경·고병권 외. 『코뮤주의 선언』. 교양인.

차도스, 하워드·콜린 헤이. 2002. 「그래서 당은 끝인가? '몰락 이후의 맑스주의와 정치 전략」. 사이먼 클락 외. 『레닌에 대해 말하지 않기』. 김정한 외 옮김. 이후.

최갑수. 2005. 「빠리 꼬뮌, 프롤레타리아 독재, 민주주의」(해제). 『프랑스 내전』. 안효상 옮김. 박종철 출판사.

최성만. 2008. 「발테 벤야민 사상의 토대: 언어-번역-미메시스」. 『벤야민 선집 6』. 최성만 역. 도서출판 길.

_____. 2008. 「발터 벤야민의 역사철학적 구제 비평」. 『발터 벤야민 선집 5』. 최성만 역. 도서출판 길.

최 원. 2007. 「이론의 전화, 정치의 전화」(역자 해제). 에티엔느 발리바르. 『대중들의 공포: 맑스 전과 후의 정치와 철학』. 최원·서관모 옮김. 도서출판 b.

최준영. 2007. 「민중의 집. 무엇을 할 것인가」. 『문화/과학』 52호. 2007년 겨울.

_____. 2007. 「지역-현장을 거점으로 한 <민중의 집> 운동」. 『문화/과학』 50호. 2007
년 여름.

카프라, 프리초프 1994(17쇄). 『새로운 과학과 문명의 전환』. 이성범·구윤서 옮김. 범양사.

칸트, 임마누엘. 1978. 『판단력 비판』. 이석윤 옮김. 박영사.

_____. 1997. 『순수이성비판』. 최재희 역. 박영사.

_____. 2009. 『판단력 비판』. 백종현 옮김. 아카넷.

커즈와일, 레이. 2007. 『특이점이 온다』. 김명남·장시형 옮김. 김영사.

크롤, 조너선. 2003. 『레츠: 인간의 얼굴을 한 돈의 세계』. 박용남 옮김. 도서출판 이후.

킴멜레, H. 편. 1987. 『유물변증법』. 심광현·김경수 역. 문예출판사.

토플러, 앨빈·하이디 토플러. 2006. 『부의 미래』. 김중웅 옮김. 청림출판.

톰슨, 프레드 2005. 「폴 라파르그 일과 여가—전기적 에세이」. 폴 라파르그 『게으를
수 있는 권리』. 조형준 옮김. 새물결.

포스터, 존 벨라미. 2010. 『마르크스의 생태학』. 이범웅 옮김. 인간사랑.

푸코, 미셸. 1997. 「자기의 테크놀로지」. 푸코 외. 『자기의 테크놀로지』. 이희원 옮김.
동문선.

_____. 2002. 『정신병과 심리학』. 박혜영 옮김. 문학동네.

_____. 2007. 『주체의 해석학』. 심세광 옮김. 동문선.

프로이트, 지그문트(1930). 2009. 「문명 속의 불만」. 『문명 속의 불만』. 김석희 옮김. 열린
책들(신판7쇄).

_____(1933). 2009. 「왜 전쟁인가?」. 『문명 속의 불만(신판7쇄)』. 김석희 옮김. 열린책들.

_____(1921). 2009. 「집단심리학과 자아분석」, 『문명 속의 불만(신판7쇄)』. 김석희 옮
김. 열린책들.

플루서, 빌렘. 2004. 『피상성 예찬』. 김성재 역. 커뮤니케이션북스

하비, 데이비드 2007. 『희망의 공간: 세계화, 신체, 유토피아』. 최병두 외 역. 도서출판
한울.

하알라, 위레르·리처드 레빈스 2006. 「자연의 사회적 역사」. 제이슨 무어 외. 『역사적 자본주의 분석과 생태론』. 공감.

하원규 외. 2003. 『유비쿼터스 IT 혁명과 제3공간: 물리공간과 전자공간의 융합』. 전자신문사.

하태석. 2010. 「미분생활 적분도시: 집단지성 도시론」. 『RE.PLACE.ING: Documentary of Changing Metropolis Seoul』. 2010 베니스 비엔날레 한국관 카탈로그

허튼, 패트릭 H. 1997. 「푸코-프로이트-자기의 테크놀로지」. 『자기의 테크놀로지』. 이희원 옮김. 동문선.

홀로웨이, 존. 2002. 『권력으로 세상을 바꿀 수 있는가』. 조정환 옮김. 갈무리.

홈스 제레미(2002). 2006. 『우울증』. 김종승 옮김. 이제이북스

화이트헤드, 알프레드 N. 1996(1판 5쇄). 『과정과 실재— 유기체적 세계관의 구상』. 오영환 옮김. 민음사.

후베르트, 마르틴. 2007. 『의식의 재발견: 현대 뇌과학과 철학의 대화』. 원석영 옮김. 프로네시스

후쿠야마, 프랜시스 1989. 『역사의 종언』. 함종빈 옮김. 헌정회.

힌티카, 야코 1994. 「형식화한 셜록 홈즈」. 움베르토 에코 외. 『논리와 추리의 기호학』. 김주환·한은경 옮김. 인간사랑.

Burkett, Paul. 1999. *Marx and Nature: A Red and Green Perspective*. New York: St. Martin's Press.

Deleuze, G. 1994. *Difference and Repetition*. tr. Paul Patton. New York: Columbia University Press.

_____. 1995. *Negotiations: 1972–1990*. tr. M. Joughin. New York: Columbia University Press.

_____ · F. Guattari. 1987. *A Thousand Plateaus*. tr. Brian Massumi. Minneapolis: Univ. of Minnesota Press.

Dupuy, J. P. 2000. *The Mechanization of Mind: On the Origins of Cognitive Science*. Princeton: Princeton University Press.

Feenberg, A. & J. Freedman(with a forward by Douglas Kellner). 2001. *When Poetry Ruled the Streets: the French May Events of 1968*. Albany, N.Y.: State University of New York Press.

Freud, S. 1916. *Introductory Lectures in Psychoanalysis, Standard Edition XV-XVI*, London: Hogarth.

Fujimoto, Takao. 2011. "Reflections on the Concept of Exploitaion." 경상대학교사회과학연구원. 『마르크스주의 연구』 제8권 제1호. 2011년 봄.

Gorz, André(1988). 1990. *Critique of Economic Reason*. trans. Gillian Handyside and Chris Turner. London & New York: Verso.

_____(1997). 1999. *Reclaiming Work: Beyond the Wage-Based Society*. tr. Chris Turner. Cambridge, UK: Polity Press.

_____(2003). 2010. *the immaterial*. tr. Chris Turner. Chicago: The University of Chicago Press.

Hall, Roland. 1967. "Dialectic." in Paul Edwards(ed.). *The Encyclopedia of Philosophy*. Vol.1 and 2 Complete and Unabridged. New York: Macmillan Publishing Co. Inc. & The Free Press.

Harvey, David. 2010. *A Companion to Marx's Capital*. London & New York: Verso.

Johnson, Mark. 1993. *Moral Imagination: Implications of Cognitive Science for Ethics*. Chicago: University of Chicago Press.

Kant, Immanuel. 1983. *Kritik der reinen Vernunft. Erster und Zweiter Teil. Kant Werke* Band 3 und 4. Herausgegeben von Wilhelm Weischedel. Sonderausgabe. Wissenschaftliche Buchgesellschaft. Darmstadt.

Lakoff, Geroge. 2008. *The Political Mind: A Cognitive Scientist's Guide to Your Brain and its Politics*. New York: Penguin Books.

Langer, Susan. 1942. *Philosophy in a New Key*. Cambridge, Mass.: Harvard University Press.

Latour, Bruno. 2004. *Politics of nature: how to bring the sciences into democracy*, tr. Catherine Porter. Cambridge, Mass.: Harvard University Press.

Marx, Karl. 1978. "Critique of the Gotha Program." in Robert C. Tucker(ed.). *The Marx-Engels Reader*. New York: W. W. Norton & Company. Inc.

Metzinger, Thomas. 2009. *The Ego Tunnel: The Science of the Mind and the Myth of the Self*. New York: Basic Books.

Miller, T. 1999. *The 60s Communes: Hippies and Beyond*. Syracuse: Syracuse University Press.

Seidman, M. 2004. *The Imaginary Revolution: Parisian Students and Workers in 1968*. New York: Berghahn Books.

Sochor, Zenovia A. 1988. *Revolution and Culture: the Bogdanov-Lenin Controversy*. New York: Columbia University Press.

Thompson, E. P. 1988. "William Morris. Bruce Glasier and Marxism." in *William Morris: Romantic to Revolutionary*. Stanford: Stanford University Press. (1st Edition 1955).

Thompson, Evan. 2007. *Mind in Life: Biology. Phenomenology. and the Science of Mind*. Cambridge, London: The Belknap Press of Harvard University Press.

Varela, F. J. 1987. "Laying down a path in walking." in W. I. Thompson(ed.). *Gaia: A Way of Knowing. Political Implications of the New Biology*. Hudson, NY:

Lindisfarne Press.

von Uexküll, J. 1957. "A stroll through the worlds of animals and men." in K. S. Lashley (ed.). *Instinctive Behavior: The Development of a Modern Concept*. New York: International University Press.

Williams, Raymond. 1977. *Marxism and Literature*. Oxford: Oxford University Press.

_____. 1983. *Culture and Society 1780–1950*. New York: Columbia University Press.

_____. 2005. "Utopia and Science Fiction." in *Culture and Materialism*. London: Verso. (1st Edition. 1980).